사생아 예수:
예수의 유아기 내러티브에 대한 페미니스트 신학적 해석

20주년 기념 확대판

제인 셰이버그 지음

변영권 옮김

사생아 예수:
예수의 유아기 내러티브에 대한 페미니스트 신학적 해석
(20주년 기념 확대판)

지음	제인 셰이버그
옮김	변영권
편집	김덕원, 박진, 이찬혁

발행처	감은사
발행인	이영욱
전화	070-8614-2206
팩스	050-7091-2206
이메일	editor@gameun.co.kr

종이책

초판발행	2023.9.30.
ISBN	9791193155134
정가	36,800원

전자책

초판발행	2023.9.30.
ISBN	9791193155141
정가	29,800원

The Illegitimacy of Jesus:
A Feminist Theological Interpretation
of the Infancy Narratives

Expanded Twentieth Anniversary Edition

Jane Schaberg

| 일러두기 |

본서 아래, 안쪽 여백에 사용된 숫자는 원서의 쪽수를 가리킵니다. 색인에 나와 있는 쪽수 역시 원서 쪽수
를 가리킵니다.

| 목차 |

20주년 기념 확대판 서문 / 7

출판사(쉐필드피닉스프레스)의 일러두기 / 9

프롤로그 / 11

 페미니즘의 반격: 백래시에 대한 대답 / 13

서문 / 31

제1장 서론 / 37

 A. 개요 / 37

 B. 이 책의 기원: 개인적 회고 / 39

 C. 페미니스트 신학 해석 / 44

 D. 동정녀 마리아 / 52

 E. 여성으로서의 해석 / 62

제2장 예수의 출생에 관한 마태의 설명 / 73

 A. 네 명의 여성 / 74

 B. 16절: 손상된 패턴 / 100

 C. 17절: 14대 / 103

 D. 18-25절: 수태 이야기와 예수의 이름 짓기 / 111

 E. 마태의 이사야서 7:14 사용 / 162

 F. 결론 및 응답 / 172

제3장 누가의 설명 / 181

 A. 서론 / 181

 B. 누가가 묘사한 결혼과 법적 상황 / 191

 C. 세례 요한과 예수 이야기의 유사성 / 221

D. 누가복음 1:35: 마리아의 질문에 대한 가브리엘의 대답 / 236

E. 마리아의 동의(38절) / 267

F. 결론 및 응답 / 286

제4장 복음서 이전 전승과 복음서 이후 전승 / 297

A. 복음서 이전 전승 / 297

B. 사생아 전승에 관한 다른 증거 / 316

C. 동정녀 수태 / 357

D. 결론 / 383

후기 / 387

에필로그 / 397

마태복음의 유아기 내러티브에 대한 페미니스트 해석 / 399

제인 셰이버그, 레이몬드 E. 브라운 그리고 사생아 예수에 관한 문제 / 447

『사생아 예수』에 관한 재고 / 491

성구 및 고대 문헌 색인 / 521

인명 색인 / 538

20주년 기념 확대판 서문

나는 쉐필드피닉스출판사가 이 책의 20주년 기념판을 출판해 준 것에 대해 감사의 마음을 전한다. 편집자인 데이비드 클라인스(David Clines)와 J. 셰릴 엑섬(J. Cheryl Exum), 데이비드 랜드리(David Landry) 그리고 프랭크 라일리(Frank Reilly)의 도움에도 감사하다.

또한 이것은 나의 관심을 끌었던 관점에 대해 언급할 기회이기도 하다. 몇 해 전, 이 원고를 읽었던 철학자 친구는 매우 흥미롭다고 하면서 이렇게 물었다. "그런데 하나님이 위험에 빠진 여성과 아이들의 편이라는 게 사실이야?" 나는 "글쎄, 입증된 것은 아니지만 먼저 마태가 제안했고, 어느 정도는 누가도 그렇게 제안했다고 말하는 것이 공정한 진술이라고 생각해"라고 대답했다. "그런데 그게 정말 사실일까?"

UN 통계에 따르면 빈곤층의 압도적인 다수를 여성과 아이들이 차지하고 있으며, 여성들과 아이들에 대한 폭력은 끊임없이 계속되고 있다고 한다. 그렇기에 우리는 대부분의 남성들, 특히 권력자들 그리고 어쩌면 대부분의 사람들이 그러한 주장을 믿지 **않을 것**이라고 추측할 수 있다. "사실일까?"라는 질문은 계속된다. 어떻게든 그 대답은 인간의 행동과 관계되어 있다. 믿지 않으면 그 주장은 무너지는가? 또는, 믿지 않더라도 그 신앙의 진술은 사실인가?

이 책에 나타난 신학적 관점은 다루어진 적이 거의 없다. 나는 이제 그렇게 되기를 소망한다.

디트로이트, 2006년 6월

제인 셰이버그

출판사(쉐필드피닉스프레스)의 일러두기

이 20주년 기념판의 프롤로그와 에필로그에 수록되어 있는 논문들은 다른 곳에서 출판된 적이 있다. 많은 경우, 이 논문들의 저자들이 서로의 연구에 상호작용하고 있기 때문에 특정 페이지 참조점이 언급된다.

원래의 쪽수를 삭제하는 대신, 제인 셰이버그의 『사생아 예수』의 특정 페이지 참조들을 원판과 동일하게 남겨 놓았지만, 이 20주년 기념판의 새로운 쪽수를 바로 그 뒤 대괄호에 추가해 놓았다. 같은 기준이 제인 셰이버그(Jane Schaberg)의 "마태복음의 유아기 내러티브에 관한 페미니스트 해석", 프랭크 라일리(Frank Reilly)의 "제인 셰이버그, 레이몬드 E. 브라운 그리고 사생아 예수에 관한 문제," 그리고 데이비드 T. 랜드리(David T. Landry)의 "사생아에 관한 재고"의 페이지 참조에도 적용됐다.

프롤로그

페미니즘의 반격:
백래시에 대한 대답[1]

미국종교학회(American Academy of Religion)/북미성서학회(Society of Biblical Literature)에 나 자신의 삶과 연구에 관한 개인적인 백래시(backlash, "반발"), 학문적인 백래시의 영향에 대해 발표하는 패널로 초청됐을 때, 나는 연구자로 살아온 인생 내내 그러한 것들을 겪어왔다고 말했다. 그러나 그것은 힘든 경험이기는 했어도 내 개인적인 경험 속에서 일어나는 관습적이고 이념적인 구조들을 광범위하게 성찰할 수 있게 해 주었다는 점에서는 좋은 일이었다고 말했다.

백래시는 적어도 1970년대 뉴욕 유니온신학대학원 시절부터 함께한 오랜 친구였던 것 같다. 그 시절부터 나는 원치 않은 질문 그리고 요

---

1. 미국종교학회 전문직 여성의 지위에 관한 위원회의 후원을 받았던 1997년 11월 22일 토요일에 열린 미국종교학회/북미성서학회의 특별 회의. 베벌리 윌덩 해리슨(Beverly Wildung Harrison), 케네스 스미스(Kenneth Smith), 아미나 와두드-무신(Amina Wadud-Muhsin), 제인 셰이버그(Jane Schaberg). 에밀리 타운스(Emilie Townes)가 의장을 맡았다.

즘 성희롱이라고 부르는 경험들과 함께 살아왔다. 나는 얌전히 누구의 도움도 없이 지냈고 지하실 여자 화장실의 차가운 칸막이에 기댈 때에만 가라앉았던 두통을 여러 해 동안 앓고 있었다. 그렇게 지내던 중 베브 해리슨(Bev Harrison)이 찾아왔던 어느 오후가 기억에 남는다. 나는 그녀가 이해심 많고 용기를 주는 사람이라고 들었는데, 그것은 맞는 말이었다.

1970년대 후반과 1980년대 초반의 취업 시장에서의 백래시는, 이미 백인 남성들에게 유리한 결과로 결정되어 있었던 형식뿐인 가짜 면접에서의 굴욕과 관련되어 있다. 그때 나는 그런 면접을 위해 다른 여성들과 마찬가지로 평등고용추진위원회(Equal Employment Opportunity Commission)가 질문할 경우에 대비해 통계 자료를 준비했다. 그 강사 면접은 적대적이고 공격적인 형식이었다. 학장은 나와 약속된 시간 동안 20분에 한 번씩 사적인 통화를 했고 그동안 나는 소파에 앉아 안절부절못했다. 나는 그의 책장에 있는 책 제목들을 읽을 따름이었고, 화가 나서 나가려고 했지만 그렇게 하지는 못했다. 내가 (종신 여교수단 4%, 여학생 51% 같은) 취업 통계 같은 것을 제시하면, 친절한 조사 위원회 위원들은 "이것은 문제가 있군요"라고 말하는 식이었다. 출판, 장학금, 추천서와 소개장 등의 정보는 모두 보류됐다. 이 모든 것은 평범한 일이었다. 그 후 나는 디트로이트대학교의 내가 속한 학과에서 유일한 여성으로 13년을 지냈다. 다른 학과에는 페미니스트 동료들이 거의 없었기 때문에, 고용 정책에 영향을 미치거나, 성희롱 정책을 만들거나, 여성학을 소개하려는 시도는 모두 성공하지 못했다. 나를 괴롭혔던 또 다른 경험, 적대적 환경 같은 것도 있었다. 이번에는 "야, 이 음흉하고 가부장주의적인 년아, 너는 왜 …" 같은 말로 시작하는 다양한 전화, 편지, 쪽지 등이

었다. 개인이 이런 일들에 관한 자료를 학생회와 학과장에게 제출해도
아무것도 할 수 없다는 대답을 들을 뿐이었다. 학장은 "그 남자가 당신
을 사랑하는 것처럼 보이네요"라고 말했다. 그러나 이런 식의 백래시는
웨인주립대학교, 윈저대학교 그리고 미국 전역과 전 세계의 페미니스
트 학자들과 친구들의 네트워크를 통해 점차 강력해진 협력에 의해 반
박됐다. 그리고 그 황무지 속으로 초기 페미니스트 저술과 연구가 쇄도
하기 시작했는데, 가장 중요한 것은 엘리자베스 쉬슬러 피오렌차
(Elisabeth Schüssler Fiorenza)의 『그녀를 기억하며』(*In Memory of Her*)와[2] 에스
더 푹스(Esther Fuchs)를 비롯한 다른 이들의 흥미진진하고 획기적인 북미
성서학회 강연이었다.

이 모든 것이 그 시기의 페미니스트 학자들에게는 비교적 흔한 경
험이었다. 그러나 그 뒤에 나에게 일어난 일 때문에 나는 앞에서 말한
패널로 초청됐다. 나의 책 『사생아 예수』에서[3] 나는 신약성서의 유아기
내러티브, 즉 마태복음과 누가복음 첫 장에 대한 페미니스트 사상의 관
점을 훈련하기 위해 표준적 성서 비평 방법을 사용했는데, 그것은 대안
적 해석의 가능성을 연구하기 위한 것이었다. 나는 이 본문의 배후에 예
수의 동정녀 수태 전승이 아니라, 약혼한 처녀를 유혹하거나 강간하는
것과 관계된 신명기 율법을 가리키는 사생아 수태에 관한, 거의 지워진
전승이 있다고 주장했다. 내가 무엇을 하고 있는지 제대로 알지 못한
채, 나는 노출된 전기줄에 손을 댔다(어차피 건드렸겠지만 무슨 일이 일어날지
알았다면 더 많은 방어와 준비를 한 뒤 건드렸을 것이다). 출판 이후, 이 책은 *MS*지

---

2.   E. Schüssler Fiorenza, *In Memory of Her* (NY: Crossroad, 1983) [= 감은사, 2023
     근간].

3.   Jane Schaberg, *The Illegitimacy of Jesus* (New York: Harper and Row, 1987).

와 *JBL*, *CBQ*에서 체스터 브라운(Chester Brown)의 만화책 *Yummy Fur*에 이르기까지, 학계와 사회 주류의 관심을 받았다(*Yummy Fur*에서 복음서를 매우 수준 높게 다루는 데 활용된 단 두 명의 성서학자는 바로 모턴 스미스[Morton Smith]와 나다). 세월이 지나면서 『사생아 예수』는 무시당하고, 조롱받고, 칭찬받고, 인용됐으며, 크로스로드(Crossroad) 출판사에서 책으로 출판됐다. 편지가 오기 시작했는데, 어떤 편지는 적대적이었고, 어떤 편지는 감사의 마음을 전했다. 그리고 나는 다른 프로젝트를 진행하려고 하는 중이었다.

나의 소속 기관과 그 책에 관한 〈타임〉(*Time*)지의 언급으로 인해 적대적인 편지가 급증했고, 이제는 전화도 걸려오기 시작했다. 1993년, 〈디트로이트 프리 프레스〉(*Detroit Free Press*)의 종교 부문 편집자인 데이비드 크럼(David Crumm)이 나에 관한 소개 글을 작성해 달라고 요청했다. 그와 이야기를 나눈 뒤, 나는 그가 신중하고 균형 있게 일처리를 할 것이라고 생각하여, 기본적인 페미니즘 문제들에 대해 청취할 기회를 주기로 결정했다. 그가 작성한 기사는 10시간의 인터뷰를 바탕으로 쓴 것이다. 지금도 그 기사와 그 기사로 인한 우유 상자 가득한 편지 그리고 관련 기사들은, 14년 전 항암치료를 받으며 썼던 암 투병 일지보다 더 읽기 힘들 정도다. 나는 혼란스러운 감정들을 처리하지 못했다. 그런 감정을 가졌다는 것이 부끄러운 일이지만, 무안함과 수치심 그리고 분노가 우선이었다. (나는 사랑의 일에서 분노의 힘을 끌어내려고 하고 있었다.)

〈디트로이트 프리 프레스〉의 기사에는 내 사진 두 장이 실렸는데, 그중 한 장은 두 명의 덩치 큰 아프리카계 미국 남학생들과 함께한 사진이었다. 페미니즘의 지적, 사회적 도전, 나의 연구에 디트로이트가 미친 영향, 가톨릭의 실패에 대한 나의 생각이 그대로 인용됐다. 내 글은

정확하게 발췌됐다. 그러나 나에 대한 소개는 기본적으로 "제인 복음
서"를 설교하는, 자격 없고, 튀고 싶어 하는 페미니스트라는 것이었다.
데이비드 크럼의 상급 편집자는 기사를 과대 포장하기 위해 맥락을 벗
어난 진술과 자극적인 말들을 사용했다. 학문의 자유를 옹호하지만, 나
의 "기본적인 가르침은 … 정말로 신앙의 핵심에 상처를 입힌다. 그녀
의 해석은 우리 대학교의 입장이 아니며, 나는 이 대학의 99%의 사람
들이 그녀에게 동의하지 않을 것이라고 말할 것이다"라는 예수회 교무
처장의 말이 인용됐다. 또한 그는 이 대학이 근본주의적인 기관이 아니
라고 주장했다(*Detroit Free Press*, 1993. 2. 14). 이 기사는 들개를 풀어놓는 격
이 됐다. 나는 만만한 상대였다. 대학교, 나의 집, 디트로이트 대교구의
전화벨이 울리기 시작했다. 홍보부장은 나에게 대학교가 기부금 200만
달러 이상을 잃었고, 첫 주에만 두 건의 중요한 유언장에서 삭제됐다고
말했다. 대학교 동문인 내 친구 중 한 명은 "가난한 대학교는 학문의 자
유를 감당할 수 없다"라고 말했다.

　행정실과 이사회에 700통이 넘는 항의 전화가 걸려왔다고 한다. 나
와 비서들이 응대했던 사람들 대부분이 적대적이었다. 그들은 나를 창
녀, 페미나치, 헛소리의 여왕, 사이비 학자, 망상 환자, 암캐, 신성모독
자, 이단, 영적 암덩어리, 사탄, 레즈비언, 정신병자라고 부르면서 나의
견해에 대한 종교적 분노를 표출했다. 그들은 종종 나의 인종적 정체성
에 대해 물었고, 가톨릭 대학교의 교수직을 맡거나, 학과장으로 "존경"
받아서도 안 된다고 주장했다. 나의 사임이나 해고를 요구했고, 그중 두
번은 나의 죽음을 요구하기도 했다.

　지지 전화를 걸어온 사람들은 그 책을 어디에서 구할 수 있는지 물
었다. 도움을 청하는 학대받는 여성들, 교회에서의 소외감을 표출하는

게이 남성들, 딸의 운명을 생각하는 젊은 아버지들, 침묵을 강요당하는 것에 분노를 느낀 여성들, 그리스도교의 미래에 대한 희망 또는 절망을 느낀 남녀들, 떨리는 손으로 글을 쓴 여성의 열등한 지위에 항의하는 노인들 그리고 다른 학자들에게서 연락이 왔다. 많은 사람들은 이 기사를 통해 그 예수 전승이 사회의 가장 힘없는 구성원들에 대한 연민을 만드는 일에 어떤 기능을 할 수 있는지 볼 수 있게 해 주었다고 말했다.

나의 "논쟁적인 이론들"에 대한 케이블TV의 질문에 대해 애덤 마이다(Adam Maida) 대주교는 가톨릭 대학교에서 가르치는 사람들은 반드시 교회의 교도권에 충실해야 하며 자신은 이단과 싸울 것이라고 대답함으로써 나를 "해고"할 것을 시사했다. 학생 신문의 사설은 나의 학문적 자유를 강하게 옹호했고 행정실도 똑같은 용기를 가져야 한다고 요구했다. 이후 두 명의 이사가 공식 성명서를 발표했고 〈미시간 가톨릭〉(Michigan Catholic)과 인터뷰를 가졌다. 그들은 대학교가 "확고한 가톨릭"이며 종교학부가 "가톨릭 교리"에 대한 믿음을 갖고 있다고 확언했다(그들은 종교학부의 전임교원에 장로교인 두 명, 자칭 "타락한 유니테리언[Unitarian]" 한 명, 유대인 한 명, 예수회 신도 두 명, 가톨릭 출신의 평신도 한 명, 그리고 분류하기는 조금 어렵지만 내가 포함되어 있다는 사실을 밝히지 않았다). 그들은 인기 없는 견해를 주장한다는 이유로 종신직 교수인 나를 제재하는 것은 민법과 대학 정관에 저촉되며, 나의 논쟁적인 견해는 고용되고 몇 년이 지난 후에 알려졌다고 말했다. 이어서 그들은 "학문의 전문적인 기준이 무너진다는 징후가 나타나지 않는 한, 이것은 대학교 후원자들이 간섭할 문제가 아니다"라는 불길한 말을 덧붙였다. 그들은 나의 견해가 "전문적인 동료들에 의해 검토와 비판을 받고 균형을 갖추게 될 것"이라고 말했다. 대학교의 소식통들은 나에게 이 성명서의 초안에 나의 연구가 동료 교수들에게 존중받지 못한다는 익명의 전화 인터뷰에 기초한 주장이 포함됐다고 알려주었다. 학생 신문, 〈내셔널 가톨릭 리포터〉(*National Catholic Reporter*), 〈더 원더러〉(*The Wanderer*) 및 다른 곳에서 토론이 계속됐다.

대학교에서는 광범위한 반응이 있었다. 몇몇 교원들은 자신이 나에게 동의하는 "1%"에 속한다고 선언했다. 많은 사람들이 행정적인 지원의 부재에 충격을 받았다고 말했다. 그리고 가장 걱정스러운 것은, 몇몇은 아직 종신 재직권을 받지 못했고 또는 승진을 희망하기 때문에 공개적으로 자신의 견해를 밝힐 수 없다고 말했던 것이다. (이것을 학장에게 보고하자, 그는 단순히 "나는 당신을 믿지 않습니다"라고 말했다.) 우리 학부에 새로 고용되어 종신 재직권이 없던 한 여성과, 힘없는 몇몇 여성들이 나를 지지하고 그 기사의 잘못된 인식을 바로잡기 위해 〈디트로이트 프리 프레스〉에 편지를 보냈다. 새로운 여성 연구 프로그램은 극도로 취약한 재정 상태를 고려할 때 아무 말도 하지 않는 것이 더 신중하다고 판단했다. 종교학부는 침묵했다. 대학교 총장은 내 전화를 받지 않았다. 몇몇 교수들은 나쁜 평판으로 인해 내가 우리 모두의 직업을 위험에 빠뜨리고 대학 이미지를 손상시켰다고 말했다.

철학부의 두 구성원이 〈미시간 가톨릭〉의 종교학 부서를 공격하기 시작했다. 마이다의 편지가 설교단에서 낭독됐고 그의 기사가 교구 회보에 게재됐다. 그는 마리아의 처녀성에 대한 교회의 가르침에 대한 자신의 이해—마리아는 예수가 태어나기 전과 태어나는 동안 그리고 태어난 이후에도 쳐녀였다—를 자세히 설명함으로써, "다양한 교회의 가르침에 대한 [나의] 개인적이고 전문적인 의견" 때문에 고민하는 사람들을 안심시켰다. 그는 이러한 가르침이 조력 자살과 낙태권에 관한 현대 논쟁과 연관성이 있다고 강조했다. "도덕성과 신조는 명확하고 직접적으로 상호 연결되고 연관된다." 가르치지 않는다는 조건으로 나에게 월급을 지급하라는 제안이 두 건 있었는데, 그것은 나에게 전해지지 않았다. 우호적인 관계가 급변했다. 나는 학과장직을 사임했다.

대학교와 교회 집단 외부의 많은 사람들은 이러한 소동을 어이없어하거나 짜증나고 당황스러운 일로 여겼다. "마리아가 처녀였는지, 막달라가 창녀였는지, 제정신인 사람이라면 누가 신경이나 쓰겠습니까? 이곳 디트로이트에는 정의에 관한 중요한 문제들이 존재합니다." 그러나 이 사건의 심각성을 인지한 윈저대학교의 파멜라 마일런(Pamela Milne)은 북미성서학회에 소속된 학자들에게 그 총장과 이사회에 편지를 써달라고 요청하는 편지를 돌렸고, 많은 이들이 그렇게 해 주었다. 대학교는 공개적으로든 나에게든 이 편지들을 받은 것을 결코 인정하지 않았다. 엘리자베스 쉬슬러 피오렌차는 〈뉴욕 타임스〉(New York Times)가 요청한 사설에 내 연구를 사용했다. 그 글에서 그녀는 "미혼모인 마리아의 행위를 우리의 관심의 중심에 두는 것은 남성중심적인 크리스마스 판타지를 방해한다. 교회와 정치 당국 모두에게 위험한 움직임"이라고 주장했다. 디트로이트에서 겪었던 나의 경험, 한국의 정현경, 우익 반페미니스트 그리스도교 단체의 공격을 받았던 로즈마리 래드포드 류터(Rosemary Radford Ruether)의 경험을 언급한 이 기사는 〈뉴욕 타임스〉에서 논란의 여지가 너무 많다는 이유로 거부됐다.

〈디트로이트 프리 프레스〉의 기사가 나간 지 6개월이 지났고 논쟁은 계속됐다. 어느 날 한밤중에 나는 소방차 사이렌 소리에 잠에서 깨어났다. 나는 밖을 내다보았고, 처음에는 내가 본 것을 가늠할 수 없었다. 내 차가 불타고 있었다. 누군가가 기름통에 천 쪼가리를 넣고 불을 붙인 뒤 몰래 도망쳤다. 화재 감식반에서는 탱크에 기름이 적었더라면 폭발로 우리집과 이웃의 차고가 날아갔을 것이라고 말했다. 그렇지 않았기 때문에 차의 뒷부분이 부서지고, 타이어가 녹아버렸다. 이것은 증오범죄로 신고됐다. 경찰은 비겁한 자가 저지른 범죄라고 말했다. 대학교에서는 노조 측만이 공식적으로 어떤 연관성이 있다고 주장했고 내가 피해를 보상받는 데 도움을 주었다. 대학교에서의 내 위치에 대한 나의 이해는 변하고 있었다. 나는 다른 페미니스트 학자들을 방해했던 끝이 없고, 성과도 없는 소송과 실업의 심연을 재빨리 엿볼 수 있었다. 나는 가부장제가 만들어낸 여성의 이미지에 집착하는 광기와 권력 그리고 그 이미지가 사용되는 용도를 엿볼 수 있었다. 그 "아버지들"의 벌거벗은 얼굴을 결코 잊지 못할 것이다.

내가 받은 부정적인 편지에서 발췌한 것들은 성차별 이데올로기의 소중한 표현으로서 가치가 있다. "당신은 자기 몸으로 자신이 원하는 것을 할 수 있다고 믿는 여자들의 집단에 속해 있습니다. 그런데 별로 그렇지 않아요." "병적으로 자기중심적인 사람만 교회의 위대한 신학자들보다 자기가 더 많은 것을 알고 있다고 할 것입니다." 마리아가 강간당했을 가능성을 언급하는 것은 "쓰레기", "모더니즘의 폐해와 페미니스트들이 주절거리는 극단적인 선동", "사탄의 영향의 침범", "질병", "끔찍한 명예훼손," "더러운 것들"로 불렸다. "마리아는 강간으로 수태했을 리가 없다. 그랬다면 그녀의 아이인 예수는 불완전한 인간이었을 것이고 죄와 죽음에서 우리를 해방하는 속죄에 적합하지 않았을 것이다." "이런 종류의 폭력으로 아기를 갖는 것에 대해 다른 여성들과 이야기를 나누어 본 적이 있는가? 이것이 그녀에게 영향을 미칠 것이라고 생각하지 않는가? 하나님은 이런 식의 생각을 금한다. 그의 백성을 포함한 많은 사람들이 예수 그리스도의 복음을 왜곡하려고 했다." "나는 마리아와 강간을 동시에 떠올리는 것을 참을 수 없다." "하나님이 마리아의 강간을 허락했을 것이라고 생각하는 일은 역겹다." "하나님은 당신이 쓴 역겹고 수치스러운 일들로부터 마리아와 예수를 지키셨다." "당신은 마리아가 강간당하고 사생아를 낳았다고 주장하면서 마리아를 가장 낮은 자들과 연관시키고 있다."

에이드리언 리치(Adrienne Rich)가 말했듯이, 페미니즘 연구는 "20세기 백인 남성의 자본주의 문화 전체에 의해 반대됐으며, 그것에 대해 반대한다."[4] 아네트 콜로드니(Annette Kolodny)는 이 연구의 장점은 "강력한 문화적 관습의 전체적인 토대—계급의 배치에서 젠더 위계질서까지—를 무너뜨리기 때문에, 이에 대한 저항은 보호되는 특권과 문화적 신념만큼 강렬할 것"이라고 썼다. 그러나 "우리가 연구를 포기하는 순간 … 바로 그 순간, 반페미니스트의 지적 괴롭힘이 만연하게 될 것이다."[5]

그런 경험이 시작되고 4년이 지난 지금, 나는 이제 평가를 내릴 수 있다. 나는 여전히 직업을 갖고 있지만, 내가 속한 대학교에서 여러 가지 면에서 공개적으로 침묵하고 있다고 느낀다. 예전보다 적은 수의 학생들이 내 수업을 듣고, 수업을 듣는 학생 중 몇몇은 그들의 조언자들과 다른 교수들이 내 수업을 듣지 말도록 만류했다고 말해 주었다. 편지는 아직도 계속되고 있다.

그리고 나는 다른 책을 쓰지 않았다. 나는 부끄러움과 좌절 속에서

---

4. Adrienne Rich, "Forward: On History, Illiteracy, Passivity, Violence, and Women's Culture," *On Lies, Secrets, and Silence* (New York: W.W. Norton, 1979) 14.

5. Annette Kolodny, "Paying the Price of Antifeminist Intellectual Harassment," *Antifeminism in the Academy* (ed. V. Clark et al.; New York: Routledge, 1996) 28.

그 마지막 문장을 말한다. 나는 의지를 불러일으키고 마무리할 시간과 재정적 지원을 찾으려고 하고 있다. 그러나 아직 마무리하지 못했다. 나의 학문적 에너지는 기사와 강연에서 자신을 변호하고, 이미 오래된 주제를 살펴보고, 진정한 대화와 비평을 요구하는 데 사용됐다. 계속 해나가는 데 어려움을 느낀다.

그 공격에 대한 나의 대처 방식은 좋았다고 생각한다. 곧, 나는 변함없는 우정, 어린이들, 동물들, 승마, 교육 그리고 디트로이트 작가 연합 안에 다른 종류의 글, 시 저널에서 출판되는 글을 쓰는 것에 집중했다. 나는 『석류 씨앗과 여러 디트로이트의 시들』(Pomegranate Seeds and Other Detroit Poems)이라는 제목의 시집을 갖고 있으며, 곧 출판사를 찾아서 보낼 예정이다. 나의 학생들 중 몇몇은 뛰어나며 활기가 넘친다. 나의 영성은 메마르고 보잘 것 없는, 텅 빈 상태다. 그리고 영국 쉐필드아카데믹출판사(Sheffield Academic Press)에서 『사생아 예수』를[6] 출판했다. 필립 데이비스(Philip Davies)에게 감사의 마음을 전한다.

나는 사회, 교회 그리고 대학의 성차별 구조가 어떤 식으로 맞물려 있는지 분석할 수 있다. 파티에서의 농담, 여성 교직원과 지원자에 대한 조롱, 제지당하지 않는 괴롭힘, 고용 평등에 대한 관심 결여는 우리 중 누구도 안전하지 않다는 분명한 신호라는 것을 알고 있다. 백래시의 본질을 자세히 검토해야 한다. 그것은 비이성적인 폭발, 개인의 비겁한 행동과 리더십 부족, 거만한 태도, 학대의 기회 같은 것이 아니다. 토마스 서그루(Thomas Sugrue)의 말을 빌리자면, 이 모든 것은 위협하기 위해 고도로 계산된 정치적인 행동, 경계선을 알려주고 경고하기 위한 충고 행

---

6.   Jane Schaberg, *The Illegitimacy of Jesus: A Feminist Theological Interpretation of the Infancy Narrative* (Biblical Seminar 28; Sheffield: Sheffield Academic, 1995).

위다.[7]

긍정적인 면은, 우리가 디트로이트머시대학교에서 WS 프로그램을 강화했으며, 그것을 더 많은 페미니스트 교수진, 다양한 학술 공동체, 고용, 승진, 종신 재직 정책의 개선을 위한 투쟁의 기반으로 사용했다는 것이다. 우리는 벨 훅스(bell-hooks: 이름을 소문자로 쓰는 것으로 유명한 페미니스트—역주) 같은 연설자를 불러 왔다. 학술처장과 홍보처장, 성희롱 정책이 새로 생겼고, 그리고 지금은 여성 지위 위원회까지 생겼다. 현대언어학협회(Modern Language Association), 미국종교학회와 북미성서학회에 의한 반페미니스트의 지적 괴롭힘에 대한 분석에서는 나와 같은 많은 사람들의 경험을 공개했고, 우리는 혼자가 아님을 보여주었다. 또한 그것은 "우리가 기관의 목소리를 바꾸는 것", 즉 아네트 콜로드니(Annette Kolodny)의 표현을 빌리자면, "이해 당사자가 반페미니스트의 지적 괴롭힘을[8] 규탄하고 페미니즘 연구 사업을 진행하는 데 있어 기관으로서, 기관을 위해 발언할 수 있는 환경을 조성하는 것"이라는 목표를 세우도록 했다.

마지막으로 내가 쓴 "증오 메일이 작동하는 방식 그리고 작동하지 않는 방식"(How the Hate Mail Works and Doesn't Work)이라는 제목의 시의 일부를 읽으면서 마무리하고 싶다. 마지막에 나오는 검은 머리 인물은 웨인주립대학교(Wayne State University) 영어학과의 내 친구 안카 블라소폴로스(Anca Vlasopolos)이지만, 그녀는 파멜라 마일런, 글로리아 알브레히트(Gloria Albrecht), 제프 맥도웰(Jeff McDowell), 체스터 브라운(Chester

---

7. Thomas Sugrue, *The Origins of the Urban Crisis: Race and Inequality in Postwar Detroit* (Princeton, NJ: Princeton University, 1996) 249.

8. Kolodny, "Paying the Price," 21.

Brown), 나의 학생들, 북미성서학회와 미국종교학회의 페미니스트들과 페미니스트 지지자들 그리고 내가 언급한 다른 모든 강력한 목소리를 대변한다.

증오 메일이 작동하는 방식 그리고 작동하지 않는 방식

(살만 루시디[Salman Rushdie]를 위해, 파트와[fatwa] 8년 뒤)

당신은 휘갈겨 쓰거나 타이핑 할 수 있습니다
모서리가 들쭉날쭉한 줄 쳐진 종이 위에,
또는 워터마크가 있는 양각된 편지지 위에
반송 주소 없이, 회사 주소도 없이
당신은 한 장을 보내거나 복사해서 돌릴 수 있습니다.

이제 그것을 받았을 때 아마 수신인이 열겠지만,
작은 경험에 의하면 제3자가 여는 것이 덜 해롭더라고요.
수취인의 호기심을 믿어도 좋습니다. 특히 그 사람이 작가라면요.
이 사람들은 그들 생각만큼 똑똑하지 않습니다.

비록 당신의 표현이 문법에 맞지 않더라도 걱정 마세요.
그 표현은 상처를 줄 거예요. 사실 전염성이 있거든요.

편지를 보낼 때 어떤 기분이었나요: 정말 좋습니다.
하루 종일 기분이 좋습니다.
당신의 모든 분노와 함께 자유롭게 항해하네요.

받는 사람 기분은 어땠을까요: 별로 좋지 않아요.

당황해서 웃을 수도 있고,

얼굴을 붉히거나 차가워질 수도 있습니다.

그 말들이 뇌에 들어오고 거기에 머무는 것을 느낍니다.

아마 당신의 편지를 저장하고 공부할 거예요. 똑똑하지 않죠.

그런 뒤 당신이 일하러 가고 놀러 가고,

가족들과 즐겁게 지내고, 아내와 자녀를 훈육하고,

규칙적으로 예배하고, 잘 먹으면,

이제 그 편지는 정말로 작동하기 시작합니다:

당신의 말은 깊고 넓어지며, 다른 편지들과 이어집니다.

문장에서 문장으로, 이미지에서 이미지로, 저주에서 저주로.

당신 뒤의 편지 작성자와 기관들의

거대한 네트워크를 상상해보세요.

당신의 이 작은 편지는 높은 곳에서

홍보실에서, 그 기다란 마호가니 테이블에서 돈을 받으며 진지하게 환

영받습니다.

그것은 수치심과 관절통으로 작용하고,

우유 한 잔도 들 수 없게 하고,

혼란, 친구의 상실, 책망과 농담, 특히 농담,

심지어는 가끔 일어나는 폭력으로 작용합니다:

중요하지는 않아요. 요점을 말해 주세요.

그 후 편집증이 생기고 일할 의지가 약해집니다.

일에 대한 거부감, 일의 중단
알겠죠?

그러나 한 가지
조심하세요.

배(ship)의 뒷줄에서부터 일어나지 않도록
AAUP(미국대학교수협의회) 세미나의
그녀의 검은 머리는 뜨겁게 타올라요.
친구의 자유를 옹호하기 위해서
그리고 격렬한 이성의 파도가
입장들을 무너뜨립니다.
비듬 낀 비대한 성직자와
흥분한 몸짓을 하는 철학 교수
흰 소매의 홍보처장과 자리에 없는 총장

조심하세요.
그중 두 사람이 함께라면 거칠 것이 없습니다.

사생아 예수

서문

이 책은 나의 어머니 헬렌 월시 셰이버그(Helen Walsh Schaberg)의 80번째 생일에 대한 선물이자, 그녀의 끊임없는 격려와 유머감각 그리고 정신적·영적 유연성에 대한 감사의 표시다. 또한 이 책은 사랑하는 아버지 케네스 듀어 셰이버그(Kenneth Dewar Schaberg)의 지적 호기심에 감사하는 마음을 담고 있다.

이 연구에 관한 비평과 관심으로 풍성한 선물을 안겨준 많은 사람들에게 감사의 마음을 전한다. 내 자매인 헬렌 카우프만(Helen Kauffman)과 케시 바이올렛(Kathy Violette); 매형제인 크리스토퍼 J. 카우프만(Christopher J. Kauffman); 디트로이트대학교의 동료들, 특히 저스틴 켈리(Justin Kelly), 조지 피커링(George Pickering), T. K. 벤카스테와란(T. K. Venkateswaran,), 바바라 버틀러(Barbara Butler), 에드윈 드윈트(Edwin DeWindt), 사라 그라벨(Sarah Gravelle); 친구들과 학자들인 패트리샤 게이건(Patricia Geoghegan), 윌리엄 리더(William Reader), 제임스 버클리(James Buckley), 아델 피스케(Adele Fiske), 코라 브래디(Cora Brady), 캐시 와이더

(Kathy Wider), 진 램버트(Jean Lambert), 샤론 린지(Sharon Ringe), 일레인 샤프커(Elaine Schapker), 제임스 A. 샌더스(James A. Sanders), 스카일러 브라운(Schuyler Brown), 캐롤린 오식(Carolyn Osiek), 델로리스 킨케이드(Delores Kincaide), 마리에타 예거(Marietta Jaeger), 키트 콘캐넌(Kit Concannon), 그레이스 리(Grace Lee), 마르셀라 마르티네즈(Marcella Martinez), 수잔 베스컴(Susan Bascom), 레이아나 라베니우 스펄전(Leianna Rabenau Spurgeon), 클레이엘 달페레스(Clayelle Dalferes), 캐롤 호퍼(Carol Hofer). 저스터스 조지 롤러(Justus George Lawler)는 큰 도움이 되는 편집자이자 친구였다. 나와 함께 삶을 나누어준 두 어린이, 다리우스(Darius)와 캐롤린(Carolyn)에게도 감사한다.

이 책을 3분의 2 정도 썼을 때, 나는 유방암 진단을 받았다. 다시 일할 수 있게 해 주고 "'치료'받으러 갈 수" 있게 도와준 내 형제 케빈 셰이버그(Kevin Schaberg), 외과의사 게리 탤포스(Gary Talpos), 종양전문의 로버트 오브라이언(Robert O'Bryan)에게 감사드린다. 암과 그 치료에 대해 알려지지 않은 문제들에 관한 그들의 인식과 인정은 신약 성서에 대해 알려지지 않은 문제들에 관한 나의 인식 및 인정과 유사하다. 우리는 무지 가운데서 일하고, 발견을 희망하며 연구한다.

『사생아 예수』는 나의 동료 학자들 그리고 좀 더 일반적인 청중들을 위해 쓴 책이다. 먼저, 그들의 비판에 대해 미리 감사드린다. 또한 나는 성서 연구가 결코 전문가들에게 한정된 영역이 되어서는 안 된다고 믿는다. 그러므로 이 책은 모든 고전들과 마찬가지로 우리 모두의 것이다. 이 책에서 제시하는 것은 신약의 유아기 내러티브에 관한 새로운 해석이지만 이것이 오래전부터 있어 왔다는 주장이다. 이 책에서 제기한 주제들을 통해 일반적인 독자들이 성서 본문과 다른 학자들의 연구에 활발한 관심을 갖게 되기 바란다.

예상치 못한 출판 지연으로 인해, 나는 광고에 근거한 몇 가지 초기의 비판을 통해 유익을 얻을 수 있었다. 네 개의 부정적인 비판에 대해 언급하고 대답할 필요가 있다고 생각한다. 먼저, 제목이 불필요하게 선동적이고, 무례하고, 매우 자극적이며, 신성모독적이기까지 하다는 일부 반대 의견이 있었다. 그러나 이 제목은 다른 어떤 제목으로도 할 수 없는 방식으로 이 책에 대해 말해 준다. 복음서 자체가 선정적이고 수치스럽다. 복음서에 대한 익숙함과 특색 없는 해석들, 특히 유아기 내러티브에 대한 억압적인 관점은 복음서의 그런 측면을 모호하게 만들고, 더 큰 복음서 스캔들의 그늘로 끌어들이며, 그늘을 더욱 짙어지게 한다.

둘째, 유대교와 그리스도교 간의 대화에 적극적인 한 학자는 이 책이 "유대인들을 문제의 원인"으로 삼는 책이 될 것이라고 말했다. 그의 반응은 아마도 이 책에 예수의 사생아 출생에 관한 탈무드와 중세 족보 전승을 다루는 논의(본서 제4장)가 담겨 있을 것이라는 정확한 추정 때문일 것이며, 아마도 이런 종류의 전승은 "형제애"(brotherhood)의 이익을 위해 잊혀지는 것이 가장 좋다는 잘못된 견해 때문일 것이다. 이 전승들은 신약성서 연구를 위한 가치 있는 정보들을 담고 있다. 그것들은 논쟁적이지만, 단순히 논쟁적인 것뿐만은 아니다. 유대교-그리스도교의 대화는 과거의 차이점에 대한 인식과 토론, 공통된 통찰이 있을 때 가장 의미 있는 일들이 발생한다. 이 대화는 유대교와 그리스도교 여성들의 연구와 협력을 통해 최근에도 강하게 일어나고 있으며, 앞으로도 힘차게 계속될 것이다.[1] 그리스도교 페미니스트 성서 연구자들은 우리의 뿌

---

1.   J. Plaskow, "Christian Feminism and Anti Judaism," *Cross Currents* 28 (1978) 306-09; "Blaming the Jews for Inventing Patriarchy," *Lilith* 7 (1980) 11-12;

리를 유대교 페미니스트에서 찾고 있으며, 이 책은 그 연구에 도움이 될 것이다.

셋째, 신약성서 연구의 목회적이고 성직자적 차원에 관심이 있는 사람들은, 평신도와 성직자를 막론하고 일반 신자들이 이런 종류의 연구에 관한 세부 정보에 접근할 수 없고, 이 책을 이해하지 못할 것이며, 따라서 그리스도인들 사이에서 물의를 일으키고, 구호를 외치게 하고, 욕하고, 서로 다투게 하고, 아무런 유익도 없으며, "주님의 영광을 가릴 것"이라고 논평했다. 누구나 인정하는 바와 같이, 강의실 책상과 예배당의 장의자, 교실과 설교단 사이의 간극은 매우 크다. 그러나 그 간극은 교육으로 메울 수 있고, 우리는 그 간극을 메워야 할 의무가 있다. 나는 이 책이 열린 토론에 도움이 되길 바란다. P. S. 미니어(P. S. Minear)는 "자기만족적인 정통 신앙 때문에 너무 쉽게 믿는" 사람들, "교리적인 문제들에 대해 자신이 이미 알고 있는 해결 방법에 따라 너무 성급하게" 유아기 내러티브를 읽는 사람들, "완벽하고 공격적인" 믿음을 가진 사람들에 관해 말한다.[2] 이러한 태도를 가진 사람들의 생각을 바꾸거나 설득하는 것이 가장 어렵다. 그들은 종종 가장 열성적인 교회 신자이지만, 그들이 다수를 차지하는 것도 아니며 평균의 모습이 그러한 것이라고

"Feminists and Faith," ibid., 14-17; "Anti-Semitism: the Unacknowledged Racism," *Women's Spirit Bonding* (ed. J. Kalven and M. I. Buckley; NY: Pilgrim, 1984) 89-96; B. Brooten, "Jüdinnen zur Zeit Jesu: Ein Plädoyer für Differenzierung," *Frauen in der Männerkirche* (ed. B. Brooten and N. Greinacher; Munich: Kaiser, 1982) 141-48; E. Schüssler Fiorenza, *In Memory of Her* (NY: Crossroad, 1983) 105-07, 141-42, 151-52; R. Kraemer, review of *In Memory of Her*, *RSR* 11 (1985) 6-9을 볼 것. 표준 음역과 약어는 *Journal of Biblical Literature* 95 (1976) 339-46을 볼 것.

2.   P. S. Minear, "The Interpreter and the Birth Narratives," *SBU* 13 (1950) 5-6.

말할 수도 없다. 성서 해석자는 자신의 공동체뿐만 아니라 다른 공동체들에 대해서도 책임이 있다.

넷째, 몇몇 사람들은 이 책이 "너무 상상력이 풍부해 보인다"라고 말했다. 상상력이 풍부한지 아닌지는 "상상한 것"에 대한 논쟁을 평가한 후에 판단할 수 있으며, 그런 뒤에 그것이 타당하거나 설득력이 있는지 아닌지 알 수 있을 것이다. 쉬슬러 피오렌차가 "역사적 상상"이라고[3] 부른 것이 없었다면, 성서 저자들의 세계와 상상력은 비평가들에게 닫혀 있었을 것이다. 물론, 후대의 사고방식과 현실의 투사가 먼 과거의 사고방식과 현실을 모호하게 만들게 되면, 수 세기의 시간 간격을 넘어 이해하고 공감하려는 노력은 실패하고 만다. 이 책에서 시도하는 것은 그런 종류의 투사가 없는 상상이다. 이제 집필을 마친 내 나름의 비판 중 하나는, 이 책의 상상력은 **충분**하지 않다는 것이다. 예를 들어, 이 책의 제2장에서는 마태복음 1장에서 묘사하는 상황 속에 여성에게 일어날 수 있었던 일을 상상하고 연구한다. 그러나 그 상황에서 여성이 할 수 있는 일이 무엇이었는지에 대해서도 상상됐어야 한다.

인간의 평등을 위한 투쟁에 헌신하는 학문에 종사하는 것이 새롭고 가치 있는 이해를 가져올 수 있다는 통찰의 정신으로, 나는 이 책을 사생아를 낳은 수백만의 여성들과, 그들 중 몇 명은 내 친구인, 수많은 "아버지 없는" 아이들에게 헌정한다. 그들의 공통된 관심사는 나의 생각을 새로운 방향으로 돌리게 해 주었다.

---

3.   Schüssler Fiorenza, *Memory*, xx.

제1장
서론

"모든 전설의 발생지에서는 전설이 번성할 수 없다."[1]

A. 개요

이 책은 기본적으로 신약 성서의 유아기 내러티브에 대한 학문적
해석에 기여하기 위해 쓰였다. 이 책의 모든 장마다 이 본문에 관한 글
을 썼던 다른 학자들에게 빚을 지고 있다.[2] 그러나 대부분의 경우, 이 책

---

1. Saul Friedlander, *When Memory Comes* (NY: Avon, 1980) 151.
2. 특별히 다음을 보라: R. E. Brown, *The Virginal Conception and Bodily Resurrection of Jesus* (NY: Paulist, 1973); *The Birth of the Messiah* (Garden City: Doubleday, 1977); R. E. Brown, K. P. Donfried, J. A. Fitzmyer, J. Reumann, *Mary in the New Testament* (Philadelphia: Fortress, 1978), "A Collaborative Assessment by Protestant and Roman Catholic Scholars"; J. A. Fitzmyer, *The Gospel According to Luke I-IX*(AB28; Garden City: Doubleday, 1981); R. E. Brown, "Gospel Infancy Narrative Research from 1976 to 1986: Part I (Matthew)"; "Part II (Luke)," *CBQ* 48 (1986) 468-83; 660-80.

에서 그들의 연구는 논쟁을 전환하고 (교회적 합의뿐만 아니라) 학문적 합의
에 반대되는 결론에 이르도록 하는 데 사용됐다. 나의 주장은 예수의 출
신을 다루는 마태복음 1:1-25, 누가복음 1:20-56과 3:23-38이 원래 기적
적인 동정녀 수태가 아니라 사생아 수태에 관한 본문이라는 것이다.

그것은 마태와 누가가 전해 받은 전승, 즉, 마리아와 요셉의 약혼 기
간에 메시아 예수가 사생아로 수태됐다는 전승을 후대에 전하려는 의
도, 정확히 말하자면 의도들 중 **하나**였다. 복음서 이전의 단계에서, 이
미 이 사생아 수태는 설명할 수 없는 방식으로 성령의 능력에 의해 일
어난 일이라고 신학적으로 이해되고 있었다. 두 복음서의 저자들은 잠
재적으로 해로울 수도 있고, 해방적일 수도 있는 이 자료를 한층 더 가
공하여, 각각 자신들만의 뛰어나고 설득력 있는 설명을 만들어냈다. 이
책의 제2장과 제3장은 그 전승을 전달한 마태와 누가 내러티브에 대한
주석이다. 이 내러티브들에 대한 해석의 역사, 그것에 관한 우리의 선입
견뿐 아니라, 복음서 저자들의 신중함과 남성중심적인 관점은 이 내러
티브의 의미에 대한 이러한 측면을 인식하기 어렵게 만든다. 에밀리 디
킨슨(Emily Dickinson)의 표현을 빌리자면, 그들은 진실을 말했지만, "편향
되게" 말했다. 그들은 이야기 속에 사생아 전승을 전제했지만 그리스도
인들은 빨리 알아차리지 못하게 됐다.

제4장에서는 복음서 이전의 전승을 최대한 재구성할 것이다. 그런
다음, 각 복음서 저자들의 편집을 심도 있게 분석하고, 그 내러티브들과
사생아 전승에 관한 초기의 해석을 간단하게 추적할 것이다. 한편에서,
그 전승은 예수의 출신과 관련된 유대인들의 주장과 고발에 대한 그리
스도교의 기록과 유대인들이 직접 작성한 기록을 통해 보존됐고 논쟁
이 이루어졌다. 다른 한편에서, 우리가 아는 바로는 유대 그리스도인들

과 이방 그리스도인들이 세 가지 다른 방식으로 사생아 잉태 전승을 제
거했다. 곧, 어떤 사람들은 요셉이 예수의 생물학적 아버지라고 주장했
고, 어떤 사람들은 예수 그리스도는 인간 부모가 없는 초자연적 존재라
고 주장했으며, 어떤 사람들은 예수가 남성의 정자나 성행위 없이 동정
녀로서 수태된 것이라고 주장했다. 기원후 2세기 말에 이르러, 동정녀
수태라는 이 최종적인 믿음이 예수의 출생에 관한 가장 유력한 그리스
도교의 이해가 됐고, 신약 성서 내러티브들에 대한 지배적인 해석과 의
미가 됐다. 그리스도인들은 예수의 사생아 수태에 관한 전승을 잃어버
렸지만, 그 전승은 유대인 공동체에 전해졌고, 그 안에서 발전됐다. 에
필로그에는 앞에서 말한 분석에 비추어 유아기 내러티브를 다시 살펴
보면서, 로마 가톨릭의 동정녀 수태 교리의 위상에 관한 문제와 권위를
부여하는 인물인 마리아 또는 동정녀에 대한 현대적 이해에 대해 논평
할 것이다.

B. 이 책의 기원: 개인적 회고

　이 책을 쓰게 된 이유에 대해 여기에서 잠시 밝혀둘 필요가 있다고
생각한다. 그 과정을 인식하는 것은 방법론적으로 중요하며, 전제에 대
한 중요한 문제를 제기한다. 이 연구는 이사야 7:14의 임마누엘 예언에
관한 악의 없는 '객관적인' 질문에서 시작됐다. 히브리 성서에는 이 구
절이 "보아라, 젊은 여자(young woman)가 임신하여 아들을 낳을 것이니,
그의 이름을 임마누엘이라 하라"(RSV 직역)로 기록되어 있고, 그리스어
역본인 칠십인역(LXX)에는, "보아라, 처녀(virgin)가 그 태에 잉태하여 아

들을 낳게 될 것이다. 너는 그의 이름을 임마누엘이라 부를 것이다"라
고 기록되어 있다. 많은 주석가들은 칠십인역 번역자들이 히브리 성서
본문의 의미를, (현재는) 처녀인 여성이 앞으로 (일반적인 여성들이 임신하듯
이) 임신하게 될 것이라는 의미로 이해한 것이라고 주장한다. 그러나 이
구절을 1:23에서 성취 인용문으로 사용했던 마태는 이것을 다른 의미로
이해했던 것으로 보인다. 즉, 마태는 이사야의 예언을 생물학적 처녀가
남성과의 성행위 없이 기적으로 수태할 것이라는 예언으로 해석했다.
그러나 칠십인역의 번역자들이 이해했던 방식대로 마태가 이해하지 못
했음을 우리는 어떻게 알 수 있는가? 마태복음의 첫 장에 마태가 그 구
절을 이해하지 못했다는 결론으로 우리를 이끄는 증거가 있는가? 질문
을 바꿔서, 마태복음의 유아기 내러티브가 동정녀 수태에 관한 것이라
는 견해는 기본적으로 마태가 이사야 7:14을 새로운 방식으로 읽고 사
용했다는 생각에 의존하고 있는가?

　연구와 대화를 통해, 처음의 질문은 일련의 기술적인 성서 주석적
질문들, 즉 마태복음 1장에 제시된 상황의 법적인 측면 및 마태가 의존
하는 구약[3] 및 신구약 중간기 전승에 관한 탐구로 확장됐다. 이 마지막
각도에서 접근하면 동정녀 수태라는 개념이 점점 이상하게 느껴지고,
신약성서의 유아기 내러티브가 잘못 해석된 것처럼 보이게 된다. 초기
의 문헌에는 하나님이나 성령의 행위가 인간의 역할을 불필요한 것으
로 만들어 자연스러운 인간의 성행위를 대신하거나 취소했다고 말하는
본문은 존재하지 않는다. 이에 반대하는 교회와 학자들의 주장에도 불
구하고, 동정녀 수태라는 개념은 인간의 성에 대해 무언가 부정적으로

3.　구약성서라는 이 불행한 용어는 이 연구에서 히브리 성서와 칠십인역을 함께 부르
　　기 위해 아무런 비하적인 의미 없이 사용됐다.

말하는 것처럼 보이며, 그것은 (성차별적이고 남성중심적인 성향을 감안하더라도) 주류 이스라엘, 유대 전통의 성에 관한 긍정적인 태도에 반대된다. 초기 그리스도교 전통이 유대인들의 성에 관한 긍정적인 성향에 유례없이 반대했다는 것이 전적으로 불가능하지는 않지만, 이 경우에는 더욱 가능성이 없어 보인다. 유아기 내러티브는 신약 성서에서 가장 두드러진 유대적 자료 가운데 하나로 널리 인정받고 있다.

그 본문들이 동정녀 수태에 관한 것이 아니라면 사생아 수태에 관한 것임이 분명해진다. 요셉이 예수의 생물학적 아버지가 아니라는 두 복음서 저자의 주장을 진지하게 받아들인다면, 그리고 마태가 전하는 요셉의 딜레마 이야기를 설명하려고 한다면, 이것이 유일한 대안으로 보인다.[4] 이 선택이 지나친 선입견의 영향이 아닌 성서 해석의 문제에 근거한 것임을 최대한 확실하게 하기 위해, 대안들과 그 대안들 사이의 선택에 관한 내 자신의 입장과 전제에 대해 지속적으로 살펴보는 것이 필요하게 됐다.

---

4. T. Boslooper, *The Virgin Birth* (Philadelphia: Westminster, 1962) 131과 Brown, *Virginal Conception*, 66을 대조해 볼 것. Boslooper는 그가 역사비평에 의해 무너졌다고 주장하는 "일련의 순진한 대안들"(동정녀 수태[초자연적 입장] 또는 사생아 수태[자연주의적 입장])에 대해 말한다. 그는 요셉이 예수의 생물학적 아버지이며, 동정녀 수태 신화는 결혼의 신성함을 강조하는 것이라고 생각한다. 그러나 이것은 마태복음 1장의 의미와 통하지 않는다. Brown은 동정녀 수태를 부정하는 사람들은 (그가 마태의 내러티브 배후에 있다고 생각하는) 사생아 출생과 변칙적인 출생에 관한 소문이 어떻게 발생했는지 그리고 "매우 불쾌한 대안"인 사생아 출생을 받아들이지 않으면서 그 소문에 대답하는 과제를 피할 수 없다고 매우 설득력 있게 주장한다. 그러나 Boslooper와 Brown 모두 역사적인 대안들에 관해 논의하고 있는 것이지, 내가 여기에서 하고 있는 복음서 저자의 의도에 대한 대안적 해석을 하고 있는 것이 아니다. M. Miguens, *The Virgin Birth* (Westminster, MD: Christian Classics, 1975) 58-59, 그리고 S. B. Marrow, *CBQ* 38 (1976) 577의 비판적 평가도 볼 것.

이 장의 D 부분에서, 나는 동정녀 수태에 대한 믿음과 마리아상 (image of Mary)에 대한 현대 페미니스트의 사고방식과 전제에 대해 논의할 것이다. 가부장적 가족 구조의 "합법"(legitimately) 기준에 맞지 않는 여성들과 아이들에 대한 고대와 현대의 사고방식 또한 유아기 내러티브의 해석에서 중요한 역할을 한다. 의도적으로, 또는 부득이하게 혼외 임신을 한 여성들, 강간에 의해 또는 유혹에 넘어가서 임신한 여성들, 생물학적 아버지가 그들의 삶에서 아무런 역할을 하지 않는다는 의미에서 종종 "아비 없는 자식"으로 불리는 사생아들, 이러한 수많은 사람들이 본문의 배후에서 나의 시야를 넓혀주기 시작했다.

새롭거나 불편한 대답(이 경우에는 일부 사람들을 불편하게 만드는 사생아 수태라는 대안)이 "불편하기 때문에 언제나 진실이며, 어떠한 반대 의견도 전통주의자들의 부질없는 몸부림으로 치부될 수 있다"라고[5] 가정한다면, 우리는 신약 성서 연구의 진전을 이룰 수 없다. 다시 말해, 우리는 "역사와 교리의 충돌"을[6] 일으키는 해석(이 경우에는, 몇몇 이들에게 "성모 신학의 발전 배후에 있는 확실한 종교적 본능"으로[7] 여겨졌던 것에 의문을 제기하는 것)이 언제나 진리라고 가정할 수 없다. 또한 비전통적인 해석이 진리가 아니라고 가정할 수도 없다. 형태를 갖추어 가고 있었던 이 내러티브에 대한 해석—동정녀 수태가 아닌 사생아 수태—은 2000년 동안 그리스도교의 진지한 해석 어디에서도 완전하게 주장된 적이 없다.[8] 그러나 이 2000

---

5. T. F. Glasson, "The Power of Anti-Tradition," *Epworth Review* 4 (1977) 86.

6. R. R. Ruether, "The Collision of History and Doctrine: the Brothers of Jesus and the Virginity of Mary," *Continuum* 7 (1969/70) 93-105.

7. S. Brown, "Mary in the New Testament and the Problem of Hermeneutics," *Clergy Review* 65 (1980) 117-121을 볼 것.

8. 19세기에 상상적으로 예수가 혼외 관계에서 태어났다고 주장했던, 예수의 생애를 기록한 저자들의 견해(Venturini, Noack, de Régla 및 기타 등등; 참고, A.

년 동안 그리스도교 인구의 절반만이 이러한 주석과 분석을 대변해 왔
다. 신시아 오지크(Cynthia Ozick)는 탈무드가 "모든 유대인 공통의 산물"
이라는 아딘 슈타인잘츠(Adin Steinsaltz)의 진술을 "터무니없는 거짓말"이
라고 말한다.

> 사실 탈무드는 모든 유대인 공통의 산물이 아니라, 그 절반인 남성들에
> 의한 것이다. … 우리에게 있는 탈무드는 유대인 절반의 재능에 의한
> 것이다. 그것은 역사 속에 나타난 주님의 음성을 들으려는 사람들에게
> 는 충분치 않다. 우리는 한쪽 귀로만 들어왔고, 반쪽 혀로만 말해 왔으
> 며, 스스로 부분적으로 귀를 멀게 하고, 말을 못하게 하고 있었다는 것
> 을 결코 이해하지 못한다.[9]

Schweitzer, *The Quest of the Historical Jesus* [London: A. & C. Black, 1954] 177-79, 326; J. G. Machen, *The Virgin Birth of Christ* [London: Clarke, 1958], n. 35, p. 11; 참조, 273-79; Boslooper, *Virgin Birth*, 87-88)와, P. W. Schmeidel의 "Mary"와 H. Usener의 "Nativity," in *Encyclopaedia Biblica* (ed. T. K. Cheyne; London: Black, 1902) 3.2952-69, 3340-52. R. E. Win ("The Myth of God's Mother Incarnate," *Studio Biblica* 3 [Sixth International Congress on Biblical Studies; ed. E. A Livingstone; Sheffield: JSOT, 1978] 449)은 *The Myth of God Incarnate*의 저자들에게 "처녀 수태"(parthenogenesis)가 커다란 걸림돌이었던 것처럼, "여성 해방 운동의 '아방가르드'(*avant-garde*)에게도 그랬을 것이다"라고 말한다. 그리고 이어서 이렇게 이야기했다: "Origen이 '신적 지혜'라고 불렀던 행동자를 통한 수태 가능성은 그 시기에 강력히 거부될 것이다. 그 대신에 출생 이야기는 플라톤주의자 Celsus와 후대의 William Blake의 방식으로 순결을 잃은 미혼 소녀에 관한 진실로 해석될 것이다. 신화적인 설명은 도움이 되지 않을 것이다." 내가 아는 한, 이 설명과 가장 유사한 것은 둘 뿐이다: R. Ruether (*Sexism and God-Talk* [Beacon: Boston, 1983] 3)와 D. Soelle (*The Strength of the Weak* [Philadelphia: Westminster, 1984] 43). 내가 추정하는 바, 이 둘 모두 신약성서에 관해서가 아니라 역사적으로 이야기한다.

9. C. Ozick, "Notes Toward Finding the Right Question," *Lilith* 6 (1979) 25.

물론, 그리스도교 전통도 마찬가지다. 그것은 절반인 남성들끼리 만들어온 것이다. 부분적으로 귀가 멀었고, 말을 못해 왔다는 점을 깨닫게 되면, 우리는 오늘날의 유대교와 그리스도교 페미니스트 해석이—우리가 결코 알 수는 없겠지만—과거에 침묵했던 사람들의 목소리일지도 모른다고 상상할 수 있게 된다.[10] 그 침묵의 전통은 나름의 낯선 중요성을 갖고 있으며, 그것은 우리가 책임감을 갖고 연구하도록 용기를 준다. 그것은 각각의 비평가들에게 공동체 의식과 용기를 줄 수 있다.[11] (또한, 아래에서 보게 되겠지만, 이러한 작업의 한 측면은 본문 사이의 침묵을 세밀하게 들을 수 있게 해 주는 것으로 밝혀졌다).

팀을 이룬 학자들의 협동을 통해서만 이 주제가 필요로 하는 종류의 연구를 이루어낼 수 있고, 모든 단계의 성서 주석에 대한 분석을 개선하며, 영지주의 연구, 사상사(history of ideas), 사회학·심리학의 영역으로 연구를 확대할 수 있게 해 준다. 이 책은 내가 생각했던 것에는 미치지 못하지만, 이것은 작업의 시작일 뿐이다.

C. 페미니스트 신학 해석

이 책은 동기, 포부, 그것이 보여주는 용기, 방법론의 중요한 측면,

---

10. Tillie Olsen, *Silences* (NY: Dell, 1983)를 볼 것.
11. S. Handelman (*The Slayers of Moses* [Albany: State University of NY, 1982] 207)은 G. Scholem의 연구에 대해 다음과 같이 말한다: 해석사(interpretive history) 전통의 연속성을 따르는 사람만이 창조적으로 해석할 자유와 정당성을 얻는다. Scholem에게 있어서, 전통에는 단 하나의 권위만 존재하는 것이 아니라, 오히려 많은 중심점과 모순된 목소리들이 존재한다.

이 모든 것을 페미니스트 비평에서 가져왔다는 점에서 페미니스트 연구다. 페미니스트 성서 해석의 이론들은 최근의 여러 출판물들에서 자세히 다루어졌다.[12] 여기에서는 이 연구에 있어서 특별히 중요한 요소들에 대해 간단히 논의할 것이다. 부분적으로, 그 요소들은 진행 중이고 완료된 주석에 대한 반성을 통해서만 명확해질 수 있다.

힐다 스미스(Hilda Smith)가 정의한 것과 같이 페미니즘에 근거한 접근법은 다음과 같다: 곧, "여성들을 확정된 행동 양식, 특별한 법률적, 입법상의 제한, 관습적으로 정의된 역할이 있는, 구분된 사회학적 집단으로 보는 관점"인데[13], 이는 합리적인 기준이나 생리학적인 지침에 근거한 것이 아니다. 그녀는 페미니스트들이 비페미니스트들보다 더 빨리 여성 개인들에게 닥치는 어려움에 대해 "왜?"라는 질문을 던진다고 말한다. 페미니스트의 답변에는 기존의 사회 내에서 권력자에 의해 구조적으로 권리가 제한됐던 사회학적 집단인 여성에 대한 이런 이해가

---

12. 특히, E. Fox-Genovese, "For Feminist Interpretation," *USQR* 35 (1979/80) 5-14; B. Brooten, "Feminist Perspectives on New Testament Exegesis," *Conflicting Ways of Interpreting the Bible; Concilium* 138 (1980) (ed. H. Kung and J. Moltmann; NY: Seabury, 1980) 55-61; M. A. Tolbert, "Defining the Problem: The Bible and Feminist Hermeneutics," *Semeia* 28 (1983) 113-26; Schüssler Fiorenza, *Memory*, xiii-95; *Bread Not Stone, The Challenge of Feminist Biblical Interpretation* (Boston: Beacon, 1984); "Claiming the Center: A Critical Feminist Theology of Liberation," *Women's Spirit Bonding* (ed. J. Kalven and M. I. Buckley; NY: Pilgrim, 1984) 293-309; *Feminist Perspectives on Biblical Scholarship* (ed. A. Y. Collins; Chico: Scholars, 1985)에 있는 Schüssler Fiorenza, Setel, Brooten, Osick, Fuchs의 글들; *Feminist Interpretation of the Bible* (ed. L. M. Russell; Philadelphia: Westminster, 1985)을 볼 것. *The New Feminist Criticism* (ed. E. Showalter; NY: Pantheon, 1985)도 볼 것.
13. Hilda Smith, "Feminism and the Methodology of Women's History," *Liberating Women's History* (ed. B. A. Carroll; Urbana: University of Illinois, 1976) 370.

포함될 것이다. 다음 장에서, 마태복음 1장은 나사렛의 마리아에게 다가온 어려움에 관한 이야기로 해석될 것이 분명하다. 우리는 "왜?"라는 질문을 할 것이고, 억압받지만 강력한 집단인 여성의 이해에 근거하여 그 답을 찾아갈 것이다.

여성의 권리 그리고 여성들에 대한 부당한 거절에 관한 페미니스트 의식은 여성에 대한 억압과 여성의 권력에 대한 경험의 증가, 평등한 사회에 대한 비전에서 비롯된 것이다. 그 비전이 얼마나 성서적인지, 그것이 성서 전승의 어떤 기록이나 단계에서 발견될 것인지가 현재 논의되고 있는 문제들이다.

페미니스트 해석은 여러 고려사항들에 연구 중인 본문 및 전승이 형성된 사회에서의 여성의 지위와 역할에 대한 초점을 추가한다. 우리 사회와 마찬가지로 성서의 사회는 가부장적이었고, 이원론적 사고방식에 지배됐다. "페미니스트 비평은, 정치에서 '여성 문제'라는 이름이 이제 개인의 자유와 사회 정의에 관한 모든 근본적인 질문에 적용되는 것처럼, 성 억압의 해로운 파급 효과에 대해 경계하는 모든 비평에 적용되어야 할 이름이다."[14] 세계적인 사회 변화 운동의 일환으로, 이 비평은 "단순히 세상을 해석하는 것이 아니라 해석자와 해석 대상의 관계에 대한 의식을 바꿈으로써 변화를 일으키려는 목적을 가진 정치적 행위다."[15] 남녀 페미니스트들은 오래된 본문들에 새로운 비평 방향을 적용하면서 전체 문학 유산에 대한 수정주의적 해석에 착수하고 있다. 이러한 재해석은 "세상과 문학 본문, 더 나아가 서로를 새롭게 해석하는 능

---

14. J. Culler, *On Deconstruction* (Ithaca: Cornell University, 1982) 56.

15. J. Fetterley, *The Resisting Reader. A Feminist Approach to American Fiction* (Bloomington: Indiana University, 1978) viii.

력의 향상 가능성"을 우리에게 제공한다.[16]

페미니스트 해석의 중요한 측면은 여성 운동의 관점에 비춘 본문과 현재 상황 사이의 상호작용에 대해 솔직한 관심을 갖는다는 점이다. 이 상호작용은 해석자의 공감, 상상력, 분석을 예리하게 만들 수 있다. 그러나 그 목표는 본문을 시대착오적인 유용성과 타당성이 있는 것으로 만들기 위한 것이 아니며, "역사를 여성의 열망과 자의식을 증명**해야 할 것으로** 구성하기 위한 것도 아니다."[17]

또한 그 목표는 완전히 객관적인 해석과, 해석으로부터 분리된 가치 중립적인 역사적 '사실들'을 과학적으로 제시하려는 것도 아니다. 현대 해석학은 그러한 목표를 달성하는 것은 불가능하며 바람직하지도 않다는 점을 인식하고 있다. 우리는 점차 해석자, 그녀/그 자신의 해석을 형성한 성향의 중요성을 깨닫게 됐다. 우리가 보는 것은 우리가 무엇을 볼 준비가 되어 있는지, 우리의 책무, 경험, 삶의 방식, 우리가 속해 있고 책임지고 있는 공동체에 의해 상당한 영향을 받는다. 따라서 (a) 우리의 관점에 대한 자각과 인식, (b) 그것과 관련된 자기 비판적 입장, (c) 새로운 발견에 대한 개방성이 중요하다. 페미니스트 해석에 대한 가장 일반적인 반대는, 그것이 주관적이며, 기득권의 관점에 따라 결론이 내려진다는 것, 본문이 실제로 말하려는 바를 왜곡하기 쉽다는 것이다. 그러나 모든 해석은 주관적이며, 허용 가능한 해석인지 여부는 학문적 기준에 의해 판단되어야 한다.[18]

---

16. A. Kolodny, "A Map for Rereading," *New Feminist Criticism*, 59.
17. 이것은 P. Wilson-Kastner가 "Christianity and New Feminist Religions," *Christian Century*, Sept. 1981, 866에서 분명하게 말했던 것처럼 일부 페미니스트 신학자들의 목표다.
18. Tolbert는 기준 자체가 추가적인 문제들을 일으킨다고 지적한다("Defining the

여기에서 기본적인 목표는 예수의 수태에 관한 마태와 누가의 의도 그리고 그들이 해석한 역사와 전통에 대한 정확한 이해를 제시하는 것이다. 이 목표는, 그 의도가 무엇이건 간에 그 의도를 이해하거나 역사 비평 도구를 사용하여 거기에 최대한 가까이 다가가는 것이 유용한 과거를 찾는 데 필수적인 과정이라는 확신 속에서 수행된다. 특히, 20세기라는 시간을 거슬러 저자의 의도를 밝혀내려는 시도들은 엄청나게 힘든 일이며, 대부분의 사람들은 그런 시도들이 터무니없는 일이라고 주장한다. 글을 쓸 때, 저자들은 다양한 의도들을 갖고 있으며, 그 모든 의도들을 동일하게 의식하고 있거나, 동등하게 중요한 것으로 여기고 있는 것은 아니다. 어떤 의도들은 목적을 이루지 못할 수도 있다. 기록된 작품들은 그 자체의 생명을 갖게 되며, 다른 시대의 다른 독자를 위한 새로운 의도를 획득하면서 저자의 의도를 넘어서는 의미와 기능을 갖게 된다. 위대한 작품들은 다른 상황과 새로운 강조점들 속에서 은밀하고 잠재적인 의도들을 드러낸다. 그것들은 변형(metamorphosis)의 가능성을 갖고 있다. 모든 유력한 해석은 후대 해석자들에게는 불완전하고 부족하며 교정이 필요한 것으로 보일 수 있다는 점에서 오독이다.[19] 성서학자들이 본문의 의미에 관한 과학적 **확실성**을 얻는 것은 사실상 인식론적으로 불가능하다. 그러나 "저자들이 생각했던 것을 생각하고", 그들이 전하려고 했던 의도를 밝히기 위한 엄밀하고 집중적인 노력은

Problem," 118). 무엇이 타당한지 결정하고, "일치된 관점"을 형성하는 "대중"(public)은 타당성의 기준이 서로 다른 특수한 이익 집단들이다. 주관적이라고 불리는 해석은 평가 집단의 관점에서 벗어난 해석일 수 있다.

19. H. Bloom, *A Map of Misreading* (NY: Oxford University, 1975); 참조, S. Rawidowicz, "On Interpretation," *Studies in Jewish Thought* (ed. N. Glatzer; Philadelphia: Jewish Publication Society of America, 1974) 45-80.

"역사적 정직성에 대한 요구"를 들으려고 하는 성서학자들에게는 필수적인 사명이다.[20] 게다가 그러한 노력은 실제적이고 중요한 성공에 도달했다.

페미니스트 성서 비평은 성서 본문이 서로 다른 시간과 장소의 종교 공동체의 상황에 따라 역사적으로 형성된 것이며, 역사적 한계와 문화적 영향을 받는 인간의 언어로 표현된 것이라는 역사 비평학의 일반적인 원칙을 받아들인다. 페미니스트 비평은 그러한 배경들이 가부장적이고 남성중심적이며, 따라서 해석학적 의심을 갖고 성서에 접근해야 한다는 날카로운 인식을 거기에 추가한다. 우리는 해석의 역사가 그랬던 것과 마찬가지로 성서 본문 자체가 남성 중심적이며, 거기에 위험한 여성혐오적 성향이 내포되어 있다는 것을 알고 있어야 한다.[21] 그에 반해서, 최근까지 자유주의 신학자들조차도 여성의 지위를 보조적인 성으로 규정하는 성서 본문들이 잘못된 해석에 의한 것이라고 주장하는 경향이 있었다.[22]

성서의 성차별을 정면으로 마주해 보면 거기에 중요한 교육적 역할이 있음이 드러난다. 우리는 성서의 성 정치를 반드시 연구해야 하며, 가부장적 이데올로기를 조장하기 위해 성서 내러티브에 사용된 문학적

---

20. K. Stendahl, *Meanings* (Philadelphia: Fortress, 1984) 2, 7.
21. Gadamer가 지지한 초기 접근법과 대조됨: 개방적이고 수용적이며, 본문이 무언가 중요한 것을 말할 것이라고 기대하는 접근. 이 접근 방식은 잠재적으로 보수적이어서 전통을 어떻게 평가할 수 있는지는 제안하지만, 그것이 어떻게 변화될 수 있는지에 대해서는 말하지 않는다(S. McFague, *Metaphorical Theology* [Philadelphia: Fortress, 1982] 56-57).
22. E. Pagels, "Women, the Bible and Human Nature," *NY Times Book Review*, April 7, 1985, p. 3.

전략 또한 반드시 분석해야 한다.[23] 우리는 다양하게 해석 가능한 성서 전체의 본성과 내적 모순을 받아들이고, 비판적으로 검토하고 평가하며, 성서 전승과 전통의 양상 가운데 억압적인 것과 해방적인 것을 구분하고, 하나님의 진정한 말씀을 구성하는 것이 무엇인지 결정해야 한다. 해석자는 새로운 발견과 새로운 평가에 대한 놀라운 가능성, 새로운 방식으로 성서의 유산에 참여할 수 있는 가능성을 위한 이러한 의심과 인식을 통해 성서의 성차별로부터 자유롭게 된다.

그래서 페미니스트 해석학은 매우 역설적이다. 그것은 인권, 평등, 존엄을 위한 투쟁에서 성서를 동료이자 적으로 본다. 도우미이자 적이며, 친구이자 고문자인 성서의 신은 하나님과 단순히 동일시될 수 없다. 이러한 역설을 인식하고 있는 페미니스트 해석자들은 의구심을 갖고 성서에 접근할 뿐만 아니라, 동시에 그러한 방법을 통해 성서를 (성서 그 자체는 거의 그렇지 않음에도 불구하고) 여성의 권력, 독립, 자유의 신학적 상징과 역사적 자료로 해석하는 것이 가능하리라는 희망을 갖고 성서에 접근한다. 이러한 해석자들에게는 본문의 어떤 긍정적인 요소를 새롭게 전유하게 만드는 인식의 전환이 일어날 수 있다.

일부 페미니스트 비평가들은 여성을 위한 성서 종교의 중도(center)를 주장하려는 포부를 갖고 있다. 이것은 진보적이지도 보수적이지도 않으며, 급진적인 진술을 거부하고, "주류" 교회의 온건하고 중도적인 의견을 표현한다는 의미의 "중도주의자"(centrist)의 주장과는 구분되어야 한다.[24] 그러나 그러한 "중도"는 여성을 주변화하고 예속시키며, 여

---

23. E. Fuchs, "The Literary Characterization of Mothers and Sexual Politics in the Hebrew Bible," *Feminist Perspectives on Biblical Scholarship*, 117을 볼 것.

24. R. E. Brown, "Liberals, Ultraconservatives, and the Misinterpretation of Catholic Biblical Exegesis," *Cross Currents* 39 (1984) 315, 316, 318, 325-26. Brown은 (극단

성들이 의미 있는 방식으로 교회의 견해에 기여하는 것을 금지하고, 교회 권력에 대한 동등한 접근을 부정하는, 단지 그리스도교 절반의 중도, 교회의 절반의 중도일 뿐이다. 쉬슬러 피오렌차(Schüssler Fiorenza)가 "중도를 주장하다"(claiming the center)라고 썼을 때, "중도"라는 표현은 새로운 의미를 갖게 됐다. 그녀는 남성에게 지배되는 반쪽이나, 여성에게 지배되는 반쪽의 중심(center)에서 존재하는 것을 열망한 것이 아니라, 교회 전체의 중심에 존재하는 것을 열망했다.[25] 본서가 쓰인 목적이 됐던 그러한 교회에서는 힘을 가진 여성들이 스스로를 위해 발언할 것이고, 자신들의 경험을 말하며, 남성뿐만 아니라 여성의 삶의 구체적인 현실을 반영하게 될 전통의 형성에 남성과 동등하게 기여할 것이다. 중도를 주장하는 것은 과거, 성서적 유산 그리고 미래를 주장하는 것과 관련이 있다. 그것은 여성과 남성에 대한 진실을 말하는 것과 관련이 있으며, 그 진실은 우리가 하나님에 관한 진실을 말하는 데 더 가까이 데려다 줄 것이다.

사생아 수태의 관점으로 읽으면, 유아기 내러티브에는 해방적이고 억압적인 요소의 혼합물이 담겨 있는 것으로 드러난다. 그것은 성서적

적인) 자유주의자와 보수주의자 모두 가톨릭 중도주의 학자들이 쓴 것을 "다른 곳에서 유래한 선입견에 끼워 맞춰" 왜곡한다고 비난한다(325). 중도주의자들에 대한 반성의 가장 중요한 중심에는 그것이 일종의 순수한 해석이라는 주장이 함축되어 있다. "보통 자유주의자의 사상은 기본적인 성찰의 바탕을 성서 주석이 아니라 철학자나 사회학자들에게 둔 신학자들이나, 의식적으로 또는 무의식적으로 중도적인 주석보다는 급진적인 주석을 선택하는 신학자들에 의해 형성되어 왔다." 그는 Kung과 Schillebeeckx가 "가장 급진적인 결론을 선호하는 편향"에 따라 성서 연구를 읽어왔다고 비판한다.

25. Schüssler Fiorenza, "Claiming the Center," 294. 그녀는 비판적 페미니스트 해방 신학을 급진적 또는 혁명적인 것과 구분되는 개혁주의로 분류하는 것을 당연히 거부한다.

성차별주의에서 벗어날 수 없다. 이 본문은, 일부 페미니스트들은 부정적인 영향을 미치는 것으로 여기고, 다른 페미니스트들은 긍정적인 방향으로 사용될 수 있다고 여기는 동정녀 수태 신앙의 근거다. 그런 점에서 이 신앙과 마리아라는 인물에 대한 페미니스트적 견해를 연구하는 것이 도움이 될 것이다. 첫 번째 목표는, 아무런 편견이나 전제 없이가 아니라, 편견과 전제를 인정하고 탐구하면서 신약성서의 자료들과 전승을 연구하는 것이어야 한다.[26]

D. 동정녀 마리아

이제, 동정녀 수태라는 개념이 어떤 의미를 전하기 위한 것이며, 어떤 종교적 가치를 담고 있는지 살펴보자. 그것은 어떤 면에서 예수에 대한 헌사이며, 예수에 관한 어떤 경험을 표현하고 있는가? 유아기 내러티브의 어디에서도 예수의 죄 없음(sinlessness)에 대해 설명하지 않는 것을 볼 때, 이 개념을 그것과 관련된 것으로 볼 수는 없다. 또한 예수를 하나님의 아들이라고 불렀던 마가, 바울, 요한, 그 외의 신약의 저자들 누구도 동정녀 수태라는 개념을 갖고 있지 않았던 점을 볼 때, 이것을 예수의 하나님의 아들 됨에 관한 설명이라고 볼 필요도 없다. 많은 현대 신학자들은 이 아버지 없는 수태를 새로운 창조라고 생각한다. "다른 인간의 어떤 사례에서도 결코 일어난 적이 없었던 창조주 자신의 직접적인 행위 … 하나님의 자유롭고 새로운 행위가 예수를 탄생하게 했고,

---

26. V. Taylor, *The Historical Evidence for the Virgin Birth* (Oxford: Clarendon, 1920), 122와 대조해 볼 것.

예수는 완전하게 하나님의 영의 지배 아래 놓여 있었으며, 그는 하나님의 구원을 실현할 것이다."[27] 이러한 새로운 창조 개념이 예수가 (겉보기에 인간 같지는 않지만) 인간이며, 인간 어머니를 가졌다는 신앙과 조화를 이룰 수 있는지는 분명하지 않다. 이러한 사고방식에서 마리아는 빈 공간, 한 장소(아기가 태어나기 위한 장소—역주), 양육을 위한 그릇으로 전락하며, 결국 그 아이의 형성 과정에서 고려해야 할 사항으로부터 배제된다.[28] 일부 비평가들에 따르면 핵심은 하나님이 이 수태의 주도권을 갖고 있음을 보여주는 데 있다. "인류 사회에서, 개인의 자주성을 나타내는 것은 남성이며, 여성들은 종(species)의 지속성을 나타낸다. 메시아는 이 아버지 혹은 저 아버지의 자녀가 아니라 종족(race)의 자녀였다. 그는 어떤 개인의 아들이 아니라 '사람의 아들'(the Son of Man)이었다."[29] 다른 사람들에게 있어서 "육에 대한 영의 최종적인 승리와, 그 영원함이 시간보다 우선한다는 것을 확실히 보여줄 목적"이라는 의미에서 동정녀 수태의 개념이 필요했다.[30] 그러나 남성과 여성의 특수한 생물학적 역할에 관한 무지 및 사회적 역할에 관한 그들의 경직성을 감안하더라도, 신약성서의 유아기 내러티브에는 복음서 저자들이 위와 같이 생각했다는 증거가 거의 없다.

예수에게 남성 부모가 없으며 마리아는 순결한 어머니라는 믿음의 심리학적 의미에 대해서는 아직까지 광범위하게 연구되지 않았다. 어

27. E. Schweizer, *The Holy Spirit* (Philadelphia: Fortress, 1980) 54-55.
28. K. Rahner, *Mary, Mother of the Lord* (NY: Herder and Herder, 1963) 67-69을 볼 것: 하나님의 어머니라는 기능을 제외하고, 마리아는 "아무것도 아니다." 참조, M. Daly, *Gyn/Ecology* (Boston: Beacon, 1978) 83, 88.
29. A. Plummer, *An Exegetical Commentary on the Gospel according to St. Matthew* (London: Scribners, 1909) 7.
30. A. Paul, *L'Evangile de L'Enfance selon s. Matthieu* (Paris: Cerf, 1968) 75.

떤 사람은 무성애자이거나 성관계를 한 적이 없는 순종적이고 "순수한" 여성, 특히 순결 서원을 하여 남성의 마음을 흐트러뜨리지 않는 여성, 애인이 없는 어머니, 인간 아버지의 부재, 인간 남성을 대신하는 남성 신 같은 남성들의 환상과 소망이 이 믿음에 투영되어 있는지 궁금해 한다. 그것은 남성의 경외와 숭배의 표현인가?[31] 아니면, 성폭행당한 여성에 대한 남성의 수치심과 고뇌에 대한 보상작용인가?[32] 아니면, 지금까지 설명되지 않은, 엥겔스만(Engelsman)이 "가부장적 죄의식"이라고 부르는 요소인가?[33] 아니면, 또 다른 무엇인가?[34] 키스 토마스(Keith

---

31. Jean-Luc Godard의 영화 "Hail Mary"를 볼 것. 나는 이 영화가 "페미니즘의 궁극적인 표현"이라는 Vincent Canby의 말을 이해할 수 없다("Halftime Report From the Festival," *New York Times* Oct. 6, 1985, p. 19).

32. Virgil Elizondo는 과달루페의 성모의 모습이 성적 억압에 대항한다는 것을 보여주려고 한다. 그의 발언은 어느 정도 인용할 가치가 있다. "이 경우 **처녀성은 성폭행당한 여성성의 스캔들과 수치심에 반대한다.** 그녀는 스페인 정복자의 강간의 손길에 닿지 않았기 때문에 순수하며, 더럽혀지지 않았다. 그녀 안에서 멕시코의 여성성은 원래의 존엄성을 되찾았다. 마찬가지로, 멕시코 남성도 해방됐다. 자신이 사랑하는 여성이 성폭행당하는 것을 보면서도 아무것도 할 수 없었던, 거세된 것 같은 기분을 더 이상 겪지 않아도 되기 때문이다. 정복자에게 몸을 팔아야 했고 학대당했던 것이 이제는 하나님에 의해 순결하게 됐다. 이 경우, 처녀성은 학대받은 인간성의 완전한 회복이다… [테페약(Tepeyac)의 성모 마리아]는 억압된 여성에 대한 강간과 학대가 일으키는 모욕적이고 비인간적인 효과와, 남성들에게 똑같이 가해지는 파괴적인 수치심에 맞선다. 비록 가난한 여성들이 억압적인 구조에 의해 성매매를 강요받는다 하더라도, 그들은 모든 것을 보호하는 성모 마리아에 의해 순수한 처녀로 유지된다"("Mary and the Poor: A Model of Evangelising Ecumenism," *Mary in the Churches*; *Concilium* 168 [ed. H. Kung and J. Moltmann; NY: Seabury, 1983] 62-63).

33. J. C. Engelsman, *The Feminine Dimension of the Divine* (Philadelphia: Westminster, 1979) 35. 그녀는 죄책감을 어머니에 대한 근친상간의 바람과 연결시킨다.

34. "아버지는 필요악입니다. 스티븐이 절망과 싸우면서 말했다. … 보카치오의 칼드리노만이 자신이 아기를 가졌다고 생각한 처음이자 마지막 남자였습니다. 남자들은 의식적인 잉태라는 의미에서의 부성을 모릅니다. 유일하게 잉태시키는 분(하나님)

Thomas)는 모든 남성은 "(그리고 그 문제에 대해서라면 모든 여성도) 무의식적으로 상냥하고 다정하며 순결한(virginal) 어머니를 열망한다"라고 말했다.[35] 그러나 정말 그럴까? "순결"의 의미가 자유롭고, 독립적이며, 주체적이고, 잠재력을 가졌다는 의미인 경우가 아니라면, 모든 여성들이 순결한 어머니를 원할까?[36]

나는 칼 바르트(Karl Barth)의 다음과 같은 말을 어떻게 해석해야 할지 모르겠다: "주님의 탄생에 있어서 마리아의 처녀성은 거절/부정(negation)—하나님 앞에서 남자를 거절/부정하는 것이 아니라, 하나님을 위해 그의 가능성, 그의 성향, 그의 능력을 거절하는 것—이다." 남자는

으로부터 유일하게 잉태되는 자(예수)로 전해지는 신비한 유산이자 사도적 계승입니다. 교회가 세워지고 견고하게 설 수 있었던 것은, 교활한 이탈리아 지식인이 유럽에 던진 성모 때문이 아니라, 이 세계가 대우주와 소우주의 공허 위에 세워진 것처럼, 그 신비 위에 세워졌기 때문입니다. 불확실한 것 위에, 진실이 아닐 수도 있는 것 위에 말입니다. 어머니의 주격적 소유격이자 목적격적 소유격인 어머니의 사랑(*Amor matris*)만이 삶의 유일한 진실일지도 모릅니다. 부성이란 법률에서만 존재하는 허구일 수도 있습니다. 아들이 아버지를 사랑하고, 아버지가 아들을 사랑해야 한다고 할 때, 그 아버지는 누구입니까?

자네 지금 무슨 말을 하는 건가?

나도 알고 있어요. 입 닥쳐요. 나한테는 이유가 있다고요."

James Joyce, *Ulysses* (NY: Vintage, 1966) 207.

35. K. Thomas, "The Virgin in History," *NY Review of Books*, Nov 11, 1976. Michael P. Carroll은 "아버지가 무능한 가족은 아들과 딸 모두에게 오이디푸스적 욕망을 강화하여 성모 마리아적 헌신을 촉진한다"라고 엄격한 프로이트적 관점에서 주장한다. 그의 가설 중 하나는 "성모 마리아와의 강력한 동일시는 여성들이 아버지와의 성적 접촉 욕구와 아버지의 아이를 낳고 싶은 욕구의 대리 충족을 경험할 수 있게 한다"는 것이다(*The Cult of the Virgin Mary. Psychological Origins* [Princeton: Princeton University Press, 1986] 61, 59).

36. Nor Hall의 *The Moon and the Virgin* (NY: Harper and Row, 1980) 11, 100을 볼 것. 숫처녀(*Virgo intacta*)는 위대한 처녀 여신들이 특별히 기뻐하는 상태는 아니다. "이 여신들은 자신을 성적으로 허락하지 않겠다고 하는 것이 아니라, 다른 존재에게 빼앗기거나 사로잡히지 않겠다고 말하는 것이다" (100).

여기에 "비의지적, 비성취적, 비창조적, 비독립적인 형태로만 참여한다. 그는 받아들이고, 준비되고, 자신에게 일어날 일에 대해 단지 수락만 할 수 있는 모습의 인간으로만 참여한다." 따라서, 정확히 여기에서 남자는 "소거되어야 한다."[37] 남자의 소거는 그를 겸손하게 보이게 하고, 그에게 전형적인 여성의 태도와 성향을 부여한다. 또한, 나는 마리아의 처녀성을 통해 육체가 구원받았지만, 만져지지도, 소유된 적도 없다는 그 처녀성에 부여된 "소극적인 가치"(the negative value) 또한 어떻게 이해해야 할지 모르겠다.

동정녀 수태 신앙의 불편하고 당황스러운 점은 그 신앙의 형성과 발전에 여성은 거의 또는 전혀 관계가 없었다는 사실 때문일 수 있다. 그러나 여성들에게도 동정녀 수태와 관련한 긍정적인 가치가 있을 수도 있다. 초도로우(Chodorow)는 여성의 환상과 꿈에서 성(sexuality)과 에로티시즘이 종종 모성 및 생식과 반대되며 여성의 "단성생식적 환상"(parthenogenic fantasies)이 등장한다는 독일의 보고서를 인용했다.[38] 메리 데일리(Mary Daly)는 여성의 자아 창조는 단성생식적이며, 거기에는 "아버지"가 필요하지 않다고 주장한다.[39]

마리아 숭배에서 그녀에 대한 일부 이미지와 "신의 여성적 측면"에 관한 강렬한 매력을 부인하는 것은 불가능하다. 로마 가톨릭 신자로서

---

37. K. Barth, CD 1/2, #15, 3, pp. 206, 209, 212, W. Pannenberg, *Jesus-God and Man* (Philadelphia: Westminster, 1968) 144에서 인용함.

38. N. Chodorow, *The Reproduction of Mothering* (Berkeley: University of California, 1978) 203.

39. M. Daly, *Pure Lust* (Boston: Beacon, 1984) 114. 동정녀 수태는 자연 현상이 아니라 기적이며, 동정녀 수태의 개념에서 마리아는 "아무것도 하지 않는 반면, 단성생식에서는 여성이 자신을 위한 모든 것을 성취하기" 때문에 실제로는 단성생식과 비교되지 않는다(*Gyn/ecology*, 83).

나는 그러한 매력을 체험한다. 그러나 그것을 동정녀 수태의 개념과 연결시키기는 어렵다. 엘리자베스 케이디 스탠튼(Elizabeth Cady Stanton)은 "만일 하늘 아버지가 필요했다면, 왜 하늘 어머니는 필요하지 않았을까? 이 세상의 어머니가 경탄의 대상이었다면, 왜 이 세상의 아버지는 그렇지 않았을까?"라고 묻는다.[40] 『여성 성서』(Woman's Bible)의 한 저자는 많은 사람들의 의심 속에 숨어있는 생각을 이렇게 표현한다: "나는 동정녀 탄생이 일반적인 모성보다 더 높고, 더 사랑스럽고, 더 고귀하다는 교리가 세상의 모든 자연적 모성에 대한 모욕이라고 생각한다."[41]

현대에 이르러 마리아 숭배는 짓밟히고 착취당하는 사람들에게 엄청난 호소력을 갖게 됐다.[42] 여신의 신화와 상징을 포괄하는 여성의 언어와 상징이 하나님을 향한 명료성(transparency)을 보여주는 전통에서 한 여성의 모습에 담긴 하나님의 사랑에 대한 가톨릭의 경험에는 힘이 있다.[43] 일부 페미니스트들은 마리아를 해방된 피억압자들의 상징이자 전

40. E. Cady Stanton and the Revising Committee, *The Woman's Bible* (reprint Seattle: Coalition Task Force on Women and Religion, 1974) 113.

41. Anon., *Woman's Bible*, 114.

42. Victor Turner와 Edith Turner는 1830-1933년대 유럽에서 가난하고 멸시받던 소작인들에게 동정녀의 "출현"(appearances)에 대해 말하면서, "가난한 대중들, 땅에서는 저주받았지만 하늘에서는 축복받은 사람들"은 그러한 인물과 쉽게 동일시될 수 있다고 주장한다("Postindustrial Marian Pilgrimage," *Mother Worship* [ed. J. J. Preston; Chapel Hill; University of North Carolina, 1982] 151). 마리아와 평신도, 가난한 사람, 식민지 백성 사이의 규칙적인 연결은, 육체적 유형의 환상과 출현 그리고 그것과 관련된 기적으로 인한 순례의 급속한 발전 속에서, 약자들의 힘, '코무니타스'(communitas: 평등한 사람들의 조직화되지 않은 공동체—역주), 드물고 전례가 없는 한계를 가진 현상들(liminal phenomena)에 대해 강조하며, 또한 규칙적이고, 질서있고, 규범적인 것에 반대하는 것으로서 교회의 숨겨진 비계급적 영역을 가리킨다"(p. 155). 마리아는 엄청나게 복잡하고 다양한 문화적 표현을 가진 인물이다.

43. E. Schüssler Fiorenza, "Feminist Spirituality, Christian Identity, and Catholic

형적인 인물로 봄으로써 그녀의 이미지를 긍정적인 방식으로 주장할 수 있었다.[44]

그렇다 하더라도 이상화된 하나님의 어머니인 동정녀는 로마 가톨릭 신앙에 매우 강력하게 자리잡은 제도적 성차별의 도구다. 쉬슬러 피오렌차는 마리아 신화가 여성 해방을 촉진하는 데 사용되지 않았음을 정확하게 지적했다. 그것은 교회나 사회에서 여성의 평등이나 지도력을 정당화하는 상징으로 기능한 적이 거의 없다. 오히려 전통적인 성모 신학(Mariology)은, "남성들이 여성들에게 설교한 여성에 관한 신화"가 여성들이 완전히 독립적이고 온전한 인간이 되는 것을 저지하고 여성들의 야망을 제한하는 역할을 해 왔고,[45] 또 그런 역할을 할 수 있다는 것을 보여준다. 예컨대, 마리아 숭배가 강한 나라들에서는 여성들이 공공 및 정치 생활에 크게 참여하지 않는다. 또한 마리아에 대한 강한 공식적 지지를 표명하는 교회들은 여성들의 완전한 참여를 강력하게 거부한다.[46] 이것은 더 넓은 그림의 일부로 보인다. 모신들(mother goddesses)은 남성/여성의 역할을 완전히 나누고, 실제 사회에서의 여성의 지위에 대한 보상으로 여성을 이상화하는 문화들 속에서 지배적이다. 많은 로마 가톨릭 국가들뿐만 아니라 힌두교와 불교 국가의 자료들 또한 모신

Vision," *Womanspirit Rising* (ed. C. Christ and J. Plaskow; San Francisco: Harper and Row, 1979) 138-39.

44. Ruether, *Sexism and God-Talk*, 155; M. Daly, *Beyond God the Father* (Boston: Beacon, 1973; reprinted with Original Reintroduction, 1985) 82-92 ("prophetic dimensions of the image of Mary"); *Pure Lust*, 92-121.

45. E. Schüssler Fiorenza, "Feminist Theology as a Critical Theology of Liberation," *TS* 36 (1975) 605, 621, 623.

46. E. A. Johnson, "The Marian Tradition and the Reality of Women," *Horizons* 12 (1985) 124; 참조, Hunter College Women's Collective, *Women's Realities. Women's Choices* (NY: Oxford University, 1983) 31.

들 숭배가 세속 여성들의 높은 지위와 반비례 관계에 있다는 것을 보여
준다.[47]

　다른 모든 이들과 달리, 마리아는 혼자 처녀로서 임신했다는 점에서
'위대한 예외'로 제시된다. 이런 점에서 그리스도교의 성모 마리아는,
연인을 갖고 있던 다른 종교의 처녀신들과는 큰 차이를 보인다. 그 여신
들의 '처녀성'은 생물학적 진술이 아니라 남성의 통제로부터 벗어난 자
율성과 독립성의 강력한 상징이었다. 그러나 마리아는 자신의 성을 사
용하지 않았다는 점에서 영광스럽게 여겨진다. 자율적이기는커녕, 그녀
는 자신에게 주어진 역할에 수동적으로 복종한 것, 수용적인 태도로 찬
사를 받는다. 그녀 자신에게는 진정한 힘이나 권력이 없으며, 그녀는 그
저 그리스도와 그의 아버지를 가리킬 뿐이다. 시몬 드 보부아르(Simone
de Beauvoir)는 마리아가 그의 아들 앞에 무릎을 꿇고 있는 장면에 대해
"최고의 남성적 승리"라고 말했다.[48]

　또한 동정녀 마리아는 실제 인간 여성과도 큰 차이를 보인다. 마리
아는 그 아이를 여성의 운명으로 여기지만, 다른 모든 여성들이 이 운명
을 성취하기 위해 필요로 하는 성관계를 경험하지 않는다. 완전히 유일
무이한 것으로 정의되어 있는 그녀는 도달할 수 없는 여성다움의 모델
로 설정된다.[49] 가부장 구조의 이상적인 여성성에 대한 남성의 투영으로
서 그녀는 모든 위험 요소가 제거된 훌륭한 여성이다. 그녀는 평등이 아
니라 경배를 받는다. 남성은 여성이 보여주기를 바라는 덕목들 때문에
마리아를 찬양하며, 자신이 되지 않기로 결심한 모든 모습을 그녀에게

47.　Ena Campbell, "The Virgin of Guadalupe," *Mother Worship*, 21.

48.　S. de Beauvoir, *Second Sex* (NY: Knopf, 1952) 193. 구유 속의 아기 예수를 묘사한
　　대부분의 장면에서 요셉은 보호자의 모습으로 일어서 있다.

49.　M. Warner, *Alone of All Her Sex* (NY: Knopf, 1976) 336, 334.

투영한다.

반면, 그 나머지 여성들에게는 악이 투영된다. 수동적이고 의존적인 동정녀 마리아에 대한 찬양의 그늘에는 여성 폄하가 놓여 있다. 칼 융(Carl Jung)은 중세 후기에 발생한 성모 숭배의 강화가 마녀 사냥으로 이어졌다고 말한다.[50] 마리아 신화는 여성을 전체 인간보다 열등한 존재로 전락시킨다. 이 상징적인 격하는 여성에 대한 불평등한 대우와 여성의 자기 비하의 근거가 된다. 메리 고든(Mary Gordon)이 질문하듯이, "먹고, 숨쉬고, 생리하고, 성관계를 하고, 아이를 낳는, 나머지 우리들에게 무슨 희망이 있는가?" 그녀는 "지적 성취, 독립된 자아, 성적 충족이라는 부서지기 쉬운 희망을 붙들기 위해" 일부 남성들에 의해 만들어진 전통적인 마리아 이미지를 거부할 필요가 있다고 주장한다.[51] 마리아의 가장 치명적인 점은 그녀가 데메테르(Demeter)와 달리 가부장적 기대에 순응하고 딸들을 그러한 순응으로 밀어넣거나 끌어들이는 어머니라는 것이다.

따라서 현대 페미니스트들이 비난하는 것은 동정녀 마리아의 이미지가 중요하지 않거나 무의미하다는 것이 아니라,[52] 그것이 여성 억압에 기여하고 있으며 그 억압의 필수 요소라는 점이다. "가장 완벽하게 실현되고 일반적으로 공경받는 여성의 이미지가 선을 위해 재현되고 신

---

50. *The Collected Works of C. G. Jung*, vols. 6, 7, 9i, 9ii, 10, 17에 나오는 *Aspects of the Feminine*; Bollingen Series XX (Princeton: Princeton University, 1982) 20.

51. Mary Gordon, "Coming to Terms with Mary," *Commonweal* 109 (Jan. 15, 1982) 11-12.

52. Brown, *Virginal Conception*, 21을 볼 것: 그는 어떤 의미에서는 예수의 동정녀 수태 문제가 "신학이나 성서주석의 가장 중요한 문제 중 하나는 아니다. 그에 대한 해결책은 도심이나 교외의 불쌍한 사람들에게 도움이 되지 않을 것이다. 만약 그것이 해결되더라도 전쟁과 평화에 관한 질문, 성직자의 독신에 대한 질문들이 남을 것이다"라고 말했다.

성화된 것으로서,"[53] 마리아는 여성에 대한 서양의 사고방식의 역사에서 중심 주제를 대표한다. 어떤 학자는 가톨릭 신앙의 독특한 본질의 열쇠가 될 수도 있는 "마리아에 대한 로마 가톨릭의 **그** 태도"(굵은 글씨체는 나의 강조)에 대해 말할 수 있겠지만,[54] 존 맥켄지(John McKenzie)가 인정하듯이, 우리가 진정으로 갖고 있는 것은 그녀에 대한 **남성적** 사고방식이다.[55] **그** 사고방식에 따르면, 동정녀 수태에 관한 신앙은 "그리스도교에 잘 기여해 온 전통적인 믿음을 공식화한 것"이다. "그 신앙은 **한 여성**에게 그리스도교의 중심 역할을 부여했고, 오늘날 우리는 그 어느 때보다도 그것이 얼마나 큰 기여를 했는지에 대해 감사해야 한다."[56]

그러므로 동정녀 마리아의 이미지를 그리고 있는 신약 성서 본문에 대한 페미니스트 연구는 의미있고 절박한 것이다. 동정녀 수태에 대한 신앙이 그 본문들 속에서 나타나든, (내가 생각하듯이) 나타나지 않든 그것은 사실이다. 우리는 신화를 변화시키고 재구성하는 데 기여하며, 그것은 결국 문화적 변화를 가능하게 할 수도 있다. 그러한 성서 해석은 잠재적으로 급진적이며, 현재로서는 헤아릴 수 없는 제도적인 함의를 지닌 정치적이고 영적인 작업이 될 것이다.[57] "사람들이 사용하는 어머니에 대한 상징들은 나태하거나 무계획적인 요소가 아니라, 사람들에게 영향을 미치고, 원하는 결과를 이끌어내고, 사람들을 통합하고, 변화를 일으키며, 인간 환경의 불가피한 측면과 그것을 이해하고 넘어서려 하

---

53. De Beauvoir, *Second Sex*, 203.

54. G. Wainwright, *The Ecumenical Moment* (Grand Rapids: Eerdmans, 1983) 170.

55. John McKenzie, "The Mother of Jesus in the New Testament," *Mary in the Churches*, 9-10.

56. Brown, *Virginal Conception*, 67.

57. Schüssler Fiorenza, *Memory*, 28을 볼 것.

는 우리의 시도를 다양한 방식으로 드러내는 능동적인 힘이다."⁵⁸ 이러
한 점에서 그리스도교 역사 속의 동정녀 마리아는 남성들의 어머니에
대한 상징이다. 여성들은 여성들의 어머니로서 그녀를 어떻게 표현할
것인가?

E. 여성으로서의 해석

이어지는 추가 설명들은 본서 『사생아 예수』의 페미니스트 비평 유
형에 관한 것이다. 페미니스트 성서 비평은 상호 배타적이지 않은, 적어
도 네 가지 다른 방식으로 본문에 직접 접근한다. ⑴ 한 가지 접근 방식
은 본문과 그 해석에 담겨 있는 (비열하고 교묘한) 남성 중심주의와 성차별
주의를 폭로하는 것이다. ⑵ 또 다른 접근 방식은 왜곡된 본문을 재해석
하고, 이전의 남성 중심적인 해석을 수정하거나, 가부장적 구조, 사고방
식, 전제에 도전하는, 여성에게 긍정적인 반체제적(counter-cultural) 본문
들을 강조함으로써 성서의 성차별주의에 대항하려는 시도다. ⑶ 일부
비평은 여성 희생자에게 공감하는 방식으로 "공포의 텍스트"(text of
terror)를 다시 이야기하는 것이다. 비평가들은 때때로 내러티브의 화자,
줄거리, 다른 등장인물들, 성서 전통을 반대로 해석하며, 평소 본문에서
잊혀지고 지워졌던 뉘앙스들을 발견한다. ⑷ 어떤 경우에는 이스라엘
과 그리스도교의 실제 상황 속에서 정경의 기록이 보여주는 것보다 더
중요한 역할 또는 다른 역할을 여성에게 허용했음을 보여주기 위해, 성

---

58. James M. Freeman, "Introduction: the Crosscultural Study of Mother Worship,"
    Mother Worship, xxiv.

서 본문에서 성서 역사의 재구성으로 이동하기도 한다. (5) 본문에 대한 이 네 가지의 직접적인 접근 외에, 각각의 본문이 아닌 성서 일반에 초점을 맞추는 다섯 번째 접근 방식이 있다. 이 비평에서는 가부장제에 대한 비판을 제공하는 중요한 증언, 하나님이 억압받는 자들의 편이며 그들을 해방시킨다는 예언자적 주장 같은 신학적 관점을 찾기를 희망한다.[59]

이 책은 이러한 범주 어디에도 딱 들어맞지는 않지만 그 모두에 걸쳐 있다. 유아기 내러티브에 대한 이 수정주의적 해석(revisionist reading)을 통해 그 내러티브들이 어느 정도는 예언자적 해방 원리를 묘사하고 있고, 그 원리를 위기에 처한 그 여성과 아이에게 적용하고 있다는 것이 밝혀질 것이다. 끔찍한 이야기(그리고 아마도 여성의 신학적 전승)가 메시아 출현 이야기의 배후와 그 내면에 놓여 있다. 또한 그 전승은 복음서 저자들의 사고방식에 담겨 있는 가부장적 측면을 투과하여 우리에게 다가온다.

그러나 기본적으로 이 해석은 "여성으로서의 해석"[60] 작업이라고 할 수 있다. 위에서 언급한 다섯 가지 접근 방식이 여성으로서의 읽기의 서로 다른 방식이라는 것은 사실이다. 페미니스트 해석은 언제나 여성의 억압과 여성의 능력에 대한 경험의 분석을 근거로 삼으려고 하기 때문

---

59. P. Trible, *Texts of Terror* (Philadelphia: Fortress, 1984) 86 [=『공포의 텍스트』, 도서출판 100, 2022]; Tolbert, "Defining the Problem," 122-23; K. Sakenfeld, "Feminist Uses of Biblical Materials," *Feminist Interpretation*, 55-64; C. Osick, "The Feminist and the Bible: Hermeneutical Alternatives," *Feminist Perspectives*, 93-105을 볼 것.

60. Janice Capel Anderson ("Matthew: Gender and Reading," *Semeia* 28 [1983] 3-6)은 이것을 페미니스트 문학 비평이 추구하는 세 번째 방향의 일부로 논의하지만, 페미니스트 성서 비평은 아직 충분히 연구되지 않았다.

이다. 여기에서 다른 점은 바로 여성 독자와 여성 해석자의 성(sex)이 남성적인 본문을 읽을 때 어떤 영향을 미치는지에 관해 분명한 관심을 두고 있다는 것이다. 모든 여성이 여성으로서 말하는 것이 아닌 것처럼, 모든 여성이 여성으로서 해석하는 것은 아니다. 사실, 여성들은 남성중심적 관점과 경험에 자신을 동일시하기 위해 남성처럼 해석하도록 훈련받아 왔으며, 그것을 인간적이고 보편적인 관점으로 여겨왔다.[61] 여성들은 자신을 명백하게 배제하는 경험에 참여하도록 유도되고, 자신과 반대되는 자신을 정의하는 남성의 자아와 동일시하도록 요구받는다. 여성 억압의 가장 교묘한 형태는 자신의 경험과 관심으로부터 소외되는 것이다. 그리고 해방을 향한 가장 기본적인 단계는 이 소외를 인식하는 것이다. 페미니스트 비평의 첫 번째 행동은 "동의하는 독자가 아니라 반대하는 독자가 되는 것, 우리에게 심어져 있는 남성적 사고를 축출하는 과정을 시작하는 것"이다.[62] 아네트 콜로드니(Annette Kolodny)는 "독서는 우리 사회의 다른 여러 가지 학습된 해석 방법과 마찬가지로, 필연적으로 성적으로 암호화되고(sex-coded) 젠더에 의해 굴절되어(gender-inflected) **학습된** 활동"이라고 한다.[63] 일레인 쇼월터(Elaine Showalter)에 따

---

61. E. Showalter, "Women and the Literary Curriculum," *College English* 32 (1971) 856. Carolyn G. Heilbrun ("Bringing the Spirit Back to English Studies," *New Feminist Criticism*, 23)은 "남성적 또는 여성적 관점은 없다. 오직 인간의 관점만 있으며, 그 인간은 언제나 남성이었다"라고 풍자적으로 말한다.

62. Fetterley, *Resisting Reader*, xxii, xiL

63. A. Kolodny, "Reply to Commentaries," *New Literary History* 11 (1980) 588. Kolodny는 Charlotte Perkins Gilman과 Susan Keating Glaspell의 단편 소설을 분석하는데, 그 소설들은 여성 저자들의 특수한 의미 체계를 판독하거나 여성 전통에서의 맥락을 이해하는 훈련을 충분히 받지 못한 남성 독자들에게 과소평가되고 오해되어 왔다. 그 이야기들 자체는, 남성들은 다른 종류의 독자들이며, 여성들이 관계된 곳에서는 종종 부적절한 독자라고 주장한다("A Map for Rereading," *New*

르면, 페미니스트 비평은 "여성 독자들의 가설이 주어진 본문에 대한 우리의 생각을 변화시켜, 그 안에 담겨 있는 성적인 코드들의 중요성을 깨닫게 하는 방식"과 관련이 있다.[64]

여성으로서의 해석은 고난, 생존, 용기에 관한 여성의 역사를 민감하게 읽어 내는 것이다. 그것은 일반적으로 무시되고 평가절하됐던 여성 경험의 관점으로 읽는 것이다. 여성으로서의 해석은 여성의 경험이 독자의 응답을 위한 권위의 근거라는 확신 및 여성의 사회구조와 가족구조에 대한 경험과 독자로서의 그들의 경험 사이에 연속성이 존재한다는 주장에 근거하고 있다.[65] 여성들은 자신의 대답을 신뢰하기 위해 자신의 경험, 질문, 관심사를 본문에 가져오는 법을 배운다. 그들은 널리 알려져 있는 중요한 가정들에 도전하는 질문을 제기할 때에도 자신의 대답을 신뢰하는 법을 배운다. 그런 뒤에, 이러한 질문을 통해 얻은 결론들은 그 본문과 맥락, 다른 비평가들의 연구에 의해 검토된다. 여성으로서의 해석은 남성적인 관점의 비평이 성 중립적이라고 가정하는 일반적인 상황을 뒤집으며, 페미니스트 해석은 본문을 미리 정해진 틀에 맞추려는 특별한 시도이자 항변의 사례로 여겨진다. 남성들이 무시한 본문의 요소들로 남성적 읽기에 대항하고, 구체적인 변론과 왜곡을 분별함으로써, 페미니스트 비평은 광범위하고 왜곡되지 않은 시각을 가지려고 노력한다. 그 목적은 남성의 해석에 필적하는 여성의 해석을

Feminist Criticism, 55, 57).

64. E. Showalter, "Toward a Feminist Poetics," *New Feminist Criticism*, 128. 그녀는 Thomas Hardy의 *The Mayor of Casterbridge*의 첫 장면이 비평가 Irving Howe의 환상 때문에 어떻게 왜곡되는지를 보여준다(129-30).

65. *The Authority of Experience. Essays in Feminist Criticism* (ed. A. Diamond and L. R. Edwards; Amherst: University of Massachusetts, 1977)를 볼 것.

만들려는 것이 아니라, 종합적인 관점, 설득력 있는 해석, 인간적인 해석을 만들기 위한 것이다. "이러한 종류의 페미니스트 비평에서 도출된 결론은 여성에게만 국한되지 않는다. 그것은 여성의 경험을 확실히 갖고 있는 사람만 지지하고, 이해하고, 동의할 수 있다는 의미가 아니다. 반대로, 이러한 해석은 남성 비평가들이 수용하기를 기대하면서 남성들의 비평적 해석의 한계를 설명한다. 그리고 그것은 모든 야심찬 비평 행위들이 그렇듯이, 보편적인 설득력을 갖는 이해, 남성 우월주의에 대한 비판이라는 점에서 페미니스트적인 이해를 얻기 위해 노력한다."[66] 더 중요한 것은, 여성으로서의 해석은 여성의 통찰과 권력을 표현하기 때문에 페미니스트적이라는 것이다.

해석자의 과업에 대한 그러한 이해는 성적 이형태성(gender dimorphism)이 "자연적인 것"이 아니라 사회적, 정치적, 신학적으로 구성된 것이라는 생각과 모순되지 않는다. 여성과 남성의 선천적이고 절대적인 정신적 차이와 특징에 대한 가부장적 신화를 영속시킬 필요도 없고, 위대한 문학과 문학 비평이 (위대한 인물처럼) 어떤 면에서는 성차들(gender differences)마저 초월한다는 것을 부인할 필요도 없다. 신시아 오지크(Cynthia Ozick)는 그런 문학은 분열시키는 것이 아니라 보편화하며, 분열된 자의식보다 "더욱 열망한다"(hungrier)라고 말했다.[67] 그러나 권리가

---

66. Culler, *On Deconstruction*, 58, 54-55; 참조, M. Marini, "Feminism and Literary Criticism," *Women in Culture and Politics* (ed. J. Friedlander et al.; Bloomington: Indiana University, 1986) 148-51, 157-61.

67. C. Ozick, "Literature and the Politics of Sex: A Dissent," *Art and Ardor* (NY: Knopf, 1983) 284-89. 그녀는 고전적 페미니즘이 잘못된 장벽과 경계의 끝으로 여겨졌다고 주장한다. 그녀는 여성이 여성이라는 이유로 인해 별도의 심리 상태와 별도의 사상 체계를 가지는 것이 아니며, 일부 여성이 별도의 경험을 가지고 있는 한, 페미니즘은 아직 자신을 드러낸 것이 아니라고 주장한다. 오히려 나는 페미니즘이

고의적으로 거부되고 다른 방식으로 사회화된 집단에 소속되거나 동일
시되는 것은 경험적으로 검증될 수 있는 지각적 차이를 유발한다. 진 베
이커 밀러(Jean Baker Miller)는 남성들이 자신의 지배적인 위치 때문에 스
스로의 힘으로는 깨달을 수 없었던 인식들에 관해 말한다.[68] 캐롤 길리
건(Carol Gilligan)은 여성들이 그들의 역사, 교육, 훈련 때문에 도덕적인
문제에 대해 "다른 목소리로" 이야기한다는 증거를 제시한다.[69] 1960년
대 이후 일부 페미니스트 비평가들은 읽기, 문학 해석, 글쓰기에서의 성
별의 차이(sexual difference)에 관한 이론을 발전시켜 왔다. 그들은 여성 독
자들과 비평가들이 그들의 문학적 경험에 다른 인식과 기대를 불러일
으킨다고 주장했다. 위대한 작품일수록, 그 작품의 위대함뿐만 아니라
그 결함도 드러나게 하기 위해 더욱더 페미니스트 비평이 필요하다고
말할 수 있다. 그것은 우리를 격리된 세상에서 벗어나게 한다. 우리에게
필요한 것 그리고 페미니스트 비평가들이 요구하는 것은, "여성과 남성
모두의 문학적 경험을 결합한 새로운 보편적 문학의 역사와 비평, 우리
의 문학적 유산을 이해하는 방식의 완전한 혁명"이다.[70]

　이런 종류의 분석은 유아기 내러티브에 관한 다음의 주석 과정을
설명하고, 어째서 다른 해석자들과 다른 결론에 도달하게 됐는지를 이
해하는 데 도움이 된다. 다음 장에서는 내가 마태복음 첫 장에 "저항하
는 독자"라는 것이 분명해질 것이다. 저자의 욕망에 반대하여, 나는 우

그 정도로까지 자신을 드러내기 **시작**했고 그 장벽을 가진 사회는 평등주의 비전에
이르지 못했다고 생각한다. 참조, Schüssler Fiorenza, *Memory*, 86; "Claiming the
Center," 306.
68. Jean Baker Miller, *Toward a New Psychology of Women* (Boston: Beacon, 1976) 1.
69. C. Gilligan, *In a Different Voice* (Cambridge: Harvard University, 1982).
70. E. Showalter, "Introduction. The Feminist Critical Revolution," *New Feminist Criticism*, 10.

선 요셉과 그의 고민이 아니라, 회자되기는 하지만 결코 전면에 드러나
지 않는 마리아의 입장에 설 것이다. 또한 나는 두 복음서 저자들이 (두
저자 모두 최소한 일부 독자들이 알고 있었을 것으로 가정하는) 예수의 사생아 출생
전승으로부터 독자들의 시선을 돌리려고 한다는 사실과 독자들의 시선
을 그 전승의 근거를 이루고 있는 각각의 독특한 신학적이고 그리스도
론적인 핵심을 향하도록 하려는 시도에 저항할 것이다. 두 복음서 저자
누구에게도 예수의 사생아 출생 전승을 부인하려는 의도가 없었다. 만
일 이 복음서 저자들에게 그것에 대해 묻는다면, 그는 아마 "네, 나는 이
전승을 물려줄 것입니다. 네, 그러나 …"라고 대답할 것이다. 둘 모두 독
자들이 이 "그러나"에, 이 "스캔들"과 그 너머에 담긴 독특한 의미에 주
의를 집중하기를 원하고 있다. 이것이 그들의 글의 주된 의도다. 저항하
는 독자는 그들의 부수적인 의도에 주의를 기울이고, 그것을 강조하며,
명확하게 하는 반면, 이 복음서 저자들은 그렇지 않다. 저항하는 독자는
그들이 침묵하는 곳에서 그것에 대해 이야기하는데, 저항하는 독자들
은 종종 가부장제를 장려하기 위해 사용되고, 종종 사회적으로 용납될
수 없는 것으로 여겨지는 현실을 전달하는 데 사용되는 문학적 전략인
얼버무림, 완곡화법, 은폐, 신비화하는 경향을 알아차린다.[71]

이것은 우리가 침묵을 읽는 법에 대해 생각하게 한다. 페미니스트

---

71. S. Gilbert and S. Gubar (*The Madwoman in the Attic. The Woman Writer and the
    Nineteenth Century Literary Imagination* [New Haven: Yale University, 1979] 73)
    는 여성들의 글이 "표층 디자인이 심층적이고 접근하기 어려운(그리고 사회적으로
    받아들이기 어려운) 차원의 의미를 감추거나 모호하게 한다"라는 점에서, 어떤 의
    미로는 "다층적"(palimpsestic)이라고 주장한다. 그들은 "표현과 위장 모두"를 위해
    고안된 예술에 관해 말한다(81). 신약성서의 유아기 내러티브가 "여성의 글"이라는
    증거는 없다. 그러나 여성들의 신학적 전승이 그 내러티브들의 배후에 놓여 있는지
    의 여부는 본서 제4장에서 살펴볼 것이다.

비평가들은 여성과 관련된 본문의 침묵(여성에 대한 남성의 침묵 및 여성 자신의 침묵[72])을 연구하기 시작했고, 여성의 현실이 삭제되어 왔던 양상을 이해하기 시작했다. 이러한 침묵은 이스라엘과 그리스도교 공동체의 근본적 사건의 중심에 여성들이 참여하지 않았거나 존재하지 않았음을 입증하지 않는다. 쉬슬러 피오렌차는 본문이 침묵하고 있는 현실을 나타내는 단서와 암시를 찾아냄으로써, "본문의 침묵을 무너뜨릴 방법을 발견해야 한다"라고 주장한다.[73] 그것은 유아기 내러티브의 침묵에도 해당된다. 예수의 생물학적 아버지는 결코 언급되거나 이름이 알려진 적이 없다. 그는 그 이야기에 등장하지 않는다. 그러나 그에 대한 침묵, 그의 부재가 그가 존재하지 않았다는 의미로 해석되어서는 안 된다. 남성들과 비교할 때, 아마도 여성들에게는 그런 이야기에 남성이 등장하지 않았다는 이유로 그 인물이 존재하지 않았을 것이라고 결론을 내리는 경향이 적을 것이다. 왜냐하면 여성들은 남성의 부재, 곧 현실적, 상상 속의, 육체적, 정신적, 심리적, 감정적 부재 그리고 무책임함, 폭력, 부주의함, 가치관의 차이, 거리를 두거나 헤어지고 싶은 욕망으로 인한 부재 그리고 여성이 뒤에 남아있기를 바라는 것, 두려움이나 제약으로 인한 부재 그리고 성을 서로 다른 두 개의 영역으로 분리하는 것, 사회

---

72. 여성 자신의 침묵은 언어의 모든 수단을 부정하고, 침묵, 정중한 표현, 완곡어법을 강요받는 이들의 침묵이다. E. Showalter, "Feminist Criticism in the Wilderness," *New Feminist Criticism*, 255, 266을 볼 것. 그녀는 여성의 글을 읽는 것을 "'지배적인' 이야기와 '침묵된' 이야기를 담고 있는 이중 음성 담화"라고 말한다. 진자 운동처럼 왔다 갔다 하는 두 개의 다른 본문을 동시에 볼 수 있어야 한다. 의미는 이전에는 비어 있던 공간에서 발견된다.

73. Schüssler Fiorenza, *Memory*, 41. "침묵으로부터의 논증을 타당한 역사적 논증으로 받아들이는 것을 거부하는 것이 아니라, 우리는 초기 그리스도교 운동의 평등주의적 현실에 대한 '단서들'을 제공할 수 있는 방법으로 남성 중심주의적 본문을 읽는 법을 배워야 한다."

적 억압, 가난, 그 외 수천 가지 이유로 인한 부재에 익숙하기 때문이다. 그 이야기가 고대 사회에서는 일반적이었던 가부장 구조 밖에서 일어난 위험한 임신에 관한 것이었을 때에는 남성의 부재가 더욱 두드러진다. 여성으로서 나는 마태복음 1장을 오늘날에도 여성들이 매일 마주치는 현실에 대한 끔찍한 환기로 읽는다.[74]

비페미니스트 그리스도인들에 비해 페미니스트 그리스도인들은 예수가 사생아이며 복음서 저자들이 그 전승을 전달하려고 했다고 생각하는 데 어려움을 겪지 않을 것이다. 그녀 또는 그는 이 전승을 신학적으로 이해하는 데 비교적 어려움이 없을 것이다. 페미니스트 그리스도인들은 이것이 불가피하게 마리아 또는 예수를 폄하한다고 생각하는 경향이 적을 것이며, 그런 상황에 놓인 종교적인 사람들의 경험에 대해 더 개방적인 경향을 띨 것이다.

여성으로서의 해석은 남성 비평가들이 무시하거나 간과해 온 요소들로 그들과 맞선다. 다음의 두 장에 나오는 주석에서 몇 가지 그런 요소들을 강조할 것이다. 가장 놀라운 것 중 하나는 성적인 유혹이나 간통뿐만 아니라 강간도 마리아의 임신을 설명하는 정상적인 방법일 가능성에 대한 언급과 연구다. 마태복음 1장을 설명하기 위해 신명기 22:23-27을 의지하는 소수의 비평가들조차도 강간의 가능성을 거의 제기하지 않는다. 앞으로 보게 되겠지만, 가장 일반적인 것은 간통이나 동정녀 수태라는 두 개의 대안에 관한 논의들이다. 그러나 "모든 여성들은 남성들의 폭력 속에서 살아가며 … 페미니스트 성서 해석은 여성의 힘에 관

---

74. Gilman의 이야기에 대한 A. Kolodny의 응답, "The Yellow Wallpaper" ("Reply to Commentaries," 589)를 볼 것.

한 의식의 긴장감 속에서, 이러한 의식을 그 중심에 두어야 한다."[75]

우리는 다음의 두 장에서 마태와 누가의 유아기 내러티브에 대한 여성으로서의 해석을 시도해 볼 것이다.

---

75. S. B. Thistlethwaite, "Every Two Minutes: Battered Women and Feminist Interpretation," *Feminist Interpretation*, 96. 강간에 관한 현대적 논의는 Susan Brownmiller, *Against Our Will* (NY: Simon and Schuster, 1975); S. Griffin, *Rape: The Power of Consciousness* (NY: Harper and Row, 1979); E. A. Stanko, *Intimate Intrusions. Women's Experience of Male Violence* (London: Routledge and Kegan Paul, 1984); T. Beneke, *Men on Rape* (NY: St. Martin's, 1982) 등의 연구를 볼 것. 사생아 출생에 대해서는 Diana Dewar, *Orphans of the Living: a Study of Bastardy* (London: Hutchinson, 1968); *The Double Jeopardy, the Triple Crisis: Illegitimacy Today* (NY: National Council on Illegitimacy, 1969); E. Crellin, M. L. Kellmer Pringle, P. West, *Born Illegitimate: Social and Educational Implications* (London: NFER, 1971); H. D. Krause, *Illegitimacy. Law and Social Policy* (NY: Bobbs-Merrill, 1971); Jenny Teichman, *Illegitimacy: an Examination of Bastardy* (Ithaca: Cornell University, 1982)을 볼 것.

제2장
예수의 출생에 관한 마태의 설명

　신약성서의 유아기 내러티브를 (동정녀 수태가 아닌) 사생아 수태의 측면에서 읽는 것은 여러 작은 세부사항들에 관한 일관된 설명을 제공한다. 이 중 일부는 당혹스러우며, 이 모든 것에 관한 다른 설명들은 이미 제시됐다. 어떤 설명에서는 부주의함이나 무지를 저자들의 탓으로 돌리는 반면, 다른 설명에서는 본문의 일부를 잘라내거나 각색하여 다양한 차원의 구성으로 이해하도록 한다. 여기에서 제시된 설명 중 그 자체만으로 유아기 내러티브에 대한 전통적인 해석에 도전할 만큼 설득력이 있는 것은 아무것도 없다. 그러나 이러한 설명들이 누적된 효과는 그러한 도전을 가능하게 한다. 이 책은 유아기 내러티브에 대한 전체적인 주석이 아니기 때문에 본문의 모든 측면을 다루지 않으며, 오직 예수의 출생이라는 우리의 주제에 직접 관련된 것들만 다루게 될 것이다. 나는 독자들이 먼저 많은 이들에게 친숙한 이 내러티브 자체에 집중하고, 이어서 그 친숙함의 안개를 통과하기 위해 세심한 주의를 기울이기를 기대한다.

A. 네 명의 여성

마태는 자신의 복음서를 예수 그리스도의 가계도로 시작한다(1:1-17). 이 가계도의 특이한 점은 네 명의 여성에 대한 언급이다:[1] 베레스와 세라의 어머니 다말; 보아스의 어머니 라합; 오벳의 어머니 룻; 솔로몬의 어머니인 우리야의 아내. 그들이 가계도에 포함된 이유에 대한 다양한 해석이 있어 왔다. 아마도 이것은 마태 자신의 작업이었을 것이다.[2] (a) 그들은 "자기 백성을 그들의 죄에서 구원할"(1:21) 예수의 등장을 위한 준비로서, 죄인이었기 때문에 이름이 기록됐다. 일부 비평가들은 거기에서 더 나아가, 그 여성들이 다윗 가계의 네 명의 죄인으로서, 이미 "유대인들의 중상모략"에 의해 모욕당하고 있던 죄 없는 마리아와 **대조**된다고 주장하기도 한다.[3] 그러나 구약성서와 후대의 유대 전승에서는 이

---

1. 고대 유대인들의 가계도에 여성이 포함된 것은 전례가 없는 것은 아니지만 드문 일이다; 그런 예외는 혈통이 이상하거나 여성의 이름에 주목할 만한 것이 있는 경우에만 발생한다(Str-B 1.15; 참조, *Mary in the NT*, 78).
2. M. D. Johnson, *The Purpose of the Biblical Genealogies* (Cambridge: Cambridge University, 1969) 154-59; Brown, *Birth*, 70-74.
3. K. Stendahl ("Quis et Unde? An Analysis of Mt 1-2," *Judentum, Urchristentum, Kirche* [ed. W. Eltester; Berlin: Töpelmann, 1964] 101)은 예수의 수태에 관한 하나님의 개입이 중상모략으로 이어졌으며, 마태는 예수가 어떻게 다윗의 혈통에 결합됐는지에 관한 변증을 제시하고 있다고 생각한다. G. Kittel ("*Thamar, Rachab, Routh, he tou Ouriou*," *TDNT* 3 [1965] 2; 참조, E. Stauffer, "Jeschu ben Miriam: Kontroversgeschichtliche Anmerkungen zu Mk 6:3," *Neotestamentica et Semitica* [ed. E. E. Ellis and M. Wilcox; Edinburgh: Clark, 1969] 124)은 네 명의 여성이 다섯 번째 여성인 마리아와는 아무 관계가 없다고 주장한다. 왜냐하면 비교의 유일한 근거가 사생아 수태뿐이기 때문이다. "그러나 이것은 예수가 판테라의 사생아 아들로 태어났다는 유대인들의 비난을 받아들이는 것을 의미할 것이다. 복음서 저자가 공인된 매춘부나 간통녀를 언급함으로써 동정녀 탄생을 정당화하려고 했다는 것은 매우 터무니없는 일일 것이다." 아무튼 그는 마태의 시대에는 아직 유대인들의 비

네 명을 죄인으로 보지 않는다. 그리고 마태가 이 여성들을 포함시킴으로써 다윗 가계의 오점을 지적하고 예수의 사생아 출생에 대한 공격을 논박하거나 완화하고자 했다면, 그의 논박은 오히려 "모욕"을 부추기는 종류의 것으로 보인다. 왕실의 혈통에 불법이 있었음을 상기시키는 것은 예수 탄생의 "순수함"이나 "합법성"을 변호하지 못한다.[4] 어떤 사람들은 마태의 내러티브 자체가 예수의 출신에 관한 공격을 촉진시켰을지도 모른다고 생각한다(나의 관점을 미리 말해 보자면, 나는 그런 스캔들이 먼저 존재했으며, 동시에 마태의 설명이 그것을 자극했다고 생각한다).

　(b) 그 네 명의 여성들은 만국의 주님이신 예수(28:18)라는[5] 마태의 설명을 뒷받침하고, 예수의 조상들도 혼혈이었음을 보여주기 위한 외국인들로서 가계도에 포함됐다. 구약성서에서 라합, 그리고 아마 다말도 가나안 사람이었고, 룻은 모압 사람이었으며, 밧세바는 아마 그녀의 남편과 마찬가지로 헷(히타이트) 사람이었을 것이다. 그러나 이 이론에 따르면, 이 네 명의 여성들은 다섯 번째 여성인 마리아와는 아무런 공통점이 없기 때문에 연결되지 않는다. 더구나 성서 후기 유대교에서는 라합과 다말을 개종한 유대인으로 여긴다.

　(c) 세 번째 해석은 이 여성들이 각각 평범하지 않거나 비정상적인 성적 결합을 한 사람들에 해당되며, 그것은 외부인들이 보기에 수치스러운 일이었다는 것이다. 이것은 예수를 태어나게 했던 비정상적인 결

난이 시작되지 않았다고 생각한다(Stauffer and E. D. Freed, "The Women in Matthew's Genealogy," *JSNT* 29 [1987] 3-19과 대조해 볼 것).
4.　W. D. Davies, *The Setting of the Sermon on the Mount* (Cambridge: Cambridge University, 1964) 66을 볼 것.
5.　G. Mussies, "Parallels to Matthew's Version of the Pedigree of Jesus," *NovT* 28 (1986) 38.

합 사건을 설명하기 위한 것으로 여겨진다. 게다가 각각의 여성들은 마리아처럼 하나님의 계획 속에서 주도적인 모습을 보여주거나 중요한 역할을 한다. 따라서 그들은 신적인 개입의 매개체였다. 마태복음의 마리아가 1장에서 전적으로 수동적인 인물로서 행동하고 말하고 있음에도 불구하고, 또한 네 여성들의 이야기에는 하나님의 개입(직접적이거나 기적적인 의미로 이해되는 개입)이 명백히 **결여**되어 있음에도 불구하고, 나는 이 마지막 설명의 방향에 동의한다. 나는 마태가 이 네 명의 여성들을 가계도에 포함시킨 동기를 설명하는 일반적인 해석 방식들에 동의하지 않는다. 예를 들면 다음과 같은 설명 말이다. 곧, 마태는 마리아의 역할의 전조가 되는 여성들을 선택했다. 그녀의 임신에는 추문이 있었다. 왜냐하면 그녀가 남편과 살고 있지 않았기 때문이다. 그러나 아기 예수는 어떤 남성이 아니라 성령에 의해 잉태됐고, 따라서 그것은 메시아적 유산을 성취하기 위해 하나님이 개입하신 사건이다. "그리고 여성을 통한 이 개입은 구약성서의 사례들보다 훨씬 더 드라마틱하다. 구약성서에서 하나님은 인간 부모의 도덕적 또는 생물학적 변칙성(irregularity)을 극복한 반면, 여기에서는 [임신에서] 인간 아버지의 역할이 완전히 결여된 것을 극복한다."[6] 『신약성서의 마리아』(Mary in the New Testament)의 저자들이 이 이론을 특징짓는 방식("비정상적인 결합을 한 것으로 나타나는 네 명의 구약성서의 여성들은 하나님의 메시아적 계획의 매개자들이었다"[7])에서는 하나님의 개입에 관한 강조점을 회피하면서 단순히 하나님이 그런 결합을 통해 신적인 약속과 계획을 수행하셨다고 주장한다. 그러나 이것은 다말과 유다의 결합이 결혼 관계가 아니었다는 사실을 감춘다. 또한 "우리야의

---

6.   Brown, *Birth*, 74.

7.   *Mary in the NT*, 81.

아내"라는 마태의 표현은, 마태가 밧세바를 나중에 이루어졌던 다윗과
의 결혼 관계가 아니라 간통 상대로 생각하고 있었다는 것을 암시한다.

우리의 논의는 필리스 트리블(Phyllis Trible)이 "끔찍한 본문들, 설교하
지 않는 신앙 이야기들"이라고[8] 분류했던 이 네 명의 여성들에 대한 구
약성서 이야기를 주의 깊게 살펴봄으로써 도움을 받을 수 있을 것이다.
우리는 마태가 사용할 수 있었던 것으로 보이는 후대의 전승들도 고려
할 것이다.

다말

창세기 38장의 기록에 의하면, 유다는 그의 아들 에르의 아내로 다
말을 데려왔다. 그런데 에르는 "주님께서 보시기에 악하므로, 주님께서
그를 죽게 하셨다"(7절). 에르의 동생 오난은 계대 결혼을 하여 그의 형
을 위해 남자 후손을 낳게 하는 의무를 수행하기를 거부했다. 대신 그는
체외 사정을 했고, 그 일로 인해 결국 야훼에게 죽임을 당했다. 그러자
다말의 시아버지 유다는 셋째 아들 "셀라가 다 클 때까지" 다말에게 셀
라를 주는 것을 거부했는데, 그것은 다말이 어떤 식으로든 두 아들의 죽
음에 책임이 있다고 의심했기 때문이었다(참조, 토비트 3:7-9; 8:9-10). 다말
은 친정 아버지의 집에 돌아가서 과부로 지내게 됐다. 유다는 스스로 이
해결책을 최종적인 해결책이라고 잘못 생각했지만 다말에게는 임시적
인 해결책이었다.[9]

결국 다말은 유다가 자신을 영원히 보지 않으려 한다는 것을 깨달
았고, 그녀는 처음으로 스스로 행동했다. 다말은 성매매 여성으로 위장

8. Trible, *Texts of Terror*.
9. G. Von Rad, *Genesis* (Philadelphia: Westminster, 1961) 353.

한 뒤, 유다를 속여서 성관계를 했고, 임신하게 됐다. 임신한 사실이 밝혀지자, 다말은 "성매매를 하여 아이를 가졌다"라는 이유로 고발당했다.[10] 그녀의 시아버지는 끔찍하고 보기 드문 사형 선고인 화형을 명령했다.[11] 다말에 대한 고발은 유다의 셋째 아들의 약혼녀의 신분으로 성매매를 한 일에 근거한 것이다.[12] 다말을 유다에게 고발한 사람들은 유다가 자신의 의무를 이행하여 판사의 역할을 할 것이라고 생각했다. 그들은 다말을 유다의 가족으로 인식하고 있었던 것이다. 그러나 다말의 행동은 유다가 (부당하게) 그녀를 그의 가족에서 영원히 쫓아내려고 한다는 추측에서 비롯된 것이었다.

다말의 폭로에 의해 사형 선고는 번복됐다. 다말이 자신을 임신시킨 사람의 정체를 밝히자, 유다는 "그 아이가 나보다 옳다! 나의 아들 셀라를 그 아이와 결혼시켰어야 했는데"(26절)라고 인정했다. 다말의 행동은 범죄에 가까운 것이었지만, 그녀는 무죄였고, 유다의 혈통은 그녀를 통해 이어졌다. 차일즈는 "유다는 후손에 대한 약속을 무너뜨릴 위험이 있는 불성실함을 보여주었으며, 그것은 가나안 출신 아내의 신실함에

---

10. LXX, *idou en gastri echei ek porneias*.

11. 화형은 금지된 성관계를 한 경우에만 선고됐다(레 20:14, "남자가 자기 아내와 함께 아내의 어머니까지 아울러 취하는 것은 악한 짓이다. 그 남자와 두 여자를 모두 불에 태워 처형해야 한다"; 21:9, "제사장의 딸이 창녀짓을 하여 제 몸을 더럽히면, 제 아버지를 더럽히는 것이나 마찬가지이므로, 그 여자는 불태워 죽여야 한다"). 후대의 몇몇 랍비 전승에서는 다말을 제사장 셈(= 멜기세덱)의 딸로 간주한다. 이 처벌에 대해서는 R. deVaux, *Ancient Israel* (NY: McGraw-Hill, 1965), 1.36; M. C. Astour, "Tamar the Hierodule," *JBL* 85 (1966) 194; A. Phillips, "Another Look at Adultery." *JSOT* 20 (1981) 15을 비교해 볼 것.

12. 『유다의 유언』 13:4을 볼 것: 유다는 "나는 내 아들들과 결혼했던 다말과 함께 누웠다"라고 말한다.

의해서만 회복될 수 있었다"라고 평가했다.[13] 그러나 다말이 누구의 아내였는지는 확실하지 않다. 유다는 "그 뒤로 다시는 그녀를 가까이하지 않았다"(26절).[14] 그리고 다말이 셀라의 아내가 된 것도 아니었다(희년서 41:20에 따르면, 그녀는 유다와 성관계를 했기 때문에 셀라의 아내가 될 수 **없었다**).

이 이야기의 이상한 결말은 독자들에게 합법적인 사생아 출생이라는 인상을 남긴다. 성서의 가계도에서 다말이 낳은 유다의 아이들은 적법한 아들로 여겨진다. 그러나 역대지상 2:4에는 다말이 유다의 며느리라고 기록되어 있으며, 후대의 랍비 자료들에 나오는 다윗 가계에서의 그녀의 위치는 그의 혈통적 순수성을 폄훼하는 데 사용된 것으로 보인다.[15] 그럼에도 이와 관련한 후대의 전승은 다말의 의로움을 강조한다.[16] 필론(Philo)의 난해한 우화화(allegorizing)에서 그녀는 승리의 상징이자[17] "신성하고, 순수하며, 진정으로 순결한" 정절의 상징이 된다.[18] 그녀의 수태는 "신에 의한 임신"을 수용한 것으로 여겨진다.[19]

창세기 38장의 이야기에는 다말을 돕기 위한 야훼의 어떠한 개입도 나오지 않는다. 그녀 자신의 행동으로 인해 "매혹적인 균형이 발생한

---

13. B. S. Childs, *Introduction to the Old Testament as Scripture* (Philadelphia: Fortress, 1979) 157 [= 『구약 정경 개론』, 대한기독교서회, 1987]. 어떤 면에서, 유다는 다말의 결단력 때문에 의도치 않게 아들을 위한 계대 결혼 의무를 수행했다. 그러나 레위기 18:15(참조, 겔 22:11)에서는 남자와 그의 며느리 사이의 성관계를 금지한다(『유다의 유언』 14:6을 볼 것: "나는 큰 죄를 지었고, 가려져 있던 내 아들의 수치를 드러냈다"; 참조, 『희년서』 41:23).

14. 유다는 다말을 다시 자신의 며느리로 여겼다(Von Rad, *Genesis*, 356).

15. Johnson, *Purpose*, 154, 271.

16. 예를 들어, 『유다의 유언』 10:6; 바빌로니아 소타 10b; 바빌로니아 호라요트 10b; 예루살렘 탈무드 소타 1:4(16d, 5a); 창세기 랍바 85.

17. *Leg. All.* 3.74; *Quod Deus* 137.

18. *De Cong.* 124; 참조, *Fug.* 149-156; *Virt.* 220-222.

19. *Quod Deus* 137; 참조, *Mut.* 134.

다. 곧, 에르와 오난, 두 아들을 잃은 유다는 이제 쌍둥이를 얻는다. 그것은 유다가 용서받았다는 확실한 증표다."[20] 이를테면, 다말에게 있어 쌍둥이는 사별한 두 남편을 대신하며, 다말은 그들을 통해 가부장적 사회구조 속에서, 아내는 아니지만, 적어도 어머니 역할이라는 위치를 확보하게 된다. 유다가 그녀를 자녀들의 어머니로 인정한 것은 그 사회 내에서 그녀의 지위를 확립한 것이다. 다말은 자신의 권리를 확보하고 의로움을 증명하기 위해 행동했다. 죽음과 수치를 당할 것이라는 의심을 받았던 그녀는 결국 생명을 가져왔다. 곧, 유다는 정직하게 대답하고 책임감 있게 행동한 명예가 인정됐으며, 그의 이름과 언약이 지속될 것이라는 약속을 받았다. 다말은 그녀의 남편 에르의 이름을 계승할 아들을 낳기 위해 목숨을 건다. 그녀는 죽은 남편을 대신하여 사심 없는 계획을 세우고 간접적인 방법을 취하며 유다 본인보다도 더 유다의 이름에 충성한다. 그리고 그녀는 이러한 행위들에 대한 보상을 받는다. 12-30절의 실제 내러티브에서 야훼의 행위나 말이 언급되지 않는다는 사실을 볼 때, 인간 자체와 인간의 일들이 주도적인 역할을 하고 있다는 것이 분명해진다. 실제로, 남성과 남성적 가치들은 자신을 그 구조에 다시 통합시키는 여성들을 통해 지배력을 갖는다.

　이 내러티브에 관한 구약의 아람어 번역인 타르굼에는 불충분하지만 개입이라고 할 만한 것(intervention of a sort)이 등장한다.[21] 위-요나탄 타르굼에는 유다가 다말은 죄가 없으며 자신이 그녀를 임신하게 했다고

---

20. Judah Goldin, "The Youngest Son or Where Does Genesis 38 Belong?" *JBL* 96 (1977) 30.

21. 팔레스타인 타르굼의 일부 전승은 그리스도교 이전의 것일 수 있다. M. McNamara, "Targums," *IDBSup* 856-61을 볼 것; 참조, G. Vermes ("Jewish Literature and NT Exegesis: Reflections on Methodology," *JJS* 33 [1982] 364).

선언한 뒤, 하늘에서 하나님의 음성이 들려오는 장면이 나온다: "이것은 내가 일으킨 일이다." 르네 블로흐(Renée Bloch)는 자신의 번역에서 이 중 인과관계(dual causality) 개념을 정확하게 포착한다: "그녀가 임신한 것은 나[유다]로부터 … 이 일이 일어난 것은 나[하나님]로부터."[22] 그 음성이 들려온 뒤, 법정은 두 사람 모두를 석방한다. 단편 타르굼(Fragmentary Targum)에서 유다는 이 임신에 대한 책임을 인정한다. 그는 다말이 간통으로 임신한 것이 아니며, 이 일은 자신이 다말에게 셀라를 주지 않아서 일어난 것이라고 주장한다. 그러자 하늘의 음성이 들려온다: "법정은 너희 둘 모두에게 무죄를 선고한다. 이 일은 하나님이 하신 일이다." 타르굼 네오피티(Targum Neofiti I)에 등장하는 음성은, "그들은 둘 다 의롭다. 주님 앞에서 이 일이 일어난 것이다"라고 말한다.[23] 나는 이것을 불충분한 개입(intervention of a sort)이라고 부르는데, 그것은 (우리가 여기에서 그것에 대해 말할 수 있다면) 하나님의 행위가 감추어져 있거나, 심지어는 하나님의 행위가 인간들의 극적인 사건(drama)에 나오는 행위와 동일시되는 것을 강조할 뿐이기 때문이다. 유다와 다말 이야기가 요셉 이야기에 삽입된 막간극(interlude) 또는 "구조상 기생하는 본문"(structural parasite),[24] 더 낮게 표현하자면 "애매한 주석"(oblique commentary)인 것과 마찬가지

---

22. R. Bloch, "Duda Engendra Phari s et Zara, de Thamar," *Mélanges bibliques rédigés en l'honneur de André Robert* (Paris: Bloud & Gay, 1957) 385. 이어서 유다는 그가 다말에게 자신의 아들 셀라를 주지 않았기 때문에 이런 일이 일어났다고 선언한다.

23. 바빌로니아 소타 10b를 볼 것: 유다는 다말이 자기보다 의롭다는 것을 알고 있었다. "하나님의 음성(bath kol)이 '나에게서 비밀이 나왔다'라고 알려주었기 때문이다." 참조, 중세 미드라쉬 하가돌 I, p. 655, Bloch, "Juda," 387에서 인용: "유다가 '그녀는 의롭다'라고 말할 때, 성령이 나타나서 말했다. '다말은 창녀가 아니며, 유다는 그녀와 간음하기를 원하지 않았다; 그 일은 나 때문에 일어났으며, 유다에게서 메시아 왕을 일으키기 위한 것이다.'"

24. G. W. Coates, "Redactional Unity in Genesis 37-50," *JBL* 93 (1974) 15-17.

로,[25] 창세기 38장의 배경에는 신학적 요소가 신중하게 담겨 있다.[26]

라합

마태의 가계도에 라합이 포함된 것(마 1:5, Rachab)에 대해서는 현재 우리에게 남아있는 전승으로는 완벽하게 설명할 수 없다. 그녀와 살몬 사이에서 보아스가 태어났고, 그녀가 다윗의 여자 조상이라는 서술(참조, 룻 4:21; 대상 2:11)은 구약성서나 다른 어떤 곳에서도 뒷받침되지 않으며, 이는 성서의 라합(rāḥāb; LXX, raab)이 가나안 정복기, 즉 보아스보다 거의 200년 전에 살았기 때문이다. 이 라합은 외경, 위경뿐 아니라 필론의 글에도 언급되지 않는다. 라합(Rachab)이라고 표기하는 이름은 신약성서뿐 아니라 칠십인역, 2세기 교부들의 글에도 등장하지 않는다. 오리게네스는 마태복음 1:5을 주석하면서, 라합에 대해 "성서 어디에서도 언급되지 않는 하찮은 여성이며, 말하자면 성서의 세계에 떨어진 '엑스 마키나'(ex machina)와 같다"고 한다.[27] 그리스어 철자의 차이와 연대의 난제에도 불구하고, 대부분의 학자들은 마태가 정복기의 라합을 의미한 것이 거의 분명하다고 결론내린다.[28]

그녀의 이야기는 여호수아기 2장과 6장에 나온다. 여리고성 정탐을

---

25. R. Alter, *The Art of Biblical Narrative* (NY: Basic Books, 1981) 21 [=『성서의 이야기 기술』, 아모르문디, 2023]. 두 이야기의 공통된 주제에 대해서는 3-10쪽을 볼 것.

26. E. A. Speiser, *Genesis* (AB1; Garden City: Doubleday, 1964) 292.

27. Origen, *In Matt.* 1:5. 다른 곳에서 그는 구약성서의 라합에 대해 말한다. J. D. Quinn, "Is Rachab in Mt 1,5 Rahab of Jericho?" *Bib* 62 (1982) 225-28을 볼 것. Quinn은 이 질문에 대해 현재는 입증할 수 없는 과장된 가능성이라고 대답한다; 그는 라합이 알려지지 않은 여성일 가능성이 더 높다고 생각한다.

28. R. E. Brown, "Rachab in Mt 1,5 Probably Is Rahab of Jericho," *Bib* 63 (1982) 79-80. 참조, Y. Zakowitch, "Rahab als Mutter des Boas in der Jesus-Genealogie (Matth. I.5)," *NovT* 17 (1975) 1-5.

위해 여호수아가 보낸 두 사람은 "어느 창녀의 집에 들어가 거기에서 묵었다. 그 집에는 이름이 라합이라고 하는 창녀가 살고 있었다"라고 한다(2:1). 독자들은 그들이 왜 그녀에게 갔는지, 그녀가 왜 그들을 받아들였는지 알 수 없다. 아마 그녀의 평판이 그들을 끌어들였고, 그녀는 직업상 그들을 맞이했을 것이다. 이 이야기의 화자는 라합의 매춘에 대한 아무런 멸시나 저주의 말을 남기지 않는다. 그녀는 일반적인 사회 구조와 그 경계와 규칙을 넘어, 가족 단위 밖에서, 일상화된 지위를 가지고 살아가는 외부자로 용인된 것 같다. 또한 이 화자는 이스라엘의 첩자들이 그녀의 집에 들어간 것에 대해서도 지적하지 않는다. 구약성서는 성매매 여성과 관계하는 것을 금지하고 있으며(잠 2:16-22; 29:3; 31:3), 아버지들에게 딸들을 성매매 여성으로 만들지 말라고 경고하지만(레 19:29; 참조, 신 23:17), 동시에 성매매 여성을 어느 정도까지는 용인하고 있다.[29] 남편이나 아버지의 통제 아래에 있지 않은 그녀들의 성행위는 부계 구조(paternity system)에 지장을 주지 않는 선에서라면, 장려되는 것까지는 아니었지만 어느 정도까지는 용인됐을 것이다.[30]

　　라합은 놀라운 행동으로 첩자들을 숨겨주고, 그 추적자들을 잘못된 방향으로 가게 함으로써 여리고의 왕에게 저항했다. 라합은 첩자들에

---

29. 성매매 여성들과 어울리는 것은 어리석고, 위험하고, 잘못된 것으로 여겨졌지만, 잠언 6:26에서는 간통을 저지르는 것보다는 성매매 여성에게 드나드는 것이 값싸고 덜 위험한 일이라고 말한다. Philo (*Spec. Leg.* 3.51)은 "모세가 세운 국가에서는 매춘부를 용납하지 않는다"라고 주장한다. 그녀는 "대중의 해충, 재앙, 역병의 중심지이며, 돌로 쳐 죽여야 한다"(참조, *De Ios.* 43, 그러나 회개한 매춘부는 자신의 시민권을 유지할 수 있고, 사제를 제외한 누구나와 결혼할 수 있으며, 아마도 사형을 면할 수 있을 뿐만 아니라 처벌을 받지 않았을 것이라고 하는 1.81과 대조해 볼 것). 구약성서는 사형을 제안하지 않는다.
30. T. Drorah Setel, "Prophets and Pornography: Female Sexual Imagery in Hosea," *Feminist Interpretation*, 89-90.

게 이렇게 말했다. "나는 주님께서 이 땅을 당신들에게 주신 것을 압니다. … 위로는 하늘에서 아래로는 땅 위에서, 과연 주 당신들의 하나님만이 참 하나님이십니다"(9, 11절).[31] 그녀의 지식과 믿음의 근거는 야훼에 대한 직접적인 경험에서 비롯된 것이 아니라, 용사들을 대신하여 싸우는 야훼의 업적을 들은 가나안 사람들의 두려움에 기인한 것이었다. 호의에 대한 대가로, 라합은 그 도시가 정복당할 때 그녀와 그녀의 아버지의 가문을 살려주겠다는 약속을 얻어냈다. 딸이 온 가족의 안전을 확보한 것이었다. 그녀는 성벽에 있는 자신의 방 창문으로 첩자들이 밧줄을 타고 내려가게 해 주었다. 그녀는 첩자들이 군대를 이끌고 돌아올 때 창문에 홍색 끈을 묶어두라는 말을 들었다. 그 성과 성 안의 모든 것이 파괴될 때, 여호수아는 약속을 지켰다: "여호수아는 창녀 라합과 그의 아버지 집과 그에게 딸린 사람을 다 살려 주었다. 라합이 오늘날까지 이스라엘 백성 가운데 살고 있는데, 그것은 여호수아가 여리고를 정탐하도록 보낸 사람들을 그가 숨겨 주었기 때문이다"(6:25). 전쟁의 생존자인 라합은 자기 백성에게는 불충한 사람이었지만 그녀 자신의 가족과 이스라엘 그리고 이스라엘의 하나님에게는 신실한 사람이었다. 야훼는 첩자들을 구하거나 라합과 그녀의 가족을 완전한 멸망에서 구하기 위해 개입하지 않았다. 그 대신, 그녀의 명민함과 간접적이고 불완전한 믿음이 그 일을 이루었다.

랍비 전승은 주로 그녀의 방탕함을 과장했는데, 그것은 그녀의 회개

---

31. 여기서 그녀의 말은 신명기 4:39b에 나오는 것과 같지만, 유일신교에 대한 고백은 아니다. M. A. Beek, "Rahab in the Light of Jewish Exegesis," *Von Kanaan bis Kerala* (ed. W. C. Delsman, et al.; Kevelaer: Butzon and Bercker, 1982) 37-44을 볼 것.

와 개종을 강조하기 위한 것이었다.[32] 그녀는 여호수아와 결혼하여 예언
자들의 여자 조상이 됐으며, 예언의 재능이 있었다고 전해진다. 히브리
서 11:31과 야고보서 2:25은 첩자들에 대한 그녀의 환대를 강조한다. 우
리는 이러한 전승들과 마태의 가계도에 나오는 다른 여성들의 이야기
에 근거하여, 마태가 성매매 여성이라는 그녀의 직업이 이스라엘 및 그
녀와 그녀의 가족의 안전과 성공의 역설적인 기회였다는 것을 보여주
려 한 것일지 모른다고 추측할 수밖에 없다.

룻

트리블은 룻 이야기를 이렇게 설명한다.

> 룻기는 늙은 나오미와 젊은 룻이 가부장적 환경 속에서 생존을 위해 투
> 쟁하는 것을 놀라운 예술적 기교로 보여준다. 이 두 여성은 자신들의
> 짐을 지고 있다. 그들은 궁핍, 위험, 불안정, 죽음에 대해 알고 있다. 하
> 나님은 그들에게 복을 약속하지 않는다. 어떤 남자도 그들을 구하기 위
> 해 달려오지 않는다. 그들은 이질적이고, 적대적이고, 미지의 상황 가운
> 데서 스스로의 구원을 이루기 위해 대담한 결정과 충격적인 행동을 무
> 릅쓴다.[33]

성서의 **모든** 여성 인물들과 마찬가지로, 그들의 "구원"은 가부장적 사
회 구조로 통합되는 것이며, 그 구조의 바깥에는 구원이 없다고 여겨졌

---

32. A. T. Hanson, "Rahab the Harlot in Early Christian Tradition," *JSNT* 1 (1978) 54
을 볼 것.

33. P. Trible, *God and the Rhetoric of Sexuality* (Philadelphia: Fortress, 1978) 166 [=
『하나님과 성의 수사학』, 알맹e, 2022].

다.[34] "룻기 저자의 가장 중요한 관심은 유다 왕가의 역사에 관한 것이
다."[35]

나오미의 남편과 아들들의 죽음은, 그녀와 모압인 며느리들인 오르
바와 룻을 남성 중심의 문화 속에 아무런 안전, 재산, 보호자, 또는 신분
(identity)이 없는, 사회적 부적응자인 세 명의 자녀 없는 과부들로 남게
만들었다. 뜻밖에도 룻은 자신의 운명을 나오미의 운명과 함께하기로
하여, 나오미의 고향인 유다로 함께 돌아가는 것을 선택했다. 그들이 정
착한 베들레헴에는 "재력이 있는 사람"(2:1)이었던 나오미의 친족 보아
스가 살고 있었다. 저자의 가부장적 구도에 따라, 룻은 우연히 보아스의
밭에서 이삭을 줍다가 그를 만났고, 호감을 받게 됐다. 이 친척의 친절
함을 알게 된 나오미는 룻이 "가정"을 이루도록 계획을 세웠다(룻 3:1).
나오미는 룻에게 이렇게 말했다. "보아스는 우리의 친척이고, 너는 그
집의 하녀들과 같이 있지 않았느냐? 보아라, 오늘 밤에 그가 타작마당
에서 보리를 키질할 것이다. 너는 목욕을 하고, 기름을 바르고, 가장 좋
은 옷을 입고, 타작마당으로 내려가거라. 그러나 그가 먹고 마시기를 마
칠 때까지, 그에게 너의 존재를 알리지 말아라. 하지만 그가 잠자리에
누울 때, 그가 눕는 자리를 잘 보아 두어라. 그런 뒤에 다가가서 몸 아랫

---

34. E. Fuchs ("Literary Characterization," n. 4, p. 117)는 Trible이 히브리 성서에서 여
     성의 관점으로 보이는 것이 은폐됐다는 증거를 강조하려고 했지만, 그 관점의 가부
     장적 결정요인을 무시했다고 비판한다. 내 생각에, (일부) 여성의 관점으로 보이는
     것이 살아남을 수 있었던 것은 그것이 남성중심적 관점으로 통합됐고 왜곡됐기 때
     문이다.

35. B. A. Levine, "In Praise of the Israelite *Milpaha*: Legal Themes in the Book of
     Ruth," *The Quest for the Kingdom of God* (ed. H. B. Huffmon, et al.; Winona Lake,
     IN: Eisenbrauns, 1983) 106.

부분을 드러내거라,[36] 그러면 그가 너의 할 일을 알려줄 것이다."

룻은 그 말대로 했다. 그러나 그녀는 보아스가 책임을 지고 그녀에게 할 일을 알려주기를 기다리는 대신 보아스에게 이렇게 말했다. "어른의 종 룻입니다. 어른의 품에 이 종을 안아 주십시오. 어른이야말로 집안 어른으로서 저를 맡아야 할 분이십니다"(3:9). 그것은 그에게 자신과 결혼하여 친족의 의무를 완수하라는 요구였다. 보아스는 그녀를 축복하며 칭찬했고, 자신보다 더 가까운 친족이 그 역할을 하지 않는다면 그녀가 요구한 대로 하겠다고 보증하는 대답을 했다. 보아스는 룻에게 아침까지 누워 있으라고 했고, 그 만남을 비밀로 하기 위해 룻은 해가 뜨기 전에 그 자리를 떠났다.[37] 보아스가 더 가까운 친족을 만났고, 나오미의 재산을 되사고 룻과 결혼하는 상환의 권리(the right of redemption)는 보아스에게 넘어왔다. 장로들과 모든 백성들은 보아스가 나오미의 남편과 아들들에게 속한 모든 것—나오미의 아들의 과부인 룻을 포함한—을 "그 유산이 고인의 이름으로 남아 있도록" 사들이는 것의 증인이 됐다(4:10). 독자들이 이 이야기의 두 여성의 역할을 기억하도록, 장로들은 야훼께서 "그대의 집안으로 들어가는 그 여인을, 이스라엘 집안을 일으킨 두 여인 곧 라헬과 레아처럼 되게 해 주시기를 빕니다"라는 기도로 응답했다(4:11). 그들은 또한 "주님께서 그 젊은 부인을 통하여 그대에게

---

36. Trible의 번역. 3:4, 7, 8, 14의 명사 *margĕlōtāyw*는 주로 "발"로 번역되는데, 여기에서는 생식기에 대한 완곡한 표현으로 사용된다. "그녀가 그의 하체를 얼마만큼 드러내야 하는지는 본문에서 감칠날 정도로 정확히 드러나지 않는다. 그러나 성적인 의미가 존재한다는 것은 명백하다"(Trible, *God*, 182); E. F. Campbell, Jr. (*Ruth* [AB7; Garden City: Doubleday, 1975] 131)는 이 구절을 룻이 보아스를 유혹했다는 의미로 해석할 수 있다고 주장한다.
37. Josephus는 "그런 종류의 추문을 경계하는 것이 현명했고, 아무 일도 일어나지 않았을 때는 더욱 그렇다"라고 고지식하게 언급한다(*Ant.* 5.331).

자손을 주셔서, 그대의 집안이 다말과 유다 사이에서 태어난 아들 베레스의 집안처럼 되게 하시기를 빕니다"(4:12)라고 기도하며, 독자들에게 다말과 룻 이야기 사이의 평행점―속임수,[38] 계대 결혼 의무,[39] 수치스러운 추문―을 상기시켜 주었다.

"보아스는 룻을 아내로 맞이했다. 그 여인이 자기 아내가 되자, 그는 그 여인과 동침했다. 주님께서 그 여인을 보살피시니, 그가 임신하여 아들을 낳았다"(4:13). 트리블은 이렇게 말한다: "생명의 선물은 남성도 여성도 아닌 하나님께 있다."[40] 하나님은 이 내러티브에서 말씀이나 기적으로 개입하지 않는다. 하나님의 행위는 "그림자 속에 있는 분, 개입이 아니라 가볍게 행사되는 섭리적 통제로 나타나는 분의 활동에 가깝다."[41] 이와 대조적으로 룻기 랍바 7.14에서는 보아스는 80세였고 룻은 40세였기 때문에 그들이 아기를 갖는 것은 예상 밖이었다는 서술과 함께 "기적"이라는 요소를 이야기 속에 집어넣으며 이 이야기를 다른 구약 이야기와 연결시킨다. 이 성서 내러티브는 가계도와 함께 끝나며

---

38. 다말, 룻, 라합에 대해서는 E. Fuchs, "Who Is Hiding the Truth?" *Feminist Perspectives* 137-44, esp. 141-42을 볼 것.

39. Levine, "In Praise," 97, 104-06; 참조, C. M. Carmichael, "A Ceremonial Crux: Removing a Man's Sandal as a Female Gesture of Contempt," *JBL* 96 (1977), n. 45, p. 334.

40. Trible, *God*, 193. Josephus (*Ant.* 5.335)에 의하면, 그 소년은 독자들이 그 아이가 타작마당에서 수태된 것으로 생각하지 않게 하기 위해, 결혼 후 1년 뒤에 태어났다.

41. Campbell, *Ruth*, 28-29. "하나님이 이 드라마의 주연 배우라고 말하는 것도 똑같이 옳다… 룻 이야기에서 하나님은 특별히 사람들이 서로를 대하는 방식 속에서 현존하고 활동한다. 하나님은 이 마을의 배후에서, 사람들 사이에서, 서로에 대한 보살피는 책임감을 통해 평화(shalom)를 불러일으킨다"(p. 29). 은밀한 방법으로 축복하고 저주하는 분으로서의 하나님의 인과적 역할에 대해서는 R. M. Hals, *The Theology of the Book of Ruth* (Philadelphia: Fortress, 1969) 3-19을 볼 것. 참조, W. S. Prinsloo, "The Theology of the Book of Ruth," *VT* 30 (1980) 330-41.

(4:18-21), 그 가계도에는 마태의 가계도에 나오는 네 명의 여성과 관련된 네 명의 남성, 곧 베레스, 살몬, 보아스, 다윗의 이름이 나열되어 있다는 점에 주목할 필요가 있다.

랍비 전승에서는 마태의 가계도에 나오는 네 명의 여성들 가운데 오직 룻만이 부도덕한 행위를 저질렀다는 오명으로부터 자유롭다. 그러나 랍비 전승에서는 그녀의 모압 혈통 문제를 강조한다. (신명기 23:3 "암몬 사람과 모압 사람은 주님의 총회 회원이 되지 못합니다. 그 자손은 십 대가 아니라, 영원히 주님의 총회 회원이 되지 못합니다." 이것은 룻을 통해 다윗에게 적용될 수 있다.) 그러나 랍비 문학, 타르굼, 번역본들에 나온 일부 자료들을 살펴보면, 룻기 3:4, 7-9, 12-13의 성적인 암시 때문에, 독자들이 그곳에서 룻과 보아스가 성관계를 했다는 결론을 내리지 않게 하기 위해, 타작마당 장면에 세심한 주해를 덧붙이고 있으며, 그에 대한 강력한 우려를 표시하고 있음을 보게 된다.[42] 우리는 외설적인 암시가 담긴 단서를 모두 제거하려 하는 그런 강력한 노력들이 오히려 다른 방식의 해석이 가능했고, 계속 존재했으며, 심지어는 인기 있었음을 인정하는 것이라고 결론 내릴 수 있다.

아무튼, 다말과 마찬가지로 룻은 성매매로 고발당할 위험을 무릅쓴 것이 분명하고, 다말과 마찬가지로 위험을 감수했다는 이유로 칭찬을 들었다. 나오미와 룻의 행위는 결국 보아스가 그의 의무를 이행하도록 만들었고, 룻의 결혼과 오벳이라는 합법적인 아이의 탄생을 통해 두 여성을 사회 구조 속에 재통합시키는 결과를 이루었다.

---

42. D. R. G. Beattie, *Jewish Exegesis of the Book of Ruth* (Supp. Series 2; Sheffield: JSOT, 1977) 30, 72-73, 108, 128, 158, 167-68, 178-80, 186, 203. 참조, Carmichael, "Ceremonial Crux," 332-33: "룻의 이야기의 첫 독자들은 타작마당의 언어와 몸짓의 의미를 완전히 이해했을 것이다."

우리야의 아내

밧세바의 이야기는 네 개의 구약성서 이야기들 중 여러 가지 면에서 가장 소름끼치는 내용이다. 마태의 가계도는 그녀의 이름을 언급하지 않는다. 그것은 아마도 그녀를 우리야의 아내라고 밝히는 것이 그녀의 간통을 강조하고, 그다음에 이어졌던 다윗과의 결혼을 강조하지 않기 때문이거나, 또는 다윗과 결혼했던 때에도 어떤 식으로든 여전히 우리야의 아내였기 때문일 것이다. 사무엘기하 11장에 등장했을 때, 그녀는 매우 특색 없고, 수동적이며, 무기력한 인물이었고, 거의 익명에 가까웠다. 궁전의 옥상에서 다윗 왕은 그녀가 목욕하는 것을 보게 됐다.[43] 독자들은 "아주 아름다웠다"(2절)라는 것 말고는 그녀에 대해 아무것도 듣지 못한다. 다윗은 그녀에 대해 물어보았고, 그녀가 엘리암의 딸이며 우리야의 아내라는 것을 알게 됐다. 그다음 절에 사용된 동사는 단순하고 직설적이다: "다윗은 사람을 보내어서 그 여인을 데려왔다. 밧세바가 다윗에게로 오니, 다윗은 그 여인과 정을 통했다." 이 사건은 "왕의 변덕에 의한 일시적인 불륜의 모든 면모를 갖고 있다."[44] 그 외에도, 이 이야기의 화자는 그녀가 월경을 마치고 몸을 깨끗하게 한 뒤였다고 말한다. 이것은 잠시 후 그녀가 임신하게 될 아기가 남편 우리야의 아이일 수 없다는 것을 암시한다. 직설적인 서술이 이어진다. 그녀는 집에 돌아

---

43. H. W. Hertzberg (*1 and 2 Samuel* [Philadelphia: Westminster, 1964] 309)는 그녀가 남들이 볼 수 있는 장소에서 목욕한 것을 비난하면서, "물론 이 여성의 추파가 다윗의 행동에 대한 어떠한 변명도 되지 못한다"라고 말한다. J. P. Fokkelmann (*Narrative Art and Poetry in the Books of Samuel* [Assen: Van Gorcum, 1981] 51)은 지붕 위의 다윗의 위치가 "자신이 원하는 대로 조사하고 선택할 수 있는 전제군주의 위치에 있다는 것을 암시한다"라고 말한다.
44. D. M. Gunn, *The Story of King David* (Sheffield: JSOT, 1978) 100.

왔고, 임신했고, 다윗에게 "내가 임신했다"라는 말을 전한다(4-5절). 이 일에 대한 그녀의 반응에 대해서는 아무런 말도 없다. 다윗을 비롯해서 그 누구도 그녀에게 말을 걸지 않는다. 밧세바 측의 저항이나 항의의 기미도 전혀 없고(과연 누가 왕에게 저항할 수 있었을까?), 간통이 발각될까 봐 두려워하는 기색도 없다.[45]

다윗은 전장의 우리야를 집으로 불러들인 뒤 아내와 동침하게 하여 그 임신이 그로 인한 것으로 보이게 하려는 음모를 꾸몄다. 그 계획이 실패하자[46] 다윗은 간통을 비밀에 부치기 위해 우리야를 살해할 음모를 꾸미고 실행했다. "우리야의 아내는, 그녀의 남편 우리야가 죽었다는 소식을 듣자, 자기의 남편을 생각하여 슬피 울었다"(26절). 이 한 절에서 그녀의 결혼 관계가 세 번이나 강조된다. 저자는 그 애도가 형식적인 슬픔이었는지 아닌지 말하지 않는다. 다시 직설적인 서술이 이어진다: "애도하는 기간이 지나니, 다윗이 사람을 보내어서, 그 여인을 왕궁으로 데려왔다. 그 여인은 이렇게 하여서 다윗의 아내가 됐고, 그들 사이에서 아들이 태어났다"(27절).[47]

---

45. 또 다른 해석은 Hertzberg (*1 and 2 Samuel*, 310)를 볼 것: "우리는 밧세바의 기분에 대해 아무것도 알지 못한다; 간통으로 발생하는 위험에 대한 인식(신 22:22)이 왕을 유혹했다는 영예에 대한 인식을 능가했을 것이다. 아무튼 이 모든 것은 성서의 화자에게 중요하지 않았다." 화자는 다윗에게 모든 책임을 돌린다.

46. L. M. Epstein (*Sex Laws and Customs in Judaism* [NY: Bloch, 1948] n. 98, p. 213)은 우리야가 밧세바와의 동침을 거부한 것은 부정한 아내와의 잠자리를 거부한 것이라고 생각한다. D. Marcus, "David the Deceiver and David the Dupe," *Prooftexts* 6 (1986) 165-66도 볼 것.

47. 이 아들은 결혼 상태에서 태어났지만, 어떤 사람들은 랍비적 응징 이론 관점에서 볼 때, 그가 진정한 우리야의 아들이라고 주장한다(C. T. Davis, "The Fulfillment of Creation," *JAAR* 41 [1973] n. 41, p. 529). Kittel ("Thamar," n. 5, p. 1)에 의하면 마태는 솔로몬을 사생아로 여긴다.

왕위 계승 내러티브(Succession Narrative)의 작가는 밧세바—그녀의 동기, 그녀가 입은 피해, 그녀의 위태로움—에 전혀 관심이 없는 것일까? 이복 오빠인 암논에게 강간당한 다말에 대해서는 좀 더 함축성 있고 섬세하게 묘사한 것을 볼 때(삼하 13장), 본문의 간결함이 이 저자의 여성에 대한 일반적인 공감과 상상력 부족 때문이 아니라는 것을 알 수 있다. 하지만 여기서 저자는 그 범죄들이 저질러진 것과 같이 거칠고 잔인한 방식으로 다루면서 다윗이 밧세바를 대하는 태도에 분노를 표하고 있다. "밧세바는 그 내러티브 전체에서 매우 모호한 모습으로 나타난다. … 우리는 이 사건들이 그녀에게 어떤 의미였는지, 그녀가 희생자였는지 아니면 공범이었는지, 혹은 둘 다였는지 결론을 내리지 못한 채 추측해야 한다."[48] 저자는 그녀의 천박함이 아니라, 함정에 빠진 밧세바, 그녀의 감정, 권리, 계획, 어쩌면 사랑까지 모두 쓸모없게 되어버린, 완전히 함정에 빠진 그녀의 모습을 묘사하려 했던 것일지도 모른다. 그녀는 의지할 곳이 없었다. 화자는 다윗의 책임을 묻는 것에 관심을 둔다: "주님께서 보시기에 다윗이 한 이번 일은 아주 악했다"(11:27).

이어지는 사건에서 밧세바는 아무 역할도 하지 않는다. 다윗은 나단 선지자에게서 가난한 사람의 어린 딸 같은 양에 관한 비유를 듣는다. 우리야의 아내인 밧세바는 딸 같고, 양이나 염소 떼와 대비되며, 불필요하게 도살된 애완동물의 상징으로 그려진다. 다윗은 그 상징을 알아차리지 못하고 양을 빼앗은(lqh, '라카흐', 12:4) 그 부유한 사람이 죽어 마땅하다고 판단했지만, 그 죄에 대한 보상금을 지정했다. 다윗의 발언의 결론은 그 문제가 단순히 도둑질(또는 간통)에 관한 것이 아니었음을 보여준다.

---

48. J. A. Wharton, "A Plausible Tale. Story and Theology in II Samuel 9-20, 1 Kings 1-2," *Int* 35 (1981) 342.

그것은 동정심 결여의 문제였고(12:6), 연민과 공감 결여의 문제였으며, 어떤 형태의 폭력에 의한 잠재적 피해자를 구해 주는 실제적인 자비심 결여의 문제였다. 사무엘기하 12:9에 나오는 다윗을 비난하는 신탁은 살인에 관한 두 번의 언급과 간통에 대한 한 번의 언급으로 구성되어 있지만, 12:10에서는 간통에만 초점을 맞추고 있다. 9-10절의 동사 '라 카흐'(*lqh*, "빼앗다")는 11:4에서와 마찬가지로, 다윗의 행위를 나타낸다(참 조, 12:4). 또한 다윗이 우리야나 밧세바에게도 동정심을 보이지 않았다 는 사실이 암시된다. "그리고 다윗이 동정심을 보이지 않은 것은 … 다 윗이 하나님을 무시했기 때문이다"(12:9-10).[49]

그에 대한 벌로 다윗은 그의 가문에 재앙이 일어나게 될 것이라는 말을 듣는다. 눈앞에서 아내들이 잡혀갈 것이고 그의 이웃들에게 주어 질 것이다.[50] 우리야에게 저지른 범죄에 대한 보상을 위해 여성들에 대 한 추가 범죄가 저질러졌다. 우리야는 죽었지만, "그런 일을 한 사람은 죽어야 마땅합니다"(12:5)라고 말했던 다윗은 죽지 않았다. 대신 그에게 서 태어난 아이가 죽었다. 그 뒤에 "다윗이 자기의 아내 밧세바를 위로 하고, 동침했다"(12:24). 그녀는 아들을 낳았고, 다윗은 그 아기의 이름을 솔로몬이라고 지었다. 솔로몬은 야훼의 사랑을 받았다.[51]

---

49. G. W. Coates, "Parable, Fable and Anecdote. Storytelling in the Succession Narrative," *Int* 35 (1981) 377. Coates는 밧세바에 대한 다윗의 동정심 결여에 대해 언급하지 않는다. 그러나 *lqh*는 누군가에게서 무언가를 빼앗을 때(이 경우 우리야 에게서 밧세바를 빼앗음)뿐만 아니라, 성적인 것을 "취하거나", 유혹, 함락에도 사 용할 수 있기 때문에(예, 창 34:2; 신 22:13-14, 30), 이 내러티브에서 이 동사를 강 조하는 것은 밧세바에 대한 다윗의 행위를 강조하기 위한 것이다.
50. 아마 압살롬을 말하는 것일 것이다. 그러나 사무엘기하 16:21-22에서 압살롬은 다 윗의 아내가 아니라 후궁들을 취했다.
51. Hertzberg는, 여디디야("야훼에게 사랑받는 자")가 사실 죽은 아이의 이름이라는 이론은 솔로몬이 간통으로 수태된 아이라는 이론만큼 난해하지는 않지만 불가능한

밧세바는 열왕기상 1장에서 다윗의 죽음이 가까이 왔을 때 다시 등장한다. 거기에서 밧세바는 나단의 하수인 역할을 한다. 나단은 장남인 아도니야가 아니라 솔로몬이 왕이 될 것이라는 약속을 다윗이 기억하게 하라고 그녀에게 조언한다. 독자들은 다윗이 그런 서약을 했었는지, 아니면 이것이 늙은 왕에 대한 날조된 속임수인지 알 방법이 없다. 밧세바는 시키는 대로 했고, 다윗은 약속했다. 밧세바가 단지 나단과 그 동료들의 대변인일 뿐이었든, 아니면 나단이 말한 대로 솔로몬과 자신의 생명을 구하기 위해 행동한 것이었든 간에, 다윗은 예전에 밧세바가 그의 뜻에 따랐던 것처럼, 이번에는 그녀의 뜻에 따른다.

성서에서의 밧세바의 마지막 등장인 열왕기상 2:13-25에서 그녀는 다시 전령으로, 이번에는 아도니야가 솔로몬에게 보내는 전령으로 나온다. 그녀는 솔로몬이 받아야 할 왕실 재산인 다윗의 첩, 수넴 사람 아비삭을 자신에게 달라는 아도니야의 요구를 전달했다. 그녀가 마지막으로 들은 말은, 여자는 고도의 정치 세계에서 똑똑하고 독립적인 역할을 할 수 없다고 생각했던 솔로몬의 냉소적인 거절이었다.

그러므로 그녀의 이야기는 화자에 의해 멸시당하거나 책망받는 여성이 아니라, 불쌍하게 여겨지는 간음한 여성의 이야기이다. 그녀에게는 선택의 여지가 없고, 의지할 곳이 없고, 뚜렷한 개인의 역사도 없다. 그녀는 행동하지 않고, 타인의 행동에 끌려가며, 그런 뒤에는 거의 반응하지 않는다. 그녀의 말 없는 복종은 그녀가 남성에게서 남성으로 전해지는 물건임을 나타낸다.[52] 그녀는 사회가 그들에게 부여했던 운명에 맞

이론이기는 마찬가지라고 말한다(*1 and 2 Samuel*, n. a, p. 317).

52. 이와 대조적으로 R. N. Whybray (*The Succession Narrative* [Naperville: Allenson, 1968] 40)는 그녀를 "더 열정적이고 영리한 남자들에 의해 자연스럽게 희생자가 됐던, 어리석기보다는 마음씨 좋은 여성"이라고 여긴다. Marcus ("David the

서 문제를 스스로 처리하고 가부장 구조 속에서 자신들의 지위를 개선했던 다말, 라합, 룻과는 달리 비극적인 수동성을 의인화한다. 여왕으로 살아남은 밧세바는 결코 한 사람의 인간으로 부각되지 않는다.

마태의 가계도에 나오는 다른 세 명의 여성들의 이야기처럼, 밧세바의 이야기는 인간 사건에 개입하고 방해하는 하나님이 아니라, 인간 자유의 공간을 창조하는 하나님이 강조되는 이야기다.[53] 인간의 행위는 그 안에 죄와 고통이 밀접하게 연결되어 있고, 하나님이 어떤 식으로든 개입하고 일하는 것으로 보이는 운명을 만들어내는 행위다.[54] 화자는 야훼를 11:27("주님께서 보시기에 다윗이 한 이번 일은 아주 악했다")과 12:1("주님께서 예언자 나단을 다윗에게 보내셨다"), 12:15("주님께서 아이를 치시니"), 12:24-25("주님께서 그 아이를 사랑해 주셔서" 여디디야라고 불린 솔로몬을 "주님께서 사랑해 주셨다")에서 분명하게 언급한다. 이러한 "개입들"의 순수한 효과는, 모든 이야기가 하나님께 속해있고, 비록 하나님이 어떤 일도 일으키지 않으시지만 무슨 일이 일어나든 하나님이 승리한다는 확신이 표현된다는 것이다. 이러한 신학적 여담들은 기적이 등장하지 않는 이 이야기에서 중요하며, "뜻밖의 기묘한 효과"를 만든다. 그것들은 인간에 대한 하나님의 판단에 독자를 참여하게 한다. "선택 행위"를 진술하는 마지막 방백(삼하 12:24)은, "설명하거나 입증하려는 아무런 시도도 없이" 새로 태어난

Deceiver," 167)는 그녀가 솔로몬의 적수를 교활하게 처리한다고 말한다.

53. W. Brueggemann, "The Triumphalist Tendency in Exegetical History," *JAAR* 38 (1970) 367-80, esp. 372; "On Trust and Freedom," *Int* 26 (1972) 3-19, esp. 18을 볼 것. (이러한 언급은 왕위 계승 내러티브나 궁정 역사를 초기 지혜 관점으로 보는 것과 관계없이 적용된다.) Hals는 룻기와 법정 역사 사이의 신학적 관점의 유사성에 대해 논의한다(*Theology of the Book of Ruth*, 21-34).

54. K. Koch, "Gibt es ein Vergeltungsdogma im Alten Testament?" *ZTK* 52 (1955) 1-42을 볼 것.

아기를 향한 "신적인 전환"을 서술하고 있다.[55]

후대의 전승은 밧세바를 무시하고 다윗의 죄에 초점을 맞추거나,[56] 그녀에게 살인에 대한 책임을 돌린다.[57] 후에 그녀가 미드라쉬 하가돌(1, 334-39)에 열거된 22명의 용맹한 여성들에 포함된 것은 이해하기 어렵다.[58] 아마 그녀가 솔로몬의 어머니였고 그가 왕위에 오르는 데 도움이 됐다는 것만으로 그 이유가 충분했던 것 같다.

결론

마태가 예수의 가계도에서 언급하기 위해 선택한 네 명의 여성들에 관한 이 이야기들과 전승들에서 도출할 수 있는 결론은 무엇일까? 그들의 공통점은 무엇이며, 독자들은 그것을 통해 뒤이어 나올 마리아 이야기를 읽기 위한 어떤 준비를 하게 되는가? 니디치(Niditch)가 밝혔듯이, 네 여성 모두의 사회학적 상황을 비교해 볼 수 있다.[59] (마태가 라합에 관해 알고 있던 전체 이야기를 우리가 알지 못하기 때문에, 나는 아래 개요의 몇몇 측면들이 라합에게도 적용될 수 있는지 확신할 수 없다는 점을 인정한다).

(1) 네 명 모두 가부장 가족 구조의 외부에 있었다. 다말과 룻은 아이가 없는 젊은 과부였고, 라합은 성매매 여성, 밧세바는 간음한 뒤 연인의 아이를 임신한 과부였다.

---

55. Von Rad, *Theology*, 1.314-15. 이 아이의 죽음과, 계속해서 이어지는 다윗의 아들들이 저지른 범죄의 역사는 다윗의 죄와 관련되어 있다.

56. 예, 『유다의 유언』 15:2-6; CD 5:1-5.

57. Josephus, *Ant.* 7.131을 볼 것: 임신했을 때, 그녀는 다윗에게 "자신의 죄를 은폐할 방법을 마련해달라"고 요구한다. 그녀는 간통으로 처형당해 마땅했기 때문이다.

58. 라합과 룻 역시 포함되지만, 다말은 포함되지 않는다.

59. S. Niditch, "The Wronged Woman Righted," *HTR* 72 (1979) 143-49. 다음의 요점들 대부분은 그녀의 분석에서 가져온 것이다.

(2) 네 명 모두 남성들의 세상에서 부당한 취급을 받거나 좌절한다. 이 내러티브들의 저자들이 완전한 페미니스트적 의식을 갖고 있었다고 주장하지 않고도, 우리는 희미하게나마 그 사회가 가부장적이었고, 그것이 특정 상황에서 여성들이 받는 고통의 원인이 됐으며, 때로 그러한 고통을 줄여나가기 위해 특정한 여성들과 남성들이 특별한 방법으로 상황을 바로잡고 조정했다는 인식을 주장할 수 있다. 알터(Alter)는 "여성의 지위에 관한 관습을 뛰어넘은 인식"에 대해 말한다.[60]

(3) 그들은 성적인 행위―또는 룻의 경우에는 아마도 성적인 행위를 했을 것이라는 의혹―를 통해 네 명 모두 사회 질서를 해치고, 스스로 비난받게 될 위험이 있었다. 부적절한 성행위에 대한 비난은 다말에게는 실제로 일어났고, 라합의 경우에는 암묵적으로 행해졌으며, 룻은 보아스의 비밀 유지로 비난을 면할 수 있었다. 그리고 밧세바의 경우에는 그녀의 상대자에게 비난이 가해졌다.

(4) 네 명 모두의 상황은 죄 그리고/또는 책임을 인정한 남자들의 행동에 의해 바로잡히게 된다. 그들은 그녀들을 가부장의 보호 아래로 인도하고 가부장 구조 속에서의 신분과 정체성을 부여하며, 그녀들과 앞으로 태어날 자녀들의 합법성을 보장한다. 마지막 분석으로, 그들은 가부장제의 현실을 받아들인 것으로 칭찬받는다.[61] 그것은 그 현실 속에서 아브라함과 다윗과 맺은 언약이 지켜지고, 이스라엘 민족과 왕국을 향

---

60. Alter, *Art*, 146. 몇몇 사람들이 성서에서 감지할 수 있다고 주장하는 그 번득이는 인식이, 때때로 여성의 관점으로 보이는 것에 대한 억압된 증거인지, 아니면 가부장 이데올로기를 촉진하기 위한 또 하나의 문학적 전략인지의 여부는 페미니스트 비평가들이 논쟁해야 할 중요한 지점이다.
61. 불공정한 여성의 몫에 대해 항의하는 것이 아니라, 사회적 제약을 지지하는 것이다.

41-42

한 세대가 계속된다고 믿었기 때문이다.

이 네 명의 여성들에 대한 언급은 마태의 독자들이 또 다른 마지막 여성에 관한 이야기를 기대하게 하기 위해 고안된 것이다. 그 마지막 여성은 사회 부적응자가 되고, 부당한 대우를 받거나 좌절하고, 자신을 위험에 빠뜨릴 성적인 행위에 관여하게 된다. 그러나 결국 그녀의 이야기는 사회 구조를 회복하고, 합법적으로 태어나거나 합법적으로 인정받게 될 아이를 탄생시키는 결론에 이르게 될 것이다. 마태는 그 아이가 "아브라함의 자손이요 다윗의 자손"이라고 말한다(마 1:1).

더 나아가, 이 네 이야기들은 어떤 신학적 공통점을 갖고 있으며, 독자들이 신학적으로 어떤 것을 기대하게 하는가? 우리가 살펴본 것처럼, 이 이야기들에는 하나님의 개입이 명백하게 결여되어 있음을 알 수 있다. 이 이야기들에는 잘못된 것을 바로잡거나, 수치심을 없애거나, 생각을 깨우치거나, 구조를 무너뜨리기 위한 기적적이고 직접적인 개입이 전혀 없다. 신의 활동에 관한 언급도 매우 적다. 하나님은 말씀이나 기적으로 개입하지 않고, 자연스러운 인과관계를 방해하지 않으면서 다스린다. 마태의 가계도에서 아브라함과 다윗에게 한 약속은 대를 이어 내려오는 전개를 뒷받침한다. 아버지의 뒤를 이어 아버지가 되고, 임신과 임신이 이어지면서 그 전개는 메시아로 여겨지는 사람을 향해 간다. 강조하기 위해 네 가지의 특별한 임신이 선택되는데, 사라의 경우처럼 난임 여성이 어렵게 임신하는 이야기보다 가임 여성의 원치 않는 임신이 선택된다. 마태는 독자들이 이 개별적인 신학화가 계속 이어지기를 기대하게 만든다. 이 이야기는 기적이나 신의 개입이 **없는 것**이 특징이며, 거의 비극에 가까운 복잡한 상황 속에서 인간의 자유에 대해 신의 뜻을 맞추는 이야기가 될 것이다. 독자들은 기대한 것 이상을 얻게 되겠지만, 마태는 가지고 있던 전승들을 가지고 성공적인 작업을 해냈다. 이어지는 이야기는 신학적으로 설명하기가 매우 어렵다. 마태는 그것을 전례가 없는 이야기로 보았지만 예비적인 상황이 없었던 것은 아니었다.

우리가 미쉬나 나쉼(가족법에 관한 미쉬나의 세 번째 명령—역주)의 후대 저자들이나 편집자들의 관점에서 이 네 개의 이야기를 본다면, 그 이야기들은 뉴스너(Neusner)가 말한 바 여성에게 위협적으로 보이는 위험한 순간, 즉 남성과 관계없는 (또는 적절한 관계가 없는) 순간을 묘사한다. 그것은 그녀가 한 남자에서 다른 남자에게로, 다른 환경과 지위로 옮겨가는 결정적인 순간이다. 그것은 여성이 신성화되지 않고(not sanctified), 그녀의 지위가 하늘로도 땅으로도 안전을 보장받지 못하며, 여성과 관련된 이례적 상황이 가장 예외적으로 드러나는 순간이다.[62] 바로 이곳, 위험과 무질서가 있는 곳에 신성화(sanctification)가 필요해진다. 미쉬나에 따르면, 지상에서 하나님의 말씀에 상응하는 것은 남성의 의지이기 때문에 남성은 자신의 의지와 행동으로 신성화에 이를 수 있다. 안정적이고 신성한 사회 질서를 위협하는 여성의 성과 관련된 모든 야성적 잠재력은 반드시 통제되어야 한다. 그 통제는 정상적인 창조 방식, 사물/현상이 실제로 존재하는 방식 또는 소수의 남성들이 원하는 방식을 보존하기 위해 수행되어야 한다. 이를 통해 남성성, 다른 말로 하면 정상성이 모든 것을 포괄할 수 있도록 해야 한다. 이런 관점에서 네 여성의 이야기 그리고 다섯 번째 이야기에서 이어질 일을 신성화라고 할 수 있다. 그러

---

62. Neusner의 말처럼, 이 변칙의 본질은 여성의 성이다. 그것은 거의 언급되는 일이 없지만 언제나 표면 바로 아래에 있고, 남성의 성과는 전혀 다른 방식으로 다루어진다(*Method and Meaning in Ancient Judaism* [Brown Judaic Series 10; Missoula: Scholars, 1979] 98). 다음 내용은 84, 87, 92, 97쪽을 볼 것.

나 그 다섯 번째의 이야기에서, 신성화는 "사물/현상이 실제로 존재하는 방식"(how things really are)의 개념에 격렬하게 도전한다.

B. 16절: 손상된 패턴

16절에서 마태는 "야곱은 마리아의 남편 요셉을 낳았다(begot, *egennēsen*). 그녀(마리아)에게서 그리스도라고 하는 예수가 태어나셨다(*ex hēs egennēthē*)"라는 말과 함께 그의 가계도 마지막 이름에 도달한다. 여기서 우리는 "낳았다"(beget)라는 동사 '겐난'(*gennan*)이 서른아홉 번째 사용되는 것을 보게 된다. 그러나 여기에서 'A가 B를 낳았다', 'B가 C를 낳았다'라는 가계도 전체의 패턴이 극적인 방식으로 무너진다. 본문이 말하지 않은 부분이 매우 중요하다. 이 구절에서는 요셉, 마리아의 남편이 예수를 낳았다고 말하지 않는다. 그리고 누가 예수를 잉태하게 했는지 말하지 않는다.[63] 16절은 명확한 설명을 필요로 하고 있다.

이 패턴을 깨뜨림으로써, 마태는 요셉이 예수의 생물학적 아버지였다는 결론을 막으려고 했던 것으로 보인다. 그러나 일부 사람들은 정확

---

63. 동사 *egennēthē*는 임신한 여성에게 사용될 때 "(아버지가) 자식을 얻었다"(was begotten) 또는 "태어났다"(was born) 두 가지를 모두 의미할 수 있다. 여기서 전자의 번역이 선호되는 것은 다음의 세 가지 이유 때문이다: (1) 가계도의 다른 곳에서 동사 *gennan*은 "자식을 얻다"(beget)를 의미한다. (2) 1:20에서, 관련 형태인 *to gennēthen*은 마리아에게 잉태된 태아를 가리킨다. (3) 마태 내러티브의 나머지 부분에는, 마리아가 하나님의 뜻을 받아들이는 것과, 요셉의 몇몇 조상들의 의지를 대조하기 위해, 마태가 아버지가 자식을 얻었다고 하기보다 어머니가 아이를 낳았다는 것에 초점을 맞추기를 원한다는 암시가 전혀 없다(이것은 A. Globe, "Some Doctrinal Variants in Matthew 1 and Luke 1, and the Authority of the Neutral Text," *CBQ* 42 [1980] 66에 반대되는 견해다).

히 그 결론에 도달했다. 『디모데와 아길라의 대화』(*The Dialogue of Timothy and Aquila*)는 이르면 기원후 200년경의 작품을 수정한 5세기의 익명의 저술인데, 거기에 나오는 유대인과 그리스도인의 토론에서 마태의 본문이 위와 같이 인용되어 있다. 그 유대인은 분명히 16절에서 요셉이 예수의 아버지라는 결론을 도출해냈다. 결국, 아이를 낳은 여자의 남편이 아이의 아버지라고 가정하는 것은 불가능한 일이 아니다(참조, 눅 3:23).

마태복음 1:16에 대한 위와 같은 해석은 압도적인 사본학적 증거에 의해 뒷받침된다. 대다수의 현대 성서 비평가들의 견해에 의하면, 이 구절에 대한 다른 해석들은 원문에 대한 필사가들의 수정으로 인한 것이다.[64] 한 이문(variant)은 매우 흥미롭다. 1894년에 출판된 고대 시리아어 역본(시내산 역본[Sinaiticus])에는 "A가 B를 낳았다"라는 패턴을 복원하려는 시도가 나타난다. 그 판본에는 "야곱은 요셉을 낳았다. 그리고 동정녀 마리아의 약혼자인 요셉은 그리스도라고 부르는 예수를 낳았다"라고 기록되어 있다. 마태복음 1:18과 20을 포함하고 있는 이 사본에서 가계도의 패턴을 복원하려고 했던 것은 무엇을 의미할까? 번역자는 마리아를 약혼한 처녀, 임산부, 성령에 의한 임신(마 1:18, 20)으로 묘사하는 것과 다른 한편으로 예수의 생물학적 아버지가 요셉이라고 묘사하는 것 사이의 불일치를 인식하지 못했던 것일까?

어떤 사람들은 이 판본의 저자가 동정녀 수태 개념을 염두에 두었다고 주장한다. 가계도 패턴은 완벽하게 복원되지 않았다. 요셉이 마리아의 남편이라는 서술 대신, 마리아가 처녀였다는 것과 약혼했다는 언급이 추가됐다. 원본에 대한 이러한 서투른 수정은 주로 동정녀 수태와 마리아의 지속적인 처녀성에 대한 믿음을 보호하기 위한 것일 수 있다.

---

64. 이문들을 위해서는 ibid.를 볼 것.

이러한 경우, 요셉이 예수의 아버지라는 것은 법적인 친자 관계라는 의미로 이해될 수 있다.[65] 또는 이 이문의 작성자가 능동태의 사용을 생각하지 못했거나 앞의 패턴을 단순히 기계적이고 부주의하게 모방한 것일 수도 있다.[66]

고대 시리아어 판본의 역자가 요셉을 예수의 생물학적 아버지로 지목하려는 것이 아니었다는 주장은 설득력이 전혀 없다. 이 역자가 요셉이 예수의 아버지라고 말하는 『디모데와 아길라의 대화』에 나오는 유대인(또한 앞으로 살펴볼 유대 그리스도교와 영지주의자들)의 결론과 비슷한 결론을 원문에서 도출해냈고, 그 결론을 좀 더 잘 반영하기 위해 본문을 변경했을 가능성도 있다. 신에 의한 잉태와 인간에 의한 잉태가 반드시 상호 배타적인 것은 아니라는, 그 결론의 배후에 있는 가정은 우리가 이어서 연구할 문제의 전제가 될 것이다.

우리가 동일한 전제를 바탕으로 마태복음 1:16을 해석하면서 마태가 의도적으로 가계도의 패턴을 무너뜨린 것에 좀 더 비중을 둔다면, 마태가 사생아 임신에 관해 말하고 있다는 의혹이 저절로 드러난다. 인간 아버지에 대한 침묵, 그 이름에 대한 언급이 없는 것이 아버지가 없다는

---

65. 몇몇 비평가들에 의하면, 동사 *gennan*이 사용된 39개의 사례는 모두 법적인 관계를 언급한 것이지, 육체적인 자손을 언급한 것이 아니라고 한다. Taylor, *Historical Evidence*, 89를 볼 것. 참조, R. V. G. Tasker, *St. Matthew* (London: Tyndale, 1961) 62; D. Hill, *The Gospel of Matthew* (London: Oliphants, 1972) 76. 이 가계도의 편집자들의 주된 의도가 엄밀하게 생물학적인 것은 아니었지만, 여전히 이러한 잉태는 아버지로부터 아들에게로 육체적 생명을 전달하는 것과 관련되어 있다. 요셉의 가계도를 예수를 위해 사용함으로써, 모든 잉태는 아브라함과 다윗에게 하신 약속의 계승자인 예수와 관련된 법적인 의미(요셉이 예수의 아버지가 되는 것처럼)로 이해된다.

66. Globe는 그 번역본에 1:18, 20이 존재하는 것은 여전히 동정녀 탄생이 예상되고 있음을 보여준다고 생각한다("Doctrinal Variants," 64, 66).

것을 의미한다고 볼 필요는 없다. 그리고 1:16의 동사 '에겐네테'(*egen-nēthē*)는, 흔히 그렇게 보듯이, 인간 아버지를 대신하여 하나님이 예수를 잉태하게 했다는 의미의 신적 수동태(theological passive)로 이해할 필요가 없다.[67] 그러한 해석은 오직 16절을 18-25절에 대한 전통적인 해석의 관점으로 읽는 사람에게서만 나타난다.

C. 17절: 14대

마태의 가계도에 나오는 한 가지 좀 더 특이한 요소에 관한 설명이 필요하다. 17절에서 그는 "그러므로 그 모든 대 수는 아브라함으로부터 다윗까지 14대요, 다윗으로부터 바빌론에 끌려갈 때까지 14대요, 바빌론으로 끌려간 때로부터 그리스도까지 14대"라고 주장한다.[68] 그러나 세 부분으로 나뉜 세대의 실제 숫자는 그의 주장을 뒷받침하지 못하는 것으로 보인다. 첫 번째 부분인 아브라함에서 다윗까지의 목록(2-6절)에는 14명의 이름이 나오지만, 13대 또는 13명의 후손만 등장한다. 아마 마태는 아브라함 자신도 자손에 포함되도록 의도했을 것이며, 그렇게 하면 14대로 계산할 수 있다. 두 번째 부분인 다윗에서 바빌론 포로기까지의 목록에는 14대의 이름이 나열되어 있다. 그러나 세 번째 부분인 포

---

67. Davis ("Fulfillment," n. 46, p. 531)는 16절의 수동태가 신의 대리인을 우회적으로 말하기 위해 의도적으로 사용된 것이라고 주장한다. "요셉 대의 아버지를 대신하여, 하나님이 직접 등장한다."

68. 전통적인 철자법으로 쓸 때, 다윗 이름은 세 개의 자음으로 되어 있으며, 이에 대한 게마트리아의 결과(*dwd* = 4 + 6 + 4)는 마태복음의 숫자 14의 의미에 대한 최선의 설명이다.

로기에서 그리스도까지의 목록에는 13명의 이름밖에 없다. 첫 번째 부분과는 달리, 첫 번째로 이름이 나오는 여고냐는 앞부분의 마지막에 그의 대가 계산됐기 때문에 여기에 포함될 수 없다. 아들이 없다고 하는 요셉이 12대이고 예수가 13대인 것으로 보인다.

세 번째 부분의 숫자 13은 단순히 마태의 실수이거나, 그가 사용한 출처의 부정확함, 또는 본문의 잘못된 전달일[69] 수도 있지만, 가계도의 명단을 강조하기 위해 그토록 세심하게 구성된 구절에서 그랬을 것 같지는 않다.[70] 이 부분의 14대를 찾기 위한 다양한 주장들이 제시됐는데 그중 몇 가지를 살펴보는 것이 도움이 될 것이다.

(1) 하나는 마태가 예수를 13대로, 그리스도를 14대로 계산했다는 주장이다. 왜냐하면 예수는 부활한 상태에서 및/또는 그의 재림(parousia) 때에만 그리스도가 되기 때문이다. 그 이전까지 예수는 그리스도가 될 예정이었을 뿐이다.[71] 그러나 이것은 마태의 생각일 수 없다. 마태가 유아기 내러티브를 기록한 것은 예수가 수태 순간부터 그리스도라는 것을 보여주기 위한 것이며, 또한 이 복음서에서 예수는 자신이 살아있는 동안 그리스도로 인정을 받기 때문이다(2:4; 16:16).

---

69. J. Jeremias, *Jerusalem at the Time of Jesus* (Philadelphia: Fortress, 1969) 293-94; E. Lohmeyer, *Das Evangelium des Matthäus* (ed. W. Schmauch; Göttingen: Vandenhoeck & Ruprecht, 1962) 3; P. Winter, "Jewish Folklore in the Matthean Birth Story," *HibJ* 53 (1954/5), n. 2, p. 39; M. D. Goulder, *Midrash and Lection in Matthew* (London: SCPK, 1974) 229, 35. H. Hendrickx는 그 가계도의 "잘못된 계산"을 아무렇지도 않게 언급한다(*The Infancy Narratives* [London: Chapman, 1984] 23).

70. D. E. Nineham, "The Genealogy in St. Matthew's Gospel and Its Significance for the Study of the Gospels," *BJRL* 58 (1976) 428.

71. K. Stendahl, "Matthew," *PCB*, 770-71; 참조, H. B. Green, *The Gospel According to Matthew* (Oxford: Oxford University, 1975) 54.

(2) 예수는 13대와 14대를 대표하여 두 번으로 계산되어야 한다는 주장이 제기됐다. 이 제안에 따르면, 마태는 역사를 14개의 시대로 구분하는(fourteen epochs) 해석을 알고 있었다. 마지막에서 두 번째는 종말론적 환난이며 마지막은 메시아 시대다. 마태복음에서 예수의 삶과 죽음은 "역사의 가장 어두운 순간에 발생하는 사건"이지만 "회복을 일으키는 사건"이기도 하다.[72] 그러나 이 독창적인 이론은 잉태와 아들 됨을 우리의 시야에서 멀어지게 한다.

(3) 또 다른 견해는 예수의 친부모로 마리아를 계산했다는 것이다. 이 주장에서는 다른 네 명의 여성과의 유사점을 넘어서, 마리아를 그 세대의 남성적인 계승자로 배치하며, 그녀의 독특한 역할에 대한 이해도 포함한다.[73] 그러나 이 주장은 마리아를 예수의 친부모로 할 경우 요셉이 무효가 되며, 여전히 13명의 후손만 남게 되기 때문에 거부되어 왔다. "예수가 요셉에게서 태어나지 않은 것이 13번째이고, 예수가 마리아에게서 태어난 것을 14번째로 계산할 수는 없기 때문"이다.[74] 반면에 요셉의 역할을 법적인 것으로, 마리아의 역할을 육체적인 것으로 계산한다면, 순서상 한 세대 안에 두 종류의 다른 세대가 포함된다. 그러나 마리아를 통해 실제로 계산되는 것은 기적적이고 신적인 예수의 대(generation)이며[75] 이는 우리를 다음 견해로 인도할 것이다.

(4) 하나님이 예수를 낳은 분으로 간주되어야 한다. "'잘못된 계산'은

---

72. H. C. Waetjen, "The Genealogy as the Key to the Gospel of Matthew," *JBL* 95 (1976) 210-13. 참조, Davis, "Fulfillment," n. 13, p. 522: 마태의 독자들은 마지막 시대에 서 있으며, 그리스도는 네 번째 시대를 시작할 것이다.

73. Paul, *L'Evangile de l'Enfance*, 28, 35.

74. Brown, *Birth*, 83.

75. R. H. Gundry, *The Use of the Old Testament in St. Matthew's Gospel* (Leiden: Brill, 1967) 19.

고의적인 것이며, 성령에 의한 신비한 수태를 경건하게 가리키고 있다. 익명의 부모(progenitor)는 주 하나님이시다."[76] 16절의 동사는 신적 수동 태(theological passive)로 해석된다. 그러나 나는 이것이 부적절하며 복음서 저자의 의도와는 동떨어진 해석이라고 생각한다.

(5) 어떤 사람들은 가계도에 나오는 왕들의 이름이 부정확하다는 점에 기반한 해결책을 제시한다. 마태는 자신이 사용한 가계도에서 누락된 역사적인 부분 중, 요시야의 아들이자 여호야긴(여고냐)의 아버지 여호야김이 누락된 것(1:11), 즉 여호야김과 여호야긴의 이름이 비슷했기 때문이거나, 칠십인역에서 두 사람의 이름을 모두 요아킴(Iōakim)으로 기록했기 때문에 발생한 누락을 알고 있었던 것으로 보인다. 따라서 마태가 가계도의 세 번째 부분을 시작하면서 여고냐를 다시 언급함으로써 그 대를 포괄적으로 계산한 것(여호야김과 여고냐의 대를 합쳐서 계산한 것. 따라서 가계도의 세 번째 부분의 처음에 나오는 여고냐를 포함하면 세 번째 부분도 14대가 됨–역주)은 합리적이다. 마태는 11절의 이름을 바꾸지도 않았고, "여호야김이 여고냐를 낳았다"라는 구절을 첨가하지도 않았는데, 그것은 자신이 사용하고 있는 가계도의 명단을 신성한 것으로 보았고, 두 번째 부분에 여호야김을 첨가하면 15대가 되기 때문이었을 것이다. 여호야긴(여고냐)은 포로로 끌려가기 전에 태어났기 때문에 이 부분(두 번째 부분)에 이름이 남아있어야 한다.[77] 그러나 여고냐의 이중 언급에 대한 이러한 설명은, 6절에서 다윗을 이중으로 언급한 것과 조화를 이루기 위한 것이었다는 설명보다 설득력이 떨어진다. 두 사람 모두 이스라엘의 역사

---

76. B. M. Nolan, *The Royal Son of God* (Fribourg: Editions Universitaires, 1979) 223.
77. M. J. Lagrange, *Evangile selon Saint Matthieu* (Paris: Gabalda, 1948) 8; R. T. Hood, "The Genealogies of Jesus," *Early Christian Origins* (ed. A. Wikgren; Chicago: Quadrangle, 1961) 10; Brown, *Birth*, 83-84.

에서 서로 다른 두 시기를 구분하는 과도기적 인물이며,[78] 그들에 대한 이중 언급은 그러한 과도기를 강조하기 위한 것이다. 마태는 그 둘이 두 번 계산되는 것을 의도하지 않았다.[79]

나의 이론은 열세 번째 이름이 일부러 눈에 띄게, 의도적으로 가계도에서 누락됐다는 것이다. 마태는 요셉을 예수의 아버지라고 기록하지만 그가 예수를 낳았다고 생각하거나 말하지 않는다. 16절의 손상된 패턴에서 예상할 수 있듯이, 18-25절의 내러티브는 요셉이 임신한 마리아와 결혼을 완료함으로써 그 아기를 자기 아이로 받아들이는 것을 분명하게 보여줄 것이다. 이 복음서가 다윗의 족보, 16a절까지의 요셉의 족보로 시작하는 것을 의미있게 만드는 것이 바로 이 합법적인 부권(父權, fatherhood)이다. 그러나 요셉은 예수의 생물학적 아버지가 아니다. 마태는 "요셉이 예수를 낳았다"라는 정형화된 진술을 회피함으로써 이 점을 분명히 한다. 열세 번째 이름, 예수의 생물학적 아버지 그리고 능동태 "낳았다"(begot)가 나와야 할 자리에는 수동태 "태어났다"(was begotten)가 자리 잡고 있다. 이것을 신적 수동태로 해석해서는 안 된다. 이 동사는 신비하고, "드러나지 않은 배경으로 가득 차 있기에, 누구에 의해 잉태됐는가?"라는 질문이 즉시 떠오른다. 가계도의 결말이 만들어내는 커다란 "도발적인 침묵"과 긴장감에[80] 대해 내러티브의 뒤에 나오는 구

---

78. Waetjen, "Genealogy," 209.

79. W. B. Tatum은 바빌론 유수가 이스라엘 역사에서 매우 결정적인 전환점이었고, 여고냐를 유다 왕에서 폐위한 것과 관계되어 있기 때문에 마태가 여고냐를 두 번 계수했을 것이라고 주장한다("'The Origin of Jesus Messiah' [Matt 1:1, 18a]. Matthew's Use of the Infancy Traditions," *JBL* 96 [1977], n. 20, p. 529). 그러나 다윗 왕가 역시 결정적인 전환점이었지만, 다윗은 두 번 계수되지 않았다; 그가 두 번 언급된 이유는 아직 해명되지 않았다.

80. E. Auerbach, *Mimesis* (Princeton: Princeton University, 1953) 9에서는 아브라함

절들이 대답하지만, 그것은 우리를 완전히 만족시키지는 못한다. 마태
는 생물학적 아버지에 대해 결코 명시적으로 언급하지 않는다. 마태와
그의 자료가 그 이름을 알지 못했거나 그 이름이 은폐됐기 때문에 그의
이름은 결코 호명되지 않는다. 그는 지워졌지만 완전히 지워지지는 않
았다. 부재하지만 완전히 부재한 것은 아니다. 따라서 예수의 가계도에
는 법적인 아버지(요셉)와 육체적(생물학적)인 아버지, 두 종류의 인간 아
버지가 포함된다. 이 내러티브에서 마태는 그 잉태 또한 "성령"에 의한
것이라고 주장할 것이며, 그로 인해 예수는 하나님의 아들로 불릴 수 있
게 된다(2:15). 그러나 우리가 곧 살펴보게 되겠지만 그러한 신적인 잉태
가 인간에 의한 잉태를 부정하는 것은 아니다.

(a) 사생아 출생을 인정하거나 최소한 그 가능성을 제기하는 역할을
하는 가계도를 작성하고 사용한 것, (b) 생물학적 아버지가 아닌 다른 누
군가를 통해 사회적/법적 유형의 적법성을 주장하는 것(여기서는 요셉을
통해 예수가 아브라함과 다윗의 혈통이라는 것을 주장하는 것), 분명 이것은 매우
이상한 일이다. 이어지는 내러티브와 함께 읽든 읽지 않든, 마태복음의
예수 가계도는 그런 역할을 하는 것으로 해석될 수 있다.

게다가 우리는 사생아 출생에 관한 내용을 포함한 것으로 해석되어
온 또 다른 고대의 유대 가계도를 알고 있다. 미쉬나 예바모트 4:13을
보면, 기원후 1세기 말에서 2세기 초에 살았던 랍비 쉼온 벤 아자이
(Simeon ben Azzai)는 "어떤 사람을 사생아(mamzēr)로 간주합니까?"라는 질
문을 받았다고 한다. 그는 "예루살렘에서 호적(mglt yhsyn)을 찾았는데, 거
기에는 '[율법을 위반하여] 네 이웃의 아내를 통해 태어난 그런 사람(plwmy)

내러티브와 일반적인 성서 양식에 대해 논의한다. Davis ("Fulfillment," 524, 531)는
Auerbach의 논의를 마태복음 1장에 적용하지만, 매우 다른 방식으로 적용한다.

은 사생아(*mamzēr*)이다'라고 기록되어 있다"라고 대답했다.[81] 댄비(H. Danby)는 레위기 18:20을 이웃의 아내에 관한 율법으로 인용한다("너는 이웃의 아내와 동침하여 정액을 쏟아서는 안 된다. 그 여자와 간통하면 네가 더럽게 되기 때문이다"). 그러나 그 율법은 신명기 22:23-27에서 말하는 약혼한 여자에 대한 강간이나 유혹에 관한 것으로 볼 수도 있다. 신명기 22:24은 이웃의 아내에 대한 성폭행에 관한 것인데, 거기에서 약혼한 소녀나 여성은 법적인 아내로 간주된다. 미쉬나 본문에서는 이것이 사생아(*mamzēr*)는 "법정에서 사형 선고를 받을 만한 행위를 저지른 사람들" 사이의 모든 종류의 결합에서 태어난 자손이라고 주장한 랍비 요슈아(Joshua)의[82] 말을 확증해 준다고 말한다.

그 가계도는 기원후 70년 이전의 것일 수도 있다. 클라우스너(Klausner), 헤어포드(Herford), 존슨(Johnson)을 비롯한 몇몇 비평가들은 미쉬나의 이 구절을 예수에 관한 간접적인 언급으로 본다.[83] 클라우스너는 사생아 혐의에 대해 어떠한 신빙성도 부여하지 않으며, 위에 언급된 가계도를 다른 그리스도교 문서와 연결하지도 않는다.[84] 헤어포드는 사생아 혐의를 예수의 죽음과 연관시킨다. 즉, 랍비 요슈아에 의하면, 쉼온 벤 아자이는 "사형으로 금지된 결합에서 불법적으로 태어난 악명 높은 사람의 경우에는 사형이 언도됐다"라는 것을 보여주기 위해 자신이 발견한 두루마리를 증거로 가져왔다고 한다. 헤어포드에 의하면, 두루마리

---

81. Danby의 번역.
82. 아마도 기원후 1세기 후반부에 살았던 요슈아 벤 하나니아를 말하는 것일 것이다.
83. 이 입장을 고수하는 다른 학자들의 명단과 여기에는 예수에 관한 언급이 없다고 생각하는 학자들의 목록(Goldstein과 Dalman을 포함하는)은 Johnson, *Purpose*, 147-48을 볼 것.
84. J. Klausner, *Jesus of Nazareth* (NY: Macmillan, 1927) 232, 35-36.

를 발견했다는 주장은 역사적인 사실일 수 있다. 또한 유대인들은 기원
후 135년까지는 예루살렘 출입이 금지되지 않았다. 그리고 랍비 쉼온
벤 아자이는 135년 이전에 사망했다. 헤어포드는 그 두루마리가 무엇이
었는지 지금은 확실히 알 수 없다고 말한다. 그러나 그 두루마리가 ("예
수 그리스도의 계보는 이러하다"라는 말로 시작하는) 마태복음이거나, 또는 그보
다 앞선 아람어 문서였거나, 아니면 마태와 누가가 사용했던 가계도 중
하나가 포함된 문서였을 가능성은 "충분히" 있다.[85] 존슨은 (랍비 요슈아에
따르면) 쉼온 벤 아자이가 사생아 출생의 사례—마태의 설명에 의하면
"유대인들의 비방"(Jewish calumnies)이었던—로서 마태복음 1장을 "논쟁
적인 아이러니"로 거론했을 가능성을 제기했다.[86]

　우리는 제4장에서 이 본문 및 이와 유사한 본문에서 '펠로니'(peloni:
알려져 있지만 이름이 나오지 않는 어떤 사람. 여기서는 "이러한 사람"[such a one]으로
번역됨)에 관한 언급 등을 다시 논의할 것이다. 그 용어는 종종 예수에 대
한 은밀한 언급으로 여겨진다. 여기에서 우리가 지적해야 할 것은 다음
과 같다. (1) 만일 미쉬나 예바모트 4:13에 예수에 관한 언급이 있다면
그 본문은 마태복음 1장 또는 복음서 자료에 대한 반응일 수 있다. 이것
은 복음서 저자들과 동시대인 중 예수의 가계도를 사생아 출생에 관한
진술, 즉 결혼이나 약혼 상태였던 예수의 어머니가 다른 남자에 의해 임
신한 것에 대한 진술로 이해한 사람들이 있었다는 것을 가리킨다. 이것
이 "극단적"인 이해였는지 아닌지는 중요하지 않다. 우리가 살펴보았듯
이, 마태복음 1:16에서 요셉은 분명히 마리아의 남편으로 언급되지만,

85. R. T. Herford, *Christianity in Talmud and Midrash* (London: Williams and Norgate, 1903; republished by Gregg International Publishers, 1972) 45.
86. Johnson, *Purpose*, 148. 마태복음 1:1의 "가계도"(*biblos geneseōs*)라는 구절은 후기 히브리어와 랍비어 *spr ywhsyn*(p. 146)의 번역일 수 있다.

예수를 낳은 것으로 언급되지는 않는다. 이 정보에 더하여, 네 명의 여성에 관한 언급, 마태복음 가계도의 세 번째 부분의 잃어버린 14대, 이 모두는 사생아 출생을 함축하는 것으로 해석될 수 있는 마태 가계도의 특징들이다. 그러나 우리는 미쉬나 예바모트 4:13의 언급이 예수에 관한 것인지 확신할 수 없다. (2) 만일 이 미쉬나 본문이 예수에 관한 언급이 아니라면(그리고 그것이 아니라고 확신할 수도 없다), 최소한 사생아 출생 또는 사생아 출생을 의미한다고 해석될 여지가 있는 또 하나의 다른 가계도를 증거로 제시할 것이다.

D. 18-25절: 수태 이야기와 예수의 이름 짓기

스텐달(Stendhal)은 이 본문(마 1:18-25)에 나오는 내러티브를 "가계도의 결정적인 지점에 대한 확장된 주석"이라고 간주한다.[87] 이 내러티브는 예상됐던 패턴의 손상을 설명하고 예수를 다윗 혈통에 결합시키기 위해 16절의 세부사항을 설명하는 역할을 한다. 가계도와 함께 이 내러티브는 "누구인가?"(*Quis?*)라는 질문에 대답한다. 그 아이는 다윗의 자손, 아브라함의 자손(1:1), 그의 백성의 구원자 예수(1:21), 임마누엘(1:23)이다. 브라운은 스텐달의 논의를 확장하여, 1:1-17은 예수는 "누구인가?"(*Quis?*)라는 정체성에 관한 질문이고, 1:18-25은 "어떻게?"(*Quomodo?*)에 관한 질문이라고 주장한다. 이 내러티브는 동정녀 수태를 의미하는

---

87. Stendhal, "Quis et Unde?" 102. 1:18의 "태어나심"(*genesis*)은 계보적 의미를 담고 있다(참조, 1:1, *biblos geneseōs*): Stendahl, Tatum을 비롯한 다른 학자들은 "태어남"보다 "기원"이라는 번역을 선호하는데, 그것은 마태가 예수의 출생을 묘사하고 있지 않기 때문이다.

것으로 여겨진다. 곧, 예수는 "육신의 아버지를 통한 출생이 아니라, 다
윗 혈통의 요셉이 성령으로 잉태된 아이를 받아들인 것을 통해 다윗의
아들이 된다." 이 기적적인 수태는 "누구인가?"라는 문제를 더욱 명확
히 밝혀준다. 즉, 예수는 하나님의 아들, 임마누엘이다. 이렇게 읽으면
1:18-25은 다시 가계도를 가리키는 것이 되지만 가계도를 넘어서는 사
고의 발전을 담고 있다.[88]

나는 이 내러티브가 "누구인가?"와 "어떻게?"를 다루고 있다는 데
동의하지만, 이 질문에 대한 대답은 다르게 이해한다. 이 내러티브는 가
계도의 16절뿐만 아니라 17절에 대해서도 해명한다. 이 내러티브는 요
셉이 아니라 다른 누군가가 예수의 생물학적 아버지이고, 요셉은 예수
의 법적인 아버지이며(이는 복음서가 요셉의 가계도로 시작하는 이유를 설명한다),
따라서 포로기부터 메시아까지 실제로 14대가 있었다는 것을 보여준
다. 1장이 사람들의 이름에 집중하고 있다는 사실은 13번째 남자의 이
름에 대한 침묵을 더욱 심화시킨다. 그러므로 예수의 정체성에 관한 중
요한 측면은 여전히 불분명하게 남아있다. "어떻게?"라는 질문에 대한
마태의 대답은 간접적이고 조심스럽다.

또한 1장에서 예수를 하나님의 아들이라고 부르지 않는다는 점도
중요하다. "내가 이집트에서 내 아들을 불러냈다"(호 11:1)라는 말씀이 성
취된 2:15의 인용구가 나오기 전까지, 예수의 정체성에 대한 그러한 측
면은 나타나지 않는다. 마태는 그 인용구를 통해 하나님과 이스라엘의
관계가 예수 안에 축약되어 있다는 자신의 믿음을 표현한다. 이것은 예
수가 세례를 받을 때 들려온 하나님의 선언(3:17)에 의해 확실해진다:
"이는 내가 사랑하는 아들이다. 내가 그를 좋아한다." (반면, 누가복음 1:35b

88. Brown, *Birth*, 53.

에서는 성령이 마리아에게 직접 임한 것을 근거로 하여, 그 아이가 하나님의 아들이라 불릴 것이라고 선언한다.) 어떤 이들은 (그 표현이 그대로 나오는 것은 아니지만) 하나님의 아들 됨이라는 주제가 이미 마태복음 1:18-25에 나온다고 말한다. 1:20의 "성령으로 잉태됐다"라는 구절이 인간 혈통에 대한 반증이라고 생각되기 때문이다. 1:20의 구절에 대해 다른 설명이 아래에 제시되어 있는데, 거기에서는 신의 혈통과 인간의 혈통이 양립할 수 있다고 설명한다.

1. 마태가 묘사하는 법적 상황

마태복음의 마리아와 요셉 이야기에 나오는 법적 상황을 가능한 한 정확하게 이해하는 것이 그 이야기를 해석하기 위해 매우 중요하다. 마태는 독자들의 이해를 전제하고 있다.

18b [예수의 어머니 마리아는] 요셉과 약혼했다. 그러나 그들이 함께 살기 전에, 그녀가 아이를 가졌다는 것이 밝혀졌다—성령에 의해. 19 그녀의 남편 요셉은 고결한 사람이었지만, 그녀가 공개적인 수치를 당하는 것을 원하지 않았다; 그래서 그는 조용히 파혼하려고 했다. 20 요셉이 이러한 생각을 하고 있을 때, 꿈에서 주님의 천사가 나타나 말했다. "다윗의 후손 요셉아, 네 아내 마리아를 집으로 데려오는 것을 두려워하지 말아라. 왜냐하면 그 아이는 성령에 의해 잉태됐기 때문이다. 21 그녀는 아들을 낳을 것이며; 너는 그의 이름을 예수라고 부를 것이다. 그는 그의 백성을 죄에서 구원할 것이다." 22 이 모든 일은 주님께서 예언자를 통해 말한 것을 성취하기 위해 일어난 것이다. 23 "보라, 처녀가 아이를 잉태하여 아들을 낳을 것이고, 그 이름을 임마누엘('하나님이 우리

와 함께 계신다'라는 의미)이라 할 것이다." 24 그래서 요셉은 잠에서 깨어나 주님의 천사가 그에게 명령한 대로 했다. 그는 그의 아내를 집으로 데려왔다. 25 그러나 그는 아들이 태어날 때까지 그녀와 성관계를 갖지 않았다. 그리고 그는 아들의 이름을 예수라고 불렀다. (브라운의 번역)

이 시기의 팔레스타인에서 어린 소녀의 결혼은 두 단계로 진행됐다. 먼저 계약(engagement) 또는 약혼(betrothal, 'ērûsîn)을 하는데, 이것은 증인들 앞에서 결혼을 약속하고 신부의 몸값인 '모하르'(môhar)를 지불하는 공식적인 계약이었다. 소녀의 일반적인 약혼 연령은 12세에서 12세 반 사이, 즉 사춘기 또는 사춘기 직전이었다. 아버지의 권한에 속해 있던 여자가 남편의 권한 아래로 옮겨지기 시작하고, 그녀에 대한 법적 권한을 남편에게 부여하며, 다양한 의미에서 결혼한 여성의 지위를 부여하기 때문에, 약혼은 법적으로 승인된 결혼으로 여겨졌다. 약혼한 여성은 약혼자의 아내로 불릴 수 있었고(참고, 마 1:20, 24), 그의 과부가 될 수도 있다.[89] 약혼은 남자가 이혼할 때만 깨질 수 있었다. 그리고 이 기간 동안(약혼녀가 약 1년 동안 아버지의 집에서 사는 기간[미쉬나 케투보트 5:2]) 그녀가 그의 결혼 "권리"를 침해하는 것은 간통으로 간주됐다. 두 번째 단계는 결혼 의식(nissû'în), 소녀가 자신을 부양할 남편의 집으로 이사하는 것이었다. 이때가 되어서야 그녀는 확실히 남편의 권한에 속하게 된다.[90]

---

89. Epstein, *Sex Laws*, 197, 200; S. T. Lachs, "Studies in the Semitic Background to the Gospel of Matthew," *JQR* 67 (1977) 195-96; Lachs는 이 기간 동안 남자에게 여자를 부양할 책임이 없었으며, 그녀가 사망했을 때 장례 비용을 부담하지 않았고, 그녀에게서 상속 받을 수 없었다고 지적한다. 그는 그녀의 남편이라고 불리기보다 약혼자('rws)로 불리는 것이 적절하다(그러나 창 29:21; 신 22:23-24; 삼하 3:14을 볼 것).

90. Jeremias, *Jerusalem*, 364-68; Brown, *Birth*, 123; 미쉬나 케투보트 4:4-5; 탈무드 케

일반적으로, 약혼 당시의 소녀는 처녀여야만 한다는 것이 당연하게 여겨졌다. 또한 적어도 갈릴리에서는 성혼(completed marriage)까지도 처녀여야만 했다. 미쉬나에 의하면, 유대 지역에서는 약혼에서 결혼식까지의 기간에 남편과 아내가 함께 지내는 것이 허용됐고 따라서 잠정적으로 성관계도 허용됐다고 한다.[91] 그러나 이것은 갈릴리에서의 관습은 아니었다. 그래서 갈릴리에서는 아내가 결혼 당시 처녀가 아니었다는 의심이 들게 되면, 남편은 결혼 직후 아내를 간통죄로 법정에 고소할 수 있었고,[92] 약혼과 결혼식 사이의 기간에 임신한 것으로 밝혀진 경우에는 말할 것도 없었다. 좀 더 관대한 관습을 갖고 있었던 유대 지역에서도 남편이 고소할 수 있었을까? 미쉬나 케투보트 1:5(참조, 토세프타 케투보트 1:4)에 따르면, "유대 지역에 사는 한 남자가 그의 장인 집에서 식사를 하고, [약혼자와 단둘이 보낼 기회를 얻었고], [그녀와 성관계를 하지 않았다는 것을 증명할] 증인이 없다면, 그는 [이미] 그녀와 단둘이 있었기 때문에, 그녀를 상대로 처녀성 소송을 할 수 없다"라고 한다.

그러나 이러한 유대와 갈릴리의 결혼 관습의 차이를 마리아와 요셉의 상황에 적용하는 것은 위험하다. 먼저, 일부 학자들은 그러한 차이가 로마 점령군이 약혼한 여성을 강간하거나 유혹할 수 있다는 위험성 때문에 생겨난 것이라고 생각한다. 그렇다면 그 차이점은 기원후 70년 이

투보트 4.1-4; 바빌로니아 케투보트 46b-49a; 미쉬나 네다림 10:5; 미쉬나 산헤드린 7:9; 바빌로니아 산헤드린 66b; 미쉬나 킷두쉰 1:1을 볼 것.

91. 미쉬나 케투보트 1:5; 미쉬나 예바모트 4:10 (참조, 바빌로니아 케투보트 9b; 12a; 탈무드 케투보트 1.4). Ze'ev Falk, *Introduction to Jewish Law of the Second Commonwealth* (Leiden: Brill, 1978), 2.284을 볼 것.

92. 바빌로니아 케투보트 9b에 의하면, 그의 고소는 "열려 있는 구멍"(즉, 그가 성관계를 하기 전 그녀의 처녀막이 파열되어 있었다는 주장)을 발견했거나, 그녀가 피를 흘리지 않았다는 주장에 근거한 것이다; 참조, 신 22:14("처녀의 표적").

후 시기에 비롯된 것일 수 있다.[93] 둘째, 마태의 이야기에서 마리아와 요셉은 유대 베들레헴에 살고 있었고 그곳에 집이 있었다(마 2:11).[94] 만약 관습이 이미 달랐다면 우리는 유대 관습이 그들에게 적용됐을 것이라고 예상할 수 있을 것이다. "그러나 마태복음의 내러티브에서 암시하고 있는 스캔들의 어조는 갈릴리의 관습에 더 잘 어울린다."[95]

마리아의 임신은 약혼과 성혼 사이의 기간, 아마도 요셉이 마리아를 집으로 데려오는 것을[96] 의미하는 "동거"(came together, *prin ē suneltbein*) 전에 발견된 것으로 보인다.[97] 마태복음 1:19의 요셉의 반응은 그가 생물학적 아버지가 아니라는 마태의 생각을 분명하게 보여준다. 이 기간에 요셉이 마리아와 성관계를 할 수 있는 법적인 권한을 가졌는지에 대해, 마태는 그런 권한이 없었다고 한다. 그는 그 아이가 자신의 아이일 수 없다는 것을 알고 있었다. "의로운 사람"(*dikaios*), 즉 토라 준수자인 요셉은 "약혼자에게 부끄러움을 주지 않으려고" "가만히 파혼하려고 했다." 그는 의로운 사람**이라서** 마리아가 수치를 당하지 않게 하려는 것이었을까? 아니면, 의로운 사람**이었지만** 그녀에 대해 드러내지 않으려고 했던 것일까? 요셉의 결정은 그의 정의로움에 관한 좋은 사례인가? 아니면,

---

93. 여기서의 논리는 군인들이 처녀를 선호하기 때문에, 소녀들이 빨리 비처녀가 될수록 더 안전해진다는 것 같다. Philo (*Spec. Leg.* 3.74)는 약혼녀는 처녀일 것이라고 가정한다.

94. 눅 1:26; 2:4, 39과 대조해 볼 것.

95. Brown, *Birth*, 124.

96. 그리스어 동사 *suneltbein*은 다양한 의미를 갖고 있다: 동거, 성관계, 가족의 형성. Josephus (*Ant.* 7.8.1 #168; 9.5 ##213-14)와 Philo (*De Virt.* 22 ##111-12)에게서는 이 두 번째 의미로 사용된다.

97. 우리는 누가, 어떻게(생리가 중단되거나 임신이 확실해지는 것에 의해) 임신 사실을 발견했는지 알지 못한다; 따라서 우리는 마리아가 임신한 기간이 얼마나 됐는지 알 방법이 없다.

그의 결정은 자신의 정의를 누그러뜨린 자비로운 행위였는가?

마태복음 1:19과 그것이 제시하는 딜레마에 대한 우리의 해석은, 우리가 그 임신의 원인과 상황에 대한 요셉의 믿음 혹은 의심이 무엇을 함축하고 있다고 생각하는지 그리고 그러한 경우를 어떤 율법이나 법률로 다루었는지에 달려 있다. 이 이야기의 논리는 요셉이 마리아를 집으로 데려와서 결혼 절차를 마무리하기보다는, 마리아와 이혼할 의무, 최소한 법적으로나 윤리적으로나 이혼이 허용되는 상황이라는 것을 이해하고 있었음을 가리키고 있다. 그러나 그의 판단은 천사의 "두려워하지 말고, 마리아를 네 아내로 맞아들여라"(즉, 그녀를 집으로 데려가라)라는[98] 명령 그리고 성령과 이 사건의 인과 관계에 관한 설명에 의해 뒤집혔다 (마 1:20).[99] 일부 비평가들의 가정처럼, 만일 요셉이 천사를 만나기 전에 그 임신이 "성령을 통해"(*ek pneumatos hagiou*, 마 1:18)[100] 일어난 것임을 알고 있었다고 가정한다면 이 이야기의 논리와 구조가 손상된다. 이 이론은 요셉이 그 정보를 알게 된 출처에 대해 독자들이 맹목적으로 추측하게 하고, 그가 "종교적 경외심" 때문에 이혼을 결정했을 것이라고 가정하게 만든다. 또 이 주장은 20절의 끝부분에서 천사가 요셉에게 "그 태중에 있는 아기는 성령으로 말미암은 것이다"(*to gar en autē gennēthen ek pneumatos estin hagiou*)라고[101] 한 말을 불필요하고 비계시적인[102] 용두사미

---

98. 아 8:2 LXX; Josephus, *Ant.* 1.302를 볼 것.

99. X. Leon-Dufour, "L'Annonce à Joseph," *Etudes d'Evangile* (Paris: Seuil, 1965) 73-74과 대조해 볼 것. 이들은 20절의 *gar* 뒤에 이어지는 다음 구절의 첫 부분의 *de* 를 비인과적으로 번역한다.

100. 또는, "성령으로."

101. 또는, "거룩한 영으로"(of a spirit which is holy).

102. 예, R. H. Gundry, *Matthew. A Commentary on His Literary and Theological Art* (Grand Rapids: Eerdmans, 1982) 22을 볼 것: 천사는 요셉이 이미 믿고 있는 것을

로 만든다. 18절에 나오는 성령에 관한 첫 번째 언급은 "이 내러티브의 흐름의 일부가 아니라" 독자들을 향한 마태의 설명으로 이해하는 것이 더 낫다.[103] 이 시점에서 마태는 독자들이 요셉보다 더 많은 것을 알고 있기를 원한다.[104] 그러나 "성령에 의한 임신"(또는 거룩한 영을 통한 임신)이 라는 문구의 이상함과 (곧 살펴보겠지만) 그것이 유대 전통의 틀 안에서 무슨 의미인지 이해하기 위한 명확한 준비가 되어 있지 않다는 점을 생각할 때, 독자들에게 주어진 정보는 요셉의 의심 또는 딜레마에 동참하는 것을 없애거나 방해하지 않는다. 적어도 18절의 표현은 독자들에게 경이롭고, 놀랍고, 신성한 능력을 가진 어떤 존재의 등장에 주의를 기울이게 한다. 성령과 관련된 두 가지 언급에 대한 더 자세한 논의는 약혼한 처녀를 유혹하거나 강간한 경우에 관한 법을 자세히 살펴본 이후로 미루어 둘 것이다.

간통 또는 강간은 요셉 자신이 직면한 임신을 설명하기 위한 두 개의 일반적인 대안이다. 그리고 그는 두 가지 대안적 행동을 고려했다. 곧, 마리아에게 공개적인 수치를 주는 것과 조용히 파혼하는 것 중에서 그는 후자를 선택했다.

약혼한 처녀가 약혼 기간에 남편이 아닌 다른 사람과 성관계를 한

반복한다.

103. Brown, *Birth*, 124; G. M. Soares Prabhu, *The Formula Quotations in the Infancy Narratives of Matthew* (Rome: Biblical Institute, 1976) 230-31; L. Cantwell, "The Parentage of Jesus Mt 1:18-21," *NovT* 24 (1982) 306과 대조해 볼 것.

104. C. T. Davis ("Tradition and Redaction in Matthew 1:18-2:23," *JBL* 90 [1971] 413-14, 421)는 1:20의 표현이 1:18의 표현과 다른 의미를 가지며 서로 대조된다고 생각한다; 20절 원래의 언급은 거룩하지 않은 영에 반대되는 의미의 거룩한 영을 말하는 것이었다; 그러나 편집자는 자신이 18절의 이 항목을 그리스도교 전승의 성령에 관한 언급으로 이해하고 있음을 보여준다.

것이 발각된 경우에 대해서는 오직 신명기 22:23-27에서만 다루어지는
데, 거기에서는 유혹(불륜으로 간주함)과 강간이 함께 언급된다. (신명기
22:23-24의 논의에서 사용된 **유혹**[seduction]이라는 용어는 일반적으로 약혼한 매우 어
린 처녀가, 비록 그 행위가 여전히 간통에 해당된다고 하더라도, 상대방에 의해 일정 정도
희생됐을 것이라는 암시와 함께 사용된다.[105] 이 법이 강간을 유혹의 폭력적인 형태라고
잘못 암시하고 있는 점과 이 법이 다루고 있는 두 가지 상황 모두 우리가 강간이라고 부
르는 것에 해당된다는 점을 주목해야 한다.) 약혼 기간에 약혼한 소녀가 "유혹
된" 것이 아니라, 약혼자가 아닌 다른 사람과 적극적으로 성관계를 하
려고 했다는 사실이 밝혀지는 상황을 상정하고 있는 구약성서 본문은
없다. 그러나 일부 비평가들은 신명기 22:20-21을 마태복음 1장의 요셉
과 관련된 특정 법률이라고 생각한다.[106] 그러나 이 법은 더 넓은 단락인
신명기 22:13-21의 일부이며, (여자를) 집으로 데려와서 첫날 밤을 지낸
뒤의 고발(마 1:18, 20과 비교할 것), 곧 그녀에게서 "처녀의 표적"을 발견하
지 못했을 경우의 고발에 대해 다루고 있다.[107] 신명기 22:22은 결혼 후
발생한 간통에 관한 것이다. 물론, 22:20-21, 23-24은 젊은 여자가 "자기
아버지의 집에서 음행을 했다"라고 여겨진다는 점에서 서로 연관되어
있다. 간통이 일어났을 때, 그녀는 아직 남편의 권한 아래로 완전히 넘
겨진 상태가 아니었을 것이다.[108]

---

105. 동사 "유혹하다", "현혹하다"는 출애굽기 22:15에 나온다(yĕpatteh; LXX, apatēsē);
아래를 볼 것.

106. Brown, *Birth*, 127; *Mary in the NT*, n. 174, p. 84; J. A. Fitzmyer, "The Matthean
Divorce Texts and Some New Palestinian Evidence," *To Advance the Gospel* (NY:
Crossroad, 1981) 90.

107. Philo, *Spec. Leg.* 79-82; Josephus, *Ant.* 4.8.23 ## 246-48을 볼 것.

108. A. Tosato는 이 사례와 관련하여, 신명기 22:23-24을 단독으로 다루어서는 안 된다
고 지적하는데, 이것은 그 규범의 중요성에 대해 오해를 일으킬 수 있기 때문이다

뒤바를(Dubarle)은 마태복음의 요셉이 마리아가 자신과 약혼하기 **전
에** 임신한 것으로 추측했을 가능성을 제기했다. 그리고 약혼하지 않은
처녀에 대한 유혹이나 강간에 관한 법으로 출애굽기 22:16-17과 신명기
22:28-29을 제시했다.[109] 그는 요셉이 마리아가 예전에 강간이나 유혹에
의해, "부모의 권위에 대한 존중"이 선포되지 않은 결혼 약속이나 비밀
약혼을 다른 사람과 한 적이 있다고(또는 암묵적으로 약혼한 적이 있다고) 생
각했을 것이라고 주장한다.[110] 그래서 요셉은 마리아의 첫 번째 배우자
를 위해 그녀와의 결혼을 유보해야 한다고 생각하고, 그녀가 아이의 아
버지와 결혼할 수 있도록 이혼을 원했던 것일 수도 있다.[111] 그러나 뒤바
를은 출애굽기 22:16과 신명기 22:23-29의 법을 준수할 수 없더라도, 요
셉의 결혼을 금지할 법이 없다는 것을 인정한다.[112]

("Joseph, Being a Just Man [Matt. 1:19]," *CBQ* 41 [1979] n. 4, p. 548). 특히 이 구
절들은 신명기 22:25-27의 강간 사건과 분리되어서는 안 된다; 대부분의 주석가들
은 마리아가 다른 사람과의 성관계에 동의한 것으로 의심되는 상황을 마태가 암시
하고 있다고 추측한다(예, Davis, "Fulfillment," 531). 신명기 22:13-29의 구조와 편
집적 통일성에 대해서는 G. J. Wenham and J. G. McConville, "Drafting
Techniques in Some Deuteronomic Laws," *VT* 30 (1980) 248-52을 볼 것.

109. A. M. Dubarle, "La Conception Virginale et la Citation d'Is., VII, 14 dans l'Evangile
de Matthieu," *RB* 85 (1978) 362-67. 그는 나와 마찬가지로 그런 짧은 구절을 해석
할 때 확실성을 주장할 수 없다는 것을 인정한다; 우리는 가능성을 탐구할 수 있을
뿐이다.

110. Dubarle은 종종 성기 삽입에 의한 약혼이라는 야만적인 풍습이 있었다고 언급한다
(미쉬나 케투보트 4:4; 미쉬나 킷두쉰 1:1; 미쉬나 닛다 5:4를 볼 것).

111. 요셉과 마리아의 약혼 기간에 임신이 일어났다고 하더라도, Dubarle은 이것이 마
태복음 1장에 암시된 요셉의 동기였을 것이라고 추측한다.

112. 이야기가 진행됨에 따라, 어떤 남성에게도 앞으로 나설 기회를 주거나, 강제로 나
서게 할 필요가 없어진다. Dubarle에 의하면, 예수가 인간 아버지의 개입 없이 성령
에 의해 수태됐다는 것을 천사가 밝혔기 때문이다. 나는 천사의 말을 다르게 해석
하지만, Dubarle이 제안한 임신 기간은 가능하다고 생각한다.

신명기 22:23-27을 주의 깊게 읽어보고, 기원후 1세기에 이것이 어떻게 해석됐을지 판단하는 것이 도움이 될 것이다. 그 본문은 다음과 같다.

> 한 남자와 약혼한 처녀를[MT, *nǎărā bětûlâ mě'ōrāsâ lě'îš*; LXX, *pais parthenos memnēsteumenē andri*] 다른 남자가 성 안에서 만나서 정을 통했을 경우에, 두 사람을 다 성문 밖으로 끌어다 놓고, 돌로 쳐서 죽여야 합니다. 그 처녀는 성 안에 있으면서도 소리를 지르지 않았기 때문이요, 그 남자는 이웃의 아내를 범했기['*innâ*; LXX, *etapeinōsen*] 때문입니다. 그리하여 당신들은 당신들 가운데서 이런 악의 뿌리를 뽑아야 합니다. 어떤 남자와 약혼한 처녀를 다른 남자가 들에서 만나서 욕을 보였을 때에는, 욕을 보인 그 남자만 죽이십시오. 그 처녀에게는 아무 벌도 주지 마십시오. 그 여자에게는 죽일 만한 죄가 없습니다. 욕을 보인 남자의 경우는, 사람이 이웃을 해치려고 일어나 그 이웃을 살해한 것이나 마찬가지입니다. 그 처녀는 들에서 그 남자를 만났으므로, 약혼한 그 처녀가 소리를 질러도 구하여 줄 사람이 없었을 것입니다[*ěn môšîa' lāh*; 또는 다른 번역으로는 "그녀를 위한 구원자가 없었다"[113]].

다음 장에서 우리는 이 법에 관한 후대의 해석과 적용의 측면을 검토할 것이다. 이것은 필연적으로 복잡할 수밖에 없다. 먼저, 파악된 상황 자체가 인간적으로도 법적으로도 복잡하다. 또한 이 법은 기계적으로 적용되지 않았던 것으로 보인다. 둘째, 기원후 1세기에 이 법이 어떻

---

113. LXX, *ho boēthēsōn ouk ēn autē*. *môšîa'*라는 단어는 왕하 13:5; 사 19:20; 욥 21; 느 9:27 등에 나온다. 여기에서처럼 부정문과 함께 사용된 곳은 삼상 11:3; 삼하 22:42; 시 18:42; 신 28:29, 31; 사 47:15 등이다. *môšîa'*("구원자")라는 의미의 하나님은 사 45:15, 21; 63:8; 삼하 22:3; 시 106:21 등에 나온다.

게 적용됐는지에 관한 증거가 별로 없다. 미쉬나와 탈무드의 견해들은 그 자료들에 그보다 앞선 시기의 증거가 나올 때만 의존할 수 있다. 더욱 이른 증거가 없는 경우, 랍비 자료는 그 법이 더욱 이른 시기에 적용됐을 수도 있고, 적용되지 않았을 수도 있는 내용을 주저하면서 언급하는 것일 수도 있다. 셋째, 법에 관계된 본문을 사용할 때에는, 그 법들이 사회 현실을 직접 반영하는 것이 아니라, 입법자들의 의견, 태도, 이상을 반영하는 것임을 인식하는 것이 중요하다. 이러한 검토 과정에서 우리는 여성들이 살아온 두려운 위협들과 불행하게도 이것들이 얼마나 변하지 않았는지에 대해 알게 될 것이다.

우리는 다음과 같은 질문을 던질 것이다.

1. 그 행위가 유혹인지 강간인지는 법적으로 어떻게 결정됐는가?
2. 그 행위가 강간으로 결정됐다면, 강간당한 여성의 운명은 어떻게 됐는가?
3. 그 행위가 유혹으로 결정됐다면, 유혹에 넘어간 여성의 운명은 어떻게 됐는가?
4. 만일 그 사건이 법적으로 결정되지 않았다면 어떻게 됐을까?
5. 만일 임신이 포함된 사건인 경우라면, 아이의 운명 또는 지위는 어떻게 됐을까?
6. 법적 배경은 마태의 내러티브에 무엇을 밝혀 주는가?

1. 신명기 22:23-27에서 유혹은 도시 안에서, 강간은 개활지(또는 들)에서 저지르는 범죄로 정의한다. 우리는 그 본문을 기반으로 유혹과 강간을 더 분명히 구분하는 데 도움을 주려는 초기의 시도들에 대해 알고

있다.[114] (a) 쿰란의 『성전 문서』(Temple Scroll)에서는 신명기 22:25의 "들에서"(in the country)라는 표현이 "도시에서 멀리 떨어진 숨겨진 장소"(11Q-Temple 66:4-5)를 의미한다고 한다. (b) 필론(Spec. Leg. 3.77-78)은 "판사는 행위가 일어난 현장에 의해서만 모든 것이 결정되지 않도록 신중하게 조사해야 한다. 왜냐하면 그녀는 도시 한복판에서도 자신의 의지에 반하여 강간당했을 수 있고, 도시 밖에서의 불법적인 포옹에 자발적으로 몸을 맡겼을 수도 있기 때문이다"라고 강조했다. 그녀가 소리를 지르며 저항했는지 아니면 기꺼이 협조했는지, 더 나아가 그녀가 소리지르며 저항**할 수 있는** 상황이었는지 아니면 더 강한 물리력에 의해 결박당하고 입막음을 당했는지 그리고 그 남자에게 공범이 있었는지에 따라 결정되어야 한다. 필론은 만일 그녀가 힘으로 제압당해서 소리를 지를 수 없었던 것이라면, 그녀는 (도시 안에 있었더라도) "다른 사람의 도움을 받을 수 없을 만큼 멀리 떨어진" 외딴 곳에 있는 것과 같다고 말한다. 유혹은 반드시 "공범들" 간의 "상호 합의"가 있어야 한다(3.73). (c) 요세푸스(Ant. 4.8.23 ##251-52)는 약혼한 여자(korē)에 대한 유혹을, 쾌락이나 돈을 위해 그녀의 동의를 얻고 설득하는 것으로 규정한다. 반면 강간은 "어딘가에서"(pou) 남자와 여자가 단둘이 있을 때 그리고 "아무도 도와줄 사람이 없는 상황에서" 성행위를 강요하는 것이다.

2. 강간당한 것으로 판정된 약혼한 처녀에게는 어떤 일이 일어났을까? 신명기 22:26에 따르면, 그 젊은 여성에게는 "아무 일도 해서는 안 된다." 필론(Spec. Leg. 3.76)은 "그녀에게 연민과 동정을 갖게 된다"라고 주

---

114. Tosato, "Joseph," 548-49.

장한다.[115] 이혼에 관해서는 아무 말도 하지 않는다. 그러나 토사토(A. Tosato)는 위-요나탄 타르굼(팔레스타인 타르굼)의 신명기 22:26에 주목한다. 거기서는 구약성서의 본문에 강간당한 여성이 반드시 이혼당**해야 한다**는 조항을 덧붙인다: "그러나 남편은 이혼의 대가를 지불하고 반드시 그녀와 이혼해야 한다."[116] 바빌로니아 케투보트 51b을 참조하라: "사무엘의 아버지는 다음과 같이 결정했다: 이스라엘 백성의 아내가 능욕[강간]당했을 경우, 그 여자는 다시 남편에게 돌아갈 수 없다. 강요로 시작된 행위가 그녀의 동의로 마무리될 수도 있기 때문이다."[117] 이 조항은 레위기 21:7, 13-14(이 구절에 의하면 [오직] 제사장은 성매매 여성이나 강간당한 여자, 이혼한 여자나 과부와는 결혼할 수 없다)과 에스겔서 44:22(새로운 성전의 제사장은 이스라엘의 처녀 또는 제사장의 과부와만 결혼할 수 있다)과 대비된다. 이것은 또한 포로로 잡혀가 강간당한 것으로 여겨지는 여성에 관한 미쉬나 케투보트 4:8과도 대비된다. 일반적인 이스라엘 백성은 그녀를 속량하여 아내로 삼을 수 있었다. 그러나 남편이 제사장인 경우, 그는 그녀를 속량하여 고향, 그녀의 아버지 집으로 돌려보낼 수 있을 뿐이었다. 그녀는

---

115. *Eleos kai sungnōmē*. 나는 Colson의 번역 (LCL 7.521), 즉 "용서"보다 "동류의식"이라는 번역을 선호한다. 무엇을 "용서"한다는 말인가? Philo가 말하는 요점은 강간당한 여성을 조심스럽게 대해야 한다는 것이고, 그녀의 경험을 공감하며 이해해야 한다는 것이다.

116. R. LéDdéaut, *Targum du Pentateuque* (Paris: Cerf, 1980), 4.185을 볼 것. *Targum Neofiti I*에는 그런 견해가 나오지 않는다; A. Díez Macho, *Neofiti I* (Madrid: Consejo Superior de Investigaciones Científicas, 1978), 5.524을 볼 것.

117. I. W. Slotki ([London: Soncino, 1936] 297)는 이렇게 말한다: "자신의 의지로 매춘을 한 여자는 남편에게 돌아가는 것이 금지된다." (참조, Josephus, *Ant.* 4.8.23 #245: 창녀와 결혼해서는 안 된다. "자신의 육체를 학대하는 광적인 희생을 하나님이 받을 수 없기 때문이다"[#206을 볼 것]; 다른 곳에서 그는 제사장과 창녀의 결혼은 금지되어 있다고 말한다[3.12.2 #276].)

제사장의 아내로 남아있기에는 적합하지 않게 됐기 때문이다.[118]

기원후 1세기의 법률적 관습을 설명하는 위-요나탄 타르굼의 가치는 논쟁의 여지가 있다. 어떤 학자들은 그 타르굼의 반미쉬나적인(anti-Mishnaic) 부분이 미쉬나 이전의 것이라는 것을 공리로 받아들인다. 이것은 사적이고 비공식적인 타르굼에 반할라크적(antihalachic) 가르침이 나올 수 있다고 주장하는 다른 학자들에 의해 반박된다.[119] 토사토는 위-요나탄 타르굼이 여기에서 "원래는 제사장 계급에게만 적용됐던 특정 신성한 규범들을 모든 이스라엘 백성에게 확대시켰던", "좀 더 엄격한 팔레스타인 종교 집단의 고대 미쉬나 이전 율법을 반영한다"라고 주장한다.[120] 그는 그리스도교 이전 시대의 세 가지 유대 문서의 본문을 근거로 이 타르굼의 법이 고대의 것이라는 주장을 뒷받침하려고 한다: (a) 『희년서』 33:7-9(참조, 『르우벤의 유언』 3:11-15; (b) 『희년서』 41:20; (c) 1QapGen 20:15.[121] 그러나 이 본문 중 세 번째 본문만이 기원후 1세기의 몇몇 집단에서 강간당한 여성이 상황을 복잡하게 만드는 다른 조건들 없이 남편에게 다시 돌아가는 것을 금지했다는 것을 보여줄 뿐이다.

위-요나탄 타르굼에 나오는 법이 기원후 1세기의 것임을 확증하기 위한 이 세 가지의 본문에는 한 번의 강간(야곱의 노예인 부인[slave-wife] 또는 첩이었던 빌하에 대한 야곱의 아들 르우벤의 강간), 당사자들 중 한 명은 자신이 무엇에 합의한 것인지 정확하게 알지 못했던 성인 간의 합의된 한 번의

---

118. H. Danby, *The Mishnah* (Oxford: Oxford University, 1933), n. 11, p. 250을 볼 것.
119. McNamara, "Targums," 858.
120. Tosato, "Joseph," 549.
121. L. Finkelstein, "The Book of Jubilees and the Rabbinic Halaka," *HTR* 16 (1923) 55-57; M. A. Friedman, "The Ransom Clause of the Jewish Marriage Contract," *Gratz College Anniversary Volume* (ed. I. D. Passow and S. T. Lachs; Philadelphia: Gratz College, 1971) 68도 볼 것.

성관계(다말과 유다) 그리고 한 번의 강간 위협(파라오가 사라를 위협함)이 등장한다. 처음 두 구절은 근친상간으로 금지된 관계에 대한 것이다.[122] 오직 세 번째 구절만 아내가 "남편으로부터 영원히 배제될 수 있는" 강간에 초점을 맞추고 있다.[123] 이 사례는 쿰란 공동체에서 나온 것이지만, 반드시 쿰란에서 유래한 것은 아닐 수도 있다. 그러나 우리는 이 이야기에서 아브라함이 미래의 평범한 이스라엘 백성을 대표하는 것으로 여겨졌는지 의문을 가질 수 있다.

이 증거를 통해 내가 내린 결론은, 1세기의 일부 유대교 평신도 중에 강간당한 아내와 이혼하는 것이 **필수**라고 생각하는 사람이 있었을 수도 있지만 그 증거는 매우 희박하다는 것이다. 일부 평신도들은 이혼이 **허용된다**고 생각했을 가능성이 더 높다.[124] 이혼에 대한 기준은 광범위하고 모호했다. 그 범위는 신명기 24:1("남녀가 결혼을 하고 난 다음에, 남편이 아내에게서 수치스러운 일['erwat dābār, 문자적인 의미: 벌거벗은 상태]을 발견하여 아내와 같이 살 마음이 없을 때에는, 아내에게 이혼증서를 써주고, 그 여자를 자기 집에서 내보낼 수 있습니다. …")에서 샴마이 학파와 힐렐 학파의 해석(미쉬나 깃틴 9:10을 볼 것, 샴마이는 "수치스러운 일"을 음란이나 성적인 범죄로 이해하며, 힐렐은 남편을 위한 요리를 망치는 일을 포함한 모든 것으로 이해한다),[125] 요세푸스(그는 신명기

---

122. 신 22:30; 레 20:11-12, 14; 18:15을 볼 것.

123. Tosato, "Joseph," n. 7, p. 549. J. A. Fitzmyer, *The Genesis Apocryphon of Qumran Cave 1* (Rome: Pontifical Biblical Institute, 1966) 6.115, 125을 볼 것; 참조, Josephus, *Ant.* 1.8.1 #163-64; *J. W.* 5.9, 4 #381. Tosato는 또한 이것이 고대의 것이라는 확증과 엄격한 율법의 중요성이 미쉬나 네다림 11:12에서 발견된다고 주장한다; 그러나 이 법이 제사장뿐만 아니라 평신도에게도 적용됐는지는 분명하지 않다. Danby는 그 남편이 제사장이었을 것이라고 추측한다; 참조, 미쉬나 케투보트 2:9 (Danby, *Mishnah*, n. 6, p. 280).

124. 우리에게는 약혼한 처녀가 강간당했을 때 이혼했는지 알려주는 증거가 없다.

125. S. R. Driver, *Deuteronomy* (ICC; 3rd ed.; T&T Clark, 1901; reprinted 1965) 271을

24:1-4을 다음과 같이 이해한다: "어떤 이유로든 같이 살고 있는 아내와 이혼하기를 원하는 사람은,[126] 더 이상 그녀와 성관계를 하지 않을 것임을 문서로 증명해야 한다"(*Ant.* 4.8.23 #253; 참조, 필론[*Spec. Leg.* 3.5 # 30], "어떤 이유로든")에 이르기까지 다양하다.[127] 분쟁 중인 사건들만 법원에 회부됐기 때문에 이혼은 조용하고 사적인 문제가 될 수 있었다.[128] 또한 일부 남자들이 단순히 결혼 절차를 마무리하고 강간당한 약혼녀를 자신의 아내로 그대로 두거나, 결혼을 유지하는 것도 가능했다.[129]

정리하자면, 평신도와 약혼한 처녀가 유혹이 아니라 강간당했다는 것이 정식 공청회를 통해 판결된 이후, 이혼 또는 성혼, 둘 중 한 가지 일이 그녀에게 일어났을 것이다. 우리는 기원후 1세기의 법이 첫 번째 행동 방침대로, 즉 더 엄격한 율법이 존재했고 보편적으로 준수됐을 것이라고 확신할 수 없다. 나는 이 두 가지 선택 모두 그녀의 남편에게 열려 있었을 가능성이 있고, 그의 선택은 종교, 성, 인간적인 감수성에 달려 있었을 것이라고 생각한다.

3. 유혹에 넘어갔다고 판정된 여자의 운명은 어떻게 됐을까? 우리가

볼 것.

126. 이것은 결혼 절차가 완료된 이후의 아내와 이혼하는 것과 관련되어 있다.

127. 이혼 증서의 본질에 대해서는 G. J. Wenham, "Matthew and Divorce," *JSNT* 22 (1984) 96을 볼 것: "당신은 다른 어떤 남자와도 결혼할 수 있다"(미쉬나 깃틴 9:3).

128. Ze'ev W. Falk, *Introduction to the Jewish Law of the Second Commonwealth* (Leiden: Brill, 1978), 1.154, 287-88, 308-14.

129. 11QTemple 57:17-19과 CD 4:12b-5:14a은 기원후 1세기의 팔레스타인에 이혼을 금지한 일부 유대인들, 곧 쿰란 종파들이 있었다는 것을 보여준다(Fitzmyer, "Matthean Divorce Texts," 93-97; J. R. Mueller, "The Temple Scroll and Gospel Divorce Texts," *RevQ* 10 [1980/81] 251도 같은 입장이다). 그러나 마태복음의 요셉은 분명히 이 집단에 속하지 않는다.

살펴보았듯이, 그녀는 간통을 저지른 아내로 여겨졌다. 신명기 22:24에 따르면, 그녀는 자신의 애인과 함께 돌에 맞아 죽어야 한다. 그 여자는 (아마도) 도움을 요청할 수 있는 상황에서 소리를 지르지 않았기 때문이고 그 남자는 이웃의 아내를 범했기 때문이다: "그리하여 당신들은 당신들 가운데서 이런 악의 뿌리를 뽑아야 합니다"(참조, 신 22:22). 여기에서 세 가지 질문이 제기되어야 한다. (a) 사형제도가 위협적이기는 했지만, 기원후 1세기에 보다 덜 엄격한 법 체계 속에서 실제로 사형이 집행되지 않았던 것은 아닐까? (b) 만약 그러한 시스템이 존재했다면, 그 시스템 아래에서 간통으로 인한 이혼은 필수적인 것이었을까? 아니면, 단지 허용되는 것이었을까? (c) 아니면, 간통을 용서받고, 아내로 남아있을 수 있었을까?[130] 이와 관련된 문제들—법적인 판결이 내려져야 하는지 아닌지 그리고 간통 **협의자**의 운명—에 대해서는 다음 부분에서 다룰 것이다. 먼저 가부장적 법률에 관한 몇 가지 본문을 간단히 검토해보자.[131]

아내의 간통을 입증하기가 어렵기 때문에, 모든 문제가 복잡해진다. 간통이 의심되지만 증인에 의해 입증될 수 없을 때, 판결을 내리는 법적인 방법은 매우 원시적이었다. 필론은 다음과 같이 알고 있었다.

---

130. Brown은 1세기에 "덜 엄격한 법 체계"가 있었다고 주장한다. 그 체계에서는 간음한 아내와 이혼하라는 요구로 악을 제거하라는 명령을 충족할 수 있었다(*Birth*, 127). 그러나 Myles M. Bourke는 당시에 그런 법 시스템과 비난이나 이혼 요구의 존재 모두를 순전히 추측에 의한 것이라고 간주한다. 그는 당시에 비난보다는 이혼이 선택됐을 것이고, 사면도 행해졌을 것이라고 주장한다(review of Brown's *Birth of the Messiah*, CBQ 40 [1978] 121).

131. 마태복음 1장에서 마리아가 명시적인 죽음의 위협을 받지는 않지만, 죽음의 위협은 마태가 묘사하는 상황의 일부이다.

간통이 현장에서 적발되거나 명백한 증거에 의해 확정된 경우에는 법에 의해 처벌받는다. 그러나 간통 의혹만 있는 경우, 법은 사람들에 의해서만 판단하는 것을 좋은 방법이라고 생각하지 않았고, 그것을 자연의 재판정으로 가져왔다. 드러난 일들은 사람이 재판할 수 있지만, 하나님은 영혼을 꿰뚫어 볼 수 있기 때문에 숨겨진 일들도 재판할 수 있다.

여기에서 필론은 민수기 5:11-31에서 서술하고 있는 쓴 물의 재판에 관해 언급하고 있다. 곧, 피의자인 아내는 더러운 물을 마시면서 스스로를 저주해야 했다. 그녀가 물을 마시고 아프면[132] 유죄로 간주됐다. 미쉬나 소타 1:5에 의하면, 이 재판은 기각될 수 있었고, 두 명의 증인 앞에서 비공개로 이혼할 수 있었다. 미쉬나의 이 구절은 덜 엄격한 사법 절차의 증거로 인용되어 왔으며,[133] 죄 지은 여자가 처형당하지 않기 때문에 더욱 그렇게 생각됐다.[134] 그러나 이것은 기원후 1세기의 유혹에 넘어간 약혼한 처녀 앞에 놓인 운명을 판단하는 데 도움이 되지 않는다. 첫째, 미쉬나 소타 4:1에 의하면 약혼한 여자는 쓴 물 재판에서 제외됐다. 그녀가 유혹에 넘어갔다는 증거가 부족할 경우에는(틀림없이 이런 일이 자주 있었을 것이다), "자연의 재판소"에 이 사건을 제기할 수 있는 확립된 절차

---

132. 죄 지은 아내("허벅지 마름, 배가 불러오는 것")에게 일어날 일은 어떤 식으로든 임신과 관련되어 있었다; 그 시련의 결과는 아마도 유산이나 불임일 것이다(A. Phillips, "Another Look at Adultery," *JSOT* 20 [1981] 8).
133. D. Hill, "A Note on Matthew 1. 19," *Exp Tim* 76 (1964/65) 133-34.
134. J. Milgrom, "The Case of the Suspected Adulteress, Numbers 5:11-31," *The Creation of Sacred Literature* (Berkeley: University of CA, 1981) 73. 그는 이런 경우에는 간음한 여자가 남편에게 체포된 것이 아니었기 때문에 사형이 시행되지 않았다고 생각한다.

가 없었을 수도 있고, 우리는 단순히 그녀와 이혼할 수 있다고 기록되어
있는 문서를 갖고 있지 않다. 둘째, 우리는 이러한 미쉬나의 규제가 기
원후 1세기에 유효했는지 확신할 수 없다.

구약성서의 시대부터 간통한 여자에 대한 법적 처벌로 사형을 집행
한 사례들이 있으며(신 22:22, 23-24; 레 20:10), 다말의 임신 이야기에서, (약
혼한 여자인) 그녀는 거의 처형될 뻔 했다. 잠언에도 간통의 결과로서 은
유적이고 비유적인 방식의 죽음에 관한 언급이 자주 등장한다.[135] 그러
나 간통녀를 그 범죄를 이유로 실제로 처형했다고 서술하거나 언급하
는 본문은 존재하지 않는다. 경직된 법률들은 간통이 어떻게 다루어졌
는지에 대한 적절한 지표가 아니다. 에스겔서 16장에서, 국가의 은유적
인 죽음(16:38-40; 참조 23:10, 45, 47) 이후에는 용서(16:63, 53-55절)가 뒤따르
지만, 이 구절을 사형이 실제로 행해졌다는 증거로 사용할 수 없음은 당
연하다.[136]

사실 (구약성서에는) 간통녀를 발가벗기고, 그녀의 음부를 대중에게 노
출시키는 것을 포함하여, 간통에 대한 다른 처벌들이 폭넓게 언급된다
(호 2:3, 10; 렘 13:26; 겔 16:37, 39; 23:10, 26, 29).[137] 호세아서에서는 이혼과 처벌

---

135. W. C. Trenchard, *Ben Sira's View of Women* (Chico: Scholars, 1982) 104-05을 볼
    것. 일반적으로 지혜문학은 간통을 반대하며, 주로 남자의 평판을 떨어뜨리고, 적발
    된 뒤에는 불쾌감을 줄 것이라고 경고한다; 처벌은 남편의 재량에 달려 있었던 것
    으로 보인다(H. McKeating, "Sanctions against Adultery in Ancient Israelite
    Society," *JSOT* 11 [1979] 61).
136. 간통에 관한 법률의 초기 제정, 그 법률에 따른 여성의 포함, 사적(가족) 대 공적(성
    례/형사) 법에 관한 논의는 McKeating, "Sanctions,"와 Phillips, "Another Look"을
    볼 것.
137. 공개적인 망신이 사형 집행의 시작이었는지, 아니면 그것을 대신한 것인지는 논쟁
    의 여지가 있다.

뒤에 용서가 뒤따른다.[138] 예레미야서 3:8에서는 "… 이스라엘이 나를 배신하고 음행을 하다가, 바로 그것 때문에 나에게서 내쫓기는 것과, 이 혼장을 쥐고 내쫓기는 것을 보았다"라고 한다. 남편이 간통한 여인을 고발하거나 이혼하도록 율법이 **요구했다**는 가정과 관련하여, 신명기 22:20-24이나 다른 어떤 구약 본문도 이러한 의무가 존재했다는 확실한 증거를 제공하지 않는다.

제2경전 문헌 중, 두 개의 기원전 2세기 본문, 수산나 이야기(불가타역 다니엘서 13장)와 집회서(벤 시라) 23:22-26이 우리의 연구에 있어서 중요하다. 수산나의 전설은 유대인 아내가 간통 혐의로 무고하게 고발되어, 군중들에 의해 유죄판결과 사형선고를 받은 이야기를 담고 있다. 증인들이 위증했다는 것을 알게 된 다니엘이 그녀를 살려주었다. 그러나 이 이야기가 반드시 그 시대의 유대 관습을 반영하고 있는 것은 아니다. 우리가 다시 살펴보게 될 집회서 23:22-26 본문은 간통한 여자에 대한 처형보다는 이혼이나, 어쩌면 태형을 염두에 두었던 것으로 보인다. 구약성서와 중간기에는 간통에 대한 처형이 매우 드물었던 것으로 보인다. 단한 건의 사례도 보고되지 않았다.[139]

신약 시대에 팔레스타인의 유대인들이 로마의 지배 아래에서 사형을 집행할 권한이 있었는지,[140] 있었다면 간통죄를 처벌하기 위해 그 권한을 사용했는지 아닌지 현재로서는 말할 수 없다. 요한복음 18:31에서

---

138. 호세아서 1-3장의 이야기나 이야기들을 풀어내는 것은 불가능한 것은 아니지만 힘들기로 악명이 높다. 그러나 2장에 나오는 이스라엘의 언약적 역사에 대한 우화에서는 이혼(2절)과 심판(3-13절)이 재결합(14-23절)에 우선한다.

139. A. Büchler, "Die Strafe der Ehebrecher in der nachexilischen Zeit," *MGWJ* 55 (1911) 196-219; Epstein, *Sex Laws*, 199을 볼 것.

140. 예수의 재판과 사형집행에 관련된 이 문제에 대한 문헌은 방대하며, 내 생각에 이 문제는 아직 결론 내려지지 않았다.

는 유대인들에게 그러한 권한이 없다고 주장하고 있으며, 기원후 30년
경 로마가 산헤드린으로부터 그것을 박탈했다는 후대의 전승이 존재한
다.[141] 그러나 몇몇 사람들은 유대인들이 간통 같은 비정치적인 범죄에
대한 사형 집행 권한을 갖고 있었다고 생각한다. 필론은 사형이 선고되
는 범죄 목록 중 간통과 어린이에 대한 강간을 언급한다.[142] 미쉬나 산헤
드린 7:4-11:6에서는 약혼한 여자가 남편이 아닌 다른 남자와 성관계를
하면 사형에 해당된다고 말하고 있다. 이와 같은 랍비 문헌의 법은 법정
에서의 실제적인 처벌 지침으로 사용되는 것을 의도한 것이 아니라 이
상적인 가르침을 위한 것으로 보인다.[143] 그와 같은 처형에 대한 한 가지
사례가 미쉬나에 기록되어 있다: 랍비 엘리에제르 벤 차도크(Eliezer ben
Zadok)는 간통을 저지른 제사장의 딸이 불에 타 죽었다고 말한다(미쉬나
산헤드린 7:2; 참조, 바빌로니아 산헤드린 52b, 거기에서 그는 자신이 어린아이였으며, 아
버지의 어깨에 올라타서 이것을 목격했다고 말한다; 또한 그는 성인이 됐을 때 목격한 또
다른 사례에 대해서도 말한다).

요한복음 8:3-11의 간음하다 붙잡힌 여자 이야기는 모세의 법(이 법을
따르면 그녀는 사형되어야 한다)과 로마법(이 법을 따르면 그녀는 일반적으로 가벼운
처벌을 받으며, 로마법 아래에서 유대인들은 사형을 선고할 권한이 없었을 수도 있다)
중 하나를 부정하도록 예수를 함정에 빠뜨리려는 시도로 이해될 수 있

---

141. 예루살렘 산헤드린 1.18a, 34; 7.24b, 41.

142. *Hypothetica* 7.1. #357.

143. Epstein, *Sex Laws*, 202, 209. 이행 불가능할 정도의 엄격한 요구사항은 간통에 대
     한 사형 제도를 종식시켰다(p. 211; 참조, Hauck, *"moicheuō," TDNT* 4 [1967] 731;
     두 증인의 필요성을 다루는, Ze'ev Falk, *Introduction*, 1.293).

다.[144] 예수는 용서도 선고도 하지 않으며,[145] 아무런 처벌도 발생하지 않았다. 이 이야기는 기원후 1세기에 간통한 여자에 대한 사형이 집행됐다는 증거로 사용될 수는 없지만, 여전히 그 문제가 논의됐고 위협적이었음을 보여준다.

나의 결론은 기원후 1세기 이스라엘과 그 이전 시기에 보다 덜 엄격한 법 체제가 존재했을 것이라는 주장을 뒷받침할 만한 충분한 증거가 있다는 것이다. 그러한 체제에서 간통으로 유죄 판결을 받은 여자와 이혼하는 것이 엄격한 의무는 아니었을지 모르지만, 그럴 가능성은 높았을 것이다.[146] 신약성서 시대에 남자가 간통한 자신의 아내를 용서하는 것이 금지됐다는 증거는 없다.[147] 그러나 내가 볼 땐, 우리가 살펴본 본문들에 따르면, 율법을 준수하는 남자는 유죄판결을 받은 아내에 대해, 사형까지는 아니더라도, 처벌과 이혼 후에 용서한 것으로 보인다.

144. 이 이야기의 의미에 관한 다른 의견은, B. Lindars, *The Gospel of John* (Grand Rapids: Eerdmans, 1972) 309; R. E. Brown, *The Gospel according to John* (AB29; Garden City: Doubleday, 1966), 1.336-38; D. Daube, "Biblical Landmarks in the Struggle for Women's Rights," *The Judicial Review* 23 (1978) 177-97을 볼 것.

145. 8:11에 관해서는 B. F. Westcott, *The Gospel According to St. John* (London: Murray, 1903)을 볼 것.

146. Epstein, *Sex Laws*, 213을 볼 것; 미쉬나 소타 5:1; 미쉬나 예바모트 2:8에 대해서는 A. Isaksson, *Marriage and Ministry in the New Temple* (Lund: Gleerup, 1965) 40-43을 볼 것.

147. Bourke, review of Brown's *Birth*, 121을 볼 것. Bourke는 구약 시대에는 남편이 간통한 아내를 용서할 수 있었다고 지적한다. Bourke는 남편이 간통한 아내를 용서할 수 있지만 이혼할 수도 있었으며, 그녀가 받는 처벌에는 불명예가 수반됐다는 것을 보여주기 위해 호세아서 2:5, 11-12; 에스겔서 16:37-38; 23:29을 인용한 R. deVaux를 언급한다(*Ancient Israel*, 1.37). 성서와 랍비 율법에서는, 간통은 남편을 상처 입히는 것 이상으로 여겨지기 때문에, 남편이 아내를 용서할 수 있는 조항이 없다 (Epstein, *Sex Laws*, 199, 201).

4. 만일 약혼한 처녀가 유혹에 넘어갔거나 강간당했을 때, 남편이 그 사건이 어떤 사건인지 법적인 판단을 받지 않기로 결정했다면 어떻게 됐을까? 우리의 정의감에 거슬리기는 하지만, (법적인 판단 없이도) 남편이 그 아내를 간통 용의자로 여기거나 심지어 유죄로 추정하는 것은 많은 경우 사실이었을 것이다.[148] 약혼한 처녀를 유혹하는 것에 관한 신명기 22:23-24의 법을 실행하는 것의 복잡함 때문에, 죄를 지은 아내로부터 자유로워지기를 원했던 남편이 아내를 고발하는 것보다는 이혼하는 것을 선호했다는 증거가 있다. 마태의 시대의 율법 준수자는 간통을 한 것으로 의심되는 사람과의 결합을 깨뜨리고 **싶어** 했을 가능성이 있다. 그것은 그에게 그렇게 하라고 명령한 법이 있어서가 아니라, "그에게 법을 심각하게 위반한 사람과 결혼하는 것에 대한 반감이 있었기 때문일 것이다." 이 경우, 그는 공적인 고발 없이 이혼할 수 있었을 것이다.[149] 토사토는 간통 의혹을 해소하는 것이 의무는 아니었지만,[150] 간통 의혹을 받은 사람은 법적으로 이혼해야만 했다고 주장한다. 그러나 그가 언급한 미쉬나 본문들은 사적인 의심이 아니라 공개적이고 공적인 의혹에 관한 것이며, 약혼한 처녀에게는 적용되지 않는 부분도 있다.[151] 남자가 간통 의혹을 혼자만 간직해서는 안 되고, 이를 폭로한 뒤 아내와 이

---

148. Tosato ("Joseph," 550-51)는 이런 사건에서는 여성이 간통한 것으로 의심하여 유죄 추정을 한다고 말한다.

149. Bourke, review of Brown's *Birth*, 121-22.

150. 그는 미쉬나 소타 1:3; 3:6; 4:2을 언급하지만, 모든 사례는 쓴 물에 의한 재판의 배제를 말하고 있다. 이것은 우리가 살펴본 것처럼, 그리고 그가 인정했듯이, 신명기 22:23-27의 약혼한 처녀인 경우에 대한 절차가 아니며, 미쉬나에 의하면 약혼한 처녀에게 이 테스트를 해서는 안 된다(미쉬나 소타 4:1).

151. 예, 미쉬나 소타 5:1; 6:3; 미쉬나 네다림 11:12; 미쉬나 예바모트 2:8; Tosato, "Joseph," nn. 10, 12, p. 550.

혼하도록 강요됐다는 증거는 없다.

지금까지의 연구를 바탕으로, 우리는 이 문제에 대한 남편의 사고 과정을 재구성해 볼 수 있다. 만일 남편이 평신도였다면, 그가 엄격한 율법을 따르든, 덜 엄격한 율법을 따르든, 유혹(간통)이 입증된 경우 아내와 이혼했을 것이다. 만일 그가 엄격한 율법(사제와 마찬가지로 평신도 역시 유혹 또는 강간당한 아내와 결혼하는 것을 금지함)을 따른다면, 공판 결과와 관계없이 그녀와 이혼했을 것이다. (그러나 1세기에 이러한 율법이 존재했다는 결정적인 증거는 없다.)[152] 그러므로 어느 경우든, 그가 유혹을 의심한다면, 그녀를 고발하여 공적인 "만족"을 얻기를 포기하고, 다른 이유로 이혼을 진행했을 수도 있다. 이 결정은 그의 아내(그리고 자신)의 "명예가 손상되는 과정"이라는 공개적인 수치를 면하려는 동기에서 비롯됐을 것이다.[153]

유혹이 아니라 강간을 의심했거나, 강간인지 유혹인지 확실하지 않은 상황에 놓여있는 남자는 어떻게 했을까? 나는 그 남자 또한 아내와 자신이 공청회에서 받을 고통과 굴욕을 피하기 위해 그리고/또는 강간이 입증될 수 없는 경우의 가능성을 피하기 위해, 사소한 이유로 조용한 이혼을 결정했을 것이라고 생각한다. (그때는 오늘날처럼 강간의 증거를 얻기가 쉽지 않았을 것이다.) 그러나 만일 그가 덜 엄격한 율법을 따랐고, 강간당한 여자와 결혼하는 것이 금지되지 않았다면, 그리고 만일 그가 이것이 강

---

152. 그리스도교 이전 시대의 문서 중 단 하나, 『창세기 비록』만 이 이론을 지지하는 것으로 보인다. 본서 49[54]쪽을 볼 것.

153. Tosato ("Joseph," n. 14, p. 551)는 남편이 "수치심 때문에 조용히 겪었던 극적인 사건을 공유하고 싶은 욕망"을 가졌을 수도 있다고 주장한다. 이런 경우 그는 남편이 죽거나 이혼할 때 신부에게 주기로 약속했던 돈인 '케툽바'(*Ketubba*)만 지불하게 된다.

간 사건이라는 것을 알고 있었거나 그렇게 믿었다면, 그는 (그녀를) 집으로 데려와서 결혼 절차를 마무리하기로 결심했을 수도 있다.

간통죄로 기소되거나 유죄 판결을 받지 않고 이혼당한 여자는 어떻게 됐을까? 수치를 당하든 당하지 않든, 그녀는 아버지의 집으로 돌아가, 아마 재혼할 수 있었을 것이다. 그러나 그 약혼한 여자가 임신을 했다면 어떻게 됐을까?

5. 임신에 관한 한층 더 복잡한 문제는 마태가 묘사하는 마리아와 요셉의 상황의 일부이기 때문에 검토할 필요가 있다. 우리가 분석한 시나리오에서 임신한 약혼녀가 잉태하고 있는 아이의 운명이나 지위는 어떻게 됐을까? 첫째, 그 여자가 처형당했다면(기원후 1세기에는 일어나지 않았을 것 같은 결과지만), 태아도 그녀와 함께 죽었을 것이 당연하다(참조, 다말 이야기). 또는 (초기 로마제국의 관습에 따르면) 출산 때까지 사형이 연기됐을 것이다.

정부(情夫)에 의해 임신한, 유혹하는 여자의 이혼에 대해서는 집회서 23:22-26에 묘사되어 있는데, 거기에는 그녀의 자녀들의 운명에 대한 끔찍한 말들이 담겨 있다.

> 자기 남편을 버리고
> 딴 남자에게서 자식을 낳아 상속자로 삼는 여자도 같은 벌을 받으리라.
> 그 여자는 첫째, 지극히 높으신 분의 법을 어겼고,
> 둘째, 남편에게 죄를 지었으며,
> 셋째, 간음으로(*en porneia*) 자신을 더럽혔고
> 딴 남자에게서 사생아를 낳았다.

이런 여자는 공중 앞에 끌려 나가 벌받을 것이고,

그 자식들에게도 올바른 처단이 내릴 것이다.

그런 자손들은 아무 곳에도 뿌리를 내리지 못하고,

그 가지는 아무런 열매를 맺지 못할 것이다.

그 여자는 후세에 저주스러운 기억을 남길 것이며,

그 여자의 치욕은 만대에 지워지지 않을 것이다.[154] (공동번역 개정판)

역설적이게도, 정욕이 아니라 아이 없는 여성의 모성에 대한 욕망이 그녀의 동기로 간주된다.[155] 그녀의 자녀들이 받는 처벌은 그들이 사생아라는 의회의 결정일 수 있다. 사람들은 그 남편이 그들을 자기 자식이 아니며 상속자도 아니라고 공개적으로 거부했다고 생각했을 것이다. 그 자녀들에게는 이른 죽음과 결실 없는 결혼이 간절히 기대됐다. 그녀의 저주받은 기억과 치욕이 그들에게 계속 남아 있다.

간통으로 태어난 아이들에 대한 비슷한 태도와 비슷한 저주가 솔로몬의 지혜 3:16-19; 4:3-6(기원전 50년경)에 등장한다.

간음의 소생들은 장래가 없으며

불법의 잠자리에서 낳은 자는 멸망하고 만다.

그들이 비록 오래 산다 하더라도 아무런 값어치가 없으며

결국은 노년기에 가서 영예스러운 것이 하나도 없다.

---

154. Trenchard 번역, *Ben Sira's View*, 95. 18-21절은 간통자를 다루지만, 상당히 다르고, 덜 심각한 용어로 다룬다.

155. A. Büchler, "Ben Sira's Conception of Sin and Atonement," *JQR* 13 (1922/23) 466; W. Frankenberg, "Über Abfassungs -Ort und -Zeit, sowie Art und Inhalt von prov. I-IX," *ZAW* 15 (1895) 121.

그리고 그들이 일찍 죽는다면 희망이 있을 수 없고

심판날에 가서 아무런 위안도 받지 못할 것이다.

불의한 족속들의 운명은 이토록 처참하다. …

그러나 악인들에게는 자손이 아무리 많아도 아무 소용이 없다.

그들은 꺾꽂이 나무와 같아서 뿌리를 깊이 내리지 못하므로 그 기반이

튼튼할 수 없다.

비록 잠시 동안 가지를 뻗겠지만

뿌리가 약해서 바람이 불면 흔들리고,

바람이 세게 불면 뿌리째 뽑혀 버린다.

그 가지는 미처 자라기도 전에 꺾여지고

열매가 열려도 설익어서 먹을 수가 없을 뿐더러

아무 데도 쓸모가 없다.

불법의 잠자리에서 태어난 자식들은

하나님의 심판날에 제 부모들이 저지른 죄의 증인이 된다. (공동번역 개정판)

이 아이들에 대한 처벌은 사회적이고 종말론적이며, 저자가 희망하는 그들의 삶은 실패와 수치로 얼룩진, 산송장 같은 삶이었다.

이 본문들은 그런 아이들에게 붙여진 낙인의 일부를 우리에게 보여 준다. 그러나 그들은 기원후 1세기에도 사생아들(mamzērim: mamzēr의 복수형)로 분류됐을까? 사생아(mamzēr: 유대교에서 금지하는 결혼에서 태어난 아이)라는 용어는 신명기 23:2에 나온다: "사생아도 주님의 총회 회원이 되지 못하고, 그 자손은 십 대에 이르기까지 주님의 총회 회원이 되지 못합니다. …" 여기서 그 의미는 불분명하다. 두 절 앞에서는 근친상간을

언급하고, 그다음에는 성기에 결함이 있는 사람에 대해 언급한다. 23:2 다음 절은 암몬 사람들과 모압 사람들은 열 세대가 지나도 야훼의 총회에 들어오는 것이 금지된다는 내용이다. 랍비 문헌에서는 '맘제르'(*mamzēr*)라는 용어의 사용은 일관성이 없다. 곧, 그 용어는 유다 자손의 족외혼, 근친혼, 금지된 결혼, 토라에 의해 제명 또는 사형에 처해 질 수 있는 결합에서 태어난 자손을 가리키는 데 사용된다. 예레미아스(Jeremias)는 가장 오래된 랍비적 관점에 의하면 '맘제르'란, 간통으로 잉태된 아이를 가리킨다고 주장한다.[156] 그는 자신의 견해를 여러 본문들 중 미쉬나 예바모트 4:13(예루살렘에서 가계도를 발견했다는 랍비 쉼온 벤 아자이의 주장)에[157] 근거하고 있다.[158] '맘제림'(*mamzērim*)은 제사장 가족, 레위인들, 정통 이스라엘 자손, 심지어는 제사장의 사생아와 결혼하는 것까지

---

156. Jeremias, *Jerusalem*, 340; C. Tschernowitz, "The Inheritance of Illegitimate Children According to Jewish Law," *Jewish Studies in Memory of Israel Abrahams* (ed. G. A. Kohut; NY: Jewish Institute of Religion, 1927) 407도 볼 것: 간통한 아내의 자식이나 레위기에서 금지한 친족 간의 근친상간에서 태어난 자식.

157. 본서 39[47]쪽을 볼 것. A. Büchler, "Family Purity and Family Impurity in Jerusalem Before the Year 70 C.E.," *Studies in Jewish History* (ed. I. Brodie and J. Rabbinowitz; London: Oxford University, 1956) 77도 볼 것(이 텍스트는 *mamzēr*라는 용어가 70년대 이전에 사용되고 있었고 잘 이해됐다는 것을 보여준다).

158. 바빌로니아 닛다 10a Bar.; 바빌로니아 네다림 20a-b(랍비 엘리에제르의 관점); 탈무드 케투보트 4:9, 264과 평행본문인 예루살렘 케투보트 4:8, 28d.69; 바빌로니아 바바 메치아 104a(힐렐과 당시의 다른 사람들의 관점). 이 마지막 문서에 대해서는, A. Büchler, "The Jewish Betrothal and the Position of a Woman Betrothed to a Priest in the First and Second Centuries," *Studies in Jewish History*, n. 1, p. 139, 77-78을 볼 것. 여기서 시사하는 것은 (팔레스타인에서 약혼이 이해되는 방식으로) 약혼 기간에 적법하지 않게 수태된 아이는 *mamzēr*라는 것이다. 신명기 23:2의 *mamzēr*를 *ek pornēs*(Büchler는 이 단어가 모든 종류의 금지된 성행위를 의미한다고 생각한다["Family Purity," 77])로 번역한 칠십인역과 *nothos*("사생아")가 *huios*("아들")의 반대로 사용된 히브리서 12:8도 볼 것.

도 금지됐다. 기원후 1세기 말, 그들이 친아버지에게서 상속받을 권리에 관한 논쟁이 있었다. 그들은 공직을 맡을 수 없었고, 만일 그들이 법원의 판결에 참여한다면 그 판결은 무효가 됐다. 이스라엘의 마지막 구원에서 그들의 가족이 차지할 몫에 관한 격렬한 논쟁이 있었다. '맘제르'라는 말은 남자에 대한 가장 심한 모욕 중 하나로 여겨졌다. '맘제림'은 "공동체의 배설물"(pĕsûlû qāhāl)로 불렸다.[159]

유혹에 넘어가서 이혼당한 여자의 자녀를 칭하는 데 사용된 용어가 무엇이든 간에, 그 어머니와 자녀 모두 사회 부적응자로 고통을 받았을 것임은 분명하다. 아마도 그 어머니는 재혼하지 않았을 것이다. 강간당하고 이혼한 여성의 경우에도 비슷한 처벌을 받았을 것이라고 추측할 수 있다. 적어도 엄격한 율법을 따르는 사제나 그 어떤 남자라면 그녀와 결혼(을 유지)하는 것이 허용되지 않았을 것이다. 사건에 대한 공청회 후, 그녀가 덜 엄격한 율법을 따르는 남편에 의해 아내로 남아 있을 수 있었다면, 강간에 의해 태어난 그 자녀도 어떤 식으로든 그 가족의 일원이 됐을 것이다. 그러나 이 사건의 공청회를 둘러싼 평판은 어머니와 자녀 모두에게 부정적이고 심각한 낙인을 찍었을 것이라고 보는 것이 합리적이다. 만일 유혹이나 강간에 대한 언급 없이 사소한 이유로 이혼이 이루어졌다면, 그녀의 임신에 관한 의혹과 소문이 발생했을 것이다. 당시의 유대 지역에서 약혼에 관한 관대한 관습이 지켜지고 있었다면, 그 자녀는 그녀의 전남편의 아이로 여겨졌을 수도 있다. 어떤 경우든, 그녀 역시 그 자녀와 마찬가지로 따돌림 당했을 것이라고 상상하는 것은 어려운 일이 아니다. 그러나 적어도, 이 시나리오에서는 공적인 고발과 공식적이고 대중적인 낙인은 피할 수 있었을 것이다.

---

159. Jeremias, *Jerusalem*, 341-42, 337과 참고 문헌을 볼 것.

위 단락에서 살펴본 마지막 가능성은 강간당한 약혼녀와 덜 엄격한 율법을 따르는 평신도가 공청회 없이 결혼 절차를 완료하는 것이다. 특별히 이런 경우, 그 자녀는 입양과 관련된 이스라엘의 규정 중 체르노비츠(Tschernowitz)가 "인도적 조항"이라고 부른 것의 혜택을 받을 수 있었다.

> 고대 이스라엘에서는 다른 고대 국가들과 마찬가지로, 혈연관계(친족)와 예를 들어 입양 등을 통해 가족의 일원이 되는 인위적인 친족 관계 사이에는 큰 차이가 없었다. 동족이건 이방인이건 가장의 지배 아래로 받아들여진 사람은 누구나 모든 면에서 그의 아들로 여겨진다는 것이 일반적인 원칙이었다. … 상속권은 언제나 그런 식으로 아버지가 아들임을 확인해 주는 것에 달려있었다. 경우에 따라서는, 아버지가 누군가를 자기 아들, 또는 장남이라고 증언했을 때, 비록 그 후자가 일반적인 평판에는 그렇게 알려져 있지 않았더라도, 아버지의 증언은 결정적인 것으로 여겨졌다.[160]

여기서 체르노비츠가 주로 고려하는 것은 남자가 혼외 관계에서 낳은 친자를 받아들이는 문제에 관한 것이다. 그러나 그는 때로는 이방인이라도 상속자가 될 수 있었다고 강조한다(예, 이삭이 태어나지 않았다면 엘리에셀이 아브라함의 상속자가 됐을 것이다[창 15:2]). 이스라엘의 이러한 관행은 입다의 형제들이 그를 아버지의 집에서 쫓아낸 이야기(삿 11:2)에서처럼, 적

---

160. Tschernowitz, "Inheritance," 402-03. 당시에 입양은 유대인들 사이에서 **법적인 관습**으로 알려져 있지 않았다(Ben-Zion Scheveschewsky, "Adoption, Later Jewish Law," *Encjud* 1.300-301).

법한 자녀들에 의한 불법적인 행동으로 이어질 수 있었다.[161] 미쉬나 바바 바트라 8:6에서는 그 원칙을 간결하게 서술한다: "어떤 사람이 '이 사람은 나의 아들이다'라고 말한다면, 그의 말을 믿어야 한다."

이 원칙이 '맘제르'의 경우에도 적용됐을까? 이 부분에 대해서는 의견이 분분하다. 미쉬나 예바모트 2:5에서는 "어떤 종류의 아들이든", 즉 어떤 출생을 가진 아들이든 관계없다고 말하고, 댄비는 "심지어 사생아(bastard)"도 관계없었다고 말한다.[162] 그러나 '맘제르'가 상속을 받을 수 있는지의 여부, 따라서 완전한 아들로 여겨질 수 있었는지의 여부에 대한 질문은 초기 탄나임(Tannaim) 시기까지는 결정되지 않았을지도 모른다.[163] 후대에 바빌로니아 예바모트 22a에는 '맘제르'가 거기에 분명히 포함된다(랍비 유다의 의견). 그러나 벤 시라가 간통으로 태어난 자녀를 (잠재적인) 상속자로 묘사한 것(집회 23:22)은, 몇 세기 전에도 이러한 견해가 보편적이지는 않더라도 일반적이었다는 것을 암시할 수도 있다.

마태가 묘사하고 있는 상황에서, 그 여성의 자녀가 처할 수 있는 모든 운명 중 가장 친절하고 인간적인 것은 가족에게 입양되고 그녀의 남편의 보호를 받는 것이었다. 그러나 그러한 결정에 수반됐을 감정적인 장애물과 편견 때문에, 우리는 그것이 가장 드물고 예상하기 힘든 일이었을 것이라고 추측할 수 있다.

---

161. S. Feigin, "Some Cases of Adoption in Israel," *JBL* 50 (1931) 186-200을 볼 것. E. A. Speiser, "'People' and 'Nation' of Israel," *JBL* 79 (1960) 161-62과 대조해 볼 것. 그리스와 로마에서는, 사생아는 아버지의 유산을 분배받을 수 없었다.

162. Danby, *Mishnah*, n. 6, p. 220.

163. Tschernowitz, "Inheritance," 404-05. 그는 *mamzēr*가 미쉬나 예바모트 2:5에 포함된다고 보기는 어렵다고 지적한다. 그것이 명백하게 서술되어 있다고 가정하면, 2:5이 2:4과 모순되기 때문이다. 또한 그는 탈무드 예바모트 3.3; 바빌로니아 요마 66b의 답변되지 않은 질문을 언급한다.

6. 이러한 법적 배경이 마태의 내러티브에 무엇을 조망해 주는가?[164] 우리는 마태가 묘사하는 요셉과 같은 상황의 남자들이 직면하는 딜레마의 여러 차원들을 살펴보았다. 당대 유대인들의 율법의 범위에 대해 잘 아는 독자들은 "의로운 사람" 요셉이 신중하게, 심지어는 고뇌하면서, 이 선택지 중에서 결정을 내리기를 기대한다. 또한 마태는 자신의 독자들이 이 선택지들 가운데서 심사숙고하기를 원한다. 의로움과 토라에 대한 마태복음의 첫 가르침인 이 구절에서, 마태는 요셉을 이야기의 중심인물로 만든다. 이 구절과 이어지는 내러티브에서 요셉에게 관심이 집중된다. 독자들은 요셉의 가계도를 보게 된다. 요셉의 이름이 일곱 번 언급된다. 그는 주님의 천사가 등장한 꿈속에서 세 가지 메시지를 전달받는다(그리고 한 가지 메시지에는 천사의 등장이 없다[마 2:22]). 이 메시지들은 태어날 아이의 본성과 운명, 안전에 관한 것이었으며, 그것은 요셉의 순종에 달려 있었다. 이와 대조적으로, 마태는 언제나 마리아를 수동적으로 표현한다. 그녀는 결코 말을 하지 않고, 아무런 결정도 하지 않으며, 스스로 어떠한 행동도 하지 않는다.[165] 이 복음서에서 그녀가 처한 상황의 두려움을 상상하려는 노력 없이 독자들이 마리아에게 공감하기는 쉽지 않다. 그러나 마태는 독자들에게 그런 노력을 권하지는 않는다.

"마리아의 남편 요셉은 의로운 사람**이라서** 약혼자에게 부끄러움을 주지 않으려고, 가만히 파혼하려 했다"(1:19). 마태는 요셉의 토라 준수와 우리가 복수심의 결여 또는 수치스러운 일을 피하려는 욕망이라고 부

---

164. 이어지는 분석을 J. D. M. Derrett, "Virgin Birth in the Gospels," *MAN* 6 (1971) 289-93; Dubarle, "La Conception," 362-80; Cantwell, "Parentage of Jesus," 304-15의 분석과 대조해 볼 것.

165. S. Benko, *Protestants, Catholics and Mary* (Valley Forge: Judson, 1968) 14.

르는 것 사이에 아무런 모순이나 긴장이 없다고 본다.[166] 그는 "특별히 숨기려고 애쓰는 일이 대중들에게 알려지는 것"을 싫어했다.[167] 그래서 그는 법적으로 선택할 수 있는 몇 가지 방법 중에서 조용한 이혼을 선택했다. 이것은 마리아가 유혹에 넘어간 것인지 강간을 당한 것인지 판단하기 위한 공청회를 여는 것을 요셉이 배제했음을 의미한다. 비록 가능성일 뿐이지만 이것이 요셉이 마리아의 간통을 의심했다는 것을 암시한다는 사실은 논쟁의 여지가 없다.[168] 공청회를 배제하면서 그는 (a) 공청회에서 일어나는 공개적인 수치와 질문으로부터, (b) 유혹/간통 혐의로 고소 및 유죄 판결을 받고, 그 처벌로 사형이나 (좀 더 가능성이 높은) 모욕적인 이혼을 하고, 그와 더불어 치욕을 당하고 그리고 확실히 암울하게 될 미래로부터, (c) 강간을 입증하지 못할 것이라는 합리적인 가능성으로부터, 그녀와 자기 자신을 보호했다. 요셉이 한 선택—조용하고, 아마도 관대한 이혼[169]—은 단순히 두 명의 증인 앞에서 이혼증서를 전

---

166. Nolan, *Royal Son*, 124, n. 1, p. 125; Waetjen, "Genealogy," 225을 볼 것. Brown, *Birth*, 125-27; Soares Prabhu, *Formula Quotations*, 248; B. Przybylski, *Righteousness in Matthew and His World of Thought* (Cambridge: Cambridge University, 1980), 121; n. 185, p. 156과 대조해 볼 것.

167. H. Schlier, "*deiknumi, ktl*," *TDNT* 2 (1964) 31. 19절에서 사용된 *deigmatizō*라는 희귀한 단어는 대중 앞에 모습을 드러내는 것을 의미하며, 세속 그리스어(secular Greek)에서는 유죄판결을 받은 간통녀들에 쏟아지는 수치심과 관련이 있다. 참조, 민 25:4 LXX; 렘 13:22에 나오는 *paradeigmatizō*.

168. 간통을 의심받는 여성이 이혼해야 했다거나, 요셉이 그녀와 이혼하기를 원했고, 이혼을 허락했다는 것은 논쟁의 여지가 없다. 다른 가능성은 요셉이 마리아가 강간당했다고 의심했고, 그녀와 이혼해야 할 의무가 있다고 생각했거나, 이혼하기를 희망했다는 것이다.

169. Lohmeyer, *Matthaus*, n. 3, p. 14; Brown, *Birth*, 128. 그러나 Brown은 쓴 물로 재판을 대체하는 것(민 5:11-31)이 신약 시대에도 여전히 유효했는지에 대해 생각한다. 그는 요셉이 마리아를 간통죄로 공개적으로 고소하지 않기로 결정했다고 생각한다.

달하고 결혼증서(*Kĕtūbbâ*)를 돌려주는 일이었다. 그는 율법이 제시한 자비로운 대안에 해당하는 것을 선택했다.

그러나 1:20-21에서 천사는 마리아를 집으로 데려가라고 강력히 권한다. "다윗의 자손 요셉아, 두려워하지 말고, 마리아를 네 아내로 맞아들여라. 그 태중에 있는 아기는 성령으로 말미암은 것이다. 마리아가 아들을 낳을 것이니, 너는 그 이름을 예수라고 하여라. 그가 자기 백성을 그들의 죄에서 구원하실 것이다." 토사토는 "천사는 간통과 성폭행 의혹을 제거하여 마리아의 남편이 그녀를 받아들일 수 있게 했다"라고 말한다.[170]

여기에는 두 가지 문제가 있는데, 잠시 이것을 따로 분리해서 살펴보자. 먼저, 이 임신에서의 성령의 역할을 간단하게 살펴볼 것이며, 다음으로는 그 역할과 관계없이, 집으로 데려오는 것이 간통이나 성폭행 혐의를 없앨 수 있는가에 대한 질문을 살펴볼 것이다. 기원후 1세기의 법적인 상황을 어떻게 볼 수 있는지 조사한 결과, 집으로 데려오는 것, 즉 결혼 절차의 완료를 통해 유혹/간통 의혹을 **없앨 수 있었을 것으로** 보인다. 토라를 준수하는 자는 아마도 간통한 여자와의 결혼 절차를 마무리하지 않을 것이다. 그러나 그녀를 집으로 데려온다고 하더라도 (그런 그에게) 강간 의혹이 **사라지지는 않을 것**이다. 강간당한 여자와의 결혼을 허용하는 율법을 따르는 토라 준수자는 그녀를 집으로 데려오는 일을 진행할 수는 있었을 것이다. "네 아내 마리아를 집으로 데려오는 것을 두려워하지 말아라." 이 말은 다음과 같은 의미로 볼 수 있다: '그

---

170. Tosato, "Joseph," 551. 참조, F. R. McCurley, *Ancient Myths and Biblical Faith* (Philadelphia: Fortress, 1983) 105 [= 『고대근동의 신화와 성경의 믿음』, 감은사, 2022]: 마리아의 처녀성은 꿈속의 천사에 의해 요셉에게 확인됐다.

일에는 법적인 문제가 없다.'[171] 또는 '너는 엄격한 율법을 따르지 않아도 된다.'

또한 천사의 말은 집으로 데려오는 것을 금지하는 어떤 법률이라도 무효화하거나 유예하는 것으로, 요셉이 유혹한/간통한 여자를 집으로 데려오는 것을 금지하는 법률조차도 무효화하는 것으로 해석될 수 있다. 이어지는 천사의 명령은 어떤 면에서는 호세아서 3:1의 "주님께서 나에게 또 말씀하셨다. '너는 다시 가서, 다른 남자의 사랑을 받고 음녀가 된 그 여인을 사랑하여라'"(신 24:1-4과 대조해 볼 것)라는 구절과 비슷하다. 그러나 마태복음에 나오는 이혼에 관한 예수의 말은 마태복음 1:20-21의 그런 해석에 반대될 수 있다. 마태복음 5:32에서 예수는 "그러나 나는 너희에게 말한다. 음행(*porneia*)을 한 경우를 제외하고 아내를 버리는 사람은 그 여자를 간음하게 하는 것이요, 또 버림받은 여자와 결혼하는 사람은 누구든지 간음하는 것이다"라고 말한다. 참고로 마태복음 19:9에서는 "음행한 까닭이 아닌데도 아내를 버리고 다른 여자에게 장가 드는 사람은, 누구나 간음하는 것이다"라고 말한다. 마리아가 그런 죄를 지었다고 요셉이 추측했다는 가정하에, 만일 '음행'(*porneia*)이 죄악된 성행위를 의미한다면,[172] (음행으로 인한 이혼은 허용된다) 예수의 명령은 요셉의 이혼 결정과 일치한다. 천사의 명령은 그녀가 음행을 저지르지 않았고 유혹에 넘어가거나 간통을 저지르지도 않았다는 의미로 해석될

---

171. 약혼 기간이 없다는 점도 포함된다.

172. Wenham, "Matthew and Divorce," 95-107; A. L. Descamps, "Les Textes évangéliques sur le Mariage (suite)," *RTL* 11 (1980) 5-50; E. Lövestam, "Die synoptisken Jesus-orden om skilsmässa och omgifte," *SEÅ* 43 (1978) 65-73, summarized in *NTA* 23 (1979) 153이 그런 의견이다.

수 있다. 그러나 음행의 의미는 논쟁의 여지가 있다.[173] 그 의미가 무엇이
든 간에 마태의 유아기 내러티브는 결혼과 이혼에 대해 이 복음서의 뒷
부분에서 말하는 것과 모순되지 않는다. 마태는 1장의 상황이 음행에
해당하는 것이 아니었다고 이해하고 있다.[174]

아무튼, 마태는 토라는 유효하며(5:18) 빈틈없이 해석되어야 하지만
(5:19), 사랑이라는 명령을 우선하는 해석학적 원칙에 기초해야 한다고
주장한다.[175] 마태는 의로우면서도 법을 준수하는 사람이 되려는 요셉의
딜레마를 천사를 통해 해결하려고 한다. 그것은 율법을 반박하는 것이
아니라 제대로 해석하고 적용하여 요셉의 양심의 가책을 없애준다.[176]

토라 준수자는 결혼 절차를 완료한 뒤 아내의 아이 또한 그의 가족
으로 입양할 수 있다. 임신한 마리아를 집으로 맞아들인 요셉은 그녀의

---

173. Fitzmyer는 이것이 성매매나 매춘을 의미하는 것이 불가능하지는 않지만, 아마도
마태복음 5:32; 19:9에서 그 의미는 레위기 18:6-18에 규정된 친족 내의 불법적인
결혼일 것이라고 주장한다("Matthean Divorce Texts," 88-89); J. Jensen, "Does
Porneia Mean Fornication? A Critique of B. Malina," *NovT* 20 (1978) 161-84; A.
Stock, "Matthean Divorce Texts," *BTB* 8 (1978) 24-33; Mueller, "Temple Scroll,"
247-56도 볼 것.

174. Isaksson (*Marriage and Ministry*, 135-41)은 요셉이 이 복음서의 후반부에서 예수
가 가르친 것과 명백히 상반되는 일을 하거나, 결정했다고 말했을 가능성은 없다고
생각한다. 그는 *porneia*가 혼전 부정, 또는 혼전 간음이라고 주장한다. 참조, Nolan,
Royal Son, 125-26.

175. B. Gerhardsson, "The Hermeneutic Program in Matthew 22:37-40," *Jews, Greeks
and Christians* (ed. R. Hamerton-Kelly and R. Scroggs; Leiden: Brill, 1976) 129-
50.

176. Davis ("Fulfillment," 531-35)와 대조해 볼 것. 그는 요셉이 율법의 명백한 요구와
천사의 요청 사이에 놓여 있다고 생각한다; 일반적인 시선에서 볼 때, 천사의 요구
에 대한 복종은 그를 율법의 바깥에 있게 만들고, "무법자"라는 오명을 씌울 것이
다. 요셉은 그리스도의 현존에 대한 응답인 **새로운** 의로움의 모델이 될 것이다. 참
조, E. Schweizer, *Good News According to Matthew* (Atlanta: John Knox, 1975) 35:
요셉은 하나님의 약속의 관점에서 자신의 "과거의 도덕 기준"을 포기한다.

태중에 있는 아이에 대한 책임도 받아들였다. 마태복음 1:21의 "너는 그 이름을 예수라고 하여라"라는 천사의 말은 입양의 공식과 같은 말이다.[177] 요셉은 자녀의 이름을 지어주는 아버지의 권한을 행사함으로써 예수를 (자신의 아들로) 인정했고, 따라서 예수를 입양한 아버지이자 법적인 아버지가 됐다.[178] 요셉이 이미 이루어진 결혼 관계에 대해 이의를 제기하지 않았기 때문에, 그 아이는 요셉의 아이로 여겨졌다.

이 아이의 이름인 예수(Iēsous)는 히브리어 '예슈아'(Yēšûaʻ)를 그리스어로 번역한 것인데, 그 이름에 대한 다양한 어원학적 해석이 21절에 나온다: "그가 자기 백성을 그들의 죄에서 구원하실 것이다." 즉, 그 이름은 어근인 '야샤'(yšʻ, "구원하다")와 명사 '예슈아'(yešûʻâ, "구원")와 관계되어 있으며,[179] "야훼가 구원한다"라는 의미이다.[180] 이 대중적인 어원은 잘 알려져 있었고,[181] 초기 그리스도인들에게는 그것을 자세히 설명할 필요가 없었다. 그러나 다음 장에서 논의할 형식인 천사 수태고지의 전통적인 형식의 압박(pressure) 때문에 여기에 자세히 기록되어 있는 것으로 보인다. 예수의 이름을 설명하는 유일한 복음서 저자가 마태라는 것은 놀

---

177. 창세기에서는 아버지와 어머니 모두 아이들의 이름을 짓는다. 누가복음 1:31에서는 마리아가 예수의 이름을 지으라는 말을 듣는다.

178. 참조, F. W. Beare, *The Gospel According to Matthew* (San Francisco: Harper and Row, 1981) 66: 이것은 정확히 말해서 입양은 아니지만, 혼인을 통해 태어난 아이에 대한 승인이다. 여기서 제시된 해석에 의하면, 요셉은 다른 남자의 아들을 입양한 것이다.

179. 실제 어근인 šwʻ("돕다")이 아니다.

180. 또는: "야훼, 구원" (F. W. Albright and C. S. Mann, *Matthew* [AB26; Garden City: Doubleday, 1971] 2을 볼 것). 또는: "야훼는 구원이다"(M. Noth, *Die Israelitischen Personennamen* [Stuttgart: Kohlhammer, 1978] 106-07).

181. Philo, *Mut.* 12.121; G. Strecker, *Der Weg der Gerechtigkeit* (2nd ed.; Göttingen: Vandenhoeck, 1966) 54을 볼 것.

라운 일이다. 마태복음에서는 "구원"이라는 개념이 두드러지지 않기 때문이다. 누가는 자신의 복음서에서 "구원"을 강조함에도 불구하고, 그의 유아기 내러티브에서는 예수의 이름을 그런 의미로 사용하지 않는다.[182]

21절의 이름에 대한 설명은 (의도와 관계없이) 신명기 22:27("약혼한 그 처녀가 소리를 질러도 구하여 줄 사람이 없었을 것입니다")의 성취를 암시한다. 이 아이 안에서 하나님은 그 어머니뿐 아니라 백성들까지 구원하신다.[183] 나는 21절에 있는 마태 내러티브의 셈어적 기원에 대해 논하는 것이 아니지만 내가 제시하는 신명기 22:27에 대한 암시는 그리스어가 아니라 히브리어 본문에 관한 것이다. 마태는 히브리어를 알고 있었던 것 같다.

마리아와 요셉의 결혼 생활에 대한 마태의 마지막 언급은 25절에서 볼 수 있다. 요셉은 아내를 집으로 데려온 뒤, "아들을 낳을 때까지는 아내와 잠자리를 같이하지 않았다"(직역하면, "그는 그녀가 아들을 낳을 때까지 그녀를 알지 못했다"). 이 말에는 예수의 출생 이후 일어난 일에 대한 아무런 암시가 없다. 마태는 다시 한번 요셉이 이 아이의 생물학적 아버지가 될

---

182. W. C. Van Unnik, "Dominus Vobiscum," *NT Essays* (ed. A. J. B. Higgins; Manchester: Manchester University, 1959) n. 59, p. 302; Fitzmyer, *Luke*, 1.345. 참조, 눅 1:77; 2:11.

183. 이 이름에 대한 설명은 시편 130:8을 연상시킨다. 어떤 이들은 이 암시가 마태복음 1:21에서 사사기 13:5에 대한 또 다른 암시를 통해 수정됐다고 주장한다; Gundry, *Use of the OT*, 92; Soares Prabhu, *Formula Quotations*, 293을 볼 것. Winter ("Folklore," 39)는, 시편 130:8에 대한 언급 없이, 사사기 13:5의 모티프가 모세에 대한 적용을 통해 예수에게 적용됐다고 생각한다; Josephus, *Ant.* 2.9.3 #215를 볼 것. 반면, W. L. Knox (*Sources of the Synoptic Gospels* [Cambridge: Cambridge University, 1957], 2, n. 1, p. 126)는, 마태복음 1:21의 구절은 단지 "성서 언어에 대한 이야기의 무의식적인 동화"일 뿐이라고 주장한다; 참조, Stendahl ("Quis et Unde?" 103): "성령이나 천사는 인용하지도 않고 해설하지도 않는다."

수 없다고 강조하고 있다.[184]

2. 성령에 의한 잉태

우리가 살펴보았듯이, 마태는 1:18에서 독자들을 향해 마리아가 "성령에 의해" 임신한 것이 밝혀졌다고 주장한다. 그리고 20절에서 요셉은 "그 태중에 있는 아기는 성령으로 말미암은 것이다"라는 천사의 계시를 듣는다. 마태가 여기에서 말하는 것이 하나님의 성령임은 거의 확실하다. 20절의 문구(*ek pneumatos estin hagiou*)는 "거룩한"이라는 형용사를 강조하고 있으며, "거룩한 영"으로 번역할 수 있다. 이것만으로도 요셉이 받은 계시는 마리아의 임신이 사악하거나 불순한 것이 아니라 **거룩한** 영에 의한 잉태라는 사실을 알려주는 것이었음을 이해할 수 있다(창 38:24 LXX와 대조해 볼 것: 다말은 성매매를 하여[*ek porneias*(간음이나 성매매를 통해)] 임신했다고 한다; 참조, 집회 23:23; 신 23:2 LXX). 그러나 18절의 문구(*ek pneumatos hagiou*)는 성령을 언급하는 상당히 일반적인 방식이다.[185] 어떤 인격적인 영(a personal Spirit)이라는 발전된 개념은 이 부분이나 마태복음의 나머지 부분에는 등장하지 않는다.[186] 마태가 이 구절에서 의미한 것은 무엇이었을까?

보통 이 구절은 마태복음 1장 속 이 부분의 한정된 맥락과 누가복음의 수태고지 장면과 관련해서만 해석된다. 사실상 어떠한 현대 비평가

---

184. 내 생각에 (Vögtle, Schweizer, Brown, Soares Prabhu, Nolan을 포함한) 많은 비평가들이 생각하는 것과는 달리 마태는 마리아의 처녀성을 강조하지 않는다.

185. Davis, "Tradition and Redaction," 413; 참조, A. M. McNeile, *The Gospel according to St. Matthew* (London: Macmillan, 1955) 7; Nolan, *Royal Son*, 32.

186. C. K. Barrett, *The Holy Spirit in the Gospel Tradition* (London: SPCK, 1966) 17; J. Schaberg, *The Father, the Son and the Holy Spirit. The Triadic Phrase in Matt 28:19b* (Chico: Scholars, 1982) 23-24.

도 마태복음 1:18, 20이 동정녀 수태 이외의 것을 말한다고 생각하지 않
는다. 이것을 이해하는 방식을 잠시 살펴보자. 성령에 의한 임신은 인간
에 의한 일반적인 임신을 대체하는 것으로 여겨진다. 마태는 신의 아들
의 자격이 남편과 아내의 일반적인 성관계를 통해 전해지지 않는다는
것을 강조하기 위해 애쓰며, 성행위를 대신하는 어떠한 인간도 배제한
다. 예수는 **성행위 없는** 동정녀 수태로 인간 아버지 없이 수태됐다.[187] 대
부분의 비평가들에게 이것은 마리아가 남신이나 남성적 요소에 의해
임신한 것이 아니라 성령의 **창조** 능력에 의해 아이를 가졌다는 것을 의
미한다. 종말론적 사건인 예수의 탄생은 직접적인 창조 행위로 예수를
탄생하게 했던, 전적인 성령의 일이다.[188] 성령은 예수의 아버지로 불리
지도 않고, 임신에 있어서 남자의 역할을 하지도 않는다. 인간과 신 사
이의 성관계에 관한 암시는 전혀 없으며, 그 수태가 어떻게 일어난 것인
지에 대한 암시도 전혀 없다.[189] 예수는 신의 개입으로 태어났다. "인간
의 역사를 특징짓는 원인과 사건의 복잡한 연결이 외부에서의 직접적
인 개입으로 파기됐다."[190]

---

187. G. Delling, "*parthenos*," *TDNT5* (1967) n. 53, p. 834; Brown, *Birth*, 523, 138, 140;
    Goulder, *Midrash and Lection*, 234; J. D. Kingsbury, *Matthew: Structure,
    Christology, Kingdom* (Philadelphia: Fortress, 1975) 43.
188. 참조, Str-B. 1.124; Barrett, *Holy Spirit*, 8, 18. 그러나 그는 "성령의 활동이 요셉에 의
    한 출산 가능성을 배제하는지는, 먼저 선험적 근거로 모든 기적의 가능성을 배제하
    지 않는 한 아무도 대답할 수 없는 질문이다"라고 말한다(p. 24).
189. C. F. D. Moule은 "정액이 문자 그대로 그리고 전적으로, 사람에게서 온 것이 아니
    라 하나님의 영에게서 왔다는 것을 의도한 것으로 보인다"라고 썼다(*The Holy
    Spirit* [Grand Rapids: Eerdmans, 1978] 55). 그러나 Moule은 마태나 누가보다 그
    사건의 생물학에 더 많은 관심을 보인다.
190. R. H. Fuller, "The Virgin Birth: Historical Fact or Kerygmatic Truth?" *BR* 1 (1957)
    5.

만일 잉태 방법이 성적인 방법이 아니라 창조의 방식을 은연중에 나타내고 있다면, 마태가 이것을 암시해 두었을 것이라고 예상할 수 있다. 몇몇 학자들은 마태복음 1:18-20이 창세기 1:2을 연상시킨다고 생각한다: "창조의 기적이 일어났을 때 하나님의 영이 형태 없는 물질 위를 운행했던 것처럼, 예수가 태어났을 때 하나님의 새로운 창조 행위가 있었다."[191] 여기에서의 성령의 역할은 신약성서에서 창조주 성령의 개념에 가장 근접한 것으로 여겨진다.[192] 이것은 우주의 창조와 마찬가지로 전례 없는 새로운 창조 행위에 관한 것이다. 그리고 그런 의미에서 예수 그리스도의 오심은 유대교와 불연속적이다.[193] 마태복음 1:1에 나오는 계보(biblos geneseōs)라는 제목은 마태가 창세기를 생각하고 있음을 보여주며, 창조 이야기(창 2:4, "이것이 천지가 창조될 때에 하늘과 땅의 내력[MT, tôlĕdôt; LXX, hē biblos geneseōs]이니": 이 경우 새번역에는 generations에 해당하는 단어가 없어서 개역개정을 사용함—역주) 및/또는 아담의 가계도(창 5:1, "아담의 역사[MT, sēper tôlĕdôt 'ādām; LXX, hē biblos geneseōs anthrōpōn]는 이러하다")를 암시한다고 여겨진다.[194] 동정녀 수태로 읽히는, 예수 잉태에 대한 마태복음의 서술에 나오는 단 하나의 유사점은 하나님이 성취하시는 완전히 기적

---

191. Delling, "*parthenos*," 835.

192. Moule, *Holy Spirit*, 19-20. Nolan (*Royal Son*, 24)은 "구약성서에는 출생 복음(the Gospel of Origins)의 생명을 주는 성령과 비슷한 것이 나오지 않는다"라고 주장한다.

193. W. D. Davies, *The Setting of the Sermon on the Mount* (Cambridge: Cambridge University, 1964) 82, 참조, 67-72. 그러나 다윗과 모세의 희망의 성취로 본다면, 그리스도의 오심은 유대교와 연속성이 있다(p. 83).

194. Hill, *Matthew*, 76; A. Vögtle, "Die Genealogie Mt 1,2-16 and die mattaische Kindheitsgeschichte," *BZ* 8 (1964) 45-58, 239-62; 9 (1965) 32-49를 볼 것. 구약성서의 마지막에 오는 분은 새로운 인류의 시작을 선언한다. 성령의 역사로 하나님이 새로운 무언가를 존재하게 한다.

적인 창조에 대한 구약성서와 유대인들의 믿음이라고 할 수 있다.

　그러나 정말로 마태복음 1장에서 새로운 창조에 관한 신학 그리고 새로운 아담인 예수라는 개념에 관한 단서까지 발견할 수 있을까? 우리가 살펴보았듯이, 마태복음 1:1의 구절은 창세기와 관련된 것이 아니라 랍비 형식의 가계도(*sēper yûḥāsîn*)일 수도 있다.[195] 새로운 창조 모티프는, 그것이 마태의 유아기 내러티브에 조금이나마 존재한다고 하더라도, 예언의 성취라는 모티프에 비해 보잘 것 없다. 창조 모티프는 이 복음서의 나머지 부분에서는 전혀 나타나지 않는다. 새로운 아담이자 새로운 민족(race)의 창조자인 예수는 바울의 저술들에서는 발견되지만, 거기에서 그 상징은 예수의 출생이 아니라 순종과 죽음에 연결되어 있다. 이러한 바울의 개념을 마태복음을 해석하는 데 사용할 만한 타당한 이유가 없다. 또한 창조 또는 새로운 창조의 개념은 예수의 수태 전승이 왜 그런 형태를 갖게 됐는지에 대해 설명하지 못한다.[196] 그러므로 창세기의 창조 이야기는 성령에 의한 잉태 개념을 가장 잘 설명하는 배경은 아닌 것으로 보인다.

　마태복음 1장의 몇몇 요소들은 동정녀 수태의 측면에서 1:18, 20의 해석을 뒷받침해 주고, 그것을 해석하기 위해 필요하다고 여겨진다. 이 요소들은 다음의 일곱 가지다. (1) 예수의 인간 아버지에 대한 언급이 없고, 가계도의 일반적인 패턴이 손상된 1:16; (2) 신적 수동태로 이해되는 문장, 즉 "마리아에게서 하나님이 예수를 태어나게 했다", 그리고 "하나님이 그녀에게 잉태하게 한 아이는 성령으로 말미암은 것이다"라는 의

---

195. 본서 제2장 각주 86번을 볼 것.

196. Davies, *Setting*, 70; H. Gese, "Natus ex Virgine," *Probleme biblischer Theologie* (ed. H. W. Wolff; Munich: Kaiser, 1971) 73을 볼 것.

미로 사용된 16, 20절의 수동태; (3) 마리아가 임신했던 시기의 결혼 상황(마리아와 요셉은 그녀를 집으로 데려오는 결혼의 마지막 절차를 수행하지 않은 상태였고, 성관계를 맺지 않았다); (4) 천사가 요셉에게 결혼을 마무리하도록 요구하면서 아무런 문제가 없을 것이라고 암시한 것; (5) 25절에서 요셉이 마리아를 집으로 데려온 뒤에도 아이가 태어날 때까지 성관계를 하지 않았다고 강조하는 것; (6) 비유적인 의미보다는 좀 더 현실적인 의미를 가질 수 있는 문맥에서 나타나는 잉태(begetting)라는 단어; (7) 처녀(parthenos)가 임신할 것이라는 이사야서 7:14이 성취됐다고 말하는 마태복음 1:23의 인용문.

다른 비평가들은 해석의 결정적인 요소로 다른 요소들을 언급한다.[197] 1:18이나 1:20의 성령에 관한 구절 자체가 인간 아버지가 없는 출생 개념을 가리킨다는 주장은 거의 찾아볼 수 없다.[198] 오히려 라그랑주(M. J. Lagrange)의 견해가 일반적이다: "성령에 의한 잉태"는 당시에 "기적적인 임신을 명시하는 데 통용되던 표현이 전혀 아니다."[199]

이어지는 단락에서는 위의 목록 중 마태가 이사야서 7:14을 인용했다는 (7), 즉 마태에게 있어서 이 본문이 의미했던 바, 이것을 23절에서 사용한 이유에 대해 논의할 것이다. 내가 제안하는 해석에 의하면, 동정녀 수태의 관점에서 18절과 20절의 해석을 뒷받침하거나 해석하는 데 (7)은 필요하지 않다. 나는 이미 (1), (2) 그리고 (4)에 대한 대안적인 해석

---

197. Kingsbury, *Matthew*, 43; Brown, *Birth*, 137; Nolan, *Royal Son*, 222; Soares Prabhu, *Formula Quotations*, 252; Waetjen, "Genealogy," 224; Moody, "Virgin Birth," 789; G. Vermes, *Jesus the Jew* (NY: Macmillan, 1973) n. 108, p. 265를 비교해 볼 것.

198. 하지만 이것이 E. Schillebeeckx, *Jesus: an Experiment in Christology* (NY: Seabury, 1979) 554의 입장인 것 같다.

199. Lagrange, *Matthieu*, 10.

을 제안했다. (3)과 (5)는 단순히 **요셉**이 예수의 생물학적 아버지가 아니라는 마태의 주장을 강조한다(참조, 16절).

(6)에 대해서는, 본문의 다른 측면들이 성령에 관한 이 구절을 예수가 기적적으로, 인간 아버지 없이 수태됐다는 의미로 해석하도록 요구하지 않는다면, 이 구절을 어떻게 해석해야 할까? 우리는 이 구절을 신적인 임신에 관한 그리스도교 이전의 유대 전승과 신약의 다른 부분을 포함한 보다 넓은 맥락에서 살펴볼 것이다. 더 넓은 맥락에 비중을 두는 방법론적 결정은, 협소한 맥락만으로는 이 구절들의 의미를 확실히 결정할 만한 충분한 단서를 찾을 수 없다는 주장에 의해 정당성을 얻는다.

이것을 동정녀 수태에 관한 것으로 본다면 성령에 의한 잉태라는 마태의 서술은[200] 독특하고 예외적인 것으로 여겨진다. 동정녀 수태라는 신에 의한 잉태 개념이 성서 시대와 중간기를 통틀어 오직 마태와 누가의 유아기 내러티브에서만 발견된다는 점에 대해 학계의 빠른 합의가 이루어지고 있다. 히브리 성서, 그리스어 성서, 필론,[201] 구약 외경과 위

---

200. 그리고 눅 1:34-35의 서술.

201. 족장들(특정한 덕목을 상징)이 하나님 또는 "처녀 어머니"(이들 또한 덕목을 상징함)에 의해 잉태됐다는 Philo의 비유적인 서술은 헬레니즘 유대인들의 동정녀 수태 개념의 증거가 아니며, 신약성서 내러티브에 (직간접적으로) 영향을 미치지 않는다. R. Bultmann, *History of the Synoptic Tradition* (NY: Harper and Row, 1968) 291, 304[=『공관복음서 전승사』, 대한기독교서회, 2000]; P. Grelot, "La Naissance d'Isaac et celle de Jésus," *NRT* 94 (1974) 569; Gese, "Natus," n. 2, p. 72; Boslooper, *Virgin Birth*, 219-20; Brown, *Birth*, 524을 볼 것. M. Dibelius, "Jungfrauensohn und Krippenkind," *Botschaft und Geschichte* (Tubingen: Mohr, 1953; orig., 1932), 1.1-78; Paul, *L'Evangile de l'Enfance*, 76과 대조해 볼 것. Philo의 처녀성에 대한 강조는 그의 이원론적 인류학과 여성에 대한 공공연한 적대감과 관련되어 있는데, 이것은 비유와 마찬가지로 신약성서의 유아기 내러티브에는 나타나지 않는 특성들이다.

경,[202] 바울과 요한 계열의 저술들, 또는 신약 어느 곳에도 이러한 믿음과 실제로 비슷한 부분은 존재하지 않는다.[203] 확실히, 예수의 동정녀 수태 전승은 (사생아 전승과는 대조적으로) 다른 신약성서 저자들에게 알려져 있지 않았다. 또한 비평가들은 그리스도교 이전 문학 또는 비그리스도교 문학(고대 그리스 또는 로마, 헬레니즘, 아시리아, 바빌로니아, 조로아스터, 미트라, 아라비아, 이집트 또는 인도) 또는 오늘날 "초기"의 믿음이라고 생각하는 그 어디에도 그리스도교의 동정녀 수태 개념과 일치하거나 또는 초기 유대 그리스도인들에게 그런 개념을 전해줄 수 있는 동정녀 수태 이야기는 없다는 사실에 대체로 동의한다. 비유대적 "평행구"에는 "인간이나 다른 형태를 취한 남신이 일반적인 성관계나 다른 형태의 삽입을 통해 여자를 임신시키는" 신과의 결혼(*hieros gamos*)이 포함된다.[204] 따라서 신약성서의 유아기 내러티브는 신에 의한 잉태에 대한 독특한 믿음을 나

---

202. 유일한 예외는 『에녹2서』 23의 멜기세덱의 수태 이야기일 것이다(Vaillant edition, *Le Livre des Secrets d'Hénoch* [Paris: Institute d'études slaves, 1952]; F. L. Anderson, "2 Enoch," *OT Pseudepigrapha* [ed. J. H. Charlesworth; Garden City: Doubleday, 1983] chapters 71-73). 이것은 "하나님의 말씀"에 의해 발생하며, 명백히 인간 아버지 없이 일어난다. 그러나 이것은 **동정녀** 수태가 아니다. 그리고 내 생각에, 이 작가는 진짜 인간의 수태가 아니라 기본적으로 초인, 어쩌면 천사 같은 존재의 지상에서의 모습을 묘사하고 있다. 나는 나중에 『에녹2서』 23장이 신약성서의 유아기 내러티브에 영향을 주지도 않았고, 영향을 받지도 않았다는 것을 보여주기를 희망한다. 오히려 그것은 일부 사람들이 신약성서 내러티브를 기적적인 수태에 관한 것으로 해석하는 방식에 영향을 미쳤다. 자세한 것은 본서 제4장을 볼 것.
203. *Mary in the NT*, 289을 볼 것.
204. Brown, *Virginal Conception*, 62. 이러한 학문적 합의에 대해서는 G. H. Box, "The Gospel Narratives of the Nativity and the Alleged Influence of Heathen Ideas," *ZNW* 6 (1905) 80-101; *The Virgin Birth of Jesus* (London: Pitman, 1916); Boslooper, *Virgin Birth*, 135-86; H. Rahner, *Greek Myths and Christian Mystery* (NY: Harper & Row, 1963) 130-31; Davies, *Setting*, 63-65; Brown, *Virginal Conception*, 61-63; *Birth*, 522-23; *Mary in the NT*, 93, 121, 291을 볼 것.

타내는 것으로 간주된다.

그러나 평행구가 없다는 사실은 마태와 누가의 유아기 내러티브의 이러한 측면들이 저자의 의도나 최초의 독자들이 이해한 것과는 다르게 오해되어 왔다는 의미일 수도 있다. 물론 마태와 누가가 평행구 없이 독창적으로 동정녀 수태에 관해 기록**했을 수도** 있다.[205] 그러나 (a) 그러한 독특한 믿음에 대한 평행구의 결여, 그리고 (b) 직접 문맥에서 우리로 하여금 그것을 발견하게끔 요구하는 요소들이 없다는 나의 판단, 이 두 가지의 조합으로 인해 나는 마태복음 1:18, 20이 동정녀 수태에 관한 것이 아니거나, 또는 원래는 그것에 관한 것이 아니었다고 의심하게 됐다.

신에 의한 잉태를 모티프로 한 유대교와 그리스도교의 본문들은 두 가지 범주로 나눌 수 있는데, (a) 그중 일부는 하나님의 권능이 인간의 생명과 출생의 궁극적인 원천이라는 것을 강조하기 위해 신적 잉태를 은유로 사용한 것이다. 하나님은 "신이 감독하는 위험 투성이의 모험"인 인간의 출산 뒤에서 또는 그 안에서 "행동한다."[206] 바빌로니아 킷두쉰 30b에서는 이 원리를 간단명료하게 서술하고 있다. 곧, 모든 출생에는 하나님, 아버지, 어머니 세 명의 부모가 존재한다는 것이다.[207] 어떤 의미에서는 모든 인간의 출생에서 첫 창조 행위가 재연된다. (b) 다른 본

---

205. 독특하고 비할 데 없는 믿음인 동정녀 수태는 다른 초기 그리스도교 신앙과는 다르다. 예를 들어, 예수 그리스도의 부활에 대한 신앙은 구약성서와 중간기 유대교에서 근거를 찾을 수 있는 반면, 동정녀 수태는 그렇지 않다.

206. R. Alter, "How Convention Helps Us Read," *Prooftexts* 3 (1983) 121. H. W. Wolff, *Anthropology of the OT* (Philadelphia: Fortress, 1981) 93, 98, 177을 볼 것. McCurley는 "아마도 성서 어디에도 다산 모티프보다 탈신화화 경향이 더 강하게 나타나는 곳은 없을 것이다"라고 말한다(*Ancient Myths*, 186). 그러나 그는 예수의 수태에 관한 논의에서 신약성서는 위험할 정도로 신화에 가깝다고 생각한다.

207. 참조, 바빌로니아 닛다 31a; 창세기 랍바 809; 바빌로니아 소타 17a; Philo, *De Dec.* 22 #107; 23 #120.

문들은 하나님이 때때로 인간에게 평범한 인간 존재 너머에 있는 삶의
영적/정신적 차원을 전달한다는 것을 강조하기 위해 이 은유를 사용한
다. 이것은 인간이 창조와 태어남을 통해서 하나님과 육체적으로 연결
되어 있다는 생각을 넘어서, 하나님의 선택하심과 특별한 의무를 수행
함으로써 부여되는 지위의 측면에서 하나님과 윤리적이고 영적으로 연
결되어 있다는 생각으로 나아간다.[208] 이런 의미에서 이스라엘은 하나님
에 의해 잉태됐고,[209] 그들 중 어떤 사람들은 특별한 운명을 살게 될 권
한을 부여받았다(예, 족장들,[210] 왕들,[211] 예언자들,[212] 메시아[213]). 신약성서의 저자들
은 그리스도인들에게 성령, 또는 하나님에 의한 잉태를 그런 의미로 말
하고 있는 것이다.[214] 이 두 번째 유형에 해당하는 본문들은 일반적인 수
태/잉태 개념과는 아무 관계가 없다. 요한복음 1:12-13에 나오는 성행위
에 의한 잉태와 하나님에 의한 잉태 사이의 강력한 대조를 주목하라.[215]

마태복음 1:18, 20을 신적 잉태를 모티프로 한 유대교와 그리스도교
본문의 관점으로 읽을 때, 성령에 의한 잉태에 관한 마태의 개념을 해석
할 수 있는 또 다른 선택지가 나타난다. 나의 주장은 간단하다. 마태복
음 1장의 맥락에는 1:18, 20을 동정녀 수태의 관점으로 읽도록 **요구하는**

---

208. R. A. Culpepper, "The Pivot of John's Prologue," *NTS* 27 (1980) 19; 참조, R. H.
    Fuller, "The Conception/Birth of Jesus as a Christological Moment," *JSNT* 1 (1978)
    44.
209. 신 32:18; Philo, *De Vita Mosis* 1.50 #279.
210. 1QapGen 5:27.
211. 시 2:7; 참조, 110:3 LXX.
212. 렘 1:5; 참조, 사 49:1, 5.
213. 1QSa 2:11-12.
214. 갈 4:29; 요 1:12-13; 3:3-8; 요일 2:29; 3:9; 4:7; 5:1-4; 5:18.
215. 13절에서는 남성과 여성 모두의 참여가 배제된다. 신에 의한 잉태는 하나님 홀로
    행하는 초자연적 행위이다.

것이 전혀 없기 때문에, 이 구절들은 보다 광범위한 유대교와 그리스도교의 맥락에서 해석되어야 하고, 그 일부로서 읽어야 한다. 그것은 게제 (H. Gese)가 신적 아버지와 인간 아버지의 상호 침투(interpenetration)라고 부르는 주제의 한 사례다.[216] 이것은 마태복음의 구절들을 문자 그대로의 의미가 아니라 비유와 상징으로 읽어야 한다는 것을 의미한다.[217] 그 구절들과 신적 잉태에 대한 다른 본문들은 차이점보다 유사점이 더 많다. 신약성서 이후 시대에, 예수의 신적 잉태에 관한 은유는 그것이 은유라는 이유로 거부됐다.[218] 문자주의는 그 은유를 통해 생물학적 동정녀 수태 개념을 만들어냈지만, 그 은유에 내재된 유대교와 초기 그리스도교의 근원과의 연결점을 완전히 단절시켰다.

이 수태 이야기는 "신학적 침묵"(theologically mute)이 아니다.[219] 그것은 인간 아버지를 대체하지 않는 하나님의 창조 행위에 관한 것이다. 성적 잉태와 신적 잉태가 통합되어 있다.[220] 예수는 그의 인간 아버지가 있

---

216. Gese ("Natus," 80)는 즉위한 다윗 가문의 왕을 위한 신과 인간 아버지의 특유한 상호침투(*Ineinander*)에 대해 말한다. *Mary in the NT*의 저자들은 예수가 하나님의 아들이었기 때문에, 그에게는 인간 아버지가 없다고 마태가 결론 내릴 만한 구약성서의 배경이 없다는 것을 인정한다(p. 93).

217. Box, *Virgin Birth*, 19과 대조해 볼 것.

218. S. McFague, *Metaphorical Theology* (Philadelphia: Fortress, 1982) 38-42을 볼 것.

219. Stendahl ("Quis et Unde?" 103-04)은 영을 통해서 예수의 수태에 "개입"하는 것으로부터 어떠한 그리스도교적 논증이나 통찰도 도출되지 않는다고 주장한다. Stendahl은 마태가 이 개입을 완전히 독특한 사건으로 생각했을지 의문을 제기한다. "그는 이것을 오래된, 신적 개입의 영광스러운 고양으로 보지 않는가?"

220. A. Milavec, "Matthew's Integration of Sexual and Divine Begetting," *BTB* 8 (1978) 108-16을 볼 것. 그러나 나는 마태복음 1:18-25에 대한 Milavec의 해석에 동의하지 않는다. (내가 올바르게 이해했다면) 거기에서 그는 요셉이 예수의 생물학적 아버지라고 주장하며, 요셉의 딜레마에 대한 명확한 설명을 제시하지 않는다. W. E. Phipps, *Was Jesus Married?* (NY: Harper and Row, 1970) 39-46도 볼 것.

음에도 불구하고, 더 나아가서 인간 아버지 때문에 성령으로 잉태됐다. 더 넓은 맥락에서 보면, 마태복음 1:18, 20은 마치 모든 출생이 신의 권능으로 이루어진 출생인 것처럼 성령이 이 출생에 권능을 부여하고, 이 아이의 인간적 존재는 하나님의 뜻에 의한 것이며, 모든 수태에서 그렇듯이 하나님은 이 수태의 궁극적인 생명의 근원이라고 해석될 수 있다. 내 생각에 마태는 이것보다 더 많은 것을 의미했지만 그 이하는 아니다. 그가 묘사하는 상황 속에서, 이러한 차원의 의미는 매우 중요하며 결코 과소평가되어서는 안 된다. 이 아이의 존재는 계획되지 않은 사고가 아니고, 이 아이는 저주받은 아이가 아니다. 임신한 마리아는 처벌되어서는 안 된다.

또한 마태는 이스라엘 역사 속에서의 역할을 위해 이 아이가 태중에서부터 하나님의 선택을 받은 것이라고 말하는 것일까? 분명히 그렇다. 예수는 그의 백성을 죄에서 구원할 것이고(1:21), 임마누엘이라 불릴 것이다(1:23). 또한 마태는 예수의 수태에서의 성령의 역할을 그의 특별한 생애와 마지막 변모, 대위임에 관한 설명으로 생각했을 수도 있다.[221]

---

221. 만일 마태가 (그리고/또는 복음서 이전 전승이), Talbert가 "불사신들"의 생애로 정의한, 널리 알려진 정형화된 이교도의 패턴에 간접적으로 영향을 받았다면, 그것은 손상된 패턴이다. 그 패턴은 다음과 같다: 초자연적 수태 / 고결한 삶 / 하늘로 올라감(C. H. Talbert, "The Concept of Immortals in Mediterranean Antiquity," *JBL* 94 [1975] 419-36을 볼 것). 마태복음의 예수는 그의 지상에서의 경력이 끝날 때까지 기다리지 않고 하나님의 아들이라는 그의 지위(14:33; 16:16을 볼 것) 또는 능력(9:6; 10:1; 21:27)을 받는다. 그리고 불사신의 범주가 신인(divine man)보다는 마태가 생각한 예수에 더 가깝지만, 마태는 예수를 하나님 또는 하나님과 동등한 존재로 생각하지 않는다. Talbert는 예수에 대한 마태의 묘사는 모세를 불사신으로 묘사했던 유대인들에게 빚을 지고 있다고 주장한다. "마태의 교회의 그리스도인 개종자들이 [모세를 불사신으로 묘사했던] 그런 집단에서 온 것이라면, 첫 번째 복음서의 예수에 대한 묘사는 유의미하다." 나는 이러한 패턴의 모방이 그리스도교 이전 전승이나 마태, 누가복음에 나오는 예수의 수태/잉태와 성령의 관계 또는 마리아의

예수가 "성령을 통해 잉태됐다"라고 할 때, 마태는 예수가 수태될 때 특별한 종류 또는 특별한 차원의 생명이 하나님으로부터 전해졌다는 것도 생각하고 있었다. 이 잉태는 이집트 탈출에서부터 이어온 이스라엘의 전체 역사를 자신의 존재로 요약하는 사람이라는 특별한 의미에서 예수를 하나님의 아들이 되게 한다. 마태복음 2:15에 나오는 호세아 11:1의 인용은 처음으로 예수를 하나님의 아들이라고 언급하는 부분이다. 마태는 예수를 자연적인 잉태 순간부터 "성령을 통해 잉태된" 사람, 수태 때부터 하나님과 함께했던 사람으로 이해한다.[222]

추기

마태에게, 우리가 살펴본 법적 상황의 맥락(요셉의 딜레마와 마리아의 위기—역주)에서 신적 잉태에 관한 이 전승의 존재는 계시의 형태를 취한다. 이 계시에서는 마치 하나님이 직접 토라의 해석을 가르치시는 것처럼 보인다. 여기에서 마태는 그의 복음서의 가장 위대한 주제 중 하나를 시작한다. 곧, 토라는 타당하게 해석될 때 타당성을 갖는다. 그것은 예수 안에서 증거되고 성취되며 그에 관한 언급과 함께 해석되어야 한다. 마태는 토라의 명령들의 우선순위를 정하고, 급진적으로 만들며, 새로운 통찰로 활력을 불어넣는 권위가 예수에게 있다고 주장할 것이다. 이 마태의 유아기 내러티브에서 예수의 수태는 토라 해석의 문제를 제기

처녀성에 대한 강조의 문제를 설명하지 못한다고 생각한다. 그러나 패턴이라는 측면과 초자연적 잉태에 대한 이교도의 "평행"이라는 측면에 대한 인식은 **후대에** 어떻게 해서 복음서가 동정녀 수태와 신의 아버지됨이 인간을 **대신하는 것으로** 이해됐는지를 설명하는 데 도움이 될 수 있을 것이다.

222. 그러나 마태복음에는 그리스도교의 신적인 잉태에 대한 신학이 없고, 인간의 삶에 대비되는 신성한 삶에 대한 신학 또는 완전히 다른 존재 양식인 영과 육에 관한 발전된 신학이 나오지 않는다.

한다. 그 문제는 그 아이가 성령에 의해 잉태됐고 요셉이 아이의 어머니를 받아들여야 한다는 천사의 계시에 의해 "해결됐다." 이 해결책은 토라의 가장 정의롭고 자비로운 법률과[223] 그것에 대한 당시의 해석 범위 안에 속해 있다.[224] 이 내러티브는 이름이 알려지지 않은 생물학적 아버지보다 더 심오하게, 법적인 아버지 요셉보다 더 심오하게, 하나님이 사생아 메시아의 아버지라는 것을 암시할 때 합법성을 뛰어넘는다.

E. 마태의 이사야서 7:14 사용

천사가 요셉에게 한 말과 요셉이 그 말에 순종했다는 서술 사이에, 마태는 자신의 복음서의 첫 번째 성취 인용문을 끼워 넣는다: "'보아라, 동정녀(hē parthenos)가 잉태하여[en gastri hexei] 아들을 낳을 것이니, 그의 이름을 임마누엘이라고 할 것이다' 하신 말씀을 이루려고 하신 것이다. (임마누엘은 번역하면 '하나님이 우리와 함께 계시다'는 뜻이다)"(1:22-23).[225] 마소라 텍스트의 이사야서 7:14에는, "보아라, 젊은 소녀[hā 'almâ]가 수태할 것이고[또는 "임신하다"(hārāh)] 아들을 낳을 것이다[wěyōledet]. 그리고 그녀는 그의 이름을 임마누엘이라고 부를 것이다"라고[226] 기록되어 있다. 칠십인역에는 "보아라, 처녀[hē parthenos]가 수태할 것이고[en gastri lēpsetai] 아들을 낳을 것이다. 그리고 너는[단수] 그의 이름을 임마누엘이라고 부를 것

---

223. 신 22:26. "그 처녀에게는 아무 벌도 주지 마십시오."
224. 덜 엄격한 율법; 법적 친자에 관한 규정.
225. 명령-인용-명령에 대한 복종은 마태복음 21:1-7에도 나오는 패턴이다.
226. 히브리어 분사/형용사 구문은 그 여성이 임신하게 되거나 이미 임신했다는 의미일 수 있다.

이다"라고 기록되어 있다.

히브리어 본문은 기원전 734년 시리아-에브라임 전쟁 기간에 유다 아하스 왕에게 주어진 표적과 관계되어 있다. 유다가 아시리아에 맞서는 시리아-에브라임 연합군에 참여하기를 거부했기 때문에, 북쪽의 두 왕국은 아하스를 왕좌에서 끌어내리고 "다브엘의 아들"을 그 자리에 앉히겠다고 위협했다(7:6). 이사야는 아하스에게 그들의 계획이 수포로 돌아갈 것이라고 안심시키기 위해 보내졌다. 아하스는 이사야의 말을 듣지 않았고 야훼에게 표적을 구하지 않았지만, 이사야는 화를 내면서 그에게 연합군의 파멸에 대한 예언을 확증하고 미래의 희망을 나타내는 표적을 하나 주었다. 그러나 임마누엘이라고 불리는 아이의 수태와 출생의 예언 뒤, 유다에는 재난과 고통의 위협이 뒤따랐다.[227] 예언을 믿을 수 없게 된 아하스는 디글랏 빌레셀 3세에게 엄청난 선물을 보내면서 도움을 요청했으며(왕하 16:7-8), 독립을 포기했고, 재난을 일으켰다.

이 젊은 여자와[228] 그녀의 아이가 누구인지에 대한 다양한 주장들이 제시되어 왔다. 만일 그녀가 시온을 의인화한 것이라면, 임마누엘은 남은 자들을 총체적으로 이르는 것으로 이해될 수 있다. 그녀가 아하스 왕의 아내나 첩이라면, 그 아이는 그의 아이, 아마도 후대의 유대 해석자들의 주장대로 히스기야 왕일 것이다(Justin, *Dialogue* 67.1을 볼 것). 그녀가 이사야의 아내라면, 그 아이는 상징적인 이름을 가진 그의 다른 자녀들

---

227. 이 어려운 구절에 대한 해석은 G. Rice, "The Interpretation of Isa 7:15-17," *JBL* 96 (1977) 363-69; R. Bartelmus, "Jes 7:1-17 und das Stilprinzip des Kontrastes," *ZAW* 96 (1984) 50-66을 볼 것.
228. '*almâ*라는 표현은 일반적으로 사춘기에 이르러 결혼이 가능해진 젊은 소녀를 말한다. 생물학적 처녀성에 대한 강조는 없지만, 이 시기의 소녀들 대부분은 처녀였을 것이다.

중 한 명일 것이다(참조, 7:3; 8:3). 만약 그녀가 그 당시 임신한 모든 여성을 가리키는 것이라면, 그 아이는 태어날 많은 사람들을 대표할 것이다. 아마도 임마누엘이라는 아이는 이사야서 9:6-7과 11:1-9에 묘사된, 아하스 왕과 대조되는 이상적인 왕을 칭하는 것으로 보아야 할 것이다. 여신 그리고/또는 신적인 아이에 관한 언급일 가능성은 거의 없다.[229]

이 정관사(그 젊은 여자)의 존재는 이사야와 아하스 모두가 알고 있는 특정 인물에 대해 말하는 것으로 보인다. 아무튼, 이사야가 제시한 표적은 아마도 출산이 임박했고 **자연적으로** 수태된 아이의 출생이라는 것에 주목하는 것이 중요하다. 그는 하나님의 현존과 유다에 대한 돌보심을 보여주려고 했으며, 다가올 고난에 참여하고자 했다. 우리가 아는 한, 이 구절은 유대교 안에서 메시아에 관한 것으로 이해된 적이 없다.[230]

그리스어 번역자는 이 구절을 어떻게 이해했을까? 칠십인역의 역자는 젊은 소녀(almâ)를 후대의 그리스어 번역에서 사용된 좀 더 일반적인 번역인 젊은 여자(neanis)대신 처녀(parthenos)라는 단어로 번역했다. 일반

---

229. 그 아이의 정체에 관한 문제에 대해서는, G. Rice, "A Neglected Interpretation of the Immanuel Prophecy," *ZAW* 90 (1978) 220-27; W. Berg, "Die Identität der 'jungen Frau' in Jes 7, 14.16," *BN* 13 (1980) 7-13; Delling, *"parthenos,"* 832; O. Kaiser, *Isaiah 1-12* (Philadelphia: Westminster, 1972) 103; G. Föhrer, *Das Buch Jesaja* (Zurich/Stuttgart: Zwingli, 1960), 1.102-03; R. Fuller, *The Foundations of NT Christology* (NY: Scribners, 1965) 24; S. Mowinckel, *He That Cometh* (NY: Abingdon, 1954) 112-14; H. M. Wolf, "A Solution to the Immanuel Prophecy in Isaiah 7:14-8:22," *JBL* 91 (1972) 449-56을 볼 것.

230. R. G. Bratcher, "A Study of Isaiah 7:14," *BT* 9 (1958) 110-11; H. R. Weber, *Immanuel*, 12과 대조해 볼 것; 그 아이의 정체가 히스기야라는 주장에 대해서는 B. Lindars, *NT Apologetic* (Philadelphia: Westminster, 1961) 215을 볼 것. 이사야서 11:1이 타르굼과 탈무드에서 메시아에 관한 것으로 이해된 적은 없다(예, 바빌로니아 산헤드린 93b을 볼 것).

적으로 번역되는 것처럼 '파르테노스'(*parthenos*)나 '베툴라'(*bĕtûlâ*)가 모두 반드시 생물학적 처녀를 의미하는 임상적으로 정확한 용어는 아니다(창 34:3[LXX]의 디나는 세겜에게 강간당한 이후에도 두 번이나 '파르테노스'[*na'arâ*의 번역]라고 불린다). 그러나 일부에서는 이 부분의 '파르테노스'의 사용이 이사야서 7:14의 젊은 여자를 처녀로 이해하기 위한 의도적인 선호도를 나타내는 것일 수 있다고 주장한다.[231] 그러나 그렇다고 하더라도 번역자는 하나님의 창조 행위에 의한 기적적인 수태를 가정하고 있지는 않다. 그는 단순히 **이제 곧** 처녀가 자연적인 방법으로 수태할 것을 의미한 것 같다. "이 본문의 맥락에는 '그 처녀'가 계속해서 처녀로 남게 될 것임을 암시하지 않는다."[232] 여기서 칠십인역 본문은, 인간의 성행위 없이 신적 잉태가 가능하다고 믿었던 이집트 이교 신앙의 영향을 받은 알렉산드리아 유대교의 증거가 아니다. 또한 칠십인역 번역이 그런 개념을 발생하게 했다는 증거도 없다.[233]

마태복음 1:18-25의 이야기는 칠십인역 이사야서 7:14에 근거해서 만들어진 것이 아니라, 마태가 자신의 목적에 가장 적합한 문서 전승을 선택하고 수정하면서 기존의 내러티브나 유아기 전승의 본문에 그 인용구를 추가한 것이라는 점에 대부분 동의한다.[234] 그 번역에는 이미 '파

---

231. C. H. Dodd, "NT Translation Problems I," *BT* 27 (1976) 301-05; Brown, *Birth*, n. 45, p. 148. C. D. Isbell, "Does the Gospel of Matthew Proclaim Mary's Virginity?" *BAR* 3 (1977) 18-19, 52을 볼 것.
232. S. Sandmel, *Judaism and Christian Beginnings* (NY: Oxford University, 1978), n. 3, p. 462; 참조, Fitzmyer, "Virginal Conception," n. 33, p. 551. H. F. Wickings, "The Nativity Stories and Docetism," *NTS* 23 (1976) 459과 대조해 볼 것.
233. Brown, *Birth*, n. 49, p. 149; 523-24. Delling, "*parthenos*," 833; Paul, *L'Evangile de l'Enfance* 74과 대조해 볼 것.
234. 이사야서 7:14(LXX)에 대한 반향은 "그리스도인들이 예수의 어머니가 처녀였다는 이야기를 만들게 했을지는 모르지만, 그것이 요셉을 주인공으로 하는 이야기를 만

르테노스'가 포함되어 있었고,[235] 마태는 이사야서 8:8에 재차 언급된 임마누엘이라는 이름에 대한 해석을 8:10으로부터 도출했다. 마태는 이사야서 7:14을 마리아와 예수에게 적용한 최초의 초기 그리스도인이자 유일한 신약성서의 저자인 것으로 보인다.[236]

자신에게 허용된 모든 본문들 중, 왜 마태는 예수의 기원에 관한 자신의 이야기를 뒷받침하고 설명하기 위한 첫 번째 성취 인용문으로 이본문을 선택했을까? 가장 일반적인 대답은, 마태는 임신한 처녀(parthenos) 및 하나님의 현존이 유다와 함께할 것이라는 표적이 될 아이에 관한 이 본문을, 하나님이 새롭고 최종적이며 유일한 방법으로 현존하게 될 예수의 기적적인 동정녀 수태에 대해 700년 전의 이사야가 예언했다는, 자신의 믿음을 표현할 수 있는 본문으로 보았다는 것이다. 이 인용문과 내러티브 사이의 언어적, 개념적 관련성은 마태복음 1:21과 이사야서 7:14 사이의 연관성을 이끌어내는 핵심 단어를 제공했다고 여

들게 할 수는 없었다." Brown은, 기껏해야 이사야서 7:14의 반향은 이미 존재하고 있었던 예수의 동정녀 수태에 대한 신앙의 표현에 영향을 미쳤을 뿐이라고 주장한다(*Birth*, 100, 149). 18b절의 *en gastri echousa*는 23절의 *en gastri hexei*와 평행한다; 그러나 첫 구절은 임신을 위한 구약성서의 관용구이기 때문에 마태의 내러티브가 인용문에 의해 영향을 받았을 가능성은 낮다(H. Boers, "Language Usage and the Production of Matt 1:18-23," *Orientation by Disorientation* [ed. R. A. Spencer; Pittsburgh: Pickwick, 1980] 224). 성취 인용문의 정형화된 소개는 마태가 구성한 것이다(Strecker, *Weg*, 50).

235. K. Stendahl, *The School of St. Matthew* (2nd ed.; Lund: Gleerup, 1967) 98.

236. Lindars (*NT Apologetic*, 215)는 예수가 다윗의 후손이라는 것을 뒷받침하기 위해 그리스도인들이 이 본문을 히브리어 형태로 처음 사용했다고 주장한다. 그러나 우리는 이러한 사용에 대한 아무런 증거가 없다; 그리고 이사야서의 본문은 다윗 자손에 관한 것이 아니다(J. Lust, "The Immanuel Figure: a Charismatic Judge-Leader," *ETL* 47 [1971] 464, 466-67; Gese, "Natus ex virgine," 83-87을 볼 것). 누가는 이사야서 7:14을 언급하지 않는다.

겨진다.[237] 히브리어 원문의 저자와 그리스어 번역자(그리고 우리의 판단에 의하면, 후대 유대교 해석 전통의 저자들)가 의도했던 의미에 대해 알지 못했거나 무시한 채, 마태는 자신이 살던 시대를 위한 교훈적인 측면과 변증적인 측면을 모두 가지고 있을 것이라고 확신하면서, 성서에 대한 그의 가정과 동정녀 수태에 관한 믿음을 확증하기 위해 그 본문을 해석했다고 한다. '파르테노스'를 제한된 (생물학적) 의미로[238] 이해한 그는 이 본문에서 예수의 신분에 대한 다윗 가계와[239] 신적인 측면 모두에 대한 성서적 지지를 보았다.[240] 그러나 마태의 관심은 이사야와 마찬가지로, 아이가 수태된 방식이 아니라 그의 존재와 임마누엘이라는 이름의 의미에 초점이 맞춰져 있다는 데 의견이 일치한다.[241] 따라서 구약성서 본문은 그리스도교 공동체에게 예수의 기원—남녀의 성행위를 통한 것이 아닌 성령의 창조적 활동에 의한 동정녀 수태—이 하나님의 예정된 계획의 일부였다는 것을 가르치는 셈이다. 마태가 이사야서 7:14의 아이를 9:6-7

---

237. Davis, "Tradition and Redaction," 412. 그러나 마태는 내러티브 안에서 마리아를 *parthenos*라고 부르지 않는다는 점에 주목해야 한다(대조적으로 누가복음 1:27에는 두 번 나온다).

238. Dodd ("NT Problems," 304)는 마태가 18절 "같이 살기 전에"라는 구절로 미리 그 단어를 정의했다고 주장한다. 그러나 이 구절은 결혼이 아직 완료되지 않았다는 것을 말해 주고 있다; 이 이야기는 **요셉**이 그 아이의 아버지가 아니라는 것을 분명하게 밝힌다.

239. 이사야서 7:13에서 아하스는 "다윗 왕실"로 불린다.

240. 참조, Dibelius, "Jungfrauensohn," 42-43; Tatum, "Origin," 531; van Unnik, "Dominus Vobiscum," 287; Brown, *Birth*, 97, 149. 마태의 선택에 대한 위의 설명에 대하여, Waetjen, "Genealogy," 228-29; Goulder, *Midrash and Lection*, 234과 대조해 볼 것.

241. Plummer, *Matthew*, 8. 사실 이것을 동정녀 수태로 보는 사람들에 의해 마태가 이상하게 그것을 공표(announce)하기보다 전제하고 있는 것처럼 보인다는 점이 지적됐다. 나의 주장은 마태가 사생아 전승을 전제하고 있다는 것이다.

과 11:1-9에서 언급된 아이로 이해하도록 의도했다면, 그는 여기에서 성령에 대한 암시를 은연중에 얻게 된다(참고, 사 11:2, "주님의 영이 그에게 내려오신다").[242] 또한 이사야서 7:14의 인용은 그리스도교 공동체의 대적자들 사이에서 돌았던 중상모략에 대한 두 번째 반박을 제공하는 것으로 여겨진다: "만일 마태의 제자들 중에 [예수의] 출신을 사생아라고 비난하는 사람들이 있다면, 주님께서 친히 하신 말씀을 모독하는 중임을 그들이 알게 하십시오."[243]

그러나 마태가 이사야서 7:14을 그리스어 번역자가 이해한 것처럼, 즉 처녀**였지만** 곧 자연적인 방법으로 수태하게 될 여성에 관한 것으로 이해하지 않았다는 증거는 무엇인가? 위에서 나는, 동정녀 수태 개념을 암묵적으로 지지하거나 요구하는 마태복음 1장의 각 측면들은 다른 해석의 가능성이 있다고 주장해 왔다. 이제 마태가 이사야서 7:14을 선택한 이유에 대한 다른 관점을 소개해 보겠다.

칠십인역의 '파르테노스'라는 단어가 마태가 그 인용구를 선택하는데 어떤 역할을 한 것은 사실일 것이다. 그러나 마태는 기적적인 동정녀 수태를 생각하지 않았다. 마태가 생각했던 것은 그가 요셉의 딜레마를 제시할 때 전제로 삼은, 약혼한 처녀(parthenos)에 대한 강간이나 유혹과 관련된 신명기 22:23-27의 율법이었다. 비록 마태가 그 율법을 인용하지도 않았고, 마리아를 명시적으로 처녀라고 부르지도 않았지만, 나는 이것이 마태가 이사야서 7:14을 떠올리게 만든 핵심 단어라고 생각한

---

242. 마태는 성취 인용문인 2:23에서 (다른 구절들 중) 이사야서 11:1을 암시하고 있을 수도 있다. 마태복음의 첫 번째 주요 단락(Kingsbury, *Matthew*, 50의 도식에 따르면)에서 그의 마지막 인용구는 마태복음 4:15-16에 있는 이사야서 9:1-2의 인용이다.
243. Brown, *Birth*, 150.

다. 이것은 마태가 그리스어 번역자처럼 본문을 이해**했음을** 의미한다. 이사야서의 구절은 처녀의 임신을 신비롭게 말하지만, 그녀를 임신시킨 남자에 대해서는 언급하지 않는다. 델링(Delling)은 "약속된 아들은 하나님의 직접적인 보호 아래 있기 때문에 아버지의 이름을 호명하지 않는다"라고 말한다.[244] 이사야가 준 표적은 아하스로 하여금 그의 말을 신뢰하게 하고 자신의 계획을 포기하도록 설득하기 위한 것이었다.[245] 비슷한 방식으로 천사가 요셉에게 말한 뒤 곧바로 이어지는 마태복음 1:23의 성취 인용문은 요셉이 신의 약속을 믿게 하고 마리아와 이혼하려는 그의 결심을 뒤집은 것을 강조한다. 또한 이것은 요셉이 그 아이의 이름을 지어주어 아이를 자신의 것으로 삼으라는 신의 명령을 강조한다. 이미 주장했던 것처럼, 그 본문은 임마누엘 같은 불분명한 방식으로 예수를 다윗의 혈통에 연결하는 역할을 할 수 있다. 이사야의 본문과 마찬가지로 그 아이는 모든 백성들을 위한 신의 도움의 첫 번째 수혜자이자 그것의 척도이다.[246]

그러므로 나의 제안은 다음과 같다. 마태 앞에 놓인 문제는 사생아 임신에 관한 전승을 신학적 의미로 이해시키는 것이었다. 우리가 잠시 멈춰서 이 사건을 조명하고 그것이 예고된 사건이었다는 것을 보여주기 위해 사용할 수 있는 본문과 전승이 어떤 것인지를 묻는다면, 모호하지 않고 명확한 선택지는 아무것도 없다는 것을 알게 된다. 내 생각에

---

244. Delling, "*parthenos*," 832.
245. J. T. Willis, "The Meaning of Isaiah 7:14 and Its Application in Matthew 1:23," *Restoration Quarterly* 21 (1978) 1, 4; M. E. W. Thompson, "Isaiah's Sign of Immanuel," *ExpTim* 95 (1983) 71; J. Lindblom, *A Study on the Immanuel Section in Isaiah* (Lund: Gleerup, 1958) 16.
246. Dubarle, "La Conception," 367

히브리 성서에는 그 상황에 완전히 딱 맞는 본문이 없다. 유혹에 넘어가 거나 강간당하여 부당한 대우를 받은 여자를 정당화하거나 그러한 결 합에서 태어난 아이를 적법하게 다루는 본문은 없으며, 하물며 기대하 던 메시아가 그런 출신일 수도 있다는 놀라운 생각을 예비한 그런 본문 은 더욱 찾을 수 없다.[247] 예를 들어, 디나, 다윗의 딸 다말, 레위인의 첩 에 대한 것과 같은 강간 이야기는 남성의 복수와 피 흘림에 관한 이야 기이며, 때로는 여성에게 더 많은 잔학 행위를 저지른 이야기들이다. 그 것들은 무엇이 정말 옳고 그른가에 관한 이야기가 아니다. 마태가 자신 의 가계도에서 언급했던 이야기들(다말, 라합, 밧세바, 룻)은 수전 니디치 (Susan Niditch)가 "학대받은 여성들의 회복"(The Wronged Woman Righted)이 라는 자신의 논문에서 다룬 이야기들이다. 마태는 그 이야기들을 마리 아 이야기(그러나 마태가 요셉의 이야기로 전한 것)를 준비하기 위한 것으로 보 았다. 그러나 그 이야기들조차도 마태복음 1장의 이야기와 충분히 비슷 한 상황을 보여주지 않는다. 사실 마태의 신학적 작업과 동일한 것을 위 해 준비된 본문이나 전승은 없다. 나는 그가 쉽게 오해받을 수 있는 조 각들로 창작할 수밖에 없었다고 생각한다. 그리고 그 조각 중 하나가 칠 십인역 이사야서 7:14이었다.

마태의 위대한 역설 속에서, 유혹 또는 강간당한 약혼한 처녀는 그 들이 임마누엘이라고 부르게 될 아이를 수태하고 출산할 처녀다. 그의 출신은 수치스럽고 비극적이다. 그러나 마태의 요점은 그의 존재가 신 의 의지에 의한 것이며, 심지어는 예언되어 있다는 것이다. 비록 그가

---

247. 또한, 스스로 남편이 아닌 다른 사람에 의해 임신한 여자를 정당화해 주는 본문은 없다.

그런 식으로 태어났더라도—혹은 심지어 그렇게 태어났기 **때문에**[248]—
그의 메시아 됨은 그것으로 인해 부정되지 않았다. 오히려 그것은 어떤
기묘한 방법으로 강화됐다.

샌더스(J. A. Sanders)는, "초기 그리스도인들은 그리스도가 왜 일반 범
죄자, 강도(lēstēs)의 운명을 겪었는지, 왜 그렇게 수치스러운 취급을 당했
는지, 왜 그가 십자가에 달렸는지 이해하기 위해 성서를 조사했다. 그들
은 하나님이 어떻게 비극을 승리로 바꾸시는지 이해하기 위해 선지자
들, 특히 이사야에게서 도움을 받았다"라고[249] 말한다. 나의 주장은, 초
기 그리스도인들은 **어째서** 그가 수치스럽게 태어났는지 설명하기 위해
서가 아니라(전승에서는 그와 관련한 대답을 찾을 수 없었기 때문에), 예수가 그런
방식으로 태어났음에도 **불구하고**, 또는 더 나아가 그가 그런 방식으로
태어났기 **때문에** 메시아라는 것을 보여주기 위해, 엄청난 공을 들여 성
서를 뒤졌지만 별로 성공적이지 못했다는 것이다.[250] 마태는 그의 가계
도에 나오는 여자들의 이야기에서 이 믿음을 위한 약간의 준비물을 발
견했다. 그리고 내 생각에는, 마태는 칠십인역 이사야서 7:14에서 신명
기 22:23-27을 설명하는 본문을 발견한 것으로 보인다. 그는 자신의 성
취 인용문을 어떤 면에서 모세의 유아기와 같은 패턴의 내러티브에 삽
입하고, 정형화된 족장들과 영웅들의 탄생 예고의 구조로 제시했으

---

248. J. P. Mackey, *Jesus the Man and the Myth* (NY: Paulist, 1979) 271-72. 내가 정확하
   게 이해한 것이라면, Mackey는 역사적 예수는 사생아로 수태됐지만, 신약성서의
   유아기 설화는 그것을 (생물학적인) 동정녀 수태로 제시한다고 주장한다(pp. 276-
   79).

249. J. A. Sanders, "Isaiah in Luke," *Int* 36 (1982) 145.

250. 2세기 중반의 순교자 Justin은 이사야서 7:14이 동정녀 수태에 대한 선언이라고 처
   음으로 분명하게 단언한다(*Apol.* 33; *Dial.* 43:5-8; 66-67; 77-78; 84).

며,[251] 그것을 아브라함부터 시작된 가계도에 결합했다.[252] 이것을 통해 마태는 예수의 사생아 전승을 하나님과 함께하는 이스라엘 언약의 역사 속에서 되살아나고 살아갔던 사람의 이야기로 읽히게 하려고 했다.

베르메쉬(Vermes)가 말했듯이, 수태 이야기에 담겨 있는 문구는 "세밀히 조사해보면 특이하고 모호하다."[253] 나는 이것이 수수께끼를 만들려는 욕망이나 인간 부모가 없는 신적 잉태라는 새로운 개념을 나타내려는 신학적인 압박이나 부담 때문이 아니라, 신과 인간의 결혼(hieros gamos)으로 추측되는 모든 것을 피하기 위한 것이었다고 생각한다. 오히려 그것은 내가 더 힘든 일이라고 생각하는 것 때문이었다. 곧, 대부분의 신학자들이 글과 도구로 저항했고, 여전히 저항 중인 자료를 다루는데 있어서 정직하고, 섬세하고, 심오하게 되려는 노력, 말하자면, 위험에 처한 여성과 아이와 함께 하나님의 편에 서기 위한 것이다.

F. 결론 및 응답

누가복음의 유아기 내러티브로 넘어가기 전에, 마태복음의 유아기 내러티브에 관한 몇 가지 요점들을 재차 강조하고 언급해야 한다.

이 내러티브의 몇몇 개별적 요소들에 대한 새로운 해석은 마태복음 1장 전체에 대한 새로운 이해로 귀결된다.[254] 마태는 예수의 사생아 수

---

251. 출생 예고에 관한 이 성서적 구조에 대해서는 다음 장에서 다룰 것이다.

252. M. M. Bourke, "The Literary Genius of Matthew 1-2," *CBQ* 22 (1960) 160-75; Brown, *Birth*, 107-17, 157, 231을 볼 것.

253. Vermes, *Jesus the Jew*, 221.

254. *Mary in the NT*, 290과 대조할 것: 저자들은 전통적인 요소들과 편집된 요소들이

태, 그의 신적 잉태 그리고 요셉이 메시아가 될 아이와 그의 어머니를 받아들였다는 것에 관한 전승을 전하고 있다. 마태의 믿음은 이 아이가 진정 하나님의 초월적인(transcendent) 아들이며, 그 안에서 하나님이 우리와 함께 하신다는 것이다(1:23). 내가 주장했듯이, 이 이야기 속의 하나님은 버림받고, 위험에 처한 여자와 아이의 편을 드는 분으로 제시된다. 하나님은 가부장적 규범 바깥에서, 인간의 수태라는 자연적인 사건을 통해, 근본적으로 새로운 방식으로 "행동"한다.[255] 하나님은 여기서 인간의 배신과 폭력과 정복의 역사를 방해하거나 종말을 가져오는 '데우스 엑스 마키나'(*deus ex machina*)가 아니라, 그 역사에 손을 내밀어 메시아를 지명하는 분으로 "행동"한다. "편을 드는 것"은 꿈을 통한 천사의 계시로 선포되기는 하지만 기적이라는 의미에서 신의 개입은 아니다.

그러나 이 메시지를 보여주는 마태의 방식은 남성중심적이다. 그의 이야기는 기본적으로 남자에 관한 것이고, 남자를 위한 것이다. "의로운 사람" 요셉이 마태복음 1장의 중심인물이다. 요셉에게 가능한 법적 선택지들과, 그 선택에 의한 인간적 결과들에 대한 인식을 전제로, 마태는 독자들이 혼란과 의심을 동반한 요셉의 딜레마 그리고 조용히 이혼하기로 한 그의 결정에 동조하도록 부추긴다. 이 이야기가 요셉의 관점에서 서술되지 않았다는 사실은 **완전한** 공감을 방해한다. 요셉에게 필요했지만 그에게 없었던 정보(1:18)를 갖고 있는 독자들은 그의 갈등을

마태복음의 형식을 취하고 있다 하더라도 예수의 수태에 대해 특별한 점을 전혀 암시하지 않는다고 생각한다. "그러나 그러한 이해는 마태 내러티브를 전체적으로 볼 때 불가능한 것이 확실하다."

255. "인식 가능한 수단으로 개입하는" 하나님에 대해서는 D. Patrick, *The Rendering of God in the Old Testament* (Philadelphia: Fortress, 1081) 83-84을 볼 것. 참조, *God's Activity in the World: the Contemporary Debate* (ed. O. C. Thomas; Chico: Scholars, 1983)에 수록된 글들을 볼 것.

우월한 시점에서 바라본다. 그 아이가 성령에 의해 잉태된 아이라는 천사의 계시를 들은 요셉이 자신의 결정을 번복했을 때, 마리아를 집으로 데려오는 일을 완수한 요셉의 순종은 그를 더 위대한 의로운 사람의 모델로 만든다.[256] 그는 엄마와 아이의 보호자가 되어 그들을 다윗의 혈통과 "남성의 영역, 사물의 일반적인 체계"에[257] 통합한다.

여기에 반영된 것은 말할 것도 없이, 생사가 걸린 결과를 초래하는 그러한 결정을 내릴 힘이 남자에게 있었다는 것, 남자만이 성서와 율법의 권위 있는 창조자이자 전달자였던 것과 마찬가지로, 남자만이 성서와 율법의 권위 있는 해석자가 될 수 있는 가부장적 사회 환경이다.[258] 그렇게 이해된 이야기는 마태의 남성 독자들이나 청중들 중 일부가 스스로 결정을 내려야 했던 특정한 상황을 다루고 있다. 따라서 그것은 그들이 자신의 결정을 내리는 데 빛을 비춰줄 수 있었다.[259] 아마도 유대인들을 중심으로 점차 이방인들이 늘어가는 혼합된 상태였던 마태의 공동체는 율법의 타당성에 대한 질문과 그것의 해석에 대한 깊은 관심이 있었을 것이다. 기원후 70년의 전쟁 이후 어느 역사의 시점에 이 공동

---

256. O. A. Piper ("The Virgin Birth," *Int* 18 [1964] 145)는 요셉이 "남성적 자존심"과 관련한 겸손함 때문에 이 내러티브의 전면에 배치됐다고 생각한다.

257. Anderson, "Matthew: Gender and Reading," 10.

258. B. Reicke, "Christ's Birth and Childhood," *From Faith to Faith* (ed. D. Y. Hadidian; Pittsburgh: Pickwick, 1979) 153-54: 요셉은 마태 내러티브의 중심이다. 여기에서는 그리스도인의 유대인 성서에 대한 지식이 중심이기 때문이다; 요셉의 경험을 통한 성서의 성취에 주의가 집중된다.

259. D. O. Via, "Narrative World and Ethical Response: the Marvelous and Righteousness in Matt 1-2," *Semeia* 10-13 (1978) 127, 137과 대조해 볼 것. Via는 이 내러티브가 예수의 동정녀 수태에 관한 것이라고 생각한다. 그래서 그는 요셉의 일상적 현실에 관한 자연스러운 해석이 뒤집혔다고 주장한다. "마리아의 부도덕한 행위로 보이는 것이 **오히려** 그의 백성을 구원하는 하나님의 행위였다."

체는 얌니아(Jamnia)에서 유대교 권위자들과 격렬한 대화와 논쟁을 벌였을지도 모른다.[260] 만일 예수의 사생아 출생에 관한 질문이 이런저런 논의의 일부였다면(그리고 나는 이것이 매우 가능성 있는 일이라고 생각한다),[261] 마태는 그것의 깊은 의미에 대한 이해를 제공했을 것이다.[262]

또한 가부장적 사회와 그 가치를 반영하고 있는 것은 생물학적 아버지에 대한 논의가 조금도 다루어지지 않는다는 점이다. 익명의 유혹자 또는 강간범의 권리(rights), 책임 및/또는 유죄에 관한 언급은 전혀 없다. 그 상황 속의 악이 무엇이든 간에, 그 악은 언급되지 않고 직접 드러나지 않으며 처벌받지 않고 용서받지도 않으며 변화되지도 않는다. 이것이 어떤 면에서는 하나님이 악을 책임진다는 생각, 하나님이 억압받는 사람들의 편에 서는 방식으로 그 책임을 진다는 생각을 공허하게 만드는 것은 아닐까? 억압의 원인이나 구조에 대해서는 아무것도 행해지지 않았다. 마태는 (율법의) 타당성(propriety)에 대한 자신의 생각과 예수의 수태 이야기가 많은 사람들에게 자신의 신뢰성을 떨어뜨릴 수도 있다고 생각했다. 그래서 그는 그 사실이 간접적으로 보도되고 과소평가되며 심지어는 독자들로부터 어느 정도 멀어지게 만드는 설명을 만

---

260. E. Schweizer, *Das Evangelium nach Matthaus* (Göttingen: Vandenhoeck & Ruprecht, 1973) 129; *Matthdus and seine Gemeinde* (Stuttgart: Katholisches Bibelwerk, 1974) 48; Davies, *Setting*, 256-315.

261. Plummer, McNeile, Box, Taylor, Stendahl, Stauffer, Gundry, Soares Prabhu, Fitzmyer 등의 학자가 이와 같은 입장이다. Davies, Vögtle, Strecker, Hahn, Hill, Nolan 등은 반대 입장이다. 나는 마태의 내러티브가 편협한 변증적 의미로 이해되어야 한다고 생각하지 않는다. 여기에서 그리스도론/신학과 변증의 이분법(Box, *Virgin Birth*, 17-18을 볼 것)은 잘못된 것이다. 또한 마태의 작업들 중 일부가 의심과 비방을 커지게 했을 것이다.

262. Winter ("Jewish Folklore," 36)는 마태복음 1장에 "가르침에 관한 내용"이 나오지 "않는다"고 말한다. 내 요점은 내러티브 자체가 율법에 대한 가르침이라는 것이다.

들었다. 그는 "이름을 부를 수 없는 사람"(예수의 친부—역주)에 관한 언급
을 회피한다. 이런 방식은 이 문제에 대한 저자의 의도를 쉽게 오해하게
만들고 독자와 역사가의 과제를 어렵게 만든다. 너무 "신중하고" 또한
직설적인 솔직함이 거의 없기 때문에 본문이 침묵하고 있는 현실을 가
리키는 수사학적 단서와 암시들을 찾아야 한다. 마태가 직접 말하지 않
는 것에 대한 상상을 통해 "침묵을 해석하는 것"이 필요하다. 이 침묵과
호명의 부재(친부의 이름을 밝히지 않는 것—역주)은 마태의 신학적 메시지를
약화시키고 모호하게 만든다.

　　마태가 마리아를 다루는 방식도 마찬가지다. 한 인간으로서의 마리
아에 대한 마태의 관심은 매우 적다. 독자들은 그녀의 감정, 두려움, 임
신에 대한 그녀의 자세, 그녀의 믿음 또는 믿음의 부재에 대해 아무것도
듣지 못한다. 마태는 독자들이 그녀와 동질감을 느끼거나 그녀를 향한
동정심을 갖도록 권하지 않는다. 그녀는 옆으로 밀려나 있으며 자신과
아이를 위협하는 상황으로부터 자신을 해방하는 주체가 되지 못한다.
대신 그들은 모두 요셉의 보호에 전적으로 의존한다. 그녀와 하나님 또
는 하나님의 사자 사이의 대화는 언급되지 않는다. 그러나 마태는 그녀
의 이야기를 가계도의 네 명의 여성과 연결함으로써, 요셉을 통해 예수
를 다윗의 혈통과 연결하듯, 마리아를 통해 예수를 이스라엘의 역사와
연결한다. 구원의 역사는 본질적으로 남성들만의 활동으로 볼 수 없다.
마태는 마리아를 메시아의 어머니로 찬미하지 않으며, 실제로 복음서
의 나머지 부분에서 그녀에게 거의 관심을 기울이지 않는다. 그는 마리
아에 대해 공감이나 공경은 하지 않지만 마가복음에 나오는 그녀와 예
수의 관계에 대한 부정적인 묘사를 누그러뜨린다.[263] 마태복음의 마리아

---

263. 마태는 예수가 미쳤다고 생각하며(막 3:21) 그를 존경하지 않는(막 6:4; 참조, 마

가 여성의 롤모델과는 거리가 있지만 유혹이나 강간을 당한 성서의 다
른 여성들과 달리 절망과 고독 속에 빠지지 않고 살아남는다는 점을 눈
여겨 봐야 한다. 에스더 푹스(Esther Fuchs)는 히브리 성서의 수태고지 장
면에서, 아버지의 모습에서 점차 증가하는 어머니에 대한 인식으로 초
점이 이동하는 것과, 동시에 강력한 가부장적 메커니즘인 모성애가 사
회적, 법적으로 점차 강조되는 것을 확인했다.[264] 요셉에게 초점을 맞춘
마태의 내러티브는 이러한 궤적을 거스른다. 더 나아가 푹스는 구약성
서의 장면들에서는, 남성적인 신의 사자가 메시지를 전달하며, 그 메시
지는 "여자들은 자신의 생식능력을 전혀 통제할 수 없다. 성서 내러티
브에서 야훼는 종종 남성-의인화되어 통제력을 갖는다"라는 주장을 전
한다고 말한다. 이것은 여성의 생식능력은 오직 남성에 의해서만 통제
되어야 하고 통제될 수 있다는 생각을 강력하게 표현한다. 내 생각에 마
태복음의 내러티브는 그 자체적인 남성중심주의에도 불구하고 이러한
메시지를 전하지 않는다. 마리아의 아기를 잉태하게 한 성령은 남성적
인 인물이 아니다.

쉬슬러 피오렌차는, 페미니스트 신학은 성서의 하나님이 여성의 하
나님이라는 단서 없이는 아무것도 말할 수 없다고 올바르게 주장했
다.[265] 마태의 유아기 내러티브의 하나님은 여성의 하나님인가? 결코 그
렇지 않다. 그러나 하나님이 위험에 처한 여성과 아이의 편에 선다는 주

13:57) 예수의 친척들에 관한 마가의 언급을 생략한다. 또한 그는, 아마도 예수를 사
생아라고 비방하는 말인 "마리아의 아들"(막 6:3; 참조, 마 13:55)로 부르는 것도 생
략하는데, 이것은 마태가 이미 유아기 내러티브에서 다루었던 혐의다. 이 본문들에
대해서는 본서 제4장을 보라.

264. Fuchs, "Literary Characteristics," 128-29.
265. Schüssler Fiorenza, *Bread*, 138.

제가 마태의 신학적 메시지의 중요한 측면이라는 점은 그의 편집자로
서의 선택, 특히 가계도에 나오는 네 명의 여성들의 이름, 내러티브의
성취 인용문의 추가뿐만 아니라, 미묘하기는 하지만, 예수의 사생아 출
생 전승을 신적인 잉태로 전달하기로 결정한 것에 대한 분석에 의해 뒷
받침된다. 본서 제4장에서 마태와 누가 모두의 배후에 있는 전승의 재
구성을 시도한 이후에 이러한 선택에 대한 명확한 그림이 가능해질 것
이다.

이것이 마태의 신학이라는 논제에 대한 몇 가지 확증은, 결국 앞에
서 다루었던 그의 유아기 내러티브 해석에 대한 논쟁 속에서 이 복음서
의 나머지 부분을 검토할 때 나올 것이다. 그러나 여기에서는 그런 검토
를 하지 않을 것이다(또한 여기에서는 누가의 유아기 내러티브 연구에 뒤따르는 확
장된 분석도 하지 않을 것이다). 마태와 누가 모두에서 유아기 내러티브는
"앞으로 등장할 내러티브에서 계속해서 듣게 될 화음을 연주하는 일종
의 복음서의 서곡의 기능을 한다."[266] 그러나 예수의 사생아 출생과 그
의 신적 잉태라는 침묵의 화음은 다시 들려오지 않는다.[267] 나는 적어도

---

266. Fitzmyer, *Luke*, 1.306. 이것은 누가복음에서 더욱 두드러진다. 누가는 아마 누가복
     음 이전의 복음서 전승뿐만 아니라 누가복음과 사도행전을 다 알고 있는 상태에서
     자신의 복음서의 처음 두 장을 작성했을 것이기 때문이다. C. H. Talbert, "Pro-
     phecies of Future Greatness," *The Divine Helmsman* (ed. J. L. Crenshaw and S.
     Sandmel; NY: Ktav, 1980) 130과 대조해 볼 것. 그리고 W. Kurz, "Luke 3:23-38
     and Greco-Roman Biblical Genealogies," *Luke-Acts. New Perspectives from the SBL
     Seminar* (ed. C. H. Talbert; NY: Crossroad, 1984) 172-75을 볼 것. 누가의 유아기
     내러티브의 저자가 나머지 누가복음-사도행전의 저자와 같지 않으며, 따라서 유아
     기 내러티브는 누가의 신학을 따르지 않는다는 H. Conzelmann의 이론(*The
     Theology of St. Luke* [NY: Harper and Row, 1960] 20, 23, 118, 172)은 오늘날 중요
     한 추종자가 없다.
267. 마태복음 1장을 동정녀 수태에 관한 것으로 이해할 때, 복음서의 나머지 부분에서
     이 믿음의 실제적인 반향이나 발전을 찾을 수 없다는 것이 종종 지적됐다. 이것은

두 가지 다른 조성(key)으로 연주하기를 제안한다. 첫째, 마태가 여성의 주변성과 그들의 힘에 대해 보이는 관심이다. 여기에서 여성의 성 (gender)은 역설적으로 강점이자 약점이다. 그것은 제자로서의 여성의 정체성과 내부자로서의 자격을 방해하는 것처럼 보이지만 반대로 그들의 성취를 강조하기도 한다. 여성의 중요한 역할("제자들이 했어야만 하는 역할")과 여성 탄원자들에 대한 예수의 반응은 복음서의 가부장적 세계관의 경계를 긴장하게 하지만 여전히 그 경계 안에 남아 있다.[268] 내 생각에 이것은 마태가 예수의 출신 전승의 변혁적 함의를 연구하기는 했지만 충분히 하지는 않았음을 알려준다.

둘째, 마태가 하나님을 아버지로 이해한다는 점이 중요하다. 하나님이 소외된 사람들과 주변화된 사람들의 편에 계신다고 믿는 것이 가부장 이데올로기를 투영하는 것이거나 지지하는 것일 수 없다. 마태복음의 예수는 "너희는 땅에서 아무도 너희의 아버지라고 부르지 말아라. 너희의 아버지는 하늘에 계신 분, 한 분뿐이시다"(23:9)라고 명령했다. 이 공동체와 사회에서는 일반적으로 아무도 이 이름을 주장하거나 "아버지"의 권능을 행사할 권리가 없었다.[269] 즉, 그것은 모든 이들에게 부여되는 권능이 아니었다. 마태가 이해하고 묘사했듯이, 예수 운동은 새로운 가족, 즉 하나님의 가족을 세우려는 시도였다.

누가복음에서도 마찬가지이다.

268. Anderson, "Matthew: Gender and Reading," 20-21. M. J. Selvidge, "Violence, Woman and the Future of the Matthean Community," *USQR* 39 (1984) 213-23도 볼 것.
269. Fiorenza, *Memory*, 147; "Luke 2:41-52," *Int* 36 (1982) 403을 볼 것. 신약성서 시대의 가부장적 가족 해체의 경제적 원인에 대해서는 L. Schottroff, "Women as Followers of Jesus in NT Times," *The Bible as Liberation* (ed. N. K. Gottwald; Maryknoll: Orbis, 1983) 423을 볼 것.

마태의 유아기 내러티브에 대한 나의 해석이 가능한 해석이라고 여겨진다면 이 복음서의 나머지 부분에서도 그 울림(echoes)을 들을 수 있게 될 것이다.

제3장
누가의 설명

A. 서론

1. 마태의 설명과 누가의 설명 사이의 차이점과 유사점

예수의 수태에 대해 해석하기 위해 누가복음 1장을 살펴보게 되면, 우리는 마태의 설명과 완전히 다른 몇 가지 차이점을 마주하게 된다: 줄거리, 초점, 어조, 관점,[1] 그리고 그리스도론/신학. 가장 명백한 차이점 중 일부는 우리의 연구와 관계된 것이다. 누가는 자신의 복음서를 예수의 가계도로 시작하는 것이 아니라(물론 누가는 예수의 세례 이후 가계도를 배치한다), 복음서 저자로서 자신의 의도를 설명하는 전형적인 도입부(1-4절)로 시작한다. 도입부의 목적은 독자들이 자신들에게 전해진 설명을 신뢰하게 하기 위한 것이다. 그의 내러티브는 늙은 제사장 사가랴가 임신하지 못하던 아내 엘리사벳이 위대한 아들을 낳게 될 것이라는 천사

1.　Kenneth R. R. Gros Louis, "Different Ways of Looking at the Birth of Jesus," *Bible Review* 1 (1984) 33을 볼 것.

의 예고를 듣는 것에서 시작한다. 이어서 이 예고와 세심하게 조율된, 더 위대한 아들을 수태할 것이라는 (요셉이 아니라) 마리아를 향한 천사의 예고가 나온다. 두 번째 예고에 이어서 마리아가 엘리사벳을 방문하는 장면이 나오며, 세례자 요한과 예수의 출생, 할례, 작명, 성장에 관한 비슷한 설명이 이어진다. 마태의 내러티브에는 그와 같은 이야기가 나오지 않는다.

누가의 설명, 특히 마리아(1:46-55), 사가랴(1:68-79), 시므온(2:29-32)이 부른 찬송에는 유대 성서에 관한 암시가 끊임없이 짜여 있다. 이러한 암시는 마태가 자신의 내러티브에 엮어 넣은 명시적인 성취 인용구들과 대조된다. 마태는 꿈에 나타난 천사가 요셉의 딜레마를 해결하는 이야기를 전하는 반면, 누가는 잠에서 깨어있을 때 가브리엘이 찾아와 대화를 시작하는 마리아에게 초점을 맞춘다. 마태복음의 첫 장면에는 마리아가 언급되기는 하지만 등장하지 않으며, 독자들은 그녀의 태도에 대해 아무것도 알 수 없다. 누가의 수태고지에서 그녀는 하나님의 말씀을 듣고 행동하는 중심인물이다. 누가복음에서는 마리아의 임신과 관련된 성령의 역할이 매우 다르게 표현되며, 그녀의 아이의 본성과 사명에 관한 예언도 다르게 표현된다. 누가복음의 마리아와 요셉은 갈릴리의 나사렛 출신이지만(1:26; 2:4, 39), 마태복음에서는 유대 베들레헴 출신인 것으로 보인다(2:1, 11). 마태의 예수 수태 이야기에는 어두운 위험이 따라오지만, 누가에서는 축하하는 것이 지배적인 주제로 보인다.

누가의 유아기 내러티브 나머지 부분 안에서 예수의 수태와 출생에 수반되고 이어지는 세부사항들과 사건들은 마태복음에는 등장하지 않는다: 친척 엘리사벳을 만나기 위한 마리아의 유대 여행; 엘리사벳의 인사와 마리아의 찬가; 인구조사 등록을 위한 마리아와 요셉의 베들레헴 여행; 포대기, 구유, 여관에 빈방이 없었다는 것에 관한 언급; 목자들을 향한 천사의 수태고지와 그들이 아기를 방문한 것; 예수의 할례, 봉헌, 정결예식; 성전에 있던 시므온과 안나가 그 아이의 위대함을 알아본 것; 열두 살 예수의 실종과 발견. 그리고 마태복음에 나오는 다음의 이야기들은 누가복음에 등장하지 않는다: 동방박사의 방문; 마리아와 요셉과 아이의 이집트 도피; 베들레헴에서의 헤롯의 유아 학살; 마리아와 요셉과 아이의 이스라엘 귀환; 나사렛으로 거주지를 옮긴 것. 일반적인 주석들은 이 두 유아기 내러티브의 설명을 조화시키는 것이 불가능함을 논의한다. (그러나 예수의 수태를 예고하는 내러티브에 본질적인 모순은 없다.)

주의 깊게 읽어 보면 누가가 많은 점에서 마태에 동의하고 있다는 것을 알 수 있다. 둘 다 예수의 부모는 마리아와 요셉이며, 마리아가 다윗의 후손인 요셉(마 1:16, 20; 눅 1:27)과 약혼했을 때 임신이 이루어졌다고 기록한다(마 1:16, 18; 눅 1:27). 또한 그들은 요셉이 예수의 생물학적 아버지가 아니라는 점에 동의한다(마 1:18-19, 25; 눅 3:23["사람들이 생각하기로는"—편주]). 두 복음서 모두 이 임신에서의 성령의 역할을 알려주며(마 1:18, 20; 눅 1:35), 아기의 이름을 예수라고 지어주고(마 1:21; 눅 1:31), 이스라엘 역사 속에서의 예수의 역할을 예언한다(마 1:21; 눅 1:32-33). 마태와 누가 모두 마리아가 처녀였다고 생각한다(마 1:23의 암시; 눅 1:27). 그들은 예수의 탄생이 그들의 부모가 같이 살게 된 이후에(마 1:24-25; 눅 2:5-6), 헤롯 대왕이 통치하던 시절의 베들레헴에서 일어난 일이라고 주장한다(마 2:1; 눅 2:4-6; 1:5). 두 복음서 저자는 이스라엘의 의롭고 경건한 사람, 토라 준수자가 처음부터 예수를 받아들였다고 말한다(마 1:19의 요셉; 눅 1:41-45; 2:25-32, 36-38의 엘리사벳, 시므온, 안나; 2:39의 마리아와 요셉). 그들은 예수의 수태/출생 사건과 이스라엘의 과거 사이의 연속성 그리고 아이의 출신과 그의 미

래 사이의 연속성을 강조한다. 또한 포괄성(마 2:1ff.; 눅 1:32; 2:31-32)과 메
시아의 출현에 관한 주제가 두 유아기 내러티브에서 모두 등장한다.[2]

또한 일반적으로 마태와 누가 모두 예수가 동정녀 수태됐다는 점에
동의하고 있다고 주장한다. 그러나 일부 비평가들은 여기에서도 차이
점을 인식한다. 테일러(V. Taylor)는 마태 내러티브는 단지 그의 복음서
독자들이 이미 알고 있던 동정녀 수태 전승의 존재를 전제하거나 암시
할 뿐이며, 초기의 명시적 전승은 아마도 누가의 내러티브에 나오는 것
과 비슷했을 것이라고 생각한다.[3] 테일러는 마태복음 1:18-25을 동정녀
수태 전승으로 설명하면 오해하게 되지만, 누가복음 1:31-35은 그렇지
않다고 주장한다. 이와 같이, 마태복음의 첫 장은 동정녀 수태 신앙에
대해 더 명확하게 설명하고 있다고 여겨지는 누가복음의 관점에서 해
석되어 왔다.[4] 그러나 우리가 뒤에서 보게 되겠지만, 현대 학계에서는
동정녀 수태에 관한 명확한 주장을 마태복음에서 발견하며 누가복음에
서는 그것이 명확하지 않다고 보는 경향이 있다.[5]

2.   참조, J. Schmid, *Das Evangelium nach Lukas* (3rd ed.; Regensburg: Pustet, 1955)
     90; C. Perrot, "Les Récits d'Enfance dans la Haggada Antérieure au IIᵉ Siècle de
     Notre Ère," *RSR* 55 (1967) 510-11; Fitzmyer, *Luke*, 1.307.
3.   Taylor, *Historical Evidence*, 116. 그는 누가가 동정녀 수태 전승이 확산되던 매우 초
     기 단계의 목격자라고 한다; 그 전승이 기술되어 있지만 (다윗의 혈통 같은) 문제점
     들은 거의 느껴지지 않는다. 누가의 서술은 "완전히는 아니지만 암묵적으로 거의
     사실이라고 받아들여지는 것에 대한 단순한 내러티브다"(pp. 84-85).
4.   Stendahl이 말했듯이, Taylor(1920)와 Machen(1930)은 모두 누가를 출발점으로 하
     며 마태를 확증 자료 또는 보충 자료로 취급한다("Quis et Unde?" n. 2, p. 95).
5.   J. A. Fitzmyer, *A Christological Catechism. NT Answers* (NY: Paulist, 1982) 68을
     볼 것; 참조, *Mary in the NT*, 290. 이러한 경향에 대한 반대는 C. D. Isbell, "Does
     the Gospel of Matthew Proclaim Mary's Virginity?" *BAR* 3 (1977) 19을 볼 것: "우
     리가 말했듯이, 마태는 마리아가 요셉과 결혼했을 때부터 아들을 낳을 때까지 성적
     으로 금욕적이었다고 말하는 것 말고는 마리아의 처녀성에 대한 문제를 다루지 않

그러나 내 주장은 두 복음서 저자 모두 동정녀 수태를 표현하려고 의도하지 않았다는 것이다. 마태와 같이 누가는 수태의 상황을 가리키고 있는 신명기 22:23-27의 율법을 암시하면서 예수의 사생아 수태에 대한 전승을 전달하고 신학화한다. 그러나 누가가 이 전승을 다루는 방식은 마태와는 현저하게 다르다. 다음 장에서 둘 사이의 유사점과 차이점에 관한 문제를 다룰 것이다.

2. 문학적인 연결고리?

두 유아기 내러티브의 유사점과 차이점을 근거로 학자들은 둘 사이의 문학적인 연결 또는 연관성의 결여에 관한 다양한 이론을 제시해 왔다. 몇몇 학자들은 마태가 어떤 식으로든 누가를 의존하고 있다고 생각한다. 예를 들어, 건드리(R. Gundry)에 의하면 마태는 특별히 누가의 유아기 내러티브가 포함된 "확장판 Q"(마가에는 나오지 않고 마태와 누가에 공통으로 나오는 자료를 가리키는 가상의 문서 또는 전승 모음)에[6] 부분적으로 의존하고 있다. 이것은 마태의 이야기가 임신 전의 마리아에게 있었던 수태고지를 임신 이후 요셉에게 일어난 것으로 바꿨다는 것을 의미한다. 또한 건드리는 누가가 마태의 최종판을 사용하여 자신의 기본 자료에 덧입혔을 수도 있다고 가정한다.[7] 다른 많은 학자들은 주로 마태가 누가에게 영향을 미쳤다고 주장한다. 예를 들어, 굴더(M. D. Goulder)와 샌더슨(M. L.

는다. [누가복음 1:34에 나오는] '처녀' 관련 묘사에서 기대될 만한 전통적인 용어를 정확하게 사용하여 초기 교회의 동정녀 탄생 교리의 기초를 제공한 것은 오히려 누가복음이다."

6. 일반적으로 Q는 마태복음과 누가복음에 공통으로 나오는 그리스어로 기록된 약 230개 구절로 여겨지며, 그 대부분은 마가복음에 나오지 않는 예수의 발언들이다.
7. Gundry, *Matthew*, 20, 5.

Sanderson)은 누가가 마태를 확장했다고 주장하며, 드루리(J. Drury)는 누가복음 1-2장이 마태복음 1-2장과 칠십인역 성서를 기반으로 한 누가복음의 미드라쉬적 구성이라고 주장한다.[8] 후자의 이론에는 다음의 주장이 포함된다: 누가가 훨씬 더 정교하게 마태의 성취 인용(특히 사 7:14)을 내러티브에 통합했다; 그는 (누가복음에서 이름이 추가된) 천사와 마리아의 대화를 창조했다; 마태복음의 여행 동기와 아이의 방문객을 다른 방식으로 발전시켰다; 동방박사 같은 등장인물이나 헤롯의 유아 학살 같은 마태의 자료를 문학적, 신학적, 정치적인 이유로 생략했다; 요셉을 배후로 보내고 마리아를 전면에 내세움으로써 마태의 우선순위를 뒤집었다.

마태와 누가 사이의 어느 정도 직접적인 또는 거의 직접적인 문학적 관계를 가정하는 이러한 이론들과 다른 이론들은 두 유아기 내러티브의 연구에 대한 흥미를 자아낸다.[9] 브로디(T. L. Brodie)는 누가가 마태를 사용할 수 있었음을 밝혀주는, 광범위한 그리스-로마의 모방 문학에서 관례적으로 사용된 각색 범주가 존재하는지 묻는다. 이러한 각색 방식 중, 그는 "긍정화"(positivization: 부정적인 것을 긍정적인 것으로 바꾸는 것)와 "내재화"(internalization: 외적인 것에 대한 강조를 내적인 것에 대한 강조로 바꾸는

8. M. D. Goulder and M. L. Sanderson, "St. Luke's Genesis," *JTS* 8 (1957) 13; J. Drury, *Tradition and Design in Luke* (Atlanta: John Knox, 1976) 7, 46-48, 66, 59-60, 122-27.

9. 학자들은 종종 마태복음을 (누가복음과 같은) 80년대에 시리아 안디옥 또는 그 근처에서 기록된 것으로 설정한다. Fitzmyer는 누가 자신이 안디옥 출신일 수 있다고 제안하지만, 그는 이 복음서가 실제로 어디에서 기록됐는지 추측하지 않으며, 안디옥의 교회를 위해 기록된 것이라고 주장하지도 않는다(*Luke* 1.42, 57). 그가 옳다면 마태의 작품을 누가가 알고 있었을 가능성이 커지거나, 반대의 경우도 마찬가지이다. 또는 안디옥이 그들의 공통된 유아기 전승의 근원이었을 가능성이 (더욱) 높아진다. 그러나 이것은 추측일 뿐이다.

것)에 대해 논의한다.[10] 예수의 수태를 다루는 누가의 방식과 관련하여 나는 누가가 마태의 내러티브를 이러한 방식에 따라 각색했을 가능성에 매력을 느낀다. 그러나 그것은 여기서 언급만 할 수 있는 가능성일 뿐이며 그것에 대해 계속 말하는 것은 이 내러티브를 해석하는 당면 과제로부터 주의를 산만하게 만든다. 내 생각에 의존성을 설명하려는 시도는 아직까지는 불완전하고 설득력이 없다.

대다수의 학자들은 두 자료 이론(two-source theory), 또는 이 이론의 수정된 형태를 받아들이는데, 이는 마태와 누가의 독립성으로 귀결된다. 곧, 마태는 누가의 복음서를 알지 못했고, 누가는 마태의 복음서를 알지 못했다는 것이다. 그들의 유아기 내러티브는 부분적으로 각자에게만 있었던, 고유하게 구전되거나 기록된 특수 자료에서 가져온 것이며 상당한 부분이 수정됐다.[11] 그러나 그 둘 사이의 유사점과 일치점들은 공통적인 복음서 이전의 유아기 전승이 존재했음을 가리킨다. 두 문서 이론(two-document theory)은 점점 비판받고 있지만[12] 여전히 가장 타당하고 유용한 이론이다.

---

10. T. L. Brodie, "Greco-Roman Imitation of Texts as a Partial Guide to Luke's Use of Sources," *Luke-Acts. New Perspectives*, 36, 25.

11. 이 이론에 따르면, 마태와 누가 모두 마가복음, Q 그리고 각자 사용할 수 있었던 특수한 자료(M, L)를 사용했다. 분명한 설명은 R. H. Fuller, *A Critical Introduction to the New Testament* (London: Duckworth, 1966) 69-78을 볼 것; 참조, F. Neirynck, "The Synoptic Problem," *IDBSup*, 845-48.

12. C. H. Talbert는 지난 15년 동안 일어난 두 자료 이론에 대한 "광범위한 신뢰의 상실"을 언급한다. 그는 자신의 최신 저서인 *Reading Luke. A Literary and Theological Commentary on the Third Gospel* (NY: Crossroad, 1982)에서 두 자료 이론을 비롯한 어떠한 자료 이론도 가정하지 않는다. 참조, E. P. Sanders, "NT Studies Today," *Colloquy on NT Studies: A Time for Reappraisal and Fresh Approaches* (Macon, GA: Mercer University, 1983) 11-28: 자료 비평은 혼란스러운 상태이며 공관복음서 문제는 진행 중인 것으로 여겨져야 한다.

누가가 예수의 사생아 전승을 전제하고, 전달하며, "개선했다"는 주장은 누가 내러티브에 담겨 있는 작고 이상해 보이는 여러 세부사항을 어떻게 일관되게 설명하는지에 달려 있다. 누가는 마태보다 훨씬 덜 직접적으로 마리아가 예수를 사생아로 수태한 것에 대해 기록하고 있다. 누가는 자신이 제안하는 해석을 받아들이도록 요구하는 것이 아니라 허용할 따름이다. 그러나 기본적인 반론이 제기되어야 한다. 곧, 누가복음 1장에 대한 그러한 해석이 사생아 수태에 관한 원래의 전승을 보다 분명하게 보존하고 있는 마태복음 1장에 대한 앞선 분석을 받아들이지 않은 채 정말로 독자들에게 일어날 수 있을까? 나는 가능하기는 하지만 그럴 가능성은 매우 낮다고 생각한다. 누가는 사생아 전승에 관한 지식을 전제하고 있으며, 그 지식을 가지고 수수께끼 같은 요소들을 내러티브에 배치했다. 그러나 여기에서의 논점은 누가복음 1장을 마태복음 1장에 비추어 해석해야 한다거나 마태의 통찰을 누가의 관점으로 가져와야 한다는 것도 아니며 두 서술이 조화되어야 한다는 것도 아니다. 피츠마이어(J. A. Fitzmyer)가 몇 년 전의 논문에서 당면한 누가의 서술이 동정녀 수태에 관한 것이 **아니라**고 해석**할 수 있다**는 견해를 밝힌 것에 주목할 필요가 있다. "이 서술이 요셉에 대한 마태복음 수태고지의 함축 없이 그 자체만으로 해석될 때, 모든 세부사항은 마리아에게서 태어날 아이가 일반적인 인간의 방식으로 태어날 것이라는 이야기로 이해될 수 있다."[13]

그러나 피츠마이어에게 이것은 예수의 생물학적 아버지로서의 요셉에 의한 수태를 의미하며 이러한 생각은 누가복음 2장에서 명시적으

---

13. J. A. Fitzmyer, "The Virginal Conception of Jesus in the New Testament," *TS* 34 (1973) 566-67.

로 부정되지 않는다. 이 내러티브에 포함된 "모든 세부사항"은 다음과 같다: (1) 피츠마이어는 1:34의 마리아의 질문을 기본적으로 문학적 도구로 이해한다(그 질문은 천사가 태어날 아이의 특징에 대해 말할 수 있는 기회를 준다); (2) 성령이 마리아에게 임하고 감쌀 것이라는 1:35의 가브리엘의 말은 그 아이와 하나님의 특별한 관계에 대한 비유적인 표현이며 인간 아버지의 부재를 암시하지 않는다(참조, 갈 4:29); (3) 마리아를 요셉의 임신한 약혼자로 언급하는 2:5은 그녀의 임신 원인에 대해 아무런 단서를 주지 않는다.

(4) 한 개의 세부사항이 피츠마이어에게는 가장 큰 골칫거리다. 누가는 자신의 가계도에서 예수를 "('추정되는 바', 또는 사람들이 '아는 대로'[hōs enomizeto]) 요셉의 아들"(3:23)로 기록하고 있다. 이 1973년 논문에서 피츠마이어는 누가가 수태고지 장면에 비추어 가계도를 바로잡기 위해 "사람들이 아는 대로"(hōs enomizeto)라는 문구를 삽입했을 가능성에 대해 논의한다. 이것은 누가가 "배재될 수 없는 가능성"인 동정녀 수태의 의미로 1:26-38을 이해하기 원**했을** 가능성을 더욱 심화시켰다. 그러나 결국 피츠마이어는 누가복음이 동정녀 수태를 명확하게 주장하지 않는다는 관점을 견지했다.[14]

여기에서는 피츠마이어의 분석 중 몇 가지 중요한 측면들이 받아들여졌다. 그러나 나의 견해에 따르면 3:23의 문구는 단순히 **요셉**이 생물학적 아버지임을 배제할 따름이다. 누가복음 1장을 일반적인 수태에 관한 것으로 이해하는 독자들은 다른 대안, 즉 이름이 알려지지 않은 생물학적 아버지에 관한 대안으로 향하게 된다.

이러한 피츠마이어의 입장에 반대하는 브라운(Brown)과 『신약성서

---

14. Ibid., 571.

의 마리아』(*Mary in the New Teatament*)에 기고한 학자들의 주장으로[15] 인해 피츠마이어는 자신의 생각을 바꾸었고 누가의 본문이 예수의 동정녀 수태를 나타낸다는 것에 동의하게 됐음을 서둘러 덧붙인다.[16] 그러나 그 는 현재 "[누가복음의] 예수의 수태에 관한 개별적인 구절들의 표현이 여 전히 모호하다"라고 생각하고 있다.[17]

이어지는 장에서 우리는 이 논의의 양상들, 특히 이 논쟁의 중심 질 문인 세례자 요한과 예수에 관한 누가복음 이야기의 평행법, 곧 단계적 평행법(step-parallelism)이[18] 누가가 예수의 수태를 세례 요한의 수태보다 "더 위대한" 것, 즉 동정녀 수태로 생각하고 있었음을 암시하는지 검토 할 것이다. 이것은 피츠마이어에 대한 비판자들의 입장이자 결국 그가 받아들이게 된 입장이다. 이 장의 목표는 누가가 묘사한 결혼과 법적 상 황에 관한 것(B), 평행법(C) 그리고 1:35, 38의 마리아와 가브리엘 사이의 대화(D와 E)에 대한 분석을 통해 누가에 대한 나의 해석을 뒷받침하는 데 있다. 누가가 예수의 사생아 전승에서 가져온 독특한 신학적 관점을 설명하고 비판하는 것도 이 장의 목표이다. 그 관점은 (마태와 마찬가지로) 뛰어나면서도 결함을 가지고 있다.

---

15. Brown, "Luke's Description of the Virginal Conception," *TS* 35 (1974) 360-63; *Birth*, 299-301; R. E. Brown, et al., *Mary in the NT*, 290.

16. Fitzmyer, *Luke*, 1.338; 그리고 1973년 논문에 대한, "Postscript (1980)," Fitzmyer, *To Advance the Gospel* (NY: Crossroad, 1981) 61-62을 볼 것.

17. Fitzmyer, "Postscript (1980)," 61. 동정녀 잉태는 마태복음에서 분명하게 주장되며 누가복음 1:31-35에서는 "아마도 덜 명확하게" 주장된다(*Christological Catechism*, 68).

18. 또는 "점층적 평행법"(climactic parallelism). W. Grundmann, *Das Evangelium nach Lukas* (Berlin: Evangelische Verlag, 1974) 46.

B. 누가가 묘사한 결혼과 법적 상황

누가는 엘리사벳이 임신한 지 6개월 되던 때 "요셉이라는 남자와 약혼한 처녀"(1:27, *parthenon emnesteumenen andai*) 마리아가 가브리엘 천사의 수태고지를 받았다고 기록한다: "그대가 잉태하여 아들을 낳을 터이니, 그의 이름을 예수라고 하여라"(31절). 마리아의 대답은 처녀로서의 현재 상태 및 아마도 그녀가 약혼한 남편과 성관계를 갖지 않았다는 누가의 주장을 강조할 것이다. 그녀는 "나는 남자를 알지 못하는데,[19] 어떻게 이런 일이 있겠습니까?"(*pōs estai touto, epei andra ou ginōskō*)라고 묻는다 (34절).

1. 마리아의 질문(1:34)

a. 번역. 나는 마리아의 질문에 나오는 두 개의 단어에 대한 나의 번역에 대해 논의하고 싶다. 먼저 "이런 일이 어떻게 **될까요**(will)?"라는 번역을 살펴보자. 동사 '에스타이'(*estai*)는 "~일 것이다"(will) 또는 "~할 수 있다"(can)로 번역될 수 있다. "어떻게 이런 일이 있을 수/가능할 수 있습니까?"(How can this be?)라는 일반적인 번역이 1:18의 사가랴의 질문("어떻게 그것을 알겠습니까? 나는 늙은 사람이요, 내 아내도 나이가 많으니 말입니다")과의 주제상 연결고리를 제공하는 것은 옳다. 두 질문 모두 인간적으로 불가능하다고 생각되는 조건 아래에서의 수태 가능성에 대해 의아해 하는 것으로 보이기 때문이다. 또한 이 일반적인 번역은 1:37에서 가브리엘이 그녀에게 전한 마지막 말과 마리아의 질문을 연결시킨다: "하나님께

---

19. 문자적 의미: "알지 못하다." "알다"라는 동사가 성관계의 의미로 사용되는 예는 창 4:1, 17, 25; 삿 11:39; 21:12 등과 마 1:25을 볼 것.

는 불가능한 일이 없다"(*ouk adynatēsei para tou theou pan rhēma*). 그러나 나는 이 번역이 오해의 소지가 있다고 생각한다. 이것이 명백하게 가능성, 불가능성의 문제였다면, 우리는 요한복음 3:9에 사용된 것과 동일한 동사를 예상했을 것이다: "어떻게 이런 일이 있을 수/가능할 수 있습니까?"(*pōs dynatai tauta genesthai*; 참조, 요 3:4). 나는 "이런 일이 어떻게 될까요?"(How will this be?)라는 번역을 선호한다. 왜냐하면 이 번역은 독자들로 하여금 그것이 물리적으로 불가능한 사건에 관한 것이라는 편견을 갖게 하지 않기 때문이다. 나는 가브리엘의 마지막 말이 수치를 극복하게 하는 하나님의 능력을 말하는 것이라고 생각한다.

두 번째로, 명사 '아네르'(*anēr*)는 문맥에 따라 "남자" 또는 "남편"을 의미할 수 있다. 누가는 자신의 유아기 내러티브에서 이 단어를 두 번 더 사용한다. 곧, 요셉은 마리아와 약혼한 남자(또는 남편)이다(1:27; 참조, 마태복음 1:16, 19에서는 요셉을 마리아의 남편이라고 말한다).[20] 안나의 남편은 2:36에서 언급된다. 1:34에서 마리아가 한 말을 "나는 남편과 성관계를 하지 않았다"로 번역한다면 이는 그녀의 처녀성만이 아니라 임시 결혼 상태도 강조하는 것이 될 것이다. 그녀와 요셉은 약혼한 상태였지만 아직 요셉의 집에서 동거하기 전이었다. 그들은 이 기간에 성관계를 하지 않았고 그때까지도 성관계를 하지 않은 상태였다(동사 "알다"[*ginōskō*]를 다시 사용하면서 요셉이 예수의 출생 때까지 마리아와 성관계를 하지 않았다고 주장하는 마태복음 1:25과 비교해 볼 것). 이 번역은 또한 요셉이 그 아이의 아버지가 될 수 없다는 것을 암시하며 누가복음 3:23을 어색하게 느끼도록 만든다. 또한 예수의 수태 이야기에 관한 마태와 누가 사이에 또 다른 일치점이

---

20. B. S. Easton (*The Gospel according to St. Luke* [Edinburgh: Clark, 1926] 12)은 누가복음 1:27과 34절에서 "남편"의 의미를 선택한다.

있는데, 이는 곧 마리아와 요셉이 서로 "알지" 못했다는 진술이다. 더 나아가 독자들은 마리아의 남편이 아닌 다른 누군가에 의한 수태 가능성에 대해 경각심을 가질 수도 있다.[21]

위에서 제시한 번역 및 설명과는 반대로, "남자를 알지 못한다"는 창세기 19:8; 24:16; 사사기 11:39; 참조, 민수기 31:17, 35; 사사기 21:12에 나오는 처녀성에 관한 단순한 진술이라는 점에 주목할 수도 있다. 그런 단순한 진술로 이해한다면, 마리아의 말은 단지 1:27에 묘사된 대로 자신이 처녀라는 것을 반영하는 것일 뿐이자 성관계 경험을 부정하는 것이다.[22] 누가복음 1:34의 동사가 이상하게도 현재 시제로 나오는 반면, 구약성서—마소라 텍스트, 칠십인역, 페쉬타—어디에서도 이 특정 표현이 현재 시제로 나오지 않는다는 것이 중요하다.[23] 그것은 과거의 행동 양식으로 인한 상태를 설명하지 않는다(그런 경우라면 위에 나온 구약성서 예문에서 볼 수 있듯이 그리스어 완료 시제를 예상할 것이다). 이 시제는 마리아의 거절을 모호하게 만들거나, 그녀의 처녀성의 영속성을 강조하거나,[24]

---

21. A. Plummer (*A Critical and Exegetical Commentary on the Gospel According to St. Luke* [ICC; 6th ed.; NY: Scribner's, 1903] n. 1, p. 24)는 H. Lasserre의 번역인 "나의 남편"(mon marl)에 대해 반대한다고 주장한다. Lasserre는 이 번역을 이 구절 전체가 마리아가 취한 부부 순결 서약을 의미한다는 매우 설득력 없는 주장과 연결한다. Plummer는 *andra*가 관사나 소유대명사 없이 **나의** 남편(굵은 글씨체는 나의 강조)을 의미하는 것은 불가능하다고 주장한다. 참조, A. George, *Marie dans le Nouveau Testament* (Paris: Desclée de Brouwer, 1981) 31, 52; 그 역시 *mon mari*(나의 남편)으로 번역하지만, 그는 이것을 가브리엘이 즉각적인 임신을 선언하고 있다는 이론과 연결한다. (이것 또한 설득력이 없다. 아래를 참고하라.)

22. Fitzmyer, *Luke*, 1.348-49.

23. J. Carmignac, "The Meaning of *Parthenos* in Luke 1.27. A Reply to C. H. Dodd," *BT* 28(1977) 329을 볼 것. Carmignac은 (Dodd에 반대하여) 누가복음 1:34의 구절이 "나는 여전히 처녀이다"라는 의미가 아니라고 말한다.

24. A. Feuillet, *Jésus et sa Mère* (Paris, 1974) 113. 이 강조는 설득력이 없다.

그녀의 현재 상태("나는 처녀인 상태로 남아 있다")를 강조하는 것으로 여겨
져 왔고, 그녀가 원하지 않는다는 의미로 이해해야 하는지, 그것이 불가
능하다는 의미로 이해해야 하는지, 아니면 남자를 알지 못한다는 의미
로 이해해야 하는지 결정되지 않은 상태로 남아 있다. 나의 제안은 이
현재 시제가 마리아의 현재 결혼 상황에 대한 관심을 집중시킨다는 것
이다.[25]

b. 이 질문의 논리. 마리아의 질문의 논리를 어떻게 이해해야 할까?
본문은 그 사건을 그대로 받아쓴 것이 아니기 때문에 임신 사실을 알았
을 때 역사적 마리아의 마음이 어땠을지 묻는 것은 쓸모없다고 주장해
야 한다. 그러나 우리는 누가 내러티브의 논리에 대해 질문할 수 있다.
그는 독자들이 믿을 만하다고 생각하기 원하는 이야기를 하고 있고, 독
자들이 진지하게 받아들이기 원하는 인물들의 행동과 반응(서술된 것이든
암시된 것이든)을 묘사하고 있다. 상호작용에 의한 "감정의 특성"(emotional
quality)은 본문에 드러나며, 반드시 검토되어야 한다.[26]

누가의 본문에는 마리아가 결혼의 첫 번째 단계로서 약혼한 것으로
나오기 때문에, 그녀의 말은 결혼하지 않은 것과 아무 관계가 없다. ("나
는 남편이 없다"라는 RSV는 이 사실을 무시하거나 모호하게 만든다.) 그러나 약혼한
여자 혹은 소녀가 자신이 임신하게 될 것이라는 예고에 반대한 이유는

---

25. H. Marshall, *The Gospel of Luke. A Commentary on the Greek Text* (Grand Rapids: Eerdmans, 1978) 69도 볼 것.
26. S. Schneiders ("The Foot Washing [John 13:1-20]: An Experiment in Hermeneutics," *CBQ* 43 [1981] n. 27, p. 83)는 그 본문에 나오는 예수와 시몬 베드로의 상호작용에 대해 논의하면서, 그녀의 탐구가 역사적인 인물들의 내면 상태를 신성시하려는 의미의 "심리학적 분석"이 아니라, 문학적인 본문을 진지하게 다루는 것이라고 간주한다.

무엇일까? 일부 비평가들은 원본 안에서 마리아가 (a) 반대하지 않았거나, (b) 약혼하지 않았다고 주장함으로써 그 질문에 대답하려고 했다. 예를 들어, 허바드(B. Hubbard)는[27] 마리아와 요셉의 약혼이 기록되어 있는 27절에 비추어 볼 때 그런 질문은 이상하다고 말한다. 그러나 그는 "그러므로 34절은 아마도 수태고지 전승에 대한 누가의 편집을 나타낼 것이다"라고 결론 내린다. 마찬가지로 34절과 27절의 명백한 모순을 발견한 그룬트만(W. Grundmann)은 반대의 결론을 내린다: 27절의 요셉에 대한 언급은 부차적이고, 원래 이야기에서 수태고지는 약혼하지 않은 소녀를 향한 것이었다.[28] 수태고지 전체 장면(26-38절)이 누가에 의해 작성됐다는 강력하고 설득력 있는 이유들이 제시됐고, 34-35절과 27절은 언제나 그 일부였다.[29] 그러나, 나는 그렇다고 생각하지 않지만, 추가된 부분에 대한 두 해결 방법 중 하나가 적절하다고 하더라도, 이것은 누가가 우리가 그의 복음서에서 발견한 이야기를 어떤 식으로 이해하도록 의도했는지에 관한 편집비평적 문제를 여전히 해결하지 못한다.[30]

또한 마리아의 말은 생리 전의 상태를 묘사하는 것이 아니며,[31] 아기가 어떻게 수태되는지에 관한 무지를 나타낸 것도 아니고, (당시 유대인들의 사고방식과는 다른 개념인) 결혼에서의 순결 맹세나 결심을 암시하는 것도 아니다.[32] 그것은 마리아로 하여금 메시아가 처녀에게서 태어날 것이

---

27. B. Hubbard, "Commissioning Stories in Luke-Acts," *Semeia* 8 (1977) 120.

28. Grundmann, *Lukas*, 57.

29. Brown, *Birth*, 251, 289, 301-03, 307; Fitzmyer, *Luke*, 1.309, 311, 336-37; *Mary in the NT*, 115-17.

30. G. M. Soares Prabhu, "'Rejoice Favored One!' Mary in the Annunciation-Story of Luke," *Biblebhashyam* 3 (1977) n. 15, p. 274.

31. Vermes, *Jesus the Jew*, 221.

32. (그 공동체의 레위기적, 종말론적 이상과 관계된) 쿰란의 불확실한 순결서약 관행

라고 믿게 만든 이사야서 7:14의 해석과는 아무런 관계가 없다(우리가 위에서 보았듯이, 그와 같은 그리스도교 이전의 해석이 있었다는 증거는 전혀 없다). 이러한 각각의 선택지는 신중하게 반박됐다.[33]

천사가 마리아의 임신을 예고했으므로(31절; 참조, 35절), 누가는 마리아가 수태고지 이전에 이미 임신했다고 생각하지 않았던 것이 분명하다. 그렇다면 누가는 임신이 예고됐을 때 그녀가 임신하게 됐다고 생각한 것일까? (그래서 그녀의 처녀성을 근거로 그것을 반대한 것일까?) 그러나 이것은 35절의 미래 시제에 의해 배제되는 것으로 보인다. 그렇다면 누가는 마리아가 임신이 즉시 또는 이미 진행되고 있다고 생각하여 놀랐다고 말하는 것일까(천사가 미래에 일어날 일이라고 말함으로써 정정하게 된 오해)?[34] 몇몇 구약성서의 수태고지 장면이 이미 임신한 여자와 관련되어 있는 것은 사실이다(창 16:11 MT/LXX; 참조, 사 7:14 MT). 그러나 마리아의 수태고지의 모델이 된 장면을 포함하여 대부분의 수태고지는 미래에 있을 임신에 관한 것이며(삼상 1:19; 눅 1:24; 참조, 『희년서』 16장), 따라서 누가가 마리아의 질문을 즉각적인 임신에 관한 관점으로 독자들이 이해하기를 기대했다는 것은 설득력이 없다. 누가는 독자들이 (마리아와 함께) 임신이 가까운 미래에, 마리아가 동거하기 전에 일어날 것이라고 이해하도록 의도하는가? 이 마지막 것이 가장 자연스러운 해석이며, 내러티브의 조각들이 원활하게 맞물릴 수 있게 하는 해석이다.[35] 마리아는 약혼과 동거 사

은 결혼에서의 순결서약과는 실제로 아무 관계가 없다. *Mary in the NT*, n. 245, p. 115을 볼 것.

33. Brown, *Birth*, 229-30, 303-07; Fitzmyer, *Luke*, 1.337, 348-49을 볼 것.

34. Fitzmyer, "Virginal Conception," 567을 볼 것.

35. Fitzmyer (*Luke*, 1.349-50)는 이것이 "심리학적" 해석 중 최선이라고 생각했지만 (아래를 볼 것), 이것이 천사가 사용한 미래시제를 모호하게 만드는 경향이 있다고 주장한다. 이것은 수태가 "그때 거기에서" 일어난 일이라고 생각하면 그렇지만, 아

이의 중간 기간, 요셉을 "알지" 못하는 기간이기 때문에 가까운 미래에 임신할 것이라는 예고에 반대한다.

그러나 많은 현대 비평가들은 심리학적 해법이 아니라 문학적 (literary) 해법이라고 부르는 것에 찬성한다. 즉, 그들은 수태고지 양식의 관점에서(아래를 볼 것), 대화를 전개시키고, 어떻게 임신이 일어나게 되는지 천사가 독자들에게 설명할 기회를 주기 위해 마리아가 질문한 것이라고 생각한다.[36] 예를 들어, 그녀의 질문은 "아이의 신분을 각색하기 위한 누가의 무대소품일 뿐이다"라고 한다.[37] "답이 그 질문을 규정한다"라고 주장되어 왔다.[38]

이때 문학 대(versus) 심리학은 잘못된 구도다. 여기서는 문학적인 해법이 곧 심리학적인 해법이다. 그 질문은 형식**과** 스토리 라인에 있어서 필수적이다(그것은 마리아의 상황 및 반응과 관련되어 있다).[39] 또한 그 질문은 전승의 내용에 영향을 받았다. 다시 말하지만, 나는 역사적 마리아의 심리에 관해 말하는 것이 아니라 내러티브 속의 인물인 마리아의 심리에 관해 말하고 있다. 마리아의 질문을 앞서 제시된 것처럼 단지 "문학적 필

직 먼 미래인 동거인 경우에는 그렇지 않다.

36. L. Legrand, *L'Annonce à Marie* (Paris: Cerf, 1981), 78, 96-98을 볼 것; 참조, J. M. Creed, *The Gospel according to St. Luke* (London: Macmillan, 1930) 10; J. Gewiess, "Die Marienfrage, Lk 1, 34," *BZ* 5 (1961) 221-54.

37. Fitzmyer, "The Virginal Conception," 569.

38. J. F. Craghan, "The Gospel Witness to Mary's 'Ante Partum' Virginity," *Marian Studies* 21 (1970) 55.

39. Soares Prabhu, "'Rejoice,'" n. 15, pp. 274-75을 볼 것. 그러나 그는 "카리스마적인 지도자가 소명의 순간 카리스마적인 능력을 부여받는 다른 소명 내러티브에서 일어난 것처럼, 이 이야기의 맥락에서 마리아는 천사의 신탁이 즉시 이루어지기를 기대하고 있는 것으로 이해되어야 한다"라고 생각한다. 하지만 우리가 보게 될 것처럼, 이 이야기의 형식은 혼합되어 있다(출생 예고와 위임 내러티브). 참조, Marshall, *Luke*, 69-70.

요성"으로만 읽는 것은 "경험적인 넌센스"(empirical nonsense)로[40] 읽는 것
이며 문학적인 넌센스로 읽는 것이다. 젊은 약혼녀가 남편에 의해 임신
하는 것보다 더 자연스럽게 기대할 수 있는 것이 무엇이 있을까? 약혼
한 처녀로서, 그녀는 "출산 가능성이 없는 것처럼 보이는 사람"이[41] 아
니라 "출산의 문턱에 있는 사람"이다.

게다가 임신이 **어떻게** 일어나는지에 대해 천사가 실제로 설명하지
않는다는 점에 주목하는 것이 매우 중요하다. 아래에서 보게 되겠지만,
19절의 사가랴에 대한 대답과 마찬가지로 35절은 기본적으로 마리아의
신뢰를 촉구하며 그녀를 안심시키기 위해 했던 말이다. 그것은 어떻게
임신이 되는지 설명하는 것이 아니다. 사가랴와 마리아의 반대는 분명
해결됐지만 설명을 통해 해결된 것은 아니다.

2. 수태

a. 언제? 마리아의 질문을 그녀와 요셉이 동거를 시작하게 될 비교
적 먼 미래가 아니라 가까운 미래에 수태할 것이라는 예고에 대한 놀라
움으로 해석한다면, 이어지는 내러티브는 그녀의 질문이 올바른 직관
에 의한 표현이라는 것을 알게 해 준다. 임신은 마리아의 수태고지와 그
녀의 태중의 열매를 축복한 엘리사벳을 방문한 때 사이에 일어난 것으
로 여겨진다(42절). (어떤 학자들은 마리아의 동의 순간에 수태가 일어났음을 누가가

---

40. C. T. Davis III, "The Literary Structure of Luke 1-2," *Art and Meaning. Rhetoric in Biblical Literature* (ed. D. J. A. Clines, D. M. Gunn, A. J. Hauser; Sheffield: *JSOT*, 1982) 221-22을 볼 것. 그럼에도 불구하고 Davis는 그 질문("상식적인 반대")이 문학적인 필수 요소라고 주장한다. 그는 그 질문 없이는 천사가 신적인 부성이라는 "궁극적인 놀라움"을 불러일으킬 수 없다고 주장한다.
41. 이것은 누가복음에 나오는 두 개의 수태고지의 "줄거리"가 동일하다고 생각하는 Drury (*Tradition and Design*, 59)의 주장이다.

암시하고 있다고 주장한다[38절].[42] 그러나 만일 그렇다면, 우리는 그것이 좀 더 명확하게 제시됐을 것이라고 기대할 것이다.) 마리아의 수태고지와 엘리사벳을 방문한 일 사이의 기간은 얼마나 됐을까? 누가는 두 번째 장면을 "그 무렵에"(en tais hēmerais tautais)라는 모호한 부사로 시작한다.[43] 마리아의 수태고지가 일어났을 때 엘리사벳은 이미 임신 6개월이었고(36절), 마리아는 세례 요한이 태어나기 전까지 "석 달쯤" 엘리사벳과 함께 있었다(56절). 따라서 엘리사벳의 임신 기간이 10개월이었을 것이라고 생각한다면(지혜서 7:1-2을 볼 것), 마리아의 수태고지와 방문 사이의 기간은 짧았을 것으로 생각해야 한다.

b. '메타 스푸데스'(Meta spoudēs). 독자들은 마리아가 엘리사벳을 방문하러 가는 장면에서 보통 "서둘러"(39절)로 번역되는 문구(meta spoudēs)를 보게 된다. 그 문구는 일반적으로 두 건의 임신에 대한 기쁨을 나누기 위해 서두르는 그녀의 모습, 또는 36절에서 천사가 말한 엘리사벳의 임신 소식에 대한 마리아의 적절하고 열정적인 반응을 표현하는 것으로 이해된다. (천사의 예고에 대한 2:16의 목동들의 반응과 비교해 볼 것: 그들은 자신들이 들은 것을 확인하기 위해 서둘렀다[ēlthon speusantes].) 그러나 '메타 스푸데스'는 잠시 멈춰서 연구해 볼 가치가 있는 문구다. 이 문구는 히브리 성서의 그리스어 번역본에서 종종 공포, 경고, 도피, 두려움의 의미를 내포한다. 이것은 진지함, 심각함, "혼란스럽고 고민스러운 마음의 내면 상태"를 전달하는 "심리적이고 영적인 의미로 가득하며 명백한 중요성을

---

42. Plummer (Luke, 29)는 엘리사벳을 방문했을 때보다 그때가 더 가능성이 크다고 생각한다. 그러나 그는 "시간을 기술하지 않은 것은 내러티브의 섬세함과 존엄성의 표시"라고 말한다.
43. 참조, 2:1; 4:2; 5:35; 6:12; 9:36; 23:7.

지닌" 고전적이고 성서적인 짧은 그리스어 관용구라고 불린다.[44]

그러한 용법의 몇 가지 예를 들면, 출애굽기 12:11(LXX)에서는 백성들에게 도망칠 준비를 하면서 유월절 양을 서둘러서(*meta spoudēs*) 먹으라고 한다. 지혜서 19:2(LXX)에서는 이집트인들이 히브리 사람들을 급히(*meta spoudēs*) 떠나보냈다고 한다. 시편 77:33(LXX)에서는 죄인들의 인생에 대해 "헛되이 끝났으며, 그들은 남은 날을 두려움 속에서(*meta spoudēs*, with anxiety) 보냈다"라고 말한다. 다니엘서 13:50(Theod.)에서는 수산나에 반대하는 거짓 증인의 증언을 근거로 그녀를 간통으로 정죄했다는 말을 들은 뒤, 사람들이 급히(*meta spoudēs*) 재판장으로 돌아갔다고 한다. 불안의 의미로 사용된 예는 헤로디아의 딸이 세례 요한의 머리를 요구하기 위해 왕에게 찾아오는 마가복음 6:25에 나오는데 이것은 신약성서에서 '메타 스푸데스'라는 어구가 나오는 유일한 다른 곳이다. 또한 히브리어 동사 *bhl*(서두름뿐 아니라 불안, 실망, 두려움을 의미함)과 그 동의어를 '스푸다조'(*spoudazō*)나 '스푸데'(*spoudē*)로 번역하는 경향이 있다. 욥기 23:16(참조, 14절)에는 "전능하신 분께서 나를 떨게 하셨다(*espoudase*)"라고 기록되어 있다. 예레미야서 8:15에는 "우리가 고대한 것은 평화였다. 그런데 좋은 일이라고는 하나도 없다. 우리는 이 상처가 낫기만을 고대했는데, 오히려 무서운 일(*spoudē*)만 당하고 있다"라고 기록되어 있다.[45]

누가는 유대인의 장로들이 다급하고 진심 어린 마음으로 예수에게

---

44. B. Hospodar, "*Meta Spoudēs* in Lk 1, 39," CBQ 18 (1956) 14, 16. Hospodar는 누가복음 1:39의 문구를 "진지한 마음"으로 번역해야 한다고 생각한다; 그것은 흥분과 간절함보다는 심각하고 깊은 근심이다.

45. Harder, "*spoudazō, spoudē, spoudaios*," TDNT 7 (1971) 562-63을 볼 것. 다른 사례로는 전도서 8:3; 욥기 4:5; 21:6; 22:10; 이사야서 21:3; 신명기 16:3; 스바냐서 1:18이 있다.

백부장의 종을 치료해달라고 간청했던 7:4에서 부사 '스푸다이오스'(spoudaiōs)를 사용한다. 누가는 목자들이 베들레헴으로 오는 것을 말하기 위해 동사 '스페우도'(speudō)를 사용했을 뿐만 아니라(2:16), 삭개오가 예수에게 오는 것을 말할 때도 그 동사를 사용한다(19:5-6). 다음을 참조하라: 행 20:16[오순절 전까지 예루살렘에 가려고 하는 바울]; 22:18[바울이 환상 속에서 예루살렘을 서둘러 벗어나라는 경고를 들음].

　　나의 잠정적인 결론은 다음과 같다: 1:39의 '메타 스푸데스'라는 문구는 마리아의 임신과 관련된 폭력이나 두려운 상황 또는 둘 다를 가리키거나, 적어도 마리아가 임신 때문에 겪는 불안이나 내적인 혼란스러움을 보이는 것으로 묘사됐다는 생각을 가리키는 작은 단서일 수 있다. 그것이 유일한 단서라면 무시하기 쉽겠지만, 그렇지 않다. 반면, 이 문구는 공포, 두려움, 또는 알려지지 않은 방식의 수태에 대한 경고를 전달하는 것으로 해석될 수 있다. 또는 1:39에서 그 문구는 간절함, 열심, 진정성을 함축하고 있을 수도 있다(『마카비3서』 5:24; Josephus, Ag. Ap. 2.4.42; 롬 12:8, 11; 고후 7:11; 8:7 등). 이 전통적인 해석의 장점은 천사의 예고에 대한 마리아의 반응과 목자들의 반응 사이에 어떤 특정한 평행이 강조된다는 것이다.[46] 이 경우, 우리는 1:39에서 폭력이나 위험의 징후를 발견할 수 없을 것이다. 독자들은 어떤 것이 누가의 뉘앙스에 가까운지 판단해야 한다.

　　세례 요한의 수태에 대한 언급과는 달리 예수가 수태되던 실제 상황에 대해 누가가 분명하게 말하지 않는다는 점에 주의를 기울여야 한다(1:24). 어떤 비평가들은 마리아의 수태고지 장면의 갑작스러운 결론

46.　E. Burrows, *The Gospel of the Infancy and Other Biblical Essays* (ed. E. F. Sutcliffe; London: Burns, Oates and Washbourne, 1940) n. 1, p. 5.

에 주목했다. 르그랑(L. Legrand)은 1:38에서 천사가 떠나갈 때, "마치 내 러티브가 중단된 것처럼 보인다. 마리아에게 무슨 일이 일어났는지, 그녀의 반응은 무엇이었고 다른 이들의 반응은 어떠했는지 알 수 없다. 본문을 주의 깊게 본다면, 독자들은 수태가 됐는지 또는 어떻게 수태됐는지조차 알 수 없다"라고 말한다. 그는 본문의 개방성이 신학적 기능을 갖고 있다고 주장한다. 곧, 마리아는 높은 곳에서 개입하는 지상의 도착지다. 그 대단원은 이 초월의 단계다. 마리아의 믿음의 행위 이후에는 더 이상 덧붙일 것이 없다(38절).[47] 누가의 수태고지 장면이 사고방식에 있어서 종말론적이라고 주장하는 비평가로부터 나온 이 제안은 이상하다.[48] 종말론은 초월의 영역으로 진입하는 것을 주저하지 않는다. 이스턴(B. S. Easton)은 누가의 표현 방식의 "섬세함"과 "신중함"에 대해 말한다.[49] 나는 이것이 기적을 표현하는 데 섬세하고 신중한 것인지 아니면 난처한 또는 어쩌면 잔인한 상황을 표현하는 데 있어서 섬세하고 신중한 것인지 의문이다.

3. 동거?(2:5)

2:5에서 누가는 임신한 마리아와 요셉이 나사렛에서 베들레헴으로 여행한 것에 대해 기록하는데, 거기에서는 마리아를 "그의 약혼자"라고

---

47. Legrand, *L'Annonce*, 83. A. Loisy, *L'Evangile selon Luc* (Paris: Minerva, 1924; reprint Frankfurt: Minerva, 1971) 92 및 Dibelius, "Jungfrauensohn," 5-6의 다른 설명과 비교해 볼 것.
48. Legrand은 누가의 수태고지 장면이 출생 예고 장르에 속하지만, 종말론적 사고방식을 따른다고 주장한다. 누가는 천사의 예고를 "태어날 아이가 하나님의 약속의 성취이며 하나님의 권능의 종말론적 현현임을 밝히는 원초적인 계시"로 보고 있다고 주장한다(*L'Annonce*, 135. Hendrickx, *Infancy Narratives*, 55-56도 볼 것).
49. Easton, *Luke*, 10.

부른다. 만일 이 여행을 요셉이 마리아를 고향으로 데려오는 것 그리고/또는 "결혼을 공표하는 중요한 공적인 행위를 수행하는 것"으로 생각한다면, 이것은 동거(결혼의 마지막 단계—역주)를 묘사하기 위한 것일 수도 있다.[50] 그러나 그렇다면 왜 이 단계에서 그녀를 "그의 아내"가 아니라 "그의 약혼자"라고 불렀을까?[51] 몇몇 비평가들은 여기에서 누가가 팔레스타인의 결혼 관습, 즉 팔레스타인 결혼의 두 단계에 대한 그의 무지를 드러내고 있거나, 1:27에 나왔던 마리아에 대한 설명을 단순하게 반복하고 있다고 말한다.[52] 또 다른 주장은, 여기에서 마리아를 요셉의 "약혼자"로 언급하는 것은 (3:23에서 예수를 요셉의 "아들이라고 추정한 것"과 마찬가지로) 누가의 편집이며, "동정녀 수태에 대한 인식을 보여주지 않는 자료를 1:26-39과 일치시키기 위해 고안된 것"이라는 주장이다.[53]

그러나 "약혼자"라는 용어에 대한 최선의 설명은 누가가 요셉이 예수의 생물학적 아버지가 아니라는 자신의 믿음을 다시 한번 강조하고 있다는 점이다. 성관계를 수반하지 않았다는 점에서 그 결혼은 "완성"된 것이 아니었다. 즉, 누가복음 2:5은 "마태복음 1:25의 서술을 암시한다."[54] 그러나 누가복음의 요셉은 마태복음에서와 마찬가지로 그 아이의 법적, 공적 부모 역할을 맡는다(눅 2:16, 27, 33, 41, 43, 48, 51).

---

50. Box, *Virgin Birth*, 214.

51. 일부 고대 판본에는 2:5이 "그의 아내" 또는 그 동의어로 나오지만, "그의 약혼자"의 사본학적 증거가 훨씬 더 많다.

52. *Mary in the NT*, 146를 볼 것; Fitzmyer, *Luke*, 1.407.

53. Brown, *Birth*, n. 12, p. 521.

54. Plummer, *Luke*, 53; 참조, Marshall, *Luke*, 105. 누가는 마리아가 수태고지 이후 요셉과 성관계를 하지 않았다고 명시적으로 언급하지 않는다.

4. 신명기 22:23-27

누가는 자신의 설명에서 약혼한 처녀에 대한 유혹이나 강간에 관한 법(신 22:23-27)을 암시하고 있는가? 나는 그렇다고 생각한다.

a. 누가복음 1:27. 마리아에 대한 누가복음 1:27의 묘사(*parthenon emnēsteumenēn andri*, "남자와 약혼한 처녀")와 칠십인역 신명기 22:23(*pais parthenos memnēsteumenē andri*) 사이에는 언어적 친밀감이 존재한다. 누가복음에 나오는 구절은 칠십인역 신명기 22:23에서 유래한 것으로 보인다.[55] 그러나 누가는 유혹이나 강간에 대해 말하거나 그것에 대해 천사가 언급하게 하지 않으며, 마태와 달리 요셉이 이 법을 적용하기 위해 애쓰는 모습을 묘사하지도 않는다. 그러나 이 본문에는 신명기 구절이 누가의 이야기를 관통하고 있으며, 누가가 단순히 마리아의 결혼 상황을 묘사하는 것이 아니라 그 구절을 생각하고 있다는 가능성을 암시하는 다른 단서가 존재한다. 하나의 단서는 마리아의 찬가, 성모송(Magnificat)의 어조와 관점이 불의와 정의, 억압과 설욕을 경험한 인물의 발언일 때에만 진정으로 적절하다는 점이다. 다른 단서는 언어학적인 것인데, 나는 찬송에 나오는 48절의 '타페이노시스'(*tapeinōsis*)라는 단어

---

55. Fitzmyer, *Luke*, 1.343. *Mary in the NT*, 123에서, 저자들은 마태복음의 설명이 신명기 22:23의 영향을 받았을 가능성을 본다. 그들은 이것이 "예수의 동정녀 수태에 대한 복음서 이전 전승의 한 요인이었을 수도 있다"라고 말한다. 나는 누가복음에서 이사야 7:14에 관한 명백한 암시를 발견할 수 없다고 주장하는 비평가들의 의견에 동의한다; Fitzmyer, *Luke*, 1.336; Brown, *Birth*, 524; *Mary in the NT*, 124; A. Vögtle, "Offene Fragen zur Lukanischen Geburts- and Kindheitsgeschichte," *Das Evangelium and die Evangelien* (Düsseldorf: Patmos, 1971) 46; Stendahl, "Quis et Unde?" n. 7, p. 96; H. Schürmann, *Das Lukasevangelium* (Freiburg: Herder, 1969), 1.62-63; Legrand, *L'Annonce*, 76과 대조해 볼 것.

가 신명기 구절에 대한 또 다른 암시를 준다고 생각한다.

b. 마리아의 노래로서의 성모송. 주석가들은 성모송을 마리아에게 헌정된 것으로 보기에는 여기에서 표현되는 분위기와 정서가 외견상 부적절하다는 것을 종종 언급해 왔다.[56] 즉, 지금 막 기적적으로 메시아를 수태하고 그 아이의 운명에 대한 영광스러운 약속을 받은 어린 소녀의 말로 보기에는 부적절하다고 생각된다는 것이다. 이러한 견해에는 몇 가지 이유가 있다.

(1) 성모송은 개인적이고 사회적인 해방의 노래다. 그 노래는 화자를 위한 하나님의 해방의 행위, 낮은 자와 억압받는 자와 고통받는 자를 위한 하나님의 모든 행위의 전형이 되는 것을 찬양한다. 그것은 "세 가지 개별적인 혁명, 곧 도덕(51절), 사회(52절), 경제(53절) 주제를 담고 있는, 모든 문학 중 가장 혁명적인 문서"라고 불린다.[57] 성모송은 하나님의 정의의 성취에 대한 기쁨의 나팔을 불며, 그것에 대한 개인적인 지식을 암시하는 것처럼 보인다. 여기에서 마리아의 표현은 메시아가 올 것이라는 하나님의 응답에 대한 세상의 모든 궁핍한 사람들("평범한 사람들의 상황을 묘사하는" 그녀의 표현[58]), 또는 이스라엘의 모든 궁핍한 사람들—육체적으로나 영적으로 궁핍한—의 기쁨을 표현하는 것으로 이해될 수 있다. 또

---

56. 역사적 마리아에 의해 작성됐을 가능성은 배제되어야 한다(*Mary in the NT*, 139-40을 볼 것).

57. Hendrickx, *Infancy Narratives*, 84; 참조, W. Stegemann, *The Gospel and the Poor* (Philadelphia: Fortress, 1984) 26; J. Miranda, *Marx and the Bible* (Maryknoll: Orbis, 1974) 17, 217. Soelle (*Strength*, 46)는 성모송의 마리아를 반체제인사, 동조자(sympathizer)라고 부른다.

58. E. Schweizer (*The Good News according to Luke* [Atlanta: Knox, 1984] 35)는 "모든 사람을 동등하게 대하시는 하나님의 평등"에 대한 시편의 찬송에 대해 언급한다.

한 마리아는 하나님의 은혜를 받는 모든 "가난한 사람"의 전형이나 그들을 대표하는 것으로 볼 수 있다(1:28, 30; 2:14). 그러나 여전히 그 노래는 화자가 그녀에게 일어난 일에 대해 하나님을 찬양하는 표현으로 여겨져야 한다. 누가의 내러티브에서, 마리아에게 무슨 일이 일어났길래 그러한 찬송을 부르게 됐을까?

(2) 윈터(P. Winter)가 주목했듯이, 그 찬송의 어조는 전투와 비슷하다. 이 노래가 오래된 마카비 승전 찬송에서 유래됐거나 그런 찬송의 일부에서 비롯된 것일 수도 있다.[59] 거기에는 어떤 폭력성과 복수에 대한 언급이 있다. 그 노래는 "마리아의 승리의 노래"라고 불려왔지만, 그 승리는 "영적"으로 해석되어 왔고, 누가의 의미는 검토되지 않았다.[60] 지금까지의 평온하고 즐거웠던 내러티브의 분위기에서 그 호전성은 약간 거슬리는 기록으로 보인다.

(3) 과거 시제(부정과거)를 사용함으로써, 성모송은 단순히 구원을 희망하는 것이 아니라 새로운 방식으로 구원이 성취됐거나 현재 이루어지고 있음을 강조한다. 행위는 현재에 집중되며, 최종적인(finality) 분위기를 투사한다.[61] 찬송은 "구원의 시작이라기보다는 (부활 이후의) 구원의

59. P. Winter, "Magnificat and Benedictus—Maccabean Psalms?" *BJRL* 37 (1954) 328-47. Fitzmyer (*Luke*, 1.361)는 51-53절이 그런 기원을 가졌을 것이라는 주장을 타당성 있다고 여기지만, 찬송 전체는 유대 그리스도교적 배경을 반영하고 있다고 주장한다. 참조, J. H. Charlesworth, "A Prolegomenon to a New Study of the Jewish Background of the Hymns and Prayers in the New Testament," *JJS* 33 (1982) 276, 280.

60. L. T. Brodie, "A New Temple and a New Law," *JSNT* 5 (1979) 35. Brodie는 창세기 3:15; 요한계시록 12:1-6에 대해 생각하고 있다. 그러나 누가는 무엇을 생각하고 있을까?

61. F. W. Danker, "Greco-Roman Cultural Accommodation in the Christology of Luke-Acts," *SBL Seminar Papers 1983* (ed. K. H. Richards; Chico: Scholars, 1983)

회상"을 다루는 것처럼 보인다. 임신한 지 얼마 되지 않았고 아직 메시아를 출산하지 않은 젊은 여성이 이런 말을 하는 것은 이상해 보인다.[62]

(4) 54절의 하나님의 자비에 관한 언급("그는 자비를 기억하셔서, 자기의 종 이스라엘을 도우셨습니다")은 마리아의 이야기에서 아무런 반향(echo)을 찾을 수 없다. 그것은 구체적인 적용 없이 일반적인 의미에서만 그녀의 상황에 적합하다고 여겨진다. 이것은 49-50절에서 언급되는 하나님의 다른 두 가지 특성, 즉 능력(35절의 "더없이 높으신 분의 능력"을 반영하는 49절의 "힘센 분") 및 거룩함(태어날 아기가 거룩한 분으로 불릴 것이라는 35절의 서술을 반영하는 49절의 "그의 이름은 거룩하고")과는 대조된다. 이 견해에 따르면, 하나님의 자비가 등장한 이유는 그 찬송이 누가 이전에 작성됐기 때문이다. 더 나아가 과거 하나님이 행했던 위대한 일들은 이제 마리아의 수태라는 새로운 형태로 나타나는 것으로 보인다. 누가가 이 서술 단계에서 마리아의 입에 그러한 의미를 담을 수 있었던 것은 사건이 일어난 후에 글

---

n. 19, p. 394.

62. *Mary in the NT*, 139; S. Farris, *The Hymns of Lake's Infancy Narratives* (Sheffield: JSOT, 1985) 114-16을 볼 것. 47절("내 마음이 내 구주 하나님을 좋아함은")과 51-53절(인간의 환경에 대한 하나님의 위대한 전복과 관련된 6개의 모든 동사)에 나오는 부정과거(aorists)는 서로 다르게 설명되어 왔다. 47절(46절의 현재 시제, "내 영혼이 주님을 찬양하며"와 병행하여)의 부정과거는 무시간적 부정과거(timeless aorist; BDF # 333.2) 또는 기동적 부정과거(ingressive aorist, "좋아하기 시작하다"; 참조, BDF # 331)로 여겨져 왔다. 51-53절의 부정과거는 찬송이 만들어진 원래의 상황인 마카비의 승리를 반영한 것이거나, 이러한 환경을 전복하는 야훼의 성향을 묘사하는 격언적 부정과거(gnomic aorists; BDF #333)일 수도 있다. Fitzmyer는 성모송이 셈족어 형태로 존재했다는 증거가 없기 때문에, 이 부정과거들을 히브리 예언자들의 완전함을 나타내는 것으로 해석되어서는 안 된다고 주장한다(*Luke*, 1.359, 360-61, 366. Goulder and Sanderson, "St. Luke's Genesis," 25; Plummer, *Luke*, 33; Talbert, *Reading Luke*, 26; R. Buth, "Hebrew Poetic Tenses and the Magnificat," *JSNT* 21 [1984] 67-83과 대조해 볼 것).

을 쓰고 있었고 성모송의 각 세부사항들이 예수의 행적에 대한 비유로 해석될 수 있음을 알고 있었기 때문이다.[63] 호전적인 어조, 부정과거의 사용, 하나님의 자비에 대한 언급은 모두 부활 신앙의 관점에서 새로운 의미를 갖게 된다. 그러나 누가의 유아기 내러티브와 마리아의 초상에 관한 직접적인 맥락에서 그것들의 의미는 무엇일까?

(5) 성모송은 구약성서의 암시들을 혼합한 것으로, 한때 불임 여성이었다가 상황이 반전되어 사무엘의 어머니가 된 한나의 기도와 노래(삼상 1:11; 2:1-10)에서 대부분 유래했다. 그러나 마리아는 불임이 아니었고 약혼녀로서 그녀의 순결은 실제로 불임과 동등한 것이 아니다(아래를 볼 것). 마리아와 한나는 (임신 이외에) 어떤 공통점이 있었길래 한나의 노래가 마리아의 노래의 모델이 되어야 했던 것일까?

한나의 노래에 대한 암시는 성모송이 한때 불임 여성이었다가 상황이 반전되어 세례 요한의 어머니가 된 엘리사벳의 입에 더 적절해 보인다. 1:5-7, 24-25에서 한나는 엘리사벳의 모델 또는 유형으로 나타난다. 만일 누가에 의해 의도된 화자가 엘리사벳이었다면 위에서 언급한 네 가지 난제도 어느 정도 해결될 것이고 그 찬양도 맥락에 더 잘 어울리게 될 것이다. (1) 누가의 내러티브에서 엘리사벳은 불임이라는 오명에서 해방됐다. 그녀에게 가장 필요한 것으로 제시됐던 것이 이루어졌다. (2) 승리의 분위기와 적들에 대한 맹렬한 분노 또한 그녀의 상황에 더 어울린다(참조, 1:25. 여기서 그녀는 자신의 불임을 사람들 사이에서 당한 모욕이나 불명예라고 말한다). (3) 부정과거는 여전히 부활 신앙을 기대하는 표현으로 이해될 수 있지만, 엘리사벳이 경험한 커다란 반전에 관한 이야기로 볼 수도 있다. (4) 하나님의 자비에 관한 1:54의 서술은 엘리사벳의 이야기

---

63. Fitzmyer, *Luke*, 1.360-61.

에서 반향을 일으킨다: 1:58에서 그녀의 이웃들과 친척들은 주님께서 그녀에게 큰 자비를 베푸셨다는 이야기를 듣고 함께 기뻐한다. 또한, '타페이노시스'(*tapeinōsis*, "비천함": 종종 여성의 불임을 나타내는 표현)라는 표현이 나오는 48a절은 엘리사벳에게 더 어울리며, 25절의 그녀가 당한 부끄러움에 대한 언급과 일치한다. 중요한 구절인 48절에 대해서 곧 논의하게 될 것이다.

실제로 46절에는 "그리하여 엘리사벳이 말했다"라고 기록되어 있는 이문 전승이 존재한다. 이 이문은 성모송을 엘리사벳의 입 위에 둔다. 성모송에 대한 "엘리사벳" 독법은 위에서 언급한 것 외에도 많은 다른 주장들에 의해서도 뒷받침되는데, 그중 일부는 본문 자체의 어색함과 관련되어 있다(예, 46절의 주어 **마리아** 및 성모송이 끝난 직후 56절에서 주어로 반복 사용되는 마리아). 그래서 소수의 비평가들은 누가가 마리아가 아닌 엘리사벳을 위해 성모송을 작성했다고 주장한다.[64] 그러나 이 찬송은 가장 뛰어난 문서 전승들(모든 그리스어 증거와 대부분의 판본 그리고 교부 증거들)에서 마리아의 것으로 여겨진다.[65] 그리고 본문의 특정한 불일치는 누가가 나중에 성모송과 사가랴의 노래를 자신의 내러티브에 삽입했다는 이론으로 설명할 수 있다. 또한 누가가 성모송을 엘리사벳의 것으로 의도했다면, 왜 한나가 "자식을 못 낳던 여인은 일곱이나 낳지만, 아들을 많이 둔 여인은 홀로 남는다"라고 말한 사무엘기상 2:5의 대구(antithesis)를 생략했을까?[66]

---

64. J. G. Davies, "The Ascription of the Magnificat to Mary," *JTS* 15 (1964) 307-08을 볼 것. 이 문제에 관한 더 깊은 논의는 S. Benko, "The Magnificat: A History of the Controversy," *JBL* 86 (1967) 263-75을 볼 것.

65. Metzger, *Textual Commentary*, 130.

66. Brown, *Birth*, 335.

나는 누가가 유대 그리스도교의 찬송을 마리아의 찬가로 사용하기에 적절하다고 보았고, 자신이 전해 받은 전승—그녀는 강간당하고 임신했지만 하나님이 그녀의 결백을 밝히고 그녀와 그 아기를 보호하셨고,[67] 심지어 승인하셨으며, 그 아기가 하나님의 아들이자 메시아로 인정받게 하셨다는 것—을 전하기 위해 삽입했다고 생각한다. 누가는 그녀의 경험이 그 자체로 부활에 대한 기대를 나타낸다고 생각했다. 그는 마리아를 억압당하고 해방된 사람, 원수들을 이긴 사람, 하나님이 자비를 베푸신 사람, 사회적 예상을 급진적으로 뒤집은 사람으로 묘사한다. 누가가 전해 받은 전승에서 마리아는 불임보다 더한 불행, 성폭력을 경험했기 때문에 한나의 찬송은 마리아의 모델로 적합하다.[68]

그러나 구약성서의 내러티브들에서 성폭행당한 여성들은 찬송을 부르지 않으며 승전가의 모델을 제공하지도 않는다. 그들은 통곡하거나(다말[삼하 13:16-19]), 침묵한다(디나[창 34장]; 첩[삿 19:26-28]). 그들의 이야기의 여파는 복수, 유혈 사태, 더 큰 폭력이며 하나님에 의한 정당성 입증이 아니다. 암논에게 강간당한 다말은 울면서 떠나간다. 그녀는 무력하고 고독하다. 야곱의 딸 디나는 아무 말도 하지 않는다. 그녀가 강간당한 것은 형제들이 모욕과 중대한 망신을 당한 것으로 여겨지며, 그 형

---

67. 51-53절은 압제자들을 심판하는 하나님에 대해 말하지만, 그 내러티브에는 심판에 관한 이야기는 전혀 나오지 않는다. 성모송은 하나님의 궁극적인 승리, 정의로운 사회의 종말론적 건설에 대한 자신감을 반영한다.

68. 참조, 눅 1:38과 삼상 1:11. 누가복음 2:22-40에서 한나는 마리아의 모델이다(삼상 1:21-28; 2:19-20을 볼 것). 나는 누가복음 1-2장이 "형식이나 이상(ideal)이 아니라 소재, 언어, 문학" 면에서 사무엘기상 1-3장을 의존한 것이며 또한 사무엘기상 1-3장은 문학적 원형일 뿐이며 유형으로서의 인물들 사이의 대응점은 별로 중요하지 않다고 생각하지 않는다. Burrows, *Gospel of the Infancy*, n. 1, p. 11도 그렇게 주장한다.

제들에 의한 살인과 약탈로 이어진다(참조, 유디트 9:2-4). 사사기 20-21장에서, 한 사람이 당한 강간은 600명에 대한 강간으로 이어지고, 첩의 이야기는 "여성에 대한 성폭력의 확대"를 정당화하면서 재연됐다.[69]

태너힐(R. C. Tannehill)의 발언은 적절하며 정곡을 찌른다. 성모송은 우리가 극단을 비교하도록 강요한다. 정확히 말하자면, "하나님이 비천한 신분의 어머니를 선택한 것과 하나님이 사회를 전복하는 것을 **하나의** 행위로 제시"함으로써 사회의 극적인 전복을 생각하게 한다. 본문의 독특한 시적 비전 속에서, "그 어머니의 개인적 경험은 이미 앞으로 다가올 세상을 뒤흔들 사건들의 성취다." 그 본문은 작은 자들과 높은 자들을 하나로 묶는 극적인 연합과 "비천한 자들, 전능한 하나님, 억압적인 통치자들의 삼자 간의 긴장감"을 담고 있다. 비천하고, 중요하지 않으며, 하찮은 여성에 대한 하나님의 놀라운 관심은 세상을 향한 하나님의 종말론적 행위의 표징이 된다. 태너힐에 의하면, 그 어머니와 아기는 "우리가 그들을 그 본문의 긴장감 있는 연합을 통해 이해하는 한" 여전히 표징으로 남아 있다. "이 어머니와 아기를 평범하게 여길 때뿐만 아니라 그들에게 평범함으로부터 완전히 벗어난 특별하고 초인적인 지위를 부여할 때에도 그 연합을 해치게 된다." 또한 "이 표징의 힘이야말로 우리 삶에서 표징들을 볼 수 있게 하는 것이지만, 우리가 그 본문을 평범한(prosaic) 진리에 대한 단순한 진술로 받아들인다면 우리의 현실에 맞지 않게 된다." 그 시는 우리 모두가 알고 말하는 것들의 사례가 아니라 세계에 대한 특별한 비전을 표방하고 있기 때문이다.[70]

내가 제안한 의미와 문맥에 따라 읽으면, 이 시에는 태너힐이 생각

69. Trible, *Texts of Terror*, 83, 50.

70. R. C. Tannehill, "The Magnificat as Poem," *JBL* 93 (1974) 267, 274-75, 270.

한 것보다 훨씬 큰 놀라움, 더 커다란 극단과 긴장, 더 강력한 사회적 비전이 담겨 있음을 알게 된다. 누가의 요점은 성모송을 부른 소녀가 전능한 하나님에 비해 낮고, 비천하고, 중요하지 않으며, 하찮은 존재라는 것이 아니다. 오히려 멸시와 모욕을 당한 그녀가, 멸시와 모욕 속에서 태어난 그 아이가 하나님의 "도움"을 받았다는 것이다(54절). 이 도움은 "이스라엘의 소망을 성취하는 행위"이다. 그러나 그 소망은 지금까지 완벽하게 표현된 적이 없었다.[71] 누가가 이 성모송을 다른 곳에서, 전혀 다른 맥락에서 끌어와, 어쩌면 보다 후대에, 자신의 내러티브에 삽입했다고 하더라도,[72] 이것은 그가 전하고 있는 전승에 적절했으며, 또한 훌륭한 첨가였다. 그 분위기와 내용은 누가가 신명기 22:23-27을 마리아 이야기에 적용되는 법으로 암시하고 있다는, 여기서 제시한 이론에 적합하며 그것을 지지해 준다.

c. 누가복음 1:47. 성모송이 원래 히브리어로 작성됐을 가능성이 높다면, 누가복음 1:47에 신명기 22:27에 대한 용어상의 암시가 있다고 주장할 수 있을 것이다. 신명기 본문을 다시 생각해 보자. "… 약혼한 그 처녀가 소리를 질러도 구하여 줄 사람이 없었을 것입니다"(we'ên môšia' lāh: 직역하면, "거기에는 그녀를 위한 구원자['모쉬아']가 없었다")라고[73] 기록되어 있다. 누가복음 1:47(참조, 54절)에는 "내 마음이 내 구원자 하나님('ĕlōhîm môšia'['엘로힘 모쉬아']를 번역한 것일 수 있음)을 좋아함은"이라고 기록되어 있다. 여기에 나오는 생각은 그곳에 인간 구원자가 없을지라도 하나님이

---

71. Ibid., 265.
72. 사가랴의 노래(1:68-79)와 아마도 시므온의 찬양(2:29-32)도 그랬을 것이다.
73. 본서 82[81]쪽을 볼 것.

마리아의 구원자로 행동하신다는 것이다. 그러나 히브리어로 된 찬송
이 있었는지는 확실하지 않으며,[74] 칠십인역의 신명기 22:27과 누가복음
의 이 부분 사이에는 아무런 언어적 반향이 없다.[75] 누가가 "예수"라는
이름의 일반적인 어원을 "야훼가 구원하신다"로 알고 있었을 수도 있
지만(2:11, 2:30-31을 볼 것), 마리아의 수태고지에는 (신명기에 대한 암시라고 주
장할 수 있는) 그러한 인식에 대한 아무런 증거가 나오지 않는다(1:31).

d. 누가복음 1:48. 그러나 나는 누가복음 1:48에 신명기 율법에 대한
암시가 담겨 있다고 생각한다. 누가가 누가복음 이전에 이미 있었던 유
대 그리스도교 찬송을 자신의 이야기에 연결하기 위해 48절 또는 그 일
부를 작성했다는 것이 보편적인 학자들의 의견이다.[76] 이 구절은 마리아
가 하나님의 위대함을 선포하는 이유를[77] 제시한다: "그가 이 여종의 비
천함(tapeinōsis: 곧 이 단어의 번역에 대해 논의할 것이다)을 보살펴 주셨기 때문
입니다. 이제부터는 모든 세대가 나를 행복하다 할 것입니다." 누가는
마리아가 가브리엘에게 대답할 때 사용한 "종" 또는 "시녀"(즉, 여자 노예)
라는 용어를 선택했고(1:38: 아래에서 이 구절에 대해 살펴볼 것이다),[78] 1:42에서
엘리사벳이 마리아를 축복할 때 이것을 반복하고 강화했다. 또한 48절
은 '타페이노시스'(tapeinōsis)라는 단어로 찬송의 나머지 부분과 연결된

---

74. Brown, *Birth*, 336; Fitzmyer, *Luke*, 1.359.
75. 누가복음 1:47은 칠십인역 성서 본문을 다양하게 반영하고 있을 수도 있다: 시
   25:5; 35:9; 합 3:18; 삼상 2:1("주님께서 나를 구하셨으므로, 내 기쁨이 큽니다").
76. 찬송의 구조와 누가가 48절을 삽입했다는 논의에 대해서는 Fitzmyer, *Luke*, 1.360,
   367; Easton, *Luke*, 15; Farris, *Hymns*, 21-26을 볼 것.
77. 이것이 첫 번째 이유이고, 두 번째 이유는 49절에 나온다는 점을 주목할 것.
78. 이 연관성 때문에 나는 48b절만 누가가 작성한 것이라는 Schweizer의 주장이 틀렸
   다고 생각한다(*Good News*, 33).

다. 52b절과 비교해 보자: 하나님이 비천한 자들(*tapeinous*)을 높이셨다. RSV에서는 48절의 단어를 "낮은 신분"(low estate)으로 번역하여 마리아에게 적용하며, 52b절의 단어는 "낮은 계급의 사람들"(those of low degree)로 번역했다.

피츠마이어가 말했듯이, 비천함(*tapeinōsis*)이라는 단어는 보통 "수치"(humiliation)를 의미하지만, 그를 비롯한 다른 사람들은 여기서는 그 단어가 마리아의 "겸손한 자세"에 관한 의미로 언급됐다고 이해한다. 그것은 "다윗 가문의 메시아이자 하나님의 아들의 어머니가 되기에는 하찮은 존재인 그녀"를 나타낸다.[79] 많은 해석자들은 보통 두 번역어를 하나님이 보기에 "가난한 사람들", 하나님의 은총과 도움이 필요한 사람들, 겸손한 사람들을 가리키는 신학적 또는 영적 의미로 이해한다. 38절에 나오는 마리아의 조용한 승인은 이러한 태도를 전형적으로 보여주는 것으로 여겨진다. 그러나 마리아가 하나님께 '타페이노시스'의 사람으로 여겨진 또 다른, 좀 더 충분한 의미가 있지 않을까?

여기에서 마리아의 보잘것없음(lowliness)에 대해 논의하는 그룬트만(Grundmann)은 다음과 같이 설명한다. "하나님이 세상의 눈으로 보기에는 하찮은 초라한 시녀, 처녀를 자신의 아들의 어머니로 선택했다는 사실"이 46-47절의 감사와 기쁨에 찬 고백의 이유이며 그녀가 받게 될 명예의 원인이다.[80] 참고로, 플러머(A. Plummer)는 "목수의 신부로서의 겸손한 지위"에 관해 언급한다.[81] 그렇다면 '타페이노시스'라는 용어에 누가가 의도한 사회적, 또는 경제적인 차원이 있을까? 누가는 마리아가 작

---

79. Fitzmyer, *Luke*, 1.367.

80. W. Grundmann, "*tapeinos ktl*," *TDNT* 8 (1972) 21.

81. Plummer, *Luke*, 32. 52절의 비천한 사람(*tapeinous*)에 대한 그의 해석을 대조해 볼 것: 압제적인 통치자들과는 반대로 억압받는 가난한 사람들.

고 알려지지 않은 마을인 나사렛 출신이라고 말한다. 그러나 누가의 신학적 지정학(theological geography)에 따르면 그곳은 가난과 억압의 장소가 아니라 시작의 장소이며(참조, 행 10:37) 거절의 마을(눅 4:16-30)이자 거룩한 도성 예루살렘과 대조되는 곳이다.

2:24에서 누가는 마리아와 요셉이 출산 후 정결예식을 위해 (양 한 마리가 아니라) 새들을 희생제물로 드렸다고 기록한다. 아마도 이것은 그들의 경제적인 빈곤을 암시하는 것일 것이다. 레위기 12장의 정결법에는 여자가 양 한 마리, **또는** 집비둘기 새끼나 산비둘기를 바쳐야 한다고 기록되어 있다. 그녀가 양을 바칠 수 없으면, 집비둘기 새끼 두 마리나 산비둘기들을 바칠 수 있다. 그러나 레위기에서 제안하는 대안이 여전히 지켜지는 관습이었는지 확실하지 않다. 예수의 시대에는 모든 사람이 새를 바칠 수 있었을 것이다.[82] 어떻든 간에 누가가 마리아의 가난에 대해 특별히 강조한 부분은 없다.[83] 확실하지는 않지만, 그녀의 약혼으로 인해 그녀는 법적으로 다윗 가문에 포함됐으며, 아마 그것은 귀족이 아닌 방계(lateral) 가문이었을 것이다.[84] 가난한 사람들의 곤경에 대한 하나님의 임박한 전복을 특징적으로 강조하는 성모송이 유대 그리스도인들의 사회적, 정치적 박탈 경험을 반영한다는 것은 사실일 수도 있다.[85] 하

---

82. Brown, *Birth*, n. 12, p. 448을 볼 것.

83. 누가의 관심은 율법의 성취에 있다. B. Reicke, "Jesus, Simeon, and Anna (Luke 2:21-40)," *Saved by Hope* (ed. J. I. Cook; Grand Rapids: Eerdmans, 1978) 99을 볼 것.

84. Brown, *Birth*, 511을 볼 것.

85. L. Schottroff ("Das Magnificat and die älteste Tradition über Jesus von Nazareth," *Evang Theol* 38 [1978] 298-313)는 누가복음 6:20-21 같은 본문들과 함께, 성모송은 예수에 관한 가장 오래된 종말론적 전승을 나타내며, 사회적 숙명에 대한 하나님의 평등으로서의 위로(*paraklesis*)에 대한 이해를 반영한다고 주장한다.

나님이 그들의 곤경을 뒤집으실 가난한 사람들에게 관심을 가져야 한다는 모티프는 이 복음서에서 가장 중요하다. 51-53절은 이 모티프의 첫 번째 사례이며, 나는 이것이 48절을 (최소한) "태도"에 관한 언급 이상으로 해석하도록 경고하는 것이라 생각한다. 다시 말해, 48절은 부당한 경험으로부터 나오는 태도에 관한 언급이다.[86]

하나님이 "그의 종의 비천함을 보살펴 주셨다"(1:48)라는 마리아의 진술은 앞에 나온 누가의 내러티브와 또 다른 방식으로 연결되어 있다. 이 구절은 1:25에 나오는 엘리사벳의 진술의 주제를 연상하게 한다: "주님께서 나를 돌아보셔서 사람들에게 당하는 내 부끄러움을 없이해 주시던 날에 나에게 이런 일을 베풀어 주셨다"(oneidos mou en anthrōpois)—여기에서 부끄러움은 그녀의 불임으로 인한 것이다. 임신하지 못하는 것은, 특히 남편에게 아들을 낳아줄 수 없다는 것을 의미했기 때문에, 히브리 성서와 다른 곳에서 아내의 커다란 수치심의 원인으로 언급되고 있다는 것은 잘 알려져 있다. 그러나 불임은 간통이나 간음 또는 강간에 의한 임신보다는 덜 부끄러운 것으로 여겨졌다. 예컨대, 다음 구절들을 살펴보자: 집회서 16:3, "불경스런 … 자식들을 갖기보다는 자식 없이 죽는 편이 낫다"; 지혜서 3:13, "자식을 낳지 못하지만 흠이 없는 여자, 죄가 되는 잠자리를 모르는 여자는 행복하다. 그런 여자는 하느님의 심판날에 자식을 얻을 것이다"; 참조, 지혜서 4:1, "[간통의 자녀들보다 나은 것

---

86. 누가복음의 팔복(눅 6:20-21)과 마태복음의 팔복(마 5:3-10)을 대조해 볼 것. R. Karris는 이 복음서의 가난한 사람들을 "자신을 위한 정의를 요구할 수 없는 사람들 그리고 특히 그리스도 사건을 통해 계시된 하나님의 정의를 신뢰하는 사람들"이라고 말한다. Luke: Artist and Theologian. Luke's Passion Account as Literature (NY: Paulist, 1985) 32; 참조, "The Poor and the Rich," Perspectives in Luke-Acts, 112-25; R. J. Cassidy, Jesus, Politics and Society (Maryknoll: Orbis, 1978) 20-33.

은] 자녀가 없고 덕이 있는 것이다."

엘리사벳 이야기는 사라의 불임(창 16-18장)과 한나의 불임(삼상 1-2장) 이야기를 바탕으로 만들어진 것이다. 사실, 성모송의 48절은 사무엘기 상 1:11을 강하게 암시하는 것으로 보인다. 거기서 한나는 "만군의 주님, 주님께서 주님의 종의 이 비천한 모습(*bāʿŏnî ʾămātekā*; LXX, *epi tēn tapeinōsin tēs doulēs sou*)을 참으로 불쌍히 보시고, 저를 기억하셔서, 주님의 종을 잊지 않으시고, 이 종에게 아들을 하나 허락하여 주시면, 저는 그 아이의 한평생을 주님께 바치고, 삭도를 그의 머리에 대지 않도록 하겠습니다. …"라고 기도한다. 창세기 29:32(사랑받지 못한 레아가 "주님께서 나의 고통을 살피셨기 때문에" 아들의 이름을 르우벤이라고 지음[*eide mou Kyrios tēn tapeinōsin*])도 보라. 또한 『에스라4서』 9:45을 보라. 하지만 창세기 16:11(학대받은 하갈이 "네가 고통 가운데서[*tapeinōsei*] 부르짖는 소리를 주님께서 들으셨기 때문에" 그 아이의 이름을 이스마엘로 하라는 말을 들음)은 불임이 아니라 억압에 관한 것이다.

누가가 구성한 1:48의 마리아의 진술과 1:25의 엘리사벳의 진술 사이의 연결 그리고 엘리사벳과 마리아의 일반적인 유사성(이에 대해 아래에서 더 자세히 다룰 것이다)으로 인해, 나는 마리아의 진술을 낮은 신분이나 겸손의 관점이 아니라 수치(humiliation)의 관점에서 생각하게 됐다. '타페이노시스'라는 용어는 "보통 명백한 수치나 고통"을 시사한다.[87] 그러나 누가의 내러티브를 읽는 독자들은 마리아가 어떤 식으로 수치를 당했다고 생각할 수 있었을까?

물론 그녀는 불임 때문에 수치를 당하지는 않았다. 그리고 누가가

---

87. Drury, *Tradition*, 185-86; 이 용어는 우리가 언급한 것 외에, 사무엘기하 16:12의 다윗의 상황 그리고 사무엘기상 9:16; 열왕기하 14:26의 이스라엘 일반 백성의 상황을 묘사한다.

그녀에게 적용한 '타페이노시스'라는 용어를 처녀성과 관련하여 이해
하려는 시도는 전혀 설득력이 없다. 예를 들어, 소아레스 프라부(Soares
Prabhu)는 하나님이 그의 사자를 처녀에게 보내셨다는 것은 예수 당시의
유대인들에게 "충격적"이었을 것이라고 주장한다. 그의 견해에 의하면,
"구약성서에서 처녀성은 명예의 칭호가 아니었다. 모성애가 여성의 유
일한 영광이었던 사회에서 처녀성은 자녀가 없다는 것을 암시하며, 수
치의 원인이었기 때문이다. … 따라서 천사를 '처녀'에게 보내는 것은
비천한 사람이 은총을 입고, 무력한 피조물이 영을 통해 열매를 맺고,
수치의 표시가 성스러운 구별의 표지가 되는 역설의 일부다."[88] 브라운
은 누가가 1:48에서 '타페이노시스'라는 용어를 사용하여 마리아의 태
도가 아니라 인간적인 지위를 말하고 있다고 주장한다(나는 그가 옳다고 생
각한다). 그러나 이어서 브라운은 이렇게 말한다. 누가에게 있어서 "마리
아의 처녀성은 구약성서의 불임 여성들과 같다. 곧, 둘 모두 하나님의
능력으로만 극복할 수 있는 인간의 불가능성을 구성한다." 그래서 누가
는 "아이들이라는 열매를 낳지 못한 자궁을 묘사하기 위해" '오네이도
스'(oneidos, "부끄러움")와 '테페이노시스'라는 용어를 사용한다.[89]

그러나 약혼한 여자의 처녀성은 부정적인 것이 아니라 매우 긍정적
인 것으로 여겨졌다. 그것은 아버지가 그녀를 적절하게 돌보고 보호했
으며, 훈육했다는 것을 의미하며(집회서 7:24; 26:10-12; 42:9-11), 아버지의
명예에 관한 문제였다(22:4). 이것은 그녀의 약혼자와 사회 전반의 일반

---

88. Soares Prabhu, "'Rejoice.'" 264; n. 12, p. 273. 참조, Legrand (L'Annonce, 70): "미
혼의 어린 소녀는 연약하고 또한 중요하지 않은 존재를 의미한다."

89. Brown, Birth, 361; n. 52, p. 314; Mary in the NT, 121. J. Ratzinger는 마리아를 하나
님에 의해 잉태되는 불임에 스스로 몸을 맡긴 사람이라고 생각한다(Daughter Zion
[San Francisco: Ignatius, 1983] 52).

적인 기대를 충족시키는 것이었고, 그렇지 않았다고 생각하는 것은 시
대착오적이다. 그러므로 마리아의 처녀성은 엘리사벳의 불임과 비교할
대상이 아니다. 약혼한 여자에게 있어 수치스러운 일로 여겨지는 것이
란 처녀성의 **상실**로 보는 것이 더욱 적절하다. 특히 유혹이나 강간에 의
해 처녀성을 상실한 경우라면 더욱 그렇다.

우리가 살펴본 것처럼, 신명기 22:24은 유혹자가 약혼한 처녀를 성
폭행하거나 욕보인('*innâ*; LXX, *etapeinōsen*) 것에 대해 말하고 있다(참조, 29
절은 약혼하지 않은 처녀를 강간한 자에 관한 것이다). 동사 '타페이노오'(*tapeinoō*)
는 칠십인역 성서의 창세기 34:2(디나); 사사기 19:24; 20:5(레위인의 첩);
사무엘기하 13:12, 14, 22, 32(다윗의 딸 다말); 예레미야애가 5:11(예루살렘의
처녀들)에서도 여성의 성적 수치심을 나타내는 단어로 사용됐다. 이사야
서 51:21, 23; 신명기 21:14; 에스겔서 22:10-11을 참조하라. 소녀를 욕보
이는 것은 완전하고 적법한 결혼에 대한 기대와 따라서 사회 구조 내에
서의 지위를 잃게 만드는 도덕적이고 사회적인 몰락을 일으키는 일이
었다.[90]

나의 주장은 누가가 성모송에 1:48을 삽입하면서 신명기 22:23-27
의 율법을 다시 한번 암시하고 있다는 것이다. 그것을 통해 누가는 여기
에서 이중적인 암시—한나와 율법—를 만들어낸다.[91] 한 남자와 약혼한
처녀(1:27)가 성적인 수치를 당했다. 그러나 그녀가 당한 수치는 한나(와

---

90. Von Rad, *Genesis*, 326을 볼 것. 종종 처녀를 강간하는 것은 군사적 패배의 상징으
   로 사용됐다.

91. Goulder와 Sanderson은 *tapeinōsis*라는 단어가 한나의 기도와 레아의 이야기 모두
   를 반영하고 있다고 주장한다. "복음서 저자에게 어떤 주제가 먼저 떠올랐는지는
   확실하지 않다"("St. Luke's Genesis," 20-21). 나는 한나에 관한 암시가 레아보다 우
   선한다고 생각한다.

엘리사벳)의 불임과 마찬가지로 하나님에 의해 "높임을 받고" 역전됐다.

어떤 이들은 성모송의 출처가 '아나빔'(Anawim: 불행하고, 가난하고, 비천하고, 병들고 억눌린 사람들, 과부, 고아, 하나님의 공급에 전적으로 의존하는 사람들, 스스로를 이스라엘의 신실한 남은 자들이라고 표현하는 사람들)인 유대 그리스도교 집단이라고 주장한다. 이들은 육체적으로나 정신적으로나 고통을 받았다.[92] 누가는 마리아를 그들 중 한 명으로 보았기 때문에 성모송을 마리아의 찬송가로 택했고, 52절을 염두에 두고 48절을 작성했다. 그 찬송은 하나님이 마리아를 위해 한 일을 기초로 하여 예수가 할 일을 예시하고 있다. 사생아 전승은 예수가 경건한 아나빔 출신이라는 신학을 부정하지 않으며, 예수의 출신을 둘러싸고 있는 누가의 신성하고 순수한 이미지를 무너뜨리지도 않는다.[93] 오히려 누가는 이 아이와 어머니가 이스라엘에 완전히 포함됐다는 것을 보여주기 위해 그러한 신학과 이미지들을 사생아 전승을 전달하는 수단으로 사용한다. 성모송에서 마리아는 가난한 자들의 예언자처럼 설파한다.[94] 그녀는 가난한 사람들의 희

---

92. Brown, *Birth*, 328, 350-55, 361, 363. 그는 누가가 *tapeinōsis*와 *doulē*("여종")이라는 단어를 마리아에게 사용하여, 그녀를 그 단어로 인해 연상되는 가난한 사람들에 대한 모든 기억과 연결한다고 생각한다.
93. Brown, *Birth*, 530에 반대되는 주장이다. J. A. Sanders가 말하듯이, 성서의 지배적인 주제인 신성함과 정결함—하나님의 섭리는 인간의 죄를 통해 일어난다(*errore hominum providentia divina*)—은 "인간의 연약함과 죄의 현장에 주어지는 하나님의 선물이다"(review, *USQR* 33 [1978] 194-5).
94. 누가는 마리아와 엘리사벳과 안나를 예언자처럼 묘사한다(Schüssler Fiorenza, *Memory*, 299).

망을 말하지만,[95] 고통받고 정당성을 입증받은 **여성으로서**[96] 희망을 말한다.

5. 결론

누가는 마태와 본질적으로 동일한 결혼과 법적 상황을 보여준다. 요셉과 약혼한 처녀인 마리아는 약혼과 동거 사이의 기간에 예수를 수태했다. 신명기 22:23-27에 대한 누가의 암시와 예수가 요셉의 아들로 "추정"될 뿐이라는 3:23의 서술을 볼 때, 누가는 어떤 익명의 남자가 예수의 아버지라는 전승을 전해 받았다는 것을 나타내고 있다. 동거가 시작됐지만 예수가 태어나기까지 요셉과 마리아는 성관계를 갖지 않았다. 요셉은 예수의 법적 아버지 역할을 맡는다.

C. 세례 요한과 예수 이야기의 유사성

누가복음의 세례자 요한과 예수 이야기 사이의 유사성에 대한 해석은 누가가 예수의 동정녀 수태에 대해 기록하고 있었다는 것을 현대 학자들에게 알려준다. 사실, 이것은 누가복음에 관한 그 주장을 뒷받침하기 위해 최근 몇 년 동안 제기되어 온 **주요** 비평적 논거다.[97] 그 논거는

---

95. L. Schottroff, "Frauen in der Nachfolge Jesu in neutestamentlicher Zeit," *Traditionen der Befreiung* (Munich: Kaiser, 1980), 2.112. 참조, S. Benko, "A New Principle of Mariology: the Kenotic Motif," *Oikonomia* (ed. F. Christ; Hamburg-Bergstedt: Herbert Reich Evang. Verlag, 1967) 259-72.

96. Schüssler Fiorenza, *Memory*, 142.

97. 본서 83[82]쪽을 볼 것. Fitzmyer ("Postscript [1980]," 61)는 자신의 예전 입장(누가의 수태고지 장면은 일반적인 방식으로 일어난 임신에 관한 것으로 해석될 수 있

이런 식으로 진행된다. 누가는 세례 요한보다 예수가 더 우월하다는 것을 하나하나 보여주기 위해 고안된 단계적 평행법을 구성했다(참조, 이삭[창 17:7]과 이스마엘[21:17-21]에 관한 약속에 나오는 단계적 평행법). 예를 들어, 세례자는 "그는 주님께서 보시기에 큰 인물이 될 것"(1:15)이지만, 예수는 "그는 위대하게 되고, 더없이 높으신 분의 아들이라고 불릴 것"(1:32)이다. 가브리엘은 요한에게는 "어머니 뱃속에 있을 때부터 성령을 충만하게 받을 것"(1:15)이라고 예언한다. 그러나 성령은 마리아에게 "임하셔서", 예수가 "거룩한 분이요, 하나님의 아들이라고 불릴 것"(1:35)이라고 예언한다. 세례자는 예언자의 운명을 갖고 있지만(그는 "엘리야의 심령과 능력으로" 주님 앞에 갈 것이다. 17절; 참조, 76절), 예수는 왕의 운명을 갖고 있다(그에게 "그의 조상 다윗의 왕위를 주실 것이다. 그는 영원히 야곱의 집을 다스리고, 그의 나라는 무궁할 것이다," 32-33절).

이 견해에 의하면, 단계적 평행법에 따라 요한의 수태보다 예수의 수태에서 훨씬 더 큰 기적이 필요해진다. 누가는 요한의 부모가 늙었고, 엘리사벳이 불임이어서 자녀가 없었다고 말한다(7절). 하나님은 엘리사벳이 자연적으로 수태할 수 있게 해 주신다(13, 23-24절). 그러나 예수의 수태는 훨씬 더 놀라운 것으로 여겨진다. 그것은 남성의 정자 없이 일어난 수태다. 하나님이 더 큰 "개입"을 하신 것이다. 사가랴와 엘리사벳은 아이를 낳을 수 있는 능력을 받지만, 마리아는 성적인 파트너 없이 수태할 수 있는 능력을 받는다. 불임을 극복한 수태보다 성관계의 부재를 극

다는 입장)을 수정했다. 왜냐하면 단계적 평행법에 관한 지적이 옳다고 생각했기 때문에 그리고 *Mary in the NT*를 제작하는 데 참여한 학자들이 Fitzmyer의 해석을 검토했을 때 **주로** 단계적 평행법을 이유로 12명 중 11명이 반대표를 던졌기 때문이다. Fitzmyer는 "이 문제에 대한 동료 학자들의 투표에 적절하게 주의를 기울일 필요가 있다"고 결론 내린다.

복한 수태가 더 위대한 일이다.[98] 예수를 자연적인 방식으로 수태하는 것은 "그의 우월성이라는 패턴을 뒤집을 것이다. 그것은 그의 수태 방식에 특별한 것이 없음을 의미하기 때문이다."[99] 또한 자연적인 수태는 더 위대한 개입에 대한 기대를 저버리게 한다. 예수가 "신의 도움 없이" 수태됐음을 의미하기 때문이다.[100] "어떻게 그것을 알겠습니까? 나는 늙은 사람이요, 내 아내도 나이가 많으니 말입니다"(18절)와 "나는 남자를 알지 못하는데, 어떻게 이런 일이 있겠습니까?"(34절),[101] 이 두 질문은 "한발 더 나아간"(one-upmanship) 단계적 평행법을 나타낸다.[102] (그러나 "어떻게"라는 질문 중 어느 것에도 직접 대답하지 않는다는 점을 아래에서 입증할 것이다.)[103] 누가복음에서 동정녀 수태는 직접 언급되기보다는 나이 많은 부모에 의한 요한의 기적적인 출생과의 대조를 통해 더욱 암시적인 특징을 가진다. 또한 이것은 마태복음 1:18에서 동정녀 수태를 확증하는 것과 대조적이다.[104]

나는 단계적 평행법이 이 두 개의 질문과, 각각의 수태에서의 하나님의 역할에 대한 누가의 이해 속에서 실제로 나타난다고 생각한다. 그

---

98. Delling ("*parthenos*," 836): 불임 여성에게 영향을 미치는 것은 수태할 수 있는 능력이지만, 마리아의 경우 영향을 미치는 것은 수태 그 자체이다. 예수의 수태는 요한보다 "더 극적이다"(Boslooper, *Virgin Birth*, 231).

99. Brown, "Luke's Description," 361. 요한의 수태에 관해서는 구약의 평행 본문들이 있지만, 예수의 수태에 관련된 것은 없다(n. 8, p. 360).

100. *Mary in the NT*, 121을 볼 것. 그러나 나의 주장은 마리아가 엘리사벳보다 하나님의 "도움"을 더 많이 받았다는 것이다.

101. 다른 번역과 해석은 위를 볼 것.

102. Fitzmyer, *Luke*, 1.315; "Postscript (1980)," 61.

103. 다른 관점은 C. G. Montefiore, *The Synoptic Gospels* (London: Macmillan, 1927), 2.369을 볼 것.

104. Fitzmyer, *Luke*, 1.193.

러나 예수의 경우가 "더 위대한" 것은 기적적인 방식의 수태 때문이 아니라, 하나님이 그의 어머니가 겪고 있는 매우 수치스러운 상황을 극복하게 했기 때문이라는 것이다. 엘리사벳의 수치는 불임으로 인한 것이었다. 불임은 여성의 삶에서 가장 중요한 기능으로 여겨지는, 남편에게 자녀—특히 아들—를 낳아주는 것을 상실한 것으로 생각됐다. 불임은 그녀가 명예, 안전, 사회적 승인, (아이들에 대한) 권위를 행사할 수 있는 기회와 "여성이 일반적으로 이룰 수 있는 최고의 지위"를 얻지 못하게 만들었다.[105] 불임은 멸시의 원인(창 16:4-5: 하갈이 임신하지 못하는 사래를 멸시함)이었고, 임신하지 못하는 쪽에는 질투와 죽고 싶다는 생각을 불러일으켰다(창 30:1: 라헬이 자녀를 많이 낳은 레아를 질투하면서 야곱에게 "나도 아이 좀 낳게 해 주셔요. 그렇지 않으면, 죽어 버리겠어요"라고 말한 것). 성서에서 여성은 자녀를 많이 출산한 다른 아내, 경쟁자 때문에 화가 나고 짜증이 나서 "원통함과 괴로움"을 느끼는 것으로 묘사된다(삼상 1:16, 5-7을 볼 것). 불임은 그녀가 이혼을 당하고 자기 아버지의 집으로 돌아가게 되는 원인이 될 수 있었다(레 22:13은 과부, 이혼녀, 자녀 없는 여자를 아버지의 집으로 돌려보내는 것에 대해 말한다; 미쉬나 예바모트 6:6을 볼 것). 집회서 42:10에서, 딸이 불임일까 하여 걱정하는 아버지의 걱정은 진정 자기 자신을 위한 걱정이다. 딸의 남편이 그녀를 집으로 돌려보낸다면, 그는 망신을 당할 것이고 다시 한번 딸을 부양해야 하기 때문이다. 시편 113:9에서 하나님은 불임 여성에게 집과 어머니 됨이라는 약속을 주신다.

일반적으로 자녀를 낳지 못하는 것은 여자의 잘못으로 여겨졌다. 잠언 30:16에는 임신하지 못하는 자궁이 스올, 메마른 땅, 결코 "충분하

---

105. P. Bird, "Images of Women in the Old Testament," *Religion and Sexism* (ed. R. Reuther; NY: Simon and Schuster, 1974) 62-63.

다!"라고 말할 줄 모르는 불길과 같이 나열된다. 또한 불임은 죄에 대한 형벌로 언급되며(레 20:20-21; 어쩌면 삼하 6:23도?; 참조, 『에녹1서』 98:5), 적어도 하나님이 그 여자를 "잊은 것"(삼상 1:11을 볼 것)이 원인이다. 그러나 누가는 사가랴와 엘리사벳 모두 "하나님 앞에서 의로운 사람이어서, 주님의 모든 계명과 규율을 흠잡을 데 없이 잘 지켰다"(1:6)라고 말하며, 따라서 그들에게 자녀가 없었던 것은 죄의 결과가 아니라는 것을 독자들에게 알려주려고 애쓴다. 그럼에도 엘리사벳은 불임에 대해 "사람들에게 당하는 내 부끄러움(또는 책망)"이라고 말한다(25절; 참조, 창 30:23에 나오는 임신에 대한 라헬의 반응: "하나님이 나의 부끄러움을 벗겨 주셨구나").

그러나 유혹이나 강간을 당하고, 남편이 아닌 누군가에 의해 임신하게 된 약혼한 처녀가 당하는 치욕은 훨씬 더 심한 것이었다. 임신하지 못하는 여성의 치욕(사 54:1-3; 삼상 2:5)과 대조적으로, 이러한 종류의 치욕은 결코 명확한 반전의 약속을 받지 못한다. 누가복음 1-2장의 나머지 부분에서 강력하게 나타나는 약속-성취 주제는, 여기에서 최고조에 이르고, 산산이 깨어지며, 한계를 넘어선다. 모든 기대와는 달리 누가의 내러티브는 성령이 그러한 치욕적인 결과를 일으킨 임신에 관여했음을 믿으라고 독자들에게 요구한다. 누가가 마리아의 사례에서 하나님이 이 두 번째 치욕을 감싸셨다는 자신의 믿음을 어떻게 표현하는지는 35절의 가브리엘의 발언을 논의하는 다음 부분(D)에서 살펴볼 것이다.

단계적 평행법에 대한 이러한 이해는 수태/출산 예고의 형식에 대한 분석에 의해 뒷받침된다. 브라운은 창세기 16:7-13(이스마엘); 창세기 17:1-21과 18:1-15(이삭); 사사기 13:3-23(삼손); 누가복음 1:11-20(세례자 요한); 누가복음 1:26-37과 마태복음 1:20-21(예수)을 언급하면서 그러한 수태고지의 양식을 배치한다. 이 양식의 다섯 단계는 다음과 같다.

1. 주님의 천사의 출현 (또는 주님의 출현)

2. 초자연적 존재를 대면한 목격자(visionary)의 두려움 또는 엎드림

3. 신적인 메시지

    a. 목격자의 이름을 부름

    b. 목격자를 묘사하는 적절한 문구

    c. 두려워하지 말라는 말을 목격자가 들음

    d. 여자가 아기를 임신하고 있거나 임신을 앞두고 있음

    e. 그녀는 (남자) 아이를 낳을 것임

    f. 그 아이를 부르게 될 이름

    g. 그 이름을 설명하는 어원

    h. 아이가 성취할 미래

4. 어떻게 이런 일이 일어날 수 있는지 또는 표적을 요구하는 목격자의 이의 제기

5. 목격자를 안심시키기 위한 표적 제공

창세기 16:7-13에는 4단계와 5단계가 생략되어 있으며, 마태복음 1:20-21에는 2, 4, 5단계가 생략되어 있다.[106] 비슷한 단계가 위임 형식에도 나타나는데, 그것에 대해서는 아래에서 논의할 것이다.[107]

    그러나 이 양식에는 약간의 논리 보강이 필요하다. 로버트 알터(Robert Alter)는 "관습은 어떻게 우리의 해석을 돕는가: 성서 수태고지 유

---

106. Brown, *Birth*, 156.

107. X. Leon-Dufour, "L'Annonce," 77은 출애굽기 3:2-12의 모세의 위임 장면과 사사기 6:12-33의 기드온의 위임 장면을 사용한다.

형-장면의 경우"(How Convention Helps Us Read: the Case of the Bible's Annun-
ciation Type-Scene)라는 논문에서 대부분의 경우 영웅의 수태와 출생을 전
하는 데 성서의 저자들과 청중들이 암묵적으로 이해한 내러티브 주제
들의 고정된 순서가 사용됐다는 것을 밝히기 위한 노력의 일환으로 창
세기 18:9-15(이삭); 25:19-25(야곱과 에서); 사사기 13장(삼손); 사무엘기상 1
장(사무엘); 열왕기하 4:8-17(수넴 여인의 아들)을 분석한다. 유형-장면(type-
scene) 관습에 대한 그의 생각은 성서학에서 논의되어 왔던 다양한 수태
의 고정되고 반복되는 양식들(*Gattungen*)과 어느 정도 관련되어 있다. 그
러나 알터는 양식을 문학적 관습(literary convention)으로 인식하면, 실제
로 그 양식이 어떻게 작용하는지에 대한 다른 이해를 얻을 수 있다고
주장한다. 문학 장르(*Gattung*)와 대조적으로, 문학적 관습에서 문화는 문
자(text)로 변환되어 사회적 또는 문화적 현실에 대한 매우 조정되고
(mediated) 양식화된 이미지를 제공한다. 이것에 대한 관심은 문화 속에
서 본문(text)이 수행하는 기능을 강조하는 양식비평과는 다르다. 또한
양식비평은 다른 본문들 사이의 **공통** 양식을 밝히려고 시도하지만, 문
학비평가인 알터는 "양식들이 각각의 새로운 사례에서 재구성되고 재
배치되는 창의적인 신선함이 더 중요"하다고 생각한다.[108]

알터는 수태고지 유형-장면이 3단계 도식을 갖고 있다고 주장한다.

1. 미래에 영웅이 될 사람의 어머니가 불임이라는 곤경에 빠져있다는 진술

---

108. R. Alter, "How Convention Helps Us Read," *Prooftexts* 3 (1983) 119. J. G. Williams
(*Women Recounted. Narrative Thinking and the God of Israel* [Sheffield: Almond,
1982] 40; n. 13, p. 135; pp. 52, 55)는 Alter의 연구를 활용하지만, "전형적인 장
면"(typic scene)이라는 용어를 선호한다; 그는 수태고지를 "약속 장면"(promise
scene)이라고 부른다.

로 시작한다.

2. 수태고지는 불임 여성에게 전해지며, 약속 또는 예언의 신탁, 하나님의 사람이나 천사의 방문으로 수태가 가능해진다.

3. 그런 뒤에 수태와 출산이 일어나는데, 어떤 판(version)에서는 즉시 일어나지만, 알터가 검토한 장면들 중 하나(이삭의 수태 이야기)에서는 다른 내러티브 소재가 개입한 후에 일어난다.[109]

알터의 다섯 본문에는 브라운도 다뤘던 두 개의 본문(창 18:9-15; 삿 13장)과 다루지 않았던 세 개의 본문(창 25:19-25; 삼상 1장; 왕하 4:8-17)이 포함되는데, 그것은 브라운이 목격자에게 초자연적 존재가 나타나서 전했던 수태고지만 다뤘기 때문이다. 창세기 25:19-25에서 주님은 이삭이 임신하지 못하는 그의 아내 리브가를 위해 드린 기도를 들어주었다. 그 뒤 임신한 리브가가 주님께 질문하기 위해 찾아갔는데, 신탁을 받기는 했지만 현현은 없었다. 사무엘기상 1:17에서 임신하지 못하던 한나는 실로의 제사장 엘리에게 "이스라엘의 하나님이, 그대가 간구한 것을 이루어 주십니다"라는[110] 말을 듣는다. 그리고 열왕기하 4:8-17에서 엘리사 선지자는 수넴 여인에게 수태할 것이라고 말한다.[111] 브라운의 본문에는

---

109. W. Richter (*Traditionsgeschichtliche Untersuchungen zum Richterbuch* [Bonn: Hanstein, 1963] 141)가 제안한 다섯 가지 주제들을 참고할 것; R. Neff, "The Annunciation in the Birth Narrative of Ishmael," *BR* 17 (1972) 52-53이 입증한 구약성서의 3중 구조와 그 뒤를 이은 E. Conrad, "The Annunciation of Birth and the Birth of the Messiah," *CBQ* 47 (1985) 656-63도 볼 것.

110. 또는, "이루어 주실 것입니다"; *yitten*은 예언(미완료 시제인 경우)이거나 기도(명령형인 경우)이다.

111. 왕상 13:1-6(하나님의 사람이 요시야의 출생을 예언함); 대상 22:7-10(다윗이 솔로몬에게 성전 건축을 위임하는 장면에서 다윗이 야훼의 예고를 회상함)도 볼 것. 사 7:14에 대해서는 본서 제2장을 볼 것.

알터가 다루지 않은 히브리 성서의 두 본문(창 17:1-21과 16:7-13)과 신약성
서의 세 개의 예고 장면이 포함되어 있다. 알터는 아마 창세기 17:1-21(이
삭)이 어느 정도 창세기 18:9-15과 중복되기 때문에 생략했을 것이며, 창
세기 16:7-13(이스마엘)은 하갈이 불임이 아니었기 때문에 생략했을 것이
다.[112]

이 모든 본문을 알터의 3단계 도식의 관점에서 살펴보면, 명백한 예
외인 누가복음 1:26-37을 제외하고는 그 예고들이 여성의 곤경에 대한
응답으로 일어난다는 것이 분명해진다. 브라운과 알터가 다룬 열 개의
본문 중 일곱 개의 본문이 그렇기는 하지만, 항상 불임으로 인한 곤경
때문은 아니다. 하갈의 곤경은 불임이 아니었다. 오히려 그녀의 임신 때
문에 사래는 그녀를 질투하고 억압했다. 하갈이 받은 수태고지는 그녀
가 사래를 피해 도망쳤던 광야에서 일어났다(창 16:4-8). 마태복음 1:20-
21에서는 요셉이 직면한 딜레마 그리고 그가 이혼을 결심하게 만들었
던 마리아의 임신이라는 곤경 때문에 수태고지가 일어났다.[113] 이사야서
7:10-17을 살펴보면, 이사야가 아하스에게 임마누엘의 수태와 탄생을
예고한 것은 다윗 가문 유다 왕국의 고난에 대한 응답이며, 요시야의 탄
생 역시 (여로보암의 배교로 인한) 이스라엘의 고난에 대한 응답이라는 것을
알 수 있다. 그리고 역대지상 22:7-10에서 아들을 약속한 것은 여성의
불임 때문이 아니라 아버지의 부적격함에 대한 응답이다. 페로(C. Perrot)

---

112. 구약성서의 예고 장면 전체 목록은 다음과 같다: 창 16:7-13; 17:1-21; 18:1-15; 25:19-
    25; 삿 13:3-23; 삼상 1장; 왕상 13:1-6; 왕하 4:8-17; 사 7:10-17; 대상 22:7-10. 모두
    열 개.
113. Alter가 지적했듯이, 창세기 25:19-25에 나오는 리브가를 향한 예고 또한 이미 임신
    한 여자를 향한 것이다. 결론적으로, 그것은 미래에 있을 출생이라는 사실이 아니
    라 태어날 아들들의 운명에 관한 것이다("Convention," 122).

는 위대한 인물들의 유아기에 관한 그리스도교 이전의 하가다(haggada)
에서 발견한 다양한 주제들을 열거한다. 이 주제 중 첫 번째는 사람들이
나 하나님의 백성 스스로 발견한 통탄스러운 상황에 대한 언급이다.[114]

　　알터는 자신이 살펴본 모든 수태고지 이야기에서 불임으로 인한 곤
경이 등장하기 때문에, "수태고지 양식-장면의 일반적인 배치는 영웅의
출생이 초자연적인 무언가를 암시하기 위한 것이라고 가정하는 것이
안전하다고 말한다. 그는 단순한 자연적 과정의 결과로 태어날 수 없다.
그 대신 그의 어머니가 필연적으로 불임이어야 하며, 그 출생은 오직 위
로부터의 직접적인 메시지와 함께 신적인 개입을 통해서만 일어난다"
라고 말한다.[115] 그러나 성서의 저자들과 초기 청중들에게 구약성서에
나오는 나이 많은 불임 여성의 수태 및/또는 불임 여성이나 나이 많은
여성의 수태는 "초자연적"인 것으로 여겨지지 않았으며, 자연적인 과정
의 결과로 생각됐다. 이러한 수태는 **모든** 수태에서 막연히 신성한 "개
입"이라고 부를 만한 것을 극적으로 강조할 뿐 아니라 언약(들)에 대한
신성한 충성을 강조하기 위한 것이었다. 알터는 자신이 말하는 "어떤
초자연적인 것"과 "개입"이 무엇을 의미하는지 정의하지 않는다.

　　그러나 내가 여기서 관심을 갖는 것은 알터의 분석의 또 다른 측면
이다. 일반적으로 그 장면들이 여성의 곤경으로 시작하는 것은 사실이
다. 수태고지는 그 곤경에 대한 응답이다. 불임으로 인한 곤경이 성서의
모든 수태고지 장면에 나오는 것은 **아니다**. 불임이 가장 흔한 곤경일 수
는 있지만 새로운 곤경도 나타난다. 내가 언급한 두 개의 예외 사례에서
수태고지는 위기에 처한 임산부인 하갈과 마리아를 돕거나 보호하기

114.　Perrot, "Les Récits," 505.
115.　Alter, "Convention," 121.

위해 하나님이 "개입"하는 계시다.

출애굽 모티프를 놀랍게 뒤집어, 이집트로 도망가는 장면에서 사래에게 복종하도록 다시 돌려보내진 하갈의 경우(창 16:9), 우리는 신의 도움이란 것이 미약하고 불분명한 종류의 도움이라고 말할 수밖에 없다. 하나님은 그녀의 고난에 귀를 기울인다(창 16:11; 참조, 출 3:7-8; 신 26:7). 하갈은 수많은 후손을 약속받았고(창 16:10), 아들을 통해 미래를 보장받는다. 그러나 그녀는 더 큰 억압에 복종하라는 명령을 받기 때문에 "고통이 희망을 꺾어버린다. … 이스마엘에 대한 신의 약속은 위로와 비참함의 경계에 놓인 삶을 의미한다."[116] 계속해서, 하갈은 하나님에게 이름을 붙인다: "당신은 보시는 하나님입니다"(16:13). 비록 그 이름과 그녀가 받은 계시의 의미가 불분명한 채 남아있기는 하지만, 그녀의 선언에는 긍정적인 어조가 담겨 있다. 그러나 하갈은 해방되지 않았고, 그녀의 이야기에서 하나님은 압제자와 동일시된다.

마리아의 경우, 마태의 설명에서 그녀가 처한 어려움은 그녀가 약혼했다는 것과 자신의 약혼자가 아닌 사람에 의해 임신했다는 것이었다. 그녀는 수치(또는 그 이상)를 당할 위험에 처해 있었지만 요셉은 딜레마를 해결하기 위해 그녀에게 수치를 주는 방식을 선택하기를 꺼려한다. 차라리 그는 마리아를 이혼과 사회적 배척의 위기에 빠뜨리려고 한다. 요셉이 천사의 계시를 받고서 마리아는 이 위기에서 벗어나며 결혼을 통해 요셉의 보호 아래 있게 된다. 이로써 그녀의 곤경은 응답받는다. 이것이 마태복음에서의 마리아의 "해방"의 범위다.

마리아의 수태고지에 관한 누가복음의 장면은 어떨까? 사가랴와 마리아를 향한 두 수태고지의 구조에 관한 논의 없이 슈바이처(A. Schwei-

---

116. Trible, *Texts of Terror*, 17.

zer)는 둘 사이의 중요한 차이점 중 하나가 마리아에게 있어서는 (수태의) 필요성에 대한 설명도 없고 고통받는 사람의 끈질긴 기도도 없었다는 것이라고 지적한다. 그는 이것이 "필요 없었기 때문"이라고 생각한다. 하나님의 자유로운 창조 행위가 예수를 태어나게 했다.[117] 마리아의 수 태고지에는 응답이 필요했던 곤경이 나오지 않도록 누가가 엄청나게 새롭게 썼을 가능성도 있지만, 나는 그렇지 않다고 생각한다. 나에게 수 태고지 유형-장면에 대한 알터의 논의는 (문학적) "관습"이 독자들에게, 이 수태고지 역시 여성의 곤경과 관련되어 있음을 예상하도록 이끌어 야 한다는 것을 의미한다. 처녀성은 "곤경"으로 여겨질 수 없다.[118] 그리 고 누가는 독자가 이 부분에서 이스라엘이나 세상의 곤경에 대해 생각 해야 한다는 암시를 주지 않는다. 문학적 관습을 통해 독자들은 1:27과 1:48에서 신명기 22:23-37에 대한 암시를 주의해야 한다.[119] 누가의 새로 움은 과감하고 미묘하다. 히브리 성서의 수태고지는 대부분 임신보다 예고가 앞서서 일어난다. 그러나 (창세기 16:7-13과 마태복음 1:20-21에서처럼)

---

117. Schweizer, *Good News*, 25-26.

118. Williams (*Women Recounted*, 55, 82)는, 복음서의 수태고지 장면과 고대 이스라엘 모델 사이의 패턴의 유일한 차이점은 여성이 불임이 아닌 젊은 처녀라는 점이라고 주장한다. 젊은 처녀는 "불임인 아내와는 반대되는 이미지"이다. 그러나 그는 다음 과 같이 말한다. "두 경우 모두 결과가 같다는 점에서 이 반대되는 이미지들이 만나 게 된다: 놀라운 신의 섭리를 통해 종교적 영웅은 인간 아버지에 의한 수태 없이 자 궁에 수태된다. 초기 그리스도교에서 이것은 구원 계시 사건의 초월적 의미를 표현 하는 하나의 상징적인 양식이었다: 이 아들의 본질은 인간이 아니라 하나님에게서 기원했다는 것이다." Williams는, 한때 불임이었던 여자들에 관한 구약의 사례들은 인간 아버지에 의해 수태되지 않거나 수태할 수 없었던 자궁에 관한 것이라고 주장 한다. 그러나 구약성서에서 한때 불임이었던 사람들의 수태 이야기는 이중(신과 인 간) 기원(paternity)에 관한 이야기다.

119. 1:48에서는 특정 어휘를 통한 암시가 아니라, 우리가 살펴보았듯이 신명기 율법의 내용, 율법이 다루어지는 상황에 대한 암시를 하고 있다.

임신 자체와 그 이유가 곤경의 원인이 될 것이다. 1:27에서는 그 징후가
나타날 뿐이고, 1:48에서는 언급된다.[120] 따라서 누가복음의 수태고지는
예상되는 곤경에 대한 응답이며, 곤경에 앞서 응답이 이루어진 것이다.
어떤 의미에서 이 계시는 곤경을 미연에 방지한다. 내가 의도하는 바는
가브리엘이 마리아에게 한 약속에 대해 논의하는 다음 단락(D)에서 분
명해질 것이다.

　물론, 여기서 문학적 관습은 다른 방식으로도 작용한다. 성서의 수
태고지 대부분이 불임을 다루고 있다는 사실, 누가 역시 마리아의 수태
고지를 불임 문제에 관한 사가랴의 수태고지와 매우 유사하게 평행시
키고 있다는 점 그리고 1:18, 34에 나오는 두 개의 "어떻게?"라는 질문
때문에, 독자들은 예수 수태의 경우 육체적으로 특별한 무언가를 기대
하게 된다.

　누가가 예수의 수태고지 이야기에 의존하여 요한의 수태고지 기사
를 작성한 것인지,[121] 아니면 요한의 수태를 히브리 성서 모델의 관점에
서 자세히 설명하고 있는 복음서 이전 자료를 사용하여 자신이 작성한
예수의 수태고지 이야기에 모방한 것인지에 관해서는 학자들 사이에
일치된 의견이 없다는 점을 기억해야 한다.[122] 나는 후자라고 생각하는

---

120. Burrows (*Gospel of the Infancy*, n. 1, p. 53; 참조, pp. 9, 29-30)는 "수태고지 당시 마
　　리아가 겪고 있던 영적인 고통은 충분히 알려지지 않았다"고 생각한다. 그에 의하
　　면, 여기에는 세 가지 순간이 있다: (1) 마음속의 커다란 괴로움과 두려움(1:29-30);
　　(2) 의무들 사이의 충돌같이 보이는 것(1:34의 마리아의 질문에서 드러남); (3) 수용
　　의 행위(1:38의 그녀의 대답). Burrows가 이 뉘앙스를 인식한 것은 올바른 것이었
　　다. 그러나 누가 내러티브의 어조는 전반적으로 기쁨에 차 있다.

121. P. Benoit, *Exégèse et Théologie* (Paris: Cerf. 1968) 3.193-96; Brown, *Birth*, 247,
　　251, 265, 273이 그런 입장이다.

122. Fitzmyer, "Postscript"(1980), *Luke*, 1.309, 315, 317, 335가 그런 입장이다. 이러한
　　관점에 속한 학자들의 명단은 W. Wink, *John the Baptist in the Gospel Tradition*

편이다. 슈바이처의 주장은 설득력이 있다. 즉, 요한 이야기가 예수 이
야기를 본떠 만들어졌을 가능성은 낮다. 누가복음 1:5-24a(25), 57-66은
아마도 예수를 메시아로 인식하지 않았던, 그리고 메시아가 아니라 하
나님의 최종적인 도래만을 기다렸던 세례 요한의 추종자들에게서 비롯
됐을 것이다. 슈바이처의 견해에 의하면, 두 이야기가 구전 단계에서 이
미 어느 정도로 동화되어 있었는지 판단하기 어려운 것과 같이, 평행하
는 예수 내러티브를 추가하여 전승을 확장한 사람이 누가 이전의 유대
그리스도인인지 아니면 누가 본인인지 판단하기 어렵다. 이 과정은 아
마도, 마리아를 높이 평가하지만 그 이후에 간략하게라도 믿음과 관련
해 예수의 수태를 언급하지 않았던 누가, 그 이전의 과정일 것이다. 또
한 복음서의 나머지 부분에서 누가는 예수를 엘리야로 묘사하고 세례
요한의 순교 사건을 생략하면서, 실제로 요한과 예수 사이의 평행을 축
소한다.[123] 마태복음의 수태고지와 비교하면 예수에 대한 복음서 이전
전승이 이미 천사의 수태고지 양식으로 제시되고 있음을 보여준다는
것도 추가되어야 한다.[124] 이 양식은 누가복음 1장보다 마태복음 1장에
서 덜 뚜렷한데, 마태복음의 경우 꿈 내러티브의 지배적인 양식과 합쳐
졌기 때문이다. 누가는 세례 요한의 수태 전승을 모방하여 자신이 전해
받은 예수 수태 전승을 확장했고, 그것을 통해 수태고지 양식을 강화했
다.[125]

(Cambridge: Cambridge University, 1968) n. 1, p. 60을 볼 것. (R. Laurentin, *Structure et Théologie de Luc I-II* [Paris: Gabalda, 1957] 110-16을 따라서) Wink는 두 이야기의 상호 의존을 가정하고 있다(70-79).

123. Schweizer, *Good News*, 15-16을 볼 것.
124. Fitzmyer, *Luke*, 1.335을 볼 것.
125. 평행법은 누가가 선호하는 작법 중 하나다. C. H. Talbert, *Literary Patterns, Theological Themes and the Genre of Luke-Acts* (Missoula: Scholars, 1974) 15-45,

초기 그리스도교와 그 이후 누가의 수태고지 이야기 모방은 의도하지 않은 결과를 불러왔을 수도 있다. 여기서 문학적 관습은 독자들이 수태 과정에서의 신적인 "개입" 또는 "초자연적" 방식의 신적 권한 부여에 대해 생각하도록 이끄는 두 번째 방식으로 작용한다(물론 "개입" 또는 "초자연적"이라는 용어 모두 그 불임 내러티브의 의미를 정확하게 나타내지는 못한다). 마태 내러티브에서는 수태고지 양식이 그보다 **약하게** 나타나기 때문에, 문학적 관습이 그런 방식으로 작동하지 않는다. 또한 마태는 가계도에 네 명의 여성의 이름을 삽입하고 (독자들의 관심을 보다 직접적으로 신명기 율법에 향하게 만드는) 요셉의 딜레마를 제시함으로써, 마리아의 곤경을 더 광범위한 맥락에서 살펴볼 수 있도록 독자들을 준비시켰다.

문학적 관습이 누가복음을 그렇게 색다른 방식으로 읽도록 우리를 돕는다는 주장은 의심의 여지없이 특이하고, 심지어는 비뚤어진 것처럼 보일 것이다. 그러나 알터는 "성서 내러티브의 많은 체계화된 문학적 관습들이 후대의 사고방식, 문서를 생산하고 해독하는 방법들과 중첩되어 잊혀졌다"라고 말한다. "복구"하려는 노력이 필요할 수도 있는데, 그러한 노력은 "많든 적든 추측"이기 때문에 위험이 따른다고 한다.[126] 따라서 문학적 관습은 **우리의** 관습, **우리가** 해석하는 관습적인 방식을 의미하지 않는다. 성서의 문학적 관습에 대한 이해는 놀라운 현대적 해석으로 이어질 수 있다. 수태고지 양식이 관습적 수태고지 **상황**—여성의 곤경[127]—을 포함하는 것으로 확장된다면, 누가(그리고 마태 및 그들

103-43을 볼 것.

126. Alter, "Convention," 116.

127. 누가의 유아기 내러티브의 구조를 배치하면서 Fitzmyer (*Luke*, 1.313)는 1:5-25과 1:26-38 사이의 첫 번째 평행으로 부모의 소개를 제시한다: 5-10절(요한의 부모가 소개되고, 불임 때문에 자녀를 기대하지 않음); 26-27절(예수의 부모가 소개되고,

이전에 그리스도교 전승을 구성한 자들)는 성서 전승에서 한 번도 사용되지 않았던 상황의 양식—사생아 임신—을 채택하여 커다란 변화를 만들었다고 볼 수 있다.

내 생각에 이것은 그렇게 놀라운 일이 아니며, 두 개의 신약성서 본문이 예수의 "동정녀 수태"에 관한 것이라는 매우 기묘한 주장보다는 그리스도교 이전, 유대 전승에 내재된 가능성들과 더 일치한다.

D. 누가복음 1:35: 마리아의 질문에 대한 가브리엘의 대답

1. 질문들과 "대답들"

누가복음 1:31에서 가브리엘은 마리아가 수태하여 예수라는 이름의 아들을 낳을 것이며, "그는 위대하게 되고, 더없이 높으신 분의 아들이라고 불릴 것"이라고 말한다. 하나님은 그에게 다윗의 왕좌와 영원한 왕국을 주실 것이다. 마리아는 "나는 남편과 아무런 성관계를 갖지 않았는데 어떻게 이런 일이 일어날 수 있습니까?"라고 대답한다(1:34). 우리가 살펴본 것처럼, 그녀의 질문은 사가랴가 엘리사벳이 아들을 낳을 것이며, 그는 위대한 선지자 중 한 명이 될 운명이라는 말을 들었을 때 물었던 질문과 비슷하다. "어떻게 그것을 알겠습니까? 나는 늙은 사람이요, 내 아내도 나이가 많으니 말입니다"(1:18).

이에 대한 천사의 대답은 그 어느 것도 그 대화에 참여한 인간들의

___
결혼하지 않았기 때문에 자녀를 기대하지 않음). 분명히 Fitzmyer는 "비혼"(un-married) 대신 "단지 약혼한 상태이기 때문에"를 의미하고 있다. 그러나 수태고지의 순간 그들이 문자 그대로 아이를 기대하지 않았던 것은 사실이지만, 약혼했다는 사실은 그들이 미래에 당연히 아이를 가질 것으로 기대했다는 것을 의미한다.

질문에 대한 직접적인 대답이 아니다. 두 번의 대답 모두 각각의 임신이 "어떻게" 이루어지는지에 대한 정보를 제공하지 않는다.[128] 오히려 그 양식에서는 이의를 제기한 뒤에 안심시키는 말과 표적이 주어지거나, (사가랴의 경우) 의심 뒤에 책망이 이어지고, (마리아의 경우) 망설임 뒤에 안심시키는 말이 나온다.[129] 누가복음 1:18은 창세기 15장의 아브라함의 질문이 생각나게 한다. 자기 앞에 놓인 땅을 소유하게 될 것이라는 말을 들었을 때 아브라함은 "주 나의 하나님, 우리가 그 땅을 차지하게 될 것을 제가 어떻게 알 수 있습니까?"라고 묻는다(15:8). 언약 의식을 마치고, 깊은 잠과 공포와 어둠 이후 그가 들었던 대답은 사가랴가 들은 것보다 더 직설적인 대답이었다. 아브라함은 그의 후손의 역사를 미리 보게 된다: 그들의 나그네살이(sojourning), 이집트 거주, 억압, 탈출, 귀향. 그러나 사가랴는 사자의 권위에 대한 말을 들을 뿐이다: "나는 하나님 앞에 서 있는 가브리엘인데, 나는 네게 이 기쁜 소식을 전해 주려고 보내심을 받았다"(1:19). 그리고 표적이 주어진다. 믿지 않았기 때문에 그는 약속이 성취될 때까지 말을 하지 못하게 될 것이다. 이 천사의 대답의 본질은 "너는 믿었어야 한다"라는 것이다. 그것은 사가랴의 이의에 대한 묵살이라고 볼 수도 있다.[130]

마리아의 질문에 대한 대답은 이 전체 본문에 대한 우리의 해석에 있어서 매우 중요하다. 그녀는 "성령이 그대에게 임하시고(*epeleusetai epi*

---

128. M. Chevallier, *L'Esprit et le Messie dans le Bas Judaïsme et le Nouveau Testament* (Paris: Presses Universitaires de France, 1958) 87: "Au 'Comment?' de Marie, l'ange répond: 'Par le Saint-Esprit.'"와 대조해 볼 것.

129. Goulder and Sanderson, "St. Luke's Genesis," n. 2, p. 19. Laurentin (*Structure*, 32-33)은 사가랴에 대한 대답은 질책이며, 마리아에 대한 대답은 계시라고 주장한다.

130. Davis, "Literary Structure," 220.

se), 더없이 높으신 분(dynamis hypsistou)의 능력이 그대를 감싸 줄 것이다
(episkiasei). 그러므로 태어날 아기는 거룩한 분이요, 하나님의 아들이라
고 불릴 것이다"라는 대답을 듣는다. 엘리사벳의 임신은 "하나님에게는
불가능한 일이 없다"(ouk adynatēsei para tou theou pan rhēma; 36-37절)라는 것
을 보여주기 위해 언급된 표적이다. 이삭의 수태 이야기로 다시 돌아가
서, 이 구절은 사라가 웃었을 때 하나님이 아브라함에게 물었던 질문에
대한 대답이다. "나 주가 할 수 없는 일이 있느냐?"(창 18:14 LXX, me adyna-
tēsei para tō theō rhēma). 천사의 두 번째 반응의 본질은 무엇일까? 그것은
다음과 같다: 너는 믿어야 한다; 너는 하나님의 권능과 보호를 받게 될
것이다. 엘리사벳이 당한 수치를 뒤집은 것은 하나님에게는 불가능이
없다는 것을 보여준다. 마리아의 신뢰는 사라의 웃음과 대조된다.

누가복음 1장의 가브리엘과 마리아의 대화와 요한복음 3장의 예수
와 니고데모의 대화 사이에는 놀라운 유사성이 존재한다. 두 대화 모두
생물학에 대한 질문, 출산과 잉태가 어떻게 이루어지는지에 관한 질문
이다. 그러나 질문에 대한 대답은 모두 다른 차원, 영적인 대답이며, 둘
다 성령의 역할에 대해 언급한다.[131] 예수는 니고데모에게, "내가 진정으
로 진정으로 너에게 말한다. 누구든지 위로부터 잉태되지 않으면(또는,
'다시 나지 않으면'[born again]; 그리스어 gennēthēnai anōthen은 두 가지 의미 모두 가
능하다), 하나님 나라를 볼 수 없다"(3:3). 니고데모는 묻는다. "사람이 늙
었는데, 그가 어떻게 태어날 수 있겠습니까? 어머니 배 속에 다시 들어
갔다가 태어날 수야 없지 않습니까?"(3:4). 이 대화는 니고데모의 오해로
진행되는데, 이것은 제4복음서의 일반적인 진행 방식 중 하나다. 니고

---

131. 또한 두 본문 모두 (요 3:5에서 암시되고, 3:22-36에서 전개되는) 예수와 세례 요한
의 비교와 대조의 맥락에서 발생한다.

데모는 예수의 말 일부를 정확하게 이해했지만, 단지 '아노텐'(*anōthen*)의 의미 일부만을 이해했을 뿐이다. 그 단어가 "새롭게" 또는 "다시"를 의미한다면, 그것은 "두 번째로"라는 말로 정확하게 바꾸어 표현할 수 있다. 그러나 인간 어머니의 자궁에 두 번째로 들어갔다가 나오는 것을 생각하는 것은 '아노텐'이 "위로부터"를 의미(아마도 여기에서는 이것이 주된 의미일 것이다)한다는 사실을 무시하는 것이다. 니고데모는 그가 들은 말을 완전히 인간적인 용어라고 이해했고, 그 대화에서 사람을 비유로 생각하지 않았기 때문에 오해한 것이다.[132] 예수의 대답은 "물과 성령으로 잉태된" 자들에 관한 것이다(3:5-8). 7-8절은 언제, 어떻게의 측면에서, "성령으로 잉태됨"을 실제로 이해하기 어렵다는 의미다.[133] (여기에 누가복음과 요한복음 본문의 중요한 차이가 있다. 즉, 요한복음에서는 생물학적인 출생과 일치하는 성령에 의한 잉태나 출생에 대해 말하지 않지만,[134] 누가복음은 어떤 의미에서는 그러한 출생을 말하고 있다.)[135] 니고데모가 "어떻게 이런 일이 있을 수 있습니까?"(3:9)라고 다시 물었을 때, 예수의 대답은 사가랴에 대한 가브리엘의 대답과 마찬가지로 하늘나라에 접근할 수 있는 증인의 신뢰성에 관한 것이자 그를 믿어야 한다는 것이었다(3:10-15).

누가복음의 내러티브는 요한복음의 전형적인 오해 렌즈를 통해 해석되어서는 안 된다(누가복음의 장면에는 언어유희나 중의적 표현이 없다는 점에

---

132. C. K. Barrett, *The Gospel According to St. John* (London: SPCK, 1962) 173-76.

133. Brown, *John*, 1,130, 141을 볼 것.

134. Barrett (*John*, 175)은 요한복음 3:6에 대해 다음과 같이 말한다: "존재에는 두 개의 대조되는 순서가 있고, 따라서 두 개의 대조되는 출생의 순서가 있다… 각각은 자신에 해당하는 결과를 낳는다. 육체는 육체일 뿐 영이 아니다; 그러나 육체, 특히 육체의 출생이 성령에 의한 잉태를 이해할 수 있게 하는 비유를 제공한다는 것은 여전히 사실이다."

135. 그러나 누가는 신적 잉태라는 말을 사용하지 않는다.

주목하라). 그러나 누가복음의 마리아의 수태고지 및 요한복음의 니고데모와 예수의 대화 사이의 특이한 유사성은 오래된 복음서 이전 전승 단계에서의 어떤 연관성을 시사한다. 이러한 유사성은 누가가 단순한 질문과 답변으로 이 대화를 기록한 것이 아니라는 것을 알 수 있게 해 준다.

2. "임하시고"와 "감싸 줄 것이다"

천사는 동의평행법(synonymous parallelism)을 사용하여 마리아에게 말한다(1:35bc): 성령은 가장 높으신 분의 권능이며(참조, 24:49; 행 1:8), 성령이 마리아에게 임하는 것은 그녀를 감싸 주는 것이다. 그러나 그 동사들은 뉘앙스가 다르다. 첫 번째 동사는 마리아에게 힘을 주는 것을, 두 번째 동사는 보호의 약속을 의미한다.

첫 번째 동사 "임하시고"(eperchesthai)는 복음서 저자 중 누가만 사용하는 단어다. 그는 이 단어를 일곱 번 사용하는데, 네 번(어쩌면 다섯 번)은 사람을 두렵게 만들거나 강하게 괴롭히는 것을 말할 때 사용한다: 눅 11:22("그러나 그보다 더 힘센 사람이 달려들어서[epelthōn] 그를 이기면 …");[136] 눅 21:26("사람들은 세상에 닥쳐올[eperchomenōn] 일들을 예상하고, 무서워서 기절할 것이다"); 행 8:24(마술사 시몬의 요구, "여러분들이 말한 것이 조금도 내게 미치지 않도록 [epelthē], 나를 위하여 주님께 기도해 주십시오"); 행 13:40("그러므로 예언서에서 말한 일이 여러분에게 일어나지[epelthē] 않도록 조심하십시오"); 참조, 약 5:1("부자들은 들으십시오. 여러분에게 닥쳐올[eperchomenais] 비참한 일들을 생각하고 울며 부르짖으십시오").

신약성서의 다른 부분에서 이 동사가 성령과 함께 사용된 것은 단

---

136. 사도행전 14:19에서는 바울에 적대적인 유대인들이 안디옥과 이고니온에서 온다.

한 번뿐이다(이것 역시 누가에 의한 것이다). 사도행전 1:8에서 부활한 예수는 오순절에 성령을 보낼 것을 약속한다: "그러나 성령이 너희에게 내리시면(epelthontos), 너희는 능력(dynamin)을 받을 것이다." 이 구절과 누가복음 1:35 사이에는 중요한 관계가 있다. 여기에서는 누가가 자신의 첫 번째 책인 복음서에서 성령이 개인인 마리아에게 권능으로 "임한다"고 묘사하고 있다고 말하는 것만으로 충분할 것 같다. 마리아는 자신의 응답 (1:38)을 통해 믿음 있는 제자의 원형이 되고, 성모송을 통해 복음의 첫 번째 강력한 선포자가 된다. 그리고 그녀가 받은 권능은 내러티브가 계속되면서 은연중에 드러나고 묘사된다. 성령이 마리아에게 임한 결과, 그녀에게서 태어날 아기는 "거룩"할 것이다. 자신의 두 번째 책인 사도행전에서 누가의 예수는 모여있는 추종자들에게 성령이 "임할 것"이라고 약속한다. 그리고 그 결과 그들은 권능을 받아 "땅끝까지" 그의 증인이 되고, 예수를 하나님의 거룩한 사람이라고 선포하게 될 것이며(3:14; 4:27, 30), 다른 사람들이 성령을 받게 할 수 있게 될 것이다. 누가가 위험, 공포와 관계된 동사를 사용한 것은 주로 인간이 통제할 수 없는 성령의 능력을 강조하기 위해서였다. 그가 사도행전 1장, 마리아의 수태고지를 다시 생각나게 하는 이 장면에서 그 동사를 다시 사용한 것은, 이 권능이 힘을 주기 위해 온다는 것을 보여준다.

칠십인역에 나오는 거의 모든 사례에서 동사 '에페르케스타이'(eper-chesthai)는 부정적이고, 때로는 공격적인 의미를 내포하고 있다. 사람들에게 고통, 전염병, 저주, 적의 군대, 악, 강도, 파괴가 "임한다"라고 할 때 이 동사가 사용된다(예, 창 42:21; 레 14:43; 삿 9:57; 삼상 30:23; 삼하 19:7; 대하 22:1; 욥 21:17). 이 동사는 긍정적인 의미로 사용될 때에는 저돌적이고 압도적인 생명력에 관한 의미를 담고 있다: 압제자와 "한 몸"이 되어 싸울 수 있는 힘을 주기 위해 주님이 주시는 황홀감의 체험(삼상 11:7); 하나님이 강력한 힘으로 오시는 것(욥 23:6); 구원의 도래(바룩 4:9) 또는 하나님이 주시는 기쁨(바룩 4:36). 신약성서 이전의 한 문서에서 이 단어가 하나님의 영을 위해 사용됐는데, 거기에서는 광야와 비옥한 들판의 종말론적 전복을 가리키는 의미로 사용됐다(사 32:15-16). '에페르케스타이'는 단 한 번의 사례에서 성적인 (폭력의) 맥락에서 사용된 것으로 보인다. 호세아서 10:11(LXX)에서 하나님은 경고한다: "나는 그녀 목의 가장 아름다운 부분에 임할 것이다(epeleusomai). 나는 에브라임 위에 올라탈 것이다"(새끼를 낳은 적 없는 어린 암소로 묘사됨). 그러나 이 본문 하나로 누가복음 1:35이 성적인 의미를 의도한 것이라고 주장하기에는 증거가 불충분하다. 따라서 이 흥미로운 동사는 수태고지 장면에서 하나님의 정의 안에서 운명을 뒤집는 권능, 엄청나고 위험하기까지 한 권능의 개념을 전달하기 위해 적절하게 선택된 단어다.

두 번째 동사인 '에피스키아조'(episkiazō, "감싸다": 본서에서 주로 over-shadow["그늘을 드리우다"]로 번역됨—편주)는 좀 더 길게 논의할 필요가 있다. 신약성서에서 이 단어는 사도행전 5:15에서 누가가 사람들이 "심지어는 병든 사람들을 거리로 메고 나가서, 침상이나 깔자리에 눕혀 놓고, 베드로가 지나갈 때에, 그 그림자라도 그들 가운데 누구에게 덮이기를 바랐다"라고 보도하는 장면에서 사용됐다. 이 단어는 매우 문자적으로 사용된다. 우리는 이 단어를 통해 사도행전에서 선을 위해 사용되는 권능과 그림자 사이의 유사한 연관성을 발견하며, 그런 의미에서 이것은 누가복음 1:35을 이해하는 데 도움이 된다. 이 전승은 베드로의 치유 사역을 통해 그를 "신의 전능함을 직접 드러내며, 기적의 권능이 그림자에까지 충만한 사람"으로[137] 변화시킨다.

'에피스키아조'는 예수의 변모 사건에서 다시 사용된다(막 9:7; 마 17:5; 눅 9:34). 누가의 판본에서는 모세와 엘리야가 영광 가운데 나타나 예수가 "예루살렘에서 이루실 일 곧 그의 떠나가심"에 대한 이야기를 나눈다. 그리고 구름이 모세와 엘리야와 함께 있는 예수와 세 제자들을 감쌌다(epeskiazen, overshadowed). 제자들은 "두려움에 사로잡혔다. 그리고 구름 속에서 소리가 났다. '이는 내 아들이요, 내가 택한 자다. 너희는 그의 말을 들어라'"(9:34-35). 이 장면에는 종말론과 출애굽을 연상시키는 부분들이 많지만, 구름이 무엇을 상징하든 여기에서는 예수가 하나님의 아들이라는 계시의 배경으로 사용되며, 누가의 변모 장면에서는 고난을 통한 예수의 높아짐, 죽음, 장례, 부활, 승천을 통한 그의 "떠남", 해방을 향한 그의 여정과 연결될 뿐이다.[138] 다시 말하지만 "감싸다"라는 문구는 문자적인 의미 그대로일 수 있다. 그러나 그 문자적인 의미는 그러한 계시의 커다란 충격으로부터 보호하기 위한 어떤 모호한 상태(obscurity)를 상징할 수 있다.

그러나 누가복음 1:35에서는 비유적인 의미로 마리아에게 나타난 하나님의 임재를 가리킨다.[139] 이 비유적 의미를 설명하기 위해서는 칠십인역 및 다른 문서에서 하나님의 현존을 위해 사용된 이 동사의 형태와 그림자의 이미지를 조사해야 한다. 그것은 특정한 종류의 현존, 즉 보호를 위한 현존이다. 이 점을 특별히 강조해야 하는 이유는, 현대 서구 문학과 영화에서 그림자를 드리우는 것(overshadowing)과 그림자/그늘

---

137. E. Haenchen, *The Acts of the Apostles* (Philadelphia: Westminster, 1971) 246.

138. S. Ringe, "Luke 9:28-36: the Beginning of an Exodus," *Semeia* 28 (1983) 92- 94을 볼 것.

139. Fitzmyer, *Luke*, 1.351.

(shadow)의 이미지는 기본적으로 불길하고 위협적인 의미를 내포하기 때문이다. 우리는 위험한 텅 빈 거리, 범죄, 외로움, 혼란, 핵무기의 배치와 핵 구름, 엑스레이의 그림자, 늙어가는 것과 죽음의 그늘을 생각한다. 누가복음 1:35처럼, "이 붉은 바위 그늘 아래로 들어오라"라는 엘리엇의 시구는 주의 깊게 해석되어야 한다(엘리엇[T. S. Eliot]의 시 "The Wasteland"—역주).

칠십인역에서 '에피스키아조'는 네 번 사용되는데 그중 세 번은 하나님의 현존과 권능에 관련되어 있다. 출애굽기 40:35에서는 주님의 영광스러운 구름이 광야의 회막을 감쌌다고 한다. 구름이 감싼 것 때문에 모세는 회막에 들어갈 수 없었다. 그 본문은 계속해서 "이스라엘 자손은 구름이 성막에서 걷히면 진을 거두어 가지고 떠났다. 그러나 구름이 걷히지 않으면, 걷힐 때까지 떠나지 않았다. 그들이 길을 가는 동안에, 낮에는 주님의 구름이 성막 위에 있고, 밤에는 구름 가운데 불이 있어서, 이스라엘 온 자손의 눈앞을 밝혀 주었다"(40:36-38; 참조, 민 9:18, 22; 10:35[*skiazō*]).[140] 따라서 구름이 감싸는 것은 이스라엘이 진을 치고 쉴 수 있다는 표지다. 구름의 이동은 자유를 향한 여정을 인도한다. 많은 비평가들은 누가복음 1:35에 출애굽기의 이 본문에 대한 암시가 나타난다고 주장한다. 이러한 맥락에서, 마리아는 하나님이 그늘을 드리우는 회막으로 이해된다.[141] 그 암시는 이 한 개의 본문에 고정되어서는 안 되지만, 그렇다고 하더라도, 출애굽기에서 구름으로 상징되는 하나님의 현존은 보호하고, 새롭게 하고, 인도하고, 해방하는 것임을 강조해야 한다.

---

140. 출애굽기 25:20에서는, 날개 달린 그룹들이 속죄판 또는 법궤의 윗부분을 덮는다 [*suskiazō*]; 참조, 대상 28:18[*skiazō*].

141. S. Terrien, *The Elusive Presence* (NY: Harper & Row, 1978) 416; n. 13, p. 441.

그러나 시편 91:4[90:4 LXX] 또는 시편 140:7[130:7 LXX]에는 회막에 대한 언급이 없다. 첫 번째 본문에서는 하나님이 "그의 깃으로 너를 덮어 주시고(*episkiasei*) 너도 그의 날개 아래로 피할 것이니, 주님의 진실하심이 너를 지켜 주는 방패와 갑옷이 될 것"이라고 약속한다(참조, 신 33:12: "주님께서 사랑하시는 베냐민은 주님의 곁에서 안전하게 산다. 주님께서 베냐민을 온종일 지켜 주신다[*skiazei*]. 베냐민은 주님의 등에 업혀서 산다"). 두 번째 시편 본문은 "내 구원의 힘이신(*dynamis*) 주 하나님, 전쟁을 하는 날에 주님께서 내 머리에 투구를 씌워(*episkiasas*) 보호해 주셨습니다"라는 기도다. 이 본문들은 하나님의 보호, 위험과 고난에 빠진 믿는 자에게 나타나시는 하나님에 관한 것이다. 지혜서 19:7-8에는 "그들이 친 천막[여기에는 회막이 없다] 위에(*skiazousa*) 구름이 나타났고 전에 물이 있던 곳에 마른 땅이 일어나는 것이 보였으며 홍해에는 사람이 걸어갈 수 있는 길이 트였고 거센 파도 속에서 푸른 돌이 나타났다. 온 백성은 이 놀라운 기적들을 눈앞에 보면서 단결하여 주님의 손길의 보호를 받으며(*skepazomenoi*) 건너 갔다"(공동번역 개정판)라고 기록되어 있다. 칠십인역에서 네 번째로 '에피스키아조'가 사용된 곳은 잠언 18:11이다: "부자의 재산은 견고한 성이다. 그리고 그 영광은 넓은 그늘을 드리운다(*mega episkiazei*)." 이것은 부자들이 권력과 영향력을 광범위하게 확장하여 강해지고 보호받는다는 것에 대한 암시로 이해될 수 있다.[142] 시온산을 덮은 하나님의 구름의 그늘(*skia*, 사 4:5-6),[143] 하나님 날개의 그늘(시 57:1[56:1 LXX]), 하나님 손의 그늘

---

142. 마소라 텍스트: "부자의 재산은 그의 강한 성이다. 그리고 높은 담장처럼 그를 보호한다." D. Daube (*NT and Rabbinic Judaism* [London: Athlone, 1956] n. 1, p. 20)는 *episkiazō*가 덮개(cover)를 의도하는 것일 수도 있다고 말한다.

143. 이 본문은 예루살렘에 남은 자들(3절, 그들은 "거룩하다"고 일컬어질 것이다)에 대한 하나님의 종말론적 정화, "심판의 영 그리고 불의 영"(4절)에 의한 정화를 다루

(사 51:16) 그리고 하나님이 기름 부으신 자의 그늘(애 4:20) 모두 신적인 보호를 상징한다.[144]

시리아어 번역과 CPA(Christian Palestinian Aramaic) 판본에서는 누가복음 1:35의 '에피스키아세이'(episkiasei)를 '낙겐 알'(naggen 'al: gnn의 ''아프엘'[af'el], "덮어씌우다," "그늘을 드리우다")로 번역한다.[145] 이 동사가 수많은 신약성서의 중요한 구절들에서 완전히 다른 그리스어 동사(예, 요 1:14; 행 2:26; 5:15; 10:44; 11:15; 고후 12:9)를 번역하는 데 사용됐다는 사실은 "시리아 전승의 매우 초기부터 하나님이 행하는 특정한 유형의 구원 행위에 대한 기술적인 용어로 이미 확립되어 있었음"을 암시한다.[146] 이 동사는 페쉬타 구약성서에서 하나님이 주어로 사용될 때(왕하 19:34; 20:6; 사 31:5; 렘 17:17; 슥 9:15; 12:8; 욥 3:23; 지혜 5:16[5:17 LXX]; 집회 34:16; 바룩2서 48:18; 71:1)와 하나님의 손이 직접 목적어로 사용될 때(출 33:22; 욥 1:10; 시 138:8) 나타나며, 이 모든 구절에서 신의 보호라는 의미가 최우선적이다. 또한 하나님의 손이 그 동사의 주어인 지혜서 19:8 및 "가장 높으신 분의 영광"이 주어이고 "순결하게 사는 사람들"이 목적어로 나오는 『에스라4서』

고 있다. 하나님의 영광은 "더위를 피할 그늘, 험악한 날씨와 비를 피할 피난처와 숨을 장소"를 주셔서 보호하신다(6절). 여기에 거룩, 영, 그늘이라는 용어가 나오는 것에 주목하라.

144. 참조, 사 32:2 Symmachus(왕들과 왕자들은 커다란 바위의 그늘[skia]과 같다). skepē의 동의어("덮다", "피난처", "그늘")는 시편 17:8[16:8 LXX]; 36:7[35:7 LXX]; 63:7[62:7 LXX]; 91:1[90:1 LXX]; 121:5[120:5 LXX]; 이사야서 49:2; 25:4-5에서 신적인 보호의 의미로 사용된다.

145. 고대 시리아어는 현재 유실됐지만 S. Brock은 이것을 naggen 'al로 읽었을 가능성이 있다고 생각한다("Passover, Annunciation and Epiclesis: Some Remarks on the Term Aggen in the Syriac Versions of Luke 1:35," NovT 24 [1982], n. 1, p. 222).

146. Ibid., 224, 232; 참조, Brock, "An Early Interpretation of pāsaḥ: 'aggēn in the Palestinian Targum," Interpreting the Hebrew Bible (ed. J. A. Emerton and S. C. Reif; Cambridge: Cambridge University, 1982) 32-33.

7:122도 보아야 한다. 타르굼에서 아람어 동사 '악겐'(*ăggên*)은 출애굽기 12:23에서 발견되는데, 여기서도 구원을 위한 보호의 맥락에서 사용되며, 창세기 7:16; 15:1; 출애굽기 32:22; 민수기 10:34; 요나서 4:6에서도 같은 맥락에서 사용된다. '악겐'을 "보호하다"(protect)보다 "덮어씌우다"(cover over)나 "그늘을 드리우다"(overshadow)로 번역하는 것이 최선이라 하더라도,[147] 그 단어의 함의가 보호와 방어라는 것은 변함없다. 내 주장의 요점은, 누가복음 1:35의 시리아어 판본의 번역자는 '에피스키아세이'의 의미를 담고 있는 동사 '낙겐 알'(*naggen 'al*)을 선택했다는 것이다. 나는 이것이 누가가 의도했던 뜻이라고 생각한다. [148]

내 생각에는, 도브(D. Daube)와 더불어 누가복음 1:35과 룻기 3:9의 연관성을 알아보는 것도 적절하다(룻이 보아스에게 "당신의 옷자락을 펴 당신의 여종을 덮으소서"[개역개정]라고 요구함; LXX, *peribaleis to pteygion sou epi tēn doulēn sou*). 다음을 참조하라: 룻이 "이스라엘의 하나님의 날개 아래에서 피난처를 얻기를" 원하는 보아스의 기도(룻 2:12 LXX, *pros hon ēlthes pepoithenai hypo tas pterygas autou*).[149] 그 연관성은 단순히 보호에 관한 주제 중 하나다. 그러나 룻기 3:9은 누가복음 1:35에서 언급되지 않으며 그것은 누가의 동사 선택을 설명하는 구절도 아니다.[150]

우리는 룻기 3:9이 성적인 함의를 담고 있는 것으로 해석되는 것을 보았다.[151] 누가복음 1:35의 "감싸다"에 대해서도 그런 해석이 가능할까?

---

147. Brock, "Passover," 225의 견해가 그렇다. 그는 "보호하다"로 번역하는 것은 히브리어 *māgēn*, "방패"의 동족어(cognate)를 너무 많이 고려한 것이라고 주장한다.

148. Gese, "Natus," n. 26, p. 82을 볼 것.

149. 아람어역, "그의 영광의 '쉐키나'(Shekinah)의 '텔랄'(*telal*, "덮개", "그늘") 아래."

150. Daube, *NT and Rabbinic Judaism*, 27-36과는 다르다; J. M. Ford, "Mary's Virginitas Post Partum and Jewish Law," *Bib* 54 (1973) 272을 볼 것.

151. 본서 28[38]쪽을 볼 것.

도브는 누가가 혁신가로서, 또는 후대에 억압받은 전승을 따르는 사람
으로서, (4:12-13과 함께) 룻기 3:9을 어느 정도 하나님에 의한 기적적인 잉
태와 관계된 것으로 해석했다고 주장한다.[152] 그러나 룻 이야기가 동사
"감싸다"를 성행위와 유사한 의미로 해석하는 것의 근거가 됐다는 증
거는 없으며, 인간 파트너 없는 수태라는 믿음의 근거가 됐다는 증거는
더욱 없다. 누가복음 1:35은 마태복음 1:16, 20보다 성적인 해석에 덜 개
방적이다.[153] 누가는 하나님의 보호와 신의 아들 됨을 연결하여 이 신약
성서 본문을 히브리 성서의 중요한 모티프와 일치하게 한다. 맥컬리(F.
R. McCurley)의 말처럼 "야훼를 왕과 백성들의 아버지로 정의하는 것은
성과 출산이 아니라 보호와 구원의 역할이다"[154]

3. 시온의 처녀 딸, 처녀 이스라엘

(위의 1:48에 대한 분석뿐만 아니라) 누가복음 1:35의 가브리엘이 마리아에
게 한 말에 대한 이 분석은 누가 내러티브에서의 마리아의 상징성에 관
한 질문과 관련되어 있을 수 있다. 1:27에서 가브리엘이 마리아에게 나
타났을 때 처녀라는 단어를 두 번 사용한 것이 시온의 처녀 딸 또는 처

---

152. Daube는 타르굼에서 이 해석을 위험한 것으로 여겨 반대했고, 그래서 룻기 3:9을
    "당신의 여종이 당신의 이름을 부르게 하시고, 당신이 나를 아내로 삼게 해 주십시
    오"라고 번역한 것이라고 생각한다. 그는 이를 특별하게 정제된 해석이 아니라 "자
    연스러운"(homey) 해석이라고 여긴다. 그는 이것이 (a) 히브리어의 문자적인 의미,
    (b) 그가 존재했을 수도 있다고 생각하는 "고상한" 아람어 번역("당신의 날개 그늘
    을 펼치십시오" 또는 "감싸 주십시오"), (c) 그가 생각하기에 대중들이 (성적인 의미
    로) 판단하기에 어려움이 없는 누가복음의 해석을 회피하기 위한 것이라고 생각한
    다.
153. Brown, *Birth*, 290. Dibelius, "Jungfrauensohn," 19-22; Davis, "Literary Structure,"
    222-23; n. 9, p. 229과 대조해 볼 것.
154. McCurley, *Ancient Myths*, 96.

녀 이스라엘의 이미지를 떠올리게 한다는 주장이 제기된 적이 있다. 천사가 그녀에게 사용한 첫 번째 단어 '카이레'(*chaire*)는 칠십인역에 네 차례 밖에 나오지 않으며, 그중 두 번은 시온의 딸을 가리킬 때 사용됐다 (슥 9:9; 습 3:14; 참조, 애 4:21["딸 에돔아"; 다음 절인 22절은 죄의 형벌(*anomia*)이 끝날 때가 가까워진 시온의 딸을 가리킨다]; 욜 2:23 ["시온의 자녀들(*tekna*)"]). "처녀"라는 표현은 스가랴서, 스바냐서, 요엘서에는 등장하지 않지만, 예레미야애가 전체에 나타난다. 예레미야애가 5:11("시온에서는 여인들이 짓밟히고 [*etapeinōsan*], 유다 성읍들에서는 처녀들이 짓밟힙니다"); 1:4, 15, 18; 2:10, 21을 보라. 예레미야애가 2:13은 다른 시온의 딸의 구절들이 대답하는 질문으로 울려퍼진다: "누가 너를 구원하고 위로해줄까? 오 처녀 딸 시온이여." 고통받고, 쇠약해지고, 거부당한 예루살렘을 위한 종말론적 위로의 신탁인 스바냐서 3:14-20은 누가복음 1:28-33과 비슷하다는 점에서 특히 흥미를 끈다. 이 유사성으로 인해 몇몇 비평가들은 누가의 이야기가 스바냐서의 구절을 염두에 두고 작성된 것이라고 주장한다.[155] 이 본문은 다음과 같다:

> 기뻐하라(*chaire*), 오 시온의 딸이여;
>
> 크게 외쳐라, 오 예루살렘의 딸이여;
>
> 전심으로 기뻐하며 즐거워하여라,
>
> 오 예루살렘의 딸이여.

---

155. Laurentin, *Structure*, 64-71; 이와는 별개로, S. Lyonnet, "*Chaire kecharitomene*," *Bib* 20 (1939) 131-41을 볼 것; 참조, Soares Prabhu, "'Rejoice,'" 268; J. McHugh, *The Mother of Jesus in the New Testament* (Garden City, NY: Doubleday, 1975) 37-52; L. Sabourin, "Recent Views on Luke's Infancy Narratives," *Religious Studies Bulletin* 1 (1981) 23-24.

여호와께서 너의 형벌(*adikēmata*)을 없애셨다;

그가 너를 적들의 손에서 구출하셨다.

주님, 이스라엘의 왕께서 너희 가운데 계신다.

너는 더 이상 악을 볼 수 없을 것이다.

그때에 주님께서 예루살렘에게 말씀하실 것이다.

용기를 내라, 시온이여;

너의 손을 늘어뜨리지 말아라.

주 너의 하나님이 너희 가운데 계신다.

전능하신 분(*ho dynatos*)이 너를 구원하실 것이다.

그가 너희에게 기쁨을 주실 것이며, 너희를 새롭게 하실 것이다.

그의 사랑으로;

그리고 그는 너로 인해 기뻐할 것이다.

축제의 날처럼.

그리고 나는 너의 흩어진 자들을 모을 것이다.

아, 누가 그녀를 책망했는가(*oneidismon*)?

보아라, 내가 그때에 너희 가운데서 너희를 위해 일할 것이다.

주님께서 말씀하신다.

그리고 나는 억압받던(*ekpepiesmenēn*) 그녀를 구원할 것이며,

거절당했던(*apōsmenēn*) 그녀를 받아들일 것이다.

그리고 나는 그들이 칭찬받게 할 것이고,

세상에서 명예를 얻게 할 것이다.

그리고 그때에 (그들의 적들은) 부끄러움을 당할 것이다.

내가 너희들을 잘해줄 때와,

내가 너희들을 받아들일 때.

나는 너희를 명예롭게 할 것이며

세상의 모든 민족 가운데서 칭찬받게 할 것이다.

내가 너희 앞에서 포로로 잡힌 너희들을 돌아가게 할 때에,

주님께서 말씀하신다.

브라운이 지적한 것처럼, "외국의 정복자들이 국가와 도시를 파괴하는 것은 자주 처녀에 대한 강간과 비교되며, 따라서 이스라엘이나 시온을 처녀로 표현하는 대부분의 구체적인 언급은 억압받는 상황을 묘사한다"(암 5:2; 사 23:12; 37:22; 렘 14:17; 31:3-4[38:3-4 LXX]). 때때로 그녀(이스라엘)는 외국의 연인들을 갈망하고 하나님께 진실하지 못한 것으로 묘사된다(렘 18:13; 31:12; 46:11). 민츠(A. Mintz)는 예레미야애가에서 버림받고 타락한 여성으로 묘사된 예루살렘의 이미지의 유용성에 대해 잘 설명한다: "그것은 그 고통을 정확하게 표현한다. 죽음의 이미지는 궁극적으로 거짓 위로를 주었을 것이다. 죽은 자들의 고통은 끝났고 그들의 고통은 오직 회상할 때에만 불러일으킬 수 있다. 반면, 강간당하고 더럽혀진 뒤에 살아남은 여성은 벗어날 수 없는 고통의 산증인이다." 예레미야애가와 다른 문헌의 수사학에 따르면, 그녀는 자신의 운명에 가담한 것에 대해 전적으로 결백하다고 여겨지지 않는다. 이것은 시온의 영광 속에서 그녀가 성적으로 방종했고 결과를 생각하지 않았기 때문에(1:8) "우연히 자발적인 문란함에서 시작된 것이 갑자기 원치 않는, 강제적인 타락으로 바뀌었다"라는 것을 암시한다.[156]

브라운에게 있어서, 히브리 성서의 시온과 이스라엘에 관한 더럽혀

---

156. A. Mintz, "The Rhetoric of Lamentations and the Representation of Catastrophe," *Prooftexts* 2 (1982) 3.

진 처녀 구절의 반향은 누가복음의 마리아의 묘사에 대한 배경으로는 부적절하다. 성모송에서 그녀는 낮은 계급의 사람들, 가난한 사람들과 동일시되어야 한다: "그러나 그녀는 억압받거나 성폭행당하지 않았고, 완전히 신실하며(1:45) 하나님의 말씀에 순종한다(1:38)."[157] 그러나 나의 논지는 누가가 물려받았고 전달하기를 원하는 전승에서 마리아는 억압**받았고**, 어쩌면 성폭행을 당했을 수도 있다는 것이다. 그러나 나는 그리스도교의 수태고지 전승에서 마리아의 불순종이나 부정을 암시하는 아무런 명확한 표시도 발견하지 못했다. 누가의 기록은 이에 대한 어떠한 단서도 제공하지 않기 위해 조심하고 있고, 마태는 그러한 비난의 위험에 직면하여 마리아에게 무죄를 선고하는 것으로 보인다.

내 생각에, 처녀 딸 시온 또는 이스라엘 구절의 반향이 누가복음에 나올 가능성은 상당히 크다. 나는 그것이 언어의 측면만이 아니라 주제에도 나타나며,[158] 구약성서의 단 한 구절에만 국한되지 않는다고 생각한다. 누가는 억압받고 성폭행당한 여성의 강렬한 이미지를 생각나게 하고, 마침내 그녀의 성폭행이 끝났으며, 기뻐하며 그녀의 구원을 선포하라고 말한다. 그러나 이것은 누가에게 완벽한 이미지가 아니었다. 그는 이 이미지에 일반적으로 연결되는 타락에 관한 언급 없이 처녀가 당

---

157. Brown, *Birth*, 321. *Mary in the NT*의 저자들은 Lyonnet의 주장의 가능성을 부정할 수는 없다고 말한다. 그러나 그에 반대하는 논증들은 그 위에 확실하거나 개연성이 있는 어떤 주장도 펼칠 수 없다는 것을 의미한다(p. 132). Marshall (*Luke*, 65)은 마리아를 시온의 딸과 유형론적으로 동일시하는 것은 어디에서도 명확하게 나타나지 않으며, "도래할 메시아에 대한 관심을 어머니에게로 분산시키는 경향이 있다"고 주장한다. 참조, R. Schnackenburg, "Das Magnificat, seine Spiritualitat and Theologie," *Geist und Leben* 38 (1965) 354-55.

158. 그것은 Fitzmyer (*Luke*, 1.345)가 논의한 스바냐서 3:14-17에 대한 다섯 가지 암시에 국한되지 않는다.

하는 억압과 성폭행을 생각나게 하려고 했다. 그리고 마리아가 받은 억압은 죄가 없는 상태로 간주되는 엘리사벳의 불임과 평행한 것으로 볼 수 있다.

누가복음 1:35에서 가브리엘이 전한 보호의 약속에 따라, 처녀 딸 상징은 하나님이 위로하고, 보호하며(사 23:12 LXX; 37:22), 심지어 그의 딸에 대한 "재건" 약속도 생각나게 할 수 있다(렘 38:3-4 LXX). 여기에 단계적 평행법의 또 다른 측면이 있을 수 있다. 예수의 탄생에 선행하는 인간적인 고통이 요한의 경우보다 더 크기 때문에, (암시적으로) 그 고통으로부터 벗어나는 것과 그것을 뒤집는 것은 더욱 큰일이 될 것이다. 마리아의 성모송은 예루살렘의 탄식을 반영하며 대답한다: "주님, 나의 이 고통을 살펴 주십시오(ide Kyrie tēn tapeinōsin mou). 원수들이 우쭐댑니다(emegalynthē)"(애 1:9). "내 영혼이 주님을 찬양하며(megalynei) … 그가 이 여종의 비천함을 보살펴 주셨기 때문입니다(epeblepsen epi tēn tapeinōsin)"(눅 1:46, 48).

4. 아이에 관한 약속들

성령이 마리아에게 "임하고" "감싸 준/그림자를 드리운" 결과, 태어날 그 아이는 "거룩한 분이요 하나님의 아들"이 될 것이다. 이 약속을 어떻게 이해해야 할까? 가브리엘의 수태고지의 첫 번째 단계(32-33절)에서는 예수가 다윗의 후손이라는 점과 그가 왕이 될 운명임을 강조한다. "메시아"라는 표현이 등장하지는 않지만, 이 구절들은 예수가 다윗 계보의 메시아 역할을 할 것임을 암시한다. 더 나아가 32절에서는 비록 그리스도교 이전의 유대 문헌에서는 그들이 기다리던 메시아에게 그런 호칭을 부여한 사례가 없지만, 가브리엘은 예수가 "더없이 높으신 분의 아들이라고 불릴 것"이라고 말한다. 이 호칭은 35절의 하나님의 아들이라는 호칭과 비슷하다. 35절은 32-33절과 모순되지 않고 그것을 보완한다.[159]

아직 출판되지 않은 쿰란 문서(4Q246)의 아람어 단편에는 누가복음 1:32-33, 35와 놀랄 만큼 비슷한 부분이 몇 군데 있다. 이 문서는 한 남자에 대해 언급하는데, 그는 "땅에서 위대해질 것이다. … 그는 [위]대한 [하나님의 아들]로 불릴 것이며, 그의 이름으로 불려질 것이다. 그는 하나님의 아들[로] 불려질 것이며, 그들은 그를 가장 높은 분의 아들이라고 부를 것이다." "하나님의 백성이 일어날 때까지" 파괴가 통치할 것이다. 그것(또는 그)은 모든 사람들에게 쉼을 주고, 영원한 왕국을 세울 것이며, 정의로 세상을 심판하고, 모든 사람들에게 존경을 받을 것이다. 위대한 하나님은 백성들을 그것(또는 그)의 권능에 넘겨줌으로써 그것(또는 그)을 도울 것이다.[160] (다윗을 언급하지 않는) 이 본문이 누구에 관해 언급하는 것인지는 분명하지 않다. 그 인물은 왕위에 오른 인간 왕의 아들이며, 아마도 다윗의 왕위를 계승한 사람일 것이다. 그러나 그가 메시아라는 암시는 전혀 없다. 이 본문에 대한 자세한 논의는 완전한 출판을 기다려야 한다. 따라서 현재로서 이 본문은 누가복음 1:32-33, 35을 해석하는 데 있어서 몇몇 학자들이 생각하듯 이 구절이 팔레스타인 그리스도론과 헬레니즘 그리스도론이라는 두 개의 경쟁적인 그리스도론을 나타내지 않는다는 것을 보여주는 데 주요한 도움을 준다. 로마서 1:3-4에는 다윗

---

159. 34-35절을 후대의 누가의 삽입이나 수정으로 볼 이유가 없다.

160. Fitzmyer는 그의 논문 "Qumran Aramaic and the New Testament," *NTS* 20 (1973/74) 392-93; "The Aramaic Language and the Study of the New Testament," *JBL* 99 (1980) 14-15에서 이 문서의 일부에 대해 논의한다. Schaberg, *The Father, the Son and the Holy Spirit*, 240을 볼 것.

의 후손이며 신의 아들이라는 이중적인 주제가 나타난다. 그러나 로마서에는 누가복음 1:32-35에는 없는 (육체와 거룩한 영 사이의) 대조가 나온다.[161]

5. 신적인 잉태?

대부분의 비평가들은 마태복음 1:18, 20과 마찬가지로 누가복음 1:35의 진술이 신적 잉태에 관한 것이라고 말하지만, 누가복음에는 동사 '게난'(gennan)이 나오지 않는다.[162] 이 구절의 유사성을 존중한다면, 성령의 "임하심"은 왜 그 아이가 거룩하다고 불리는지를 설명하고, 가장 높은 분의 권능이 "감싸 줄 것이다"는 왜 그 아이가 하나님의 아들이라고 불리는지를 설명한다. 이러한 신성한 행위들은 (비유가 아니라) 실제로 그 아이를 잉태시킨 것으로 여겨진다. "예수의 수태는 마리아에게 임한 성령과 가장 높은 분의 권능이 그녀를 감싼 것에 **의해 발생했다** (1:35). 그 결과 예수는 하나님의 아들이 될 것이다"(굵은 글씨체는 나의 강조).[163] 성령은 "예수의 발생 원인"으로 여겨진다.[164]

---

161. Plummer (*Luke*, 25)에 의하면, 누가복음 1:35의 *pneuma*와 *hagion* 두 용어 모두 특별한 의미를 갖고 있으며, 전자는 은연중에 육체와 대조된다.

162. 이 동사는 누가복음 3:22에 대한 서방 본문에 등장하지만, 많은 비평가들은 그것을 부수적인 것으로 판단했다.

163. Fitzmyer, *Luke*, 1.337. Talbert (*Reading Luke*, 18)는 누가복음의 예수가 성령으로 수태된 것이라고 말한다. Waetjen ("Genealogy," 222)은 35절이 "잉태의 과정"을 밝혀준다고 말한다; Brown (*Birth*, 432; 참조, 313-14)은 누가가 하나님의 아들 됨이 동정녀 수태를 통해 일어난 것으로 보고 있다고 말한다. 참조, *Mary in the NT*, n. 268, p. 122: 35절은 신적 잉태의 결과물을 묘사한다.

164. Danker, "Graeco-Roman Cultural Accommodation," 407; 참조, W. B. Tatum, "The Epoch of Israel," *NTS* 13 (1966/67) 187: 예수는 하나님의 영의 대행을 통해 수태된다.

그러나 나는 누가가 신에 의한 잉태, 임하심과 감싸 주심에 **의해** 발생한 **수태**를 생각하고 있었는지 확신하지 못한다. 아마도 그는 잉태할 여성에 대한 신성한 보호(또는 기껏해야 인간적인 잉태에 대한 신적인 권한의 부여)를 생각하고 있었을 것이다. 사실 그는 1:35에서 '게난'을 능동태로 사용하거나 신적 수동태로 사용하는 것을 의도적으로 피했을지도 모른다.[165] 사도행전 17:27b-29a에서 누가는 (아라토스[Aratus]를 인용하면서) 사람을 하나님의 소생(genos, '게노스')이라고 말한다. 그러나 사도행전 17:26에서 (**잉태하다**[beget] 대신) 창세기 1:26-27; 5:1-3을 암시하는 동사 '**만들다**'(make)를 사용하면서 누가는 하나님의 초월성을 유지하고, 하나님이 잉태시킨다는 암시를 피한다. 아마도 그것은 그 단어가 가진 성적인 함의 때문일 것이다.[166] 누가복음 1:35에서 임하심과 감싸 주심은 아이의 본성과 운명 그리고 그와 하나님의 특별한 관계를 설명한다. 그 강조점은 하나님이 그 아이의 육체적 존재의 원인이 됐다는 것이 아니다(마 1:18, 20과는 다소 대조적으로).[167]

어쨌든, 마태복음과 마찬가지로 누가복음에는 성적으로 이해되는 신에 의한 잉태, 하나님이나 성령이 마리아와 짝을 이루었다는 것에 관한 암시가 나오지 않는다. 우리가 살펴보았듯이, 누가가 사용하는 동사들 중 어느 것도 그러한 의미를 담고 있지 않다. 게다가 두 유아기 내러티브가 상당히 많은 부분을 차용한 유대 전승들은 독자들이 그런 해석

---

165. 현재분사 수동태 중성, *to gennomenon*이 사용된다. 그러나 나는 이것을 반드시 신적 수동태로 여겨야 한다고 생각하지 않는다.

166. Kurz, "Luke 3:23-38," 176을 볼 것.

167. Fitzmyer (*Luke*, 1.340)는 마리아의 처녀성에 대한 확인이 "생물학적 의미에서 결코 제시되지 않는다"라고 생각한다. 그가 말하는 이것은 "임하심"과 "감싸 주심"의 비유적 사용에 의해 암시된다. 그럼에도 불구하고 그는 1:35이 신의 개입에 의한 마리아의 수태에 관한 것이라고 말한다.

을 준비하게 하지 않으며, 하나님에 대한 유대적 이해의 맥락 안에서 그
것을 허용하지도 않는다. 그러므로 대부분의 현대 학자들은 마태와 마
찬가지로 누가가 새로운 창조에 대해 말하는 것으로 이해한다.

이것은 성령이 임하시고 감싸 주시는 것이, 하나님의 영이 생명을
탄생시키기 위해 물 위, 형태 없는 공허 위를 "운행한다"(hovering, 창 1:1-2
MT, *mĕraḥepet*; LXX, *epephereto*)라는 의미를 내포하고 있다는 주장이다. 마
리아의 자궁은 이 공허를 상징한다. 수태는 성관계 없이, 인간 파트너
없이 이루어지며, 따라서 그 아이는 전적으로 하나님의 행위에 의한 것
이 될 것이다.

그러나 마태와 마찬가지로 누가의 유아기 내러티브에서 창세기의
창조 이야기에 대한 암시를 발견하기란 쉽지 않다.[168] 누가복음 3:38에
서 누가는 예수의 가계도를 "하나님의 아들"(*tou theou*)인 아담까지 거슬
러 올라간다. 이것은 예수의 세례 때 그가 하나님의 "사랑하는 아
들"(3:22)이라는 하늘의 선포 및 가계도 이후에 나오는 예수가 하나님의
아들인지 시험하는 일화(4:1-13, "네가 하나님의 아들이거든 …") 사이의 연결
고리를 만들어낸다. 누가가 예수의 가계도를 아담 그리고 하나님에게
까지 거슬러 올라간 것은 무엇을 의미할까?[169] 몇몇 학자들은 이것을 누
가가 예수의 수태에 대해 기록하면서 창세기의 아담의 창조를 생각하
고 있었다는 증거라고 여긴다. 예를 들어, 매키(J. C. Mackey)는 누가복음

---

168. Goulder와 Sanderson은 성령의 감싸 주심이 성령이 물을 품는 것을 연상하도록 하
    기 위한 누가의 의도일 가능성이 있다고 생각한다; 그러나 만일 그렇다면 누가는
    "그의 의도에 대한 언어학적 암시를 조금만 제공한 것이다"("St. Luke's Genesis," n.
    1, p. 20).
169. 누가와 동시대의 가계도 중 하나님에게까지 거슬러 올라가는 유대 가계도는 없다
    (Johnson, *Purpose*, 237을 볼 것).

1:35의 문자적인 효과는 예수가 수태될 때 성령이 임하여 동정녀 수태가 일어났고 잉태된 자가 하나님의 아들이 된다는 것이지만, 그는 정확히 무엇이 전달됐다는 것인지 이해하는 데 어려움을 겪는다. 예수의 수태에서 성령이 남성의 원리로서 행동한다는 생각을 배제하면서 그는 다음과 같은 과감한 추측을 한다.

> 누가는 무로부터의 창조와 같은 행위를 통해 예수의 태아에게 필요했던 것을 성령이 공급했다고 생각하고 있다. 그렇다면 **이 행위의 결과**(누가가 "따라서"라고 한 것을 볼 것)**로** 예수가 하나님의 아들이 된 것의 의미는 누가가 예수의 가계도에서 아담을 "하나님의 아들"로 불렀을 때(눅 3:38) 의미했던 것일 수밖에 없다. 왜냐하면 아담을 하나님의 아들이라고 부르는 것은 아마도 아담이 하나님에 의해 (무로부터, 또는 "먼지"로부터) 창조됐으며, 부모로부터 일반적인 방법으로 나온 것이 아니라는 믿음을 의미하기 때문일 것이다.[170]

또는 이것을 다른 방식으로 표현할 수도 있다. 누가복음 3:38에서 아담을 위해 사용됐고, 사도행전 13:33에서는 부활한 그리스도를 위해 사용됐던 하나님의 아들이라는 호칭은 하나님의 직접적이고 창조적인 개입 때문에 생명을 얻게 된 사람을 위해 사용될 수 있다. 따라서 이 본문들은 누가복음 1:35을 해석하는 데 사용된다.[171] 창세기와 누가복음 모두

---

170. Mackey, *Jesus the Man and the Myth*, 276; 참조, Schweizer, *Good News*, 29("마리아는 성령이 혼돈으로부터 세상을, 마른 뼈들로부터 생명을 만들었을 때 일어났던 것을 경험한다"); Talbert, *Reading Luke*, 19, 46-47; H. Flender, *St. Luke Theologian of Redemptive History* (Philadelphia: Fortress, 1967) 136.

171. 하나님과 아담 그리고 하나님과 예수 사이의 부자 관계에 유사성이 있다고 한다:

아담의 창조를 하나님의 영의 행위와 연결하지 않는다.[172] 또한 **"임하다"**
와 **"감싸다"**라는 동사 모두 창조의 무대에서 사용되지 않는다. 그리고
예수는 무에서 창조된 것이 아니라 여자의 자궁에서 태어났다.

아담은 새로운 창조 행위인 예수의 수태 방식을 강조하기 위해 누
가의 가계도에 언급된 것이 아니라, 상호 배타적이지 않은 다른 이유들
때문에 언급된 것일 수도 있다.[173] 어쩌면 누가는 그리스인들에게는 없
던 믿음, 공동 창조자의 후손인 모든 인류의 연합을 강조하려고 했던 것
일 수도 있다. 그는 예수와 그의 백성들의 전체 역사의 관계만이 아니라
예수와 인류 역사 전체의 관계를 보여주려고 했을 수도 있다. 아담을
"하나님의 아들"이라고 부른 것은 예수 개인의 신적인 기원보다는(또는
뿐만 아니라), 인류의 신적인 기원(누가가 알고 있던 대중적인 헬레니즘의 철학관)
을 강조하려고 했던 것일 수도 있다.[174] 누가는 여기에서 하나님의 아들

두 경우 성적인 잉태가 아니라 하나님의 창조적 부권(fatherhood)으로 여겨진다.
게다가, 아담에게는 하나님, 예수에게는 요셉이라는 (상속과 아들 대우라는 의미에
서) 적법한 아버지가 있었다(Kurz, "Luke 3:23-38," 179). Kurz는 누가가 1장에서 동
정녀 수태를 제시하고 있다고 생각하고, 가계도를 이러한 생각에 맞춰서 해석한다.
그러나 아래에서 더 살펴보자. 나는 두 명의 적법한 아버지라는 두 번째 유사성을
받아들이지만, 창조적 부권이라는 첫 번째 유사성은 예수의 동정녀 수태라는 개념
을 반드시 필요로 하지 않는 것으로 해석할 경우에만 받아들인다.

172. 창세기 2:7(참조, 고전 15:45)은 하나님이 생명의 숨결을 아담에게 불어 넣었다고
묘사한다; 참조, Philo, *De Virt.* 203.

173. Kurz, "Luke 3:23-38," 171, 176-79; Johnson, *Purpose*, 234-38; Plummer, *Luke*, 105;
Fitzmyer, *Luke*, 1.190.

174. Johnson은 이렇게 묻는다. "만일 예수가 탁월한 하나님의 아들인 아담의 후손이라
는 이유로 하나님의 아들로 밝혀진 것이라면, 영웅들과 황제들의 '신성'을 신들에
게까지 거슬러 올라가는 혈통으로 증명하려는 헬라와 로마의 시도와 매우 유사하
지 않은가?" 그는 이 질문에 대해 부정적으로 대답한다: "그의 독자들이 이러한 가
계도가 이방인들 사이에서 특별한 의미를 갖는다고 생각할 것을 누가가 알고 있었
을지는 모르지만, 이 가계도는 유대적 기원을 갖고 있다"(*Purpose*, 239).

로서의 예수와 모든 인류의 관계를 상상했을 수도 있다. 아담과 하나님의 관계는 실제로 예수와 요셉의 관계와 유사한데, 이는 아담과 예수 모두 요셉과 하나님의 가계도에서 그들의 "아버지"에 의해 성적으로 잉태된 것이 아니라는 점에서 그렇다. 누가가 가계도의 첫 부분인 3:23에 "생각하기로는"이라는 문구를 추가하고 마지막 부분인 3:38에 "하나님의"를 추가함으로써 "가계도에서 여러 종류의 아들-아버지 관계"에 주목하라고 요청한다.[175] 하나님을 아담의 아버지라고 할 때 그것의 창조적인 측면은 어떨까? 그것이 하나님과 예수의 관계에 어떤 연관이 있을까? 누가는 아담을 하나님의 아들이라고 말할 수 있으며, 아담이 하나님의 창조적인 권능에 의해 "만들어졌다"라고 생각할 수 있지만(행 17:24을 볼 것), 누가는 이 창조 활동을 통해 모든 인류가 한 사람[인간, 아담]으로부터 "만들어졌다"고 생각한다(17:26). 누가는 아담이 예수를 제외한 그의 모든 후손들과 어떻게 다른지가 아니라, 아담을 조상으로 하여 어떻게 모든 사람(예수 포함)이 하나가 되는지를 생각한 것으로 보인다.[176]

위와 같은 이유로, 누가복음 1:35의 성령과 3:38의 아담에 대한 언급은 누가복음 1:35에서 가브리엘이 한 말에 대한 설명으로 새로운 창조 이론을 지지하기에는 매우 불충분해 보인다. 그보다도 나는 이렇게 생각한다. 누가는 성령이 이 임신에 개입한 것은 거룩한 특성과 권능이 이 아이에게까지 확장될 것임을 의미한다고 주장하고 있다. 누가는 예수가 "하나님께서 보내신 거룩한 분"(4:34; 평행본문 막 1:24), "거룩하고 의로우신 분"(행 3:14), 하나님의 "거룩한 종"(또는, "아이"[pais], 행 4:27, 30), 거룩

---

175. Kurz, "Luke 3:23-38," 179.
176. 누가복음 3-24장과 사도행전에서 예수의 지위가 특별한 수태와 연관이 없다는 것을 많은 사람이 알고 있다.

한 분임에도 불구하고 그를 죄인처럼 처형된 사람(행 2:27; 13:35)으로 부르는 전승을 알고 있었고, 그것을 다른 곳에서 사용했다. 우리는 하나님을 인간의 잉태와 연결시켰었던 초기 유대 전승에서 사생아를 부모의 저주를 받은 것으로 여전히 간주했음을 보았다. 누가에게 있어서 성령의 개입이란, 생물학적 아버지가 없다고 알려지고, 그렇게 자라난 이 아이가 하나님의 아들이 될 것이라는 것을 의미한다.

　의심의 여지없이 누가는 하나님의 아들, 권능, 거룩한 영, 다윗의 후손이라는 네 가지 요소를 담고 있는 로마서 1:3-4에서 예시된 초기 그리스도의 신조와 사고방식을 알고 있었다.[177] 앞의 세 요소는 예수의 부활과 일찍부터 연결됐는데 이는 누가복음 1:35에서 볼 수 있다(네 번째 요소는 누가복음 1:32-33에 나온다). 누가가 한 일은 "수태 순간만이 아니라, 수태 과정 전부를 통해" 예수가 거룩한 사람이자 하나님의 아들이라고 확증하면서 그리스도론적 확언을 예수의 수태로 되돌려 놓은 것이다.[178] 마태 역시 이 그리스도론을 역투사한다. 그러나 그는 유아기 내러티브에서 예수의 거룩함에 대해서 아무것도 말하지 않으며, 성령의 행위와 예수의 하나님의 아들 됨을 명시적으로 연결하지도 않았다. 이러한 것들은 물려받은 전승에 대한 누가의 독특한 해석이다.

6. 결론

누가복음 1:35의 가브리엘의 말은 "성령의 역할은 그 아이에게 하나

---

177. Brown (*Birth*, 312-13)은 누가복음 1:35을 단지 누가 판본의 초기 그리스도교의 그리스도론 신조라고 생각한다. 그러나 나는 역투사(retrojection) 과정이 우리가 지금 가지고 있는 유아기 내러티브의 그리스도론에 대한 유일한 설명이라고 생각하지 않는다. Fuller, "The Conception/Birth," 37-52을 볼 것.
178. Fitzmyer, *Luke*, 1.340.

님의 아들이라는 호칭을 붙이기에 적합한 특별한 성품을 부여하는 것"
이라는 의미로 용인될 수 있다.[179] 35절을 단독으로 다룰 때, 몇몇 비평
가들은 그것을 일반적인 인간의 수태로 해석하는 것이 가능하다는 것
을 발견했다. 예를 들어, 테일러(Taylor)는 그러한 해석에는 매력적인 점
이 많다고 주장한다: "그것은 수태 행위에 있어서 영혼의 순결함을 고
취시키고 보존하기 위해 마리아에게 임할 성령에 대해 말하는 것이라
고 할 수 있다.[180] 다시 말해, 그 말들은 하나님이 직접 지정한 대리인의
사용에 관한 것이다." 그러나 테일러 및 다른 이들의 견해에 의하면, 34
절의 마리아의 항의를 나중에, 누가복음 후대에 삽입된 것으로 보아야
하기 때문에 이 해석을 지지할 수 없다고 생각한다. 이러한 해석을 배제
한 것은 그의 올바른 선택이다.[181] 그러나 누가의 의도를 이해하는 것이
목적이라면 35절을 단독으로 다룰 수 없다. 내가 위에서 제시한 34절의
마리아의 발언과 그 논리에 대한 해석은 35절을 생물학적으로 정상적
인 수태로 해석하는 것과 조화를 이룬다.

1:35에 대한 이해는 누가복음 1장에 나오는 두 가지 수태의 유사성
을 어떻게 이해하느냐에 달려있다. 이 두 가지 수태고지의 단계적 평행
법에는 신의 기적적인 개입이 필요하며, 요한의 수태보다 더 놀라운 수

---

179. Ibid., 338. Craghan, "Gospel Witness," 65을 볼 것: "성령이 감싼 것과 그 결과로
생겨난 신적 친자관계(divine filiation)에는 동정녀 출생이 필요하지 않다."
180. 나는 Taylor가 여기에서 무엇을 생각하고 있는지 알지 못한다. **부부간의** 성과 "영
혼의 불결함"의 관계는 유대교에서 일반적이지 않았다. 그리고 누가가 성과 결혼에
대한 그런 관점의 영향을 받았다는 증거는 없다.
181. Taylor, *Historical Evidence*, 36. 참조, Chevallier, *L'Esprit*, n. 5, p. 87. Taylor는 누가
가 그의 수태고지 내러티브를 작성한 뒤에 동정녀 수태 전승을 전달받았으며, 이
전승을 34-35절에 삽입했다고 주장한다. 그러나 이 구절들은 누가의 독자적인 작
업의 일부이다.

태—즉, 동정녀 수태—가 일어나야 한다고 생각하는 사람들에게, 35절
의 가브리엘의 말은 동정녀 수태, 또는 그것과 완전히 일치하는 의미의
표현이다. 성령의 창조 능력으로 인해 그 아이는 결코 인간의 아이가 될
수 없다. 그는 하나님의 아들이 될 것이다. 신의 아버지 됨이 인간의 아
버지 됨을 대체한다. 새로운 창조가 성적인 잉태를 대신한다. 그리고 거
룩한 하나님의 아들로 태어날 그 아이는, 그의 출신처럼 비범하고 유일
한 사람이 될 것이다.

그러나 내가 그 유사성에 대해 설명한 것처럼, (a) 불임 여성의 수태
를 가능하게 만드는 것에서부터 (b) 남성의 역할 없이 처녀에게서 태아
를 창조하는 것으로 이어지는 그러한 비약은 필요하지 않다. (엘리사벳과
마리아의) 두 수태 모두 성관계에 의한 것이며, 모두 하나님의 창조 행위
의 능력을 받은 것이다. 그러나 여기 1:35의 "거룩한"과 "하나님의 아
들"이라는 용어는 특별한 의미를 담고 있다. 이 아이는 성령이 그의 어
머니에게 임했기 때문에 거룩하게 될 것이며, 그녀는 성스럽지 못한
(unholy) 것으로 보이는 상황에서도 하나님의 보호하심과 힘 주심을 경
험하게 될 것이다. 인간의 판단으로는 성스럽지 않은 이 아이가 하나님
앞에서 거룩하게 될 것이다. "어머니의 태를 처음 여는 모든 사내아이"
처럼, 그는 주님의 거룩한 사람으로 불릴 것이다(2:23). 즉, 그는 거룩하
게 여겨질 것이고, 구별되고 성별되어 하나님을 섬길 것이다.[182] 가장 높
으신 분의 권능이 그의 어머니를 감쌌기 때문에 그 아이는 가장 높으신
분의 아들, 하나님의 아들이라고 불릴 것이다. 그는 하나님의 아들로서
세상에 등장할 것이다. 왜냐하면 하나님이 그렇게 말씀하셨기 때문이
다. 하나님은 앞으로 있을 3:22에서 실제로 그를 아들이라고 부르고, 그

---

182. 희년서 1:23-25에는 거룩한 영, 정결, 하나님의 아버지 됨의 개념이 연결되어 있다.

를 아들로 받아들인다.[183] 그렇다면, 신의 아버지 됨이 인간의 아버지 됨을 대체하는 것이 아니다. 35절에서 사용된 두 동사들에 대한 피츠마이어의 주장은 옳다. 그는 이 동사들에 대해 "그것들은, 기껏해야 이 아이의 신적이고 메시아적인 특징의 원인이 될 하나님의 영과 권능의 신비한 개입에 대한 비유적인 표현이다. 여기에서 그 동사들을 비유적으로 사용한 것은 분명히 기적적인 수태 개념을 배제하지 않는다; 그러나 마찬가지로 이것은 기적적인 수태를 말하지도 않으며, 인간의 개입이 없었음을 암시하는 배타적인 의미에서는 더욱 그렇다"라고 주장했다.[184] 마리아에게 약속했던 권능과 보호 그리고 그의 아들에 대한 약속은 서로 밀접하게 연관되어 있고, 얽혀 있다.

그리스-로마의 위인전에서는, 기적에 의한 수태나 초자연적인 수태 이야기가 그 영웅이 후대에 위대해질 것임을 설명하는 기능을 한다. 비슷한 방식으로, 예수의 수태에 신이 개입했다는 누가의 이야기는 지상에서의 예수의 특별한 삶에 대한 무대를 설정하고 설명을 제공했다. 예수는 이러한 개입 때문에 그분이 될 수 있었다. 누가가 제시하는 예수의 인생의 전체 구조는 불사신의 전기,[185] 또는 (넓은 의미에서) 그리스-로마의

---

183. Grundmann ("*dynamai, dynamis,*" *TDNT* 2 [1964] 300)은 누가의 이야기 배후에 "하나님과 그의 언어 행위라는 성서적 개념이 존재한다"라고 말하지만, (Grundmann에 반대하여) 나는 누가가 그것을 잉태 행위로 생각했다고 보지 않는다.

184. Fitzmyer, "The Virginal Conception," 569; 이 서술에 대한 그의 수정은 *Luke*, 1.338에 나온다.

185. Talbert, "Concept of Immortals"; "Prophecies of Future Greatness," 134-45. 본서 제2장 각주 221번을 볼 것. 1세기 그리스도교 문학 또는 이교도 문학에서 "신적 인간"의 수태에 관한 확실한 문서들이 부족한 것에 대해서는 H. C. Kee, "Divine Man," *IDBSup*, 242-43을 볼 것.

슈퍼스타의 패러다임과 몇 가지 중요한 점에서 비슷하다.[186] 누가의 예수는 비범하게 수태됐고, 인류에게 은혜를 베푸는 삶을 살았으며, 순교자로 죽었고, 천국으로 올라갔다. 그의 사명은 제자들과 추종자들의 사역을 통해 계속됐다. "지중해인들이 [누가가 제시한] 불사신 신화로서의 예수의 초상을 놓쳤을 리가 없다. … 만일 누가의 교회의 개종자들이 종종 철학자들을 불사신이 된 신인(divine men)으로 묘사했던 그리스-로마에서 왔다면, 예수에 대한 누가의 그림은 쉽게 이해될 수 있었을 것이다."[187]

누가는 이방인 그리스도인(즉, 유대교가 아니라 이교에서 그리스도교 신앙으로 개종한 사람)이었다고 널리 알려져 있다.[188] 그의 저술은 그가 훌륭한 헬레니즘 교육을 받았고, 헬레니즘식 문법과 양식 그리고 그리스어 성서

---

186. Danker, "Cultural Accommodation," n. 36, pp. 408-09, 414을 볼 것. Danker는 전기와 문학 양식에 관한 Talbert의 논의가 도움이 된다고 생각했지만, Danker 자신이 연구한 더 넓은 맥락의 관점에서 새롭게 검토될 필요가 있다고 주장한다.

187. Talbert, "Concept of the Immortals," 435. 헬레니즘의 위인전 전통은 그리스도교에 대한 영향과 마찬가지로 동시대와 그 이전 시대의 유대교에도 영향을 미쳤다. 따라서 유대 배경을 갖고 있던 누가의 독자들도 동일한 문학적인 기대를 공유했을 것이다(Perrot, "Les Récits," 507). 또한, 누가의 장르가 그리스-로마 영웅, 불사신들의 위인전과 어떤 면에서 비슷하다는 사실이 누가가 다른 면에서는 성서와 성서 이전 시대의 "하나님의 사람"(엘리야, 엘리사, 사무엘, 모세) 이야기들과 상당히 비슷하다는 점을 없애버리는 것도 아니다. Brodie, "Greco-Roman Imitation," n. 133, p. 45; D. Tiede, *Prophecy and History in Luke-Acts* (Philadelphia: Fortress, 1980) 8, 14-17을 볼 것.

188. W. G. Kummel, *Introduction to the NT* (Nashville: Abingdon, 1975) 149-50. Fitzmyer는 누가를 그리스인이 아니라 비유대인 셈족으로 생각한다(*Luke*, 1.41-45); Schweizer (*Good News*, 6)는 누가가 세례를 받기 전, 유대교 예배에 참석하고 할례받지 않은 상태에서 주요 율법들을 지켰던 이방인 개종자였을 것이라고 생각한다. E. E. Ellis ("Luke, Saint," *Encyclopedia Britannica*; 15th ed., 1974; vol. 11, p. 178)는 누가가 이방인이 아니라 그리스식 생활방식을 따르고, 종교의식을 느슨하게 준수하는 유대 그리스도인이라는 소수 의견을 제시했다.

의 문학 전통에 대해 정통했다는 증거다. 그는 이방인들이 우세한 환경 속에서, 이방인 그리스도인 청중들(또는 이방인 그리스도인들이 다수인 청중)을 위해 유대인 예수의 중요성을 해석해야 하는 도전을 받았다.[189] 누가는 그의 독자들이 고대부터 알고 있던 영웅들, 불사신들과 예수가 얼마나 비슷하고, 또 얼마나 다른지를 보여주려고 했다. 누가복음에서 예수의 비범한 수태는 신약성서 내러티브와 거의 동시대의 비유대교 문헌에 나오는 신에 의한 잉태 전승에서 발견되거나 복음서 저자들이 사용할 수 있었던 것과 같은 기적적인 수태가 아니다. 누가복음 1:35의 동사를 선택하면서 누가는 예수의 기원을 신과의 결혼(*hieros gamos*)의 결과로 해석되는 것을 경계했다. 그러나 누가는 이 구절에서 성령의 활동을 예수의 거룩함, 하나님의 아들 됨("**그러므로** 태어날 그 아이는 장차 …")과 밀접한 인과관계로 연결하면서, 예수의 출신, 성품, 운명의 신적인 차원을 강조했다. 소위 이교와의 "평행들"은 누가가 예수의 특별함을 파악하고 제시하는 배경을 제공했다. 그러나 우리가 본서 제4장에서 살펴보겠지만, 그 "평행들"의 환기는 그의 내러티브(와 마태의 내러티브)에 대해 누가가 예상하거나 의도하지 않았던 해석으로 이어졌다.

---

189. Fitzmyer, *Luke*, 1.58-59. H. Koester는 누가가 주로 이교도 세상을 향해 말하는 것처럼 글을 썼지만, 언제나 그의 그리스도인 독자들을 염두에 두고 있었다고 주장한다. *Introduction to the New Testament* (Philadelphia: Fortress, 1982), 2.310. 내 생각에, 누가는 주로 이방인 혈통이 우세했던 자기 시대의 그리스도교 세계 전체를 향해 말하고 있다. 그는 일반적으로 유대인 그리스도인들을 위해 글을 쓰지 않았다 (이것은 J. Jervell, *Luke and the People of God* [Minneapolis: Augsburg, 1972]의 견해에 반대되는 주장이다).

E. 마리아의 동의(38절)

1. 누가의 혁신(innovation)

가브리엘의 메시지에 대한 마리아의 대답은 동의이다: "보십시오, 나는 주님의 여종(또는, '노예', *doulē*)입니다. 당신의 말씀대로 나에게 이루어지기를 바랍니다"(*genoito moi kata to rhēma sou*).[190] 이 동의라는 요소는 예고 내러티브에서 상당히 특이한 부분이다. 위에서 예고 장면으로 분류된 열 개의 구약성서 본문 중, 마지막에 메시지의 수신자가 동의하는 장면이 나오는 본문은 없다. 마태복음 1장의 요셉이나 누가복음의 다른 수태고지 장면에 등장하는 사가랴 역시 동의의 말을 하지 않는다. 이 점에서 이 두 본문과 누가복음 1:38의 비교는 흥미롭다. 열왕기하 4:16에서 엘리사가 수넴 여인에게 수태하게 될 것이라고 말했을 때, 그녀는 그 말을 불신하거나 믿기 두려워한다: "아니로소이다 내 주 하나님의 사람이여 당신의 계집종(LXX, *doulē*)을 속이지 마옵소서"(개역개정). 사무엘기상 1장에 나오는 한나의 반응은 누가복음의 마리아의 반응과 비슷하다. 엘리가 이스라엘의 하나님이 그녀의 탄원을 들어주시기를 기도 또는 축복하자 그녀는 이렇게 대답한다: "제사장님, 이 종(LXX, *doulē*)을 좋게 보아 주시기 바랍니다." 그런 뒤에 그녀는 "가서 음식을 먹었다. 그리고 다시는 얼굴에 슬픈 기색을 띠지 않았다"(18절). 엘리의 말에 담긴 믿음 또는 희망이 그녀의 비통함을 덜어주었다. 그러나 이것은 동의가 아니다.

이런 점에서 룻이 보아스에게 한 말을 주의 깊게 살펴봐야 한다(룻

---

190. 다른 사람의 말(*rhēma*)대로 행동하겠다고 하거나 그대로 되기를 바란다고 약속하는 것은 칠십인역에서 흔히 사용되는 표현이다(창 30:34; 수 2:21; 삿 11:10 등).

3:9): "나는 당신의 여종(LXX, doulē) 룻이오니 당신의 옷자락을 펴 당신의 여종(doulē)을 덮으소서"(개역개정). 구약성서의 두 구절 모두에서 나타나는 것은 종이나 노예로서의 여성의 자기 이해와 보호받는 여성의 이미지의 연결이다. 다른 점이 있다면, 룻은 자신을 보아스의 종이라고 부르면서 "그러므로" 나를 보호해 달라고 말하는 반면, 마리아는 보호를 약속받은 뒤에 자신을 주님의 여종이라고 부른다는 점이다. 그러나 우리가 살펴본 것처럼, 누가는 룻의 이야기를 직접 암시하지 않으며, 그 이야기를 기반으로 하는 것 같지도 않다. 또한 룻기 3:9에서 룻은 단지 보아스가 깜짝 놀라서 "누구요?"라고 물은 질문에 대답한 것뿐이다. 그리고 그녀는 보아스에게 요청한 것이지 동의한 것이 아니다.

2. 마리아의 위임

몇몇 비평가들은 누가복음에 나오는 마리아의 수태고지의 대화 양식이 예언자들의 소명이나 부르심의 양상과 비슷하다는 점에 주목했다.[191] 허바드는 위임(commissioning)에 관한 광범위한 히브리 성서 구절들을 분석하여 일곱 개의 공식으로 분류한다: (1) 도입; (2) 신/위임하는 존재와 위임을 받는 사람 사이의 대립; (3) 두려움이나 자신의 부족함을 표현하는 행위를 통한 거룩한 존재에 대한 반발; (4) 동의; (5) 위임받은 사람이 그 사명을 성취하기에는 무능하거나 부족하다는 주장 또는 신/위임하는 존재의 말에 대한 의문을 통한 항의; (6) 신/위임하는 존재가 사명 받은 사람을 안심시킴; (7) 대부분의 경우 위임받은 사람이 그 사명

---

191. S. Terrien, *Elusive Presence*, 414; B. J. Hubbard, "Commissioning Stories," 103-26; Soares Prabhu, "'Rejoice,'" 260을 볼 것. J. P. Audet("L'Annonce à Marie" *RB* 63 [1956] 346-74)은 마리아의 수태고지와 기드온의 소명(삿 6:11-24)이 얼마나 비슷한지 보여준다.

을 수행하기 시작한다는 서술로 끝나는 다소 형식적인 결론.[192] 반발과
항의는 가장 빈도가 낮은 요소들이지만, 일반적으로 둘 중 하나는 위임
이야기에서 찾아 볼 수 있다.

허바드는 누가복음 1:26-38을 마리아에게 메시아의 어머니가 되는
사명을 주는 것으로 해석한다. 그는 이 본문의 구조를 다음과 같은 두
단계의 위임 이야기로 나누어 설명한다: (1) 도입(26-27절); (2) 대립(28절);
(3) 반발(29절); (4) 안심시킴(30절); (5) 위임(31-33절); (6) 항의(34절); 위임(35
절) (7) 안심시킴(36-37절); (8) 결론(38-39절, "… 마리아가 자신의 역할을 받아들이
고 천사가 떠나간다").[193] 소아레스 프라부(Soares Prabhu)에게 누가의 이야기
는 출생에 관한 신탁—수태와 출생, 이름을 지어줌, 태어날 아이의 미래
의 운명의 세 가지 예언—이 위임을 **대체하는** 소명 내러티브다. 좀 더
정확히 말해서, 그가 마리아의 "부르심"에 대해 말하면서 인정하듯이,[194]
나는 출생 신탁이 위임이라고 생각한다. 그러나 나는 멀린스(T. Y.
Mullins)의 분석이 누가의 예고 양식과 위임 양식의 혼합을 가장 능숙하
게 파악하고 있다고 생각한다.[195] (1), (2), (3)은 허바드가 위에서 설명한
것과 같다. 그러나 멀린스에게 이 장면의 다른 요소들은 다음과 같다:
(4) 위임(30-33절, 예수의 출생에 대한 예언과 그의 이름을 예수라고 하라는 위임); (5)

---

192. Hubbard, "Commissioning Stories," 105; 참조, Soares Prabhu, "'Rejoice,'" 262에
    나오는 다섯 가지 구조적 요소; 그리고 T. Y. Mullins, "New Testament Com-
    mission Forms, Especially in Luke-Acts," *JBL* 95 (1976) 603.
193. Hubbard, "Commissioning Stories," 115-16.
194. Soares Prabhu, "'Rejoice,'" 262-64.
195. 예고와 위임 양식의 혼합에 대한 S. Muñoz Iglesias의 논의("El Evangelico de la
    Infancia en S. Lucas," 329-82)와 이것에 대한 Legrand의 비판은 *L'Annonce*, 98-
    101을 볼 것. Muñoz Iglesias의 분석에는 35절이 1:26-38("천사의 출현")의 일부에
    포함되어 있지만, 그는 그 구절에 아무런 기능을 부여하지 않는다.

항의(34절); (6) 안심시킴(35-37절, 34절의 마리아의 항의에 대한 대답으로 가브리엘
은 성령의 임재, 거룩한 아이로 불릴 것, 엘리사벳의 아이를 표적으로 약속함); (7) 38절
(마리아가 위임을 수용하고 천사가 떠나감).[196] 이렇게 허바드가 마리아의 위임
을 두 개로 구분된 단계로 보는 반면, 멀린스는 나와 마찬가지로 35-37
절을 하나의 단계, 안심시킴의 단계로 본다. 이 구절들은 기본적으로 마
리아가 신의 권능과 보호를 받게 될 것이라는 약속의 기능을 하며, 아이
의 본성과 그 아이와 하나님의 관계(그리스도론)에 대한 묘사가 진전되고,
그 묘사가 강화된다는 점에서만 30-33절의 메시지를 반복하는 역할을
한다.

실제로 이 장면은 마리아가 어머니가 되는 사명을 받는 것 그리고
마리아가 그 사명을 믿음으로 받아들이는 장면으로 볼 수 있다. 모든 것
을 버리고 예수를 따랐다고 하는 제자들처럼(5:11; 18:28-30을 볼 것), 그녀
의 대답은 즉각적이고 무조건적이다. 그러나 누가복음의 마리아는 여
기서 어머니가 되는 것에 대한 동의 이상의 목소리를 낸다. 그녀는 방금
가브리엘로부터 그리스도교 신앙의 부활절 이후의 선포에 해당하는 것
을 들었고(1:32, 33, 35), 그런 의미(역사가 아니라 복음서의 내용상)에서 그녀는
복음을 듣고 믿었던 첫 번째 사람이다. 누가는 그녀를 이상적인 제자,
하나님의 말씀을 듣고 행하는 제자로 묘사한다(8:21, "하나님의 말씀을 듣고
행하는 이 사람들이 나의 어머니요, 나의 형제들이다"; 참조, 8:15, 좋은 땅에 떨어진 것들
은, "바르고 착한 마음으로 말씀을 듣고서, 그것을 굳게 간직하여 견디는 가운데 열매를
맺는 사람들이다"). 다시 말해, 그녀는 "예수가 모을 종말론적 가족의 기준
에 부합한다."[197] 누가는 그녀가 받은 축복이 예수의 생물학적 어머니가

---

196. Mullins, "NT Commission Forms," 606-08.

197. *Mary in the NT*, 126.

됐기 때문이 아니라 그녀가 듣고 행했기 때문이라는 점을 분명히 밝힐
것이다(11:27-28). 누가가 그것을 밝히기 시작하는 부분이 바로 수태고지
장면이다.

말씀을 지키는 사명과 말씀을 전하는 사명 또는 파송을 너무 뚜렷
하게 구분해서는 안 된다.[198] 마리아의 성모송은, 대중적인 의미에서는
아닐지도 모르지만, 말씀을 전한다. 설교에 대한 명확한 위임을 받은 적
은 없지만 그녀는 마치 위임받은 것처럼 설교한다고 할 수 있다. 그 아
이의 사명(참조, 렘 1:4-5)은 그 어머니의 사명과 함께 주어진다. 이 구절들
의 양식은 독특하게 혼합된 것이며, 혼합된 두 요소 (그리고 이 요소들을 통
해 누가가 혁신한 방식)에 대한 분석은 본문을 더 의미있는 방식으로 설명
해 준다.

3. 기적에 대한 동의인가?

마리아의 동의라는 요소의 존재 그리고 거기에 담긴 단어의 사용은
"누가가 우리에게 기적에 대해 말하려 하고 있다. 여기에는 의문의 여
지가 없다"라는 강력한 견해의 근거(언제나 명확한 것은 아니지만)일 수 있
다.[199] 이것은 누가복음 1:38의 동의가 하나님의 기적적인 행동과 기도
자의 믿음을 연결 짓는 예수의 말씀, 곧 (누가복음 1:38과 마찬가지로) '기네
스타이'(*ginesthai*, "일어나다", "생겨나다", "이루어지다") 동사가 다른 형태로 포
함되어 있는 말씀을 연상시키기 때문이다. 그러나 이 말씀들은 모두 마
태의 것이며 누가의 것과 평행되지 않는다: 마 8:13("네가 믿은 대로 될 것이

---

198. Legrand은 전자의 의미에서만 누가의 이 장면을 마리아의 위임이라고 부를 수 있
　　다고 말한다.
199. D. M. Smith, "Luke 1:26-38," *Int* 29 (1975) 413.

다"); 9:29("너희 믿음대로 되어라"); 15:28("여자여, 참으로 네 믿음이 크다. 네 소원대로 되어라"); 18:19("땅에서 너희 가운데 두 사람이 합심하여 무슨 일이든지 구하면, 하늘에 계신 내 아버지께서 그들에게 이루어 주실 것이다"); 21:21, 평행본문 막 11:23("너희가… '들려서 바다에 빠져라. …' 그렇게 될 것이다"). 마태는 믿음과 기적이 함께해야 한다는 원칙을 설명하기 위해 믿음에 관한 예수의 가르침에서 기적 이야기가 절정에 이르게 만들었다.[200] 그러나 누가가 예수의 사역에서 기적을 다룰 때에는 이러한 특징이 나타나지 않으며, 따라서 누가의 수태고지 이야기를 해석하는 데 사용할 수 없다. 누가에게 있어서 기적이 믿음과 관련되어 있다고 믿지만,[201] 기적을 경험하는 것은 믿음을 갖는 것과는 다르다. 아마도 그는 복음서 저자들 중 기적에 대해 가장 긍정적인 태도를 갖고 있을 것이다.[202]

4. 동의와 믿음

나는 여기서 누가가 약혼한 처녀에 대한 유혹이나 강간과 관련된 신명기 22:23-27의 율법을 암시하면서 자신이 물려받은 예수의 사생아 출생 전승을 전달하려고 하고 있다는 이론을 제시했다. 1:38에 나오는 마리아의 동의가 이 이론에 반대하는 주요 증거라는 주장에 이의를 제기할 수 있다. 그 율법과 그리고 내가 마태복음과 마찬가지로 누가복음에도 암시되어 있다고 생각하는 상황은 여성의 동의 또는 완전한 동의

---

200. H. J. Held의 학위 논문, "Matthew as Interpreter of the Miracle Stories"를 다루는 J. Rohde, *Rediscovering the Teaching of the Evangelists* (Philadelphia: Westminster, 1968) 68-69.

201. 눅 7:50; 8:48, 50; 17:19.

202. Talbert, *Reading Luke*, 246; P. J. Achtemeier, "The Lucan Perspective on the Miracles of Jesus," *Perspectives on Luke-Acts*, 153-67.

없이 이루어진 성관계와 관련되어 있다. 우리는 누가가 어떻게 마리아를 그런 상황에 동의한 것으로, 또는 하나님이 그녀에게 동의를 구하는 것으로 묘사하고 있다고 주장할 수 있을까? 분명 이 이의 제기는 매우 중요하며, 아마도 제기할 수 있는 가장 중요한 이의 제기일 것이다. 이 이의 제기를 통해 우리는 누가 내러티브의 특징, 사실상 나의 해석을 뒷받침하는 특징에 대한 깊은 통찰을 얻을 수 있다.

첫째, 1:38에서 마리아는 미래의 임신과 어머니가 되는 것에 동의하고 있지만, 그 임신을 일으키는 행위에 대해 동의하고 있는 것으로 묘사되지 않는다는 점에 주목해야 한다. 그 행위는 결코 언급되거나 논의되지 않는다. 우리가 살펴보았듯이, 앞의 장면에 나오는 사가랴의 질문과 마찬가지로 "어떻게?"라는 그녀의 질문은 답변되지 않은 채 남아있다. 35절의 가브리엘의 대답은 그녀의 질문을 비켜간다. 가브리엘은 마리아가 어떻게 임신을 하게 되는지 밝히지 않지만, 특별히 그녀에 대한 하나님의 권능과 보호의 관점에서 성령의 임재를 약속한다.

둘째, 이 이의 제기는 그 구절에서 발견한 위임 양식의 요소들을 좀 더 세밀히 살펴볼 것을 요구한다. 마리아의 수용의 말, 곧 그녀의 동의를 수태고지 장면이 아니라 위임 장면으로 그리고 두 양식이 혼합된 것으로 해석하면, 이것은 누가복음의 혁신적인 부분이 된다. 허바드가 분석한 히브리 성서의 스물일곱 개의 위임들, 성서 밖에 있는 열 개의 기록들, 열다섯 개의 누가복음-사도행전의 다른 위임들, 아홉 개의 신약성서의 다른 부분에 나오는 위임들 중 어디에도, 그들이 받은 사명에 대해 말로 그리고 직접 동의하는 것으로 묘사된 것은 없다.[203] (이 규칙을 증명하

---

203. Mullins는 신약성서에서 서른일곱 개의 위임 양식, 누가복음-사도행전에서 스물일곱 개의 위임 양식을 발견했다. 그중 마리아의 수태고지-위임에만 구두로 동의하는

는 데 있어서 간신히 예외라고 할 수 있는 것은 이사야서 6:8에서 이사야가 자신이 섬기
겠다고 자원하는 부분이다: "제가 여기에 있습니다. 저를 보내어 주십시오." 그러나 그는
아직 직접 위임되지 않았다. 창세기 28:20-21에서 야곱이 위임에 동의한 것은 사실 흥정
에 가깝다: "야곱은 이렇게 서원했다. '하나님께서 저와 함께 계시고, 제가 가는 이 길에
서 저를 지켜 주시고, 먹을 것과 입을 것을 주시고, 제가 안전하게 저의 아버지 집으로 돌
아가게 해 주시면, 주님이 저의 하나님이 되실 것이며 …'") 허바드가 언급한 종말
론적 전승의 위임에서도 동의가 표현된 적은 없다: 다니엘서 10:2-12:4;
『에녹1서』 14-16장; 『레위의 유언』 2-5장; 『에스드라2서』 14장; 『바룩2
서』 1-5장.[204] 또한 복음서에 나오는 제자들은 예수의 부름에 말로 동의
를 표현하지 않는다.[205] 제자의 부름에 관한 각각의 이야기에서는 위임
받은 사람의 동의가 극적으로 묘사되어 있는데, 그것은 단순히 그 또는
그녀가 그 사명에 순종하여 행동하기 시작했다는 진술이다.[206]

그래서 누가는 이 부분에 예상하지 못했던 요소를 삽입하고, 그 요

것이 나온다("NT Commission Forms," 603-14).

204. Hubbard, "Commissioning Stories," 107-13, 122-23.
205. 이에 대한 예외로 볼 수 있는 것은 누가복음 9:59-62이다: "주님, 내가 먼저 가서
아버지의 장례를 치르도록 허락하여 주십시오. … 먼저 집안 식구들에게 작별 인사
를 하게 해 주십시오." 그러나 예수의 대답은 이것이 동의를 나타내는 대답으로 받
아들여질 수 없다는 것을 보여준다. 누가복음 9:57은 부르심에 앞서, 요구사항을 알
기 전에 동의한 것이다. 누가복음 5:5에서 시몬은 예수의 명령에 항의와 동의 두 가
지 모두로 대답한다: "선생님, 우리가 밤새도록 애를 썼으나, 아무것도 잡지 못했습
니다. 그러나 선생님의 말씀을 따라 그물을 내리겠습니다."
206. A. Feuillet에 이어서 Soares Prabhu도 부름받은 사람이 그 부름에 명시적으로 동의
를 말하는 것은 소명 내러티브 양식에서 일반적이지 않다고 말했다. 이것이 누가가
수태고지 장면에서 히브리 성서의 양식을 따르지 않았다는 것을 의미한다(*Jésus et
sa Mère* [Paris: Gabalda, 1974] 159)고 주장했던 Feuillet와는 달리, Soares는 누가
가 마리아의 답변을 강조하기 위해 양식을 수정하고 있다고 정확하게 주장한다
("'Rejoice,'" n. 10, p. 273).

소로 내러티브의 절정을 이루게 함으로써 다시 한번 혁신을 일으키고 있다. 누가복음의 혁신의 핵심은 무엇일까? 단지 의식적이고 적극적인 믿음과 그녀의 모범적인 제자도에 대한 신앙을 강조하기 위한 방법에 불과한 것일까? 그것이 누가의 의도이며 성취된 효과인 것은 분명하다. 그리고 그것은 누가가 묘사한 예수의 사역과 부활 이후 기간의 마리아의 초상과 일치한다. 마리아는 하나님의 말씀만으로 충분하다고 생각했다.

그러나 누가는 왜 그런 식으로 혁신을 했을까? 다시 말해, 왜 누가는 그녀의 초상을 그토록 긍정적으로 그렸을까? 어쩌면 누가는 마리아를 초기 교회 공동체에 포함시켰던 그녀에 대한 긍정적인 전승을 물려받았을 수도 있다. 마리아가 초기 교회에 속해 있었다는 사도행전 1:14의 진술은 "[누가개] 자신의 희망사항을 기록한 것이 아니다."[207] 믿음 있는 제자로서 그녀를 긍적적으로 묘사한 것은 제4복음서의 십자가 처형 장면에서도 볼 수 있다. 이것은 복음서 이전 시기에 마리아에 대한 평가가 발전했다는 것을 뒷받침하는 증거다. 누가복음과 요한복음은 마리아에 대한 평가를 전혀 다른 방식으로 발전시켰다. 누가는 이 전승을 바탕으로 마리아가 등장하는 행동(ministry) 기록을 개정했으며(막 3:20-21, 31-35에 대한 누가의 개정을 볼 것),[208] 또한 그 전승은 누가의 유아기 내러티브에도 영향을 미쳤다. 이 긍정적인 전승은 메시아의 어머니의 순결함에 대한 믿음을 반영하는 것일 수도 있다. 또한 누가의 설명 방식은 마리아를 하나님이 그녀의 임신에 권능을 부여한 사람, 하나님이 보호하는 사

---

207. *Mary in the NT*, 175.
208. Ibid., 167-70; Conzelmann, *Theology*, 35, 47-48과 대조해 볼 것. 누가복음 11:27-28에 대해서는 Schüssler Fiorenza, *Memory*, 146을 볼 것.

람으로 만들고, 첫 번째 제자라고 함으로써 사생아 전승을 더욱 무마하려는 시도라고[209] 볼 수도 있다. 그녀에게 직접 초점을 맞추고, 아마도 수치스럽고 부도덕한 행실에 대한 혐의로부터 그녀의 명예를 회복시키려고 시도하면서, 그는 마태와는 전혀 다른 방식으로 예수의 수태 이야기를 다룬다.

5. 수태고지와 고뇌

그러나 여기서 더 살펴봐야 할 것이 있다. 가브리엘의 말(곧, 하나님의 말씀)이 그녀에게 일어나도 된다고 하는 1:38의 마리아의 대답은, 예수가 체포 직전에 했던 하나님의 뜻이 이루어지기를 바라는 기도와 일치한다(22:42, "내 뜻대로 되게 하지 마시고, 아버지의 뜻대로 되게 하여 주십시오"). 누가의 기록에서는 동사 '기노마이'(ginomai)만이 두 구절을 언어학적으로 연결한다(눅 1:38, genoito: 부정과거 희구법; 눅 22:42, ginesthō: 현재 명령법).[210] 나는 이 둘이 주제뿐만 아니라 극적(dramatic)으로도 연결되어 있다고 생각한다. 예수가 마지막 순간, 불확실한 미래가 다가올 때 그랬듯이, 누가복음 초반에 마리아는 완전하고 용기 있는 신뢰로 동의했다. 라틴어 불가타 역본에서는 1:38을 '피아트 미히 세쿤둠 베르붐 투움'(fiat mihi secundum verbum tuum)으로, 22:42은 '논 메아 볼룬타스 세드 투아 피아트'(non mea voluntas sed tua fiat)로 번역하여 이 연관성을 강조한다(참조, 마

---

209. P. J. Bearsley ("Mary the Perfect Disciple," TS 41 [1980], n. 47, p. 476)는, 복음서에 명시적으로 드러나지 않지만, 누가는 자신이 이야기한 그녀와 관련된 사건을 반영하고 있는 마리아 전승에 대한 이해를 기반으로 했을 것이라고 주장한다. 더 자세한 논의는 복음서 이전 전승에 관한 다음 장을 볼 것.

210. 올리브산 이야기와의 유사성은 R. H. Fuller, "A Note on Luke 1:28 and 38," The NT Age (ed. W. C. Weinrich; Macon, GA: Mercer University, 1984) 202에서도 볼 수 있다.

6:10, *fiat voluntas tua*). 소아레스 프라부는[211] 불가타역 1:38이 마리아의 기쁨과 진심 어린 열망의 목소리가 아니라 체념과 굴복적인 수용을 암시하는 것으로 잘못 번역했다고 한탄했다. 그러나 1:38의 체념은 다른 주석가들의 주장에서도 나타난다.[212] 비평가들이 38절에서 찾아낸 기쁨의 요소는 누가복음 마리아의 다음 발언, 성모송 첫 구절을 바탕으로 거꾸로 해석된 것이다(1:47, "내 마음이 내 구주 하나님을 좋아함은").

그러나 누가가 침묵하는 가운데 이 두 장면 사이에서 임신이 일어나며, 따라서 이 두 장면을 서로 분리하는 것이 더 낫다. 그러나 만일 1:38의 마리아의 수용을 수동적인 굴복과 체념에 관한 진술로 읽는다면, 성모송에서 그녀의 변화된 목소리와 새로운 에너지는 어떻게 설명될 수 있을까? 우리는 두 여성이 만나는 장면을 좀 더 주의 깊게 살펴봐야 한다. 마리아의 수태고지와 성모송 사이에, 마리아는 엘리사벳을 방문하고 문안 인사를 하며, 이에 대해 엘리사벳이 응답한다. 시각 예술가들은 오래전부터 여성과 여성이 만나는 이 장면의 극적인 중요성을 알고 있었다. 비평가들은 누가의 이 내러티브에서 엘리사벳이 약속을 확증하는 것 및 마리아와 유대감을 형성하는 것을 통해 마리아에게 임한 권능과 깨달음을 발견할 수도 있을 것이다. 엘리사벳은 마리아의 믿음, 하나님의 약속에 대한 그녀의 신뢰에 대해 경의와 지지를 표한다.[213]

---

211. Soares Prabhu, "'Rejoice,'" n. 24, p. 276.

212. Plummer, *Luke*, 26; Easton, *Luke*, 11; Burrows, *Gospel of the Infancy*, 9, 29을 볼 것. Burrows는 누가복음 1:38이 기도나 환영, 허락이 아니라 체념 형식의 굴복 행위라고 말한다.

213. Brown (*Birth*, 301, 344)은 마리아의 믿음에 대한 엘리사벳의 찬사는 누가가 기적적인 동정녀 수태에 대해 기록한 것이라는 또 다른 단서라고 주장한다; 마리아가 다른 젊은 여자들처럼 수태한 것이라면 사실 아무런 믿음도 필요하지 않았을 것이다. 반대로 나는 위험하고 어쩌면 폭력적일 수 있는 상황이 암시된 가운데에서도

수태고지와 고뇌는 복음서의 중요하고 결정적인 선택과 결심의 순간이다. "마리아는 '사명'을 분명하게, 조건 없이 받아들인다. 이를 통해 그녀는 자신의 아들과 마찬가지로 진정한 '종'이 되며, 이것은 인간의 삶을 형성하는 위대한 자기완비적(self-constituting) 결정 중 하나다."[214]

그러나 누가가 이 두 장면 사이의 연결을 의도한 것이라면 마가복음 14:36의 두 번째 구절("아빠, 아버지, 아버지께서는 모든 일을 하실 수 있습니다 [panta dynata soi]")을 생략함으로써 그것을 모호하게 만든 것으로 보인다. 이는 독자들에게 누가복음 1:37의 가브리엘의 말을 떠올리게 했을 수도 있다("하나님께는 불가능한 일이 없다"[ouk adynatesēi para tou theou pan rhēma]). 어쩌면 누가는 마가복음의 고뇌 장면에서 발견한 이러한 생각을 수태고지 장면으로 거꾸로 옮겨놓고, 창세기 18:14에서 아브라함에게 주어진 질문에 대한 대답과 완전한 신뢰에 대한 동기가 더욱 분명해지도록 표현한 것일지도 모른다. 두 자료설에 따라 누가가 마가복음에 접근할 수 있었다 하더라도, 수난 내러티브의 이 부분에서 누가는 마가복음 14:36의 말씀에 담겨있지 않은 다른 자료를[215] 따랐을 수 있다.

수태고지와 예수의 고뇌에 관한 누가복음의 두 구절이 공유하는 다른 측면에 주목할 필요가 있다. 그것은 두 본문 모두 천사가 등장한다는

마리아가 자신과 아이를 향한 하나님의 권능과 보호를 믿었음을 나타낸 것이라고 생각한다. 물론 그녀는 아들의 영광스러운 운명에 관한 약속 역시 믿었다.

214. Soares Prabhu, "'Rejoice,'" 265.

215. V. Taylor, *The Passion Narrative of St. Luke* (ed. O. E. Evans; Cambridge: Cambridge University Press, 1972) 69을 볼 것. Taylor는 누가복음 22:39-46이 누가의 자유로운 창작이 아니라고 생각한다. 다른 학자들은 마가가 누가의 올리브산 구절의 기본 출처라고 주장한다; E. Linnemann, *Studien zur Passionsgeschichte* (FRLANT 102; Göttingen: Vandenhoeck & Ruprecht, 1970) 35-37. 누가복음 1:37은 18:24-30에서 반복된다.

점이다. 많은 사본들과 몇몇 고대 사본에는, 예수가 기도하는 동안 "그 때에 천사가 하늘로부터 그에게 나타나서, 힘을 북돋우었다. 예수께서 고뇌에 차서, 더욱 간절히 기도하시니, 땀이 핏방울같이 되어서 땅에 떨어졌다"(22:43-44)라고 기록되어 있다. 이 사본들의 진위 여부에 대해서는 의견이 분분하다.[216] 만일 그 사본들이 진짜라면, 천사의 등장은 누가가 두 구절의 연관성을 알리는 방식일 수 있다. 진짜가 아니라면, 천사의 등장은 후대의 가필한 사람이 두 구절 사이의 어떤 연관성을 발견했음을 의미할 수 있다. 누가복음에서 천사는 유아기 내러티브, 예수의 고뇌 장면, 빈 무덤에서만 등장한다.[217] 마리아의 수태고지에서 가브리엘은 권능과 보호를 약속하고, 예수의 고뇌 장면에서 천사들은 힘을 북돋워 준다.[218] 두 사람 모두 삶의 큰 위기를 마주하고 있다. 그리고 오직 이 장면들에서만 그들은 하나님의 뜻을 완전히 받아들인다고 말하는 것으로 묘사되어 있다.

---

216. Taylor, *Passion Narrative*, 69; Drury, *Tradition and Design*, 54; Schweizer, *Good News*, 342-43; J. Neyrey, "The Absence of Jesus' Emotions," *Bib* 61 (1980) n. 1, p. 153. Metzger, *Textual Commentary*, 177; B. D. Ehrman and M. A. Plunkett, "The Angel and the Agony," *CBQ* 45 (1985) 401-16과 대조해 볼 것.

217. 무덤 본문에서는 여자들에게 "두 명의 남자"가 예수의 부활에 관한 메시지를 전하지만, 그 뒤의 엠마오로 가던 제자들은 그 여자들이 "천사들의 환상"을 보았다고 말한다.

218. 사도행전에서 천사들은 해방하고 그리고/또는 사명을 주기 위해 등장한다. 행 5:19-20(그런데 밤에 주님의 천사가 감옥 문을 열고, 그들을 데리고 나와서 말하기를, "가서, 성전에 서서, 이 생명의 말씀을 남김없이 백성에게 전하여라!" 했다); 8:26(그런데 주님의 천사가 빌립에게 말했다. "일어나서 남쪽으로 나아가서, 예루살렘에서 가사로 내려가는 길로 가거라. 그 길은 광야 길이다"); 10:3-6; 참조, 22절; 11:13(환상 가운데 천사가 백부장 고넬료에게 나타나 욥바의 베드로에게 사람을 보내라고 명령함); 12:6-11(천사가 감옥에 갇힌 베드로를 풀어줌); 27:23-24(바울에게 천사가 나타나 바울이 카이사르 앞에 서야 하며, 그와 함께 있는 사람들이 바다에서 죽지 않을 것을 보장한다고 말함).

만일 누가가 예수의 고뇌 장면에서 마리아의 수태고지 장면을 떠올리도록 의도했다면, (수 세기 동안 예술가들이 인식하고 있었던) 수태고지 장면의 기쁨과 평온함에도 불구하고 그 밑바탕에는 갈등(struggle)이 있었음을 가리키는 또 다른 암시가 있다고 주장할 수 있다. 누가복음에서, 이 부분에서조차 기쁨과 평온은 쉽게 이루어지지 않는다. 그리고 예수의 동의가 십자가 처형을 용인하는 것과 달리, 마리아의 동의는 폭력을 용인하는 것이 아니다. 마리아의 동의는 하나님의 보호와 구원에 대한 것이지, 하나님이 보호하고 구원할 수치 상황에 대한 동의가 아니다. 이 동의로 수치스러운 상황 속에서 힘을 얻는다. 이 구절들은 무언가를 넘어서기 위한 신의 의지를 인간이 받아들이는 신약성서의 두 개의 위대한 순간을 묘사하고 있다. 예수의 경우 하나님의 의지는 죽음을 넘어서는 것이다. 그리고 마리아의 경우 하나님의 의지는 성적인 굴욕을 넘어서는 것이다. 죽음을 앞둔 예수의 고뇌는 누가가 공개적으로 기록할 수 있는 것이었다. 하지만 마리아의 고뇌는 그가 기록할 수 없거나 기록하지 않으려고 했던 것이었다. 여기서 누가의 딜레마는 자신이 전하려고 하는 전승에 대해 누가가 이해한 바에 의하면, 그 수태는 마리아의 의지에 반해서 일어났으며, 그녀는 그 공모에 관해 무죄였기 때문에, 마리아로 하여금 미리 알고 동의하게끔 할 수 없었다는 것이다. 대조적으로, 누가가 말하듯이, 고뇌 장면에서 예수는 체포와 죽음을 알고 있으면서도 그것을 마주한다. 물론 예수 역시 그의 의지에 반하여 희생된다. 그의 죽음은 처형이지 자살이 아니었다. 그러나 무고한 여성 마리아와 그녀의 사생아 임신에 대한 전승을 전하는 것보다는 죽음에 저항하지 않는 무고한 순교자를 보여주는 것이 더 쉬웠다.

6. 종 또는 노예인 마리아

1:38의 마리아의 대답에서, 그녀가 자신을 주님의 종 또는 노예 (doulē)로 묘사한 것은 몇몇 사람들이 그녀를 수동적이고, 특색 없는 사람, 해방되지 못한 인물—교회의 진술들—로 이해하게 만든 가장 책임 있는 본문일 수 있다.[219] 그녀의 태도와 운명은 그녀의 아들의 태도와 운명에 포함되며, 그녀의 의지, 자율성, 주도권은 포기된 것으로 여겨졌다. 그녀는 하나님과 그 대리인 그리고 그녀의 아들에게 종속된 것으로 보인다. 마리아의 동의는 그녀를 순종적이고 여성적인 품행을 보여주는 하나의 모델, 바로 교회의 **그런** 모델로 설정하고, 여성의 열등함과 의존성, 무력함이라는 가부장적 믿음의 수용을 표현하는 누가의 방식일까?[220] 그녀는 스스로를 노예라고 부르는데, 이것은 이스라엘, 유대인, 그리스도교 공동체에서 가장 낮은 사회적 지위의 사람들을 가리키는 용어다.[221] 일반적으로 노예는 가장 낮은 수준의 인간이라고 여겨졌고, 엄밀한 의미에서 재산이나 가족, 가계를 소유할 수 없었다. 노예는 법적인 권리가 없었고, 윤리적으로 열등하다고 여겨졌으며, 제한된 범위 내에서만 종교적 의무와 법의 적용을 받았다. 노예는 선택의 문제가 아니라 주인이라는 외부의 뜻에 복종하는 사람이었다.

---

219. 이에 대한 사례는 미국 주교의 목회 편지, "Behold Your Mother: Woman of Faith"; Nov 21, 1973, in *Catholic Mind* 72 (1974) ## 142, 60; Pope Paul VI, *Marialis Cultus*, ET: Devotion to the Blessed Virgin Mary; *The Pope Speaks* 19 (1974/75), ## 34-37, 73-75을 볼 것.

220. 여신 중심 체계에서 여성 자신의 의지와 다른 이들의 의지가 조화를 이루는 것이 높이 평가되는 것과 대조해 볼 것(C. Christ, "Why Women Need the Goddess," *Womanspirit Rising*, 184).

221. W. Zimmerli, "Slavery in the OT," *IDBSup* 829-30; W. G. Rollins, "Slavery in the NT," Ibid., 830-31; H. W. Wolff, "Masters and Slaves," *Int* 27 (1973) 259, 66-71; K. Rengstorf, "*doulos, ktl*," *TDNT* 2 (1964) 271을 볼 것.

'둘레'(doulē: 여성형)라는 용어는 '둘로스'(doulos: 남성형)와는 다르게 언제 어디서나 성적인 이용과 성적 학대에 연관되어 있다.[222] 노예(문자 그대로의 사회경제적, 역사적 현실이든, 또는 종교적 은유든)는 여성과 남성에게 다른 의미를 갖는다. 시대를 막론하고 남성 세계의 남자 노예는 남성 세계의 여자 노예와는 다른 경험을 한다. 그녀는 더 깊이 몰락하고, 그녀의 인격과 신체적, 정신적 안정의 경계는 더욱 위험에 빠진다. 이방인들은 누가복음 1:38의 주님의 여종(doulē kyriou)을 "그녀의 주인의 노예"라는 의미로 이해했는데, 이것은 몇몇 학자들이 생각하기에 마리아가 첩이었다는 비방을 불러일으킬 수 있는 해석이었다.[223] 유대교의 경건한 사람들이 자신들을 하나님의 종이라고 부르기 시작했다고 하더라도, 누가복음 1:38에 나오는 단어들에 대한 익숙함 때문에 노예제도가 일상화된 세계에서 그 단어들이 주는 충격을 간과해서는 안 된다(아래를 볼 것). 현재 우리가 살아가는 세계에 존재하는 노예제도를 인식하는 사람은 그러한 충격과 불쾌함을 느낄 수 있다.

노예제도에 대한 그리스인들의 거부감과 경멸 때문에, 몇 가지 예외를 제외하고는 그 단어군(word group)은 종교적인 영역과 관계가 없었다. 그러나 유대교와 신비 종교에서, 노예는 하나님에 대한 인간의 의존과

---

222. S. Pomeroy, *Goddesses, Whores, Wives and Slaves* (NY: Schocken, 1975) 139-40, 191-93, 195-97을 볼 것. 마카베오상 2:11의 짧은 시에서는 모욕당하고 훼손된 예루살렘을 노예(doulē) 상태로 전락했다고 표현한다.

223. J. Vogt, "Ecce ancilla domini: eine Untersuchung zum sozialen Motiv des antiken Marienbildes," *VC* 23 (1969) 246; Brown, *Birth*, n. 73, p. 364에서 인용. Brown은 십자가의 일부 거리낌이 마리아에게 영향을 미친 것은 우연이 아니라고 말한다. 그리스도인들과 유대인들 사이의 초기 대화에서 그리스도교에 대한 반대 의견 중 하나는, 하나님은 그의 메시아를 명예와 영광 없이, "자신을 하녀, 여자 노예라고 인정한 여자에게서 태어난 사람"으로 세상에 보내지 않는다는 것이었다.

섬김의 관계를 묘사하는 수단이 됐다. 이미 우리는 성서 체계에 담겨있는 이러한 종교 개념의 근거를 성결 법전에서 찾을 수 있다. 예컨대, 야훼는 노예가 되어서는 안 되는 가난한 이스라엘 민족에 대해 말했다: "그들은 내가 이집트 땅에서 이끌어 낸 나의 노예이므로, 너희가 그들을 노예로 팔 수 없다"(레 25:42). 그것은 참으로 기묘한 역설이다. 노예를 해방한 하나님이 그들을 자신의 노예로 삼는다. 노예를 해방하는 하나님을 위한 노예 됨이 존재한다. 그러나 여기에서 진정한 사회 혁명을 위해 근본적으로 중요한 것은 이스라엘 백성 개개인은 원래 해방된 노예였으며 진정한 "통치자"는 억압받는 사람들을 해방하면서도 자신은 종인 사람이라는 통찰이다. 기존의 상태가 변화되는 것은 "하나님을 위한 노예 됨이 일으킨 해방으로 이해된다."[224]

노예제도에 대한 신약성서의 이야기 역시 하나님에 대한 인간 책임의 무조건적인 본질을 강조하면서 피할 수 없었던 노예의 상황을 묘사한다. 노예들은 그리스도인 공동체에 통합됐고 그리스도와의 관계에 있어서 자유인 구성원들과 동등한 것으로 여겨졌다(몬 16; 고전 12:13; 갈 3:28; 골 3:11을 볼 것). 그러나 갈라디아서 3:26-28에 나오는 세례 전통에도 불구하고 신약성서에서 노예제도는 거부되지 않았다. 종의 형체를 취하신(빌 2:7) 그리스도 안에서(만큼은) 노예도 자유인도 없었다. 하나님을 위한 노예와 종의 언어는 세상의 권세로부터 영적으로 자유로운 예수와 그리스도인들의 믿음을 전하기 위해 사용됐다.

누가복음 1:38과 1:48(참조, 2:29)에서 누가가 여종(doulē)이라는 용어를 선택한 것은[225] 분명히 긍정적인 차원을 의도한 것이다. 이것은 유대

---

224. Wolff, "Masters and Slaves," 272.
225. 참조, 눅 17:10; 행 16:17. D. L. Jones, "The Title 'Servant' in Luke-Acts," *Luke-Acts*, 123-124

인들이 이스라엘 역사상 몇 명의 뛰어난 사람들에게, 일반적으로 하나님의 종(*doulos theou*)이라는 표현에 포함되어 있는 명예로운 호칭인 종(*doulos*)을 사용한 것과 관련이 있다고 보아야 한다: 모세(말 4:4; 계 15:3; Josephus, *Ant.* 5.39을 볼 것); 여호수아(수 24:29; 삿 2:8); 아브라함(시 104:42 LXX); 다윗(겔 34:23; 37:24; 시 88:3 LXX); 이삭(단 3:35[공동번역 개정판]); 예언자들(왕하 17:23); 야곱 = 하나님의 백성인 이스라엘(사 48:20; 겔 28:25; 참조, 사 65:9; 유대인들에 대해서는 Josephus, *Ant.* 11.90, 101), 그리고 한나라는 한 명의 여성을 위해 '여종'(*doulē*)이라는 단어를 사용한 경우(삼상 1:11). 누가는 하나님께 완전히 헌신했다고 여겨졌던 이러한 인물들과 마리아를 연관시키려고 했다. 또한 그는 제자들 사이에서 섬기는 자(*ho diakonōn*; 22:27)로 묘사하지만 종(*doulos*)이라고는 부르지 않았던 예수와 그녀를 연결시킨다.

또한 누가복음 1:38, 48은 사도행전 2:17-18에 나오는 요엘서 2:28-32의 인용문과 '둘레'(*doulē*)라는 용어로 연관되어 있다: "하나님께서 말씀하신다. 마지막 날에 나는 내 영을 모든 사람에게 부어 주겠다. 너희의 아들들과 너희의 딸들은 예언을 하고, 너희의 젊은이들은 환상을 보고, 너희의 늙은이들은 꿈을 꿀 것이다. 그날에 나는 내 영을 내 남종들(*doulous*)과 내 여종들(*doulas*)에게도 부어 주겠으니, 그들도 예언을 할 것이다." 누가는 (마리아가 성모송에서 예언하듯이) "그들도 예언을 할 것이다"라는 구절을 추가한다. '둘레'라는 용어와의 이러한 연관성은 누가가 1:38에서 상기시키려고 하는 강력한 종교적 맥락을 우리에게 보여준다. 우리는 누가가 마리아의 자유와 용기를 의미하는 표현으로 그녀의 동의를 기록했다는 것을 확신할 수 있다. 그러나 누가가 말하는 이야기의

New Perspectives, 148-65을 볼 것.

맥락 속에서 이것을 어떻게 이해할 수 있을까? 류터(Ruether)가 말했듯 이, 종 됨(servanthood)의 언어는 다른 맥락에서는 그 의미가 극단적으로 바뀐다.[226]

동정녀 수태를 포함하는 누가복음 1장의 전통적 해석에서, 마리아 의 동의는 그녀의 "정결함", 그녀의 성적인 순결과 성 경험 없음을 지켜 줄 기적에 대한 동의로 해석된다. 이것은 그녀의 처녀성이 하나님의 새 로운 창조가 일어나는 "빈 공간"이라는 점에서 종교적인 가치를 지닌 것으로 보인다. 곧, 그녀의 동의는 하나님의 이러한 "행위"를 위한 기회 를 제공하며, 하나님의 은총에 대한 응답이다. 마리아가 자신을 주님의 종으로 묘사한 것은 "그릇/여성"(vessel)이 느끼는 무기력과 무가치함의 표현일 것이다.

그러나 여기서 제시된 해석의 맥락 안에서, 마리아의 동의는 그 원 인이 요셉과의 부부관계일 수도 있고 아닐 수도 있는, 그녀가 항의했던 수태에 대한 것이다.[227] 어떻게 임신하는지에 대한 질문에 대답을 듣지 못했음에도 불구하고 그녀는 동의한다. 다시 말해, 그녀는 자신의 특정 한 운명에 대해 알지 못했지만, 하나님이 권능을 주고 보호하실 것이라 는 믿음으로 동의한다.[228] 이상하게도 누가는 마리아를 알 수 없는 힘의 희생자로 만든다. 그녀가 자신을 주님의 종이라고 부르는 것은 희생자 의 무력함과 고통을 표현하지만, 동시에 인간 "주인"으로부터의 내적

---

226. R. Ruether, "Feminist Interpretation: A Method of Correlation," *Feminist Interpretation*, 120-21.

227. 그녀는 가브리엘이 가까운 미래에 일어날 임신에 대해 말하고 있음을 이해하는 것 으로 묘사된다; 그러나 동거는 아직은 비교적 먼 미래의 일이었다.

228. "알지 못하는 상황에서의 신실함"(눅 2:49-50; 18:34; 24장; 행 1:7)이라는 누가의 주제에 대해서는 Tiede, *Prophecy and History*, 32를 볼 것.

자유를 표현하는 것이기도 하다.

F. 결론 및 응답

마태와 마찬가지로 누가는 예수의 사생아 출생에 관한 전승을 전하고 있다. 이 진술의 근거는 (a) 누가복음의 첫 장은 일반적이고 기적이 아닌 방식으로 일어난 임신에 관한 것으로 해석될 수 있고 그렇게 해석되어 왔다는 사실과 (b) 요셉이 예수의 아버지로만 여겨졌다는 누가의 다음 서술(3:23)에 있다. 따라서 누가는 그의 독자의 입장에서 예수의 사생아 전승에 대한 어떤 인식을 전제하고, 신중하게 이 전제를 확인한다. 일단 우리가 이것을 깨닫게 되면, 본문의 몇 가지 작은 세부사항들이 제자리를 찾고, 그 전승을 지지하고 해석하는 것으로 보이게 된다. 예를 들면, 누가는 신명기 22:23-27을 암시하고 성모송에서 마리아의 "수치"를 언급한다. 어떻게 임신이 일어나는지에 대한 마리아의 질문은 답변을 듣지 못하지만, 그녀는 신의 권능과 보호를 약속받는다. 나의 주장은 이 해석이 본문의 세부사항을 전통적인 해석보다 더 잘 설명하거나, 적어도 비슷한 수준으로 설명한다는 것이다.

언뜻 보기에 누가복음에 대한 나의 해석은 2장의 마태복음에 대한 해석에 비해 설득력이 떨어진다. 이것은 누가가 적어도 네 가지 방식으로 그가 전해 받은 사생아 전승을 모호하게 만들고 거의 지워버렸기 때문이다. (1) 그는 사생아 전승을 주로 칠십인역과 세례 요한의 수태고지 모델의 도움을 받아 해석했다. 이것은 마태의 가계도에 언급된 네 명의 여성의 이야기보다도, 어쩌면 이사야서 7:14보다도 그 전승을 전하기 위한 (더 명백하기는 하지만) 불충분한 수단이다. 누가가 사용한 이러한 기본적인 모델들은 하나님이 불임 여성의 수태를 가능하게 한다는 것을 강조하며, 따라서 그 모델들은 초자연적이고 기적적이거나 특수한 수태라는 생각으로 향하게 하는 첫 단계가 된다. 이와는 대조적으로, 마태가 가계도에 네 명의 여성의 이름을 삽입한 것은 그 여성들의 이야기를 떠올리게 하며, 역사의 일반적인 흐름 속에서 하나님이 억압받는 여성들의 편에 서신다는 것을 강조한다. 마태 역시 수태고지 양식을 사용하지만, 그는 불임 여성의 수태 이야기를 강력하게 떠올리게 하지 않는 방식으로 그 양식을 이 여성들의 이야기 및 다른 히브리 성서 전승과 통합한다.

(2) 누가는 수태고지 양식을 위임 양식과 혼합해서 각색했고, 거기에 마리아의 동의라는 특이한 요소를 추가했다. 동의라는 이 요소는 거의—완전히는 아니지만—이 복음서의 독자들 스스로의 힘만으로는 이것이 사생아 임신이며, 아마도 마리아가 당한 성폭력의 결과일 것이라고 이해하는 것을 불가능하게 만든다. 그녀가 임신에 동의하는 내러티브의 중요한 순간은 그 전승을 심각하게 약화시킨다. 신약성서 내러티브의 이러한 측면은 그리스도교가 그 전승을 말소하는 데 가장 큰 책임이 있다. 사생아 전승이 마리아의 의지에 반하는 어떤 행위와 관련이 있다면(아마 그랬을 것이다), 그녀의 동의를 극적으로 묘사한 누가의 선택은 그 전승을 부정하거나 적어도 눈가림하려는 것으로 보인다.[229] 그러나 그러한 인상이 이야기의 전부는 아니다. 나는 누가가 그 전승을 거의 부정하면서까지 그것을 긍정적으로 보여주려 하고 있다고 생각한다.

---

229. 그렇다 하더라도 위에서 논의했듯이 그 동의는 임신에 대한 동의로 여겨질 수는 있지만, 임신을 유발한 행위에 대한 동의로 여겨질 수는 없다.

마리아의 동의는 두 가지 목적과 관련되어 있다. 첫째, 이것은 마태의 내러티브에서 하지 않았던, 어머니의 거룩함에 대한 누가의 믿음을 보여준다. 둘째, 올리브산 전승을 형성하는 데 작용했던 충동(impulse)에 참여하게 한다. 하나님의 뜻에 동의했다는 것이 예수가 죽음을 초래했다는 의미는 아니며, 예수가 자신의 임박한 처형을 용납하거나 그것을 하나님의 직접적인 뜻으로 생각했다는 것도 아니다. 마찬가지로 누가복음 1장에서, 마리아가 임신에 동의한 것은 그 범죄를 묵인한 것도 용납한 것도 아니다. 어떤 악한 행위도 하나님의 뜻으로 돌려질 수 없다. 그러나 이 동의에는 고뇌가 없다. 그것은 임신이 일어난 수단이나 상황에 대한 어떠한 서술도 없는 상태에서 수태에 동의하는 것이기 때문이다. 독자가 그 상황을 마주할 수 있도록 도와주는 단서가 본문에 남아있을 뿐이다. 신명기 22:23-27에 관한 누가의 암시는 미약하고, 그 율법을 해석하거나 적용하려는 노력은 보이지 않는다. 마리아는 그리스도의 첫 번째 제자 역할을 한다. 그녀는 하나님의 뜻에 기꺼이 응답하고, 그녀의 응답이 요구하는 고통을 천천히 배워나가며, 이해하기 위해 심사숙고하고 노력하면서 성숙해지는 사람이다.

(3) 누가가 예수의 출생을 둘러싸고 있는 신성하고 순결한 이미지 그리고 법적, 종교적 의무를 다하고 예수를 받아들인 경건한 아나빔(Anawim: 나사렛에서의 거절과 대조해 볼 것[눅 4:16-30])에게서 예수가 태어났다는 신학에 주목했다. 그러한 이미지들을 표면적으로 이해한다면, 누가의 작업의 사생아 전승과 예언적 차원을 은폐할 위험에 처하게 하는 미묘하고, 절제되고, "완벽한" 내러티브의 분위기를 조성하게 된다. 또한, 그 전승을 이해하려면 독자들은 누가가 만든 기쁘고 평화로운 지배적인 분위기에 처음부터 저항해야 한다. 궁극적으로 그러한 이미지와 분

위기는 전승을 부정하는 것이 아니라 전승을 해석하는 방법으로 볼 수 있다.

(4) 또한 누가가 자신의 복음서에서 전체적인 예수의 삶을 보여주는 구조는 그리스-로마 배경의 이방인 독자들이, 물론 약간의 의구심과 함께, 예수를 불멸의 존재로, 어쩌면 그의 수태를 신과 인간의 결혼(*hieros gamos*)이라는 관점에서 이해하게 만들었을 것이다. 누가의 설명은 주로 이런 배경(아마 누가 자신의 배경과 같았을 것이다)을 바탕으로 자신의 독자들에게 호소하려 한다. 그는 청중과의 소통을 위해 예수의 출생이 오해받을 수도 있는 위험을 무릅썼다.

나는 누가가 자신이 물려받은 사생아 전승을 무마하려는 목적에서 이러한 오해의 위험을 무릅썼다고 생각한다. 예수의 출생에 관한 잠재적 추문은 예수의 죽음에 관한 추문과 마찬가지로, 그리스도교 메시지의 "좋은 소식", 능력, 훌륭함을 전달하려는 누가의 노력으로 완화됐다. 누가의 수난 내러티브에도 비슷한 경향이 있다. 누가복음의 예수는 치유하고(22:51), 용서하고(23:34), 다른 이들을 위로하기 위해(23:43) 죽음을 향해 간다. 누가는 마가복음의 버림받은 예수의 울부짖음(막 15:34)을 생략하고, 예수가 자신의 영혼을 아버지 하나님의 손에 맡기며(눅 23:46), 시편 31:6(LXX)을 인용하면서 평화롭게 숨을 거두게 한다.[230] 이 예수는 희생자도 아니고, 통제 불능도 아니며, 공포, 두려움, 의심의 대상도 아니다. 오히려 그는 선을 행하고 하나님께 진정으로 헌신한 초인적 순교자다. 바렛(C. K. Barrett)은 십자가 처형에 대해, "분명한 사실은 누가는 마가복음에 담긴 거칠고 당혹스러운 전승들, 조잡하고 모욕적인 것까지

---

230. 예수는 빌라도(23:4, 14-15, 22), 헤롯(23:15), 같이 십자가에 달린 사람 중 한 명 (23:41), 백부장(23:47)에 의해 무죄를 선고받았다.

이해하고, 그것들을 덜 수치스럽고 더 쉽게 받아들일 수 있는 것으로 만들 수 있었을 만큼 역사적 예수와 멀리 떨어져 있었다"라고 말한다.[231] 케제만(E. Käsemann)에 의하면, "예수의 십자가는 더 이상 추문이 아니다. 그것은 하나님이 부활에 개입하셔서 명백하고 분명하게 바로잡은 유대인들의 오해일 뿐이다."[232] 콘첼만(H. Conzelmann)은 "열정적 신비주의의 흔적"을 전혀 발견하지 못했고, 누가가 예수의 고난과 죽음으로부터 직접적인 구원론적 의미를 도출하지 못했다고 생각한다.[233] 피츠마이어는 누가복음에 바울이나 마가적 의미의 "십자가" 이야기가 없으며, 누가는 십자가보다 부활에 더 많은 구원의 의미를 부여한다고 인정한다. 그러나 누가만이 예수를 고난받는 메시아(24:26)로 묘사하며, 이러한 묘사는 예수의 죽음의 구원적 의미를 나타내는 누가의 방식이다.[234] 그렇게 해서 예수의 사생아 출생에 대한 "거칠고 당혹스러운 전승"은 누가복음 1장에서 평온한 장면으로, 심지어는 승리의 장면으로 변화된다. 누가에게 있어서, 그 추문은 예수와 마리아의 태도에 의해 완화됐다(1:34-35).[235]

그러므로 누가복음의 첫 장에 대한 이러한 이해는 우리가 이 복음서의 다른 부분에 대한 이해를 바꾸게 한다. 그리고/또는 그 부분들이 1

---

231. C. K. Barrett, *Luke the Historian in Recent Study* (London: Epworth, 1961) 23.

232. E. Käsemann, "Ministry and Community in the NT," *Essays on NT Themes* (London: SCM, 1964) 92. 그는 영광의 신학(*theologia gloriae*)이 십자가의 신학 (*theologia crusis*)을 대체하는 과정에 있다고 생각한다; 그러나 Fitzmyer, *Luke*, 1.22-23; R. H. Fuller and P. Perkins, *Who Is the Christ?* (Philadelphia: Fortress, 1983) 92을 볼 것.

233. Conzelmann, *Theology*, 201.

234. Fitzmyer, *Luke*, 1.219-21; 참조, W. G. Kummel, "Current Theological Accusations Against Luke," *ANQ* 16 (1975) 138; R. Zehnle, "The Salvific Character of Jesus' Death in Lucan Soteriology," *TS* 30 (1969) 420-44.

235. 참조, Fitzmyer, *Luke*, 1.23.

장에서의 누가의 의도와 방법을 조망한다는 것을 알려준다.[236] 여기서는 몇 가지 추가적인 제안만 간단히 서술할 수 있다.

두 번째 장에서[237] 누가는 첫 번째 주요 주제를 다음과 같이 선택한다: 이 아이에게 큰 기쁨이 있고, 이제 "구주 … 그리스도 주님"이라고 불릴 것이다(2:11), "주님께서 세우신 그리스도"(2:26), "이방 사람들에게는 계시하시는 빛이요, [주님의] 백성 이스라엘에게는 영광"(2:32). 이 장의 시므온이 마리아에게 한 말에서도 불안과 괴로움이 느껴진다: "보십시오, 이 아기는 이스라엘의 많은 사람을 넘어뜨리고 일으켜 세우기 위한 전조이며, 거절의 상징이 될 것입니다—그리고 칼이 당신도 찌를 것입니다—그리하여 많은 사람의 속마음이 드러날 것입니다"(2:34-35).[238] 누가복음의 이 말은 예수의 출생에 대한 추문, 적대적인 소문으로 인한 고통에 대해 언급하기 위한 의도였을 수도 있다. 부모들이 열두 살 예수를 찾는 이야기 및 "어찌하여 나를 찾으셨습니까? 내가 내 아버지의 집에 있어야 할 줄을 알지 못하셨습니까?"라는 예수의 말을 이해하지 못하는 부모의 이야기가 나오는 과도기의 마지막 장면에서 고통의 소리가 다시 들려온다. 이것은 예수의 정체에 대한 누가의 믿음의 새로운 측면을 드러내는 말들이다. 그가 하나님의 아들이라는 믿음이나 특별한

---

236. 누가복음의 비폭력적인 예수의 기조에 반대되는 기대, 즉 예수가 공격적이고, 군사적이고, 정치적인 메시아가 될 것이라는 기대를 나타내는, 비평화주의적 자료에 근거한 누가의 유아기 내러티브 이론에 대해서는 J. M. Ford, *My Enemy Is My Guest* (Maryknoll: Orbis, 1984) 20, 28, 36을 볼 것. 따라서 예수에 의해 촉발된 새로운 시대는 더 큰 안정감을 가져다준다. 하지만 1:51-53을 다루는 F. W. Danker, *Jesus and the New Age* (St. Louis: Clayton, 1972) 16을 볼 것.

237. 2장의 전승은 원래 1장 후반부의 전승과는 독립되어 있었다.

238. Fitzmyer의 번역. 이 구절들에 대한 다른 해석은 A. Feuillet, "L'épreuve prédite à Marie par la vieillard Simeon," *À la Rencontre de Dieu* (LePuy: Mappus, 1961) 243-63; Brown, *Birth*, 462-66을 볼 것.

운명을 살게 될 것이라는 믿음이 아니라, (출생만이 아니라) 그의 운명은
일반적인 가부장적 가족관계의 무너짐을 수반한다는 믿음이다.[239]

　우리가 살펴보았듯이, 누가가 묘사하는 마리아는 그녀에 대한 첫 언
급부터 마지막 언급까지 한결같다. 그녀는 제자이며, 신자이며, 하나님
의 말씀을 듣고 행동함으로 존경받는 사람이다(11:27-28). 이러한 묘사는
복음서 전반의 다른 여성들에 대한 축약된 묘사를 미리 보여주는 것 같
다. 누가복음의 여성에 대한 긍정적인 대우는 자주 강조됐고 분석되어
왔다.[240] 누가는 복음서 저자들 가운데 가장 강력한 "페미니스트"로, 여
성에 대한 예수의 열린 태도를 가장 잘 반영한 사람으로 불려왔다. 누가
의 많은 이야기들이 여성에 대한 지지를 다루고 있다. 마리아 그리고 그
의 다른 여성 인물인 마르다와 마리아 자매(10:38-42)를 통해, 누가는 "생
물학적 모성이 아니라, 충실한 제자 됨이 여성들에게 요구되는 종말론
적 소명"이라는 것을 보여준다.[241] 또한, 여성들의 제자 됨은 남성들에
비해 더 호의적으로 제시된다.[242] 누가복음 1장에서 천사에 대한 마리아

---

239. Schüssler Fiorenza, "Luke 2:41-52," 401-03.

240. 누가복음에 나오는 여성 또는 여성과 관계된 42개의 구절 중 23개는 오직 이 복음
　　서에만 나온다는 통계에 대해서는 L. Swidler, *Biblical Affirmations of Women*
　　(Philadelphia: Westminster, 1979) 254-56, 259, 261, 280-81을 볼 것. 누가가 성별
　　평행 이야기(sexually parallel stories: 남자 관련 이야기와 여자 관련 이야기를 나란
　　히 전하는 것. 예, 눅 17:34-36—역주)와 이미지를 사용하는 것에 관해서는 165-72,
　　257-58, 271을 볼 것.

241. Schüssler Fiorenza, *Memory*, 146. 누가복음의 수태고지 장면에서 마리아에 대한
　　초점은 모성이라는 가부장적 관습에 대한 강조와 일치하지 않는다(참조, Fuchs,
　　"Literary Characterization," 128).

242. B. Witherington III, "On the Road with Mary Magdalene, Joanna, Susanna, and
　　Other Disciples-Luke 8:1-3," *ZNW* 70 (1979) 244; R. F. O'Toole, "Luke's Position
　　on Politics and Society in Luke-Acts," *Political Issues in Luke-Acts* (ed. R. J.
　　Cassidy and P. H. Scharper; Maryknoll: Orbis, 1983) 12-13.

의 믿음의 대답과 사가랴의 불신을 대조하는 것은, 이 복음서의 결말에서 믿는 여자들과 믿지 않는 남자들을 대조하는 것(24:9-11)과 평행한다.

그러나 동시에, 여성의 역할에 대한 누가의 제한이 있는데, 그것은 그들의 사도직을 폄하하는 것이다.[243] 이러한 측면들은 누가복음 1장에서 마리아의 역할의 제한에 의해 미리 드러난다. (a) 마리아가 말씀을 전하라는 명시적인 위임을 받은 적이 없는 복음 전도자이자 예언자였던 것과 마찬가지로, 마지막에 여자들은 열한 사도와 다른 모든 이들에게 빈 무덤에 대해 말하지만, 그들 스스로는 위임을 받지도 못하고, 부활한 예수의 모습을 보지도 못한다(참조, 마태복음, 요한복음, 마가복음의 부록[막 16:9-20을 지칭—역주]에서는 부활한 예수가 여자들에게 나타난다).

(b) 복음서와 마찬가지로 사도행전에서 여성들에게 부여한 역할은 기원후 1세기 말의 목회서신에 반영된 것과 비슷한 교회의 환경이나 위계적 이데올로기를 반영하는, 전형적인 수동적인 모습으로 비판되어 왔다.[244] 마리아의 역할도 종종 수동적으로 묘사된다.[245] 누가가 1:38에서 그녀의 동의를 그녀의 적극성, 자유로운 선택과 용기의 표현으로 의도한 것일 수도 있고, 그녀를 단순한 하나님의 수동적인 도구 이상으로 보

---

243. Schüssler Fiorenza, *Bread*, 16.
244. Schüssler Fiorenza, *Memory*, 49-52을 볼 것. 누가는 막달라 마리아라는 급진적인 인물에 거의 관심을 주지 않는다. 내 생각에, 이 복음서는 교회 지도력에서의 여성의 지위에 대한 논의와, 보수적이고 타협적인 입장을 반영하고 있다.
245. Williams (*Woman Recounted*, 79, 참조, 112)는 마리아를 "의존적인 여주인공"이라고 부른다. 에스더와 마찬가지로, 그녀는 어떤 종류의 행동도 시작하지 않고, 결국 남성중심적인 역할에 중점을 둔 목적에 기여한다. 그리스도교의 이야기와 예술은 성부 하나님과 성자 하나님의 관계 속에서 그녀의 중요성을 해석해 왔다. 그러나 Williams는 누가복음에서의 그녀의 수동성은 하나님에 대한 그녀의 완전한 의존과 관련되어 있으며, 그것이 그녀를 인간 남성으로부터 독립하게 한다고 인정한다(pp. 83-84, 103).

았을 수도 있다. 누가복음의 마리아가 "단지 예수 출산을 위한 도구"가 아니라는 점을 기억해야 한다.[246] 요셉은 그녀의 삶을 자신의 재산처럼 마음대로 할 수 없으며 그녀는 요셉에게 복종하지도 않는다. 그녀는 요셉과의 관계가 아니라 하나님과의 관계로 평가받는다.[247] 요셉은 그녀의 보호자나 해방의 대리인으로 묘사되지 않는다. 그리고 성모송(이것은 피해자의 노래가 아니다)에서 그녀는 강력한 권위를 갖고 해방을 선포한다. 그러나 마리아가 자신의 독자적인 결단으로 행동하기보다는 계시에 대한 응답으로 행동한다는 것은 사실로 남아있다. 일단 누가의 작업을 사생아 전승으로 보기 시작하면, 보호, 신뢰, 감사라는 주제를 선호하면서 여성의 분노, 투쟁, 저항이라는 가능한 주제를 피하는 것은 마리아의 특징을 하나님만이 깰 수 있는 개인적인 무력함으로 한정하기 위한 것이라고 생각할 수 있다. 르그랑(Legrand)이 말했듯이, "종말론적 관점에서 보면, 수용성은 유일하고 중요한 '미덕'이다."[248] 불행히도, 그것은 또한 가부장적 관점에서도 종종 주요한 것이다.

(c) 누가는 예수 이야기를 하나님의 말씀과 약속에 대한 완전한 응답, 인간의 이해할 수 없음과 신뢰의 응답, 마리아라는 여성의 응답으로 시작할 기회를 보았고, 포착했다. 하나님이 주도권을 가졌고 마리아는 복종한다. 섬김과 겸손에 기초한 새로운 사회 질서에 대한 그의 지지의 일환으로, 누가는 마리아가 자신을 주님의 노예로 밝히게 하는데, 그것은 여성의 지속적인 상태와 요구에 대해 어느 정도 남성중심적인 둔감

---

246. 마태복음의 마리아와 대조할 것. H. P. West, Jr., "A Primitive Version of Luke in the Composition of Matthew," *NTS* 14 (1977/78) 80.
247. 요셉은 이 이야기의 배경에 머물러 있고, 단순히 묵인하는 것으로 추정된다.
248. Legrand, *L'Annonce*, 82.

함을 드러내는 진술이다.[249] 나는 그것이 진정한 여성의 영성에 대한 무지라고 생각한다. 여성들의 영성에 있어서 주인/노예의 관계는 어울리지 않기 때문이다. 이 복음서 본문에서 우리는 여성이 다른 형태의 자기희생을 실행하는 것을 발견하게 된다. 누가는 여성의 사역이 예수와 남성 제자들을 경제적으로 돕고 지원하는 것이라고 강조한다.[250] 간단히 말해서, 누가는 예수의 사역에서 여성을 완전한 제자로 생각하지 않는다.

나는 누가가 마리아의 제자 됨 자체에는 별로 관심이 없다고 생각한다. 그가 이 모티프를 사용하는 것은 그녀의 명예를 지키기 위한 여러 방법 중 하나일 뿐이다. 버로우즈(E. Burrows)는 "[마리아의] 명예를 지키기 위한 열정을 가졌던 사람"이 누가복음 1-2장을 기록했다고 정확하게 지적했다.[251] 누가의 목표는 대담한 것이었고, 우리는 그 모든 것이 매우 성공적이었다고 말할 수 있다. 누가복음의 마리아의 수태고지는 너무나도 전형적으로 아름다운 장면이고 너무나도 간접적인 장면이어서 사생

---

249. V. Saiving, "The Human Situation: a Feminine View," *JR* 40 (1960) 108-09을 볼 것; "여성이 여성으로서 받는 유혹은 남성이 남성으로서 받는 유혹과 같지 않으며, 특별히 죄의 여성적인 형태는… '자부심'(pride)과 '권력 의지' 같은 용어로 결코 포괄할 수 없는 특성을 갖고 있다. 그것들은 … 발달 부진이나 자기부정이라는 용어로 더 잘 표현된다." Daly는 무가치함과 자기희생의 관계에 주목한다(*Gyn/ecology*, 378).

250. 누가는 선포 사역을 수행하는 여성들에 대한 언급을 생략했으며, 실제로 14:26과 18:29b은 예수 운동이 카리스마적인 남성 떠돌이들의 운동이었다는 인상을 준다 (Schüssler Fiorenza, *Memory*, 145). General Meeting of the Catholic Biblical Association of America (San Francisco, Aug. 24, 1978)에서 발제했던, 출판되지 않은 그녀의 논문, "The Role of Women according to Luke/Acts"; E. M. Tetlow, *Women and Ministry in the New Testament* (NY: Paulist, 1980) 101-09; Schottroff, "Women as Followers," 420을 볼 것.

251. Burrows, *Gospel of the Infancy*, 55.

아 전승을 제대로 전달하지 못한다. 그 교묘함은 속임수에 가깝다. 그것은 여성을 위한 여성의 이야기가 전혀 아니며, 남성의 세계를 위해 남성의 세계가 들려주는 이야기다.

그럼에도 불구하고 약혼한 처녀에게 하나님의 천사가 방문하고, 곧 그녀가 곧 임신할 것이며, 하나님이 권능으로 보호할 것이라고 이야기하는 누가복음의 이 장면은 사생아를 수태한 여성에게 하나님이 직접 관심을 갖는 성서의 유일한 사례다.[252] 위대함에 대한 자연스럽고 통상적인 개념에 의문을 제기하면서 이것을 "축소판 복음 이야기의 정수"—우리가 깨닫게 된 것보다 더더욱 축소시킨—로 만든다.[253]

---

252. 결혼하지 않은 불임 여성이 하나님의 방문을 받고 기적적으로 불임에서 벗어나는 것이 얼마나 상상하기 어려운 일인가에 대해서는 Fuchs, "Literary Characterization," 129를 볼 것. "이것은 상상도 할 수 없는 일이다. 혼외 관계에서 태어난 아이는 아버지의 혈통을 이어받지 못하고, *mamzer*("사생아", 신 23:3 MT)로 공동체에서 배척당하며, 그의 어머니는 잘 해봤자 *zona*("창녀")로 낙인찍힐 것이기 때문이다." 마리아는 하나님과 직접 소통하지만, Fuchs ("Female Heroines," 153)가 지적한 것과 같이, "여성 인물들은 오직 '출산'의 맥락에서만 하나님(또는 그의 대리인)과 직접 대화가 허용된다"라는 "성서의 기조"가 존재한다.

253. Brown, *Birth*, 8.

제4장
복음서 이전 전승과 복음서 이후 전승

알베르트 슈바이처(Albert Schweitzer)는 "누가 전설 형성의 법칙을 알고 있는가? 누가 씨앗을 땅과 바다로 운반하는 바람의 경로를 따라갈 수 있는가?" 그리고 "왜 우리가 이해할 수 없는 것은 비역사적이어야 하는가?"라고 묻는다.[1] 두 질문 모두 예수의 수태에 관한 전승이라는 주제와 관련하여 깊이 생각해 볼 가치가 있다. 이 장에서는 복음서 저자들이 물려받은 전승을 재구성하고 분석하며, 그 발전의 서로 다른 여러 갈래를 추적해 볼 것이다. 어떻게 그리고 왜 사생아 수태 전승이 하나의 동정녀 수태 전승이 됐는가?

A. 복음서 이전 전승

비록 우리가 현재 "전설 형성의 법칙"을 알지 못한다 하더라도, 신

---

1.   A. Schweitzer, *Quest*, 293, 305.

약 성서학은 본문 뒤에 무엇이 있는지, 공동체와 개인 저자들이 그들이 받은 전승을 어떻게 형성했는지 이해하려고 노력한다. 여기서 연구 중인 사례에서, 대부분의 학자들은 마태복음과 누가복음에서 공통적인 예수의 수태 이야기 요소들을 분석함으로써 복음서 이전 전승의 일반적인 윤곽을 재구성할 수 있다는 것에 동의한다. 두 자료설에 의하면, 이 요소들은 각 복음서에 독립적으로 나오며, 구전 또는 문서 전승 이전의 전승에서 가져온 것으로 추측된다.[2] 공통 기록 자료에서 마태와 누가의 기록들을 도출하려는 시도는 매우 설득력이 없다. 마태와 누가의 배후에 있는 공통적이고 일부 신학적인 자료는 아마도 구전 자료일 것이다. 그것은 "미미하고 가능성이 적은 것"일[3] 수도 있지만, 조사해 볼 가치가 있다.

1. 공통 요소들

마태와 누가 내러티브의 차이는 "정경 복음서들의 어떤 곳보다 더

---

2. 마태 및/또는 누가가 마가보다 먼저 생각하고 사용할 수 있는 또 다른 자료가 있었다는 이론이 받아들여진다면, 마가복음에 유아기 내러티브가 전혀 없는 이유를 설명해야 할 것이다. 내가 제안한 것처럼, 마가가 이 내러티브를 예수의 사생아 수태에 대한 신학적 논의로 이해하고 계승하기를 거부한 것으로 추측할 수도 있다. 또한 마가는 어머니와 형제들에 대한 예수의 호의적인 진술들을 비판으로 바꾸어 버린 책임이 있을 수 있다(아래를 볼 것). 그러나 이러한 추측은 답변할 수 있는 것보다 더 많은 질문을 불러일으키며, 여기에서는 제외되어야 한다. 마태가 누가의 내러티브를 알았을 가능성이나 그 반대의 경우는 어떨까? 마태복음 1:18-25이 누가복음 1장을 자료로 하여 기록됐다는 가정은 누가가 마태의 유아기 내러티브를 보고 썼다는 가정보다 훨씬 장점이 적다. 그러나 이 매혹적인 퍼즐 역시 여기에서 추적할 수 없다.

3. Soares Prabhu, *Formula Quotations*, 2-3을 볼 것.

극명하다"라고[4] 하지만 공통 요소도 많다. 이전 장에[5] 그런 공통 요소들
이 나열되어 있다. 앞에서 살펴본 내러티브 해석에 기초하여 이제 몇 개
의 공통 요소를 더 볼 수 있게 됐다. 마태와 누가 모두 약혼한 처녀에 대
한 유혹이나 강간과 관련된 신명기 22:23-27의 율법을 암시하고 있다.
둘 다 예수가 마리아의 약혼 기간에 사생아로 수태됐다는 이전의 전승
을 전하려는 의도를 갖고 있다. 어느 복음서 저자들도 마리아를 비난하
거나 그녀가 잘못했다고 고발하지 않는다. 마태는 요셉이 이 율법의 배
경에 맞서 자신의 의무와 씨름하고 있었고, 결국 천사의 말에 순종하여
그녀를 집으로 데려온 것으로 묘사한다. 이 이야기의 결말은 마리아가
임신에 있어서 잘못이 없다는 것을 암시한다. 누가는 마리아가 믿음의
도약을 통해 임신과 아이의 미래를 하나님의 뜻으로 받아들였다고 묘
사한다. 내러티브의 이러한 요소들에 대한 분석으로 인해, 나는 두 복음
서 저자 모두 독자들이 마리아가 유혹에 협력하지 않았다고, 즉 간통에
대해 무죄라고 생각하기를 원한다는 결론에 도달했다. 그들은 독자들
이 그녀가 유혹당한 것이 아니라 강간당한 것이라고 생각하도록 (그러나
완곡하게) 유도하고 있다. 마태복음 1:21에서 예수의 이름의 의미("그가 자
기 백성을 그들의 죄에서 구원하실 것이다")를 언급하고 누가복음 1:47에서 하
나님을 구원자로 언급한 것("내 마음이 내 구주 하나님을 좋아함은"; 참조, 2:11)은
신명기 22:27("약혼한 그 처녀가 소리를 질러도 구하여 줄 사람이 없었을 것입니다")
의 교묘한 암시일 수 있다(참조, 성모송의 마리아의 "비천함"에 관한 언급[눅 1:48;
신 22:24, 29]을 볼 것). 우리가 살펴본 것처럼, 누가복음과 사도행전은 마리
아의 완벽한 제자 됨을 강조한다. 그러나 마태복음에는 이러한 강조가

---

4.   Stendahl, *Meanings*, 96.
5.   본서 79쪽을 볼 것.

빠져있다. 소문에 대한 대답과 비방으로 여겨지는 것에 대한 부인이라는 변증적 모티프는 마태복음보다 누가복음에서 더 많이 발전됐다.

복음서 저자들은 마리아가 약혼 기간에 강간을 당했다는 분명한 전승을 물려받았는가? 아니면 (서로 독립적으로) 그들은 마리아가 유혹이나 간통을 범했다는 초기 전승 및/또는 소문을 바로잡고 있는 것인가? 나는 이 두 가지 대안 중 하나를 결정하는 것은 불가능한 일이라고 생각한다.

두 기록 모두에서 생물학적 아버지는 부재하며 그 이름이 드러나지 않는다. 그는 아무 역할이 없지만, 이러한 부재와 침묵이 그가 존재하지 않음을 의미하지는 않는다. 요셉이 마리아를 "알지" 못했다는 것과 그 반대의 경우(마리아도 요셉을 "알지" 못했다는 것)가 마태복음 1:25과 누가복음 1:34에 기록되어 있다. 성령의 활동이 "단지 일반적인 부부관계를 증진시키는 것"으로만 생각되지 않는 것은 분명하다.[6] 요셉은 아이의 법적인 아버지가 되며 그 아이는 다윗 혈통에 결합된다. 여성과 아이의 보호라는 강력한 주제가 나타난다(마태복음에서 보호의 주체는 요셉; 누가복음에서 보호의 주체는 성령의 둘러쌈).

수태에서의 성령의 역할은 두 복음서에서 상당히 다르게 표현된다. 마태복음 1:20의 천사는 요셉에게 "그 태중에 잉태된(to ... gennēthen)[7] 아기는 성령으로(또는 '거룩한 영으로') 말미암은 것이다"라고 주장한다. 누가복음 1:35의 천사는 마리아에게 "성령(또는 '거룩한 영')이 그대에게 임하시고, 더없이 높으신 분의 능력이 그대를 감싸 줄 것이다. 그러므로 잉

---

6.   Nolan, *Royal Son*, 64을 볼 것.
7.   중성 부정과거 분사. 문자적인 의미는 "잉태됐던 것은"(what was begotten).

태될(또는 '태어날', *to gennōmenon*)[8] 아기는 거룩한 분이요, 하나님의 아들이라고 불릴 것이다"라고 예견한다. 동정녀 수태라는 개념이 없더라도, 우리는 두 복음서 저자 모두 예수의 수태의 더 큰 원인, "위로부터" 인류에게 이 아이를 준 하나님의 권능을 가리키고 있다는 진술을 올바른 것으로 간주할 수 있다. 두 복음서 저자 모두 그가 인간**으로** 태어날 때부터 그 아이가 하나님이 될 것이라는 믿음의 확신을 보여주는데, 그것은 궁극적으로 성령이 그의 수태에 책임이 있기 때문이다. 그 임신은 사고도 아니고, 실수도 아니며, 신이 정해 놓은 것이었다.

수태, 예수의 존재는 이스라엘을 향한 하나님의 약속, 신의 현현과 구원에 관한 약속(마 1:21, 23; 참조, 사 7:14)을 지키는 것으로 보였고 인간의 가장 깊은 약함, 박탈, 비천함의 극적인 반전(눅 1:51-53)으로 보였다. 예수의 수태와 이스라엘 이야기의 본질적인 연관성을 강조하고 수태와 각 복음서에서 일어날 일들의 연속성을 강조하는 경향 속에서, 유아기 내러티브들은 이스라엘의 성서와 복음이 가장 직접적으로 만나는 장소로 불렸는데 이는 옳다. 유아기 내러티브를 통해 복음서 저자들은 고대의 전승을 근본적으로 재해석하고 다시 적용하며 전유하기 위해 노력했다. 이 점에서 유아기 내러티브들은 신약성서의 수난 내러티브들과 비슷하다(비록 고대 전승들은 메시아의 사생아 수태 전승보다 그의 의미 있는 죽음에 대한 전승을 독자들에게 더욱 많이 예비시켜 주고 있지만 말이다). 스캔들은 성서에 예고된 대로 다루어졌다. 누가는 촘촘한 암시의 그물망을 사용하여 구약성서를 복음서로 매끄럽게 전환한 반면, 마태는 직접적인 인용문으로 이것을 보다 명확히 한다. 두 기록 모두에서 계시를 받은 사람은 혼

8.　중성 현재 분사. 문자적인 의미는 "잉태된 그것은" 또는 "태어난"(that which is begotten 또는 born). 현재 분사는 미래의 의미를 갖는다(Brown, *Birth*, 391).

자 있고 곤경에 처하고 고민하는 것으로 묘사된다(요셉은 꿈꾸기 전에; 마리아는 천사와 대화하는 중에; 참조, 눅 2:19, 51). 각 내러티브의 주인공들은 계시에 순종하고 동의한다. 두 이야기들 모두 하나님의 현존을 강조한다(마 1:23, "임마누엘, 하나님이 우리와 함께 계신다는 뜻이다"; 눅 1:28, "주님이 그대와 함께 하신다"). 두 유아기 내러티브 모두 위험을 예고한다(마태는 첫 장면에서 위험에 처한 마리아를 등장시키고, 수태고지 다음에는 헤롯이 동방박사들을 속이는 것과 무고한 아이들을 살해하는 장면을 보여준다; 누가는 아이와 그의 어머니에 대한 시므온의 말에서 위험을 예고한다).

마지막으로, 하나님이 인류에게 인간의 능력으로(humanly) 수태된 메시아를 보내셨다는 믿음을 독자들에게 소개하고 있는, 유아기 내러티브 관점에서 읽지 않으면 두 복음서를 완전히 이해할 수 없다.

2. 재구성

예수 수태의 복음서 이전 전승의 형태에 대해 무엇을 말할 수 있을까?[9] 두 복음서 저자 모두 천사의 예고를 사용한다는 것은 초기 전승이 그런 형태를 갖고 있었음을 암시한다. 그것은 약혼한 처녀가 약혼자가 아닌 다른 누군가에게 유혹을 당했거나 강간당하여 임신했다는 메시지를 전하기 위한 수단이었다. 그것은 그렇게 수태된 아이가 성령의 능력을 통해 수태됐고 요셉을 통해 다윗의 혈통을 이어받았다는 메시지를 전하기 위한 수단이었다. 예고 형식 자체는 성서에서 잘 알려진 문학 양식이었고, 따라서 유대 혈통의 그리스도인들에게는 자신들의 성찰을 위해 사용됐던 자연스러운 매개체였다. 마태복음 1장의 천사의 수태고

---

9. 이 전승은 마태와 누가에게 이르기까지 여러 단계를 거쳤을 수도 있다.

지는 꿈속에서 일어난다.[10] 그러나 그 꿈 형식이 원래의 수태고지 전승
의 일부는 아니었을 것이다. 누가복음의 수태고지는 마리아가 깨어 있
는 상태에서 발생한다. 환상을 의미하는 것이라고 하기에는 환상의 요
소가 전혀 묘사되지 않았다. 그래서 아마도 계시적 통찰로 보는 것이 가
장 좋을 것이다.

신약성서의 두 내러티브에서 천사의 메시지의 기본적인 내용은 현
재는 그리스도교의 신조를 확증하는 언어로 되어 있다. 그리고 그 메시
지는, 초기에는 예수의 부활과 세례와 연관되고 나중에는 그의 수태에
관해 적합하다고 간주된 그리스도론적 통찰을 포함하고 있다. 그러나
원래 전승의 내용은 단순히 이 아이의 수태가 성령을 통해 이루어졌으
며, 그의 운명은 "그의 백성" 이스라엘을 위해 매우 중요하다는 진술이
었을지도 모른다.

성령의 개입에 대해 말하는 마태와 누가의 방식 중 어떤 것이 더 앞
선 것일까? 마태의 방식이 더 단순하며, 그는 18절에서 독자들이 1:16의
이상한 가계도의 결말과 네 명의 여성들에 대한 언급을 기억하게 한
다.[11] 우리가 살펴본 것처럼, 마태복음 1:20의 천사의 메시지에 나오는
표현은 하나님의 성령에 대한 언급으로 번역하지 않고 단순히 "그녀에
게 잉태된 그것은 거룩한 영에 의한 것이다(*ek pneumatos estin hagiou*)"로 읽
을 수 있다. 이것은 "거룩하지 않거나 부정한 영" 또는 "간음에 의한"(*ek*

---

10. 꿈 형식은 마태가 선택한 것이라는 주장이 제기됐다. 꿈꾸는 몽상가인 족장 요셉이
이 부분에서 모델이며, 모세의 유아기 전승에 관한 정형화가 있기 때문이다(Brown,
Birth, 154-63). 그러나 마태복음의 꿈에는 상징이 나오지 않으며, 그것은 해석할 필
요가 없는 직관적인 꿈이다.

11. 베레스와 세라, 보아스, 오벳, 그리고 솔로몬은 언급된 여자들"로부터"(*ek*, 3, 5, 6
절); 예수는 마리아"로부터"(*ek*, 16절), 그리고 성령"으로부터"(*ek*, 18b절).

porneias)과 대조되는 의미다.[12] 그러나 18절은 그 어구가 성령에 관한 언급으로 이해됐음을 보여준다(이 더 오래된 어구는 내러티브 안에 화석처럼 남아 있다). 두 복음서 저자 모두 마리아의 임신과 관련해서 그리스도교 전통의 성령에 대해 말하고 있기 때문에, 임신과 성령의 연결성은 전통적인 것이라고 볼 수 있다. 성령의 보호를 강조하는 좀 더 정교한 누가의 말은 초기 그리스도교의 그리스도론에 대한 누가 판으로 간주되어 왔으며, 이는 분명 누가의 어휘와 문체로 기록되어 있다.[13] 따라서 마태복음 1:18의 진술이 누가복음보다 복음서 이전 전승의 신앙 표현 방식에 더 가깝다고 할 수 있다.[14]

원래 전승에서 중심인물이자 천사의 수태고지를 듣는 사람은 남자였을까 여자였을까?[15] 히브리 성서의 수태고지에는 남녀가 모두 나오기 때문에 과거의 사례는 우리가 이 문제를 결정하는 데 도움이 되지 않는다. 사가랴와 마리아의 수태고지는 남자의 장면과 여자의 장면을 나란히 배치하는 누가의 경향에 의한 것일 수 있다. 그리고 마리아에 대한 누가의 관심은 여성에 대한 누가의 일반적인 관심의 일부일 수 있다. 마리아의 임신이 발견되고 그로 인해 딜레마가 발생하는 마태의 도식은 마리아가 임신하기 전에 수태고지가 일어나는 누가의 방식보다 사생아

---

12. 본서 79[79]쪽 각주 104번; 107[101], 111[103-04]쪽을 볼 것. 『벤야민의 유언』 8:2-3에서 하나님의 영은 욕망에 반대된다.

13. Taylor, *Historical Evidence*, 40-87.

14. 그러나 전승이 언제나 단순한 것에서 더 복잡한 것으로 성장하는지는 확실하지 않다. W. H. Kelber, *The Oral and the Written Gospel* (Philadelphia: Fortress, 1983) 4-5, 8, 29; E. L. Abel, 'The Psychology of Memory and Rumor Transmission and Their Bearing on Theories of Oral Transmission in Early Christianity," *JR* 51 (1971) 276을 볼 것.

15. 이것은 전승의 출처와 저자에 관한 질문과는 별개의 질문이다.

전승을 보존하는 덜 어색한 방식이다. 그러나 토라 해석에 대한 마태의 관심을 위해 요셉에게 초점을 맞추는 것이 필요하다. 원래의 전승에서 임신한 뒤에 마리아에게 계시가 있었다면, 마태는 시간 구조를 유지하고 계시의 수신자를 바꾼 것이고, 누가는 그 반대로 한 셈이다. 마태는 요셉을 향한 수태고지 및 "의로움"이란 맥락에서 마리아를 어떻게 처리할지에 관한 문제를 기록하면서 자신의 이야기에서 마리아를 거의 지워버렸다. 이 이론에 따르면, 누가 역시 그 전승을 극단적으로 변형하여 마리아가 임신하기 전에 동의를 얻어냈다. 이것은 명백히 이차적인 요소이며, 그녀의 결백을 강조하기 위해 고안된 것이다.

만일 그 전승이 가상의 온전한 형태의 수태고지를 따랐다면, 그 개요는 다음과 같았을 것이다.

1. 곤경에 대한 묘사: 다윗 집안의 요셉과 약혼한 마리아가 약혼 기간에 유혹이나 강간을 당하고 임신하게 됨.
2. 주님의 천사의 등장: 마리아 또는 요셉에게.
3. 초자연적 존재의 출현을 보게 된 사람(목격자)이 두려워하거나 엎드림.
4. 신의 메시지
   a. 목격자의 이름을 부름
   b. 목격자를 묘사하는 적절한 문구
   c. 목격자에게 두려워하지 말라고 권고함
   d. 너(또는 너의 약혼한 아내)는 임신했다.
   e. 너(또는 그녀)는 아들을 낳을 것이고, 그는 성령에 의해 잉태됐다.
   f. 그 아들을 부를 이름
   g. 이름의 어원

h. 그 아이가 성취할 미래(그 이름의 의미가 "그[야훼]가 구원하신다"라는 의미로 의도된 것이 아니라면 마태복음 1:21의 어원 = 미래의 성취라는 점에 주목할 것)

5. 어떻게 이런 일이 일어날 수 있는지 목격자가 이의를 제기하거나 표적을 요구함(우리는 그런 식으로 수태된 아이는 그 부모[들]의 죄를 짊어진 것으로 여겨졌고 저주받았다는 것을 기억해야 한다. 그렇다면 어떻게 성령이 이 임신에 개입할 수 있었을까?)

6. 목격자를 안심시키기 위한 표적을 줌.[16]

그러나 두 복음서 저자들이 서로 매우 다른 내러티브를 자유롭게 작성할 수 있었던 것으로 볼 때, 초기 그리스도교 전승은 이러한 전체적인 설명보다 훨씬 더 간소했을 것이다. 어쩌면 그 전승은 구전에 불과했고[17] 다음의 요소들만 담겨있었을 수도 있다.

1. 곤경

2. (천사의) 계시, 걱정

  d. 성령이 관계된 임신(그리고 그 이면에 있는 거룩하지 않은 영에 반대되는 개념인 거룩한 영)

---

16. 누가복음에는 (아마도 그의 주된 이방인 청중들이 어원을 이해하지 못했을 것이기 때문에) 4-g 단계와 마찬가지로 (곤경이 아직 발생하지 않았기 때문에) 1단계가 누락됐다. 마태복음에는 3, 5, 6단계가 누락됐다(아마도 꿈 자체가 결혼을 완료하는 것에 대한 요셉의 이의 제기에 대한 대응책이었기 때문일 것이다).

17. W. Manson, *The Gospel of Luke* (NY: Harper and Brothers, 1930) 276: 출생 이야기 중 어디에도 그런 부분은 없다. Brown, *Birth*, n. 4, p. 298을 볼 것. 그는 마태와 누가가 각각 그린 고정된 이야기에 매달리고 싶지 않기 때문에 의도적으로 "전승"이라는 용어를 사용한다. 그는 오히려 "다윗 왕조의 메시아의 탄생 예고를 구성하는 대중적인 반향의 경향, 아마도 유대교에서 이미 작동하고 있었고 그리스도인들에 의해 예수에게 적용된 경향일 것"이라고 생각한다.

   e. 아이의 출생

   f. 아이에게 이름이 주어짐

   g. 아마도 그 이름의 어원 또는 그 아이의 미래의 중요성에 대한 다른 진술[18]

본래 거룩한 영의 개입은 그 임신이 좋은 일이었음을 의미했을 수도 있고, 신이 의도한 "거룩한" 사건이었다는 의미일 수도 있다.[19]

우리는 그러한 간소한 전승이 천사의 수태고지 같은 다른 요소들을 결합하면서, 그 아이를 위해 예언된 미래, 곧 이미 회고적으로 알려져 있었고 믿고 있었던 미래라는 측면에서 더 구체화되어가는 것을 상상할 수 있다. 계시를 위한 수태고지 형식의 사용은 구약성서 이야기들을 떠올리게 하여 예수의 이야기가 이스라엘의 역사에 뿌리를 두고 있다는 믿음을 전달할 수 있었다. "정보는 형식에 많이 의존하고, 정신은 양식(style)에 의존하기 때문에, 구전에서 형식은 메시지의 영혼이라고 말해도 지나치지 않다."[20]

3. 역사성

역사적 핵심은 두 복음서가 이전 전승에서 가져온 공통적인 세부사

---

18. 그 이름의 어원은 강간당한 여성의 울부짖음을 듣고 하나님이 구원하신다는 의미였을 것이다.

19. Brown, "Luke's Description," n. 8, p. 361과 대조해 볼 것: 그 전승은 주로 (1) 성령의 능력을 통해 예수가 하나님의 아들이라는 그리스도론적 진술; (2) 동정녀 수태를 포함하는 역사적 용어로 그 진술을 번역하는 것; (3) 수태고지 문학 형태로 그 메시지를 극적으로 만드는 경향으로 구성되었을 수 있다.

20. Kelber, *Oral and Written Gospel*, 27.

항들에서 추출될 수 있을 것이다.[21] 약혼과 동거 사이의 기간에 마리아
의 수태가 일어났다고 하는, 전승이 알려주는 상황과 내러티브의 묘사
는 역사적으로 정확한 것이다. 그리스도인들이 잠재적으로 해로운 이
정보를 발명했을 명확한 이유는 없다. 두 복음서 저자 모두 요셉이 예수
의 생물학적 아버지가 아니라고 하는 것도 역사적 사실을 주장하는 것
으로 이해되어야 한다.[22]

그 수태가 어떻게 일어났는지에 관한 결론을 내릴 수 있을까? 신약
성서 내러티브에 나타난 신명기 22:23-27에 관한 암시는 그 대답을 위
한 희미한 신호다. 복음서 이전 전승에는 마리아의 유혹이나 강간에 관
한 더 명확한 언급이 있었을 수도 있다. 이러한 암시들이 역사적 사건과
관련이 있을까? 그렇지 않다면 왜 그것들이 남아있을까? 복음서 저자
들과 그 이전 전승을 구성한 사람들은 마리아가 자신의 약혼자가 아닌
다른 성적인 파트너를 자유롭게 선택했다는 비난이나 소문에 맞서 마
리아를 변호하는 데 신명기에 대한 암시가 도움이 된다고 생각한 것으
로 보인다. 우리가 살펴보았듯이, 신명기 율법의 관점에서 볼 때 두 신
약성서 내러티브에서는 마리아를 책망하지 않는다. 그들은 가부장적
관점에서, 가부장 문화의 범위 내에서도, 사생아가 반드시 여성의 죄를
의미하지는 않는다는 것을 인식하도록 요구한다. 그러나 이 점에 관한
역사적 진실이 복음서 이전 전승이나 신약성서 내러티브가 아닌 (자발적
인 간음, 이 문제에 대한 마리아의 자유로운 선택에 대한) 고발이나 소문에서 발견

---

21. Fitzmyer, "Virginal Conception," 562.
22. Boslooper, *Virgin Birth*, 131과 대조해 볼 것. 그는 "마태복음 내러티브의 요셉의 태
   도를 역사적인 것으로 받아들여," 요셉이 예수의 역사적인 아버지가 아니라고 생각
   하는 사람들을 비난한다. 그러나 실제로 마태와 누가 모두 요셉이 예수의 생물학적
   아버지가 아니라는 점에 동의한다.

될 가능성도 배제할 수 없다. 다른 자료에서 나온 증거는 아래에서 살펴볼 것이다. 그 질문은 역사적으로 열려있는 상태로 남겨둬야 한다. 신약성서 비평은 우리를 여기에서 재구성된 복음서 이전 전승의 뒤로 데려갈 수 없다.

부모가 동거를 시작한 뒤 예수가 현저히 빨리 태어났다는 점이 예수의 출생의 변수가 될 수도 있다. 그러나 조산에 관한 대중들의 지식을 예수의 수태 상황을 공개하거나 사생아라는 소문이나 비난의 근거로 삼기에는 충분하지 않았을 것이다. 한편으로, 조산은 확실히 고대에 자주 발생하던 일이었고 (비록 그렇게 태어난 많은 아기들이 살아남지는 못했지만) 그런 출생은 확실히 빠르게 잊혀졌다.

반면, 만일 출산이 조산으로 볼 수 없을 정도로 너무 이른 경우라면,[23] 외부인들은 일반적으로 약혼 기간에 있었던 마리아와 요셉의 성관계 때문에 수태가 일어났을 것이라고 추측했을 것이다. 우리가 살펴본 것처럼, 특별히 이것은 약혼 기간의 성관계에 관한 규칙들이 지정학적으로, 그리고 1세기 내내 균일하지 않았기 때문에, 불명예스러운 일은 아니었을 것이다. 갈릴리에서는 동거하기 전에 약혼자들이 성관계를 하는 것을 "악취미이며 일반적이지 않은 일" 정도로 여겼다.[24] 요셉이 그 아이를 공개적으로 거부했던 것이 아닌 한(예수는 그의 사역에 관한 전승에서 요셉의 아들로 불리기 때문에 그랬을 가능성은 거의 없다[25]), 조산이 후대의 스캔들의 근거, 또는 복음서(와 복음서 이전 전승)와 같이 중요한 기록에서 변

---

23. 참조, 『이사야의 승천』 11:2-16.

24. J. Z. Lauterbach, "Jesus in the Talmud," *Rabbinic Essays* (Cincinnati: HUC, 1951) 536을 볼 것.

25. 눅 3:23; 4:22; 요 1:45; 6:42; 참조, 마 13:55; 눅 2:27, 41, 43, 48.

론하려고 했던 근거가 됐을 것이라고 생각하기 어렵다.[26] 유혹, 강간 또는 자발적 간음은 세 명의 당사자(마리아, 요셉 또는 익명의 남자) 중 한 명이 그것에 대해 말하거나 목격했을 경우에만 알려질 수 있다. 재판이나 공청회 없이, 그리고 어떠한 처벌이나 부인도 없는 상황에서, 사생아 의혹은—그것이 진심이든 예수를 폄하하려는 욕망에서 비롯된 것이든—거기에 연루된 사람이 오직 시인했을 때 퍼져나갈 수 있다.[27]

복음서 이전 전승은 신에 의한 잉태가 인간의 아버지 됨을 가능하게 하고, 전제하며, 그것을 제거하지 않는다는 신학적 개념을 거부하지 않는다. 그러나 이 전승은 그 남자의 이름에 대해서는 침묵—예수의 생물학적 아버지의 이름이 알려지지 않았고, 또는 그 전승을 전하는 사람들이 그 이름을 생략하기를 선호했기 때문에—하는 것으로 보인다. 만일 그 전승에 그의 이름이 등장했었다면, 마태와 누가는 각각 독립적으로 그 이름을 지웠을 것이다. 그러나 아래에서 다루게 될 후대 자료들에

26. 데마르투스가 7개월 만에 일찍이 태어났지만, 처음에는 그의 아버지에 의해 공개적으로 거부된 이야기와 대조해 볼 것. 그의 적들이 그를 축출하려는 시도가 성공하는 데 근거가 된 것은 공개적인 거절이었다(Herodotus 6:61-71).
27. 몇몇 사람들은 조산에 관한 대중적인 지식이 예수의 죄 없음을 주장하고 그의 출생에까지 확장됐던 동정녀 수태 개념의 역사적 촉매가 됐을 것이라고 주장한다. Brown, *Birth*, 526-28; *Mary in the NT*, 94-95, 290; J. K. Elliott, *Questioning Christian Origins* (London: SCM, 1982) 13을 볼 것. 어떤 사람들은 조산을 예수의 동정녀 수태에 대한 최소한의 역사적 근거, 즉 빈 무덤과 마찬가지로 그의 수태를 잠재적으로는 불명예스러운 사실로 만든 근거라고 생각하며, 그리스도교 신앙은 그것을 긍정적인 의미로 해석했고, 유대교는 사생아와 같은 다른 의미로 해석한 것으로 본다. 그러나 예수의 죄 없음은 신약성서에서 그의 출생과 관련되어 설명된 적이 없다(고후 5:21; 벧전 2:22; 히 4:15; 요일 3:5을 볼 것). *Mary in the NT*의 저자들은 "동정녀 수태라는 개념의 기원에 관한 이러한 허술한 설명"을 받아들인다고 하더라도, "두 복음서 저자들이 그것에 관한 자신들의 지식을 예수의 탄생을 둘러싼 사실에 관한 초기의 신학적 해석에서 가져왔을 것이라고 가정하는 것이 더 낫다"라고 주장한다.

나오는 이름이 혼란스럽다는 점은 이 마지막 대안에 대해 반대하는 것일지도 모른다. 아무튼, 그리고 그 수태를 둘러싼 역사적 환경이 무엇이건 간에, 복음서 이전의 전승은 중요한 사회학적 편견, 즉 사생아로 수태된 아이는 열등하고, 불운하고, 저주받았다는 생각을 깨뜨린다. 이러한 깨뜨림, 사회적 기대에 대한 저항은 그 아이를 자신의 가족으로 받아들인 요셉의 역사적 행동으로 분명하게 나타난다. 요셉의 이 행동은 무엇 때문이었을까? 일반적인 체면, 추문을 피하려는 욕망, 약혼녀와 태어날 아이에 대한 걱정, 토라 준수자에게 선택 가능했던 신중한 해석, 이것들 가운데 어떤 이유 때문이었을까? 마태복음은 그것이 계시와 신의 도움이었다고 밝힌다. 누가의 복음서는 이 이야기의 이런 측면을 전혀 다루지 않는다.

4. 기원/출처

그 전승의 근간은 예수의 사역 이야기 어디에도 등장하지 않는 요셉보다는 예수의 가족, 아마도 마리아나 예수의 형제자매에게서 비롯됐을 것이다. 이 근간은 예수가 사생아로 수태됐다는 간단한 보도였다.[28] 그 아이는 부정한 영이 아니라 거룩한 영으로 잉태됐다는 고대의 확언 및 그의 어머니는 잘못이 없다는 주장 역시 가족 집단에서 나왔을 것이다. 예수라는 이름은 마리아가 견뎌야 했던 상황에서 하나님이 그녀를 "구원하셨다"라는 믿음 때문에 그 아이에게 붙여졌을 것이다. 그러나 복음서 이전 시기의 해석, 사생아에 관한 더 깊은 해석은 그 가족에게서 비롯된 것이 아닐 것이다. 아주 작아 보일 만한 이런 해석은 예

---

28. 수태에 관한 좀 더 완전한 이야기가 존재했다면, 그것은 그리스도교 집단에 전해지지 않았을 것이다.

수의 사역 기간 동안 예수의 추종자들 중 가족들은 포함되지 않았다는 우리가 갖고 있는 증거와 조화시키기 어렵다(요 7:5; 막 3:21, 31). 전승 형성에 마리아가 무슨 영향을 미쳤든지 간에, 예수의 사역 기간 중 마리아는 예수가 누구인지, 그가 무엇을 하려고 했는지에 대한 명확한 이해가 없었던 것으로 보인다는 점을 유념해야 한다. 예루살렘의 초기 그리스도교 공동체에 그녀가 함께했다는 것(행 1:14)은 믿을 수 있을지 모르지만, 이것은 그녀의 믿음이 언제 시작됐는지는 알려주지 않는다. 예수의 잉태를 성령과 연결한 것과 백성들을 위한 그 아이의 위대한 미래를 예측하는 명시적인 신학적/그리스도론적 해석은 초기 그리스도교의 여성 또는 남성 예언자에게서 비롯된 것일 수도 있다. 그들은 아마도 하나님의 아들 됨을 표현하고(갈 4:6, 29; 롬 8:15; 요 3:5-6을 볼 것), 부활과 세례에서 예수가 하나님과 맺은 관계의 성취를 표현하기 위해 성령이라는 용어를 사용하는 데 익숙했던 은사주의 집단의 구성원이었을 수도 있다. 우리는 그 말을 했던 실제 맥락을 잃어버렸다.[29]

여성들은 예수의 수태에 관한 초기 전승에 특별한 관심과 이해를 가졌을 것이다.[30] 비록 더 넓은 남성 중심의 사회에서는 그것이 용납될 수 없고 전복적인 것일지라도, 전승으로 그 존재를 입증받는 사람들, 전승으로 사회적 필요를 충족받는 사람들, 전승으로 삶의 진실을 갈망하는 사람들에 의해 전달된 전승들과 더불어, "구전 전승은 사회적 정체

---

29. 유아기 내러티브의 배후에 가족 전승이 있다는 이론에 대해 Vögtle ("Offene Fragen," 43-54), Brown (Birth, 525-26), Fitzmyer (Luke, 1.308, 341-42)가 제기한 이의 제기는 위의 분석에 반대되지 않는다.

30. 누가복음의 전승과 관련하여 Box (Virgin Birth, 179-80), Taylor (Historical Evidence, 86-87), Reicke ("Christ's Birth," 158-59), Burrows (Gospel, 54) 등이 이것을 인정한다. Swidler (Biblical Affirmations, 261-62, 271, 281)는 누가복음 1-2장을 포함한 누가의 특수 자료가 여성의 작품이라고 주장한다.

성 법칙에 의해 통제된다."³¹ 예수의 추종자들과 초기 교회에서의 여성
들의 역할의 중요성과 영향력에 대한 쉬슬러 피오렌차와 다른 이들의
말이 맞았다면—나는 그들이 옳았다고 생각한다—우리는 이 여성들 중
몇 사람이 구전 전승과 어쩌면 문서 전승에도 뚜렷한 기여를 했고, 예수
이야기의 익명의 형성자이자 구성자 중 하나였을 것이라고 합리적으로
추측할 수 있다. 이것은 "모든 초기 그리스도교 저술들은, 여자가 기록
했든 남자가 기록했든, 어느 정도 남성 중심적인 사고 구조를 갖고 있으
며, 그들이 얼마나 그렇게 하고 있는지 반드시 비판적으로 분석하고 시
험해야 한다"라는³² 것을 부정하려는 것이 아니다. 그러나 우리가 스스
로 전복적인 여성 문학, 부분적으로 여성의 경험을 전달하는 것처럼 보
이는 문학을 읽듯이 신약성서의 일부나 층위를 읽는다면 그런 인상은
환상이 아닐 수 있다. 우리는 정말로 여성의 공헌에 접촉하고 있을지도
모른다. 사생아 전승은 그런 공헌 중 하나일 수 있다. 여성들은 전승들
의 창조에 관여했을 수도 있고, 그것이 잊혀지지 않거나 또는 처음에(복
음 전승 단계에) 완전히 왜곡되지 않도록 보장하는 데 관여했을 수도 있다.
물론 이것이 사실이라고 확신하기는 불가능하다. 아무튼, 사생아 전승
의 발견은 "초기 그리스도인들의 평등주의적이고 포용적인 실천과 신
학을 엿볼 수 있게" 해 준다.³³ 복음서 이후의 그리스도교 공동체에서
이 전승은 공동체적 환대에 대한 사회적 문턱을 넘지 못한 것으로 보인

31. Kelber, *Oral and Written Gospel*, 24-25을 볼 것. 그는 "삶과 동떨어진 개념으로는
    진리는 알 수도 없고 구원을 얻을 수도 없다는 구술적 확신(oral conviction)"(70)에
    대해 말한다.
32. Schüssler Fiorenza, *Memory*, 61.
33. Schüssler Fiorenza, *Bread*, 111. 참조, Ruether, "Feminist Interpretation: A Method
    of Correlation," *Feminist Interpretation*, 113, 117, 122-24.

다.

예수가 어떻게, 언제 수태됐는지에 관한 이야기가 가족 전승이었다면, 많은 사람들에게 전달되지는 않았을 것이다. 오히려 자연스럽게 비밀로 지켜졌을 것이다.[34] 그러나 특히 고향에서는 비밀의 유출과 소문이 퍼져나가는 것이 가능했고, 예수의 사역 기간과 그 후에 특히 예수의 가르침이나 추종자들이 만든 주장들을 받아들이지 않았던 사람들의 입을 통해 쉽게 퍼질 수 있었다.[35] 그 이야기의 핵심에 근거한, 그리고 소문에 대항하기 위한 초기 그리스도교의 신학화(아마도 여러 단계의 "피드백 루프"[feedback loop: 결과가 원인에 반복적인 영향을 미치면서 결과를 강화 또는 유지하는 현상—편주]를 거친 구전 전승[36])는 마태와 누가가 사용했던 전승을 만들어냈다. 사건의 성격을 고려할 때, 예수가 거룩한 영을 통해, 또는 성령을 통해 잉태됐다는 믿음이 신약성서의 소위 케리그마(kerygmatic) 구절들에 나타나지 않는 것은 놀라운 일이 아니다.

80년대 복음서에 이 전승과 그 신학적, 그리스도론적 내용이 등장한 것은 이것들이 후대의 것임을 의미하지 않는다. 그 충격적인 성격과 예수 운동에 미칠 잠재적 손상 때문에 그리고 그 전승이 요구하는 신앙 때문에, 그것은 전달되기 어려운 성질의 것이었다. 얼마나 주저하건 간에 일단 전달이 되고 나면, 청중들의 강한 반응을 불러일으킬 수밖에 없었다. 오해, 조롱, 거부, 비방이 이어졌을 것이다. 자발적인 간음은 말할

---

34. Brown (*Birth*, 526-27)은 (동정녀 수태에 관한) 가족 전승이 빠른 출생의 역사적 기폭제에 대한 긍정적인 설명을 보조했을 가능성을 인정한다. 그러나 그는 이 해답이 많은 질문에 대답하지 못한다는 것을 인식하고 있다. 예를 들어, 수태에 대한 마리아의 이해가 그것이다. 그녀가 등장하는 몇 안 되는 예수의 사역 장면에서 그녀는 예수의 신성한 출생에 관해 아무런 이해를 보여준 기억이 없다.
35. 처음에 이것은 가족들에 의한 것이었을 것이다.
36. Kelber, *Oral and Written Gospel*, 75.

것도 없고 강간이나 유혹에 대한 언급은 관련된 여성에게 책임이 있다
는 인식이 만연했고, 사생아는 종종 사악한 것까지는 아니더라도 열등
하고 무가치한 것을 의미하기도 했다. 신약성서의 유아기 내러티브는
그들이 확인하고 변형시킨 물려받은 그리스도교 전승에 대한 반응일
뿐만 아니라 이러한 소문과 반응에[37] 대한 대답이다. 그런 점에서 이 전
승에 불쾌감을 느낀 사람들은 의도하지 않은 전달자가 됐다.

　　두 복음서 저자 모두 예수의 사생아 전승을 길들이거나 무디게 만
들었고, 그 역사적 상황의 슬픔과 위험을 경험하기 어렵게 만들었다. 그
러나 그들이 소문을 잠재우고 이 문제에 관한 대화를 끝내기를 희망한
것이라면, 청중들의 간섭과 검열을 줄이기 위한 목적에서 이것을 기록
한 것이라면, 다음 단락에서 볼 수 있듯이 그들은 실패했다. 구전 전승
은 계속해서 그 자체의 삶 또는 생명을 갖고 있었다. 그리고 신약성서
본문은 저자들의 통제를 훨씬 넘어서, 다양한 해석을 향해 열려 있었다.

---

37. 일부에서는 마태복음 1:18-25은 "변증적 보호장치"(W. Trilling, *Das Wahre Israel*
[Munich: Kösel, 1964] 74) 또는 오해와 비방에 대한 변론(Dibelius, "Jungfrauen-
sohn")이라고 불러야 한다고 주장한다. 다른 이들은 이에 동의하지 않으며, 요셉의
역할에서 변증적인 고려가 아니라 교회의 신앙에 대한 긍정적인 해설을 본다
(Waetjen, "Genealogy," 219; Strecker, *Weg*, 54). 이 문제는 누가의 내러티브와 관련
해서는 거의 제기되지 않는다. 소문이나 비방이 없었다면 왜 침묵을 지키지 않는
가? 나는 예수의 초기 생애에 대한 호기심을 충족시키고 영웅들과 불사신들의 전
기를 흉내내려는 열망이 신약성서의 유아기 내러티브를 만들어낸 충분한 동기가
아니라고 생각한다.

B. 사생아 전승에 관한 다른 증거

나는 신약성서의 유아기 내러티브에서 전하고 있는 것은 마리아가 요셉과의 약혼 기간에 유혹이나 강간을 당했으며 그녀가 사생아를 임신했다는 전승에 관한 것이라고 주장해 왔다. 이 전승의 핵심은 가족 집단으로부터 전파됐고 복음서 이전 시기에 대중에게 퍼져나갔다. 이 시기에 그와 관련한 긍정적인 신학적 해석과 그리스도론적 해석이 등장했지만, 이 해석은 도전받았다. 유아기 내러티브 이외에, 신약성서나 다른 곳에서 이 전승의 존재를 뒷받침해 주는 증거를 찾을 수 있을까? 만일 그렇다면, 우리는 신약성서의 유아기 내러티브의 반응과는 완전히 다른 반응들을 찾을 수 있을까? 이 두 질문에 대한 대답은 모두 '그렇다'이다. 검토할 네 개의 본문—요 8:41; 『빌라도 행전』 2:3; 막 3:6; 『도마 복음』 105—에서 두 번째 본문을 제외하면, 모두 신약성서의 유아기 내러티브와 관계없이 예수의 사생아 전승이 나타난다. 이 구절들은 모두 학자들에 의해 이미 검토됐지만, 신약성서의 유아기 내러티브에 대한 앞에서 했던 분석은 그 본문들을 다른 시각에서 볼 수 있게 한다. 이 전승의 스펙트럼을 살필 때 몇몇 세부사항에 주의할 필요가 있다.

바울의 저작 중 바울이 사생아 전승을 알고 있었다는 증거는 전혀 없다. 바울은 그리스도가 죄로 물든 육신의 구속자가 되어 죄의 문제에 개입하고, 죄에 빠진 인류와 그리스도의 연대를 불러일으킨다고 주장한다. 이 대담한 지상의 예수에 대한 묘사는 바울이 전해 받은 예수 전승에 기초한 것일 수도 있지만, 이러한 전승들 중 하나가 예수의 사생아 전승이었을 것이라고는 확신할 수 없다.[38]

---

38. V. P. Branick ("The Sinful Flesh of the Son of God (Rom 8:3)," *CBQ* 47 [1985]

1. 요한복음 8:41

예수가 사생아라는 혐의는 요한복음 8:41에 암시되어 있다.[39] 요한복음 8:31에서, 예수와 "예수를 믿은 유대인들" 사이에 논쟁이 시작된다. 이들은 최소한 그들 자신의 관점에서는 신자였으며, 아마도 (복음서단계에서[40]) 요한 공동체의 고기독론과 사마리아적 요소의 혼합 때문에 강력하게 분개했던 보수적 유대 그리스도인들이었을 것이다.[41] 48절에서는 예수의 대화 상대를 단순히 "유대인들"이라고 부른다.[42]

그 논쟁은 진정한 자녀 됨에 관한 것이었다. 이 대적자들은 아브라

---

261)은 바울이 물려받은 전승 중 하나는 예수가 "마리아의 아들이라는 사실이 그의 친척들에게 스캔들이었을 정도로 그의 출생과 삶은 평범해 보였다"는 점이라고 말한다.

39. Green, *Matthew*, 54; C. K. Barrett, *The Gospel of John and Judaism* (Philadelphia: Fortress, 1975) 71; *John*, 288; R. Laurentin, "Pluralism about Mary," *The Way Supplement* 45 (1982) 80; Hoskyns and Davey, *Fourth Gospel*, 2. 392 (그들은 1:13, 14; 7:27, 28; 8:19에서 예수의 출생의 특이성에 관한 다른 암시를 발견한다); B. Witherington III, *Women in the Ministry of Jesus* (Cambridge: Cambridge University, 1984) n. 67, p. 184 (그는 요한복음 9:29도 예수의 출신에 관한 질문을 제기한다고 생각한다); R. A. Whitacre, *Johannine Polemic* (Chico: Scholars, 1982) n. 82, p. 198. Brown, *Birth*, 541은 8:41의 비난의 흔적이 그럴듯하지만(plausible) 확실하지 않은 것으로 간주한다; Bultmann, *John*, n. 2, p. 316; Lindars, *John*, 328; *Mary in the NT*, 205은 가능성 있는(possible) 것으로 여긴다.

40. 요한복음은 복음서 저자의 관심이 예수 이야기의 요소로 제시되는 두 층 드라마 (two-level drama)이다. J. L. Martyn, *History and Theology in the Fourth Gospel* (Nashville: Abingdon, 1979) 18-21을 볼 것.

41. R. E. Brown, *The Community of the Beloved Disciple* (NY: Paulist, 1979) 77-78. 그는 이들이 주님의 형제 야고보의 후원을 요청했고, 육체적 유대 혈통의 중요성을 주장했다고 주장한다.

42. "제4복음서의 '유대인들'은 누구인가?"라는 질문은 아직 만족스러운 답변을 할 수 없는 문제이다. W. E. Sproston, "'Is Not This Jesus, the Son of Joseph...?' (John 6:42)," *JSNT* 24 (1985), n. 21, p. 95를 볼 것.

함의 후손이었지만, 예수는 그들이 노예인가 아니면 자유로운 아들인
가(37절)를 물었고, 예수를 죽이려고 했기 때문에 그들은 아브라함의 진
짜 자녀가 아니라는 것(39절)을 암시한다(요한의 눈에는 아브라함의 육신의 후
손이라는 것이 그것을 주장하는 유대 그리스도인들이 참되고 자유로운 아브라함의 자손
이라는 것을 보장하지는 않을 것이다; 참조, 마 3:9 단락). 결국 예수는 그들의 아버
지가 악마라고 비난한다(44절). 이 유대인들의 족보는 무효다. 그들은 육
체적으로는 한 아버지의 후손이지만, 다른 아버지의 일을 따라서 하고
있다. "유대인들은 이 이중 부계(double paternity)가 사실 영적 사생아에
관한 고발이라는 것을 바르게 인식하고 있다."[43] 유대인들은 자신들이
아브라함의 자손으로서 누구에게도 속박된 적이 없고(33절), 아브라함이
그들의 아버지이며(39절), 그들의 아버지는 한 분 하나님(41절)이라고 주
장한다. 이것은 예수가 "아브라함이 태어나기 전부터 내가 있다"(8:58-
59)라는 놀라운 진술을 한 뒤 유대인들이 그를 돌로 치려고 하며 종결되
는, 양측의 적대감이 고조되는 논쟁이다.

논쟁의 중간에 대적자들은 "**우리는** 음행으로 태어나지 않았다"(Hy-
meis ek porneias ou gegennēmetha)라고 말하는데, "우리"를 강조하는 것은 "당
신은 그렇다"라는 의미, 즉 예수는 사생아라는 것이다.[44] 종교적 또는 영
적 사생아라는 예수의 비난에 대해 유대인들은 예수가 육체적 사생아
라는 비난으로 맞선다. 이 부분에 나오는 예수가 사생아라는 주장은 미

---

43. Hoskyns and Davey, *Fourth Gospel*, 2.392. 전체적인, 그리고 완성된 복음서의 단계
    에서 이 논쟁은 일신론에 관한 것 대 이신론으로 간주되는 것 그리고 율법의 역할
    에 관한 것으로 보인다(T. B. Dozeman, "Sperma Abraam in John 8 and Related
    Literature," *CBQ* 42 [1980] 342-58을 볼 것).
44. D. W. Wead (*The Literary Devices in John's Gospel* [Basel: Reinhardt, 1970] 61-62)
    는 41절을 역설로 분류하고, 19절("당신의 아버지가 어디에 계십니까?")에서 동일
    한 효과의 역설적인 단서의 가능성을 본다. Brown, *Birth*, 541에서 인용.

묘하며, 복음서 이전 전승에서 비롯된 것이다.[45] 복음서의 넓은 맥락은
이 구절을 단순히 예수가 아브라함이나 하나님의 진정한 아들인지의
의미로 해석하기보다는, 이렇게 해석하는 것을 지지한다.

　　이어지는 요한복음 9장은 8:31-59에 나오는 아브라함 혈통 주장에
대한 반대로 시작한다. "부모나 조상이 초래한 죄나 저주가 자녀나 후
손에게 영향을 미친다는 가설의 타당성을 거부함으로써 조상(아브라함)
의 공로나 축복이 그의 후손들(아브라함의 자손들)에게 영향을 미친다는
앞에서 한 주장도 거부된다."[46] 9장의 이런 관점에서, 우리는 또한 8장
의 일종의 하위 본문으로서, 생물학적인 불법성이 후손에 대한 저주를
수반한다는 믿음에 대한 암묵적인 거부도 볼 수 있다(8:46, "너희 가운데서
누가 나에게 죄가 있다고 단정하느냐?"를 볼 것).

　　비-요한에 의해 삽입된, 간음하다 잡혀왔다가 풀려난 여자 이야기
(요 7:53-8:11)에 등장하는 대부분의 증인들의 배치는 요한복음 8:41에 사
생아에 관한 암시가 있다는 이론을 뒷받침해 줄 수 있다.[47] 이를 삽입한
사람은 요셉과 마리아의 약혼 기간에 예수가 사생아로 수태됐다는 전
승을 알고 있었고, 8:41을 사생아에 대한 암시로 이해했으며, 간통죄로
고발된 곤경에 처한 여자에 대한 예수의 태도에 관한 이야기로 그것을

---

45. "예수를 믿은 유대인들"이 그가 사생아로 수태됐다고 주장하는 것이 가능할까? 교
　　부들의 저서에서 유대 그리스도인들의 신앙을 조사한 결과, 어떤 사람들은 예수를
　　요셉의 아들이라고 믿었고, 어떤 사람들은 그의 동정녀 수태를 믿었다는 것을 보여
　　준다. 우리는 종종 아버지의 이름을 익명으로 처리한 "남자에게서 태어난 남자"라
　　는 구절을 접하게 된다. 이 구절은 요셉이 친부라는 것을 받아들인 사람들에게서
　　나온 것으로 보인다; 마태와 누가처럼, 사생아 수태에도 불구하고, 또는 심지어 그
　　수태 안에서 예수를 메시아로 믿는 유대 그리스도인들이 있었다고 하더라도, 교부
　　들은 그것을 알지 못했던 것으로 보인다.
46. A. Terian, "The Immediate Context of John 9," *MR Abstracts* 1983, 158.
47. 이 이야기의 배제에 관한 다른 추측은 Brown, *John*, 1.336을 볼 것.

대비했을 가능성도 있다. 그러나 이것은 추측으로 남겨두어야 한다.

제4복음서의 저자는 예수가 "간음으로 태어났다"는 암시를 간접적으로 다룬다. 그것은 육체적 출생과 영적 출생이 두 개의 분리된 실재(전자는 후자와 전혀 관련이 없음)라는[48] 이 복음서 전체에 걸쳐 제기된 주장 및 요한복음 8:58에서 갈등의 절정을 이루는 선재하는 성자의 성육신이라는 요한의 주제에 관한 진술에[49] 의해 일축된다. 요한의 신학은 일반적인, 인간에 의한 예수의 수태와 출생에 대한 믿음을 배제하지 않는다. 사실 이 복음서의 그리스도론적 역설은 그것을 요청하는 것으로 보인다.[50] 그러나 예수의 하나님의 아들 됨과 무관한 그의 수태 방식에는 진정한 관심을 보이지 않는다.

2. 『빌라도 행전』

『빌라도 행전』 2:3에서는 "유대인의 장로들"이 빌라도 앞에서 예수가 "간통으로 태어났다"라는 혐의를 제기한다.[51] "거기에 서 있던 다른 독실한 유대인들"은 그가 "간통으로 태어났다"라는 것을 부인하면서, "우리는 요셉이 마리아와 약혼했으며, 그는 간통으로 태어나지 않았다

---

48. 요한복음 3:3-8. E. Haenchen, *A Commentary on the Gospel of John* (Philadelphia: Fortress, 1984) 2.31-32; R. Schnackenburg, *The Gospel according to St. John* (NY: Herder and Herder, 1968), 1.372-73을 볼 것.
49. 나는 성육신 신학뿐 아니라 하늘로부터의 잉태라는 요한의 개념이 사생아라는 비난의 도전에 맞서기 위해 만들어졌다고 주장하는 것이 아니다. 나는 요한의 신학이 이 도전에 대응했다고 제안하는 것뿐이다.
50. Bultmann, *John*, 62-63; Sproston, "'Is Not This Jesus,'" 80. 제4복음서의 저자 자신은 예수를 요셉의 아들이라고 여겼을지도 모른다(요 1:45; 6:42).
51. 『빌라도 행전』 1:1과 대조해 볼 것. 거기에서는 대제사장들과 서기관들, 나머지 유대인들이 "우리는 이 남자가 목수 요셉의 아들이고 마리아에게서 태어났다는 것을 알고 있다"라고 말한다.

는 것을 알고 있기 때문"이라고 말한다. 이 두 번째 집단은 (안나스와 가야바에 의해) 개종자들이자 예수의 제자들이라고 불리는데, 이는 "그리스인의 자녀로 태어나서" 유대인이 된 사람들을 뜻한다. 그러나 그들은 자신이 개종자가 아니라 유대인의 자녀들이며 "요셉과 마리아의 약혼식에 참석했던 사람들"이라고 주장한다(2:4). 2세기에 만들어진 이 작품은 많은 부분을 마태복음에 의존하고 있지만, 제4복음서에도 의존하고 있다(3:1-2을 볼 것). 예수의 출생에 관한 이 논의는 마태의 유아기 내러티브뿐 아니라 요한복음 8:41의 해석과 관련되어 있을 수도 있다.

이 논의의 논리는 명확하지 않다. 만일 두 번째 증인 집단이 약혼식에 참석했었다면, 그들이 증언할 수 있는 것은 약혼이 이루어졌다는 것, 그 단계에서 요셉이 마리아와 파혼하지 않았다는 것이다. 샤이트바일러(F. Scheidweiler)는 "만일 이 언급이 조금이라도 의미가 있다고 할 때, 그 배후에 있는 생각은, 마리아가 결혼 전에 다른 사람과 관계를 맺었다면 그 결과가 아직 그녀의 몸에 나타나지 않더라도 최소한 그것에 대한 소문이 돌았을 것이고 그랬다면 요셉이 결혼을 포기했을 것이다. 그렇게 해서 예수의 어머니는 혼전 성관계의 비난으로부터 보호받는다"라고[52] 말한다. 여기에서 그는 완결된 결혼이 아니라 약혼에 대해 말한 것으로 보인다. 『빌라도 행전』의 저자는 약혼과 동거를 구분하지 않는데, 그것은 그가 이러한 유대인들의 풍습에 익숙하지 않았고, 그러한 점을 잘 모르는 상태에서 마태복음 1장을 읽었기 때문으로 보인다. 그는 (마태복음과 누가복음에서처럼) 마리아가 약혼 기간에 임신한 것에 관한 질문은 결코

---

52. F. Scheidweiler, in Hennecke-Schneemelcher, *NT Apocrypha*, 1.445. 그는 『빌라도 행전』이 켈수스에게 알려진 것보다 앞선 예수의 사생아 이야기의 한 형태를 나타내고 있다고 생각한다(아래를 볼 것).

다루지 않는다. 마리아를 변호하는 두 번째 유대인 집단의 입장은 요셉이 예수의 아버지라는 것으로 보인다.

그러므로 이 본문은 신약성서와 관계없는 예수의 사생아 전승에 대한 증거가 아니다. 이것은 유대인들과 유대 그리스도인들 또는 유대인들과 이방인 그리스도인들 사이에 마태복음 1장에 대한 해석을 두고 논쟁이 있었다는 증거일 수 있다. 어떤 사람들은 이것을 (요한복음 8:41 또는 복음서 이전의 소문에 의존하여) 예수가 간통으로 태어났다는 증거로 해석했고, 어떤 사람들은 요셉이 예수의 아버지라는 증거로 해석했다.

3. 마가복음 6:3

마가복음에는 예수에게 사용한 "마리아의 아들"이라는 구절에서 사생아라는 비난의 단서가 발견된다. 요한과 마찬가지로 마가는 그 비난을 간접적으로 다룬다. 마가의 전략은 예수와 가족 사이의 거리를 강조하는 것이다. 곧, 그들은 제자라는 종말론적 가족 "외부"에 있었다. 이것이 육체적인 출신과 자손이 하나님의 통치에 들어가는 데 중요하지 않다는 것을 강조하는 마가의 방식이다. 요한과 마가 모두 사생아라는 비난에 대해 문제 될 게 없다는 대답으로 처리한다. 우리가 살펴보았듯이, 마태와 누가는 그들의 유아기 내러티브에서 사생아 전승을 다루는 데 있어서 상당히 다른 작전을 사용했다. 그들도 이것을 전승하지만 놀랍고 독창적인 신학 안에 통합시킨다.

마가복음 6:2-3에서 예수가 "자기 고향의" 회당에서 가르치는 것을 들은 사람들은 "놀라서 말했다 '이 사람이 어디에서 이런 모든 것을 얻었을까? 이 사람에게 있는 지혜는 어떤 것일까? 그가 어떻게 그 손으로 이런 기적들을 일으킬까? 이 사람은 마리아의 아들 목수가 아닌가? 그는 야고보와 요셉과 유다와 시몬의 형이 아닌가? 또 그의 누이들은 모두 우리와 같이 여기에 살고 있지 않은가?' 그러면서 그들은 예수를 달갑지 않게 여겼다." "마리아의 아들"은 흔치 않은 표현인데, 남자는 일반적으로 (공식적, 비공식적 목적에서) 아버지의 이름으로 식별되기 때문이다. 이것이 신약성서에서 예수가 마리아와의 관계로 식별되는 유일한 장면이다. 여기에는 그의 아버지에 대한 언급은 없으며, 마가는 복음서에서 요셉에 대해 전혀 언급하지 않는다.[53]

이것은 단지 예수의 출생에 대한 마가의 무관심을 묘사하는 것일까? 아니면 마가복음 6:3에서 예수를 식별하는 표현은 공식적인 혈통의 식별이 아니라 요셉이 사망했고 마리아는 과부였으며(참조, 왕상 17:17; 눅 7:12) 그리고/또는 이 장면의 마을 사람들은 그들과 함께 있고 그들이 알고 있는 예수의 친척들을 허물없이 언급하고 있다는 것을 나타내는 단순한 서술문인가?[54]

마태가 예수를 그의 아버지를 통해 식별하기 위해 마가의 이 부분을 변경했다는 사실(마 13:55, "이 사람은 목수의 아들이 아닌가? 그의 어머니는 마리아라고 하는 분이 아닌가?")과 마가복음 6:3의 본문이 변화된 역사는 우리에게 더 자세히 살펴볼 것을 요구한다. 같은 질문에 해당하는 누가복음

---

53. J. D. Crossan ("Mark and the Relatives of Jesus," *NovT* 15 [1973] 102, 112)에 의하면, 마가는 6:3의 배경인 전승에서 요셉의 이름을 삭제했는데, 그것은 요셉이 예루살렘 교회에서 아무런 위치가 없었기 때문이다. 따라서, 그 교회의 관할권과 교리적 헤게모니에 반대하는 성명서를 쓰는 데 참여했던 마가는 요셉에 대해 "긍정적인 의미에서 무관심했다." 참조, J. M. Robinson, *The Problem of History in Mark and Other Marcan Studies* (Philadelphia: Fortress, 1982) n. 1, p. 129: 6:3(참조, 막 3:31-35; 10:29-30)에서 아버지를 누락한 것은 의도적이다.

54. *Mary in the NT*, 64; H. K. McArthur, "Son of Mary," *NTS* 15 (1973) 55-58이 그런 입장이다. Fitzmyer ("Virginal Conception," 557)는 이 문구가 비밀스럽고 무해하다고 생각한다.

4:22("이 사람은 요셉의 아들이 아닌가?")과[55] 요한복음 6:42 (가버나움에서, "이 사람은 요셉의 아들 예수가 아닌가? 그의 부모를 우리가 알지 않는가?")도 살펴봐야 한다. 마가복음의 문구는 예수의 혈통에 대한 비방일 가능성이 높다. 그의 아버지가 누구인지에 대한 의심이 있었기 때문에 아버지의 이름은 등장하지 않는다. 그러한 호명은 너무나 모욕적이고 충격적이었기 때문에 복음서 저자 중 오직 마가만 그것을 반복할 용기를 갖고 있었다.[56]

마가복음 6:3의 예수의 형제자매들에 대한 언급은 사생아 함의에 대항하기 위한 것으로 여겨진다. "그 모두가 사생아였다고 생각하기는 어렵다. 그리고 예수는 그의 평범함을 강조하기 위해 그들과 나란히 언급되고 있다."[57] 그러나 마가복음의 본문은 예수를 단지 "마리아의 아들"이라고만 부른다. 그가 사생아였다면, 그리고 형제자매들은 마리아와 요셉의 자녀들이었다면, 그들은 예수와 아버지가 다른 형제자매일 뿐이며, "마리아의 아들"이라는 표현은 이러한 구분을 표현하는 것일 수 있다. 게다가 그의 형제자매로 불리는 사람들을 그의 친형제자매(그리스어 단어의 일반적인 의미)이자 마리아의 자녀들로 봐야 하는지, 아니면 예수의 사촌이나 요셉의 자녀인 이부형제자매로 봐야 하는지에 대한

---

55. 누가는 마가복음 6:1-6a의 일화 전체를 생략한다. 그러나 인용된 질문은 마가와 마태와 마찬가지로 예수가 그의 고향 나사렛을 방문하여 사역한 동안에만 나타난다. 그러나 누가는 마가와는 다른 자료를 따르고 있는 것 같다.

56. Stauffer, "Jeschu ben Mirjam," 119-28. Stauffer, *Jesus and His Story* (London: SCM, 1960) 23-25; J. Delorme, "A Propos des Evangiles de l'Enfance," *Ami du Clerge* (1961) 762; D. E. Nimeham, *Saint Mark* (Baltimore: Penguin, 1963) 166; V. Taylor, *The Gospel According to St. Mark* (NY: St. Martin's, 1966) 299-300; M. Smith, *Jesus the Magician* (San Francisco: Harper & Row, 1978) 26-28; Laurentin, "Pluralism," 80; Witherington, *Women*, 88; n. 67, p. 184; 99도 볼 것.

57. Brown, *Birth*, 541.

약간의 의문이 있다.[58] 이 경우 그 비방은 그들에게 적용되지 않는다.

이 구절이 다른 복음서에 없다는 것과 필사가들이 이 구절로 어려움을 겪었다는 것 이외에 마가복음 6:3이 비방이라는 다른 증거가 있을까? 1세기 유대교에서 사생아 아들을 어머니의 이름으로 식별하는 관습이 만연했다는 확실한 증거는 없다. 히브리 성서와 초기 랍비 문학에 나오는 어머니의 이름으로 식별된 남자들의 사례는 그것이 성매매 여성들의 사생아 자녀들이나 아들들을 칭하는 관례적인 방식이었다는 것을 명확하게 알려주지 않는다.[59] 그러나 사생아에게는 아버지가 없기 때문에, 남자가 그의 어머니의 이름에 의해 불릴 때 그를 사생아라고 하는 것은 후기 유대인의 법적 원칙이다.[60] 이 원칙이 기원후 1세기에 준수됐다는 증거도 없고, 아니라는 증거도 없다. 그러나 사마리아인들과 만다이아인들의 용법에서 **마리아의 아들**이라는 명칭이 예수가 사생아임을 의미하는 경멸적인 의미를 갖는다는 점은 중요하다.[61] 예를 들어, 사마리아 역대기 제2부에서는, 요셉이 마리아와 약혼하기 전에 성관계를 했고, 이는 (이상하게도) 간음과 같은 행위(2b, 16절)로 여겨졌기 때문에, 예수를 사생아라고 말한다. 이 예수는 "마리아의 아들"이라고 불린다(58, 92

---

58. *Mary in the NT*, 72을 볼 것. R. Pesch, *Das Markusevangelium* (Frieburg: Herder, 1976) 322-25; Ruether, "Collision"; Benko, *Protestants, Catholics, and Mary*, 20; Witherington, *Women*, 89-92과 대조해 볼 것.

59. H. K. McArthur, "Son of Mary," *NovT* 15 (1973) 39-47; J. Winandy, "Note complémentaire sur la conception virginale dans le Nouveau Testament," *NRT* 104 (1982) 425-31을 볼 것.

60. E. Stauffer, *Jerusalem und Rom* (Bern: Francke, 1957) 118. 바빌로니아 예바모트 4:13을 볼 것.

61. Stauffer, "Jeschu ben Mirjam," 125-26. 그는 이 문구가 성서 이외의 역사에서는 거의 대부분 논쟁적인 의미로만 사용된다는 것을 보여준다.

절).⁶² 예수가 사생아라는 정보는 "유대교인들"(Judaists, 2절)과 "바리새인 공동체, 즉 예수와 관련된 유대 그리스도인들(Judaists)"(58절)에게서 나왔다고 한다.⁶³

"가계도 체계의 관점으로 볼 때, '마리아의 아들'이라는 구절이 의도적인 모욕이었다는 주장에는 선험적 논리가 있다."⁶⁴ 다음의 고려할 사항들은 모욕이 의도됐다는 주장을 뒷받침한다. (1) 이 구절은 예수의 고향 마을에서 일어난 사건에서 언급된다. 요셉이 예수를 그의 가족으로 받아들였다면, 다른 본문에서 분명히 밝히듯이(예, 눅 3:23), 그는 대중적으로, 공적으로, 정식으로 요셉의 아들이라고 알려져 있었을 것이다. 그러나 예수가 사생아였다는 기억은 그의 가족 집단 내부에서 지속됐고, 그의 고향에 있는 몇몇 사람들에게도 그랬던 것 같다.

(2) 마가복음 6:3과 요한복음 8:41에서 그 비난은 예수를 완전히 이해하지 못했거나 적대적인 사람들의 입을 통해 나온다. 나는 마태와 누가가 이미 신학적으로 해석된 예수의 사생아 전승을 받아들이고 독자들의 입장에서 사생아 전승에 대한 지식을 전제하고 있으며 그들이 오해나 비방으로 여기는 것들에 대해 다른 방식으로 응답한 것이라고 주장해 왔다. 우리가 마가복음과 요한복음에 나오는 비방에서 보는 것은

---

62. 사마리아 역대기 제2부에 대해서는, "The Beginnings of Christianity According to the Samaritans," introduction, text, translation, and notes by J. Macdonald; commentary by A. J. B. Higgins, NTS 18 (1971/2) 54-80을 볼 것. Macdonald는 예수의 혈통에 대한 비판은 이 문서의 근저에 있는 중세 자료에서 나온 것이라고 믿는다. S. Isser, "Jesus in the Samaritan Chronicles," JJS 32 (1981) 166-94의 번역, 분석과 비교해 볼 것.
63. Macdonald에 의하면 전자는 유대의 종교 지도자들이다. 후자는, Higgins ("Beginnings," 55, 76)에 의하면, 같은 유대 민족이라고 한다.
64. McArthur, "Son of Mary," 52. 그러나 다음 내용을 McArthur, 52-53과 비교해 볼 것.

긍정적인 해석이 등장하기 이전의 핵심 전승의 사례이거나 그 해석에 대한 부정일 수 있다.

(3) 마가는 6:3에 있는 그 어구를 반복하지 않는다. 그는 사생아에 대한 암시를 하지도 않고, 그것을 모욕으로 이해하지도 않으며,[65] 그의 복음서에서 그 비난을 어떻게 받아들여야 하는지에 관한 단서를 제공하지도 않는다.[66] 그는 그 비난을 부정하는 것이 아니라, 어떤 의미에서는 예수의 어머니와 형제들을 부정함으로써 그 비난에 대응한다. 오직 마가복음에서만(6:4) 예수의 "친족"을 선지자를 존중하지 않는 사람들 중 한 부류로 언급한다는 점에 주목해야 한다. 마가복음 3:31-35에서 마가는 예수의 사생아 혐의가 언급되기도 전에 그들과 거리를 두고, 그들을 "진정한" 가족인 제자들과 대조하라고 한다. 예수의 어머니와 형제들은 "밖에" 서서 예수를 찾은 것으로 묘사된다. 예수가 그 말을 들었을 때, "'누가 내 어머니이며, 내 형제들이냐?' 그리고 주위에 둘러앉은 사람들을 둘러보시고 말씀하셨다. '보아라, 내 어머니와 내 형제자매들이다. 누구든지 하나님의 뜻을 행하는 사람이 곧 내 형제요 자매요 어머니다'"라고 말한다. 하나님의 뜻대로 행하는 사람들로 이루어진 예수의 종말론적 가족은 "인간적인 관계로 구성된 생물학적, 육체적, 또는 자연적인 가족(어머니, 형제들)과 동일하지 않다. 이 대비가 얼마나 선명한가? … 그것이 의미하는 바는 적어도 육신의 가족이 그 왕국의 선포에 의해 수립된 새로운 가치 기준에는 실질적으로 중요하지 않다는 것이

---

65. 만일 그 구절이 모욕으로 이해됐다면, 그것이 마가의 편집일 가능성은 거의 없다; 사실에 근거하지 않았다면 마가가 그러한 진술을 기록할 수 있었으리라고 믿기 어렵다. 위의 각주 53번에서 언급한 Crossan의 의견과 대조해 볼 것.
66. 참조, Smith, *Jesus the Magician*, 28.

다. 예수에게 정말로 중요한 가족은 종말론적 가족이었다."[67] 정말로 중
요한 이 가족에는 마가복음의 예수의 생물학적 가족처럼 지상의 아버
지가 존재하지 않는다(참조, 막 10:30). 이러한 맥락에서 사생아의 인간
"아버지의 부재"는 실제 아버지가 하나님이라는 것을 암시하는 사람들
에게 종말론적 "아버지의 부재"의 표시가 된다(참조, 마 23:9). 평등한 제
자도가 가부장적 가족의 유대를 대신한다. 로빈슨이 "예수와 그리스도
인들의 영적 가족의 간극"이라고 부른 것은 하나님에 의해 채워진다.[68]

　　마가가 3:20-35 단락의 끝에 3:31-35을 배치한 것은 자신의 편집 신
학을 드러내며 3:31-35의 의미를 명확하게 만든다. 예수의 친족은 예수
를 오해했다. 그들은 예수가 정신이 나갔다고 생각하여 그를 붙잡으려
고 했다(21절). 그들의 오해는 예수가 귀신 들렸다고 생각했던 예루살렘
의 서기관들과 비슷하다(22절). 마가에게 예수의 친족은 그의 종말론적
가족으로 대치된다. 마태와 누가 모두 마가의 이러한 평가를 유지하지
않는다. 둘 다 마가복음 3:31-35을 생략했다.[69] 마가복음의 예수는 그의
어머니를 뒤에 남겨둔다. 복음서 저자에게 있어서 그녀는 친족의 유대

---

67. *Mary in the NT*, 53; 51-59을 볼 것. 마가복음 3:31-35의 핵심은 육신의 가족이 예수
　　의 종말론적 가족에 합류하는 것도 배제하지 않는다는 것이다.

68. Robinson, *Problem*, n. 1, p. 129.

69. 누가는 마가복음 3:31-35을 완화하는데, 그는 예수의 어머니와 형제들이 왜 "밖에"
　　있어야 했는지를 설명하고("무리 때문에 만날 수 없었다"[눅 8:19]), 가족들이 예수
　　를 만나고 싶어 했다고 설명한다(8:20). 또한 안에서 예수 주변에 앉아 있던 사람들
　　에 관한 언급을 생략함으로써, 그 발언을 모호하게 만들고, 심지어는 그의 가족에
　　대한 찬사로 해석될 수 있게 한다: "하나님의 말씀을 듣고 행하는 이 사람들이 나의
　　어머니요, 나의 형제들이다(8:21). 누가복음 8:19-21을 마리아에 대한 지속적인 비
　　판으로 보는 Danker (*Jesus and the New Age*, 105)와 대조할 것. 그는 그녀를 찌르는
　　칼(눅 2:48-51)과 그녀를 거부하는 예수의 칼이라는 주제를 다룬다.

를 대표하는 존재로 보이며, 영적 자유와 대조되고[70] 극복해야 할 추문으로 보이기 때문이다.

마리아에 대한 마가의 부정적인 묘사, 그녀를 포함한 친족들의 불신은, 마태복음에서는 적어도 중립적인 모습으로 완화됐고, 그리고 누가복음에서는 특히 1-2장의 긍정적인 묘사로 상쇄됐다. 마가복음의 부정적인 묘사가 역사적인 것이 아닐 수도 있지만[71] 예수와 마리아의 명백한 긴장감, 예수의 사역에 대한 그녀의 오해, 그리고 사역 기간 중 마리아와의 분리는 공관복음서와 제4복음서에서[72] 역사성이 높은 주장으로 여겨져 왔다. 그것들은 "예수와 그의 가족들의 관계에 대한 후대의 경건한 전설"과 대조적이기 때문이다.[73] 이러한 주제들은 예수의 사생아 전승이 역사적인 것으로서 신약성서의 유아기 내러티브에 사용된 전승이라는 이론을 한층 더 뒷받침하는 것으로 읽을 수 있다.[74]

---

70. 따라서 반드시 친족을 "미워해야" 한다; 눅 14:26; 『도마 복음』 어록 55; 101을 볼 것.

71. S. Brown, "Mary in the New Testament," 119을 볼 것: 그녀에 대한 호의적이지 않은 암시는 마가가 원래 분리되어 있던 전승 단위들을 결합하고, 마가복음 3:21의 예수의 가족들을 3:31의 예수의 어머니와 형제들과 동일시한 결과이다.

72. 마가복음 3:32-35과 함께 요한복음 2:3-4a; 누가복음 2:48-50을 볼 것.

73. Witherington, *Women*, 82-84.

74. Elliott, *Questioning*, 16-17과 대조해 볼 것. 그는 예수의 가족에 대한 경멸적인 언급 (막 3:21; 마 12:46-50; 요 7:5)은 그가 동정녀 수태에 관한 것으로 해석하는 출생 내러티브의 관점에서 볼 때 매우 이상해 보인다는 점에 주목한다. "그러나 예수의 가족들에 대한 적대감은 교회의 친바울 분파에서 (행 1:14에 의하면) 예수의 형제가 이끌었고 그의 나머지 가족들이 주도적이었던 예루살렘 교회의 대표자들을 폄하하려고 했을 때의 상황을 반영하는 것으로 본다면 설명이 가능하다. … 반면, 출생 이야기는 후대에 작성된 것으로, 예수를 그의 역사적 환경과 그의 가족들과 분리시켜야 할 필요가 중요하지 않은 문제였을 때 기록됐다. 바울에 의해 조성됐던 교회의 친이방적 분파와 예수의 제자들과 가족들이 주도한 친유대적 파벌 사이의 오래된 적대감은 예수의 탄생 이야기가 형성됐던 시기에는 무의미했다." 참조, 위의 각주

여기에서 데이비드 플루세르(David Flusser)의 말을 인용할 필요가 있다: 섣부른 심리학화의 위험이 있지만, "예수의 삶에는 무시할 수 없는 심리적 요소, 자신이 태어난 가족에 대한 거부가 존재"하는데, 그는 이 경험을 다른 사람들에게도 적용했다(눅 18:28-30을 볼 것). "예수는 타협하지 않는 종교적 약속이 가족의 유대를 깨뜨린다는 것을 알고 있었다. 그는 종말이 가까이 왔다는 것을 확신했기 때문에 더 그렇게 했다. … 감정으로 가득한 긴장감이 예수와 가족 사이에 생긴 것으로 보인다. 인류에게 그토록 결정적인 영향을 미쳤던 그의 개인적인 결정에 강력하게 기여한 것은, 내가 그 배경을 알 수 없었던 이 심리적 사실이었던 것으로 보인다."[75] 그 배경은 영원히 알려지지 않을 수도 있고, 또는 다양한 방식으로 설명될 수도 있지만, 나는 그의 사생아 전승의 역사성을 하나의 설명으로 제시하고 싶다.

4. 『도마 복음』

외경인 『도마 복음』에는 이 논의와 어느 정도 관계가 있는 수수께끼 같은 말이 있다: "아버지와 어머니를 아는 사람은 매춘부의 아들이라고 불릴 것이다"(어록 105).[76] 이것이 예수에 관한 언급이라면, 그의 아버지

53번의 Crossan의 의견과 Kelber, *Oral and Written Gospel*, 102-05.

75. D. Flusser, *Jesus* (NY: Herder and Herder, 1969) 20, 22. 참조, G. D. Kilpatrick, "Jesus, His Family and His Disciples," *JSNT* 15 (1982) 11: 제자도의 조건인 거절은 "예수와 그의 가족들 사이의 분열이 그 배경에 있다면" 더욱 잘 이해될 수 있다. 사도행전의 증거에 근거한 그의 불화에 대한 설명은, 가족들이 율법의 엄격한 준수를 주장했기 때문에 예수를 반대했다는 것이다.

76. Thomas O. Lambdin, in *The Nag Hammadi Library* (J. M. Robinson, director; San Francisco: Harper and Row, 1977) 번역.

(하나님; 참조, 요 8:55)와 어머니(성령77)를 알고 있는 사람은 (그럼에도 불구하고, 그의 대적자들에게) 매춘부의 아들로 불릴 것이라는 뜻일 수 있다.

『도마 복음』은 2세기 혹은 그 이전에 그리스어로 작성된 것이 거의 확실하다. 여기에는 신약성서의 평행구절들보다 더 원초적이거나, 원초적인 형태가 발전된 몇몇 말씀들이 담겨 있는 것으로 보인다.[78] 105번 어록은 요한복음 8:41과 마가복음 6:3(그리고 『빌라도 행전』 2:3)의 비방을 넘어서서, 사생아 예수에 관한 마가 이전 전승과 요한 이전 전승에서 비롯된 것일 수도 있다. 여기에서 예수는 사생아로 간주될 뿐 아니라, 그의 어머니도 매춘부나 음란한 여자로 간주된다.[79] 그러나 이 두 개의 비난은 동시에 존재했을 수 있다.

지금까지의 연구 결과들을 요약하면 다음과 같다. 요한복음 8:41과 마가복음 6:3은, 유아기 내러티브 외에 사생아 예수에 관한 기억이 남아 있고 예수의 사역 기간 또는 이 두 복음서가 기록되던 시기(요한복음

---

77. 히브리어와 아람어에서 "영"(spirit)은 여성 명사다. 『도마 복음』 101은 예수의 생모와 그의 진정한 어머니인 성령을 대조하는 것으로 보인다. *Gospel according to the Hebrews*, in Jerome, *Commentary on Isaiah* 11:2(성령은 예수가 세례를 받을 때 그를 "나의 아들 … 나의 장남"이라고 부른다")와 Origen, *Homily on Jeremiah* 15:4 ("내 어머니, 성령")을 볼 것. 『야고보의 비록』에서 예수는 자신을 "성령의 아들"이라고 일컫는다. 참조, 『솔로몬의 송가』 19:2-4; 36:1, 5.

78. H. Koester, Introduction, in *Nag Hammadi Library*, 117을 볼 것; 그는 4세기 콥트어 사본의 배후에 있는 그리스어(또는 시리아어나 아람어) 모음집이 빠르면 1세기 후반에 시리아, 팔레스타인 또는 메소포타미아에서 작성됐을 가능성이 높다고 생각한다. J. E. Menard ("Thomas, Gospel of," *IDBSup*, 902)는 일반적인 연대 추정인 기원후 140년경을 수정할 이유가 없다고 본다.

79. M. W. Meyer. *The Secret Teachings of Jesus. Four Gnostic Gospels* (NY: Random House, 1984) 107; *Mary in the NT*, 265와 대조해 볼 것. (197년경에 쓴) Tertullian은 예수에 대한 유대인의 비방 중에는 그가 매춘부의 아들(*quaestuariae filius*)이라는 것도 있다고 말한다(*De Spectaculis* 30:6).

은 전통적으로 90년대에, 마가복음은 60년대에 기록된 것으로 추정된다)에 대중들에게 알려져 있었다는 증거로 인용될 수 있는 유일한 신약성서 구절들이다. 그 구절들은 전승의 핵심인 예수가 사생아라는 사실, 또는 그 전승에 대한 초기 단계의 신학적 해석 모두에 대한 부정적인 반응이다. 그 구절들은 예수의 수태 상황에 대해서는 아무것도 구체적으로 알려주지 않는다. 『빌라도 행전』은 예수가 약혼 전에 수태됐다는 내러티브를 자세히 설명하려고 시도한다. 그러나 이 작품의 저자는 그러한 비난에 맞선다. 『도마 복음』 어록 105번은 예수가 사생아였다는 주장을 넘어서 그의 어머니가 매춘부였다고 주장한다. 다음에 우리가 살펴볼 사생아 전승의 사례는 켈수스(Celsus)가 말하는 "유대인"에 의한 이야기다.

5. 오리게네스의 『켈수스를 논박함』

『도마 복음』을 제외한 위에서 논의한 모든 구절에서 사생아라는 비난 또는 그 비난에 대한 암시는 유대인들에게서 비롯된 것이다.[80] 이제 우리는 248년경에 기록된 오리게네스(Origen)의 『켈수스를 논박함』(Against Celsus) 1:28, 32, 39, 69의 이야기에서 나오는 발전된 비난을[81] 살펴볼 것이다. 그리고 이교도 철학자 켈수스가 기원후 178년경에 기록한 반(anti)그리스도교 저술 『진정한 교리에 관하여』(True Doctrine)를 활용할 것이다. 이 후자의 연구는 다른 사람들, 아마도 유대인들의 자료에서 비롯됐을 것이다. 여기에서 켈수스는 예수에 대해 비판할 때, 자신이 비판하는 것이 아니라 유대인들이 비판하는 것으로 말하고, 이방인이 아니라

---

80. 요 8:31, "자기를 믿은 유대 사람들"
81. 2세기 중반에 기록된 Justin의 *Dialogue with Trypho*에서 유대인 트뤼폰은 예수의 수태와 출생의 실제 상황에 대한 아무런 대안적인 이야기를 제시하지 않는다.

유대인 신자들에게 말하며(2:1), 그들에게 호소하기 위해 선택된 주장을 사용한다.[82]

켈수스의 이야기는 다음과 같이 재구성할 수 있다: "처녀에게서 태어났다는 이야기를 꾸며낸 사람"은 예수 자신이었다(『켈수스를 논박함』 1:28). 그러나 1:39을 보자: "그녀의 남편에게 미움을 받고 문밖으로 나갔을 때, [그의 어머니는] 신의 권능으로 구원받지 못했고, 그녀의 이야기를 믿지도 않았다." (이것은 동정녀 수태 이야기가 예수의 어머니에게서 비롯된 것이라는 의미일 수 있다. 또는 사람들이 유혹이나 강간 이야기를 믿지 않았다는 의미일 수도 있다.) 예수는 "방적으로 생계를 꾸려가던 가난한 시골 여자"에게서 태어난 유대인 마을 출신이었다. 이 여자는 타락하거나 유혹을 받아서 다른 남자의 아기를 가졌는데, 그 군인의 이름은 판테라(Panthera)였으며

---

82. Smith (*Jesus the Magician*, 59)에 의하면, 이것은 켈수스가 유대인들의 자료에서 가져온 독립적인 전승을 사용했다는 강력한 증거이다. M. Goldstein (*Jesus in the Jewish Tradition* [NY: Macmillan, 1950] 36-37)은 이 이야기를 위해 켈수스가 정말로 유대 자료를 사용했는지 또는 최소한 그가 그 자료를 정확하게 기록했는지 의심한다. 그는 켈수스가 그리스도교뿐만 아니라 유대교도 경멸했다고 주장한다. "그러므로, 그가 높이 평가하지 않는 한 종교의 허구적인 대변인을 만들어 자신이 가치 없다고 주장하는 다른 현존하는 종교에 타격을 주는 것은 얼마나 교활한 일인가?" 그러나 그 대화가 허구이며, 그 요소들이 과장된 것이라고 하더라도, 내 판단으로는, 초기 유대 전승의 많은 것들이 여기에 담겨있다. M. Lods는 예수의 삶을 출생부터 세례까지 묘사한 적대적인 유대 문헌 자료를 사용했다고 주장한다("Etudes sur les sources juives de la polémique de Celsus contre les Chrétiens," *RHPR* 21 [1941] 1-33). 그러나 M. Lods가 인용한 증거는 초기의 단일 문헌 자료의 존재를 증명하는 데 사용될 수 없다(E. V. Gallagher, *Divine Man or Magician? Celsus and Origen on Jesus* [SBLDS 64; Chico: Scholars, 1982] 51). R. L. Wilken은 켈수스가 제시하는 이야기가 제국, 그중 아마도 유대인 집단에서 유포됐을 가능성이 있다고 조심스럽게 말한다(*The Christians as the Romans Saw Them* [New Haven: Yale University, 1984] 110).

(1:69),[83] "간음으로 유죄판결을 받았기 때문에 그녀의 약혼자인 목수에게서 쫓겨났다"(1:32). 그녀는 불명예스럽게 떠돌아다니다가 예수를 낳았다. 성인이 된 뒤 예수는 이집트에 갔고, 가난했기 때문에 일꾼으로 일했다. "거기에서 그는 이집트인들이 자랑스러워하는 마법적인 힘을 시험해 보았다. 그는 그 능력 때문에 자만심을 가득 품고 돌아왔고, 그 능력 때문에 스스로 하나님이라는 칭호를 부여했다"(1:28).

이 이야기가 신약성서의 유아기 내러티브와 무슨 관계가 있을까?[84] 제1권에서는 "유대인들"이 마태복음을 따르는 것으로 보인다(1:34에서 오리게네스는 그가 이사야서 7:14에 대한 언급을 생략하고 선택적으로 인용했다고 비난한다). 몇 가지 세부사항은 신약성서에 나오는 것과 동일하다: 처녀, 목수에 대한 언급(마 13:55), 약혼 기간 중의 수태, 지방의 환경, 이집트에서의 예수, 마술에 대한 언급, 하나님의 아들이라는 칭호. 여기에서 가장 중요한 것은 마리아가 타락하여 약혼한 남편이 아닌 다른 남자의 아기를 가졌다는 명시적인 진술인데, 이것은 신약성서에 기록된 예수 이야기에 암시된 내용이다.

켈수스의 보고에 나오는 다른 세부 사항은 신약성서 이야기를 고의로 수정한 것들로 보인다. 예컨대, 그녀의 간통 혐의가 확인된 후 남편

---

83. "유대인들"은 예수가 "어떤 판테라"(*phtheirantos tēn parthenon*)에 의해 잉태됐다고 믿었다.

84. Machen은 "전혀 믿을 수 없는 비방" 이야기에 대한 실질적인 검토 없이, 이것은 아무런 독립적인 전승을 나타내지 않고, 단지 신약성서에 (논쟁의 방식으로) 기초하고 있을 뿐이라고 비학문적인 방식으로 가정한다. 그러한 반대가 있다는 사실은 "어차피 예상됐던 일이기 때문에 전혀 중요하지 않다." 그는 반대자들이 그리스도인이 되지 않는 한, 그들은 동정녀 수태를 받아들일 수 없을 것이라고 추측한다(*Virgin Birth*, 11). 켈수스가 정경 마태복음과 유사한 전승 중 어느 것을 따랐는지 확실히 구분하기는 어렵다.

은 아내를 거부하고 내쫓는(이혼한?) 내용이 나온다. 이것은 요셉이 마리
아를 받아들이고, 그녀를 율법으로 다스리지 않기로 결정했다고 말하
는 마태의 이야기와 정면으로 배치되는 것으로 보인다. 그러나 우리는
마태가 (요셉이 마리아를) 거부한 초기의 이야기를 수정한 것이라는 다른
가능성을 고려해야 한다. 하지만 이 대안은 두 가지 이유로 가능성이 낮
다. (1) 예수는 그의 사역 기간 동안, 그리고 두 명의 신약성서 가계도의
작성자에 의해 요셉의 아들로 알려져 있었다. 만일 그의 어머니가 거부
된 이야기가 초기의 것이라면, 우리는 그것이 복음서의 본문에 어떤 흔
적을 남겼을 것이라고 예상할 수 있다. (2) 거부 이야기는 마태의 유아기
내러티브뿐만 아니라 마가복음 6:3이나 요한복음 8:41 같은 예수의 사
역 기간 중 요셉의 부재에 관한 본문에 제시됐을 것이다.[85] 또한 중요한
것은 마리아가 신의 권능으로 구원받지 못했다는 주장인데, 그것은 신
명기 22:27을 은밀하게 사용한 마태복음 1:21 및 누가복음 1:47과 모순
될 수 있다. 그녀의 이야기를 믿어주지 않았다는 진술(『켈수스를 논박함』
1:39)은 그녀가 간통으로 유죄가 확정됐다는 진술의 관점에서 볼 수 있
을 것이다(1:28).

　켈수스의 기록에 있는 다른 세부 사항들은 신약성서 이야기들의 논
쟁적인 윤색이거나 독립적이고 유사한 전승에서 가져온 것으로 보인
다. 예수의 생물학적 아버지에게는 이름이 붙여지고 (그의 어머니처럼) 직
업이 주어진다. 판테라라는 이름은 '파르테노스'(parthenos, "처녀")에서[86]

---

85. 또한, 거부에 관한 주제는 요한계시록 12장에 나오는 이상한 여성 이야기를 생각나
　　게 하는데, 그녀는 광야로 도망치지만, 그녀가 도망친 것은 아이를 출산한 뒤의 일
　　이다.
86. Smith, *Jesus the Magician*, 47, 182을 볼 것: 기원후 30-130년경까지 그리스도교 자
　　료에서 예수가 "처녀의 아들"로 언급된 경우는 없다; 판테라라는 이름이 아직 사용

기원한 것이 아니고, 예수의 조상의[87] 이름도 아니며, 이 이야기의 목적을 위해 만들어진 이름도 아니다. 켈수스가 랍비 자료를 사용한 것이 아니라면, 그랬을 가능성은 희박해 보이지만, 그 이름은 비랍비적(nonrabbinic) 팔레스타인 전승에서 유래한 것이 분명하다. 그리스도인들이 초기 자료를 사용하면서 그 이름이 삭제된 것인지, 유대인들이 그 자료를 사용하면서 추가한 것인지는 확실히 알 수 없다. 그러나 이것이 예수의 생물학적 아버지로 제시된 유일한 이름은 아니기 때문에, 후자의 경우가 맞을 것이다. 판테라는 초기 제국의 여러 라틴어 비문에서 발견되는 일반적인 그리스 고유의 이름이었고, 특히 로마 군인들의 성으로 많이 사용된 이름이었다.[88] 예를 들어, 독일에서 발견된 묘비의 비문에는 시돈의 궁수인 티베리우스 율리우스 압데스 판테라(Tiberius Julius Abdes Pantera)라는 이름이 적혀있는데, 그는 기원후 6세기에 시리아에서 이주한 사람이었다.[89] 그리스도교의 검열에서 살아남은 일부 랍비 문서의 구절에서[90] 예수는 "판테라의 아들"—때로는 사생아—로 언급되는데,

---

되지 않은 호칭을 풍자한 것으로 보인다고 가정하는 것보다는, 그 이름이 논쟁적인 전승에 의해 전해졌다고 보는 것이 더 적절하다. Goldstein, *Jesus*, 35-36도 볼 것.

87. 그렇게 생각하는 초기 교부들의 저술에 관한 언급은 Brown, *Birth*, n. 7, p. 535을 볼 것. 이것은 아마 그리스도교 전승에 그 이름을 통합하려는 시도였을 것이다.

88. E. Bammel ("Christian Origins in Jewish Tradition," *NTS* 13 [1966] 324)은 켈수스의 인용문에서만 판테라가 로마 군인으로 묘사된다고 말한다. 후대의 유대 전승은 마리아의 연인이 유대인이었다는 것을 자명하게 받아들인다(Wagensell 판 계보에 따르면 그는 군인이었지만 유다 지파의 자손이었다[n. 4, p. 324]).

89. A. Deissmann, "Der Name Panthera," *Orientalische Studien T. Nöldecke gewidmet* (ed. C. Bezold; Geissen: Töpelmann, 1906) 871-75을 볼 것. L. Patterson ("Origin of the Name Pantera," *JTS* 19 [1917/18] 79-80)은 판테라와 파르테노스 사이의 유사성이 판테라라는 실명을 선택하게 만들었다는 것이 불가능하지 않다고 생각한다.

90. Goldstein, *Jesus*, 3-4을 볼 것.

이 구절들에 대해서는 아래에서 검토할 것이다. 켈수스는 예수가 성인이 되어서 이집트에 갔던 것과 마술에 관한 그의 전문 지식에 대해 언급한다. 또한 그는 예수의 출생에 관한 이야기를 예수 본인(1:28)과 마리아(1:39, 사람들이 믿지 않은 이야기, 아마도 가족 전승에 대한 인정)에게서 비롯된 것으로 돌린다.

"유대인" 이야기에 대한 오리게네스의 반응은 놀랍다. 그는 먼저 "이 모든 것이 예수가 하나님의 아들이라는 예언과 완전히 조화를 이룬다"라는 의견을 제시한다(1:28). 그는 예수와 마리아를 외부자(outsiders)라고 한 켈수스의 묘사를 탁월한 것으로, "완전한 이방인"이라는 의미로 받아들인 듯하며, 예수가 하나님이라는 칭호가 타당하지 않다는 결론을 제외한 모든 것을 인정한다.[91] "그를 반대하는 이 모든 것들에도 불구하고", 예수는 세상을 뒤흔들 수 있었다(1:29). 그의 명성은 켈수스가 열거한 것뿐만 아니라 십자가의 수치를 포함한, "그를 불명예스럽게 만드는 모든 원인들"에 대해 승리했다(1:30).

그러나 1:32에서 오리게네스는 마리아가 간통을 저지르고 거부당한 이야기를 예수가 성령에 의해 기적으로 잉태된 이야기를 뒤엎기 위해 만들어진, "맹목적으로 날조된 우화"라고 부른다. 반대자들은 의도하지 않게 동정녀가 예수를 수태하게 만든 사람이 요셉이 아니라는 사실을 보존했다. 오리게네스는 인류를 위해 그렇게 많은 일을 한 사람이 "기적적인 출생이 아니라 가장 비참하고 수치스러운 출생을 했어야 한다는 것"은 이치에 맞지 않다고 주장한다. 예수의 위대한 영혼은 그의 성품에 어울리는 육체를 부여받았다. 반면 간통으로 만들어진 육체, 판테라와 처녀 사이의 간통으로 태어난 것은 인류에 해로운 "어떤 멍청이",

---

91.　Gallagher, *Divine Man*, 54을 볼 것.

사악한 선생이었을 것이다(1:33; 참조, 6:73).

특히(1:34), 예언자들은 예수가 처녀에게서 태어날 것이라고 예언했지만, 켈수스는 무지했거나 내키지 않아서 이사야 7:14을 인용하지 않았다. 오리게네스는 이 본문의 번역과 관련된 논쟁을 알고 있었고, 히브리어 단어 '알마'(*alma*)의 의미가 "처녀"가 아니라 "젊은 여자"라고 주장하는 사람들이 있다는 것도 알고 있었다(참조, Justin, *Dial.* 43; 67). 그는 '알마'라는 단어가 약혼한 소녀에 대한 강간이나 유혹과 관련된 신명기 22:23-26에서 "처녀"라는 의미로도 사용된다고 대답했고, 이 구절을 길게 인용했다. 나는 이 본문이 신약성서의 유아기 내러티브의 배후에 있고, 암시되어 있다고 주장해 왔다. 오리게네스는 단지 "양심에 따라" 하나의 언어학적 평행구,[92] 어떤 언어학적 평행구를 찾으려고 애쓰다가 이 구절을 만난 것일까? 아니면, 오리게네스가 예수의 수태에 관한 논의에서 그 본문이 가지는 중요성에 대해 알고 있었다는 증거가 있을까? 후자의 경우가 사실이라면, 그는 신명기 율법의 적용에 근거하여 켈수스가 묘사하는 "유대인"에 의해 제기된 간통이라는 비방을 반박하지 않고 그냥 방치한 것이 된다. 우리가 아는 한, 오리게네스는 왜 그리스도가 **약혼한** 처녀에게서 태어나야만 했는지 깊은 질문을 던졌던 신학자라는 사실에 주목해야 한다. 다른 곳에 남긴 그의 대답은, 그렇게 해야만 간통 의혹으로부터 그녀를 보호할 수 있었고, 더 나아가 그것이 예수의 탄생을 악마로부터 숨기는 방법이었다는 것이다.[93] 그러나 그는 켈수스를 논박하면서 그런 점들을 제기하지 않는다. 가장 흥미로운 것은 '알

---

92. H. von Campenhausen, *The Virgin Birth in the Theology of the Ancient Church* (London: SCM, 1964) n. 6, p. 58이 이러한 입장이다.

93. Ignatius, *Eph.* 19:1을 따르는 마지막 요점을 다루는 *Horn. Luc.* 6.

마'라는 단어가 오리게네스가 인용한 신명기 구절에는 나오지 **않는다**
는 사실이다. 대신, '베틸라'(betilla)나 다른 단어들이 사용된다. 오리게네
스의 주장은 히브리 성서를 아는 사람들을 설득하지 못했을 것이다. 이
것은 무의식적인 실수일까,[94] 그리고/또는 복음서 이전 전승의 흔적일
까?

오리게네스는 1:35에서 처녀가 아닌 젊은 여자가 아이를 낳았다면
그것이 아하스 왕에게 어떤 종류의 표적이 됐을 것이냐고 묻는다. 또한
그는 임마누엘의 어머니로는 남자와 성관계를 하고 일반적인 방식으로
임신한 여자가 아니라 순결하고 거룩한 처녀가 더 "적절하다"라고 말
한다. 이사야는 예언을 통해 자신의 시대에는 성취되지 않은 미래를 보
고 있었다. 오리게네스는 1:37에서 독수리(vultures)가[95] 성관계 없이 수태
한다는 진술로 동정녀 수태에 대한 믿음을 지지한다. 그리스인들도 최
초의 인간은 성행위 없이 땅에서 태어났을 것이라고 인정한다. 그리스
도인들이 기적적인 수태 내러티브를 믿는 유일한 사람들은 아니다(비록
광대들이 예수의 수태 이야기를 다나이[Danae]와 멜라닙페[Melanippe] 같은 그리스 우
화에 비교하지만 말이다; 참조, 6:8). 켈수스의 주장 중 일부는 진지함이 부족

---

94. N. R. M. de Lange, *Origen and the Jews* (Cambridge: Cambridge University, 1976)
99이 이런 입장이다. (이런 식의 다른 실수들은 n. 60, p. 152을 볼 것; 히브리어에
대한 오리게네스의 지식은 많지 않았을 것이며[n. 61, p. 154], 그의 실수 중 많은 부
분은 음역된 문서에 의존했기 때문인 것 같다.) 그는 단지 오리게네스가 그리스어
를 사용하는 청중들에게 깊은 인상을 주기 위해 이 논증을 삽입한 것으로 보이며,
그는 여기에서 무의식적으로 자신의 증거 부담을 약한 연결고리에 넘기면서 긴 논
쟁을 압축했다고 생각한다. 아마도 오리게네스의 전체 논증을 번역하거나 의역한
것으로 보이는 히에로니무스는 신명기의 같은 본문을 (Isa. III. 7:14에서) 'alma의
사용에 대한 증거로 인용한다. *Dial. Tim. et Aq.* 111에서, 그리스도인들은 *neanis*와
*parthenos*가 동의어라는 것을 보여주기 위해 신명기 22:25을 인용한다.
95. *Hom. Luc.* 14에 나오는 지렁이들(worms).

하고 주목할 가치가 없는 것으로 여겨지는데, 예컨대 마리아의 신분이 너무 낮았기 때문에 신이 그녀와 성관계를 했을 리가 없다는 주장 또는 마리아가 구원받지 못했다거나 믿음이 없었다는 주장 같은 것들이다 (1:39). 마지막으로 1:69에서 오리게네스는 신의 몸은 예수처럼 만들어지지 않을 것이라는 켈수스의 의견을 인용한다. 오리게네스는 이에 동의한다. 켈수스는 예수가 성령에 의해 수태됐다는 기록을 믿지 않고 예수가 처녀를 망가트린 판테라에 의해 잉태됐다고 믿기 때문에 그렇게 말한 것이었다.

켈수스의 이야기와 오리게네스의 반응에서 찾을 수 있는 증거는 혼란스럽다. 둘 다 복음서 자료와 복음서 이전 전승 또는 복음서의 평행 전승에 의존하는 것으로 보이며, 이는 사생아 수태에 대한 보다 풍성하고 명확한 설명을 제공한다. 그러나 판테라라는 이름 같은 특정 세부 사항이 가장 초기의 전승에서 비롯한 것인지 확신하는 것은 불가능하다. 오리게네스 본인은 사생아 전승에 대해 호기심을 갖고 있고, 심지어는 개방적인 것처럼 보인다. 그러나 그는 자신의 입장을 기적적인 수태에 대한 믿음에 둔다.

이제 우리는 유대 문학에 보존되어 있는 사생아 전승을 살펴볼 것이다.

6. 랍비 문학

예수의 출생과 관련된 랍비 자료와 아래에서 논의할 『톨레도트 예수』의 후대의 중세 전설들은 과열된 논쟁, 비판, 명예훼손 문학의 일부일 뿐이라는 의견도 있다. 이 문학들에 대해 언급만 하고 지나치는 일 이상을 하는 것은 잠들어 있는 개를 깨우는 어리석은 일, 유대인들과 그리스도인들의 보편적인(ecumenical) 관계를 역행하고 복잡하게 만드는 잠재적인 원인으로 여겨질 수 있다. 그러나 위의 첫 번째 견해는 지나치게 단순화되어 있다. 이 자료들은 (원시 교회의 그리스도론과 복음들, 어쩌면 역사적 예수에 관한 랍비적 이해에 대한) 중요한 역사적 정보들을 담고 있다.[96] 나는 두 번째 견해 역시 틀린 것이기를 바란다. 곧, 여성의 목소리와 관심을 포함하는 이 주제에 대한 논의는 보편적인 관계를 개선하는 데 도움이 될 수 있다.[97]

---

96. P. Lapide (*Fils de Joseph?* [Paris: Desclée, 1975] 50)는 랍비들의 논쟁이 후대에 겨냥했던 것은 예수에 대한 반대가 아니라 원시 교회의 그리스도론에 관한 것이었으며, 반면, 교부들의 공격 대상은 유대인들 전체였다고 주장한다. 나는 상호 간의 논쟁의 중요성과 슬픔을 부정하고 싶지 않지만, 본문의 다른 부분에 관심을 집중하고 싶다. Schalom Ben-Chorin ("A Jewish View of the Mother of Jesus," *Mary in the Churches*, 12-16)은 마리아를 동양의 젊은 유대인 여성으로 묘사하면서, "분명히, 갓 청년이 된 산모의 이해를 넘어서는 의미를 갖는 어떤 특별한 소동에 휘말린 것 같다"라고 기록했다. 요셉은 그녀를 의심했지만, 그런 생각을 밝히지는 않았다고 Ben-Chorin은 말한다. 예수의 비유를 보면, 예수에게는 아버지의 사랑이 결정적이었던 반면, 어머니의 사랑은 아무런 역할이 없었던 것 같은 인상을 준다. Ben-Chorin은 이것을 예수가 갈망했지만 결코 가질 수 없었던 아버지의 사랑을 이상화하기를 원했다는 의미로 해석한다. 편집자들은 이 논문이 Ben-Chorin의 책 *Mutter Miriam, Maria in jüdischer Sicht* (Deutscher Taschenbuchverlag, Munich, No. 1784)에서 발췌한 것이고, 20년 전에 나온 Schalom Asch의 마리아에 관한 소설의 일부이며, Ben-Chorin의 책은 이 주제를 놓고 고심한 유일한 유대 작품이라고 말한다. 그러나 이제 J. Pelikan, D. Flusser, J. Lang, *Mary. Images of the Mother of Jesus in Jewish and Christian Perspective* (Philadelphia: Fortress, 2005)에 대한 D. Flusser의 공헌을 살펴보자.

97. Lapide는 예수에 대한 유대인들의 기록에서 새로운 분위기를 입증한다. 홀로코스트는 유대 문헌에서 예수의 이미지를 변형시켰고, 신격화와 명예훼손을 피하면서 더 인간적인 모습의 예수를 제시했다(*Fils de Joseph?*, 18). 예수의 출생과 관련하여, 몇몇 이스라엘 역사에 대한 현대의 안내문에는 예수가 목수 집안의 아들 또는 소박한 사람들의 아들, 또는 요셉의 아들이라고 기록하고 있다. 동정녀 수태에 관해서는 신약성서 조각에 나오는 후대의 전설에 속하는 것이라고 한다. 그는 이 신화의 이교적 기원 이론에 대해서도 언급하고 있다(pp. 57, 66, 68을 볼 것).

a. 탄나임 시대(*Tannaitic Period*, 기원후 200년까지)

『벤 판테라 문서』(*Ben Pantera Texts*). 언급해야 하는 첫 번째 문서에서 예수는 "판테라의 아들"(Yeshu ben Pantera)로 언급되는데 이러한 명칭은 탄나임 시대 랍비들의 입에서 나왔다.[98] 이 문서들은 예수의 출생에 대해 논의하지 않는다. 그가 어떻게 판테라의 아들이 됐는지 설명하지 않으며 판테라를 군인이라고 부르지도 않는다. 오히려 판테라의 아들 예수의 이름으로 치유하는 것이 허용되는지에 관한 두 탄나임 사이의 의견 차이를 기록하기도 한다(탈무드 훌린 2.22, 23; 예루살렘 샤바트 14d; 예루살렘 아보다 자라 27b). 이 전승은 기원후 2세기 초 또는 1세기 말의 것일 수도 있다. 또 다른 구절(탈무드 훌린 2:24)은 한 갈릴리 사람이 랍비 엘리에제르에게 "판티리의 아들 예수"(Yeshu ben Pantiri)라는 이름으로 가르치는 "이단"에 관해 말한 것이다. 랍비 엘리에제르는 얌니아의 1세대 지도자였고, 기원후 70년에 50세 정도의 나이였다. 랍비 전승에서 아무런 근거도 없이 엘리에제르에 관한 그런 이야기를 만들어낼 수는 없었을 것이다. 스미스(Smith)는 이 이름을 유대 전승에서 예수의 아버지에게 일반적으로 부여한 이름의 첫 등장이라고 간주한다.[99] 판테라는 사생아나 조롱의 의미 없이 단순히 예수의 성으로 주어졌을 가능성도 있지만, 켈수스가 묘사하는 "유대인"과 어떤 관련이 있을 가능성이 더 높다.[100]

---

98. 그 이름에 대한 다양한 철자 표기가 존재한다(*pntyr'*, *Panṭērâ*로 발음): Pantira, Pandera, Pantiri, Panteri; Brown, *Birth*, n. 8, p. 536.

99. Smith, *Jesus the Magician*, 46, 178; 참조, M. Goguel, *The Origins of Christianity* (NY: Harper, 1960), 1.73.

100. Brown, *Birth*, 536이 그런 의견이다; 참조, Herford, *Christianity in Talmud and Midrash*, 40; Goguel, *Origins*, 1.73

미쉬나 예바모트 4:13. 여기 탄나임 시대의 또 다른 흥미로운 문서
는 앞의 제2장에서 언급한 적 있는 미쉬나 예바모트 4:13이다.[101] "랍비
시므온 벤 아짜이가 말했다: 예루살렘에서 호적을 찾았는데, 거기에는
[율법을 위반하여] 네 이웃의 아내를 통해 태어난 그런 사람(*plwmy*)은 사생
아라는 랍비 요슈아의 말을 확증하는 말이 기록되어 있었다." 몇몇 사
람들은 *plwmy*("그런 사람", "아무개" 또는 "어떤 인물")라는 단어가 그리스도교
의 활동이나 그리스도교의 적대감 때문에 조심스럽고 은밀하게 예수를
가리키던 표현이라고 생각한다.[102] 크라우스(S. Krauss)는 이 문서를 "예수
가 사생아로 태어났다고 생각하는 가장 앞선 시기의 인증된 본문"이라
고 말했다.[103] 그러나 이것은 확실하지 않다. 미쉬나 아보트 3:12은 "만일
어떤 사람이 그의 동료를 공개적으로 수치당하게 한다면, 그는 세상에
서 받을 아무런 몫이 없다"라고 경고한다. 이것은 탄나(Tanna: '탄나임'의
단수형, 문자적으로 "선생"을 의미함—편주)가 자신이 염두에 둔 사람의 이름을
드러내는 것을 피하는 충분한 이유일 수 있다.[104]

---

101. 본서 39[47]쪽을 볼 것.
102. Klausner, *Jesus*, 36. 시므온 벤 아짜이 시대의 그리스도인들은 예수의 이름으로 병
을 고쳤으며, 이것은 유대인들이 예수의 이름을 언급하기를 회피했던 충분한 이유
가 됐을 것이다. 나중에 그리스도교가 더욱 널리 확산되고, "'미님(Minim)에 대한
분노 때문에'(즉, 유대인들은 옳든 그르든 간에 새로운 그리스도교가 '이단'에 기울
어져 있다고 의심했다) 그 이름이 더 이상 언급되지 않을 때 *plwmy*라는 용어가 그
본문에 도입됐을 가능성도 있다. 그러나 *plwmy*가 원래의 독법으로 보인다
(Lauterbach, "Jesus in the Talmud," 540; 그는 이 시기의 랍비들이 왜 예수를 보호
하려고 했는지 이유를 찾을 수 없으며, 따라서 이 용어가 예수에 관한 언급이라는
것을 의심한다).
103. S. Krauss, 'Jesus—in Jewish Legend," *The Jewish Encyclopedia* (NY: Funk and
Wagnalls, 1904), 7.170.
104. 예수를 언급하는 것에 관한 이 입장과 반대되는 입장에 대해서는 Goldstein, *Jesus*,

이 구절을 예수에 관한 것이라고 본다면, 여기에서 마리아는 약혼녀가 아니라 기혼자(*št'yš*)로 언급되고 있다(켈수스와 대조해 볼 것; 그러나 우리가 살펴본 것처럼 약혼은 여러 가지 면에서 결혼과 같은 것이었다). 여기에서 언급된 법은 신명기 22:23-27(24절을 볼 것)일 수 있다. 이 위반이 무엇인지는 자세히 알 수 없지만, 사형에 처해질 수 있었다. 랍비 시므온 벤 아짜이가 발견한 것은 랍비 요슈아의 견해를 확증하는 것이라고 하는데, 그는 "법정에서 사형 선고를 받을 수 있는 일에 관계된 사람들"의 결합에서 나온 모든 자손은 사생아(*mamzēr*)라고 주장했다.[105] 우리는 이 본문과 복음서 전승 사이의 어떤 연관 가능성에 대해 논의해 왔다. 이 구절이 예수에 관한 언급이 아니라면, 우리에게는 탄나임이 예수를 사생아로 간주했다는 확실한 증거가 없다.

『칼라』(*Kallah*) 51a. 원래는 예수에 관한 언급이 아니기는 하지만 여기서 언급되어야 하는 또 다른 랍비 문서는 소책자 『칼라』 51a이다.[106] 이 문서는 후대에 예수에게 적용됐고, 아래에서 다룰 『톨레도트 예수』 일부분이 이것을 근거로 하고 있기 때문에 중요하다. 그 본문은 다음과 같다.

68을 볼 것.

105. 돌로 쳐야 하는 사람들의 목록 중에 "약혼한 소녀와 관계한 남자"를 언급하는 미쉬나 산헤드린 7:4을 볼 것(참조, 7:9).

106. Goldstein (*Jesus*, 72)은 그런 특성을 부인한다: Herford (*Christianity*, 49)와 마찬가지로 Klausner (*Jesus of Nazareth*, 30)는 그것에 대해 의문을 표한다. D. N. Freedman과 M. P. O'Connor ("Bastard," *IDBSup*, 93)는 켈수스에게 정보를 제공한 사람이 말한 이야기를 암시하는 것일 수 있다고 생각한다. 참조, G. Dalman, *Jesus Christ in the Talmud, Midrash, Zohar, and the Liturgy of the Synagogue* (Cambridge: 1900) 33.

"버릇없는 사람." 랍비 엘리에제르가 말했다: [그것은] 사생아[를 의미한
다]. 랍비 예호슈아가 말했다: '닛다'(*niddah*: 생리 중인 여성)의 아들. 랍비
아키바가 말했다: 사생아이며 [또한] '닛다'의 아들. 한번은 장로들이 문
앞에 앉아 있을 때, 두 명의 아이가 그들 앞으로 지나갔다. 한 아이는 머
리를 가렸고, 다른 아이는 가리지 않았다. [후자의 태도는 무례함의 표시다.]
랍비 엘리에제르는 머리를 가리지 않은 아이를 "사생아"라고 했다. 랍
비 아키바는 "사생아**이자** '닛다'의 아들"이라고 말했다. 그들은 랍비
아키바에게 말했다: "당신은 어떻게 대담하게도 동료들의 말을 반박합
니까!" 랍비 아키바가 그들에게 대답했다. "내가 그것을 증명해 보겠습
니다." 그는 그 아이의 어머니에게 갔고, 그녀가 시장에 앉아서 완두콩
을 팔고 있는 것을 보았다. 그는 그녀에게 말했다. "내 딸아, 내가 네게
부탁하는 말을 해 주면, 너를 장차 올 세계의 삶으로 데려가 주마." 그
녀는 대답한다. "나에게 맹세해 주세요." 랍비 아키바는 입으로는 맹세
했지만 마음으로는 맹세하지 않았다. 그는 그 여자에게 말했다: "이 아
이는 너의 아들인데 그에게 무슨 일이 있었느냐?" 그녀가 대답했다.
"내가 신방에 들어갔을 때 나는 생리 중이었고 남편은 나와 떨어져 있
었습니다. 그런데 내 친구가[107] 들어왔고, 그를 통해 이 아들이 생겼습니
다. 그 결과 이 아이는 사생아**이자** '닛다'의 아들이 됐습니다." 그들이
말했다: 위대한 랍비 아키바, 그는 그의 선생들을 부끄럽게 만드는구
나. 동시에 그들은 말했다: 랍비 아키바 벤 요세프에게 그의 비밀을 드

---

107. *swsbyny*, 특히 신랑의 친구 또는 들러리, 또는 신부의 친구나 대리인(Jastrow,
Dictionary, 2, 1543을 볼 것). Herford는 "신랑 들러리"(groomsman)로 번역한다;
Goldstein은 "들러리"(paranymph)로 번역한다.

러내신 이스라엘의 주 하나님을 찬양하라.[108]

이 본문이 포함된 소책자는 대부분의 탈무드보다 후대에 구성된 것이지만, 이야기에 등장하는 인물들은 1세기 말과 2세기 초의 탄나임이다. ("'감추어진' 신비가 있으며, 매우 중요한 무언가가 '드러나고', 이 이야기가 단순히 거리의 아이의 출생에 관한 것이 아님을 암시하는"[109]) 마지막 문장은, 내러티브에 이미 결론이 나와 있기 때문에, 후대의 첨가로 여겨진다. 어떤 시기에 그 결론이 첨부됐든 간에 그 이야기는 예수에 관한 것으로 생각됐다. 연대는 바빌로니아 샤바트 104b와 바빌로니아 산헤드린 67a에서처럼 착오가 있다(아래를 볼 것). 본문에서 언급된 랍비들은 (일부는 마리아와 이야기를 나누었을지도 모르지만) 어린 예수를 본 적이 없었을 것이다.[110] 예수와 마리아의 이름은 언급되지 않는다.

이 구절의 중요한 점 네 가지는 다음과 같다: (1) 예수에 대한 언급으로서, 이 구절은 그를 사생아(*mamzēr*)로 묘사한다; (2) 예수의 아버지는 그 가족의 친구였다고 주장한다; (3) 그러한 정보가 예수의 어머니에게서 나온 것이라고 말한다(참조, 오리게네스, 『켈수스를 논박함』 1:39); (4) 이 이야기는 비밀에 관한 신의 계시와 관계되어 있다.

『벤 스타다 문서들』(*Ben Stada Texts*). "스타다의 아들"(ben Stada)에 대한 언급들은 탄나임 시대 랍비들에게서 비롯된 것이다. 예를 들어, 랍비 엘리에제르는 벤 스타다가 이집트에서 자신의 피부에 마법 주문을 새겨

---

108. Goldstein, *Jesus*, 71-72을 볼 것.

109. Klausner, *Jesus of Nazareth*, 31.

110. Lauterbach ("Jesus in Talmud," 541)는 아키바(fl. 110-135)가 그 아이의 어머니와 대화했다는 사실이 그 아이가 예수일 가능성을 배제한다고 주장한다.

온 것에 대해 논의했다고 한다(바빌로니아 샤바트 104b; 탈무드 샤바트 11:15; 예루살렘 샤바트 12:4[13d]). 벤 스타다는 원래 야훼 이외의 다른 신을 숭배하는 것을 포함하는 어떤 종교를 주창한 유대인이었고, 리디아에서 유대인들에게 체포되어 랍비 법정에서 유죄 판결을 받은 뒤 돌에 맞아 처형당했을 수도 있다. 예수는 벤 스타다라는 별명으로 불렸는데, 그 역시 다른 신에 대한 예배를 소개했다는 비난을 받았기 때문이다. 따라서 "벤 스타다" 구절들이 누구를 언급하는 것인지 말하기 어려울 때가 많다(토세프타 산헤드린 10:11; 예루살렘 산헤드린 7:16[25c,d]; 예루살렘 예바모트 16:5[15d]; 바빌로니아 산헤드린 67a).[111] 마지막 구절에서 그는 예수와 동일시되며 유월절 전날 매달렸다(십자가에서 처형됐다).

b. 아모라임 시대(Amoraic Period, 기원후 200-500년)

『벤 스타다, 벤 판테라』(Ben Stada, Ben Pantera). 바빌로니아 샤바트 104b와 바빌로니아 산헤드린 67a에서는 벤 스타다가 벤 판디라와 동일시되며, 미용사인 마리아는 간통녀였다고 한다. 그러나 이에 관해서는 논쟁이 있다.

> 그렇다면 그는 스타다의 아들이었나요? 정말 그는 판디라의 아들이었나요? 랍비 히스다가[112] 말했다. "남편은 스타다였고, 애인은 판디라였습니다." [하지만] 남편은 팝포스 벤 유다 [아니었나요]? 그의 어머니가 스타다였습니다. [하지만] 그의 어머니는 미용사 미리암 [아니었나요]? [그렇습

---

111. Smith, *Jesus the Magician*, 47; Goldstein, *Jesus*, 60; Klausner, *Jesus of Nazareth*, 20 과 대조해 볼 것.
112. 3세기 바빌로니아인.

니다. 그러나 그녀의 별명이 **스타다**였습니다]—우리가 품베디타(Pumbeditha)에서
[113] 말한 것처럼, 남편에게서 '스타트 다'(s'tat da: 즉, 이 사람은 돌아섰다).”[114]

두 개의 이름을 설명하려는 시도가 있다(남편이 스타다이고 애인이 판디라; 스
타다는 아버지가 아니라 어머니의 이름[별명]). 여기에도 연대의 혼동이 있다.
곧, 팝포스 벤 예후다(유다)는 한 세기 뒤의 랍비 아키바 시대에 살았다.
팝포스라는 이름이 요세푸스나 요세프(요셉)의 짧은 형태일 수도 있고,
또는 그가 악명 높은 그의 아내를 질투하여 아내가 집을 떠나지 못하게
했기 때문에 언급됐을 수도 있다(바빌로니아 깃틴 90a; 토세프타 소타 5.9). 마
리아는 막달라 마리아와 혼동된 것으로 보인다: 미용사라는 단어는 '메
갓델라'(Měgaddělā)이다.[115] 마리아에게 스타다라는 별명이 붙여졌을 가능
성도 있는데, 그녀가 간통녀로 여겨졌을 뿐만 아니라, 막달라 마리아가
큰 죄인으로 여겨졌기 때문이다.

　많은 학자들이 벤 판디라와 벤 스타다의 동일시의 역사적 정확성에
대해 올바르게 이의를 제기한다.[116] 그러나 이 시기 랍비들이 생각하는
예수에 대한 언급은 분명하고 중요하다. 랍비 엘리에제르가 예수를 벤
스타다라고 불렀다면, 스타다는 예수 어머니의 이름이었을 것이다. 그
이름(stt d')은 바빌로니아뿐 아니라 팔레스타인에서 유래했을 가능성도
있다. 즉, 마리아는 이른 시기에 남편을 배반하고 간통을 저지른 여자로
알려졌을 수도 있다. 그러나 우리에게는 이러한 의미에 관한 초기 시기

---

113. 바빌로니아의 도시. 랍비 연구의 중심지.

114. Smith, *Jesus the Magician*, 47.

115. Klausner (*Jesus of Nazareth*, 23)는 오직 아모라임에서만 언급되는 미리암 메갓델라
(Měgaddělā)가 팝포스의 아내라고 생각한다.

116. Goldstein, *Jesus*, 57-58, 60.

의 랍비 문헌 증거가 없다.[117] 여기서 벤 판디라를 그녀의 애인으로 언급하는 것은 탈무드 내에서 마리아 쪽에서 간통을 저지른 것으로 가정하는 유일한 증거다.[118]

『페시크타 라바티』 100b-101a. 3세기 중반경, 랍비 히야 벤 압바(3세기의 팔레스타인 아모라)는 자신의 제자들에게 두 명의 신이 있다고 말하는 "창녀의 아들"(br' dznyt')을 반박하는 법을 가르쳤다. "창녀의 아들"이라는 표현은 이중 의미를 갖고 있는데, 하나는 예수를 직접 (사생아로) 언급하는 것이고, 다른 하나는 그의 이원론적 가르침(즉, 그는 "이단의 아들")을 가리키는 것이다.[119] 팔레스타인의 랍비 자료에서 마리아를 창녀로 언급하는 곳은 전혀 없다.[120]

7. 『톨레도트 예수』

『톨레도트 예수』 또는 "예수의 인생"은 랍비들의 가르침과 그리스도교 자료들, 그리고 아마도 고대의 평행 전승들에 기초한 약 12개의 판본이 있는 소책자이다. 이 책자는 수 세기에 걸친 유대인들과 그리스도인들의 관계 그리고 그리스도교에 대한 유대인들의 관점을 반영하고 있다. 한때 히브리어와 이디시어로 널리 보급됐고, 나탈(Natal, "성탄절") 밤에 정독했었지만, 현재는 많이 읽히지 않는다. 클라우스너(J. Klausner)는 "우리 어머니들은 이 내용을 소문—물론 온갖 오염과, 변형, 누락과 상상력이 더해진 것이었지만—으로 들어서 알고 있었고, 자녀들에게 전

117. Herford, *Christianity*, 38을 볼 것.
118. Lauterbach, "Jesus in the Talmud," n. 230, p. 542.
119. "Jesus: In Talmud and Midrash," *EncJud*, Vol. 10, cols. 16-17.
120. Lauterbach, "Jesus in the Talmud," 549.

해 주었다"라고 말한다.[121] 비록 이 책자의 가장 초기 히브리어 교정본은 10세기 이전의 것이 아니지만, 아람어 원본은 5세기의 것으로 추정되며,[122] 이 저술에는 2세기까지 거슬러 올라가는 모티프인 "오래된 전승의 흔적"이 남아 있을 수 있다.[123]

이 『톨레도트 예수』는 흔히 역사적 관점에서는 (당황스러울 뿐 아니라) 무가치한 것으로 여겨진다. 솔로몬 쉐흐터(Solomon Schechter)에 의하면, 이것의 특징은 완전히 위작과 같으며 유대인들에 의해 실제 역사로 받아들여진 적도 없었다. "중세의 광신자들이 수집하고 현대의 무식한 사람들이 되살린, 소위 '안티-크리스티아나'(Anti-Christiana)라고 불리는 것들은 역사와 전기가 이미 신화와 추측에 자리를 내준 후대 세기에 속하는 것이다."[124] 이 『톨레도트 예수』는 유대인들의 중상모략과 신약성서 패러디의 고전적인 사례로 불려왔다.[125] 이것이 박해에 대한 반작용으로 만들어진 신화와 민담의 단편들을 중세식으로 편집한 것이라는 것이

---

121. Klausner, *Jesus of Nazareth*, 48.

122. S. Krauss, *Das Leben Jesus nach jüdischen Quellen* (Berlin: Calvary, 1902) 246-47. 이 저술은 대부분의 판본에 대한 자세한 연구를 포함하고 있으며, 이 분야의 기초적인 학술 저작으로 남아 있다. 다양한 단편들과 판본들에 대한 연대 조사는 내러티브의 발전 과정을 드러낸다. 완성된 중세 이야기에는 사고방식과 세부사항이 서로 너무나 다른 판본들이 존재하기 때문에, 한 명의 저자가 이것을 기록했다는 것은 불가능하다(U. Dan, "Toledot Yeshu," *EncJud*, Vol. 15, col. 1208).

123. Bammel, "Christian Origins," 319, 325. 그는 이것이 반대가 심하지 않았던 초기 전승들의 발전일 수 있다고 생각한다.

124. Solomon Schechter, "Some Rabbinic Parallels to the NT," paper read before the Hebrew class at University College, London, Oct. 19, 1898, in *Judaism and Christianity. Selected Accounts 1892-1962* (ed. Jacob B. Agus; NY: Arno, 1973) 415.

125. 그러나 그것은 그 자체로 논쟁적인 것이 아니라 유머에 의존하여 주장을 전달한다. Daniel J. Lasker, *Jewish Philosophical Polemics against Christianity in the Middle Ages* (NY: Ktav, 1977) 5, 21을 볼 것.

오래된 관점이다.[126] 그러나 왜곡, 반감, 대체(substitution) 요소들의 존재를 부정하지 않고 예수의 기원에 관한 자료들을 검토하면, 그 이상의 것이 있음을 보여준다.

　가장 널리 알려진 판본(1681년 Wagenseil이 출판)의 내용은 다음과 같이 요약할 수 있다.[127]

> 3651년(기원전 90년경),[128] 얀나이오스 왕이 통치하던 시절에, 이스라엘에 커다란 불행이 닥쳤는데, 그때 유다 지방에 요세프 판데라라는 평판이 안 좋은 사람이 나타났다.[129] 그는 유다 베들레헴에 살았다. 그의 집 근처에는 한 과부와 그녀의 사랑스럽고 처녀인 딸 미리암이 살고 있었다. 미리암은 다윗 왕가의 요하난과[130] 약혼했다. 그는 토라를 공부하고 하나님을 경외하는 사람이었다.
>
> 　어느 안식일이 끝날 무렵, 매력적이고 외모가 용사 같은 요세프 판데라는 욕망 가득한 눈빛으로 미리암을 바라보았고, 그녀의 약혼자인 요하난인 것처럼 그녀를 속이면서 문을 두드렸다. 그럼에도 그녀는 이 부적절한 행동에 놀라면서 자신의 의지에 반하여 굴복했다. 그런 다음 요하난이 돌아왔을 때, 미리암은 그의 성격과는 너무나 다른 행동에 대

---

126. Bammel, "Christian Origins," n. 1, p. 325; Klausner (*Jesus of Nazareth*, 51)도 볼 것.
127. Goldstein, *Jesus*, 148-54.
128. 다른 본문에는 다른 연도로 나온다.
129. 『톨레도트 예수』 전설은 예수를 벤 판데라로 여긴다. 그러나 (탈무드에서 벤 스타다가 한 일이라고 했던) "이집트에서 자신의 피부에 마술을 새겼다"라는 소개를 예수에 관한 것으로 돌리면서도, 예수를 벤 스타다로 여기지는 않는다. 남편과 악당의 이름은 판본마다 다르다. 남편이 요셉이면 악당은 요하난이고, 요하난을 남편이라고 하는 곳에서는 요셉이 악당이다.
130. 어떤 판본에서는 그의 이름을 팝포스 벤 예후다(Pappos ben Yehudah)라고 한다.

해 놀라움을 표했다. 그리하여 두 사람은 요세프 판데라의 범죄와 미리암의 끔찍한 실수에 대해 알게 됐다. 그래서 요하난은 랍반 쉼온 벤 쉐타에게 가서 그와 관계된 비극적인 유혹에 대해 이야기했다. 요세프 판데라와 미리암이 아기를 가진 것을 징계하기 위한 증인이 없었기 때문에[131] 요하난은 바빌로니아로 떠났다.

미리암은 아들을 낳았고 자신의 형제의 이름을 따서 예호슈아라고 이름을 지었다. 이 이름은 나중에 예슈(예수)로 축약됐다. 8일째 되는 날 그는 할례를 받았다. 충분히 나이가 들자, 미리암은 그 소년을 유대 전통을 가르치는 집으로 데려갔다. 어느 날 예수는 머리를 가리지 않은 채 현자들 앞을 걸어가며 수치스럽고 무례한 모습을 보였다. 이때 이 행동이 예수가 사생아이자 '닛다'(niddah: 월경 중인 여성)의 아들임을 나타내는 것이 아닌지에 관한 논쟁이 일어났다. … 랍반 시므온 벤 쉐타에 의해 그가 요세프 판데라의 사생아라는 것이 밝혀졌다. 미리암은 그것을 인정했다.[132] 이것이 알려진 뒤, 예수는 갈릴리 위쪽으로 도망가야 했다. …[133]

그는 이스라엘 젊은이 310명 정도를 주변에 모아 놓고, 자신의 출생을 비방하는 사람들을 자신들의 위대함과 권력을 추구하는 사람들이라고 비난했다. 예수는 "나는 메시아다. 이사야가 나에 대해서 예언하고 말하기를 '보아라, 처녀가 수태하여 아들을 낳을 것이고, 그의 이름을 임마누엘이라고 할 것이다'"라고 선포했다. 그는 또 다른 메시아 본문을 인용하여 주장했다. "나의 조상 다윗이 나에 대해 예언했다. '주께

131. 따라서 요하난은 누가 범인인지 증명할 수 없었다.
132. 소책자 『칼라』 51a를 볼 것.
133. 다른 판본에는 예루살렘으로 나온다.

서 나에게 말씀하셨다. 너는 내 아들이다. 오늘 내가 너를 낳았다.'"[134]

모든 판본에서 미리암은 호의적인 관점으로 그려진다.[135] 모든 판본은 그녀가 강간당했다는 것이 알려졌을 때, 남편은 도망쳤고, 홀로 된 어머니에게서 아이가 태어났다는 점에서 일치한다.[136] 켈수스가 묘사하는 "유대인"이 전한 이야기에서와 마찬가지로, 예수의 출생에 관한 두 개의 자료가 있다: (1) 예수는 자신이 처녀에게서 태어났고(이때 사 7:14을 인용) 하나님의 아들(이때 시 2:7을 인용)이라고 말한다; (2) 마리아는 여기에서 예수가 사생아라는 것을 인정한다.[137] 우리는 이 마지막 요점이 (이런 문제와 관련해서는 어머니의 증언이 가장 중요하다는 사실에 근거하여) 만들어진 것인지, 아니면 정확한 기억인지 반드시 질문해야 한다.

단순히 중세 유대인들이 요셉이 예수의 아버지가 아니라는 그리스도교의 주장을 예수가 사생아라는 의미로 해석했다고 말하는 것은 오해의 소지가 있다. 그리스도교 전승과의 관계(예, 베들레헴에서의 출생; 마리아의 약혼자가 토라를 공부하고 하나님을 경외하는 사람이었다는 것; 마리아가 유혹 또는 강간을 당함)와 마찬가지로 오래된 유대 전승과의 관계도 많은 점에서 분명하며(예, 판데라라는 이름, '닛다'의 아들 예수), 아마도 평행 전승의 흔적(예수의 아버지가 이웃이라는 것, 증인의 부재)도 그럴 것이다. 강간에 대한 명시적인 언급은 복음서 이전 전승에서 유래된 것일 수 있다.

---

134. 시 2:7; 또한 그는 시편 2:1-2과 호세아서 2:4("그가 낳은 자식들도, 내가 불쌍히 여기지 않겠다. 그들도 음행하는 자식들이기 때문이다")도 인용했다.
135. 예수가 창녀의 아들이어서 이미 사형 선고를 받아야 했다고 나오는 예멘 판본은 제외(Krauss, *Leben*, 118; Bammel, "Christian Origins," 320을 볼 것).
136. Dan, "Toledoth," col. 1209.
137. 남편 또한 랍반 시므온 벤 세타에게 말했고, 그는 나중에 이것을 다른 사람들에게 알려주었다.

골드스타인(M. Goldstein)이 다음과 같은 방식으로 전승의 역사를 재
구성하는 것 또한 오해의 소지가 있다.

> 우리가 재구성한 최초의 기록은 요셉과 마리아에 의한 예수의 자연스
> 러운 출생에 관해 말해 준다.[138] 유대인들 및 초기 그리스도인들 역시
> 그것을 믿었다. 신약성서 어디에도 사생아에 대한 유대인들의 비난은
> 나오지 않는다. 그러나 예수가 메시아일 뿐만 아니라 하나님의 아들로
> 도 해석되자, 요셉이 그의 아버지가 아니라는 것이 강조됐다. "그렇다
> 면 아버지는 누구인가?"라며 그가 신의 아들임을 받아들이지 못한 사
> 람들이 물었다. 다양한 대답이 주어졌는데, 그중 하나가 『톨레도트 예
> 수』에 기록되어 있다.[139]

이와 같은 견해는 예수의 출생에 관한 전승의 역사를 지나치게 단순화
하고 왜곡한다. 가장 초기의 기록은 예수 아버지의 이름을 요셉이라고
하지 않으며, 신약성서에는 유대인들이 예수를 사생아라고 비난했다는
증거가 있다.

초기의 랍비 교사들은 아마도 그들이 보고하거나 표현할 기회가 있
었던 것보다 예수의 출생에 대해 더 많은 것을 알고 있었을 것이다. "이
런저런 이유로 그들이 이런 일들에 대해 공개적이고 명확하게 말하려
고 하지 않는다면, 우리가 그들이 그것에 대해 알고 있는 것을 알아내려
고 하는 것은 헛수고일지도 모른다. 우리는 그들이 지금 말하게 만들 수

---

138. 여기에서는 시리아어 시내산 사본 마태복음 1:16에 의존한다.
139. Goldstein, *Jesus*, 156. Krauss ("Jesus in Jewish Legend," 170)는 "유대인들은 논쟁
    적인 목적을 위해 예수가 다윗의 자손이라는 그리스도교 교회의 주장에 반대하여
    예수가 사생아라고 주장할 필요가 있었다"라고 생각한다.

는 없다"라는[140] 말은 옳을 것이다. 게다가 그들이 제공한 모든 정보가 보존된 것은 아닐 수도 있다. 일부는 그리스도교 검열관이나 검열을 두려워한 유대인들에 의해, 또는 부주의함과 사고 때문에, 심지어는 유대인 편집자들이 그 자료를 보존할 가치가 없다고 생각했기 때문에 삭제됐을 수도 있다. 우리가 갖고 있는 예수의 출생에 관한 유대인들의 이해를 보여주는 완전한 이야기인 『톨레도트 예수』는 비록 후대의 산물이고 후대의 요소들을 포함하고 있지만, 단편적인 랍비 전승 배후의 이야기들, 더 나아가 신약성서 유아기 내러티브의 배후에 있는 이야기들에 대한 몇 가지 생각들을 우리에게 제공한다.

8. 결론

유대 자료들에 대한 이 조사의 적절한 결과는 간단하게 요약될 수 있다. 사생아 예수에 관한 유대 전승은 뿌리 깊은 것이다. 탄나임 시대(기원후 1세기와 2세기)에 당시의 랍비들이 예수를 사생아로 여겼다는 확실한 증거는 없지만, 벤 판테라(및 다른 이름들)라는 이름을 그에게 사용한 것은 오리게네스의 『켈수스를 논박함』에 나오는 이름과 이야기와 관련되어 있을 가능성이 크다. 예루살렘에서 발견된 사생아에 관한 가계도를 담고 있는 두루마리 이야기는 아마도 예수에 관한 언급일 것이다. 아모라임 시대(200-500년)에는 예수가 사생아였다는 믿음에 대한 확실한 증거가 있는데, 이 랍비들 중 몇몇은 벤 판테라와 벤 스타다를 동일시했다. 소책자 『칼라』의 자료는 후대의 것이고, 언제부터 사생아(mamzēr)와 '닛다'의 아들 이야기가 예수와 마리아에 관한 것으로 생각됐는지는 정확히 알아낼 방법이 없다. 아모라임의 벤 판테라-벤 스타다 자료들과

---

140. Lauterbach, "Jesus in the Talmud," 475.

페시크타 라바티 100b-101a에 나오는 언급은 명확하다.

유대 전승 중 단 두 곳에서만 예수의 어머니가 명확히 유죄로 여겨진다: 창녀(페시크타 라바티 100b-101a; 참조 『도마 복음』 105; Tertulian, *De Spectaculis* 30:6), 그리고 남편으로부터 "돌아선" 사람(아모라임의 벤 판티라-벤 스타다 문서의 일부). 일부 문서에서 그녀의 역할은 모호하다(미쉬나 예바모트 4:13; 『칼라』 51a; 벤 판티라-벤 스타다 문서들 중 일부; 참조, 요 8:41; 막 6:3; 『빌라도 행전』 2:3). 그것은 신약성서의 유아기 내러티브들과 켈수스가 묘사하는 "유대인"(여기서 그녀는 "타락했고" 간통으로 유죄판결을 받으며, 사람들은 그녀의 이야기를 믿어주지 않았다)이 암시하듯이, 『톨레도트 예수』에서는 그녀가 강간 또는 유혹을 당했다고 한다.

이러한 사생아 전승은 단순히 "유대인들이 예수의 비정상적인 출생에 관한 복음서 내러티브들을 얼마나 진지하게 여겼는지 보여주는 것"이 아니다.[141] 여기에는 신약성서 내러티브들의 정교함으로 설명할 수 없는 요소들이 있으며, 아마도 이 내러티브들로부터 독립적인 자료에 의존하여 사생아 수태의 역사성을 뒷받침할 수 있을 것이다.

그러므로 유대 문헌에 등장하는 예수의 사생아 전승은 단순히 예수가 인간 아버지 없이 수태됐다는 그리스도인들의 주장에 대한 반응(그리고 왜곡)으로 생겨난 것이 아닌 것 같다.[142] 물론 내 의견에 따르면 신약

---

141. Freedman and M. O'Connor, "Bastard," 93.
142. Klausner (*Jesus of Nazareth*, 31, 36)는 켈수스 이야기 및 탈무드에 보존되어 있는 예수의 사생아 전설은 오직 예수가 인간 아버지 없이 태어났다는 그리스도인들의 확신에서 비롯된 것이라고 생각한다. 참조, *Mary in the NT*, 262: 이러한 반그리스도교적 논쟁은 "좀 더 자연적인 설명에 반대하는 동정녀 수태에 대한 그리스도교의 주장 … 판테라 이야기의 배후에서 예수 출생의 '진실'을 찾으려는 시도는 허황된 것이라는 주장"을 전제한 것으로 보인다. 저자들은 모든 세부사항이 독립된 자료의 반영이라기보다는 알려져 있던 그리스도교 전승에 대한 편향된 왜곡으로 해

성서에 나오지 않는 그런 식의 주장이 그리스도인들과 유대인들의 논쟁에 일조했지만 말이다. 나는 기본적으로 유대 전승에 신약성서 내러티브의 몇몇 요소에 대한 정확한 해석이 포함되어 있으며, 가장 중요한 성령의 역할을 비롯한 다른 요소들에 대한 의도적인 무시 및/또는 반박이 포함되어 있다고 생각한다. 이것 역시 사생아 예수에 관한 복음서 이전 전승의 초기 단계의 살아있는 확장일 수 있다.[143]

우리는 여기서 달만(G. Dalman)이 말하는 "유대인들의 불신앙의 논리"(하나님은 아들이 없는 반면 예수는 요셉의 아들이 아니기 때문에—그리스도인들이 인정하는 것처럼—마리아의 혼외 관계로 태어난 것이라는 결론에 도달한다)가[144] 아니라, 잠재적으로 비극적일 수 있는 역사적 사건을 바탕으로 한 전설이나 전설이 발전되는 과정에서 일어나는 우여곡절에 대해 질문해 왔다. 메시아가 사생아로 수태되어야 한다는 믿음은 어떤 사람들에게는 이해할 수 없는 것이겠지만 그러한 이유 때문에 비역사적인 것은 아니다.

C. 동정녀 수태

1. 교리의 기원: 가설

예수의 동정녀 수태가 역사적인 것이 아니며, 최초 전승의 저자들이나 신약성서 유아기 내러티브 저자들의 창작이 아니라면, 그것은 어디

석하는 것이 가능하다고 주장한다. (Goldstein과 Krauss의 관점에 대한 위의 각주 139를 볼 것.) 만일 신약성서의 유아기 내러티브에서 사생아 임신 이야기를 발견하지 못했다면, 나도 거기에 동의했을 것이다.

143. 참조, Herford, *Christianity*, 357-60.
144. Dalman, *Jesus Christ*, 11.

로부터 온 것이며, 왜 나타난 것일까? 나는 이 질문들에 대한 대답을 알지 못한다. 그 질문들에 대한 대답을 찾기 위해서는 신약 위경, 초기 영지주의, 유대 그리스도교, 교부들의 사상에 초점을 맞춘 또 다른 풍부한 연구가 필요할 것이다. 1세기 후반과 2세기 초반의 문헌들은 단편적이고, 그리스도교의 "패배자들"의 문헌 대부분은 남아 있지 않기 때문에, 그 연구는 매우 어려울 것이다. 특별히 나는, 『아담의 묵시』, 『천둥』, 『완전한 정신』 등의 문헌에[145] 나오는 (남자 파트너 또는 그의 합의 없이 수태한) 소피아 같은 인물; 『아담의 묵시』의 구원자인 일루미네이터(Illuminator: 세 번째 왕국에 의하면 그는 처녀의 자궁에서 태어난 것으로 묘사됨[7:9]);[146] 『빌립 복음』에 나오는 동정녀 어머니인 성령(하늘 아버지의 상대이자 배우자)의[147] 기원과 발전에 대한 연구가 그 단서를 제공할 것이라고 생각한다.

---

145. 일부 문서에서 그녀의 수태는 부정한 것이며, 그녀는 비난을 받고 회개한다. G. C. Stead, "The Valentinian Myth of Sophia," *JTS* 20 (1969) 75-104; G. W. MacRae, "The Jewish Background of the Gnostic Sophia Myth," *NovT* 12 (1970) 86-101; Engelsman, *Feminine Dimension*, chapters 5 and 6: Nils A. Dahl, "The Arrogant Archon and the Lewd Sophia," *The Rediscovery of Gnosticism* (ed. B. Layton; Leiden: Brill, 1981), 2.689-712; P. Perkins, "Gnostic Christologies and the New Testament," *CBQ* 43 (1981) 590-606을 볼 것.

146. 저자에 의하면 그것은 잘못된 믿음이다. 그 어머니와 아이는 도시에서 사막으로 쫓겨난다(참조, 계 12장). 성관계 없는 수태의 모티프는 7:31에 나온다; 참조, 20절 (MacRae의 번역, *OT Pseudepigrapha*, 1.717). 이 문서에 대해서는 W. Foerster, *Gnosis* (Oxford: Clarendon, 1974), 2.15; MacRae, "The Apocalypse of Adam," *Nag Hammadi Library*, 256을 볼 것.

147. 하늘 아버지와의 영적인 결합은 문자적이 아니라 상징적으로 이해되기 때문에, 성령은 처녀인 상태를 유지한다. E. Pagels, *The Gnostic Gospels* (NY: Random House, 1979) 53[= 『숨겨진 복음서, 영지주의』, 루비박스, 2006]을 볼 것. 그녀는 『빌립 복음』의 저자가 "나중에 발전된 동정녀 탄생 교리에 관한" 급진적인 제안을 하고 있다고 말한다. *Mary in the NT*의 저자들은 몇몇 영지주의 문서에 나오는 동정녀 어머니에 대해 "더 이상 인간이 아니라 천국의 권능을 상징하는 것"이라고 말한다(p. 270).

현재의 이 연구는 몇 개의 잠정적인 가설 없이는 불완전하다: (1) 동정녀 수태에 관한 믿음은 주로 이방인들의 산물이다. 이것은 신약성서의 유아기 내러티브들, 또는 복음서 이전의 유아기 전승의 형태들을 주로 이방 종교 유산과 감성을 배경으로 듣거나 읽던 시기에, 그리고 구약성서의 미묘한 암시들과 유대적 감수성에 대한 충분한 이해가 없었을 때 발전됐다. 위대한 인물들을 위한 기적적인 탄생 이야기를 만들려고 했던 그리스-로마 문학의 경향이 신약성서 내러티브들의 기록과 해석에 영향을 미쳤다. 그러한 출생에 대한 몇몇 비유대적 서술에서는, 성행위에서 신이 남편 또는 연인의 역할을 하거나[148] 다른 형태를 취한다.[149] 그 이야기들이 영적인 수태에 관한 것일 때에도 신의 영(*pneuma*) 또는 권능(*dynamis*)이 언급되며,[150] 이것들은 일종의 성행위로 보인다. 이 성적인 요소는, 비록 (신과 인간의) "이중 부성" 개념이 존재하고,[151] 비유대 문학에서 신과 인간이 수태에 참여하는 것에 대한 생각이 언제나 상호 배타적인 것은 아니었지만,[152] 생물학적 수태 행위에서 신적 부성이 인간의 부성을 **강화하기보다는 대체하는 것으로** 여겨지는 경향이 있었다는

---

148. 예, 아몬 신과 아흐모세 여왕 이야기(Boslooper, *Virgin Birth*, 163을 볼 것).

149. 예, Suetonius, *Lives of the Twelve Caesars, Divus Augustus* 94:4; Plutarch, *Life of Alexander* 2:4; 1에 나오는 뱀의 형태; 참조, Apollodorus, *Bibliotheca* 3:126에 나오는 제우스와 레다(백조의 형태—편주).

150. 예, Plutarch, *Table Talk* 8:1, 2-3; *Life of Numa* 4:3-4.

151. "우리는 같은 원리를 반영하고 있는 이집트, 미케네, 신약성서 이야기들을 마주하게 된다. 성서 세계의 다양한 부분들에 나오는 위대한 인물들은 인간과 신, 두 명의 아버지를 가질 수 있었다. 그러나 그의 사회적 지위, 특히 왕관은 하늘의 아버지가 아니라 어머니의 인간 남편을 통해 전해졌다." 이러한 견해에 대해서는 C. H. Gordon, "Paternity at Two Levels," *JBL* 96 (1977) 101; "The Double Paternity of Jesus," *BAR* 4 (1978) 26-27을 볼 것.

152. Boslooper, *Virgin Birth*, 178을 볼 것. 예, Plutarch, *Life of Alexander* 2-3; Quintus Curtius, *History of Alexander* 1을 볼 것.

것을 의미한다. 신약성서 내러티브의 예수의 수태에서 성령의 역할을
다룰 때 성적인 함의가 나타나지 않는 것은 신들의 역할에 대한 대부분
의 설명과 대조된다. 그러나 신약성서 이후의 동정녀 수태 교리에서 인
간 남성의 역할을 대체하거나 제거한 개념은 마태복음과 누가복음 본
문의 해석에 이교적 영향이 미친 결과다. 두 본문에는 예수가 사생아라
는 직접적인 서술이 나오지 않으며, 요셉이 그의 생물학적 아버지가 아
니라고 주장한다. 언급된 생물학적 아버지가 없다는 것이 생물학적 아
버지가 존재하지 않는 것으로 해석됐다. 결국 인간 아버지 없는 수태가
적절한 것으로 생각됐고, 마침내 필요한 것으로 여겨졌다.[153]

(2) 또한 동정녀 수태에 대한 믿음은 유대인들의 사고방식에서 나왔
다. 동정녀 수태에서의 신의 역할의 본질에 대한 교부들의 추측과 추론
은 유대교의 유일신론 및 신의 초월성에 관한 유대인들과 이방인들의
철학적 개념을 그리스도교가 수용하면서 억제됐고, 성적인 이미지로부
터 상당히 거리를 두게 됐다.[154] 결과적으로 예수의 수태는 두 번째 창조
(그리고 마리아는 이브와의 대구[antithesis]를 이룸)라는 설명이 고착됐고, 오늘
날까지도 주도적인 설명이 됐다. 또한 이 교리의 발전에는 『에녹2서』
23장에 나오는 멜기세덱의 수태에 관한 유대교의 이야기—비록 이것은
동정녀 수태에 관한 이야기가 아니며, 실제 인간의 수태가 아니라 초인
적 존재의 등장에 관한 것이지만—가 영향을 미쳤을 것이다(아래를 볼 것).

(3) 그 교리는 여성과 아이의 곤경 이야기에 대해 귀를 막고 부인한

---

153. 2세기 말의 Pseudo Justin, *On the Resurrection* (*Mary in the NT*, 273)을 볼 것.
154. 그러나, 어떤 사람들은, 남성적 요소의 도움 없이 하늘을 낳은 땅에 관한 Hesiod
    (*Theogony* 116)의 이야기나, 어머니 없이 제우스의 이마에서 솟아 나온 아테나에
    관한 Euripides (*Ion* 454; 참조, Aeschylus, *Eumenides* 736-38)의 이야기 같은 것들
    역시 성관계 없는 수태에 관한 것으로 생각한다.

것의 산물이다. 누가는, 그리고 어느 정도는 마태도, 그 귀 막음과 부인에 대한 큰 책임이 있다. 그들의 내러티브는 각각 복음서 이전 전승의 초점을 바꾸고 약화시켰으며 더 신학적이고 그리스도론적인 것으로 발전시켰기 때문이다. 마태복음에서 여성의 곤경과 구원은 주로 한 남자의 삶과 결정에 영향을 미치는 것으로 나타난다. 누가복음에서는 여성이 무대의 중앙에 있지만 그 사건의 고통은 속삭이듯 사그라들고 승리와 기쁨의 중압감이 모든 것을 압도한다. 독자의 입장에서 추정되던 사생아 전승에 대한 지식은 명확하게 전달되지 않았다. 초기의 성모 신학은 그리스도론에 압도됐다. 역설적이게도 그 이야기는 계속됐고, 점차 성장하고 있던 그리스도인들의 주장을 받아들이지 않으면서 마리아와 예수의 평판을 떨어뜨리려고 했던 유대인들과의 논쟁이나 때로는 교부들의 가르침 속에서 정교해졌다.[155] 의로운 사람들의 순교 전승에서 유래한 십자가 처형 이야기와는 달리, 유혹과 강간, 사생아 임신에 관한 이야기에는 그것을 옹호할 만한 강력한 전승이 없었다.

(4) 동정녀 수태에 대한 믿음은 이상하게도 마태와 누가의 내러티브들보다 제4복음서에 대한 묵상과 관련이 있다. 마리아의 자궁에 있는 신성한 존재의 성육신에 대한 이방인 그리스도교의 믿음은 마태복음과 누가복음을 요한복음 서문의 관점에서 해석하고, 수태 그리스도론을 더 강력하고 명백하게 설득력 있는 성육신 그리스도론과 조화시키는 결과를 만들었다. 예를 들면, 『사도들의 편지』(Epistula Apostolorum) 3장에는, "우리는 거룩한 동정녀 마리아를 통해 육신이 되신 말씀이, 성령을 통해 그녀의 자궁에 옮겨졌으며(수태됐으며), 육신의 욕망이 아니라 하나

---

155. 만약 그것이 일부 유대 그리스도인들에 의해서도 보전되고 발전된 것이었다면, 그것을 위한 증거는 유실됐다. 아래를 볼 것.

님의 의지에 의해 태어났고, (포대기에) 둘러싸였고, 베들레헴에서 알려졌다고 믿는다."[156]

(5) 동정녀 수태 교리가 구체화된 것은 주로 영지주의와의 논쟁을 통해서였다. 폰 캄펜하우젠(H. von Campenhausen)은 두 가지 측면의 논쟁에 대해 말한다. 한편에는 예수가 육체적인 기원에 따라 요셉의 아들이며 자연적인 인간이라고 주장한 유대 그리스도인들과 영지주의자들이 있었고, 다른 한편에는 그리스도가 천사 같은 초인간적 존재로서 인간의 몸과 결합했거나 결합한 것처럼 보였던 것이라고 주장하는 완전한 가현적 그리스도론을 발전시킨 영지주의자들이 있었다.[157] 이 후자의 사상가들에게 "출생은, 동정녀 출생이라고 하더라도, 그리스도를 세상과 너무 친밀한 관계에 이르게 하는 것으로 보였다."[158] 초기 교부들의 저술들이 관심하고 강조하는 것은 그의 수태 **방식**에 관한 것이 아니라, (첫 번째 측면에 반대하여) 하나님의 아들이 선재한다는 것과 (두 번째 측면에 더욱 강력하게 반대하여) 예수가 인간으로 수태된 것이 **사실**이라는 것이다.[159] 영지주의적 가현설과의 싸움에서 영지주의적 관점의 성(sexuality)과 사고방식에 대한 양보가 이루어진 반면, 동정녀 마리아는 예수의 진정한 인간

---

156. J. N. D. Kelly (Early Christian Doctrines [2nd ed.; NY: Harper and Row, 1960] 145)는 변증가들이 로고스에 관심을 집중하고 있었고, 복음서에 나오는 예수라는 인물에 대해서는 놀랄 만큼 관심이 적었다고 말한다.

157. Von Campenhausen, *Virgin Birth*, 22. *Pistis Sophia* 8 (*NT Apocrypha*, 1.403)을 볼 것.

158. Machen, *Virgin Birth*, 12.

159. 교회의 엄격하고 금욕적인 성향이 증가하면서, 새롭고 독립적인 마리아를 강조하기 위한 방법이 마련됐다. *Mary in the NT*, 258을 볼 것. 초기 교부들의 여성 혐오에 대해서는, R. Ruether, "Misogynism and Virginal Feminism in the Fathers of the Church," *Religion and Sexism* (ed. R. Ruether; NY: Simon and Schuster, 1974) 150-83을 볼 것.

성을 위한 필수 요소라고 주장됐다. (후대 아타나시우스에 의해 동정녀 수태는 예수의 신성의 표시가 됐다.[160]) 나그 함마디(Nag Hammadi)의 영지주의 문서는 동정녀 수태에 대한 믿음의 초기 단계를 이해하려는 시도에서 반드시 고려되어야 하는 새로운 증거를 제공한다. 이 다섯 개의 가설에 비추어, 그러나 조사할 시간과 공간이 없기 때문에, 우리는 이 교리에 관한 초기 서술들을 간략하게나마 살펴볼 것이다.

2. 초기 서술들

신약성서 유아기 내러티브와 그에 대한 초기 해석의 역사를 조사해 보면, 기원후 처음 두 세기에는 예수 그리스도의 기원에 관한 네 가지의 경쟁적인 이해가 있었음을 알 수 있다: (1) 그는 사생아였다; (2) 그는 요셉의 아들이었다; (3) 그는 동정녀에 의해 수태됐다; (4) 그는 전혀 인간으로 수태되거나 태어나지 않았다. 이 네 번째 믿음, 즉 초기 교회의 동정녀 수태 이해에 대한 캄펜하우젠, 메이첸(J. G. Machen), 호벤(A. Hoben), 보스루퍼(T. Boslooper), 브라운(R. E. Brown) 같은 사람들의 몇 가지 훌륭한 연구들이 존재한다.[161] 더 풍성한 논의를 위해 독자들은 이 연구들을 참조해야 한다.

---

160. Von Campenhausen, *Virgin Birth*, 70.

161. H. von Campenhausen, *The Virgin Birth in the Theology of the Early Church*; J. G. Machen, *The Virgin Birth of Christ*; 특히 1장: "The Virgin Birth in the Second Century"를 볼 것; A. Hoben, *The Virgin Birth* (PhD dissertation, University of Chicago, 1903) 특히 2장과 3장; T. Boslooper, *Virgin Birth; R. E. Brown, The Virginal Conception and the Bodily Resurrection of Jesus*, 특히 pp. 47-52, "The Evidence from Early History." 이 학자들은 모두 동정녀 수태에 대한 믿음이 두 개의 신약성서 유아기 내러티브 모두에서 발견된다고 주장한다. *Mary in the NT*, 241-82도 볼 것.

동정녀 수태 신앙이 그리스도교의 지배적 관점이 되기까지 100년이 넘게 걸렸다. 브라운은 기원후 2세기에 "예수의 동정녀 수태가 그리스도교의 교리로 '확정됐다'"라고 주장한다.[162] 신약 외경과 초기 교부들의 저술을 자세히 살펴보면 2세기의 다양한 출신과 지역의 그리스도인들이 그것에 대해 알고 있었고 받아들이고 있었다는 것을 알 수 있다. 그러나 이 교리에 대한 무시나 거부를 암시하는 당황스러운 침묵의 사례들이 존재한다. "사도 교부들" 중, 오직 이그나티우스(110-115년경 저술 활동을 했음)만 그것에 대해 언급한 것으로 여겨진다. 이하의 지면에서 우리는 위에서 언급한 요점을 설명하고, 교리 발전의 복잡함에 대한 인식을 알려주는 몇 가지 구절을 선택하여 살펴볼 것이다.

a. 초기 교부들의 증거

안디옥의 이그나티우스. 최초의 서술은 짧고 다소 모호하다. 안디옥의 주교 이그나티우스는 예수가 "마리아의 아들이자 하나님의 아들"이었다고 주장하지만(*Ephesians* 7:2), 또한 예수는 "하나님의 섭리에 따라 마리아의 자궁에 수태됐으며, 그것은 다윗의 후손에 의해, 그러나 또한 성령에 의해 이루어진 것이었다"라고 주장한다(*Ephesians* 18:2; 참조, *Smyrnaeans* 1:1: 그는 "육체로는 진실로 다윗의 후손이었고, 하나님의 뜻과 권능으로는 하나님의 아들이었다. … 진실로 동정녀에게서 태어났다"; *Trallians* 9:1: 그는 "다윗의 후손이자 마리아의 후손이었다"). 피츠마이어는 "진실로 동정녀에게서 태어났다"라는 구절이 의미심장하지만, "동정녀 수태를 명확히 밝힌 것인지는

---

162. Brown, *Virginal Conception*, 47; 50, 52을 볼 것. 어떤 학자들은 2세기 중반 이후에는 예수가 태어나기 전, 예수가 태어나던 때, 예수가 태어난 이후에도 마리아가 동정녀였다는 주장이 우세했다고 주장한다(A. Meyer and W. Bauer, "The Relatives of Jesus," *NT Apocrypha*, 1.424).

아직 확실하지 않다"라고 말한다.[163] 이그나티우스는 다윗의 후손에 관한 서술을 로마서 1:3에 나오는 것과 동일한 전승에서 가져온 것일 수도 있지만,[164] 그가 이 구절을 어떻게 이해했는지 알아내는 것은 불가능하다. 그는 (그리고 그의 독자들은) 나중에 유스티노스(Justin)가 그랬듯이 마리아를 다윗의 후손이라고 생각한 것일까? 아니면 무심코 전승을 결합하고 있는 것일까? 『에베소인들에게 보내는 편지』 19:1에서 그는 "마리아의 순결은 그녀의 아이처럼, 그리고 주님의 죽음처럼 세상의 군주들에게서 숨겨져 있었다. 이것은 하나님의 침묵 속에서 일어난 세 가지 놀라운 신비였다"라고 말한다.

이그나티우스가 마태의 유아기 내러티브에 의존했는지 아니면 다른 독립적인 전승에 의존했는지는 확실하지 않다.[165] 만일 이그나티우스가 마태복음에 의존했다면, 그는 마태복음 1장을 마리아의 순결, 다윗의 후손, 신에 의한 잉태에 강조점을 두고 해석했으며, 사생아 전승에 대한 인식이 전혀 없었다는 것을 보여준다. 이그나티우스가 복음서 이전 전승에 의존했다면, 그것은 예수의 수태에 관한 초기의 신학적 해석 (가족 전승에서 유래한 것이 아니라 가족 전승에 추가된 것이라는 내가 제안했던 해석)

---

163. Fitzmyer, "Virginal Conception," n. 44, p. 554.

164. 동일한 도식—육신에 따라, 성령에 따라; 다윗의 아들, 하나님의 아들—이 『에베소인들에게 보내는 편지』 18:2; 『트랄레스인들에게 보내는 편지』 9; 『서머나인들에게 보내는 편지』 1:1-2에 나온다; 이 본문들은 로마서 1:3과 빌립보서 2:5-11에서 이어지는 전승과 같은 선상에 있다(J. N. D. Kelly, *Early Christian Creeds* [3rd ed; London: Longmans, 1972] 69-70).

165. C. Trevett ("Approaching Matthew from the Second Century: the Under-Used Ignatian Correspondence," *JSNT* 20 [1984] 62)은 이그나티우스의 마태복음에 대한 지식과 사용은 그 복음서를 기록한 사람들이 때로 우리가 믿게끔 인도하는 것보다 훨씬 더 불확실하다고 결론 내린다. 그의 저술은 또한 요한복음 서문의 영향을 반영한 것으로 보인다.

에 의한 것일 수 있으며, 아마도 사생아 전승과 관계없이 떠돌던 것이었을 것이다.

그의 출처가 무엇이었든 이그나티우스가 동정녀 수태에 대해 기록한 것이라면, 그는 그것을 주장하는 것이 아니라 가정하고 있을 따름이다.[166] 그가 예수의 수태와 출생에서 강조하는 것은 가현설에 반대하는 것이며, 그에게는 수태의 인간적인 면이 동정녀에 의한 수태보다 더 중요한 것이었다.[167] 이그나티우스가 마리아의 순결을 통해 이해한 것이 무엇이든, 그는 자신의 이해를 분명하게 표현하거나 옹호해야 한다고 생각하지 않는다.

『동정녀 마리아의 탄생』(Born of the Virgin Mary). 마리아의 순결에 대한 믿음과 관련된 간단한 서술의 다른 많은 사례들이 있다. 아테네의 아리스테이데스(Aristides, 145년경)는 하나님의 아들이 하늘로부터 내려와서 성령을 통해 처녀에게서 태어났다고 고백한다(『변증』 15:1).[168] 로마신조(The Old Roman Creed, 2세기 후반에 발전됨)에서는 예수가 "성령과 동정녀 마리아에게서 태어났다"라고 말한다. 새롭고 낯선 교리들은 그러한 신조에 통합될 수 없었다. 하지만 이 간략한 서술이 의미하는 것은 무엇일

---

166. Von Campenhausen (*Virgin Birth*, 19)은 이그나티우스가 동정녀 수태에 엄청난 신학적 강조점을 두고 있으며, 그가 이것을 "이미 물려받은 필수적인 교리로 여기고 있고, 정형화되고 거의 고백적인 언어로 언급하고 있다"라고 주장한다.
167. Ibid., 30. 그럼에도 불구하고 그는 이그나티우스 신학의 틀 안에서 성육신의 첫 번째 기적이 "이 특정 시점에서 명백한 육체적인 기적으로 기록된 것", 즉 동정녀 수태로 기록됐다는 것이 가장 중요하다고 주장한다.
168. 후대의 삽입이 포함되어 있을 수도 있는 이 문서에 대해서는 *Mary in the NT*, 254을 볼 것. 『요셉의 유언』 19:8(2세기?)에서는 처녀에게서 태어난 어린 양을 언급한다.

까?

학자들은 복음서 저자들이 언급한 성령의 정체와 역할에 대해 대부분의 초기 저술가들이 불확실성을 가지고 있다는 점에 주목했다. 통용되던 하나의 견해는 마태와 누가가 묘사했듯이, 신성한 영이 동정녀 안에서 성육신했다는 것이다.[169] 켈리(J. N. D. Kelly)는 누가복음 1:35에 대한 "만장일치의 주석적 전통"에 대해 논의하는데, 이 구절이 거룩한 영(holy spirit)과 가장 높으신 분의 능력을 성령이 아니라 영 또는 말씀으로 선재하며 스스로 마리아의 자궁에 성육신한 그리스도와 동일시하고 있다는 것이다. 로마신조는 이러한 생각을 반영했을 수도 있다: 하나님의 역사적인 아들인 예수 그리스도는 마리아의 자궁에서 거룩한 영과 인간의 본성이 결합된 산물이다.[170]

신약성서 내러티브들, 복음서 이전 전승과 유대 전승에 대한 우리의 논의에 비추어 볼 때, 일반적으로 동정녀 수태를 당연시하는 것으로 이해되는 위의 진술들 중 일부는 다르게 해석될 수도 있다. 즉, 동정녀 마리아에게서 태어난 예수에 관한 단순한 언급을 언제나 예수의 생물학적 동정녀 수태, 남성 부모 없는 수태에 대한 믿음의 사례로 가정할 수 없다. 이 진술들은 수태 이전에 처녀였던 마리아가 예수를 수태했음을 가리키고,[171] 마리아는 계속해서 "동정녀"로 알려져 그런 묘사가 점차 그녀의 이름의 일부가 됐을 가능성이 있다. 이것은 그녀의 순수함, 결백함을 가리키는 매우 초기의 방식 또는 누가가 1:27에서 한 것처럼 단지 그

---

169. Kelly, *Creeds*, 146-48.
170. Kelly, *Doctrines*, 144-48. *Act of Paul* 1:14; 3:5, 12-14; *Shepherd of Hennas, Sim.* 9:1; 5:2-6을 볼 것.
171. 이사야 7:14에 대한 칠십인역 역자의 이해와 그 구절에 대한 마태의 이해에 관한 앞의 제2장을 볼 것.

녀의 신분을 밝히는 방식일 수도 있다. 반면, 간략하고 요약된 신조처럼 보이는 이러한 언급들은 동정녀 수태 교리를 믿는 사람들에 의해 정형화됐을 수도 있지만, 그들의 의도는 예수의 출생과 그의 인간됨이 사실임을 강조하기 위한 것이었다.[172]

순교자 유스티노스. 팔레스타인 출신의 이방인 순교자 유스티노스 (110-166년경)의 저술에서 우리는 처음으로 다음의 다섯 가지 명시적 서술을 발견한다. (1) 동정녀 마리아는 성관계 없이 수태됐다. "왜냐하면, 만일 그녀가 그 어떤 누군가와 성관계를 했다면, 그녀는 더 이상 처녀가 아니기 때문이다." 하나님의 권능으로 인해 "그녀가 아직 처녀였을 때 수태됐다." 그녀는 "성관계가 아니라 권능에 의해" 수태됐다(*Apol.* 1:33). 예수는 "아버지의 의지에 의해 잉태됐고"(*Dial.* 61) "인류의 자손이 아니었다"(*Dial.* 68). 말씀은 "성적인 결합 없이" 만들어졌고(*Apol.* 1:21), "평범한 세대와 다른 특별한 방식으로 하나님에 의해 태어났다"(*Apol.* 1:22).[173] 동정녀 수태는 아담의 갈비뼈로 이브를 만들고 태초에 부모 없는 모든 생명체를 창조한 하나님의 말씀의 창조적 기능과 조화를 이룬다(*Dial.* 84). 유스티노스에게 예수의 수태는 그리스 신화의 수태와 다른 것이었다. 그리스 신화는 그리스도에 관한 예언을 사악하게 위조한 것이지만 (*Dial.* 69; *Apol.* 1:33, 54) 유비로서 유용하다(*Apol.* 1:21, 22). 폰 캄펜하우젠에 의하면, 유스티노스에게 있어서 동정녀 수태는 "확고하고 의심의 여지

---

172. Brown (*Virginal Conception*, 32; *Birth*, 518)은 이러한 신조의 확언들을 정형화한 사람들이 마리아의 육체적 순결을 믿었다는 것에는 의심의 여지가 없다고 주장한다.

173. 그가 *Apol.* 1:21, 33에서 수태 그리스도론과 선재 그리스도론을 조화시킨 것은 분명하다. 마리아에게 성령과 권능이 임하는 것은 말씀이 임한 것이다.

가 없는 진정한 그리스도교 전승의 하나"였다.[174]

(2) 마리아는 다윗의 후손이었다(*Dial.* 43). (3) 이사야서 7장은 특별한 동정녀 수태를 예언했다(*Apol.* 1:33; *Dial.* 43:5-8; 66-67; 77-78; 84).[175] 동정녀 수태는 실현된 예언의 특별하고 명백한 사례로 여겨진다.[176] (4) 일부 유대인들은 예수를 메시아로 여기면서도 그를 "사람에게서 태어난 사람"으로 여긴다. 유스티노스는 그런 사람들을 그리스도인으로 받아들이지만, 그들에게 동의하지 않으며, 그들이 인간의 교리에 대한 잘못된 신뢰를 갖고 있다고 주장한다(*Dial.* 48). 유스티노스 자신은 예수의 신적 아들됨에 대한 질문과 그의 출생 방식에 대한 질문을 분리할 수 있었다: "게다가 하나님의 아들이라고 불린 예수는, 그가 단지 평범한 세대의 사람이었다 할지라도, 그의 지혜로 인해 하나님의 아들이라 불리기에 충분하다. 왜냐하면 모든 저자들이 하나님을 모든 인간과 신들의 아버지라고 부르기 때문이다"(*Apol.* 1:22). (5) 마리아의 예수 수태는 불순종 및 죽음과 관련한 이브의 수태와 대조되어야 한다(*Dial.* 100; 참조, Tertullian, *The Flesh of Christ* 16).

유스티노스가 팔레스타인의 비정경적 자료를 보존했을지도 모르지만,[177] 그가 쓴 유대인 트뤼폰과의 대화에서조차도[178] 그는 예수의 사생아

---

174. Von Campenhausen, *Virgin Birth*, 31. 그는 유스티노스가 역사적인 사건으로서의 동정녀 수태에 대해 어떤 신학적 노선을 취해야 할지 거의 알지 못한다고 말한다.

175. 그는 이사야서 53:8(LXX, "누가 그의 세대에게 선포하겠느냐"); 창세기 49:11("포도의 붉은 즙"[the blood of grapes]; 유스티노스에게 이것은 그리스도가 인간의 후손에게서 피를 받은 것이 아니라 하나님의 권능에서 받은 것임을 의미한다); 시편 110:3 및 다른 본문들에서 같은 의미를 발견한다.

176. Von Campenhausen, *Virgin Birth*, 33, 20.

177. E. F. Bishop, "Some Reflections on Justin Martyr and the Nativity Narratives," *EvangQ* 39 (1967) 30-39을 볼 것.

178. 그는 유스티노스와 동시대인이었던 랍비 타르폰(Tarphon)일 수도 있고 아닐 수도

전승을 암시하거나 직접 맞서지 않는다. 『트뤼폰과의 대화』 78장에서 그는 마태복음 내러티브를 다시 이야기하는데, 마리아가 남자와 성관계, 즉 간음으로 임신했다는 요셉의 추측 부분을 덧붙인다. 그러나 요셉은 환상을 통해 그녀를 내쫓지 말라는 명령을 받았다. "그에게 천사가 나타나서 그녀의 자궁에 있는 것은 거룩한 영에 의한 것이라고 말했다." 요셉은 두려웠고 그녀를 내쫓지 않았다. 트뤼폰은 결코 유스티노스의 이야기에 반대되는 어떤 구체적인 사실들을 소개하거나 예수 수태의 실제 상황에 관한 대안적인 유대인들의 이야기를 제시하는 것으로 묘사되지 않는다.[179] 『트뤼폰과의 대화』 121:3에서, 유스티노스는 그리스도의 첫 출현이 "명예와 단정함이 없고, 매우 경멸을 받을 만한 것"이었다고 인정하지만, 이는 메시아가 그에게 어울리는 명예와 영광 없이는 세상에 오지 않았을 것이라는 일반적인 반론과 충돌한다.

그러나 유스티노스가 『트뤼폰과의 대화』 48장에서 언급하는 유대 그리스도인들이[180] 예수가 사생아로 수태됐음에도 메시아로 믿었을 가능성이 있을까? 그는 단지 그들이 예수가 "사람으로부터 태어난 사람"(anthrōpon ... ex anthrōpon genomenon)이라고 주장한다고만 말할 뿐이다. 그러나 만일 유스티노스가 메시아가 사생아로 수태됐다고 주장하는 몇

있다(A. J. B. Higgins, "Jewish Messianic Belief in Justin Martyr's 'Dialogue with Trypho,'" *NovT* 9 [1967] 298; J. Nilson, "To whom is Justin's 'Dialogue With Trypho' Addressed?" *TS* 38 [1977] 541을 볼 것). 그들을 동일인으로 인정한다고 해서 트뤼폰의 발언으로 돌려진 모든 진술을 당시 유대인들의 믿음에 대한 신뢰할 만한 진술로 받아들일 필요는 없다. 실제로 유스티노스는 변증가라는 자신의 입장에 서서 그가 주장할 수 없었을 그리스도교 신앙의 진술들을 트뤼폰의 입에 담는다.

179. Machen, *Virgin Birth*, 9-10.
180. "너희 부족의 사람들"

몇 사람들을 알고 있었다면 우리는 그가 여기에서(아니면, 『트뤼폰과의 대화』 78장에서) 그 견해를 언급하고 반박하기를 기대할 것이다. 나중에 오리게네스는 에비온파를 두 부류로 나누는데, 하나는 동정녀 수태를 받아들였고 다른 하나는 부정했다. 오리게네스는 말하길, 후자는 요셉을 예수의 아버지로 여겼다고 한다(In Evang. Matt. 16:10ff.; 참조, 『켈수스를 논박함』 5:61: "우리와 함께 예수가 동정녀에게서 태어났다는 것을 인정하거나, 그것을 부정하고 예수가 다른 인간들과 마찬가지로 잉태됐다고 주장하는 두 부류의 에비온 분파"). 그는 어떤 유대 그리스도교 신앙도 켈수스가 묘사하는 "유대인"과 연관시키지 않는다.[181] 또한 일부 영지주의자들은 예수가 요셉과 마리아의 아들이었다고 주장한다(케린투스[Cerinthus], 카르포크라테스파[Carpocratians], 『도마행전』 2장["목수 요셉의 아들"]의 저자; 참조, 『빌립 복음』 73:8).[182]

---

181. 4세기 후반과 5세기 초에 살았던 에피파니우스와 히에로니무스는 동정녀 수태를 믿었던 유대 그리스도인들은 나사렛파(Nazarenes)로 불렸고, 그것을 부정했던 사람들은 에비온파로 불렸다고 한다. Machen, *Virgin Birth*, n. 76, p. 22을 볼 것. 또한 S. Pines, *The Jewish Christians of the Early Centuries of Christianity according to a New Source* (Proceedings of the Israel Academy of Sciences and Humanities, II, no. 13; Jerusalem: Central Press, 1966)도 볼 것. 오리게네스 이전 시대의 이레네우스와 (그를 이은) 히폴리투스는 동정녀 수태를 믿지 않았던 에비온파에 대해서만 언급했다. 그러나 그들이 유대 그리스도교의 다른 분파에 대해 말하지 않았다는 것이 당시에 다른 분파들이 존재하지 않았음을 증명하는 것은 아니다(Machen, *Virgin Birth*, 22. A. F. J. Klijn and G. J. Reinik, *Patristic Evidence for Jewish-Christian Sects* [Leiden: Brill, 1973]).

182. 참조, 『빌립 복음』 17:19: "그리고 [그에게] 다른 아버지가 있지 않았다면, 주님은 '하늘에 계신 나의 [아버지]'라고 말하지 않았을 것이고, 단지 '[나의 아버지]'라고 말했을 것이다." 이 복음서는 일반적으로 발렌티누스파의 특징을 갖고 있으며, 아마도 기원후 3세기 후반에 시리아에서 기록됐을 것이다(W. W. Isenberg, in *Nag Hammadi Library*, 131). 여기에서의 맥락은 혼란스럽다: 마리아는 "어떤 권능에 의해서도 더럽혀지지 않은 처녀"라고 말해지지만, 그녀가 성령에 의해 수태됐다는 믿음은 오류로 여겨진다(55:23). 71:17-23도 볼 것: "아담은 두 명의 처녀, 즉 영과 순결한 대지로부터 태어났다. 그러므로 그리스도는 태초에 일어난 타락을 바로잡기

예수가 자연적으로 수태됐다고 주장하는 유대 그리스도인들이 사용했던 복음서는 무엇이었을까? 유대 그리스도인들에 관한 문제는 외경 문헌이 제시하는 가장 어려운 문제 중 하나로 불린다. 그 문제를 해결하는 데 도움이 되는 것은 새로운 가설이 아니라 새로운 발견에서 나올 것이다. 『나사렛파의 복음서』, 『에비온파의 복음서』, 『히브리인의 복음서』, 이 세 가지를 구분해야 한다. 앞의 두 권은 마태복음과 관련이 있으며, 세 권 모두 기원후 2세기 전반에 기록된 것으로 추정된다. 현재의 연구 상태에서는 그것들을 유대 그리스도교의 역사나 그 신학의 역사에 끼워 맞추는 것이 불가능하다.[183] 우리는 그런 집단에서 마태의 유아기 내러티브를 어떻게 해석했는지 확신할 수 없으며, 또한 수태와 관계된 그들의 다른 전승들의 완전한 형태와 기원을 알 수 없다.

이레네우스. 이레네우스(120-202년경)는 그가 영지주의와 유대 그리스도인들의 가르침, 즉 그가 이단이라고 생각했던 예수의 출생에 관한 가르침에 대한 광범위한 정보를 우리에게 제공한다. 그의 믿음은 다음의 두 극단에 대해 반대하는 것으로 표현된다. 하나는 예수의 자연적 출생에 관한 믿음이었고, 다른 하나는 사악한 육신에 내재하는 오염으로부터 자유로운 예수의 초자연적 출생이라는 믿음이었다(*Against Heresies* 1.22-31). 그는 어떤 이들이 다음과 같이 믿었다고 말한다.

위해 동정녀에게서 태어났다." 이것은 마리아를 동정녀라고 부르는 문서의 흥미로운 사례이지만, 그 수태는 아무튼 자연적이고 천상적인 사건 둘 다로 여겨진다. 동정녀 수태 신앙에 대한 반론이나 그것에 대한 상징적인 해석, 또는 그 신앙에 대한 무시가 있었는지는 확실하지 않다(*Mary in the NT*, 245, 269-70을 볼 것).

183. P. Vielhauer, "Jewish Christian Gospels," *NT Apocrypha*, 1.118, 139을 볼 것.

말씀과 그리스도는 이 세상에 온 적이 없다. 구세주 역시 성육신하거나 고난받은 적이 없다. 그러나 그는 섭리에 따라 비둘기처럼 예수 위로 내려왔다. 그리고 그가 알 수 없는 아버지를 선포하자마자, 그는 '플레로마'(Pleroma, "천상계")로 다시 올라갔다. 그러나 어떤 이들은 예수가 섭리에 따라 성육신했고, 고난을 당했다고 주장하며, 마치 물이 수도관을 통과하듯 마리아를 통과한 것이라고 표현한다. 그러나 다른 사람들은 그를 '데미우르고스'(Demiurge, "조물주")의 아들이라고 주장하며, 그 위에 섭리에 따른 예수가 임한 것이라고 한다. 반면 다른 이들은 또다시 예수가 요셉과 마리아에게서 태어났고, 위로부터 내려와 그에게 임한 그리스도는 육체가 없고, 고통을 느끼지 않는다고 말한다. 그러나 이단자들 중 누구도 하나님의 말씀이 육체를 만들었다고 생각하지 않았다. 누구든지 그들 모두의 체계를 검토해본다면, 그들은 모두 하나님의 말씀은 성육신하지 않고 고통을 느끼지 않는다고 생각하며, 위에서 내려오는 그리스도도 마찬가지로 여긴다는 것을 알게 될 것이다. 다른 이들은 그가 변모된 사람으로 나타났다고 생각한다. 그러나 그들은 그가 태어나지도 성육신하지도 않았다고 주장한다. 반면 다른 이들은 그가 전혀 인간의 모습을 하지 않았지만, 비둘기의 모습으로 마리아에게서 태어난 예수에게 임했다고 [주장]한다(3.11.3).

이레네우스는 자신의 견해를 뒷받침하기 위해 이사야서 7:14을 "만물의 주님이신 하나님 이외의 방법으로는 성취될 수 없는 … 하나님이 이 표적을 주셨지만 사람이 이루지 못한" 출생에 관한 것으로 해석하고, 다니엘서 2:34의 "아무도 손을 대지 않은 돌"을 요셉이 예수의 수태에서 아무런 역할을 하지 않았음을 의미하는 것으로 해석하는 등 성서의 권위에 호소한다(3.21.6-8).[184] 이레네우스와 함께 동정녀 수태는 신학적으로 중요한, 그리스도교 교리의 필수적인 부분이 됐으며,[185] 우리는 이 믿음과 죽음의 부정 사이의 관계를 매우 명확하게 보게 됐다. 하나님의 아들은 "인류의 후손이자 인간이었던 마리아를 통해 인간 본성과 관련하여 한 세대를 가졌기 때문에" 사람의 아들이 됐다(3.19.3). 그가 신의 아들인 것은, 사람이 아니라 하나님이 그의 아버지였다는 사실에 근거한다(3.21.8). 예수의 능력과 훌륭한 인품은 동정녀 수태의 결과로 여겨진다(1.30.12). 신과 인간의 연합은 인간의 구원을 위한 필수적인 수단이다.[186] 동정녀 수태와 창조와 타락 사이에는 유사성과 윤리적 대조가 발견된다(3.21.10). 동정녀 수태는 "죽을 수밖에 없는 출생"으로부터 벗어나 하나님께 입양되는 "새로운 출생"으로 여겨진다(4.33.4).[187]

예수가 단지 요셉에 의해 잉태된 인간이었을 뿐이라고 주장하는 사람들은 "죽음의 상태에 있다"(3.19.1).

테르툴리아누스. 테르툴리아누스(150-240년경)는 삼단논법으로 동정녀 수태를 주장한다.

---

184. 네 명의 복음서 저자들은 율법과 예언자 같은 권위를 가진 것으로 여겨지며, 마르키온은 "주님의 탄생을 존중하여 기록된 모든 것을 제거함으로써" 누가복음을 훼손했다는 비난을 듣는다(1.18.2).
185. Von Campenhausen, *Virgin Birth*, 37을 볼 것.
186. 제4복음서의 관점을 받아들이면서, 이레네우스는 동정녀 수태를 "이전에 일반적으로 알려져 있던 것보다 더 엄격하고 획일적인 의미의 강림 또는 성육신"으로 전환한다(Hoben, *Virgin Birth*, 41).
187. 참조, Tertullian, *On the Flesh of Christ* 17. 『아담의 묵시』 2:8-10에서는 성욕과 죽음의 권위가 연결되어 있다(MacRae의 번역).

그리스도는 거짓말을 할 수 없다. 그는 자신이 사람의 아들이라고 말했다. 그러므로 그에게는 인간 부모가 있다. 그러나 하나님이 그의 아버지다. 그러므로 그의 어머니 마리아가 인간 부모다. 그러나 만일 그렇다면 그녀는 처녀다. 그렇지 않다면 그에게는 신과 인간, 두 명의 아버지가 있게 되는데, 그러한 생각은 카스토르와 헤라클레스처럼 터무니없는 것이다.[188] 게다가 이사야의 예언은 오직 인간 아버지의 배척과 마리아의 순결을 받아들이는 것을 통해서만 이루어진다. …(*Against Marcion* 4:10).

그는 동정녀 수태에 호소함으로써 그리스도의 진정한 인간성을 옹호한다. 『그리스도의 육체에 대하여』(*On the Flesh of Christ*) 1장에서 그는 "그의 영적 본질에 대해서는 모두 동의하고 있으니, 우리 주님의 육체의 본질을 검토해 보자. 문제가 되고 있는 것은 그의 육신이다"라고 쓰고 있다. 테르툴리아누스의 믿음은 예수의 탄생에서 하나님이 맡은 부분이 인간 아버지를 완전히 **배제하는 것**이었고, 비록 성적인 의미는 아니었지만, 하나님이 잉태하게 하는 인간의 역할을 대신했다는 것이었다.[189]

테르툴리아누스가 한때 사생아 예수에 관한 이야기를 암시했을 수도 있지만(*De Spec.* 30:6),[190] 이를 경멸하며 묵살한다. 테르툴리아누스의 글에서 몇 개의 외경 자료가 사용된 것을 볼 수 있는데,[191] 이제 우리는

---

188. Von Campenhausen이 말했듯이, 그런 생각의 놀라운 정밀함은 주장할 수 없는 논리적 필요성을 잘못 제안한다.
189. Hoben, *Virgin Birth*, 43-44, 47을 볼 것.
190. 본서 79쪽을 볼 것.
191. *Against Praxeas* 26.

이 중 몇 가지를 검토해 볼 것이다.

b. 신약성서 위경

위경의 유아기 내러티브와 다른 자료들의 구성 동기에는 마리아가 출산 전에도 그 이후에도 생물학적 처녀였다는 것을 보여주거나 증명하려는 강력한 욕망이 자리잡고 있었다.[192] 다음의 네 가지 발췌문들은 마태와 누가의 기록이 (독립적인 전승, 그리고 때로는 요한복음 서문의 요소들과 혼합되어) 성관계 없는 수태에 관한 것으로 해석되던 시대에 그리스도론이 어떻게 가현설적인 방향으로 발전됐는지를 보여준다.

『**야고보 원복음**』. 특별한 내러티브를 통해 마리아의 순결을 "명백하게" 증명하려는 시도는 매우 조잡할 수 있다. 정경 내러티브들과 기원후 150년경까지 거슬러 올라갈 수 있는 전승들을 이용하여 만들어진 『야고보 원복음』은 팔레스타인의 지리와 유대인들의 관습에 대해 무지했던 비유대인에 의해 기록됐다.[193] 주님의 형제 야고보가 기록한 것이라고 주장하지만, 이것이 유대 그리스도인 집단에서 유래된 것일 리는 없다. 이 책에서는 누가복음의 마리아의 수태고지가 일반적인 수태가 아니었다는 것을 주장하기 위해 그것을 고쳐 쓴다. 주님의 천사가 그녀가 주님의 "말씀"을 수태할 것이라고 말했을 때, 마리아는 의심하면서 "내가 살아계신 하나님인 주님을 수태하고 다른 여자들이 아이를 낳는 것처럼 [낳게] 되나요?"라고 말한다. 천사는 "마리아야, 그렇지 않다. 주

---

192. O. Cullmann, "Infancy Gospels," *NT Apocrypha*, 1.366-68을 볼 것. 그것은 마리아의 명예와 순결에 대한 2세기의 고조된 관심을 보여준다.

193. Cullmann, "Infancy Narratives," 372.

님의 권능이 너를 감쌀 것이다. …"(11:2-3)라고 대답했다. 마리아와 요셉은 모두 "주님의 판단의 물"을[194] 마셨고 모두 시험을 통과했다(16장). 산파가 요셉과 함께 예수의 기적적인 출생을 목격했고, 살로메에게 "처녀가 아이를 낳았는데, 이는 그녀의 본질상 불가능한 일"이라고 증언한다. 살로메는 "나의 주 하나님의 살아계심을 두고 말하는데, 내가 나의 손가락을 [내밀어] 그녀의 상태를 검사해보지 않는 한, 나는 처녀가 아이를 낳았다는 것을 믿지 않을 것이다"라고 주장한다(참조, 요 20:25). 그러나 살로메가 손가락을 내밀자 그녀의 손이 불타올랐고, 아기를 만짐으로써 그녀의 손이 치유됐다(19-20장). 쿨만(O. Cullmann)이 후대의 것으로 판단한 사본에서, 산파는 마리아에게 "당신과 관련된 분쟁이 적지 않으니" 살로메의 시험을 준비하라고 말한다(20:1). "완벽하게 금욕적인 순수한 이미지"인[195] 마리아는 평생토록 처녀인 채로 지냈다. 나이 많은 홀아비 요셉은 그녀와 성관계를 하지 않았으며 예수의 형제들은 요셉의 첫 번째 결혼에서 태어난 의붓형제들이었다고 한다.

『야고보 원복음』에는, 마찬가지로 기원후 1세기 작품인 『에녹2서』 23장의 멜기세덱의 수태 이야기에서도 발견되는 네 가지 모티프가 나온다.[196] 이 모티프는 다음과 같다: (1) 아내의 부정에 대한 남편의 직접적인 비난, 그리고 아내가 자신의 결백을 주장하는 것(『야고보 원복음』 13:2-3); (2) 임신한 여자의 자신의 임신에 대한 무지(『야고보 원복음』 13:3: 요셉은

---

194. 민 5:11-31.

195. Von Campenhausen, *Virgin Birth*, 41.

196. 본서 각주 202번, 20[32]쪽, 180[157]쪽을 볼 것. 전문가들은 현재 『에녹2서』의 원본이 아마도 그리스어로 기록됐을 것이며, 기원후 70년 이전까지 거슬러 올라가는 것으로 추정한다. 이 책은 장편과 단편 교정본으로 존재하며, 둘 다 후대 서기관들에 의해 재작업됐고, 모두 멜기세덱의 수태 이야기를 담고 있다. J. H. Charlesworth, "The SNTS Pseudepigrapha Seminar," *NTS* 25 (1979) 316-18을 볼 것.

마리아에게 "어떻게 이것이 당신의 태에 들어갔습니까?"라고 물었다. 그녀는 "나의 주 하나님의 살아계심을 두고 말하는데, 나는 이 일이 어떻게 일어났는지 모릅니다"라고 대답한다[참조, 12:2: "마리아는 대천사 가브리엘이 그녀에게 말해 준 신비를 잊어버렸다"];[197] 참조, 『바돌로매복음』 3:61: 예수는 "동정녀가 [그를] 운반하고 있는 줄 모르는 상태로" 동정녀의 몸 안에 들어가 있었다[198]); (3) 하나님의 "말씀"에 의한 수태(『야고보 원복음』 11:2; 참조, 『바돌로매복음』 2:20); (4) 아이의 갑작스러운 출현(『야고보 원복음』 19:2).[199]

이 네 가지 모티프의 결합은 이 두 작품이 비슷한 배경을 갖고 있으며, 어떤 의미에서는 그 저자들이 서로 대화하고 있음을 암시한다. 내 의견으로는 유대인의 저술인[200] 『에녹2서』 23장은 신약성서 유아기 내러티브의 영향을 받거나 그것을 모방한 것으로 간주되어서는 안 되며, 오히려 신약 외경 전승에 영향을 준 것으로 보아야 한다. 이는 일부 사

---

197. 저자는 마태와 누가의 기록을 혼합하고 있으며, 누가의 기록을 마태복음으로 옮기기 위해 이 모티프를 사용하고 있지만, 나는 이것을 굳이 소개할 이유는 없다고 생각한다.

198. F. Scheidweiler ("The Questions of Bartholomew," *NT Apocrypha*, 1.488, 508)는 이것의 원본을 3세기의 것으로 지정한다.

199. 또한 두 개의 모티프가 『에녹1서』 106장(노아의 출생)에서도 발견된다: (1) 남편이 그 수태가 천사로부터 왔다는 것 때문에 두려워한다(『야고보 원복음』 14:1 "나는 그녀 안에 있는 것이 천사에 의해 생겨난 것일까 봐 두렵다. …"; 『에녹1서』 106:4-6; 참조, 1QapGen 2:1); (2) 출산 때 큰 빛이 나타남(『야고보 원복음』 19:2; 『에녹1서』 106:2-3).

200. 나는 이것이 헬레니즘화된 유대인에 의해 기록된 것이라는 다음 학자들의 의견에 동의한다: Scholem, Greenfield, Pines, Charles, Forbes, Hengel, Delcor, Perrot, Collins, Nickelsburg, Stone, Amusin, Andersen. 그리스도교에서 비롯된 것이라는 주장을 하는 학자들에는 Danielou, Vaillant, Rubinstein, Hay, Milik이 포함된다. 이 견해들에 대한 요약은 A. M. Denis, *Introduction aux Pseudepigraphes d'Ancien Testament* (Leiden: Brill, 1970) 29; J. J. Collins, *Between Athens and Jerusalem* (NY: Crossroad, 1983) 229-30, 243을 볼 것.

람들이 신약성서 내러티브를 원래 의도와는 달리 해석하게 하는 정황
을 제공했다. 즉, 초인적인 인물 멜기세덱이[201] 지상에 잠시 등장한 이야
기는 『야고보 원복음』의 저자 같은 사람들이 마태복음과 누가복음의
내러티브를 예수의 기적적인 수태에 관한 것으로 읽게끔 만들었다. 『야
고보 원복음』의 그리스도인 저자는 아버지 없이 수태된 멜기세덱에 관
한 유대인들의 주장이 유일한 것이 아님을 보여주려 한 것일 수도 있다.
일단 예수의 수태가 기적적인 것으로 간주되려면 그것은 **동정녀** 수태
일 수밖에 없었다. 그리스도교 전승에서는 마리아가 단지 요셉과 약혼
했을 뿐이라는 것이 분명했고, 마태와 누가가 그 처녀성을 언급했기 때
문이다.

　『시뷜라의 신탁』. 2세기 후반에 추가된 유대교-헬레니즘적인 『시뷜
라의 신탁』 8:456-73의 저자는 누가복음의 수태고지 이야기를 요한복
음의 관점에서 다시 쓴다. 마지막 시대에 로고스는 "그의 거처를 바꾸
었고 동정녀 마리아의 자궁으로부터 아이의 모습으로 오셨으며 그는
새로운 빛으로 떠올랐다. 그는 하늘로부터 내려와서 죽을 수밖에 없는
인간의 형태를 취했다." 가브리엘은 그 처녀에게 이렇게 말한다: "처녀
여, 당신의 순결한 가슴으로 하나님을 받아들이십시오." 하나님이 그녀
에게 은총을 불어넣으시고, 그녀는 전율, 혼란, 웃음, 부끄러움, 용기로

---

201. 히브리서와 11QMelchizedek뿐 아니라, 멜기세덱을 언급하는 구약성서 본문들(창
14장과 시 110편)도 『에녹2서』의 이 부분에서 그것과 관련된 신화적 모티프의 출처
일 수 있다. D. Flusser, "Melchizedek and the Son of Man," *Christian News from
Israel* 17 (1966) 27; J. C. Greenfield, "Prolegomena" to *3 Enoch* (ed. H. Odeberg;
NY: Ktav, 1973) xx; G. W. E. Nickelsburg and M. E. Stone, *Faith and Piety in Early
Judaism* (Philadelphia: Fortress, 1983) 192을 볼 것.

반응한다. "말씀이 그녀의 몸으로 날아 들어가서, 이윽고 살을 만들었고, 그녀의 자궁에서 생명을 얻었으며, 인간의 모습으로 만들어졌고, 처녀의 진통에 의해 소년이 됐다." 이에 대해 저자는 이렇게 평가한다. "인간에게는 너무나 경이로운 일이지만, 하나님 아버지와 하나님의 아들에게는 그다지 놀라운 일이 아니다"(87:458- 76).[202]

『**이사야의 승천**』. 기원후 2세기 중반에 기록됐을 것으로 추정되는 "이사야의 환상"의 일부인 『이사야의 승천』 11장을[203] 쓴 그리스도교 영지주의 저자 역시 그러한 믿음을 분명히 하기 위해 신약성서 복음서를 다시 썼다. 그는 요셉과 마리아 모두 다윗의 혈통이라고 불렀다(2절). 요셉은 "마리아를 내쫓지 않고 그녀를 데리고 있었다"라고 분명하게 말한다(4절; 켈수스가 묘사하는 "유대인"과 대조). 요셉은 이 일을 아무에게도 밝히지 않고(4절), 출산 후 마리아와 요셉 모두 "이 환상을 누구에게도 말하지 말라"(11절)는 음성을 듣는다. 저자는 요셉과 마리아가 성관계를 하지 않았으며, 마리아가 임신 중에도 "거룩한 동정녀"였다는 믿음을 강조한다(5절). 출산은 기적으로 묘사되는데, 마리아와 요셉이 단둘이 있을 때(두 번 강조됨) "작은 아이"가 나타나 마리아를 놀라게 했고, 이 사실을 처음에 요셉은 몰랐던 것으로 보인다(7-10절; 참조, 위의 『야고보 원복음』과 『바돌로매복음』에 나오는 모티프[4]). 부모가 말하지 않았음에도 "그 아이와 관련된 소식이 베들레헴에서 널리 퍼져나갔다. 어떤 이들은 '동정녀 마

---

202. *NT Apocrypha*, 2.740을 볼 것.

203. J. Flemming, H. Duensing, in *NT Apocrypha*, 2.643; A. K. Hembold, "Gnostic Elements in the 'Ascension of Isaiah,'" *NTS* 18 (1972); M. A. Knibb, "Martyrdom and Ascension of Isaiah," *OT Pseudepigrapha*, 2.150. 참조, 『베드로행전』 23-24 (180-190년경).

리아가 결혼 두 달 전에 출산했다'[사생아 혐의에 대한 암시?]라고 말했고, 많은 사람들은 '그녀는 출산하지 않았다: 산파가 (그녀에게) 가지 않았고, 우리는 진통으로 인한 울음소리를 듣지 못했다'라고 말했다. 그리고 그들은 그 아기에 대해 아무것도 알지 못했고, 모두 그를 알고 있었지만, 아무도 그가 어디에 있었는지 알지 못했다"(12-14절). 이사야는 "이것은 이 세상의 모든 하늘과 모든 군주들과 모든 왕들에게서 숨겨져 있다"(참조, Ignatius, *Ephesians* 19:1). 그는 또한 나사렛에서 예수가 "자신을 알아보지 못하게 하려고, 통상적인 방식으로 아기처럼 젖을 빠는 것"(17절)을 보았다고 말한다. 이 구절의 가현설적인 특징은 명백하다.

『솔로몬의 송가』. "최초의 그리스도교의 찬양집"이라고[204] 불리는 『솔로몬의 송가』(1세기 또는 2세기)는 19:4-10의 송가에서 예수의 수태에 관한 독특한 이해를 제시한다(Charlesworth의 번역).

> 성령이 그녀의 가슴을 열었고,
>
> 아버지의 두 젖가슴의 젖을 섞었다.
>
> 그리고 나서 그녀는 그들 모르게 그 혼합물을 그 세대에게 주었고,
>
> [그것을] 받은 사람들은 오른손의 완전함 속에 있다.
>
> 동정녀의 자궁이 [그것을] 취했고,
>
> 그래서 동정녀는 수태되고 출산했다.
>
> 그래서 동정녀는 위대한 자비를 베푸는 어머니가 됐다.

---

204. J. H. Charlesworth, *The Odes of Solomon* (Oxford: Clarendon, 1973) vii. von Campenhausen은 이 송가에서 부인할 수 없는 영지주의의 각인을 발견한다(*Virgin Birth*, n. 2, P. 55).

그리고 그녀는 고생하며 아들을 낳았지만, 고통은 겪지 않았다.

왜냐하면 이 일은 목적 없이 일어난 것이 아니기 때문이었다.

그리고 그녀는 산파를 부르지 않았다.

그분이 그녀에게 생명을 주었기 때문이다.

그녀는 갈망을 가지고 강한 남자처럼 출산했고,

그녀는 현현에 따라 아이를 낳았으며,

위대한 능력을 얻었다.

송가 19편에는 신약성서 유아기 내러티브에 대한 뚜렷한 의존이 나타나지 않는 것 같다.[205] 여성적인 성령은 송가 36:5에도 등장한다("가장 높으신 분의 위대함에 따라, 그녀가 나를 만들었다"). "젖"은 하나님의 말씀을 상징하는 것일 수도 있다.[206] 예수의 수태를 어떻게 상상했는지는 분명하지 않지만, 그의 탄생에 고통이 없었고 일반적이지 않았다는 것은 분명하다. 참조, 송가 28:17("나는 죽지 않는다. 나는 그들의 형제가 아니기 때문이다 / 또한 나의 출생은 그들과 같지 않다"); 48:1("나는 다른 종족에서 왔다"); 32:2("진리의

---

205. 마지막 구절의 "현현"이 시인의 사랑을 표현하는 중의적 어구(double entendre)라는 Charlesworth의 제안(p. 84)이 틀렸다면, "이것은 그가 가브리엘의 현현에 따라 그녀가 확실히 임신했다는 것을 의미한 것일 수도 있다"(참조, 눅 1:26). 또한 마지막 행은 "그리고 그녀는 위대한 권능에 의해 얻었다"라고 번역될 수 있다(참조, 눅 1:35). J. Lagrand ("How Was the Virgin Mary 'Like a Man'?" *NovT* 22 [1980] 99)은 송가 19:10a가 마태복음 1:18b의 시적인 반영이거나, 영적인 "남성주의"를 마리아에게 적용하는, 그가 마태복음에서 발견한 개념의 궤적을 따르는 것일 수도 있다고 생각한다.

206. Charlesworth, *Odes*, 44을 볼 것. 1세기에 젖과 말씀은 연결된 개념이었다(고린도전서 3:1-2을 볼 것). 송가 35:5에서 젖은 "주님의 이슬"이다. 2세기의 『진리 복음』 I, 3, 24:10에는 "아버지가 자신의 가슴을 드러내신다; 그러나 그의 가슴은 성령이다"라고 기록되어 있다.

말씀은 자기 자신이 기원이다"; 직역, "그는 그 자신에게서 나왔다"). 마리아가 "갈망을 가지고 강한 남자처럼 출산했다"라는 표현은 그녀를 "하나님의 아들의 유일한 인간 부모, 아버지이자 어머니"로 만드는 것으로 보인다.[207] 마리아의 역할은 단호한 순종이다(5b-6, 10절).

D. 결론

우리는 기원후 1세기 후반이나 2세기의 유대 또는 이방 그리스도인들이 예수가 사생아로 수태됐을 가능성을 받아들이고 있었거나, 예수의 사생아 수태 전승을 그리스도교의 전승으로 간주했거나 또는 신약성서의 유아기 내러티브를 사생아 수태에 관한 것으로 해석했다는 증거를 갖고 있지 않다. 신약성서의 유아기 내러티브 외부에서 예수가 사생아로 수태됐다는 주장은 그리스도교 저술에 등장하는 유대인들의 입을 통해 나왔거나 유대인의 저술 자체에서만 발견되는 유대인의 주장으로 보인다. 우리가 다룬 작품들에 나타나는 초기 그리스도인들은 예수를 요셉의 아들로 여기거나, 수태되거나 태어난 적 없는 초자연적 존재로 여기거나, 아니면 동정녀에게 수태된 것으로 생각했다. 나는 우리가 어떠한 초기 그리스도인들도 마태와 누가의 유아기 내러티브를 내

---

207. Lagrand, "How Was," 104. Lagrand이 선호하는 번역은 다음과 같다(p. 99): "그녀는 남자처럼 의지에 의해 출산했다." 그는 『빌립 복음』 107장[103.23-26]("어떤 이들은 말한다: 마리아는 성령에 의해 수태됐다. 그들은 틀렸다. 그들은 자신들이 무슨 말을 하는지 모른다. 언제 여자가 여자에 의해 수태한 일이 있었던가?")을 원래 마리아가 신과 성관계를 했다고 가정하는(p. 105), 송가 19편에 나오는 것일 수도 있는 오류에 대한 매우 초기 그리스도인들의 대응으로 형성됐을 가능성이 있다고 생각한다.

가 가정한, 저자들의 의도대로 읽었음을 증명할 수 없다는 사실이 나의 해석에 대한 주요한 반대라는 것을 기꺼이 인정한다. 이 저자들이 그 전승을 초기 독자들에게 전달하려는 노력이 그토록 완전히 실패할 수 있었을까? 초기 그리스도인들이 이 내러티브들의 중요한 측면을 이해함에 있어 그토록 완전하게 실패할 수 있었을까? 그러한 실패는 어떻게 해석될 수 있을까?

나는 우리가 이 장을 시작하면서 제시했던 가설에 다음의 의견들만을 덧붙일 수 있다. (1) 나의 첫 번째 요점은 침묵에 관한 것이다. 우리는 최초기 그리스도인들의 문헌 중 극히 일부만 가지고 있다. 일부 (우리가 갖고 있지 않은 저술들을 기록한, 또는 저술을 남기지 않은) 초기 그리스도인들이 그 전승과 내러티브를 이해하고 있었을 수도 있다고 주장하는 것은, 침묵으로부터 나온 주장이지만, 이해할 만한 침묵이며, 그 전승과 관련해서 예상할 수 있는 침묵이다. 일부 유대 그리스도인들과 다른 사람들이 예수가 요셉의 자연적인 아들이었다고 주장했던 것은 예수를 믿었던 처음의 유대인들로부터 팔레스타인에 전해 내려왔던, 인간의 아버지 됨을 선호하는 역사적 전승에 근거한 것일 수 있다. 그들의 입장, 그리고 가현설적 그리스도론을 발전시킨 영지주의자들의 입장은 동정녀 수태 교리에 반대되는 완전히 부차적인 견해가 아니라 오히려 2세기 중반까지도 그 교리가 당연한 것으로 거의 받아들여지지 않았음을 보여주는 증거가 된다.[208] 또한 이러한 견해들은 사생아 전승에 대한 부수적이거나 반대되는 것이 아닐 수 있다. 동정녀 수태를 언급하지 않는 저자들, 예수의 수태에 대해 혼란스러운 태도로 언급하거나 전혀 언급하지 않는 저자들, 또는 요셉을 예수의 생물학적 아버지라고 주장하는 저자

---

208. Von Campenhausen, *Virgin Birth*, 22을 볼 것.

들에게 이 전승이 알려졌고 거부됐다는 주장은 침묵에서 나오는 또 하나의 주장이다. 이 침묵은 그 전승에 대한 무지를 나타내는 것일 뿐이다.

(2) 우리는 그리스도교가 사생아 전승에 대해 적절히 들으려 했는지 반드시 물어야만 한다. 현재까지 저술이 남아 있는 신약성서 이후의 그리스도인들(테르툴리아누스, 오리게네스, 『야고보 원복음』의 저자, 『이사야의 승천』 11장의 저자 등)은 그 전승을 예수와 그 어머니에 대한 거짓말, 명예훼손, 비방으로 보았다. 이 전승에 대해 논의한 여러 현대 저자들은 그것을 혐오스럽고, 불쾌하고, 터무니없고, 동정녀 수태에 대한 상상조차 하기 힘든 대안이라고 말한다. 예를 들어, 메이첸(Machen)은 "만일 기적을 거부하면서 동정녀 수태 이야기에 대한 사실적 근거를 찾는다면, 그 사실적 근거는 본질적으로 혐오스러운 (그리고 절대로 있을 법하지 않은) 종류의 것이어야 할 것이다."[209] 그러한 표현은 그 전승에 대한 강력하고 격렬한 반응을 무심코 드러내며, 그 혐의에 대해 듣기를 실제적으로 거부하는 것일 수 있고, 초기 그리스도인들의 반응을 반영하는 것일 수도 있다. 만약 그 전승이 명예훼손이고 평판을 떨어뜨리려는 것이었다면 그러한 반응은 적절하다. 그러나 그 전승이 자체의 신학적 차원을 갖고 있는 역사적인 것이라면 그러한 반응은 부적절하다. 강렬한 반응의 이유 중 하나는 부도덕하다는 비난으로부터 마리아를 변호하려는 염원에 있었다. 사생아라는 선택지에서는 거의 필연적으로 그녀가 죄를 지은 것으로 간주되기 때문이다. 우리가 살펴본 것처럼, 여러 현대 학자들은 강간 가능성을 간과하고 있으며, 초기 그리스도인들도 그랬다는 것은 놀라운

---

209. Machen, *Virgin Birth*, 274-75. Brown (*Birth*, 534)은 사생아 전승을 "반대자들이 채택한 모욕적인 설명"이라고 부른다.

일이 아니다.[210] 한케(H. A. Hanke)는 사생아 수태라는 "끔찍한 선택지"에
관한 벨(L. N. Bell)의 말을 인용한다: "만일 그가 동정녀에게서 태어나지
않았다면, 그의 어머니는 문란하고 정직하지 않은 여자였고, 그는 사생
아였을 것이다. 그가 동정녀에게서 태어나지 않았다면, 그 자신도 착각
에 빠졌던 것이며, 그의 인품과 사역의 구조 전체가 붕괴될 것이고, 우
리는 모든 사람들 중에서 가장 비참한 존재가 될 것이다."[211] 브라운은
"의심할 여지없이, 일부 세심한 그리스도인들은 사생아라는 선택지를
받아들이고도 살아갈 수 있었을 것이다. 그들은 이것을 예수가 자신을
비우고 종의 형태를 취한 궁극적인 단계로 보고(빌 2:7), 불법적인 잉태
에는 예수 자신의 죄가 포함되지 않는다고 매우 옳게 주장했을 것이
다." 그러나 "별로 세심하지 않은 다수의 신자들에게 있어 사생아설은
그리스도교 신비의 타당성에 도전하는 공격이었을 것이다"라고 말한
다.[212] 이제 그리스도교의 심원한 용기를 바탕으로 그 "공격"에 대해 검
토해야 할 때다.

---

210. 강간 가능성에 대한 반응에는 의식적이고 무의식적인 부정, 그 사건에 대한 다른
해석의 제안, 그리고 피해자에 대한 분노와 책망이 포함된다.
211. H. A. Hanke, *The Validity of the Virgin Birth* (Grand Rapids: Zondervan, 1963)
107.
212. Brown, *Birth*, 530.

후기

여기에서 제시된 것은 일련의 서로 맞물리는 주장, 제안, 가설, 가능성, 개연성, 열린 질문 들이다. 나는 그것들이 끼워 맞추기 어려운 만화경의 섬세한 유리 조각들처럼, 제자리로, 새로운 패턴으로 맞춰지고 있다고 생각한다. 어떤 조각이 깨지기 쉬운지, 그 패턴을 개선할 수 있을지 그리고 그것이 오늘 우리에게 어떤 의미가 있을지는 좀 더 지켜봐야 한다.

나는 신약성서 유아기 내러티브들에 예수의 사생아 전승, 가장 역사적일 가능성이 높은 전승이 포함되어 있다고 주장했다. 가장 초기에는 성령에 의해 잉태됐다는, 그 전승에 대한 최소한의 신학화만이 이루어졌다. 그 후 마태복음과 누가복음에서 이 전승의 초점이 그들의 독특한 신학적, 그리스도론적 해석에 의해 대체됐다. 복음서 저자들이 그 전승의 잠재적인 악영향을 최소화하고 거기에 담긴 힘을 극대화하려고 시도하면서, 그 전승에 대한 그리스도교의 점진적인 삭제 과정이 그 복음서들에서 시작됐다. 이 전승은 해석하기 어렵게, 본문 이면에 숨겨지게 됐다. 마태와 누가의 저술 전후로 논쟁이 됐던 이 전승은 그리스도교 공동체 외부에서 살아남았다. 사생아 전승을 대신하여, 초기 그리스도교 집단들에서 예수가 원래 인간이 아니었다는 영지주의적 이해나 요셉이 친아버지였다는 믿음, 또는 동정녀 수태와 같은 대안적 전승이 발견됐다. 2세기를 지나는 동안 이 믿음이 예수의 출생에 관한 그리스도교의 지배적인 교리가 됐다. 그리스도교의 사생아 전승 삭제 작업은 거의 완료됐다.

사생아 전승을 삭제하고 대체한 이유는 분명 복합적이다. 그러나 나는 근본적으로 그 전승이 그리스도교의 가부장적 형태 안에서는 전승될 수 없었다고 생각한다. 가부장적 구조와 사고방식 속에서, 예수의 사생아 수태는 너무나도 심각한 추문이었고, 그 출신은 너무나도 "부적절한 것"이었기 때문에, 오로지 억압될 수밖에 없었다.

예수의 사생아 전승에 대한 이러한 논의를 로마 가톨릭 교회의 동정녀 수태 교리의 관점에 비추어 보면 어떤 식으로 보일까? 내가 주장하는 유아기 내러티브에 대한 해석이 교회의 교리와 완전히 양립할 수 없는지는 확실하지 않다. 리처드 맥브라이언(Richard P. McBrien)은 예수의 동정녀 수태에 관한 믿음이 신약성서의 두 유아기 내러티브에서 모두 발견되지만, 그 믿음이 신학 진술(theologoumenon: "역사적 증거에 근거하여 검증될 수 없는, 비표준적이고 비교리적인 신학적 해석")의 결과라는 이론에 찬성하여 "기울어져 있는 저울과 같다"라고 주장한다. 그는 교회가 어디에서도 예수의 수태가 "어떻게" 이루어졌는지 정의하지 않았다고 말한다. "분명히 그의 기원은 하나님께 있고 성령이 그의 수태에 직접 영향을 미쳤다. 그러나 성령의 개입이라는 것이 요셉의 협조를 확실히 배제하는 것인지는 **명확히** 밝혀지지 않았다."[1] 동정녀 수태에 대한 믿음을 통해 "교회는 예수가 하나님으로부터 왔으며, 그는 유일하고, 그리스도 안에서 인류는 진정으로 새롭게 시작됐으며, 그가 가져온 구원은 이 세상을 초월하고, 하나님은 구원의 역사의 과정을 진전시키기 위해 때로 약하고 비천한 인간이라는 도구를 통해 일하신다는 것을 분명하게 가르쳤다. 만일 누군가가 동정녀 수태의 역사성을 부정하면서 이러한 원칙들까지도 부정한다면, 진정으로 그리스도교 전통, 그리고 분명히 가톨릭 전통의 테두리를 벗어난 것이다."[2] 현재의 연구 가운데 그러한 원칙을 부정했던 경우는 없다. 부정되는 것은 신약성서와 관련한 신학 진술(theologoumenon)이다.

　그러나 모든 학자들이 맥브라이언에게 동의하는 것은 아니다. 브라운(R. E. Brown)은 "일반적인 기준에 의하면, 로마가톨릭 신학에서 동정녀 수태는 통상교도권(ordinary magisterium)으로 가르쳐지는 무오류 교리로 분류된다"라고 생각한다.[3] 이 문제를 해결하는 일은 분명히 이 책의 범위를 벗어난다. 나는 이 교리에 관한 빈센트 테일러(Vincent Taylor)의 의

1.　R. P. McBrien, *Catholicism* (Minneapolis: Winston, 1981) 516, 517. 신학 진술(theologoumenon)은 신앙에 대한 규범적인 신학적 해석과 역사적으로 검증 가능한 확증 사이에 있다. 교부들은 동정녀 수태가 역사적인 것이라고 단순히 가정했는데, McBrien은 그것이 신학자들이 주석적으로 반박할 수 없는 성격의 것이라고 말한다. McBrien은 예수의 사생아 수태 가능성을 고려하지 않는다. 참조. Fitzmyer, "Virginal Conception," 542-50, 572-75.

2.　McBrien, *Catholicism*, 518

3.　Brown, *Birth*, n. 29, p. 529; *Virginal Conception*, 33-38; "Liberals, Ultraconservatives," 319, 323: 그가 판단하기에, 교회는 마리아가 남성 부모 없이 동정녀로 수태했다는 것을 무오류한 것으로 가르친다. 참조. M. O'Carroll, *Theotokos* (Wilmington: Glazier, 1982) 359-60, 그리고 J. P. Kenney, "Was Mary in Fact a Virgin?" *Australasian Catholic Record* 56 (1979) 282-300의 논의를 볼 것.

견에 동의한다: "무엇보다도 필요한 것은 그리스도교 교회의 속박되지 않은 생각을 더욱 완전하게 드러내는 것이다. 그리고 그것을 위해 우리는 기다려야만 한다." (원문 그대로 말하자면) 그는 교회가 66년 전에 이미 자신의 생각을 드러냈다고 말했다. "그러나 교회가 자신의 **속박되지 않은** 생각을 드러낸 적이 있는가? 교회가 최종변론을 한 적이 있는가? 정말 교회가 이러한 일을 할 수 있는 위치에 있었던 적이 있는가?" 그 교리가 제자리를 찾게 되기를 그가 희망하는 것은 교회의 완전한 목소리와 관계되어 있다.[4]

본문들은 서로 다른 공동체와 상황과 관련되면서 새로운 의미를 산출한다. 동정녀 수태 교리는 어느 순간 신약성서 유아기 내러티브의 의미가 됐고, 오늘날 우리는 그 의미로부터 여전히 새로운 의미를 만들어낼 수 있다. 페미니스트 학자 메리 데일리(Mary Daly)와 로즈마리 래드포드 류터(Rosemary Radford Ruether)는 후대의 성모 신학의 관점을 통해 보았던 그리고 그들의 페미니스트 정신에 의해 산산조각났던, 이 내러티브들의 단편 속에서 새롭고 긍정적인 의미를 발견했다. 신약성서의 마리아는 희생자이자 자유로운 여성으로 번갈아 나타난다.

데일리는 신약성서 유아기 내러티브들을 동정녀의 **강간**-수태에 관한 것으로 해석한다. 현실에 존재하는 여성들 안에 있는 창조적이고 신성한 생명과 무결함이자 스스로의 단성생식으로 창조할 수 있는 능력을 가진 가톨릭의 성모 마리아는 "완전한 강간 피해자(Total Rape Victim)—정복당한 여신을 은폐하는 창백하고 파생적인 상징—로 묘사되고 드러난다." 가부장적 신화에서 거의 보편적으로 나타나는 여신의 강간이라는 주제는 그리스도교에서 "거의 알아볼 수 없을 정도로 고상하게 위

---

4. V. Taylor, *Historical Evidence*, 132.

장됐다."[5] 이러한 가부장 신화들은 왜곡된 렌즈와 같지만 그러나 우리는 그것들을 통해 여전히 신성한 배경을 들여다볼 수 있다. 그것들을 렌즈로 활용하기 위해서는 그것들의 암호를 풀어야 한다: "즉, 우리는 그것들의 진실을 알기 위해, 그것들의 거짓을 보아야 한다."[6] 일단 가면이 벗겨지면 여신의 모습이었던 마리아는 여성의 자아의 힘을 해방하는 기능을 할 수 있다.

나의 제안은 다르다. 나는 동정녀 수태 교리가 왜곡됐고 가면이라는데 동의하지만 그 배후에는 사생아 전승이 자리하고 있다고 생각하는 바다. 가면을 벗기면 그 전승은 우리에게 더 완전한 인간 현실을 드러내고, 따라서 더욱 심오한 신학적 잠재력을 보여줄 것이다. 그것은 우리에게 여신이 아니라 여신을 필요로 하는 여성, 우리가 올려다보는 여성이 아니라 고찰해 볼 여성을 보여준다. 한편으로 마리아에 대한 가톨릭의 태도는, 신의 억압된 여성적 차원을 짊어지려는 부담을 내려놓는다면, 변화될 것으로 기대할 수 있다. 다른 한편으로 하나님의 이미지를 재해석하는 것은 마리아의 상징이 신의 역할을 빼앗은 방식을 밝혀주며, 따라서 하나님을 여성적 이미지로 다시 상상하는 방법이 더욱 분명해진다.[7]

그렇다면 성모 마리아(Virgin Mother) 이미지의 지속적인 매력은 무엇

---

5. Daly, *Gyn/Ecology*, 84, 111, 130. 그녀(Daly)는 누가의 수태고지 장면이 모든 남성 신화에 나오는 강간 피해자와 마찬가지로, 수모에 기꺼이 굴복하는 겁에 질린 어린 소녀의 정신/영혼/의지에 대한 강간에 관한 것이라고 주장한다. Daly는 이것을 육체적 강간을 불필요하게 만드는 "고상한 종교적 강간주의"라고 부른다(p. 185; *Pure Lust*, 74).

6. Daly, *Gyn/Ecology*, 85, 47.

7. Engelsman, *Feminine Dimension*, 152, 95-98, 129; Johnson, "Marian Tradition," 129.

일까? 동정녀 이미지의 왜곡이 바로잡히면 여성의 창조성에 힘을 실어
줄 수도 있다. 처녀: 결코 정복되지 않은 여성. 어머니: 수태, 출산, 양육
하는 힘 있는 여성. 마리아를 동정녀라고 부를 수 있는 한—패배하지 않
으며, 완전하고, 창조적이며, 남자와의 관계에 의해 규정되거나 무너지
지 않는 이미지—그녀는 여신과의 연결고리 또는 통로의 역할을 할 수
있고 여신에 대한 기억을 떠올리게 만드는 역할을 할 수 있다. 그렇게
되면 역사적으로 볼 때 그녀가 희생자였는지, 아니면 자유로운 영혼이
었는지, 아니면 그 사이에 있는 무엇이었든지 간에, 이것은 대답할 방법
이 없는 질문이다. 우리는 동정녀 수태 교리가 재고될 수 있는지, 우리
모두에게 있어 그 함의의 미묘한 의미가 되살아날 수 있을지, 새롭고도
은유적인 열쇠로 확증될 수 있는지를 보게 될 것이다. 예수가 "동정녀
마리아에게서," 처녀였던 사람에게서, 여성의 신(God/ess)에[8] 의해, 그리
고 어떤 의미심장하고 심오한 방식으로, 신성한 자아를 간직하거나 그
렇게 간주되는 사람에게서 태어났다고 믿을 수 있을까? 동정녀 상징에
서 (의도하지 않은) 독립성의 측면이 가부장적 배경으로부터 벗어나게 되
면, "성모 마리아"를 성적 관계, 부모 관계 및 창조적 관계의 맥락에서
여성의 자율성에 관해 말하는 것으로 들을 수 있다.[9] 이런 접근 방식은
교회가 동정녀 수태를 확증함에 있어서 옳았음을 완전히 부정하지는
않지만, 그 믿음의 복잡한 역사적 발전에 새로운 단계를 시작하게 할 것

---

8. 이 표현에 대해서는 Ruether, *Sexism and God-Talk*, 46을 볼 것(원서의 Godless는
    God/ess의 오기로 보인다. God/ess란 Goddess와는 구분되는 표현으로, 단순한 '여
    신'이 아닌, 새로운 여성의 종교를 필요로 하는 여성들이 신을 여성의 관점에서 일
    컫는 표현이다. God이 전통적인 가부장적인 신을 연상시키기 때문에 고안된 용어
    다—편주).

9. Daly, *Beyond God the Father*, 85.

이다.[10]

류터에 의하면, 전통적인 성모 신학에서 동정녀 마리아는 성과 출산에 관한 육체적인 욕망의 단절, 인간의 육체로부터의 도피, 죽음의 부정을 나타낸다.[11] 마리아는 또한 피조물이 창조의 원초적인 선함, 성령으로부터 멀어지기 전의 본성을 나타낸다. 이 신학은 현재의 남성 이원론 너머와 그 아래 존재하는 여성성의 억압된 힘과 본성을 나타낸다. 그러나 그런 신학은 죄와 죽음을 위해 여성의 성을 희생양으로 삼는 성차별주의라는 면에서 용납될 수 없다.

우리에게 필요한 것은 마리아를 이스라엘의 해방자로 간주한 누가복음의 성모송과, 누가가 만든 그녀의 임신과 해방의 유비에 근거한 대안적인 성모 신학이다. 류터에게 있어서 마리아의 임신은,

---

10. 동정녀 수태의 "사실성"의 교리적 가치와 중요성에 대한 논의에서, Box는 교회가 그리스도의 초자연적 출생을 은유적이거나 상징적으로 해석하는 것조차 재앙이 될 것이며, 성육신 교리를 위태롭게 할 것이라고 평가했다. "조만간 그 결과는 필연적으로 '몰락한' 그리스도론, 그리고 '몰락한 그리스도교'로 나타날 것이다"(*Virgin Birth*, 195). 그러나 우리 시대에는 몰락한 것이 더 나을 수도 있다. Taylor는 "소위 이 '몰락한 그리스도교'라고 부르는 것이 실제로 호화스럽고 너무 커져버린 '충만한 그리스도교'(full Christianity)와 구별되는 진정한 신앙이 아닌가?"라고 질문한다(*Historical Evidence*, 130).

11. "성과 출산으로부터의 탈출은 궁극적으로 여성들이 이브와 어머니로서 책임을 져야 하는 죽음으로부터의 탈출이다"(Ruether, *Sexism and God-Talk*, 144). 참조, J. B. Phillips, *Eve: the History of an Idea* (NY: Harper and Row, 1984) 144: "교부들은 여성의 몸이 신비로운 그릇이라는 일반적인 견해를 받아들였고, 그것을 개량하고 조장하여, 여성의 몸이 뚫리게 된다면, 성과 출산의 상징뿐만이 아니라 타락과 죄와 죽음의 상징이 된다고 했다. 처녀성은 육체를 봉인된 상태로 유지하여 인류를 무죄 상태 또는 낙원—죽음으로 끝나지 않는 성관계 없는 출생—으로 돌아갈 수 있는 가능성을 제공하는 강력한 그리스도교의 상징이다." 반면 Gordon에게 있어서 마리아는 "완전한 인간이면서도 언젠가는 죽음을 초월하려는 인간의 욕망을 구현한다"("Coming to Terms," 14).

여성의 적절한 역할로부터 비롯한 것이 아니다. 실제로 임신은 그녀를
미래의 남편을 고려하지 않고 자신의 몸과 성에 대한 결정을 내린 사람
으로 만들어 위험에 빠뜨린다. 그녀는 매춘부 또는 "품행이 나쁜 여자"
라는 고발을 당하고 "쫓겨날" 수도 있었다. 누가복음에서 세상을 구원
할 아이를 갖기로 한 결정은 그녀와 하나님 사이의 일이었다. … 누가
는 마리아의 어머니 됨이 자유로운 선택이었음을 강조하기 위해 노력
한다.[12]

류터의 대안적 성모 신학은 동정녀 수태 신앙의 중요한 많은 측면
을 가볍게 무시한다. 그녀는 그 수태에 대한 다른 이해를 고려하지 않고
동정녀 수태 신앙이 유아기 내러티브 안에 존재한다고 가정한다. 예수
의 사생아 전승을 포함하여 그 내러티브에 대해 내가 제안한 해석은 마
리아가 해방된 억압받는 사람들을 대표한다는 주장을 뒷받침하고 더
명확하게 해 준다. 그녀는 "현실에 접근하는 힘을 가진 사람"의 상징이
된다.[13] 이 경우 가부장적 가족 구조가 전복된다. 즉, 사생아로 수태된 아
이는 그 아이나 아이의 어머니가 생물학적 아버지나 법적 아버지에게
귀속되는 것으로 가치를 갖는 것이 아니라 그 자체로 초월적인 가치를
가진 것으로 여겨진다.[14] 마리아는 가부장적 가족과 그 통제 바깥의 신

12. Ruether, *Sexism and God-Talk*, 153-54, 152, 149.
13. Margaret Farley, "Feminist Consciousness and the Interpretation of Scripture,"
    Feminist Interpretation of the Bible, 51. 나의 접근 방식을 Mary Jo Weaver, *New
    Catholic Women* (San Francisco: Harper & Row, 1985) 201-11이 취한 방식과 비교
    해 볼 것.
14. Brooten, "Feminist Perspectives," 57.

성함에 접근할 수 있는 여성이다. 사생아 수태는 수치가 아닌 은총으로, 무질서가 아닌 질서로 밝혀졌다. 성령이 예수의 수태와 부활에 권능을 부여하고, 성령이 모든 것을 창조하고 선택한다는[15] 믿음을 바탕으로 공동체가 가능하다고 여겨진다.

* * *

내가 이 책에서 시도했던 일은 "고요한 밤"의 고요함/침묵을 깨는 것이었다. 그러나 결국 내가 느낄 수는 있지만 말로 표현할 수는 없는 어떤 심오함 때문에 침묵하는 나 자신을 발견하게 됐다. 그것은 출생뿐 아니라 죽음과도 관련이 있다. 그것은 하나의 현실에 의존하는 또 다른 현실과 관련되어 있다. 그리고 둘 모두는 죽음을 통해 삶에 희망을 두는 현실과 관련된다.

15.　예수의 소피아 하나님(Sophia God)에 관해서는 Schüssler Fiorenza, *Memory*, 140, 142을 볼 것.

에필로그

마태복음의 유아기 내러티브에 대한 페미니스트 해석

제인 셰이버그

복음서의 유아기 내러티브에 대한 페미니스트 해석은 그리스도교와 학문 정신(scholarly psyches)의 신경을 거스른다. 이 해석은 예수의 "성육신"과 "신성", 성령의 활동, "구원" 과정에서 여성의 역할, 여성의 성, 그리고 "동정녀 마리아"에 관한 이론에 도전한다. 그 과정에서 이 해석은 여성의 몸과 삶, 여성에 대한 증오, 그리고 시인 래리 조셉(Larry Joseph)이 "가난한 사람들에 대한 증오, 압축된 증오"라고 불렀던 것에 대한 사회적 통제 장치의 일부인 매우 효과적인 여성 이미지에 의문을 제기하고 해체한다.[1]

이 지면에서 나는 먼저 유아기 내러티브 중 한 장인 마태복음 1장에 대한 두 가지 다른 범주의 페미니스트 해석에 관심을 집중할 것이다. 이 장은 뜻밖에도 네 명의 여성—다말, 라합, 룻, 그리고 우리아의 아내(밧세

---

1. Lawrence Joseph, "Generation (after Akhmatova)," *Before Our Eyes* (New York: Farrar, Straus and Giroux, 1993) 24.

바)—을 포함하는 가계도로 시작되며, 16절에서 "그에게서 메시아라 불리는 예수가 태어난" 다섯 번째 여성인 마리아를 언급하며 마무리된다.[2] 이때 가계도 전체에서 반복되는 패턴—A는 B의 아버지, B는 C의 아버지—은 극적인 방식으로 손상된다. 곧, 예수의 아버지에 대한 언급은 없다. 그 본문은 계속해서 이렇게 진행된다.

> 예수 그리스도의 태어나심은 이러하다. 그의 어머니 마리아가 요셉과 약혼하고 나서, 같이 살기 전에, 마리아가 성령으로 잉태한 사실이 드러났다. 마리아의 남편 요셉은 의로운 사람이라서 약혼자에게 부끄러움을 주지 않으려고, 가만히 파혼하려 했다. 요셉이 이렇게 생각하고 있는데, 주님의 천사가 꿈에 그에게 나타나서 말했다. "다윗의 자손 요셉아, 두려워하지 말고, 마리아를 네 아내로 맞아들여라. 그 태중에 있는 아기는 성령으로 말미암은 것이다. 마리아가 아들을 낳을 것이니, 너는 그 이름을 예수라고 하여라. 그가 자기 백성을 그들의 죄에서 구원하실 것이다." 이 모든 일이 일어난 것은, 주님께서 예언자를 시켜서 이르시기를,

> "보아라, 동정녀가 잉태하여 아들을 낳을 것이니, 그의 이름을 임마누엘이라고 할 것이다"

> 하신 말씀을 이루려고 하신 것이다. 임마누엘은 번역하면 '하나님이 우리와 함께 계시다'는 뜻이다. 요셉은 잠에서 깨어 일어나서, 주님의 천사가 말한 대로, 마리아를 아내로 맞아들였다. 그러나 아들을 낳을 때

---

2. 별도의 언급이 없는 한, 이 에세이의 모든 성서 본문 인용은 RSV을 사용한다.

까지는 아내와 잠자리를 같이하지 않았다. 아들이 태어나니, 요셉은 그 이름을 예수라고 했다(1:18-25).

페미니스트 해석의 하나의 경향(메리 데일리[Mary Daly], 로즈마리 래드포드 류터[Rosemary Radford Ruether], 루이제 쇼트로프[Luise Schottroff], 게일 패터슨 코링턴[Gail Paterson Corrington], 일레인 웨인라이트[Elaine Wainwright], 제니스 카펠 앤더슨[Janice Capel Anderson], 에이미-질 레빈[Amy-Jill Levine]의 해석)은 예수의 동정녀 수태 개념을 "본문 안에서" 찾는다. 다른 경향(나 그리고 아마도 이투멜렝 모살라[Itumeleng Mosala]의 해석)은 그렇지 않다.[3] 이 글에서 나는 첫 번째 경향의 해석에 대한 약간의 분석을 요약하고 제시하며, 모살라의 통찰의 도움을 받아 그 본문이 기적적인 동정녀 수태 전승이 아니라 생물학적으로 평범한 사생아 수태를 전달하는 것으로 설득력 있게 해석될 수 있다는 나의 주장을 뒷받침할 만한 본문의 요소들을 검토할 것이다. 이 논의는 "본문 안에서"라는 표현이 우리에게 무엇을 의미하는지에 관한 질문을 분명하게 불러일으키며, 이어서 의미를 결정하는 데 있어서 독자의 역할뿐만 아니라 본문 자체의 본질과 가치에 대한 의문을 제기한다. 또한 역사비평과 문학비평의 도구를 페미니즘적으로 사용하는 것이 모살라가 "본문 속의 투쟁"이라고 부르는 것의 소리를 들을 수 있게 하는지에 대한 질문을 제기한다.

마지막으로, 나의 연구에 대한 비페미니스트 비평의 반응을 살펴볼 것이다. 해석에 대한 이러한 조사는 다양한 관점 안에 다양한 통찰이 있다는 것을 보여주게 될 것이다. 나의 의도는 주석들에 대한 비판적 비교

---

3. 내가 "아마도"라고 쓴 것은 Mosala가 마태복음 1-2장에 대해 직접 글을 쓰지 않았기 때문이다.

와 차이점에 대한 지속적인 인식을 결합하여 제약 없는 대화를 만들려는 데 있다.

그리스도교 문헌을 동정녀 수태에 관한 것으로 해석하는 페미니스트 학자들 중 일부는 마리아를 희생자 또는 자유로운 여성, 심지어 일종의 여신 같은 존재로 본다. 메리 데일리는 누가복음의 동정녀 수태를 강간으로 해석한다. 이 이야기에서 발전한 가톨릭의 성모 마리아는 "정복당한 여신, 현실에 존재하는 여성들 안에 있는 창조적이고 신성한 생명과 무결하며 스스로의 단성생식으로 창조할 수 있는 능력을 가진, 완전한 강간 피해자(Total Rape Victim)—정복당한 여신을 은폐하는 창백하고 파생적인 상징—로 묘사되고 드러난다." 가부장적 신화에서 거의 보편적으로 나타나는 여신의 강간이라는 주제는 그리스도교에서 "거의 알아볼 수 없을 정도로 고상하게 위장되어 있다."[4] 이러한 가부장 신화는 왜곡된 렌즈와 같지만, 그것을 통해 우리는 여전히 신성한 배경을 볼 수 있다. 그것을 사용하기 위해서는 그들의 암호를 풀어야 한다. "즉, 우리는 그들의 진실을 알기 위해 그들의 거짓을 보아야 한다."[5] 일단 가면이 벗겨지고 그런 해석이 진행되면, 여신의 모습이었던 마리아는 여성 "자아"의 힘을 해방하는 기능을 할 수 있다.

로즈마리 래드포드 류터 역시 누가 내러티브에 초점을 맞추면서 전통적인 성모 신학에 대한 대안을 제시한다. 그녀의 대안은 성모송에서 마리아를 해방된 이스라엘과 동일시하는 것과 누가가 만들어놓은 그녀의 임신과 해방 사이의 유비에 근거하고 있다. 마리아의 임신은 여성의

---

4.   Mary Daly, *Gyn/Ecology* (Boston: Beacon, 1978) 84, 135, 85; 참조. 185; *Pure Lust* (Boston: Beacon, 1984) 74.

5.   Daly, *Gyn/Ecology*, 47.

적절한 역할에서 비롯된 것이 아니다. 그것은 그녀를 "미래의 남편을
고려하지 않고 자신의 몸과 성에 대한 결정을 내린 사람으로 만들어"
위험에 빠뜨린다. 그녀는 매춘부 또는 "품행이 나쁜 여자"라는 고발을
당하고 "이혼당할" 가능성도 있었다. 누가복음에서 세상을 구원할 아이
를 갖기로 한 결정은 그녀와 하나님 사이의 일이었다. … 누가는 마리아
의 어머니 됨이 자유로운 선택이었다는 것을 강조하기 위해 노력한다.[6]
래드포드 류터는 마리아가 기적적인 방법으로 남성의 참여 없이 임신
하는 것에 대해 "예"라는 대답을 강조하지는 않지만, 나는 그녀가 이 사
건을 그렇게 여겼다고 본다.

데일리와 류터 모두 성서학자가 아니라 신학자이며, 그들의 해석은
본문 자체에 대한 세심한 분석이라기보다는 누가복음 1장에서 유래한
동정녀 수태의 신학 전승을 창의적으로 사용한 것이다. 엘리자베스 쉬
슬러 피오렌차(Elisabeth Schüssler Fiorenza)는 그런 해석과 의미를 훌륭하게
비판했다.[7]

루이제 쇼트로프는 "마리아의 사생아 임신에 대한 유아기 내러티브

---

6. Rosemary Radford Ruether, *Sexism and God-Talk* (Boston: Beacon, 1983) 153- 54, 152, 149. 마태의 내러티브에서 마리아는 아무런 선택의 기회를 갖지 못하고, 임신 이나 출산에 관한 아무런 결정도 하지 않는다.

7. Elisabeth Schüssler Fiorenza, *Jesus: Miriam's Child, Sophia's Prophet* (New York: Continuum, 1994) 171-74. 이 저술의 6장은 나사렛의 마리아에 초점을 맞춘다. Schüssler Fiorenza는 유아기 내러티브, 특히 성모송은 "성폭력을 당할 수 있다는 가능성의 삭제를 조장한다. 그러나 그들은 마리아에게서 그 흔적을 완전히 없애지 는 못했다. 그들은 가난, 소외, 굶주림에 대해 이야기하지만, 점령지역의 여성들에 게 일어나는 성폭력의 구체적인 위험에 대해서는 말하지 않는다"라고 주장한다. "해방신학의 상상력"은 여성에 대한 성폭력 문제와 마리아가 그것에 복종했을 가 능성에 대한 문제를 다룰 필요가 있다(182).

저자들의 인식"을 파악하지 못했다.[8] 그녀는 현재 독자들의 선입견과
가정에 관심을 갖고 있으며, "처녀"라는 단어를 여성의 성에 대한 비하
에 관련시키는 한, 본문에 대한 이해가 손상된다고 주장한다. 누가와 마
태 모두, 처녀 마리아와 요셉의 자녀들의 어머니이자 요셉의 아내 사이
의 대조를 보지 못한다(눅 8:19, 21; 마 13:55-57을 볼 것). 즉, 둘 다 마리아의
처녀성을 음란한 성에 대조되는 정결의 일종으로 제시하지 않는다. 예
수에 대한 그녀의 동정녀 수태는 그녀가 요셉의 다른 자녀들을 평범하
게 수태한 것과 부정적으로 비교되거나 배제되지 않는다. 쇼트로프는
이해하기 어려운 문제를 제시한다. 그녀는 "교회 전통에 대한 저항"이
너무 강하기 때문에 "먼저 본문이 반여성적이지도 않고 성을 비하하지
도 않는 것을 보여야 하며, 이어서 본문에서 성이 어떤 의미로 이해되고
있고, 오늘날의 신자들이 이 전승을 어떻게 생산적으로 받아들일 수 있
는지 질문해야 한다"라고 주장한다.[9] 나는 본문에서 성이 어떻게 이해
되는지, 심지어 왜 그런 것을 보여주고 싶어하는지 묻기 전에, 어떻게
그 본문이 성을 비하하지 않는 것으로 보일 수 있는지 모르겠다.

쇼트로프는 약혼식 또는 약혼 기간에 마리아가 처녀였다는 것을 정
상으로 보지만, 그녀는 누가복음 1:27에 "처녀"라는 단어가 두 번 등장
하기 때문에 "화자와 청자(천사와 마리아—역주) 모두에게 천사가 결혼을
통해 아이를 낳게 될 것임을 예고하는 것이 아니라, 육신의 아버지 없이
태어나는 아이, 생식 없이 만들어진 아이가 태어날 것이라고 예고하는
것이었음은 이미 분명하다"라고 주장한다. 본문은 남성의 참여 없이 여

8. Luise Schottroff, *Let the Oppressed Go Free* (trans. Annemarie S. Kidder; Louisville: Westminster/John Knox, 1991) 166 n. 1.
9. Ibid., 159.

성이 임신하게 되는 기적을 예고하고 있다. 본문이 "아버지 없는 출산"
이라는 이 기적을 강조하는 것은 마리아의 처녀성이 "반여성적인 의미
가 아니라는 것"을 보여준다. 쇼트로프는 마태복음 1:20과 누가복음
1:35의 동사 '겐나오'(gennaō, "낳다")를 신에 의한 생식이 아니라 성령과
관계된 창조로 해석한다. 신에 의한 생식이라는 개념은 "남자들의 거짓
된 문화"의 일부로서, 하늘의 하나님에게 남성의 성과 세계 정복이 반
영됐다는 견해다. 그녀는 이것이 유대인들과 그리스도인들의 전통에서
이질적인 것이었고 거부됐다고 말한다. 유아기 내러티브의 마리아는
모든 힘없고, 굶주리고, 멸시당하는 여성을 대변하는 것으로 보인다.
"하나님은 그녀의 육체를 못 본 체하지 않는다. … 하나님은 현재 위험
에 처한 임신한 여자와 현실 세계에 높은 가치를 부여한다."[10] 이 논의에
서 나의 기본적인 문제 제기는 동사 '겐나오'가 인간의 아버지 됨이나
생식을 기적으로 건너뛴 창조 행위에 관한 언급이라는 주장이나 가정
에 관한 것이다.

　게일 패터슨 코링턴은 『그녀의 구원 이미지』(Her Image of Salvation)에
서 마태와 누가 모두 "예수의 사생아 전승을 변증적인 방식으로 추적[나
는 그것이 추적이라기보다는 '논박'이라고 생각한다]"하면서, 마리아가 예수를 동
정녀 수태했음을 강조한다고 주장한다.[11] 이러한 해석에 의하면, 마태 자
신과 패터슨 코링턴은 마가복음 6:3에서 읽은 "사생아에 대한 단서를
가볍게 여긴" 셈이다. 패터슨 코링턴은 마태가 간통에 대한 요셉의 의
심이라는 관점에서 마리아의 처녀성을 강조한 것은 후대의 랍비 자료

10.　Ibid., 160-61, 163, 165.

11.　Gail Paterson Corrington, *Her Image of Salvation* (Louisville: Westminster/John
　　Knox, 1992) 149. Paterson Corrington은, 사생아 전승은 "대부분 유대인들의 비정
　　경적이고 논쟁적인 후기 자료들에서 나온 것들"이라고 말한다(149).

(즉, 탈무드의 예수 벤 판티라 전승과 『톨레도트 예수』 전승)와 반그리스도교적인 이교도들의 논쟁(예, Origen, *Against Celsus*)에 나오는, 예수가 사생아라는 비난과 관련해 마태복음 이전 단계에 발전한 논쟁적인 반응이라고 믿는다: "대제사장이 예수의 무덤을 지키는 군인들에게 뇌물을 주어 예수의 제자들이 시신을 훔쳐갔다고 말하게 했다는 그의 주장[마 28:11-15]을 볼 때, 마태가 그러한 논쟁에 [그것을 반복함으로써? 발전시킴으로써? 사실로 인정함으로써?] 기름을 부었을 것 같지는 않다."[12] 대제사장이 군인들에게 뇌물을 주고 거짓말을 하게 했다는 주장이 제자들이 예수의 시신을 훔쳐갔다는 비난에 대한 반응인 것과 마찬가지로, 예수가 동정녀에 의해 수태됐다는 주장은 그가 사생아라는 비난에 대한 반응이다.[13] 나는 패터슨이 이 두 개의 비난이 역사적으로 진실인지 거짓인지에 관한 질문을 검토하지 않기 때문에 마태복음 1장에서 일어난 일에 대해 이해하지 못한다고 생각한다.

패터슨 코링턴은 동정녀 수태를 마태의 반론으로 보지만 그것은 마태가 처음으로 만들어 낸 것이 아니다. 그녀는 마태가 복음서 형성 이전의 예수의 동정녀 수태 전승을 의존했다는 『신약성서의 마리아』(*Mary in the New Testament*)의 저자들의 주장에 동의한다.[14] 마태는 자신의 유아기 내러티브에서 예수의 생물학적 아버지로서 요셉을 생략했다. 그리고

---

12. Ibid., 155, 197 n. 16. 내가 여기에서 설명할 이유들 때문에 Paterson Corrington은 "마지못해" 나의 해석을 문제 삼는다고 말한다(ibid., 197 n. 16).

13. 이 입장에 대한 Amy-Jill Levine, *The Social and Ethnic Dimensions of Matthean Salvation History* (Lewiston: Mellen, 1988) 67-68의 신중한 비판을 볼 것. 마태복음 1장과 달리, 마태복음 28:11-15은 명백한 비난에 대한 직접적인 반박이다.

14. Paterson Corrington, *Her Image*, 154; Raymond E. Brown, Joseph A. Fitzmyer, John Henry Paul Reumann et al., *Mary in the New Testament* (Philadelphia. Fortress, 1978) 92-93.

내가 패터슨 코링턴의 주장을 올바르게 이해했다면 그녀는 요셉이 예수의 아버지가 아니라는 마태의 정확한 강조가 이사야서 7:14(LXX)의 '파르테노스'(*parthenos*)를 "동정녀 수태"로 이해한 데에서 비롯했다고 생각한다.[15] 마리아가 제자였다는 것을 강조하는 누가와 마찬가지로 동정녀 수태에 대한 이러한 강조는 예수의 어머니로서 마리아가 처한 현실의 묘사를 훼손하는 것으로 보인다.

마태의 가계도에 추가된 네 여성은 그들의 사회적 역할과 관계된 어떤 "부정"을 마리아와 공유한다고 한다. 다말, 라합, 룻은 가정의 안전을 지키기 위해 전통적인 결혼 이외의 부정한 수단을 사용한 여성들이다. 그러나 "우리야의 아내"는 이러한 도식에 맞지 않는다. 부정한 것은 그녀의 행위가 아니었다. 패터슨 코링턴이 주목한 것처럼, "그것은 밧세바 자신의 행동이 아니라 다윗 왕의 비합법적인 행동이다."[16] 패터슨 코링턴은 마태가 예수의 사생아 혐의나 전승에 반응했을 가능성에 대해 더 이상 논의할 필요가 있을지 모르겠다고 말한다: "그런 가능성을 고려하지 않더라도 우리는 마태가 구세주의 탄생을 이스라엘 구원의 역사의 다른 사건들과 역설적으로 일치하도록 의도했다는 것을 알 수 있다." 그녀의 견해에 의하면, 하나님은 여기에서 "'부정하게' 태어난 것으로 보이는 아이"를 정당화한다.[17] 나는 사생아의 가능성이 이 점을 더욱 날카롭게 한다고 생각한다.

패터슨 코링턴에게 더 흥미로운 것은 여성 구원자로서의 마리아의 창조다. 그녀는 마태복음과 누가복음에서처럼 후대 외경 작품들에서

---

15. 나는 1:25을 친아버지가 될 수 없었던 요셉의 당혹감을 강조하는 이야기로 해석한다.
16. Paterson Corrington, *Her Image*, 152.
17. Ibid., 153.

마리아의 처녀성을 강조하고 있다고 주장한다. 마태복음과 누가복음은,

> 예수의 사생아 출생에 대해 완전한 변증 역할을 할 수는 없었지만 그 출발점은 될 수 있었다. 마리아의 처녀성과 구원에 영향을 미치는 신의 능력과의 연결은 또 다른 기능을 갖고 있는데, 그것은 초기 그리스도교 세계에서 여성 자신들과 신약성서 정경의 형성자인 교부들 모두가 여성의 수태와 출산을 바라보는 방식과 관련되어 있다. 그리스도교 공동체에서 공식적으로 동등한 여성의 파트너십을 점차로 부정하고 있었던 교부들의 저술에서는 이브/마리아의 유형론이 우세했고, 그것이 구원 경륜에서의 여성과 그들의 역할을 구상한 틀을 형성한 것으로 보인다.[18]

이후 마리아가 구원자의 역할을 하는 유일한 방법은 정통 신학과 이단 신학 모두에서 "인간 여성으로 보이는 것을 완전히 그만두는 것, 여성의 성, '여성의 부정결'과 완전히 분리되는 것"이었다. 그녀 안에는 처녀와 어머니, 구원자와 구원받은 자라는 상반된 이미지가 포용된다.[19] 나는 패터슨 코링턴이 이 (구원받지 못한) 여성 구원자를 창조하는 과정은 동정녀 수태의 제시와 함께 그리스도교의 유아기 내러티브들에서 시작됐음을 주장했다고 이해한다. 나는 이것이 나중에 시작됐다고 생각한다. 그러나 패터슨 코링턴은 이러한 제시가 실제로 무엇에 근거하고 있는지(잘못된 신앙, 진리의 부정, 진리에 관한 근심의 결여, 요셉이 아버지였다는 믿음, 또는 기적적인 사건에 대한 믿음 중 무엇에 근거하고 있는지), 그리고 따라서 내러티

---

18. Ibid., 183.
19. Ibid., 194-95.

브 안에서 그것의 실제 기능은 무엇인지에 대해 침묵한다.

일레인 웨인라이트 또한 예수의 수태를 어떻게 이해하는지, 그녀의 경우 역사적 관점뿐만 아니라 문학적 관점에서 어떻게 이해하는지 명확한 진술을 하지 않는다. 그녀의 방법론과 역사비평에 대한 그녀의 포스트모던 관점의 (값진) 투쟁에는 역사적 질문(예수는 어떻게 수태됐나?), 또는 문학적인 질문(저자들은 독자들이 예수가 어떻게 수태됐다고 생각하기를 원했는가? 페미니스트 비평은 그 수태에 대해 어떻게 생각하는가?)을 묻지 못하게 하는 무언가가 있는 것 같다.

웨인라이트에게 있어서, 가계도에 네 명의 여성이 등장하는 것은 가부장제에 대한 비판의 기능을 한다. 그녀의 이야기에서 각각의 여성들은 남자와 아내나 딸의 관계로 올바르게 연결되어 있지 않기 때문에 가부장 구조를 위험하게 만드는 상황에 놓여 있다. 그 구조에 도전하거나 위협하는 행위들은 여성 권력의 측면을 표현하고, 이어서 독자들을 안내하는 이야기에 긴장을 부여한다.[20] 그러나, 다시 한번 말하지만, 내 생각에 우리야의 아내는 이 분석에 적합하지 않다. 미에케 발(Mieke Bal)이 지적했듯이, 사무엘기하 11장의 밧세바는 우리가 그것을 왕의 주목과 욕망을 끌어내기 위해 희생자가 사용하는 성적인 "권력"이라고 부르지 않는 한 권력 같은 것과는 거리가 멀다. 오히려, "그에게 권력이 있었기 때문에 그녀를 소유하게 된 것이다. … 이 이야기의 위태로운 권력 관계

---

20. Elaine Wainwright, "The Gospel of Matthew," *Searching the Scriptures* (ed. Elisabeth Schüssler Fiorenza; New York: Crossroad, 1994) 2.642-43. Wainwright 에게 가계도의 다섯 여성들은 새로운 친족 구조를 지지하는 연합체로서의 마태 공동체를 상징한다. 그것은 혈통적인 친족 관계에 근거한 것이 아니라 그들의 헌신에 근거한 가정교회에 여성들을 통합한다. 그녀는 히브리 성서의 네 여성들은 용기, 자주성, 그리고 반체제적 가치를 나타내는 이러한 여성들을 위한 패러다임이었다고 생각한다.

속에서 우리는 '사랑'과 '강간'을 구분조차 할 수 없다."[21] 셰릴 엑섬 (Cheryl Exum)에 의하면, 그 이야기의 화자는 밧세바의 주체성을 부정하고 또한 그녀의 시점에 다가가는 것을 허용하지 않음으로써 그녀를 상징적으로 강간한 셈이다.[22]

웨인라이트에게 이 특정 네 명의 이름은 가계도에 포함된 중요한 아들들의 어머니가 된 것에 대한 가부장적 확증이 아니라는 것을 시사한다. 그러나 마리아만이 메시아의 탄생과 연결된 것(예, 2:11)은 권능의 표적이다. 그러나 나에게 (배후에 늙은 남자가 맴돌고 있든 아니든) 홀로 아이와 함께 있는 여성의 이미지는 모호한 표식이다. 그리스도교 도상학에서 여성을 대좌에 배치하는 것은 가부장 정치의 전략이다. 그것은 여성의 모성 능력뿐만 아니라 남성의 동반자 관계와 자녀 양육의 실패, 육아의 불균형 및 여성에게 부과되는 과중한 부담을 전달할 수 있다. 여성 홀로 강해지지 않으면 자녀가 고통받게 된다. 그러나 웨인라이트가 그런 보상 권력(power-to-compensate)을 염두에 둔 것은 아닐 것이다.

웨인라이트는 마태복음 1:18-25을 남자에 의한 잉태에 대한 언급 없이 (처녀라 불리는) 마리아의 예수 수태를 설명하는 것으로 읽는다. 그녀는 이것이 "여성의 출산 능력과 메시아의 탄생에서의 그녀의 역할이 가부

---

21. Mieke Bal, *Lethal Love* (Bloomington: Indiana University Press, 1987) 11.

22. Cheryl Exum, *Fragmented Women* (Valley Forge, PA: Trinity, 1993) 172-76. 이 이야기의 더 큰 맥락인 암몬과의 전쟁, 그리고 그 이후의 강간(삼하 13장; 16:21-22)은 물리력을 암시한다. 그러나 "내러티브에서는 강간을 언급하지 않는다. 적어도 우리가 확신할 수 있는 것은 없다. … 실제 강간 사건과 마찬가지로, 문학적인 강간도 입증하기 어렵다. 그것의 증명은 여성의 말을 받아들이는 것에 달려 있다. … 그리고 여성의 말을 받아들이는 것은 가부장적 문학에서 여성의 경험을 되살리는 데 필수적이다"(200-01).

장 구조의 외부에 있음을 확증하는 것"이라고[23] 말한다. 그러나 그들이 생물학적 현실의 외부에 있음이 확증된다고 생각되더라도, 그들이 어떤 식으로 가부장 구조의 외부에 있는지는 명확하지 않다. 나는 그러한 확증이 "여성을 출산의 수단으로 상징화하는 가계도와 출생 내러티브의 남성중심적인 관점"을[24] 어떻게 해체하는지 모르겠다. 왜냐하면 가부장 구조의 외부에서 여성을 출산 능력으로 존중하는 것은 여전히 여성을 출산을 위한 수단으로 보는 것이기 때문이다.

가계도에 나오는 다섯 여성들의 이름은 본문에 생략되어 있는 35명의 잉태를 둘러싼 침묵 속에서 여성의 존재를 읽도록 독자들을 초청한다.[25] 그러나 웨인라이트는 17절의 침묵과 그 장 전체에서 이름이 등장하지 않는 생물학적 아버지를 읽어낸 나의 해석에 동의하지 않는다. (사실, 나의 해석이 "초청"된 것은 아닐 수 있다.) 웨인라이트는 "이 내러티브는 요셉이 아닌 다른 누군가가 예수의 생물학적 아버지라고 **말한다**. 내러티브는 이것을 하나의 가능성으로서 암시할 수도 있겠지만 우리에게 그것을 **말하려는 것** 같지는 않다"라고[26] 하며 본문이 나의 주장을 뒷받침

---

23. Wainwright, "Gospel of Matthew,"643.
24. Ibid.
25. Elaine Wainwright, *Towards a Feminist Critical Reading of the Gospel of Matthew* (New York: de Gruyter, 1991) 67.
26. Ibid., 69-70 n. 36. 17절과 관련하여, Wainwright는 내가 생물학적 아버지를 세 번째 부분의 13대로 대체하여 가계도의 세 번째 부분을 14대로 계산할 수 있다는 것을 충분히 보여줬다고 생각하지 않는다. 나의 주장은 요셉이 법적 아버지로서 한 세대로 여겨지고, 생물학적 아버지를 또 한 세대로 제안하는 것이다; 그러나 Wainwright는 이것이 가계도의 패턴과 일치하지 않는 것 같다고 주장한다. 그러나 나의 주장은 이러한 대체가 패턴을 손상시킨다는 것이다. Wainwright가 여성 이름들의 등장 또는 부재에 관해 인용하는 것에 대해서는 Meir Sternberg, *The Poetics of Biblical Narrative* (Bloomington: Indiana University Press, 1985) 330을 볼 것.

하지 않는다고 말한다. 그러나 우리가 침묵을 너무 많이 또는 너무 적게 해석하는지 어떤 기준으로 판단할 수 있는가? 누가 나에게 단서를 주고 내가 만일 그 단서를 포착했다면 나는 그 말을 들었다고 생각할 것이다.

웨인라이트는 페미니스트 비평이 이 본문의 연구사에서 두 개의 주요 강조점을 서로 분리해낼 것이라고 주장한다. 즉, 그 비평은 가부장적 체계(요셉, 다윗의 후손, 그리고 예수의 부계 편입에 대한 강조)에서 동정녀 수태—성령에 관한 두 구절(마 1:18, 20)과 이사야서 7:14의 사용을 볼 때 "[웨인라이트를 비롯한 대부분의 현대 주석가들이] 모호하기는 하지만 본문이 언급한다고 믿고 있는"—를 분리해 낼 것이다.[27] 그렇게 분리된 동정녀 수태는 가부장제에 대한 비판 기능을 할 것이다. 웨인라이트는 마태복음 본문의 새로운 해석으로서의 동정녀 수태를 그리스도교 역사에서 기능했던 동정녀 수태 교리와 대조한다. 그러나 그녀는 본문에서 비롯된 동정녀 수태의 신학적 교리에 대한 철저한 페미니스트 비평은 "이 연구의 범위를 벗어나며, 18절과 23절에 나오는 [그것에 대한?] 마태의 짧은 암시와 비례하지 않는다. 이것은 그러한 작업이 필요하지 않다거나 사소하다는 것이 아니라, 그 중요성과 긴급함 그리고 그 범위의 광범위함을 인정하기 위한 것이다"라고 말한다.[28] 나는 이 연구가 실제의 유비, 평행점 및 영향력을 배제하지 않는 동시대의 기적적인 수태 이야기들의 맥락 속에서, 동정녀 수태 개념에 대한 비평, 즉 하나님을 성적인 것으로 이해하고 마리아와 하나님의 관계를 성적인 것으로 이해하는 방향으로 진행될 비평을[29] 발전시키는 것 외에 어떤 방향으로 나아갈지 모르겠다. 이

27. Wainwright, *Feminist Critical Reading*, 72-73.
28. Ibid., 74 n. 53.
29. 누가의 유아기 내러티브를 "지중해 사회에서 널리 알려진 신에 의한 처녀의 임신 이야기"(180)에 관한 논의의 광범위한 문화적 맥락에 배치하는 것에 대해서는

것이 "마태"를 이해하는 것일까? 그럴 수도 있지만 나는 그렇지 않다고 생각한다. 분명히 그것은 어떤 의미에서는 본문에 대한 일반 독자들의 반응이었고 지금도 그렇다.

나는 웨인라이트에게 생물학적으로 정상인 수태에 대한 해석보다 동정녀 수태 관점에서 본문을 해석하는 것이 더 낫다는 인상을 받았다. 그녀는 나의 연구가 "마태복음 본문의 수수께끼 같은 본질 및 본문과 본문의 침묵으로부터 사생아 임신이나 동정녀 출생 모두의 역사성을 확립하는 것이 극도로 어렵다는 것을 명확하게 만들었다"라고 말한다.[30] 나는 왜 그 본문이 수수께끼인지 물어야만 한다. 웨인라이트는 "포용적인 다시 읽기"를 추구하는데, 그것은 그 수태를 사생아 및/또는 동정녀 수태로 이해할 수 있는 것으로 보인다. 이것은 다음과 같은 인식을 가져올 것이다.

> 사생아 임신 이론을 받아들인다면, 강간 또는 유혹[내가 지금 논의하려 하는 세 번째 대안이 있다]에 의해 마리아라는 여성에게 가해진 폭력, 및/또는 [만약 동정녀 수태 이론을 (또한?) 받아들인다면?] 그녀를 유죄로 가정하고, 따라서 의로운 남성에 의해 이혼당하게 만드는 가부장적 율법을 인식하게 된다. 그러나 하나님이 편을 드는 것은 가부장적 사회와 율법 속에서 위험에 처한 이 여성과 그녀의 아이다. 사실, 그녀의 출산 능력은 "거룩"이라고 불리는 영, 그리고 태어날 그 아이는 "하나님이 우리와 함께

Vernon K. Robbins, "Socio-Historical Criticism," *The New Literary Criticism and the New Testament* (ed. Elizabeth Struthers Malbon and Edgar V. McKnight; Sheffield: Sheffield Academic, 1994) 180-82을 볼 것.

30. Wainwright, *Feminist Critical Reading*, 74 n. 55.

있다"라고 불릴 것이라는 내러티브의 연관성에 의해 확증된다.[31]

포용적인 다시 읽기는 그 내러티브의 남성중심적 관점에 강력한 비판
을 가하며, "독자들이 여성뿐만 아니라 남성과 여성의 성차(gender
differences)에 의해 인도될 수 있게 한다. 예수의 탄생에서의 남성과 여성
의 기여는 서로 다르지만 각각의 중요성이 있다."[32] 나는 웨인라이트가
생각하는 남성의 기여가 무엇인지 모르겠다. 아니면 성령에 의한 동정
녀 수태를 남성의 기여로 생각하는 것일까? 내러티브의 측면에서, "그
내러티브들을 극단적으로 몰고 가면 … 화합적인 페미니스트 해석은
불가능하다"라고 그녀는 말한다. "성서적 그리스도인"으로서[33] 그녀는
가부장적 체계와 분열적인 또는 불연속적인 이야기, 포용과 연결된 해
방 사이의 관계를 추구한다. 여기에서 성서와 후대 전승의 권위는 유지
되는 것으로 보이며, 의견 일치를 이루기 위해 해석은 조심스러워진다.

웨인라이트는 유아기 자료들이 전체 복음서의 맥락에서 해석되어
야 한다고 올바르게 주장한다.[34] 또한 그녀는 마태 공동체와 초기 그리
스도교 내에서의 실제 여성의 역할에 대한 질문에 대답하지 않고서는
페미니스트 해석은 불완전할 수밖에 없다고 주장한다. 이러한 기준에

---

31. Ibid., 74.
32. Ibid., 75.
33. Ibid., 357.
34. 그것을 위한 나의 간략한 시도에 대해서는, Jane Schaberg, *The Illegitimacy of Jesus: A Feminist Theological Interpretation of the Infancy Narratives* (New York: Crossroad, 1990) 77 [76-77]을 볼 것. 또한 마태복음 19:13-15, 2:1-23과 21:15-16에 대한 자신의 분석에 나의 연구를 사용한 Andries G. van Aarde의 "The Evangelium Infantium, the Abandonment of Children, and the Infancy Narrative in Matthew 1 and 2 from a Social Scientific Perspective," *SBL Seminar Papers* (Atlanta: Scholars, 1992) 435-52도 볼 것.

서 볼 때, 유아기 내러티브에 대한 그녀의 논의는 불완전하지만 매우 도
전적인 것이다.

　웨인라이트는 많은 부분을 제니스 카펠 앤더슨의 페미니스트 수사
학적 문학비평에 근거하고 있는데, 그녀의 마태복음 1장에 관한 논의는
많은 부분을 레이몬드 브라운의 『메시아의 탄생』(*The Birth of the Messiah*;
CLC, 2014 역간)과 브라운, 피츠마이어, 로이만(J. H. P. Reumann) 등이 편집
한 『신약성서의 마리아』의 역사비평에 기반을 두고 있다. 카펠 앤더슨
의 논의는 물어볼 것도 없이 이전의 학문적 합의의 주요 요소들, 특히
(1) 그 구절들(18, 20절)의 성령에 의한 수태를 남성에 의한 임신의 결과가
아닌, 동정녀 수태, 하나님의 창조 행위의 결과로 해석하는 것; (2) 이사
야 7:14의 사용을 수태 방식에 대한 확인이라고 판단하는 것; (3) 가계도
에 나오는 네 명의 여성을, 비록 그들이 후계자를 낳는 일에 있어서 불
명예스럽거나 부도덕한 것이 있더라도, 하나님의 계획과 메시아의 혈
통이 앞으로 전진하는 데 적극적인 역할을 하는 성령의 도구로 이해하
는 것을 지지한다.[35]

　『메시아의 탄생』과 『신약성서의 마리아』에서 카펠 앤더슨은 "초기
페미니스트의 관심사", 곧 마리아를 최초의 그리스도교 신자, 제자, 믿
음의 본보기로 강조하는 것과 후기 그리스도교 경전과 그리스도론의
영향을 받은 일부 해석에 대한 논의에서 독자들의 선이해의 역할에 대
한 인식을 발견한다.[36] 그녀가 성(gender)을 주요 분석 범주로 사용하여
본문에 만연한 남성 중심주의와 가부장적 관점을 보여줄 때, 그녀는 이

35.　Janice Capel Anderson, "Mary's Difference: Gender and Patriarchy in the Birth
　　Narratives," *Journal of Religion* 67 (1987) 188-89.

36.　Ibid., 184.

것이 그리스도교 경전에 대한 이전의 비평을 풍성하게 한다고 주장한다. 비록 그녀의 연구와 브라운 등의 연구 사이에는 충돌이 없지만, 본문과는 충돌이 존재한다: 카펠 앤더슨의 페미니스트 비평이 내러티브에서 찾아내는 긴장과 모호함은 "그것들이 전하는 가부장 이데올로기에 문제를 제기하거나 분산시킨다." "내러티브는 남성들에 투영되고 정의되며 통제되는 여성의 차이점(difference)에 대한 비전을 전달한다. 그러나 본문과 그 이데올로기는 상반되는 경향 또한 담고 있다." 내러티브는 출산과 양육의 영역이 가부장제의 사회, 정치, 종교, 경제 제도에 의해 통제되는 여성의 힘과 차이의 원천이라는 남성 문화적 관점을 반영한다. 그러나 "결혼 이외의 여성의 수태에 대한 존중과 여성과 하나님의 직접적인 관계의 묘사는 긴장을 유발한다."[37] 그러므로 남성 이데올로기는 투영되면서 동시에 손상된다.

카펠 앤더슨은 다른 긴장과 모호함을 본다. 네 명의 여성은 마리아의 여성적 차이를 해석하고 제시하는 본보기로 여겨진다: 그들은 여성의 주도권, 믿음, 출산 능력을 찬양하지만, 그 힘을 가부장의 그릇에 담아서 키우고 있다. (그러나 밧세바는 여기에서도 적합하지 않다: 그녀를 "우리야의 아내"로 부르는 것은 분명 그녀가 이전에 다윗과 성관계를 가졌던 것을 암시하며, 그 관계에서 그녀의 역할은 능동적이 아니었다.) 마태와 누가의 내러티브가 생물학적인 인간 아버지 및/또는 사생아의 가능성을 고려하지 않는다는 것은 논의 없이 받아들여진다. 남성 파트너 없는 여성의 수태의 개념과 하나님이 자궁을 통제한다는 연결된 개념에는 모호성이 존재한다. 후자의 해석은 "실제 독자의 선이해와 또는 그녀가 강조하는 본문의 단서에 크게 의존한다." 하나님을 궁극적인 가부장으로 이해하는 것은 다른 가부장

---

37. Ibid., 194 n. 23, 194, 185-86.

제의 지배 요소들을 강화하는 것으로서 하나님의 자궁에 대한 통제를 강조한다. 그러나 남성이나 여성에 의한 통제가 아니라 자궁에 대한 하나님의 통제에 초점을 맞추면 가부장적 통제가 약화된다. 그러므로 동정녀 수태는 신적인 남성 가부장에 의해 정의되고 통제되는 여성의 정체성과 출산 능력을 보여주는 것이 될 수도 있고, 또는 "남성의 완전한 통제 너머의 독립적 완전성"을 가질 수도 있다.[38] 마태복음 1장에서 발견되는 모호함과 긴장은 이 복음서 전체를 관통하며 가부장적 세계관의 경계를 압박하지만, 그럼에도 불구하고 유지된다.[39]

　카펠 앤더슨의 연구는 이전 학문을 바탕으로 한 페미니스트 사상의 대단히 흥미로운 사례이다. 그러나 내가 보기에 근거가 정말로 견고해 보이지는 않는다. 그녀는 브라운과 다른 사람들이 보지 못했거나 논의하지 않았던 페미니스트 논점들을 발견하고 강조했지만, 그들의 해석에 의문을 제기하지는 않았다. 처녀성과 고결함/자유 사이의 연결은 일부 고대 여신들의 중요한 유산이지만, 그와 관련된 연결에서는 여신에게 성을 사용하지 않을 것을 요구하지 않는다. 출산 능력으로 평가절하된 마리아의 정체성은 그것이 비가부장적 하나님이라는 개념과 연결된다고 하더라도 여전히 나에게는 가부장의 변형(deformation)으로 보인다. 무엇보다 중요한 것은 동정녀 수태라는 개념은 독자의 선이해와 본문의 단서 모두의 측면에서 더 많은 탐구가 필요하다는 것이다. 나는 생물학적으로 정상적인 예수의 수태가 가부장 체계에서 비슷한 모호함을 가졌을 것이라고 생각한다.

---

38. Ibid., 189.
39. Janice Capel Anderson, "Matthew: Gender and Reading," *Semeia* 28 (1983) 20-21 을 볼 것.

마태복음에 관한 그녀의 주석인『여성 성서 주석』(*The Women's Bible Commentary*)에서 에이미-질 레빈은 "복음서의 시작은 성격 묘사, 예언자적 비판, 그리고 줄거리에 의해 … 권리를 빼앗긴 사람들을 위한 예수의 후대 사역, 율법에 대한 그의 새로운 해석, 지도자의 자리에 있는 사람들에 대한 반대를 예고하고 있다"라고 강조한다.[40] 그녀는 주로 예수의 수태를 마태복음 12:50에 비추어 이해한다. 거기에서 "마태는 일반적으로 예상되는 아버지의 관점이 아니라 어머니와 자녀들의 관점에서 정의한다. … 복음서 저자는 한 집단이 다른 집단을 착취하거나 지배하는 모든 관계를 제거하려고 시도한다."[41] 따라서 예수의 생물학적 아버지가 제거됐다. 그러나 나는 생물학적 아버지의 부재보다는 아버지의 생략이 공동체에 "아버지들"의 부재와 더 잘 연결된다고 생각한다.

레빈은 가계도에 네 명의 여성이 포함된 것은 주로 더 높은 의로움을 사례로 제시하기 위한 것이라고 생각하는데, 그 해석이 제대로 적용되려면, 이름이 지명된 우리야가 그의 이름이 지명되지 않은 아내(즉, 골칫거리인 밧세바)를 대신해야 한다. 내 견해로는, 남성 우리야는 이 네 명으로 구성된 "세트"의 일부가 아니다. 오히려 그는 앞서 나오는 다윗에게 끌려간 밧세바 이야기를 떠올리게 하기 위해 호명됐다. 여기에서 그녀의 이름을 부르지 않고 "아내"로 격하한 것은 다윗의 간통을 강조한다. 레빈의 초기 연구에서 그녀는 (밧세바가 아니라 우리야를 포함한) 네 명을 "지배적인 정치, 종교, 사회 체계에 의해 억압받는 사람들을 대표한다"라고 논의하면서, 그들의 성적으로 비정상적인 행동들이 "신의 계획이 성

---

40. Amy-Jill Levine, "Matthew," *The Women's Bible Commentary* (ed. Carol A. Newsom and Sharon H. Ringe; Louisville: Westminster/John Knox, 1992) 253.
41. Ibid., 252.

취되는 믿음"을 보여주었다고 한다.[42] 그러나 마태복음에서 믿음의 본보기는 마리아가 아니라 요셉이다. 레빈은 가계도에 추가된 네 명의 여성들의 혼외 성행위에 초점을 맞춘 것이 예수의 사생아 출생에 관한 유대인들의 비난과 싸우기 위한 의도였을 가능성은 낮다고 생각한다. "그러한 비난은 복음서의 형성보다 후대의 것이기 때문이다."[43] 레빈은 나와 다른 사람들이 그런 비난에 대한 초기 증거라고 생각하는 마가복음 6:3과 요한복음 8:41에 대해 언급하지 않는다. 그러한 본문들에서 나는 그 비난이 중상모략이 아니라 상처를 입히는 데 사용된 진실이라고 생각한다.

레빈은 마리아에 대한 마태의 묘사가 예수에 의해 만들어진 새로운 공동체에서는 가족 관계가 재구성되어야 한다는 마태의 주장과 일치하여 완전히 수동적으로 그려진 것이라고 본다: "마리아의 수동성은 그녀가 예수의 어머니가 됨으로써 획득하는 특권적 지위를 약화시키는 역할을 한다." 그러나 남성에 대한 관심과 수동적인 여성에 대한 묘사에는 "새로운 것"이 전혀 없다. 마태의 기록에서는 요셉이라는 인물이 주도적이지만, 레빈은 "여성적인 이미지가 수태와 탄생 이야기를 둘러싸고 있다"라고 말한다.[44] 마리아는 성령에 의해 수태되는데, 그 단어는 그리스어 문법에서는 중성이지만 셈족어에서는 여성이다:[45] "원래 여성적

---

42. Levine, *Social and Ethnic Dimensions*, 62, 82.

43. Levine, "Matthew," 253. 내가 분명히 말하겠지만, Levine이 말한 것은 나의 정확한 입장이 아니다. 나는 네 명의 여성이 추가된 것은 사생아 임신이 여성이나 아이에 대한 하나님의 저주의 표시가 아니라는 믿음을 전하기 위해 고안된 것이라고 말하고 싶다.

44. Ibid., 254.

45. Ibid., 254. 그녀의 앞선 저술에서, Levine은 성령을 마리아의 임신의 "행위자"(agent)라고 부른다. *Social and Ethnic Dimensions*, 66.

인 성령과 예수의 인간 아버지의 결여의 결합은 인간 가족의 재구성을
의미한다[레빈은 1:16의 수동태 '태어났다'(was born)에 주목한다]: 가부장 모델의
외부에서, 가족은 그 집의 남성 우두머리에 의해 지배되거나 규정되지
않는다." 그러나 레빈에게 있어서 마리아의 평판에 대한 요셉의 근심은
성적인 순결과 법적으로 계약된 약혼이 오직 간음(porneia)을 저지른 경
우에만 이혼/파혼이 허용된다는 마태의 결혼관에 필수적임을 나타낸
다.[46]

레빈은 마태가 동정녀 탄생을 이사야서 7:14에 대한 예언적 성취로
설명하고 있다고 주장한다. 그러나 그녀는 오직 그리스도교 해석가들
만이 이사야의 본문을 메시아적 예언으로 해석하는 것으로 보이며, "성
서 시대나 헬레니즘 시대의 다른 유대 저술들 중 어디에도 메시아가 이
런 방식으로 수태될 것이라고 하는 평행 본문들이 존재하지 않는다"라
고 말한다.[47] 그렇다면 아마도, 마태는 그런 방식으로 그 본문을 읽은 최
초의 사람이고, 또한 아마도 (비록 레빈은 구성 단계에 머물러 있지만) 그러한
개념을 동정녀 수태라고 생각한 최초의 사람일 것이다. 그러나 어떤 압
력에 의해 이러한 생각이 등장했을까? 이 해석에서 그것은 오직 인간관
계의 재구성을 설명하는 역할만 한다. 마지막으로, 레빈은 유아기 내러
티브의 여성들을 복음서의 결말에 나오는 여성들과 연결한다: "여성이
출산을 통해 남성이 이 세계로 들어오게 하고, 많은 전통에서 장례 의식
에 참여함으로써 남성의 떠남을 중재하는 것처럼, 여성들은 예수의 삶
의 틀을 형성한다. 여성들은 그의 가계도와 탄생 이야기에 등장하며, 그

---

46. Levine, "Matthew," 254.
47. Ibid.

의 죽음과 부활의 주요 증인이다."[48]

　이러한 논의들을 비교하는 것은 어려우며, 이 중 어느 것도 마태복음 1장에 대한 본격적인 주석은 아니다. 그들은 서로 다른 정도로 이전의 학문적 합의에 다가가는데, 그것은 내가 여기에서 논의하는 것에 직접적인 도전을 받지 않는다. 그들은 다양한 질문에 대답하면서 같은 질문에는 거의 대답하지 않는다. 가장 중요한 다섯 가지의 질문은 다음과 같다: 마태는 예수가 사생아라는 비난에 반대하거나 답변하는 글을 썼는가? 쇼트로프와 레빈은 그렇지 않다고 생각한다; 패터슨 코링턴은 그렇다고 생각한다; 카펠 앤더슨이나 웨인라이트는 그런 문제를 제기하지 않는다. 마태복음 1장에서 발견되는 예수의 동정녀 탄생에 관한 믿음은 마태 자신의 창작인가? 패터슨 코링턴은 그렇게 생각하지 않는다; 레빈은 그렇게 암시하는 것 같다; 나머지 넷은 그 본문의 이전 단계에 대해 자세히 탐구하지 않는다. 동정녀 수태에 대한 믿음이 여성의 성에 대한 긍정적이고 비가부장적인 관점과 어떤 식으로든 양립할 수 있을까? 패터슨 코링턴은 그렇다고 생각하지 않는다; 쇼트로프는 그렇게 생각하며, 아마 데일리, 래드포드 류터, 웨인라이트, 카펠 앤더슨도 그런 것 같다; 레빈은 이 문제를 검토하지 않는다. 이 믿음이나 개념은 어떤 식으로든 가부장적 태도나 사회적 현실에 대한 비판의 기능을 하는가? 레빈, 쇼트로프, 카펠 앤더슨은 그렇다고 생각하며, 아마 데일리, 래드포드 류터, 웨인라이트도 그런 것 같다. 마태복음의 나머지 부분의 관점에 비추어, "아버지 없는 수태"를 우리는 어떻게 이해할 수 있을까? 레빈은 여기에서 몇 가지 강력한 제안을 하지만, 나는 인간관계를 재구성하는 모티프는 동정녀 수태가 아니라 사생아 수태와 연결될 때 더 합리

48.　Ibid., 262.

적이라고 생각한다. 카펠 앤더슨과 웨인라이트는 가부장 이데올로기와 여성의 힘과 성취 사이의 긴장이나 갈등이 복음서의 나머지 부분에서 드러난다고 본다.

이 논의 중 어느 것도 마태복음 1장에 나오는 신명기 22:23-27에 대한 암시를 다루지 않는다.[49] 또한 그들은 마태복음 1장과 누가복음 1장의 공통 요소들로부터 제기되는 본문의 이전 단계와 형성에 관한 질문을 다루지 않는다. 가계도의 다섯 여성들에 대한 각각의 논의는 우리야의 아내에 관한 문제를 해결하지 못한다. 마지막으로, 그들 중 누구도 "성령으로 잉태됐다"라는 표현이 고대에 전달했거나 전달했을 수도 있는 의미의 범위, 또는 저자가 그 말이 전달했다고 생각했던 의미의 범위를 탐구하지 않는다. 쇼트로프, 패터슨 코링턴, 웨인라이트, 카펠 앤더슨은 모두 1:18과 20에서 (출산이 아니라) 하나님에 의한 창조가 인간의 아버지 됨을 대신했다는 개념을 분석 없이 받아들인다.

이투멜렝 모살라는 『남아프리카의 성서 해석학과 흑인 신학』(Biblical Hermeneutics and Black Theology in South Africa)에서 누가복음 1장과 2장에 대한 유물론적 해석을 하는데, 그것은 페미니즘적이며 마태복음 1장을 해석하는 데 중요한 통찰을 준다. 그의 해석은 내가 여기에서 제기할 논의를 성서 해석학적 세부사항의 측면에서 진전시키지는 않지만, 예수의 수태를 사생아로 생각할 가능성을 뒷받침한다. 그 고려 사항을 상상조차 할 수 없다면 어떠한 성서 해석학적 세부사항도 설득력이 없을 것이다. 나는 이것이 이데올로기와 성서 해석의 관계에 대한 좋은 사례라고 생각한다. 모살라는 "본문 내부와 본문 아래에서의 투쟁"에 대해 말하

---

49. 누가복음 1장의 해석에서의 "편입본문"(intertexture)의 중요성에 대해서는 Rob-bins, 179-85을 볼 것.

면서, 투쟁의 범주를 해석의 도구로 적용한다. 그에게 성서 본문은 "모순되고 투쟁이 만연한 생산 조건의 산물"이지만, "완성된 본문의 결과물은, 그들의 생산 조건에도 불구하고, 여전히 패권적 코드로 만들어져 있다."[50] 그는 다음과 같이 주장한다.

> 성서적-해석학적 전유(appropriation)의 도구로서의 투쟁 개념은, 그것이 아무리 부정적이라 하더라도, 오늘날의 투쟁의 역사와 문화가 발산하는 질문과 과제에 근거하여 비판적으로 관여할 때, 우리가 본문을 전유하고 있음을 뜻한다. 그것은 본문에 의해 대표되는 투쟁의 본질을 파악하고, 그 투쟁의 편을 들기 위해 오늘날의 역사적, 사회적 힘의 배치에 의해 활성화되는 것을 의미한다. … 성서는 현대의 많은 투쟁들이 벌어지는 장소이자 수단이다.
>
> 성서 본문은 투쟁의 현장이다. 그러한 본문들이 중산층과 지배계층의 목표 이외의 것을 위해서도 사용될 수 있는 범위는 텍스트 자체의 중립적이지 않은 특징을 나타낸다.
>
> 성서는 계급, 문화, 젠더, 인종 투쟁의 산물이자 기록이며, 그 현장이고 무기다.[51]

역사적 마리아를 "식민지화된 갈릴리의 빈민가에서 온 미혼모일

---

50. Itumeleng Mosala, *Biblical Hermeneutics and Black Theology in South Africa* (Grand Rapids, MI: Eerdmans, 1989) 9-10.
51. Ibid., 11, 185, 193.

것"으로[52] 이해하면서, 모살라는 예수의 가족이 사회적으로 용납될 수 없는 배경을 가졌던 것으로 본다. 브라운에 이어 그는 마태복음에서 예수가 그의 부모들이 동거를 시작한 뒤 눈에 띄게 이른 시기에 태어났다는 것을 암시하는 결혼 상황에 대해 말한다.[53] 그러나 "마리아가 현대 독점 자본주의 상황 아래의 수백만의 미혼모들의 마음에 영감을 주었을지도 모른다는 희망은 누가복음에서 처음으로 무너졌다." 누가복음은 독자들에게 지배적이고 억압적인 교회와 사회 구조를 타도하기 위한 혁명 운동의 핵심적인 상징보다는, 마치 성직자 같은 "퍼스트 레이디"(first lady)를 제시한다. 모살라는 "그 희망은 사실상 부재함으로만 이 복음서에 남아 있다"라고[54] 말한다. 그는 현재 상태로는 누가복음의 본문을 지배계급의 이익과 도덕성, 왕족과 성직자의 이익, 그리고 예수를 지배계급이 받아들일 수 있는 인물로 묘사하고 팔아먹으려고 하는 시도로 볼 수밖에 없다고 생각한다. 그러므로 누가복음은 반드시 "그 결

52. Ibid., 167. 비록 그곳의 많은 사람들이 세포리스에서 일자리를 찾았을지라도, 우리가 나사렛 같은 가난한 마을(언덕 위에 있고, 우리가 아는 한, 주요 도로에 인접해 있지 않은)을 문화적으로 고립되어 있고 경제적으로 낙후된 곳으로 생각한다면, 기원후 1세기 갈릴리의 "빈민가"(ghettos)에 대해 말하는 것은 사회학적으로 부적절하지 않다. 이 용어는 남아프리카와 미국의 도회지에서 인종 및 계급적 긴장을 유발한다. 1995년 3월 3일, Richard Horsley와의 전화 통화.

53. Mosala는 Brown이 예수의 사회적 수용 불가능성에 대한 "함의를 도출하지는 못했지만, 정곡을 찔렀다"라고 말한다; *Biblical Hermeneutics*, 166. Raymond Brown, "Luke's Method in the Annunciation Narrative of Chapter One," *Perspectives on Luke-Acts* (ed. C. H. Talbert; Edinburgh: T & T Clark, 1978) 134을 볼 것. P. W. van der Horst ("Seven Months' Children in Jewish and Christian Literature from Antiquity," *Ephemerides Theologicae Lotxanienses* 54 [1978]: 346-60)는 조산된 아이들이 때로는 신적인 기원을 갖고 있거나 초자연적인 도움을 받아 수태된 것으로 여겨졌다는 증거들을 수집했다. 그러나 그러한 패턴들은 후대의 것이고 이미 영웅이나 신으로 간주됐던 사람들에게만 적용됐다.

54. Mosala, *Biblical Hermeneutics*, 169.

에 반하여"(against the grain) 해석되어야 한다. 우리는 본문을 관통하고, 본문 너머에 있는 그들의 침묵, "말해서는 안 되는 무언가"를 찾아야 한다. 우리는 "본문을 넘어서서 억압된 반대의 힘을 찾기 위해 본문 내의 지배적인 힘과 투쟁해야 한다."[55]

모살라는 이른바, "성금요일에 탄생 내러티브의 해방적 해석의 진가가 드러났을 때" 사생아라고 불리던 아들딸들과 미혼모들의 눈에 눈물이 흘렀다고 말한다.[56] 설교자들은 흑인 노동계급 신자들에게 요한복음 19:27, "그때부터 그 제자는 그를 자기 집으로 모셨다"라는 본문을 자세히 설명했다. 그 슬픔은 아들이나 딸의 죽음으로 한부모 가정에 부과된 경제적 부담에 관한 것이다. 흑인 노동계급 신자들은 누가의 유아기 내러티브를 읽지 않은 사람들로서 요한복음 19:25-27의 말씀을 경험한다. 즉, 그들은 죽어가는 아들과 홀로 있는 미혼모를 바라본다.

> 아파르트헤이트 자본주의하에서 젊은 흑인 여성 대다수가 미혼모였다는 사실에 국한된 그들의 역사적, 문화적 담론은, 그들을 누가복음의 마리아, 다윗 가문의 요셉의 아내를 넘어서, 편부모, 어쩌면 갈릴리의 하층민의 구성원이었던 마리아[즉, 마태복음의 마리아]에게로 몰고 간다. … 따라서 본문 자체에 새겨진 지배적인 힘과의 투쟁을 통해, 오늘날의 억압받고 착취당하는 사람들은 성서적 공동체 내에서 동류의 투쟁을 발견하려고 할 수 있다.[57]

---

55. Ibid., 169, 187. Mosala는 1세기 팔레스타인의 억압받고 착취당하던 사람들의 투쟁과 염원에 대해 누가의 본문이 침묵하고 있다는 것을 발견한다(188).
56. Ibid., 187-88.
57. Ibid.

마태복음 1장에 대한 나의 해석은 모살라의 해석과 일치한다. 마태복음의 본문은 왕의 혈통에 대한 관심을 보이는 것은 맞지만, 누가복음에서 보이는 정도의 관심은 아니다. 첫째, 아브라함-다윗 가계도를 해석하는데 거기에는 수잔 니디치가 비슷한 사회적 상황에 놓여 있다고 생각하는 네 명의 여성이 포함되어 있다.[58] 네 사람 모두 가부장적 가족 구조의 외부에 있으며, 그 세계에서 부당한 대우를 받거나 방해를 받는다. 그리고 그들의 성적인 활동은 사회 질서를 해치거나 그들을 향한 비난을 일으킬 위험이 있었다. 어떤 의미에서는, 네 명의 상황 모두 죄를 인정하고 책임을 감수하는 남성의 행위나 또는 다른 사람을 위한 책임을 받아들이는 남성, 그 여성을 가부장적 보호 아래로 끌어들이고 가부장적 구조 안에서의 신분과 미래를 부여하고, 그들 및 그들에게서 태어날 자녀들에게 법적인 지위를 보장하는 남성에 의해 구제된다. 나는 이 네 명에 관한 언급이 마태의 독자들이 어떤 식으로든 사회적 부적응자가 된 한 여성—부당한 대우 또는 방해를 받았으며, 자신을 큰 위험에 빠뜨릴 성적인 행위에 가담했고,[59] 그녀의 이야기가 사회 구조를 바로잡고 합법 또는 불법으로 태어날 아이의 출산을 보장하는 결과를 가져오는—에 대한 또 다른 이야기를 기대하도록 고안된 것이라고 주장했다. 또한 네 명의 이야기는 나에게 기적과 신의 개입이 생략되는 특징을 지닌, 거의 비극에 가까운 복잡함 속에서 인간의 자유에 대한 신의 수용에 관한 이야기를 기대하게 한다.

---

58. Susan Niditch, 'The Wronged Woman Righted," *Harvard Theological Review* 72 (1979) 143-49.

59. 부적절한 성행위에 대한 비난은 다말의 경우에는 분명하고, 라합의 경우에는 함축적이며, 룻의 경우에는 보아스의 비밀 엄수에 의해 피할 수 있었고, 밧세바의 경우에는 다윗이 공개적인 비난을 당했다.

나의 두 번째 요점은 침묵과 관계되어 있다. 16절의 가계도의 손상된 패턴, 요셉의 딜레마 이야기, 그리고 25절에서, 마태는 요셉이 이 아이의 생물학적 아버지가 아니라는 것을 강조한다. 그러한 강조에 더하여, 이름이 붙여진 생물학적 아버지의 부재(그럼에도 불구하고 이러한 부재가 그가 존재하지 않았음을 의미하는 것은 아니다), 그리고 16절과 20절의 소위 신적 수동태는, 기적에 의한 수태, 생식 행위 없는 창조에 의한 수태라는 결론으로 이어지지 않는다. 나는 20절에서 "그 [마리아의] 태중에 있는 아기는 성령으로 말미암은 것이다" 또는 "거룩한 영으로 말미암은 것이다"(*to ... gennēthen ek pneumatos estin hagiou*: 아마도 간음에 의한[*ek porneias*] 잉태와 대조되는 의미)라고 해석되는 동사 '겐나오'(*gennaō*)가 어떻게 그런 무게를 감당할 수 있는지 모르겠다. 당시에 "성령을 통한 잉태"는 기적적인 수태를 가리키는 표현이 전혀 아니었다. 관련된 유대 문서와 그리스도교 문서에서, 신적인 잉태의 모티프는 하나님의 능력이 인간의 생명과 출생의 궁극적인 원천임을 강조하거나,[60] 특별한 지위, 약속, 의무에 대한 선택을 강조한다.[61] 이런 의미에서 그리스도교 성서의 저자들은 이삭이 "성령에 따라 잉태됐다"(갈 4:29, *gennētheis ... kata pneuma*, 이스마엘이 육신에 따라 잉태된 것과 대조하여)라고 언급하고, 그리스도인들이 성령 또는 하나님에 의해 잉태됐다고 말했다(요 1:12-13; 3:3-8; 요일 2:29; 3:9; 4:7; 5:1-4, 18). 유대 문헌에는 예수가 하나님의 아들이었기 때문에 그에게 인간 아버지가 없다는 결론에 이르게 하는 맥락이 없다.[62] 만약 "성령에 따라 잉

---

60. 하나님의 "행위"는 배후에 있거나 인간의 양육 속에 있다. 이런 의미에서, 최초의 창조 행위는 모든 인간의 출산에서 재연된다.

61. 이런 의미에서 이스라엘은 하나님에 의해 잉태됐다; 그리고 특정 인물들(예를 들어, 족장들, 왕들, 예언자들, 메시아들)은 특별한 운명을 위한 권능을 받는다.

62. 참조. Brown, Fitzmyer, and Reumann et al., *Mary in the NT*, 93. F. L. Horton Jr.,

태됨"이 유대 사회(얼마나 헬레니즘화됐든지)에서 인간의 아버지 됨을 무효화하거나 대체하는 것으로 이해되지 않았다는 것이 사실이라면, 요셉이 아버지라는 것은 가장 유대적인 복음서라고 불리는 마태복음의 이본문의 "배후"에 있는 역사적인 상황은 아닐 것이다. 요셉이 예수의 생물학적 아버지가 아니라는 마태와 누가 모두의 주장을 진지하게 받아들여야 한다. 복음서 저자들 또는 그들의 전승은 단지 예수의 영광을 위해 요셉을 하나님으로 대체하는 것이 아니다. 이런 식으로 해석하는 것은 논쟁의 여지가 적지만, 잉태에 관한 구절들이 초기에 전달됐을 가능성을 고려하지 않는다. 또한 그것은 약혼 기간에 일어난 임신이라는 설정을 고려하지 않는다. 이것은 기적적인 동정녀 수태의 개념이 문구들에 의해 환기되는 경우에만 ([완전히] 결혼한 여성이 아니라 생물학적 처녀가 수태한) 기적으로 강조될 수 있다.

교회(마태, 누가, 그리고 그들이 의존하는 전승)가 동정녀 수태에 대한 믿음을 혁신했던 것일까? 물론이다. 그러나 문맥상 또 다른 해석이 타당하다면, 나는 혁신적이고 독창적인 것을 선택할 이유가 없다고 본다. 유대교에서 더 멀어진 마태와 누가 이후의 교회는 분명히 이 믿음을 생각해

"Parenthetical Pregnancy: The Conception and Birth of Jesus in Matthew 1," *SBL Seminar Papers* (Atlanta: Scholars, 1987) 180-86도 볼 것. 나는 가능성이 있는 『에녹2서』 71장을 제외하면, 칠십인역, 필론, 외경, 위경 어디에도 그러한 맥락이 없음을 논증했다. 이 저술(『에녹2서』)은 기원후 70년 이전의 것일 수도 있고 아닐 수도 있지만, 나는 멜기세덱에 관한 자료가 인간이 아니라 천사에 관한 것이라고 생각한다. Schaberg, *Illegitimacy of Jesus*, 220 nn. 201-02 [192 nn. 201-02]을 볼 것. Dale C. Allison Jr. (*The New Moses: A Matthean Typology* [Minneapolis: Fortress, 1993], 146-51)는 모세의 수태가 "하나님의 직접적인 개입으로 인해 기적적으로"(150) 보여졌다는 것이 타당성이 있음을 뒷받침하기 위해 후대 랍비 문서들을 *Liber Antiquitatum Biblicarum* 9과 결합하지만, 이 문서들은 기원후 1세기의 동정녀 수태에 관한 믿음을 보여주지는 않는다.

냈다. 나는 이것이 (특히 마태와 누가의 유아기 내러티브를 사생아 수태로 해석한 유대인들에 의한) 사생아 전승이라는 지속적인 "스캔들"과 헬레니즘의 신적인 이방인에 관한 전기적 인물 소개의 압력을 받았다고 생각한다. 누가의 유아기 내러티브는 이런 방향으로 진행된다.[63]

이사야서 7:14(LXX) 사용과 관련해서 유아기 내러티브에 대한 흥미를 불러일으킨 나의 악의 없는 질문은 바로 마태가 이 본문을 칠십인역의 역자가 분명히 이해했던 것처럼, 지금은 처녀이거나 어린 소녀가 미래에 정상적인 방식으로 임신하게 될 것이라고 이해한 것은 아닐까 하는 것이다. 나는 '파르테노스'(parthenos, "처녀")라는 단어 때문에 마태가 예수의 출신에 관한 자신의 이야기를 뒷받침하고 해명하기 위해 이사야서의 이 특정 구절을 첫 번째 성취 인용구로 선택했다고 생각한다. 마태는 약혼한 처녀(parthenos)에 대한 강간이나 유혹에 관계된 신명기 22:23-27의 율법을 생각하고 있었다. 이 율법은 마태가 토라를 준수하는 "의로운 사람" 요셉의 딜레마를 보여줄 때 전제된 것이다. 핵심어의 연결을 통해 이사야서 7:14의 사용이 촉발됐다. 나의 제안은 다음과 같

---

63. Howard Eilberg-Schwartz, *God's Phallus* (Boston: Beacon, 1994) 223-37은 내가 생각하기에는 매우 복잡하고 여기에서 충분히 논의하기엔 너무나 문제가 많은 흥미로운 제안을 한다. 그는 동정녀 수태를 그리스도교가 유대교에서 분리되는 과정을 위한 완벽한 건국 신화 또는 이데올로기로 본다. 그는 유대인들에게는 아버지의 계보가 이스라엘을 정의하는 반면, 유대인들과 이방인들에게 평등한 입장으로 개방된 그리스도교 공동체에서는 아버지의 혈통을 통한 계보가 무의미한 것이 됐다고 한다. 그는 예수의 탄생 이야기에서 인간 아버지를 소거한 것이 바울의 저술에서 시작된 상징적인 변화—이방인들을 향한 그의 사역과, 더 이상 할례가 하나님과의 언약의 기본적인 상징이 아니라고 격하시킨 변화—의 논리적 결론으로 이끈다고 주장한다: "예수는 이방인들이 유대인이라고 하는 것과 똑같은 방식으로 다윗의 자손이라고 한다"(233). 나는 사생아 예수의 관점에서 마태복음(그리고 그 너머)의 이방인들에 대한 포용을 보는 것이 더 유익한 사고방식일 수 있다고 생각한다.

다: 마태 이전의 문제는 사생아 임신에 관한 전승을 신학적으로 이해하는 것이었다. 그 사건을 쉽게 해명하고, 그것이 예언된 것이었다고 제시할 수 있는 본문이나 전승은 없었다. 히브리 성서의 어떤 본문도 유혹에 넘어가거나 강간당하거나 남편이 아닌 다른 사람에 의해 임신하기를 선택한 여자를 정당화하지 않는다.[64] 그런 결합에서 태어난 아이를 정당화하는 문서는 없으며(다윗과 밧세바 사이에서 태어난 첫 번째 아이가 죽었다는 것에 주목할 것), 이것이 메시아의 출신이 될 수 있다는 생각을 받아들일 준비는 더더욱 되지 않았었다. 쉽게 오해할 만한, 가계도에 언급된 네 명의 여성 이야기의 단편들과 신명기 22:23-27에 의해 설명된 이사야서 7:14을 통해서, 마태는 사생아 예수의 기원에 대한 이야기를 하나님과 이스라엘의 언약의 역사 속에서 살아 숨 쉬는 한 사람의 이야기로 이해하고 제시하고자 했다.

약혼 기간에 약혼자가 아닌 다른 남자에 의해 임신한 소녀와 그 남자의 딜레마에 대해 마태가 1:18-25에서 묘사하는 상황은 신명기 22:23-27의 (약혼한 여자에 대한 유혹[65] 또는 강간에 관한) 율법에 대한 지식과,

---

64. 창세기 38장은 예외에 가깝다. 그러나 창세기 38장의 다말은 유다의 셋째 아들인 셀라와 약혼했고, 유다는 셀라를 그녀에게 주는 것을 거부했다(Schaberg, *Illegitimacy of Jesus*, 22-23 [34-35]을 볼 것). 다말은 유다를 속여 그녀와 성관계를 갖게 했고, 결국에는 정당성을 인정받는다. 유다의 혈통은 그녀의 쌍둥이 자녀를 통해 이어지며, 그중 하나는 다윗의 조상이 되는데(룻 4:18-22), 곧 마태복음의 예수 가계도에 포함된 베레스다.

65. 신명기 22:23-27에 관한 논의에서 (부정한 행위로 간주되는) **유혹**이라는 용어는 일반적으로 매우 어린 약혼녀가, 비록 그 행위는 여전히 간음으로 간주되지만, 어느 정도는 그녀의 상대방에 의해 희생됐을 것이라는 의미를 내포하고 있다. 그 율법이 강간을 유혹의 폭력적인 형태라고 잘못 암시하는 것처럼 보인다는 점에 유의해야 한다; 이 율법이 다루는 두 상황 모두 오늘날 강간이라고 부르는 상황에 해당될 수 있다. 어떤 히브리 성서 본문도 약혼 기간에 소녀가 "유혹당한 것"이 아니라 약혼자가 아닌 다른 사람과 기꺼이 성관계를 가진 사실이 발각된 상황을 묘사하는 구절은

그것에 대한 당시의 해석들(필론, 요세푸스, 그 외의 몇 가지 증거)을 전제하고 있다.[66] 이 율법 대한 암시가 이 본문에 존재한다는 것을 인정하지만, 그 것을 강력한 숨겨진 의미로 검토하지 않는 것이 학계에서 흔히 일어나 는 일이다.[67] 모든 여성이 남성의 폭력과 함께 살아간다는 것을[68] 알고 있는 여성으로서 이 본문을 해석하면서, 나는 유혹이나 강간이 법적으 로 어떻게 결정되는지, 관련된 여성의 운명은 무엇인지, 그리고 임신과 출산이 관련된 경우에는 그 아이의 운명이나 지위는 어떻게 될지에 대 해 깊은 관심을 갖게 됐다.

　이러한 문제를 검토하는 것은 여성의 법적 무력함과 여성과 사생아 들에 대한 가부장적 태도의 역할과 힘—요아힘 예레미아스(Joachim Jeremias)는 랍비 자료들에 따르면 그들이 "공동체의 배설물"로[69] 간주된다

없다. 대부분의 주석가들은 마리아가 성관계에 동의한 것으로 의심되는 상황을 마 태가 암시하고 있다고 추측한다.

66. Philo, *De Specialibus Legibus* (Loeb Classical Library; Cambridge, MA: Harvard University; London: Heinemann, 1937) 3.76-78; Josephus, *Antiguitates' Judaicae* (Loeb Classical Library; 1930; reprint, Cambridge, MA: Harvard University; London: Heinemann, 1937) 4.8.23 nos. 251-52; 그리고 11QTemple 66:4-5. 더 깊은 논의를 위해 Schaberg, *Illegitimacy of Jesus*, 47-53 [51-59]을 볼 것.

67. 일부 학자들은 (요셉이 상황을 잘못 이해하고 있다는 의미로 해석하면서) 그 암시 를 인정하지만, 그 본문이 동정녀 수태를 옹호한다고 주장한다.

68. 이것은 모든 여성이 남성 폭력을 똑같은 방식으로 경험한다는 것도 아니고, 모든 남성이 남성 폭력과 함께 살아간다는 것을 부정하는 것도 아니다.

69. Joachim Jeremias, *Jerusalem at the Time of Jesus* (Philadelphia: Fortress, 1969) 341-42, 337과 광범위한 의미를 갖고 있는 단어인 *mamzērîm*(사생아들)에 관한 랍 비들의 언급을 볼 것. 불행하게도, 예레미아스는 우리에게 이 인용구의 출처나 연 대를 알려주지 않는다; 그는 가장 오래된 랍비 관점에서는 *mamzēr*가 간통으로 태 어난 아이였다고 생각한다. 다양한 이방 자료들에 의하면 유대인들은 낙태와 유아 살해를 하지 않았다고 한다. 마태가 묘사하는 상황에 놓인 한 여성의 아이가 마주 칠 수 있는 모든 운명 중, 가족에게 입양되고 그녀의 남편의 보호를 받는 것은 가장 친절하고 인간적인 것이었다; 그렇게 되면 그 아이는 사생아가 아니게 됐을 것이

고 말했다—에 대한 인식을 통렬하게 고쳐시킨다. (신명기 23:2에 근거히여) 간통이나 근친상간으로 태어난 아이들은 적법하게 태어난 이스라엘 백성이나 다른 이들과의 결혼이 금지됐고, 상속권에 대한 논쟁이 있었으며, 그 외 다른 제한의 대상이 됐다.[70] 집회서 23:22-26과 솔로몬의 지혜서 3:16-19, 4:3-6은 그런 여자들과 그런 관계에서 태어난 아이들에게 저주를 선포한다. 나는 마태가 당시의 유대 율법과 사회적 태도에 익숙했던 그의 독자들이 요셉에게 열려 있던 선택지를[71] 심사숙고하게끔 하려 했지만 여성의 공포스러운 상황에 대해서는 상상하지 않으려 했다고 생각한다. 요셉의 선택—조용한, 아마도 관대한 이혼—은 율법이 제공하는 자비로운 대안에 해당한다. 그러나 그의 결심은 결혼을 완료하라는 20-21절의 천사의 메시지에 의해 뒤집힌다. 기원후 1세기에 이러한 법적 상황이 어떻게 평가됐을지 분석한 결과, 약혼녀를 집으로 데려가는 것은 유혹이나 간통에 대한 의심을 제거할 수는 있겠지만 강간에 대한 의혹은 제거할 수 없었을 것이다. 토라 준수자는 강간당한 여성과의 결혼을 허용하는 좀 더 관대한 할라카에 따라 그 결혼을 진행할 수 있었을 것이다. 천사의 발언은 법적인 장애가 없다는 주장으로 읽힐 수도 있고, (마태복음이기에 그럴 가능성은 적지만) 약혼녀를 집으로 데려오는 것을 금지하는 법률을 취소하거나 보류하는 것으로 해석될 수도 있다.

마태복음 본문에 대한 분석은 독자들이 강간 혐의를 향하도록 몰고

다. 그러나 그러한 결정에 수반됐을 감정적인 장애와 편견 때문에, 우리는 그것이 가장 드물고 예상할 수 없는 것이라고 추측할 수 있다.

70. Judith Romney Wegner, *Chattel or Person?* (New York: Oxford University, 1988) 24과 Schaberg, *Illegitimacy of Jesus*, 55-57 [58-61]을 볼 것.

71. *Illegitimacy of Jesus*, 58-62 [62-64]에서 이러한 선택지에 관한 나의 이해를 설명했다.

간다. 나는 더 광범위한 분석에 근거하여 복음서 이전의 사생아 전승이 역사적 기억에 근거하고 있다고 생각한다.[72] 약혼과 동거 사이의 기간에 일어난 마리아의 임신은 역사적인 것이다. 마태와 누가 모두 요셉이 생물학적 아버지라고 주장하는 것도 마찬가지다. 그러나 나에게는 그 수태가 강간의 결과인지 아닌지, 역사적인 마리아가 희생자였는지 아니면 자유로운 영혼이었는지, 아니면 그 사이의 무엇이었는지에 대해 경험에서 나오는 추측조차도 할 수 없다. 강간이나 유혹에 대한 의심은 약혼 이외의 합의된 성관계에 의한 수태를 은폐하는 데 도움이 됐을 수 있다.

나는 의로움과 토라에 관한 마태의 첫 가르침이 하나님의 아들로 받아들여진 예수의 사생아 수태에 관한 마태 이전 전승을 나타내는 것으로 해석한다. 그 이야기는 남성 중심적이고 완곡하며, "이름을 붙일 수 없는 사람"을 회피하지만, 그 안에서 하나님은 가부장적 억압의 변하지 않는 구조 속에서 위험에 처한 여성과 아이의 편에 선다. 마리아에 대한 관심은 매우 적으며, 생물학적 아버지는 부재의 상태로만 등장한다.

그 "저자"의 편집적 선택에 대한 나의 이해 때문에 (그리고 또한 연구하면서 수 세기를 가로질러 다른 사람의 사고에 접촉하고 있다는 생각의 즐거움 때문에) 나는 사생아 전승을 전달하는 것이 저자의 "의도"—이것은 가볍게 (lightly) 사용되어야 하는 용어다—의 일부라고 생각한다. 분명 나는 다른 방식을 사용하여 다른 해석을 덜 진실하거나 진실한 것으로 만들 수 있

---

72. 특히 난처함, 불연속성, 다중 증거의 기준, 그리고 팔레스타인의 환경에 대해서는 John P. Meier, *A Marginal Jew: Rethinking the Historical Jesus*, vol. 1 (New York: Doubleday, 1991) chap. 6을 볼 것.

는, 미에케 발이 반대로 읽기(counterreading)라고 부르는 것을 통해, 다른
해석의 순수한 가능성을[73] 보여주려고 노력하고 있다. 아마도 나는 아탈
랴 브레너(Athalya Brenner)와 포클린 판 데이크-헴스(Fokkelien Van Dijk-
Hemmes)가 말했듯이, 본문 내부와 그 사이에서 일어나는 투쟁, 본문의
"내적 분열"과 그 지배적인 목소리와 침묵하는 목소리들 속에서, 본문
속에 고착된 재갈 물린 "여성의 목소리", 문서화된 여성의 전승에 대한
추적에 귀를 기울이고 있는 것일지도 모른다.[74] 나는 여성의 본문 읽기
가 그 본문들에 대한 남성들의 해석이 알려주는 가정에 도전할 수 있다
고 생각한다.[75] 나의 해석은 주인중심제적(kyriarchal: 엘리자베스 쉬슬러 피오
렌자가 지배, 억압, 복종을 중심으로 구축된 사회 시스템을 가리키기 위해 만든 페미니즘
이론 용어—역주) 억압을 약화 및 변화시키고 본문을 가부장적 틀에서 벗
어나게 하며, 주인중심제적 성서 종교들에서 에너지를 제거하기 위한
노력의 맥락에서 이루어진다.[76]

---

73. 대안적 해석이 "의식적인 사고의 차원 아래의 어떤 동기에서 발생하는" 강력한 감
   정에 의해 반대될 때, 이것은 매우 힘든 일이다(Virginia Woolf, *Three Guineas* [New
   York: Harcourt Brace Jovanovich, 1938], 128-29). 나는 "A Feminist Experience of
   Historical Jesus Scholarship," *Continuum* 3 (1994) 266-85에서 나의 경험에 대해
   기록했다. Robin Wilson, "A Scholar's Conclusion about Mary Stirs Ire," *Chronicle
   of Higher Education*, 6 October 1993, A7도 볼 것.
74. Athalya Brenner and Fokkelien Van Dijk-Hemmes, *On Gendering Texts* (Leiden:
   Brill, 1993) 27, 7. Brenner와 Van Dijk-Hemmes는 이 본문들을 작성했을지도 모르
   는 인물보다는 본문 자체에 초점을 맞춘다.
75. 페미니스트 성서 비평에서 남성의 가장 유용한 역할은 "교회와 학문적 해석 공동
   체를 포함하여 신약성서와 독자들에 의해 구현되고, 만들어진 다양한 남성성을 조
   사하는 것일 수 있다." Elizabeth Struthers Malbon and Janice Capel Anderson,
   "Literary-Critical Methods," in Schüssler Fiorenza, *Searching the Scriptures*, 1.251.
76. 이것은 여성과 남성에 대한 본질주의자적(essentialist) 이해를 무의식적으로 가정
   하지 않고 이루어져야 한다. Schüssler Fiorenza, *Searching the Scriptures*, 1.11, 14-16
   을 볼 것.

마태복음 1장과 누가복음 1장의 공통 요소에 대한 나의 해석을 기초로 하여, 예수의 가족 집단에게서 처음으로 유래한 복음서 이전의 전승, 아마도 구전됐던 것으로 추정되는 전승의 윤곽을 재구성할 수 있다.[77] 이 전승의 복음서 이전의 발전은, 예수는 사생아였음에도 불구하고 하나님의 아들이었고, 그의 어머니는 흠이 없으며, (요셉과 성령에 의해) 보호됐다는 신학적 "계시"를 보여준다. 기원후 1세기의 누가 그러한 진술을 만들어 낼 수 있었을까? 예수의 잉태를 성령과 연결하고, 그 아이가 미래에 위대하게 될 것임을 예언하는 명시적인 신학적-그리스도론적 해석은 하나님의 아들 됨을 표현하기 위해(갈 4:6, 29; 롬 8:15; 요 3:5-6), 그리고 예수의 부활과 세례에 나타나는 예수와 하나님의 관계의 성취를 표현하기 위해 성령이라는 용어를 사용하는 데 익숙했던 초기 그리스도교 예언자, 카리스마 집단의 구성원이었을 것이다. 그것을 실제로 말했던 맥락은 유실됐다.

여성들은 예수의 수태에 관한 초기 전승에 대해 특별한 관심과 이해를 갖고 있었을 것이다. "구두 전달은 사회적 정체성의 법칙에 의해 통제된다." 전승은 더 광범위한 남성 지배적인 사회에서 그것이 사회적으로 용납될 수 없는 전복적인 것일지라도, 그 전승이 존재를 확인시켜주는 사람들, 전승이 사회적 요구를 충족시켜주는 사람들, 전승이 그들의 삶에서 진실한 것이거나 진실한 희망이 되는 사람들에 의해 전해진다.[78] 우리는 초기 교회의 영향력 있는 여성들 중 일부가 구전 전승 그리

---

77. 그 전승의 기초는 단순히 예수가 사생아로 수태됐다는 보고였을 것이다. 또한 아마도 가족 집단으로부터 그 아이는 부정한 영이 아닌 거룩한 영으로 잉태됐다는 고대의 확언과 그의 어머니는 흠이 없다는 주장이 나왔을 것이다. 그것 이외의 사생아에 대한 복음서 이전의 해석은 아마도 가족들에게서 비롯된 것이 아닐 것이다.

78. Werner Kelber, *The Oral and the Written Gospel* (Philadelphia: Fortress, 1983) 24-

고 어쩌면 기록된 전승에 중요한 기여를 했고, 예수 이야기를 형성하고 구성한 이름이 알려지지 않은 사람 중의 한 명일 수도 있다는 합리적인 예상을 할 수 있다. 사생아 전승은 그러한 기여 중 하나일 수도 있다: 여성들은 그 전승들의 창조에 관여했을 수도 있고, 그것이 잊혀지지 않았거나 (아마도 복음서의 단계, 누가복음에서) 완전히 왜곡되지 않았다는 것을 확증하는 데 참여했을 수도 있다. 복음서 이후의 그리스도교 공동체(또는 아마도 누가복음의 단계)에서, 그 전승은 사회적 문턱을 넘어 공동체에 수용되기까지 이어지지 못했다.

그 전승의 충격적인 본질과 예수 운동에 대한 잠재적 피해, 그리고 그 전승이 요구하는 신앙 때문에, 사생아 전승은 전달되기 어려운 것이었다. 이를 일단 전하게 되면 그것은 청중들의 강력한 반발을 일으킬 수밖에 없었다. 오해, 조롱, 거부와 비방이 뒤따랐고, 그 여파로 동정녀 수태가 계속 발전하고 나중에는 동정녀 수태를 재해석하는 배경을 제공했다. 자의에 의한 혼외 성행위는 말할 것도 없고, 강간이나 유혹에 대한 언급은 관련 여성에게 책임이 있다는 확신이 끊이지 않았으며, 여전히 사생아 수태는 종종 악한 것까지는 아니더라도 열등함이나 무가치함을 의미하는 경우가 많았다. 이 전승에 불쾌감을 느낀 사람들은 마태의 유아기 내러티브가 변형, 둔화, 동화시켜 전달된 사생아 전승에 대한 응답일 뿐 아니라 그러한 소문과 반발에 대한 응답이라는 점에서 의도치 않게 그 전승의 전달자가 됐다.

나는 이제 비페미니스트 비판의 응답에 관한 문제로 눈을 돌리려고 한다. 그것은 종종 내가 받는 항의 투서처럼 이상하게 들린다. 나의 해석-재구성에 대해 제임스 찰스워스(James Charlesworth)는 "광적이고 터무

25.

니없으며", "자기 이익만 생각한다"라고 말했고,[79] 존 마이어(John Meier)는 "일반적으로 품위 있는 단체나 품위 있는 책에서는 언급되지 않을 것", "경건한 사람들은 충격을 받고 불경건한 사람들은 환호성을 지를" 아이디어, "많은 지식이 낭비된 돈키호테 같은 기획"이라고 말했다.[80] 나는 마이어의 책이 처음 나와서 서점에서 그것을 집어들었던 때를 기억한다. 나는 흥미 있고 충실한 통찰을 기대했다. 대부분 확장된 각주(extended footnotes)로 처리되어 있는, 나의 연구에 대한 언급을 읽으면서 나는 진땀을 흘리기 시작했다. 무엇 때문이었을까? 난처함? 분노? 곤혹스러움? 내가 그 책을 사서 땀을 흘리지 않고 읽기까지는 조금 시간이 걸렸다. 나는 마이어가 고함을 지르고 있다는 것을 알게 됐다.

내가 보기에 셰이버그의 논지는 처음부터 자기모순적이다. 책의 논지가 전개될수록 자기모순의 위협이 더 커진다. 그녀는 절묘한 전문적 주석으로 그녀의 이상한 입장을 강화하려고 한다. 불행하게도, 자신의 견해를 뒷받침하기 위해 그녀는 자주 주어진 본문에 대한 가능성 낮은 해석을 선택해야만 한다. 분명히 모든 번역자들은 때때로 가능성 낮은 해석을 선택하기로 결정한다. 그러나 셰이버그의 의심스러운 해석에 대한 긴 주석은 전체 기획을 극단적으로 의심스럽게 만든다. 이론에 대한 반복되는 확언이 자세한 논증을 대신하고, 수사학적 질문이 많으며, 반대되는 자료는 무시되거나 재빨리 각주로 처리된다. 점차, 주석이 시작되기도 전에 결정된 해석학적 입장을 위해 본문의 "자연스러운 기질"

79. James Charlesworth, *Jesus within Judaism* (New York: Doubleday, 1980) 201; 참조, James Charlesworth, ed., *Jesus' Jewishness* (New York: Crossroad, 1991) 71.
80. Meier, *A Marginal Jew*, 222, 246 n. 78.

에 어긋나는 주석을 한다는 인상을 받게 된다.[81]

마이어가 보기에 내 논의의 결점은 주로 두 가지인 것 같다. 첫째, 그는 나의 『도마 복음』 105(그리고 쾨스터[H. Koester]를 비롯한 다른 이들을 따르는 이 본문에 대한 나의 연대 설정), 마가복음 6:3, 요한복음 8:41에 대한 해석에 이의를 제기하며, 예수의 사생아 전승이 2세기 중반 이전에 존재했다는 명확한 증거가 없고, 따라서 그러한 논쟁은 유아기 내러티브에 대한 반응으로 보인다고 주장한다.[82] 둘째, 마이어는 예수가 30세 무렵까지 유대 대중들의 관심을 끌지 못했다는 점에서 "아마도 적대적이었을 유대인들"이 예수의 탄생을 둘러싼 상황을 어떻게 알게 됐는지, 그리고 그러한 지식이 어떻게 팔레스타인 유대교에서 수십 년 동안 보존되고 디아스포라 유대교에 전달됐는지를 묻는다: "시나리오 전체가 믿음을 뒤틀리게 한다. … 이는 셰이버그가 시나리오를 쓰는 것을 막지 못한다."[83] 혐오감을 느낀 것이 분명해 보이는 마이어는 사생아 전승의 구전에 관한 기원과 전달에 대한 나의 주장의 세부사항에 대해 논의하려고 하지 않는다.

나는 여기에서 내가 제기한 주요 문제들에 대한 실질적인 대립이나 민감성을 발견하지 못했으며, 대부분은 내가 여기에서 반복한 것들이다. 마이어에게 사생아 전승은 단지 "적그리스도론"(antichristology)일 뿐이며, "예수의 수난과 죽음에서 경험한 모든 참혹함의 관점에서 볼 때,

---

81. Ibid., 246 n. 78.
82. Schaberg, *Illegitimacy of Jesus*, 156-65 [137-45]을 볼 것. 『도마 복음』의 연대에 대해서는 H. Koester, "The Gospel of Thomas" in *The Nag Hammadi Library in English* (trans. J. M. Robinson et al.; San Francisco: Harper and Row, 1988) 125을 볼 것.
83. Meier, *A Marginal Jew*, 224, 249 n. 90, ibid., 153-56에 대한 언급.

사생아는 [단지] '자기비움'(kenosis)의 작은 측면으로 여겨질 수 있을 뿐이다."[84] 이러한 진술 뒤에는 검토되지 않은 가정이 놓여 있다. 그것들은 반드시 검토되어야 한다.

　　레이몬드 브라운의 『메시아의 탄생』 제2판이 출판됐을 때, 나는 다시 한번 땀을 흘릴 준비가 되어 있었다. 거기서 그는 나의 『사생아 예수』에 관한 몇 가지 해석에 대해 반론을 제기한다. 놀라운 것은, 브라운 정도의 신중한 학자가 마리아의 강간 가능성에 관한 나의 입장을 잘못 해석했다는 것이다. 곧, 브라운은 마리아가 강간당한 것이 역사적인 사건이라는 주장이 나의 해석의 핵심이라고 생각하면서, 그것을 다섯 번이나 언급했다.[85] 사실 나는 그 임신이 마리아가 당한 유혹이나 강간의 결과인지, 아니면 요셉이 아닌 다른 누군가와 성관계를 하기로 한 그녀의 자유로운 선택의 결과인지에 관한 질문은 역사적으로 열려 있는 채로 남겨져야 한다고 주장했다.[86] 대단히 흥미로운—그리고 내 생각에는 신학적으로 부적절한—브라운의 평가는 다음과 같다: "강간범이 예수의 친아버지라는 셰이버그의 주장은, 내 판단으로는, 마태복음 1:18-25에서 의도하는 예수의 신학적 정체성을 파괴한다. 예수는 신원을 알 수 없는 사람의 아들이 아니다. 그는 진실로 하나님의 거룩한 영으로부터 마리아의 자궁에서 창조적으로 태어난 하나님의 아들이다. 마리아의 자궁에서 이렇게 수태된 아이를 자신의 아들로 받아들여 이름을 지어준 다윗의 후손 요셉에게 받아들여짐을 통해, 예수는 진정한 다윗의 아

---

84. Meier, *A Marginal Jew*, 248 n. 83, 223.

85. Raymond E. Brown, *The Birth of the Messiah* (2nd ed.; New York: Doubleday, 1993) 593, 601, 637 (2회) 708.

86. Schaberg, *Illegitimacy of Jesus*, 152 [135].

들이 된다."[87] 따라서 브라운에게 있어서 예수의 인간 아버지가 누구이
든 간에, 그것은 마태가 의도한 "신학적 정체성"을 파괴할 것이다.

또한 브라운은 내가 "[가계도에 나오는] 다섯 여성들의 공통 요인은 그
들의 출산이 불법이라는 특징을 갖는다는 것"이라고 주장했다고 부정
확하게 이야기한다.[88] 그는 마태가 신명기 22:23-27을 생각하면서 이사
야서 7:14의 방식을 선택했다는 나의 견해를 "대단한 억지"라고 생각한
다. 그러나 나는 처녀(parthenos)를 핵심어로 사용했다는 주장에서 아무
런 "억지"도 찾지 못한다. 그는 내 해석이 생소하고, "대부분의 다른 사
람들이" 그것을 받아들이지 않는다고 말한다. "우리는 혼자만의 학문
연구를 비난해서는 안 되지만, 그러한 연구에서 주장하는 통찰은 저자
의 의도보다는 해석자의 관점에 달려있다는 의심을 갖게 한다."[89] 그는
"부모의 죄를 자식들에게 돌리는 구약성서의 성향을 볼 때, 마리아가
유혹을 당했다면, 예수님의 무죄에 대한 이런 주장들이 존재할 수 있었
을까(요 8:46, 14:30; 벧전 1:19, 3:18; 요일 3:5, 7; 히 4:15)?"라고 평한다. 그러나
이는 다른 방식으로 반박할 수 있다. 그러한 주장은 구약성서의 경향에
반대되는데, 특히 제4복음서가 그러한 경향을 반대하며, 내가 주장한
바와 같이 유아기 내러티브는 다른 방식으로 그러한 경향에 반대한다.

---

87. Brown, *Birth*, 601. Brown은 가계도의 세 번째 부분의 14대에서 누락된 요소에 대
한 나의 주장이 한 아이에 대해 두 번의 통지를 함으로써 "전체 계산 체계를 무너뜨
린다"라고 주장한다. 그러나 그러한 두 번의 통지 없이는, 가계도는 요셉의 역할을
언급하면서 예수가 사생아라는 것을 암시할 수 없었다. Brown은 나의 주장이 가계
도의 첫 번째 부분에서 누락된 요소를 설명하지 않는다고 주장하지만(590 n. 45),
그는 첫 번째 부분에 대한 나의 논의에 대해서는 언급하지 않는다(*Illegitimacy of
Jesus*, 32-34, 36 [41 -43, 44]).
88. Brown, *Birth*, 593-94을 볼 것.
89. Ibid., 637; 593, 708도 볼 것.

다른 경우들은 사생아 전승에 관한 지식이 부족하기 때문에 아무 관련이 없는 구절일 수도 있다. 또한 브라운은 "만일 그리스도인들이 마리아의 강간을 알았다면, 예수의 가족 주장(막 3:31-35)과 평범한 가족(6:3)으로 묘사하는 추정은 매우 이상하다"라고 논평한다.[90] 그러나 나는 강간이나 비정상적인 출산이, 그것이 무엇이건 간에, 예수의 가족이라는 주장과 (겉모습이거나 실제 모습이거나) 평범한 가족(family normality)을 어떻게 불가능하게 하는지 모르겠다. 마이어와 마찬가지로, 브라운은 내가 종종 "본문의 표면상의 의미에 반대되는 함의들을 부과"해야 하며, 처음 두 세기의 자료들에서 예수가 사생아였다는 "단 하나의 명확한 그리스도교의 확언"도 제시하지 못한다고 주장한다.[91] 그러나 내가 볼 때, 사생아 전승은 그 특성상 음울함, 침묵, 암시, 복잡한 인정, 오해, 반박 외에는 아무것도 기대할 수 없게 만들었을 것이다. 이것이 바로 그 전승을 추적하기 어렵게—불가능하지는 않지만—만드는 이유다.

브라운은 자신의 전제와 가정 문제에 있어서 모호하다. 그는 자신이 의심의 여지없이 가톨릭 사제로서의 지위에 영향을 받았다고 말한다. 그러나 그는 자신이 어떻게 영향을 받았는지 논의하지 않는다. 동정녀 수태가 "성서에 부과된 이질적인 해석"이라는 가정은 때때로 "자신의 교회를 이질적이라고 생각하며, 교회의 교리를 불쾌하게 여기는 사람들", "자신이 자라난 전통에 대한 반발에 영향을 받은 … 자유주의 비평가들"에 의해 만들어졌다.[92] 존 S. 스퐁(John S. Spong)은 내가 "연구에 관한 독립적인 자유로움"을 갖고 있는 반면, 브라운은 "로마가톨릭 전통

---

90. Ibid., 708 n. 330.
91. Ibid., 708.
92. Ibid., 704 n. 324.

의 교조주의에 얽매여 있기 때문에" 브라운보다 나의 주석을 선호했다.[93] 브라운은, "스퐁은 셰이버그가 가톨릭 교리와 페미니즘을 다루면서 수녀였던 자신의 과거 역사에 반발하고 있다는 생각은 하지 않은 것 같다"라고 생각한다.[94] 나는 이 『사생아 예수』에서 가톨릭 전통 내에서의 성모 마리아의 모호한 권능에 대한 나의 경험을 언급했다. 말하자면, 그녀는 어떤 면에서는 긍정적이지만 기본적으로 제도적인 성차별의 도구다.[95] 나는 동정녀 수태 교리에 관한 나의 의아함과 부정적인 감정들을 표현했다.[96] 『성경 탐색하기』(Searching the Scriptures) 제2권에서 야고보의 원복음서와 마태의 유아기 복음서에 대한 논평에서, 나는 나의 가톨릭 배경에 대해 더 많은 것을 말했고, 그것은 여기에서 관련이 있는 것 같다.

페미니스트 학문에서 중요한 것은 학자의 성향(bias) 또는 시각을 인정하고 제시하는 것이다. "나"는 학자로서 말할 수 있는 권한이 있지만, 그것이 모든 여성을 대변하는 것도 아니며, 완벽한 해석을 제공하는 것

---

93. John S. Spong, *Born of a Woman* (San Francisco: Harper and Row, 1992) xiv.
94. Brown, *Birth*, 704 n. 324. 더 적절하게 말하자면, Brown은 내가 강간당하거나 사생아를 낳은 적이 있는지에 대해 생각해 본 적이 없는 것 같다.
95. Schaberg, *Illegitimacy of Jesus*, 11-12 [25-27]; Schüssler Fiorenza, *Jesus*, 164-77도 볼 것.
96. Brown은 동정녀 수태가 "무성애이거나 성 경험이 없는, 길들여지고 '순수한' 여성에 대한 남성 판타지와 소망의 투영, 특히 독신 남성의 마음을 흔들어놓지 않는 여성에 대한 투영"이 아닌지에 대한 나의 의문을 인용한다(*Illegitimacy of Jesus*, 10 [24]; Brown, *Birth*, 703, n. 319에서 인용). 이어서 그는 기원후 1, 2세기에 이런 식으로 환상을 가졌던 독신 남성 그리스도인이 누구였으며 어디에 있었는지, "일반적으로 20세기 독신 성직자들의 탓으로 돌려지는" 이러한 판타지들이 1세기의 남성들에게 역으로 소급되어 투영된 것은 아닌지 궁금해한다(703 n. 319). 그러나 나는 동정녀 수태 개념이 기원후 1세기의 것이라고 주장하지 않았다.

도 아니라는 것을 기억해야 한다. 독자들은 이 논평이 백인, 중산층, 미혼, 이성애자, 비독신주의자, 생물학적으로 아이가 없고—꽤 행복한—로마가톨릭 배경의 미국 출신의 여성이 썼다는 것을 알고 있어야 한다. 가장 관련이 있는 것은 1960년대와 1970년대의 일부를 수녀로 지냈다는 정보다. 제2바티칸 공의회 이후 이 시기의 독신 생활 방식에는, 변화된 성 관습과 페미니스트 의식의 성장에 영향을 받은 여성들 사이에 있었던 독신의 기원과 역사, 가치에 관한 많은 논의가 포함되어 있었다. 로마가톨릭의 과거에 대한 재평가와 광범위한 학문적, 개인적, 정치적 분석의 일부인 이 계속되는 대화가 이 논평의 배경이다.[97]

마지막으로, 나의 해석에서 내가 가장 중요한 성서 주석 문제라고 생각하는 마태복음 1:18, 20의 성령에 관한 구절에 대한 브라운의 논의에 대해 언급하고자 한다. 여기에서 브라운은 우리의 이해를 발전시키기 않는다. 당시의 유대 문헌에는 수태에서 인간의 아버지 됨을 무효화하는 하나님의 역할을 믿는 믿음의 배경을 찾을 수 없다는 나의 주장을 무시하고, 브라운은 16절의 '엑스 헤스 에겐네테'(*ex hes egennethe*, "~에게서 태어났다")라는 구절을 마리아에게 적용하여 문자 그대로 그녀로부터 아이가 태어났다고 생각하기 때문에, 20절에서 성령에게 적용된 비슷한 구절이 "문자 그대로 아이를 태어나게 하는 다른 대리자를 지정하는 것"이라고 생각한다. 그는 이 이야기가 요셉이 잉태의 "대리자"에 대해 듣게 될 것이라는 기대를 설정한다고 말한다. (사실이다. 그러나 나는 그 기대가 충족되지 않는다고 생각한다.) 전치사 '에크'(*ek*)는 "예수를 탄생하게 하는

---

97. Jane Schaberg, "The Infancy of Mary of Nazareth," in Schüssler Fiorenza, *Searching the Scriptures*, 2.710.

데 있어서 성령을 공동정범(coprincipal)으로 만들지만, 성령을 남성 잉태자의 역할로 만드는 것은 피한다."[98] 내 생각에, 마태와 같은 방식으로 성령에 대해 말하는 것이 반드시 생물학적으로 독특한, 아버지 없는 수태를 나타내는 것은 아니다. 예를 들어, 필론은 리브가의 임신은 이삭이 간구했던 하나님의 "권능을 통해"(ek) 이루어졌지만, 그러한 암시(아버지 없는 수태)는 나타나지 않는다고 말할 수 있었다.[99] 필론에게는 하나의 수태에 두 명의 "행위자"가 있는 것이 아니라 세 명이 있는 셈이다. "이는 하나님이 그 출생의 최초 원인[arche]이기 때문이다. 하지만 가장 낮고 가장 존중받지 못하는 부류인 인간은 그 목적[telos]이다."[100]

* * *

찰스워스, 마이어, 브라운에 대한 나의 커다란 존경심에도 불구하고, 『사생아 예수』에 대한 그들의 발언을 읽으면, 내가 뭔가 중요한 것을 발견한 것 같고, 혹평 이상의 것을 경험하고 있을지도 모른다고 생각하게 된다. 내 해석의 장점과 여기에서 다룬 다른 페미니스트 해석들에는 더 많은 논의가 필요하다. 여기에는 탐구해야 할 것들이 많다: 마태복음 본문의 여백을 서로 다른 독자들이 어떻게 다르게 채우는지, 독자

---

98. Brown, *Birth*, 601, 591.

99. Philo, *De Cherubim* (Loeb Classical Library; Cambridge, MA: Harvard University; London: Heinemann, 1950) 13.45.

100. Philo, *Quis Rerum Divinarum Heres* (Loeb Classical Library; New York: Putnam; London: Heinemann, 1932) 35.172; 참조, *De Decalogo* (Loeb Classical Library; Cambridge: Harvard University; London: Heinemann, 1937) 23.120; *De Iosepho* (Loeb Classical Library; 1935; reprint, Cambridge, MA: Harvard University; London: Heinemann, 1950) 43.265.

들의 사회적 위치와 욕망이 어떻게 해석에 영향을 미치는지, 서로 다른 해석들이 어떤 관심사에 도움을 받고 도움을 주는지, 어떤 방식으로 본문이 언제나 열려 있고 증명 불가능한지, 그리고 본문에 대한 어떤 해석이 더 설득력이 있고 그 이유는 무엇인지. 우리의 논의는 논쟁에서 승리하고 끝내기 위한 것이 아니며, 하나의 완전히 올바른 해석이 다른 모든 해석을 물리치고 입다물게 하며 본문을 침묵시키는 것이 아니라, 더 나은 방향으로 변화시키는 데 도움이 되는 지속적인 대화를 위한 것이다.[101]

---

101. 나는 Mieke Bal의 이 진술을 사랑한다: "내가 제안할 대안적 해석은 다른 모든 것을 압도하는 또 다른 우월한 해석으로 여겨져서는 안 된다. 나의 목표는 다른 해석에 대한 순수한 가능성을 통해 비록 '우월성'(dominance)이 존재하지만 많은 면에서 불쾌하고, 아무 문제없이 확립된 것이 아님을 보여주는 것이다. 나의 관심을 끄는 것은 승리보다는 도전이다. 나를 괴롭히는 것은 성서에 대한 성차별적인 해석이 아니기 때문이다. 그것은 우월한 해석의 가능성 그 자체, 문화적 일관성과 권위의 매력이며, 나는 그것이 성차별주의의 결과라기보다는 그 원인이라고 생각한다." *Lethal Love*, 3.

제인 셰이버그, 레이몬드 E. 브라운 그리고 사생아 예수에 관한 문제

프랭크 라일리*

제인 셰이버그의 『사생아 예수』는 레이몬드 E. 브라운의 "예수의 동정녀 수태의 문제"(The Problem of the Virginal Conception of Jesus)가 나온 지 15년 뒤인 1987년에 출판됐다.[1] 브라운의 소논문은 뉴욕의 유니온신학 대학원에서 교수로서의 첫 강의 내용이었고, 나중에 셰이버그는 그 대학원에서 공부했다. 브라운은 강의를 통해 도전했고 셰이버그는 도전적인 주장으로 응답했다.

브라운에 의하면, 동정녀 수태의 문제는 역사성에 있다. 그는 마태(1:18-25)와 누가(1:26-38)가 분명히 동정녀 수태를 주장하지만, 단지 유아

---

*   이 논문은 *The Journal of Feminist Studies in Religion* 21 (2005) 57-80에 게재됐으며 허가를 받아 재출판됐다.

1.   Jane Schaberg, *The Illegitimacy of Jesus: A Feminist Theological Interpretation of the Infancy Narratives* (San Francisco: Harper and Row, 1987); Raymond E. Brown, 'The Problem of the Virginal Conception of Jesus," *Theological Studies* 33 (1972) 3-34은 약간의 수정을 거쳐 *The Virginal Conception and Bodily Resurrection of Jesus* (New York: Paulist, 1973)로 출판됐다. 이 논문의 모든 인용문은 *Theological Studies*에 수록됐던 글에서 나온 것이다.

기 내러티브에서만 주장할 뿐이고, 명백한 "고"그리스도론적 의도를 갖고 그렇게 했던 것이라고 말한다. 문제는, 그들이 어디에서 그러한 생각을 얻었을까 하는 것이다. 한편으로는, 세계 종교, 그리스 신화 또는 헬레니즘 유대교에서 그들이 이러한 생각을 할 수 있도록 이끌어 준 "그리스도인들이 사용할 수 있었던 정확한 평행 자료"에 관한 알려진 증거는 없다. 반면, 마태가 강조한 "부적절하게 빠른" 예수의 출생과 요셉이 아버지가 아니라는 진술은 마가복음 6:3과 요한복음 8:41의 사생아에 관한 "소문의 흔적"으로 뒷받침되며 그러한 소문이 "그리스도교만큼 오래된 것"이라는 혐의를 다룰 필요가 있다는 증거를 제시하고 있다. 브라운은 "과학적으로 통제 가능한 증거의 총계는 해결되지 않은 문제를 남겨둔다"라고 결론을 내리고, 이 문제에 대한 "그리스도교 전체의 솔직한 논의"를 요청했다. 그러나 그는 또한 동정녀 수태를 신학 진술 (theologoumenon), 어느 정도 역사화된 신학으로 여기는 그리스도인들에게, 마리아가 요셉과의 약혼 기간에 간통으로 수태했다는 "매우 불쾌한 대안"을 마주하기를 어떻게 피할 수 있을지에 대해 도전했다.[2]

셰이버그에 의하면, 그러한 해석학적 딜레마는 마태와 누가가 동정녀 수태에 대해 말하고 있다고 생각하는 사람들에게만 존재한다. 그녀는 두 복음서 저자들이 사생아 수태에 관한 역사적 전승을 이어받았다고 주장한다. 그것은 마태와 누가의 독자들이 예수의 수태를 유혹, 어쩌면 더 가능성이 큰, 마리아의 강간에 의한 것으로 이해하도록 하기 위한 것이며, 하나님이 부당한 대우를 받는 여성의 편을 들어 그녀의 아이를 하나님의 아들로 만드셨다는 신학적 메시지를 전하기 위한 것이다.

브라운과 셰이버그 사이의 논쟁의 본질은 수태 본문에 관한 그들의

---

2. Brown, "Problem of the Virginal Conception," 23-33.

주석이다. 브라운은 자신의 방대한 주석인 『메시아의 탄생』(*The Birth of the Messiah*)에서 동정녀 수태에 관한 해석을 논증했다. 셰이버그는 브라운의 영향력을 인정했고, 『사생아 예수』에서 극단적인 반대 입장을 펼치면서 그의 연구를 다루었다.[3] 브라운은 그녀의 주장에 대해 『메시아의 탄생』 제2판에서 답했다. 그녀는 자신의 마태복음 연구에 대한 브라운의 비판에 대해 이 (저널의) 지면에서 짧게 대답했다.[4]

　그들의 논쟁은 교사와 학생 사이의 고전적인 갈등이다. 또한 가부장적 성서학과 페미니스트 성서학 사이의 결정적인 대립이기도 하다. 브라운에게는 자신을 충실하고 순종적인 로마가톨릭 신자로 보이게 하는 것이 가장 중요한 문제였다. 그가 이해했듯이, 동정녀 수태에 관한 문제에는 "통상 교도권(ordinary magisterium)으로 가르치는 무류한 교리", 즉 가톨릭 성직 제도(Catholic hierarchy)의 변함없고 보편적인 가르침으로서의 지위가 포함되어 있었다. 그래서 1971년에 그는 무류성의 한계와 무류한 가르침의 변화의 가능성에 관한 제2바티칸 공의회 이후의 가톨릭 토론에 기여하기 위해 자신의 첫 강의를 준비했다.[5] 5년 뒤 그는 "우리 대부분에게" 가르침의 무류성은 "중요하고 결정적인 요소"라고 썼지

3.　Raymond E. Brown, *The Birth of the Messiah: A Commentary on the Infancy Narratives in Matthew and Luke* (Garden City: Doubleday, 1977); Schaberg, *Illegitimacy of Jesus*, 1, 201 n. 2 [17, 169 n. 2]. 이 각주에서는 특별히 5개의 연구에 대해 언급하고 있는데, 그중 3개는 Brown의 저술이고, 네 번째는 그가 팀의 일원이자 편집자로 참여한 것이다. 다섯 번째는 Joseph Fitzmyer의 연구다.

4.　Raymond E. Brown, *The Birth of the Messiah: A Commentary on the Infancy Narratives in the Gospels of Matthew and Luke* (new updated edn, Anchor Bible Reference Library; Garden City: Doubleday, 1993), 이후에는 *Birth of the Messiah II*로 인용함; Jane Schaberg, "Feminist Interpretations of the Infancy Narratives," *Journal of Feminist Studies in Religion* 13, no. 1 (Spring 1997) 58-60 [254-56].

5.　Brown, "Problem of the Virginal Conception," 9-13.

만, 또한 교리는 기본적으로 생물학적인 진술이 아니라는 점도 지적했다. 그는 해결해야 할 문제가 교리와 그것의 "생물학적 전제" 사이의 관계라고 말했다.[6] 그 후 1981년에는, "개인적으로" 성서 저자가 의도한 의미가 교회가 의도한 것과 모순될 수 있다고 생각하지 않는다고 썼다. 그리고 그는 "고전적인 의미의 모더니즘"으로서—교리에 대한 어떠한 실제적인 내용도 부정하는—"예수가 일반적인 방식으로 수태됐다"라는 역사비평적 판단에 대한 어떠한 수용도 거부했다.[7]

마찬가지로 로마가톨릭 신자인 셰이버그에게는 몇 년 뒤 자신이 "페미니스트 의식으로 해석하기"라고 불렀던 "여성으로서의 해석"이 가장 중요한 문제였다. 이것은 그녀를 남성 중심적이고 가부장적인 본문, 그리고 특히 여성을 포함하고 있지만 남성의 관점으로 말하는 모든 이야기에 대한 "저항적인" 독자로 만들었다. 그녀는 본문의 침묵에 귀를 기울이고, 여성들의 목소리를 듣고, 남성들이 놓칠 수 있는 것을 찾아내며, "좀 더 종합적인 관점, 설득력 있는 해석, 인간적인 해석"을 목표로 했다.[8]

그녀는 그러한 해석에는 인간의 성을 받아들이는 것이 필요하다고 주장했다. 『사생아 예수』에서 그녀는 몇 쪽에 걸쳐 동정녀 수태는 남성과 여성 모두의 환상일 수 있다는 점에 대해 깊이 생각했다.[9] 마지막 지면에서 그녀는 수태 기사들에 관한 자신의 관점이 가톨릭 교리에 명백히 모순되는 것은 아니지만, 자신은 그 교리를 "왜곡과 위장"으로 생각

---

6. Brown, *Birth of the Messiah*, 529.
7. Raymond E. Brown, *The Critical Meaning of the Bible* (New York: Paulist, 1981) 41.
8. Schaberg, *Illegitimacy of Jesus*, 14-19 [27-31].
9. Ibid., 10-11 [24-25].

한다고 덧붙였다.[10] 몇 년 후, 예수 세미나에서 그녀는 자신에게 있어서
동정녀 수태는 아무런 인간적, 신학적 의미가 없는 매우 반(反)성적인
(antisexual) 개념이라고 말했다. 동정녀 수태가 유아기 내러티브들 속에
존재한다고 하더라도, 그녀는 그것이 역사적인 것이라고 믿을 수 없다
고 말했다. 심지어 그녀는 그런 일이 일어났기를 바라지도 않았으며,
"그것은 내가 … 더 이상 그렇게 생각하는 교회를 옹호하거나 두려워할
필요가 없다는 뜻"이라고 썼다.[11]

　　브라운과 셰이버그의 연구 모두 광범위한 반응을 불러일으켰다.
"가톨릭 우파"는 일생 동안 브라운을 따라다니며 괴롭혔다. 그를 옹호
하기 위해 결집한 "온건파"는 정기적으로 그의 학문과 교회에 대한 충
성심의 통합을 칭찬했다. 『메시아의 탄생』은 유아기 내러티브에 관한
글을 쓰는, 거의 모든 사람들의 기본 참고 문헌이 됐다. 그러나 놀랄 만
큼 많은 논평가들이 역사성에 관한 브라운의 논증에 별다른 감명을 받
지 못했다.[12] 브라운의 뒤를 이어 저술 활동을 하고, "신학 진술 이론"에

10.　Ibid., 196-97 [169-71].

11.　Jane Schaberg, "A Cancelled Father," *Forum*, n.s. 2/1 (Spring 1999) 61.

12.　Brown의 *Virginal Conception and Bodily Resurrection*을 납득하지 못하는 사람 중
　　에는 B. R. Brinkmann, in *Clergy Review* 59 (1974) 431-35; R. Butterworth, in
　　Heythrop Journal 16 (1975) 64-67; Michael Fitzpatrick, in *Louvain Studies* 5 (1975)
　　92-93; Reginald Fuller, in *Anglican Theological Review* 56 (1974) 362-63; Nicholas
　　Lash, in *The Tablet* 227 (November 24, 1973) 1115-16; Michael Ledwith, in *Furrow*
　　24 (1973) 641-44; Paul Minear, in *Interpretation* 28 (1974) 465-67; Quentin
　　Quesnell, in *National Catholic Reporter* 9 (September 28, 1973) 9; John A. T.
　　Robinson, in *American Ecclesiastical Review* 168 (1974) 353-55; 그리고 Lionel
　　Swain, in *Clergy Review* 59 (1974) 439-43이 있다. *Birth of the Messiah*에 설득되지
　　않은 사람 중에는 Reginald Fuller, in *Catholic Biblical Quarterly* 40 (1978) 116-20;
　　John L. McKenzie, in *National Catholic Reporter* 14 (December 2, 1977) 10; Robert
　　North, in *Cross Currents* 27 (1978) 464-67; 그리고 Gerard Sloyan, in *Interpretation*

동의했던 몇몇 유명한 가톨릭 신학자들은 그의 연구가 자신들의 결론에 기여했다고 생각한 것 같다.[13] 브라운이 저자의 한 사람이자 편집자로 참여한 『신약성서의 마리아』를 만든 에큐메니컬 단체는 동정녀 수태에 관한 이야기들에 동의했다. 그러나 그들은 "조산"(early birth)의 역사적인 단계를 찾을 수 없었고, 동정녀 수태의 역사적 요소나 신학적 진술을 고려하는 개인의 결정은 교회 전통에 대한 그들의 태도에 달려 있다고 결론 내렸다.[14]

브라운의 논평가들 중 누구도 그것이 동정녀 수태에 관한 이야기인지에 대해 의문을 갖지 않았고, "매우 불쾌한 대안"에 대해 언급한 논평가나 후대의 저술가는 거의 없었다.[15] 주목할 만한 예외는 모니카 헬비히(Monika Hellwig)였다. 논평에서 헬비히는 강간 쟁점을 제기하고 그것에 대한 약간의 성서적, 신학적 차원의 논의를 했으며, 그러한 개념이 신학적으로 적합하고 교리적으로 수용 가능한 것으로 보인다고 판단했다. 주석적인 문제에 관한 논의 없이, 그녀는 거의 10년 뒤에 셰이버그가

---

33 (1979) 81-84이 있다.

13. Hans Kung, *On Being a Christian* (trans. Edward Quinn; New York: Doubleday, 1976) 453-57과 n. 92; Richard McBrien, *Catholicism* (Minneapolis: Winston, 1980) 1.513-18; 그리고 Edward Schillebeeckx, *Jesus: An Experiment in Christology* (trans. Hubert Hoskins; New York: Seabury, 1979) 553-56과 n. 5.

14. Raymond E. Brown et al., eds., *Mary in the New Testament: A Collaborative Assessment by Protestant and Roman Catholic Scholars* (Philadelphia: Fortress Press; New York: Paulist, 1978) 77-97, 107-43, 289-92.

15. 역사적, 성서적, 그리고 신학적으로 사생아 이론에 대해 개방적이었던 John A. T. Robbinson은, Brown이 로마가톨릭의 경계 안에 머물러 있어야 했기 때문에 사생아 이론을 그토록 불쾌하게 여겼던 것이라고 말했다. Robert North는 Brown이 그에 대한 대안을 가능한 한 받아들일 수 없게 만듦으로써 동정녀 수태를 옹호했다고 지적했다.

다루게 될 고려 사항 중 몇 가지를 예상했다.[16] "동정녀 수태 논쟁"은 헬비히에게서 시작된 것일 수도 있지만, 그녀는 재빨리 그러한 생각에서 물러섰다.[17]

제인 셰이버그는 어떠한 것에서도 물러서기를 거부했고 그에 대한 큰 희생을 치렀다. 『사생아 예수』로 인해 그녀는 브라운이 받았던 것보다 더 많이 가톨릭 우파의 공격을 받았을 것이다. 그녀는 수많은 협박 편지를 받았고, 디트로이트머시대학교의 동료들은 그녀와 거리를 두었다. 아담 마이다(Adam Maida) 대주교(현재 추기경)는 동정녀 수태를 옹호하기 위해 디트로이트의 가톨릭 신자들에게 편지를 썼고, 어떤 이는 그녀의 자동차를 불태워 버렸다.[18] 가톨릭 학계와 종교 언론들은 대체로 그녀의 연구를 무시했다. 그녀가 예수 세미나에서 발표한 사생아 전승 사례는 단체의 동의(group acceptance)를 받지 못했다.[19] 비록 본문에 대한 증명(reasoning)에 관한 것은 아니었지만, 그녀의 해석은 존 셸비 스퐁(John

---

16. Monika Hellwig, "The Dogmatic Implications of the Birth of the Messiah," *Emmanuel* 84 (1978) 21-24.

17. *Understanding Catholicism* (New York: Paulist, 1981) 64-67에서, Hellwig는 율법에 대한 인간의 복종으로는 얻을 수 없는 순수한 하나님의 선물인 그리스도를 묘사하기 위해 **사생아**라는 용어를 사용했지만, 그녀의 논평에서 제기했던 질문들에 대해 다시는 언급하지 않았다.

18. Jane Schaberg, "A Feminist Experience of Historical-Jesus Scholarship," *Whose Historical Jesus?* (ed. William E. Arnal and Michael Desjardins; Studies in Christianity and Judaism 7; Waterloo, ON: Wilfrid Laurier University, 1997) 146-60.

19. "The Fall, 1994, Meeting of the Jesus Seminar," *Fourth R* 7, no. 6 (November-December 1994) 13을 볼 것. 예수 세미나에서는 그녀의 역사적 설명을 "가능성이 있지만 신뢰할 수 없다. 명백한 조작은 아니지만 뒷받침할 증거가 부족하다"라고 분류했다.

Shelby Spong) 주교에 의해 대중화됐고,[20] 그녀의 책에 관한 언급은 인터넷을 포함한 모든 곳에서 나타나며, 예수, 그리스도교 성서, 페미니즘 연구에 관한 강좌의 수많은 강의 요강에 나와 있다.

셰이버그에 대한 평가는 엇갈렸다. 대다수는 그녀의 지식, 균형, 전문적인 성서 주석에 주목했다. 그러나 그녀의 성서 주석적 성취에 대한 판단은 열광적인 긍정에서부터 존중하지만 설득력이 없다는 것, 매우 부정적인 것에 이르기까지 모든 것이 포함되어 있었다. 몇몇 사람들은 하나님이 세상에서 어떻게 행동하시는지에 대한 성서의 기본적인 사고와 그녀의 견해의 일관성을 강조했다. 어떤 사람들은 그녀의 책 제목의 유용성에 의문을 제기했고, 다른 이들은 페미니스트적 해석이 정말로 그녀의 주장에 영향을 미쳤는지 물었다. 그녀의 입장에 의문을 제기한 "페미니즘 의제"는 거의 없었다.[21]

한편, 다른 페미니스트 성서학자들 역시 수태 이야기들을 연구하고 있었다. 여기에는 제니스 카펠 앤더슨(Janice Capel Anderson), 게일 패터슨 코링턴(Gail Paterson Corrington), 에이미-질 레빈(Amy-Jill Levine), 루이제 쇼

---

20. John Shelby Spong, *Born of a Woman: A Bishop Rethinks the Birth of Jesus* (San Francisco: HarperCollins, 1992).

21. 논평자로 참여한 사람들은 다음과 같다: Janice Capel Anderson, in *Journal of Religion* 69 (1989) 238-39; Lamar Cope, in *Religious Studies Review* 15 (April 1989) 158; Richard S. Dietrich, in *Interpretation* 43 (1989) 208; Mary Ann Getty, in *Horizons* 16 (1989) 377-78; Mary Gerhart, in *Commonweal* 115 (November 18, 1988) 636-37; Bruce Malina, in *Biblical Theology Bulletin* 18 (1988) 18-19; Carolyn Osiek, in *Cross Currents* 38 (Fall 1988) 360-61; Pheme Perkins, in *America* 158/16 (April 23, 1988) 435-36; Barbara E. Reid, in *Catholic Biblical Quarterly* 52 (1990) 364-65; Mary Schertz, in *Journal of the American Academy of Religion* 60 (1992) 358-61; Donald Senior, in *Bible Today* 26 (1988) 253. Osiek과 Schertz가 가장 긍정적이었고, Perkins는 단연코 가장 부정적이었다.

트로프(Luise Schottroff), 일레인 웨인라이트(Elaine Wainwright)가 포함된다.[22]
이들 모두 브라운의 연구와 『신약성서의 마리아』에 익숙했고 어느 정
도는 영향을 받았다. 사생아설의 역사성을 배제하지 않으면서도 이들
모두는 유아기 내러티브를 동정녀 수태에 관한 설명으로 이해했다. 셰
이버그는 다른 페미니스트 학자들의 견해를 검토했고, 그들의 해석에
대한 자신의 견해 차이를 설명했으며, 그녀에 대한 일부 견해 차이에 대
해 응답했다. 그녀는 자신의 견해와 그녀가 언급한 페미니스트들의 견
해의 강점에 대한 논의—그녀가 말하길, 승자와 패자를 가리는 논쟁이
아니라 생산적이고 지속적인 대화를 만들어가는—를 요청했다.[23]

　셰이버그의 요청이 본질적으로 겸손한 것은 놀라운 일이 아니다. 그

---

22. Janice Capel Anderson, "Mary's Difference: Gender and Patriarchy in the Birth
Narratives," *Journal of Religion* 67 (1987) 183-202; Gail Paterson Corrington, *Her
Image of Salvation: Female Saviors and Formative Christianity* (Louisville:
Westminster/John Knox, 1992) 150-65, 196-98; Amy-Jill Levine, *The Social and
Ethnic Dimensions of Matthean Salvation History* (Lewiston: Mellen, 1988) 59-88
및 "Matthew," *The Women's Bible Commentary* (ed. Carol A. Newsom and Sharon
H. Ringe; Louisville: Westminster/John Knox, 1992) 252-54; Luise Schottroff, *Let
the Oppressed Go Free: Feminist Perspectives on the New Testament* (trans.
Annemarie S. Kidder; Louisville: Westminster/John Knox, 1991) 158-67, 그리고
Lydia's Impatient Sisters: A Feminist Social History of Early Christianity (trans.
Barbara Rumscheidt and Martin Rumscheidt; Louisville: Westminster/John
Knox, 1995) 177-203, 265-71; Elaine M. Wainwright, *Toward a Feminist Critical
Reading of the Gospel of Matthew* (Berlin: de Gruyter, 1991) 68-76 및 "The Gospel
of Matthew," *Searching the Scriptures* (ed. Elisabeth Schüssler Fiorenza; New York:
Crossroad, 1994) 2.642-43, 그리고 *Shall We Look for Another? A Feminist
Rereading of the Matthean Jesus* (Maryknoll: Orbis, 1998) 58-60.

23. Schaberg, "Feminist Interpretations," 38-48, 61 [234-44]. 또한 그녀는 자신에게
동의하지 않는 페미니스트 학자들 중 누구도 마태복음에 대한 그녀의 분석에서 필
수적인 요소들을 고려하지 않았다고 지적했다. 나는 누가복음에 대한 그녀의 해석
에 동의하지 않은 사람들도 마찬가지였다고 말하고 싶다.

녀는 본문의 의미를 확실하게 수립하는 것은 "사실 인식론적으로 불가능하다"라고 생각하며, 본문에는 다양한 기능이 있다는 점에 동의한다.[24] 그녀는 모든 목소리를 들을 수 있어야 한다고 생각한다. 어느 정도는, 나도 이러한 정서를 공유한다. 그러나 나는 또한 엘리자베스 쉬슬러 피오렌차의 "본문에 적절하게 주어질 수 있는 해석의 수는 제한적이다"라는 견해에 동의한다.[25] 이 어려운 현실은 특정 개념이 본문에 들어 있을 확률을 평가하기 위한 시험을 요구하며, 두 해석이 그 의미와 윤리적 결과에서 서로 배타적일 때 특히 중요하다.

수태 이야기들이 그런 경우다. 유아기 내러티브들은 그 저자들의 신학에 대한 소개이며,[26] 예수의 수태를 동정녀 수태 또는 강간에 의한 것으로 해석하는 것은 그 신학들을 매우 다르게 이해하는 원인이 된다. 성모 신학과 그리스도론, 하나님과 인간의 삶에 대한 개념을 포함하는 가부장적 "동정녀 수태 신학"의 역사적인 지배는 여성들에게 엄청난 부정적인 결과를 가져왔다. 다수의 페미니스트들은 동정녀 수태와 그것이 대표하는 가부장적 신학을 거부한다. 다른 이들은 그것을 수용하지만, 마리아의 자유와 독립성을 강조하는 페미니즘적 해석을 한다. 셰이버그는 다른 방향을 택했고, 페미니스트들의 반응은 경의를 표하면서도 유보적이었다. 페미니즘 사상의 다양한 가닥을 한데 모은 엘리자베스 존슨은 셰이버그의 해석이 본문에 있는 의혹일 뿐일지라도 매우 강력한 발상이라고 하면서, 동정녀 수태를 본문이 의도한 의미로 받아들

---

24. Schaberg, *Illegitimacy of Jesus*, 7 [22]; "Cancelled Father," 57.

25. Elisabeth Schüssler Fiorenza, "The Ethics of Biblical Interpretation: Decentering Biblical Scholarship," *Journal of Biblical Literature* 107 (1988) 14.

26. Brown, *Birth of the Messiah*, 7-8; Schaberg, *Illegitimacy of Jesus*, 148 [132-33].

이는 포괄적인 해석에 그것을 통합할 것을 제안했다.[27]

그러나 수태고지 장면의 한 측면에 초점을 맞춘 논문 한 편을 제외하고는[28] 셰이버그의 해석은 브라운의 해석과 비교하여 검토됐던 적이 없다. 그래서 나는 이 평론을 쓰게 됐다. 나의 의도는 그들 사이의 전체 논쟁을 분석하고 평가하여, 본문에 마리아의 강간이 내포되어 있을 개연성을 동정녀 수태가 본문에 내포되어 있을 개연성과 비교하는 것이다. 나의 당면 과제는 두 학자가 요청한 논의를 진전시키는 것이다. 나는 동정녀 수태를 수용하는 페미니스트 학자들과 그렇지 않은 학자들 모두가 논의에 참여하고, 스스로 논쟁을 판단하고, 강간당한 여성과 그녀의 아들 이야기를 바탕으로 "대안적" 성모 신학과 그리스도론을 만드는 것이 적절한지 고려하기를 희망한다.[29]

『메시아의 탄생』

마태가 1:18-25에서 동정녀 수태에 대해 기록하려는 의도를 갖고 있었다고 주장하기 위해 레이몬드 브라운은 네 가지 이유를 제시했다. 첫째, 이러한 의도는 "성령을 통한 잉태라는 모티프에 명확히 함축되어

---

27. Elizabeth Johnson, *Truly our Sister: A Theology of Mary in the Communion of Saints* (New York: Continuum, 2003) 229-33.

28. David T. Landry, "Narrative Logic in the Annunciation to Mary (Luke 1:26-38)," *Journal of Biblical Literature* 114 (1995) 65-79. Landry는 Schaberg가 Brown이나 Fitzmyer보다 마리아의 질문을 잘 이해했다고 믿었지만, 천사의 대답은 동정녀 수태를 가리킨다고 주장했다. 본질적으로 그의 추론은 Brown과 일치했다.

29. 10년 전, Elisabeth Schüssler Fiorenza는 *Jesus: Miriam's Child, Sophia's Prophet* (New York: Continuum, 1994) 168-69에서 다음과 같이 말했다. Schaberg의 해석은 "체계적인 페미니즘의 정교화(systematic feminist elaboration)를 고취하지 못했다." 그 진술은 여전히 사실이다.

있다."[30] 그는 이 잉태는 부활과 세례에서 성취된 것과는 달리 "실제적"이라고 말한다. 그러나 성령은 남성이 아니고, 그 잉태는 성적인 것이 아니며, "신과 여자의 결혼"도 아니다(137). 마태와 누가 모두에게 성령은 인간이라기보다는 "신의 대리자"이며, "삼위일체의 세 번째 위격은 더욱 아니다"(125). 그러나 이 모든 것을 말하고 난 뒤 브라운은 이렇게 질문한다: "그러나 왜 성령의 행위가 **동정녀의 입장에서**(굵은 글씨체는 브라운의 강조) 메시아를 잉태하는 것과 관련이 있었을까?" 그는 누가복음에서 천사가 마리아에게 예고한 것과 비슷하게 천사가 요셉에게 예고한 것은 히브리 성서의 내러티브 양식을 따르는 것이라고 대답했다. 그 양식에는 장애물이 요청되며, 두 복음서 저자들에게는 그 장애물이 마리아의 처녀성이었다(161).

둘째, 마태는 칠십인역 성서에 나오는 이사야서 7:14을 특별한 방식으로 사용한다. 보통은 히브리어에서 처녀를 의미하는 단어인 '베툴라'(betula)의 번역인 그리스어 '파르테노스'(parthenos)는 칠십인역에서 어린 소녀를 의미하는 히브리어 '알마'(almâ)의 번역어로 사용됐다(147-48과 nn. 43, 45). 브라운은 이사야서 7:14에서 히브리 저자가 동정녀 수태를 암시하려고 의도한 것이 아니며, 칠십인역에서 '파르테노스'를 사용한 것이 본문에 그런 의미를 부여하지 않는다는 것을 알고 있다. 그는 "마소라 본문과 칠십인역 모두에서 이사야가 제시한 표적은 아이의 수태 방식이 아니라 하나님이 백성들과 함께 있다는 표적이 될 아이가 백성들의 운명이 최악의 상황에 이르렀을 때 태어날 것이라는 하나님의 섭리의 때에 집중하고 있다"라고 말했다(149). 마태는 예수를 다윗의 아들이자 하나님의 아들('임마누엘': "하나님이 우리와 함께 계신다"라는 의미)이라고

---

30. Brown, *Birth of the Messiah*, 118, 141.

말하는 데 도움이 되기 때문에 수태 장면에 이 예언을 삽입했다(144). 그리고 이사야의 본문이 내러티브에서 이야기했던 "종말론적" 사건을 예고한 것이라고 말할 수 있는 "그리스도교적 사용"을 가능하게 했다: "하나님이 우리와 함께 계신다는 최후의 그리고 한 번뿐인 현현은 성령이 하시는 일이었기 때문에 메시아의 처음 가계도에 인간 아버지를 기록할 수 없었다"(153).

　셋째, 바로 앞에 나오는 마태의 가계도(1:1-17)에 네 명의 여성—다말, 라합, 룻, "우리야의 아내"—이 포함된 것이 중요하다. 브라운은 룻이 보아스와 함께 죄를 지었는지 분명하지 않은 점을 고려하여, 그 여성들이 죄인이라서 포함됐다는 설명을 거부했고, 네 명의 여성 모두 예수 시대의 유대교에서 좋은 평가를 받고 있었다는 점을 지적했다. 그는, 그들이 죄인으로 여겨졌다고 하더라도, 그들 사이에 포함된다는 것은 마리아에게 도움이 되지 않았을 것이라고 덧붙였다(71-72, 그리고 n. 23). 이 여성들은 메시아의 혈통을 이어가는 변칙적인 또는 불명예스러운 결합에 참여했다는 공통점이 있다. 네 사람은 "하나님의 계획에서 주도적이거나 중요한 역할을 했고, 하나님의 섭리나 그의 성령의 도구로 여겨졌다"(73). 마리아는 그녀의 임신이 불명예스러운 것이었다는 사실을 그들과 공유한다. 그러나 예수의 수태를 일으키기 위한 하나님의 "개입"은 네 명의 여성들이 아이를 수태하기 위해 요구됐던 것보다 더 컸다. 왜냐하면 그 장애물이 더 컸기 때문이다: "아버지에 의한 잉태의 완전한 결여"는 "부모의 윤리적 또는 생물학적 변칙성"보다 크다(74).

　마지막으로, 브라운은 예수가 태어날 때까지 요셉이 마리아와 동침하지 않았다는 마태의 공표는 그녀의 처녀성과 함께 동시에 동정녀 수태를 강조하여 이사야서 7:14의 예언의 성취를 보증한다고 말한다(118,

132).

브라운은 1:26-38에서 동정녀 수태를 주장하려는 누가의 의도는 그 이야기의 네 가지 요소로 입증된다고 주장했다: 예수가 "요한보다 큰 이"라는 것을 일관되게 보여주는 단계적 대구법; 마리아가 천사에게 이 의를 제기하며 묻는 질문, "나는 남자를 알지 못한다"; 천사의 대답; 마리아에 대한 엘리사벳의 축복. 브라운은 1973-74년 조셉 피츠마이어 (Joseph Fitzmyer)와의 대화에서 이 요소들 중 첫 번째 요소에 대해 설명했는데, 피츠마이어는 "마리아에게서 태어날 아이에 대한 모든 세부사항은 일반적인 방식으로 이해될 수 있다"라는 수태고지에 관한 이야기를 쓴 적이 있었다.[31] 브라운은 누가가 내러티브 전체를 통해 요한을 예수보다 낮은 위치에 놓기 위해 공을 들였기 때문에 단계적 대구법에 동정녀 수태가 필요했으며, 이러한 양식에 맞게 요한의 수태 이야기를 구성한 것이라고 대답했다. 브라운은 폐경이 지난 여성의 수태보다 어려운 것은 동정녀 수태밖에 없을 것이라고 주장했다.[32] 그 논증은 피츠마이어를 설득했고,[33] 브라운은 『메시아의 탄생』에서 단계적 대구법을 자신의 입장의 주춧돌로 삼았다(247).

둘째, 마리아의 질문과 항의(1:34)에 대해, 브라운은 '포스 에스타이 투토'(Pōs estai touto)를 "어떻게 이 일이 될까요?"(How will this be?)가 아니라 "어떻게 이 일이 가능할까요?"(How can this be?)로 번역하는데, 그것은

---

31. J. A. Fitzmyer, "The Virginal Conception of Jesus in the New Testament," *Theological Studies* 34 (1973) 565-67.

32. Raymond E. Brown, "Luke's Description of the Virginal Conception," *Theological Studies* 35 (1974) 360-62.

33. J. A. Fitzmyer, *The Gospel according to Luke: Introduction, Translation, and Notes* (AB 28; Garden City, NY: Doubleday, 1981) 1.338. 참조. Fitzmyer, *To Advance the Gospel: New Testament Studies* (New York: Crossroad, 1981) 61-62.

마태복음에서처럼 이 이야기가 히브리 성서의 탄생 예고 양식의 구조를 따르기 때문이다. 마리아는 천사의 수태고지에 대한 장애물로 그녀의 처녀성을 제시한다(292-98, 307-08). 브라운은 누가가 제시한 이의인 '에페이 안드라 우 기노스코'(*epei andra ou ginōskō*, "나는 남자를 알지 못한다")에서 일반적인 남자를 뜻하는 '안트로포스'(*anthrōpos*)가 아니라 특정 "남성", "남편"을 뜻하는 '아네르'(*anēr*)를 사용한다는 것을 인정했다. 그럼에도 그는 이 단어를 일반적인 용법으로 번역해야 한다고 생각했다: "나는 남자를 모르기 때문입니다." 이 번역이 마리아를 처녀로 소개하는 것과 일치하며, 1:27에서 그녀가 두 번이나 처녀로 불린다는 점, 두 번째에서는 전적인(unqualified) 의미에서 처녀로 불린다는 점을 들어, 브라운은 "누가의 의도는 더 광범위하다"라고 말한다. 또한 그는 현재 시제로 말하는 마리아의 진술이 "과거의 행동 양식에서 비롯된 상태를 묘사한다"라고 주장했다. 이것은 문자 그대로는 아니지만 "나는 남자와 성관계를 한 적이 없다"라는 의미로 적절히 이해될 수 있다(289). 그러나 이것은 질문을 불러일으킨다: "왜 그녀는 요셉과 동거를 시작해서 그와 관계를 맺었을 때 수태가 일어날 것이라고 생각하지 않았을까?" 브라운은 마리아가 여기에서 처녀로 남겠다는 의지, 또는 심지어 서약을 의미하고 있다는 전통적인 설명을 거부한다(303-05). 대신 그는 마리아의 질문이 누가의 그리스도론, 특히 동정녀 수태를 위한 역할을 한다는 "문학적 설명"을 채택했다. 브라운은 이 설명이 완전히 문학적 것은 아니며, 복음서 이전 전승 또한 반영하고 있다고 덧붙였다(308-09).

셋째, 천사의 대답(1:35)은 현실적이지만 성관계 없는 잉태에 대해 말하고 있다. 몇몇 사람들이 성적인 의미로 생각하는 "임하다"(come upon)를 의미하는 '에페르케스타이'(*eperchesthai*)와 "감싸다"(overshadow)를 의미하는 '에피스키아제인'(*episkiazein*)이라는 단어는 성령 강림이나 주님의 변모의 언어와 비슷하지만, 비유가 아니라 문자적인 의미에서는 선택 또는 인간 활동에 협력하는 의미보다는 창조의 의미를 함축하고 있다. 아 아이는 전적으로 하나님의 작품이다. 여기에서 성령은 요한에게 충만하게 임했던 예언자의 영이라기보다는 창세기 1장의 창조의 영에 가깝다(290, 313-15 그리고 n. 55).

마지막으로, 엘리사벳은 마리아의 믿음을 축복한다(1:42-45). 그러나 "만일 마리아가 다른 소녀들이 수태한 방식으로 수태될 것이라면 아무런 믿음도 진정으로 필요하지 않을 것이다"(301).

이러한 사상의 기원을 다룬 부록에서 브라운은 다시 한번 "비역사적 촉매제"의 영향을 거부했고(522-24), 그 대신 어느 정도는 신학적이고, 아마도 어느 정도는 변증적인, 조산에 대한 "역사적 토대"를 포함하는 설명을 구성했다. 그는 조기 출산은 중상모략이었을 가능성이 있으며, 그리스도교의 발명품일 가능성은 낮다고 말했다. 그것이 대중들에게 알려진 사실이었다면, 예수의 적들은 그를 불륜을 저지른 어머니의 사생아로 여겼을 것이다. 그러나 그리스도인들은 "예수는 죄로부터 완전히 자유롭다는, 널리 퍼진, 확고한 믿음을 갖고 있었기 때문에 그러한 설명을 거부했을 것이다. … 그리고 마태와 누가 모두 그의 부모가 거룩하고 의로운 사람이었다고 말한다." 따라서,

> 하나님의 아들의 동정녀 수태라는 개념은 많은 요소들의 상호작용의 결과일 수 있다: 초기 설교에서 유래된 교리적 진술(하나님의 아들이 성령을 통해 지정되거나 잉태됨)과 (예수가) 무죄한 자라는 신학이 예수의 어머니가 남편과 동거하기 전에 예수가 수태됐다는 역사적 사실을 해석하기

위해 합쳐졌으며, 이 혼합물은 아마도 가족 전승 요소에 영향을 받았을 것이다. 이 복잡한 해법은 우리가 갖고 있는 불충분한 증거의 항목들을 반영하지만, 많은 의문점을 남기고 있으며(예, 이 모든 것에 대한 마리아의 이해), 상당히 애매한 상태로 남아 있다(527).

또 다른 부록에서 브라운은 "사생아 혐의"에 대해 구체적으로 다루었다. 그는 유아기 내러티브 외에는 이 질문을 판단할 독립적인 증거가 없다고 말한다. 그 혐의는 2세기에 유포됐지만, 이집트에서 처음 등장했고 마태복음 이야기에 대한 인식을 암시하는 것일 수도 있다(534-37). 브라운은 이웃들이 예수를 "마리아의 아들"이라고 부르는 마가복음 6:3은 사생아 혐의를 의미하는 것이 아니라고 확신하게 됐다. 그는 "유대인들"이 예수에게 "우리는 사생아가 아니다"라고 말하는 요한복음 8:41은 마가복음 6:3보다 더 그럴듯하지만 생물학적 사생아에 대한 명확하고 확실한 언급은 아니라고 생각한다(537-42).

『사생아 예수』

제인 셰이버그는 마태복음에 대한 연구를 가계도에 나오는 네 명의 여성으로 시작한다(1:1-17). 브라운과 마찬가지로 그 네 명의 여성들이 죄인으로 여겨졌다는 견해를 거부하면서, 그녀는 그들이 변칙적이거나 불명예스러운 성적 행위에 참여했다는 브라운의 설명 "방향"에 동의했다. 그러나 그녀는 "아버지에 의한 잉태가 완전히 결여된 상황"에서 하나님이 마리아를 통해 개입한 것으로 마태가 기록했다는 점에 동의하지 않는다.[34] 그들 개개인의 이야기에 대한 긴 논의(22-32 [34-41]) 뒤에 셰

34. Schaberg, *Illegitimacy of Jesus*, 21-22 [32-33].

이버그는 그 여성들이 네 가지 공통점을 갖고 있다고 결론 내렸다: 그
들은 "가부장제 가족 구조 외부"에 살았다; 가부장주의 때문에 고통받
는다; "사회질서의 손상과 그들 자신을 향한 비난"을 불러일으킬 수 있
는 행위에 참여한다; 그리고 그들을 보호할 책임을 지는 남성에게 받아
들여지며, 그 남성은 "그들과 그들의 자식이 될 아이를 적출자로 인정
한다." 이 여성들은 하나님의 개입이 아니라 "인간의 자유에 대한 신의
수용"을 통해, "네 가지의 특별한 임신 … 가임 여성의 원치 않는 임신"
의 형식으로 하나님에 의해 사용된다. 그녀는 마태가, 그의 독자들이 이
모든 것을 다섯 번째 여성에게도 기대하도록 의도했다고 말한다(32-34
[41-43]).

다음으로 셰이버그는 가계도에 포함되지 않은 이름의 의미에 대해
의문을 제기했다. 다른 모든 경우에는 누군가를 낳은 사람으로 아버지
의 이름이 나오는 "A가 B를 낳았다, B는 C를 낳았다"라는 형식이 마태
복음 1:16에서는 "야곱은 마리아의 남편 요셉을 낳았다(*egennēsen*). 마리
아에게서 그리스도라고 하는 예수가 태어나셨다(*ex hēs egennēthē*)"로 바뀐
다. 그녀는 사라진 이름과 수동태는 이미 1:18-25의 이야기에 대한 해석
을 받아들인 독자들에게만 동정녀 수태를 암시하는 의미로 여겨진다고
말했다(34-36 [43-44]). 그렇지 않으면, 그것은 요셉이 생물학적 아버지가
아니며, 아버지의 이름을 모르거나 은폐하려는 것을 암시한다(38-39 [46-
47]).

그러나 요셉은 예수의 아버지(*a father*)였다. 왜냐하면 그 이야기에는
"두 종류의 인간 아버지: 법적 아버지(요셉)와 육체적 아버지(생물학적 아
버지)"가 있기 때문이다. 예수가 아브라함의 자손이자 다윗의 자손이 된
것은 요셉을 통해서였다(39 [47]). 마태복음 1:18-25에서는 "이야기의 매

력적인 중심인물"로서의 요셉에게 초점을 맞춘다(59 [62]). 이 드라마는 약혼한 처녀가 유혹을 당했거나 강간당했을 때 해야 할 일을 언급하는 히브리 성서의 유일한 구절인 신명기 22:23-27에 비추어 그가 직면한 도전을 암묵적으로 묘사하고 있다(45 [51-52]). 요셉은 자신의 약혼자가 임신한 것을 발견하고 그녀의 간통을 의심하며 그의 법적 의무와 권리를 저울질한다. 강간당했을 수도 있는 약혼녀와 관계된 선택을 포함하여, 고대 유대 전통의 배경에서 요셉 앞에 놓여 있는 선택지에 대해 열 다섯 쪽에 걸쳐 논의한 뒤(42-58 [49-62]), 셰이버그는 요셉이 "조용히 이혼하기로" 결정함으로써 마리아와 자신을 수치스럽게 만들 공청회를 회피했다고 결론 내린다: "그는 율법이 제시하는 자비로운 대안에 해당하는 것을 선택했다." 그런 뒤, 천사가 그에게 좀 더 자비로우면서도 여전히 토라에 충실한 대안, 곧 결혼을 완료하고 그 아이를 받아들일 것을 제안했다. 그 해결책은 간통 혐의는 제거하지만 강간 혐의는 제거하지 못한다(58-60 [62-63]).

셰이버그의 해석에서, "아들을 낳을 때까지는 아내와 잠자리를 같이하지 않았다"라는 1:25의 이야기의 결말은 동정녀 수태를 의미하지 않는다; 그것은 단지 "요셉이 이 아이의 생물학적 아버지가 될 수 없음"을 강조할 뿐이다(62 그리고 n. 184 [64 n. 184]).

셰이버그는 마태복음 1:18, 20이 동정녀 수태를 언급하는 것이 아니라고 생각하는 "사실상의 어떤 현대 비평가"도 없다는 점을 인정하지만, 그럼에도 불구하고 "성령을 통한 잉태"라는 어구 자체가 인간 아버지 없는 출생을 의미한다고 생각하는 사람은 거의 없다고 말한다. 그녀는 (이 부분에서 브라운에 대한 언급 없이) 이 어구의 그러한 의미는 그 사건을—아마도 마태복음이 창세기와 비슷하다는 단서와 함께—종말론적인 새로운 창조로 보는 데 의존하고 있다고 말했다. 그녀는 마태복음에 그러한 단서가 있다고 생각하지 않았고 그 구절들에서 동정녀 수태에 도달해야 할 아무런 다른 이유들도 찾지 못했다. 당시의 합의에 따라 동정녀 수태 개념에 영향을 미쳤을 수 있는 성서적 또는 신구약 중간기의 평행 본문이 없다는 점에 주목하면서(62-65 [65-67]), 셰이버그는 "광범위한 유대교와 그리스도교의 맥락"을 살펴보았는데, 그 서술들에서는 가끔 "하나님의 권능이 인간의 생명과 출생의 궁극적인 근원임을 강조하기 위해 신에 의한 잉태라는 은유를 사용했다." 다른 구절들에서는 같은 은유가 특별한 선택, 지위, 의무의 부여를 위해 사용됐다(66 [68]). 그녀는 마태복음을 더 넓은 맥락에 비추어 해석해야 하며, "문자적인 의미보다는 비유나 상징으로" 이해해야 한다고 결론 내렸다. 마태의 이야기는 "인간의 아버지 됨을 대체하는 것이 아닌, 하나님의 창조 행위에 관한 것이다. 성에 의한 잉태와 신에 의한 잉태가 통합된다." 또한 셰이버그는 마태가 다른 모든 이들의 출생과 마찬가지로 하나님이 이 출생에 관여했다는 것, 그 이상을 말하려고 했다고 생각했다: "마태는 또한 하나님과 예수의 특별한 관계, 예수의 수태 순간부터 하나님이 예수에게 부여한 특별한 종류의 삶 또는 삶의 차원을 전달하는 것에 대해 생각하고 있었다. … 이 잉태는 출애굽 이후의 이스라엘의 모든 역사를 그의 존재 속에 요약하는 사람이라는 특별한 의미에서 예수가 하나님의 아들이 되게 한다"(66-67 [68-69]).

셰이버그는 그리스어 번역자가 어린 소녀의 육체적 순결을 강조하기 위해 처녀(*parthenos*)를 사용한 것이 확실한지는 의문스러우며 히브리어나 그리스어 둘 다 원래는 동정녀 수태라는 개념을 암시하거나 불러일으키지 않았지만 마태가 "처녀가 잉태하여 아들을 낳을 것"이라는

이사야서 7:14을 "그리스도교적으로 사용"했다고 보는 브라운과 다른
학자들에게 동의했다. 그녀는 이사야 이야기가 말하지 않는 것을 주장
하기 위해 마태가 그 구절을 사용했다고 생각하지 않았고, 그 구절을 선
택한 것은 처녀(*parthenos*)라는 단어가, 요셉의 딜레마의 배경이 됐지만
마태가 직접 인용하지는 않았던 칠십인역 신명기 22:23-27에 등장하기
때문이라고 추측했다. 그 추측이 맞다면, 마태는 그 예언이 약혼한 처녀
에 대한 유혹이나 강간과 관련된 율법을 떠올리게 하기 때문에 사용한
것이다. 여기서 셰이버그는 이사야서 7:14이 임신하게 될 처녀를 가리
키고 생물학적 아버지의 이름이 밝혀지지 않으며, 그 아이가 하나님의
보호 아래 있고 하나님의 도움을 받을 것이며, 그리고 독자들로 하여금
임신과 출산이라는 표적을 받아들이고 자신의 생각을 내려놓으며 다가
올 두려운 시대에 하나님을 신뢰할 것을 요구한다고 말한다. 마태는 자
신의 이야기에 맞는 본문을 찾기 위해 성서의 나머지 부분을 뒤졌지만
찾지 못했다. 그러나 이사야서 7:14은 신학자들의 기교와 수단에 저항
했고 지금도 여전히 저항하고 있는 이미지를 제공했다: "하나님은 위험
에 처한 여성과 아이의 편을 든다"(68-73 [69-73]).

셰이버그는 누가복음 연구를 다음과 같은 경고로 시작한다: "누가
는 마태보다 훨씬 더 덜 직접적으로 마리아에 의한 예수의 사생아 수태
에 대해 기록한다. 누가는 자신이 제안하는 이 해석을 받아들이도록 요
구하기보다는 침묵한다." 그녀는 자신의 해석이 처음에 피츠마이어가
지지했다가 나중에 포기한, 누가 이야기의 모든 것들은 일반적인 인간
의 수태에 관한 설명으로 이해될 수 있다는 견해에 근거하고 있다고 한
다(82 [81]). 그녀의 주장의 설득력은 이야기 내의 많은 요소들에 의존하
고 있다: 마리아에 대한 소개와 천사의 수태고지에 대한 그녀의 반응과

질문; 약혼한 처녀에 대한 유혹이나 강간에 관련된 신명기 22:23-27의 율법 및 성모송에서 이것을 암시했을 가능성; 세례 요한보다 예수를 우위에 두는 누가의 단계적 대구법; 마리아의 질문에 대한 천사의 대답; 그리고 마리아를 "처녀 이스라엘"과 '아나빔'('anawim)의 대표로 삼는 것.

브라운이 그랬던 것처럼, 셰이버그는 1:27의 마리아에 대한 소개가 보통 "남자와 약혼한 처녀"(parthenon emnēsteumenēn andri)로 번역되지만, 그것은 '아네르'(anēr)를 "남자"의 의미로 번역하는지, 아니면 "남편"의 의미로 번역하는지에 달려 있다고 지적했다. 그녀는 이 구절을 "남편과 약혼한 처녀"로 번역한다. 그리고 수태고지에 대해 마리아가 이의를 제기하며 묻는 1:34의 질문을 다음과 같이 번역한다: "나는 남편과 성관계를 맺지 않았는데 이 일이 어떻게 될까요?"(Pōs estai touto epei andra ou ginōskō). 그녀는 1:34의 '아네르'를 이렇게 번역하는 것은 1:27뿐 아니라 안나가 "처녀 시절을 끝내고 일곱 해를 남편(anēr)과 함께 살았다"라고 기록하고 있는 2:36과도 일치한다고 말한다. 그것은 약혼했지만 아직 요셉의 집에서 동거를 시작하지 않은 마리아의 현재 결혼 상태에 대한 주의를 환기시킨다.

셰이버그는 마리아의 질문의 첫 번째 부분인 '포스 에스타이 투토'(pōs estai touto)를 "어떻게 이 일이 가능할까요?"가 아니라 "어떻게 이 일이 될까요?"로 번역한다. 그녀는 '에스타이'(estai)가 두 가지 의미 모두 가능하기 때문에, 기적적인 신의 개입에 찬성하여 논쟁을 왜곡하는 것을 피하기 위해 이 번역을 선택했다고 말한다. 그녀는 '에피 안드라 우 기노스코'(epei andra ou ginōskō)를 문자 그대로 번역했는데, 현재 시제로 "나는 남자와 성관계를 맺지 않았다"가 아니라 "나는 남편과 성관계를

맺지 않았다"로 번역했다. 브라운의 이름을 언급하지는 않았지만, 셰이
버그는 그의 번역에 동의하지 않으면서 그 동사의 현재 시제가 과거의
행동에 근거한 현재의 상태를 나타내지 않는다고 주장했다. 그것은 현
재 상태에 대한 마리아의 반대에 초점을 맞추고 있다. 그것은 마리아가
매우 가까운 미래에, 요셉과 동거를 시작하기 전에 임신하게 될 것을 기
대하고 있음을 독자들에게 말해준다. 그러므로 누가는 요셉이 약혼 기
간에 마리아와 성관계를 하지 않았다는 마태의 언급을 보완하고, 어쩌
면 "그 수태가 마리아의 남편이 아닌 다른 누군가에 의해 일어났을 가
능성"을 제기하는 것일 수 있다(84-87 [83-85]).

　셰이버그는 마리아가 엘리사벳에게 갔다는 누가의 서술에 나오는
'메타 스푸데스'(meta spoudēs, 1:39)에서 자신의 견해를 뒷받침할 약간의
증거를 발견했는데, '메타 스푸데스'는 보통 "서둘러"로 번역되며, 간절
함 또는 기쁨을 의미한다. 셰이버그는 예수 탄생 예고를 들은 목자들이
서둘러 베들레헴으로 가는 2:16이 이런 의미라고 생각했다. 그러나 그
녀는 칠십인역 성서와 그리스도교 성서에서 명사 '스푸데'(spoudē), 동사
'스푸도'(speudō), 부사 '스푸다이오스'(spoudaiōs)는 종종 "두려움, 놀람, 도
피, 불안"의 의미를 갖고 있다고 말한다. 그녀는 마리아가 엘리사벳에
게 가는 여정에 이런 의미로 '메타 스푸데스'를 사용했을 것이라고 추
측했다. 그러나 그녀는 그 구절의 의미가 명확하다고 생각하지 않았거
나 자신의 논증의 중요한 부분이 아니라고 생각했고, 그것을 독자들의
판단에 맡겨두었다(89-90 [86-88]).

　논증의 주요 부분으로 넘어가서 피츠마이어의 또 다른 의견을 인용
하며,[35] 셰이버그는 마리아를 "남자와 약혼한 처녀"로 소개하는 1:27이

35.　Fitzmyer, *Gospel according to Luke*, 1.343.

신명기 22:23과 언어적으로 유사하다고 말한다(91 그리고 n. 55 [88 그리고 n. 55]). 이것은 마태복음에서 요셉이 씨름하는 율법의 첫 번째 구절이다. 셰이버그는 누가가 여기에서 이 구절을 사용하여 독자들이 요셉이 아닌 다른 사람을 아버지로, 그리고 약혼 기간의 유혹이나 강간에 관한 이야기가 나올 것을 대비하게 한다고 주장한다(91-92 [88-89]). 그녀는 이 구절에 대한 그런 이해가 해방과 승리의 폭력, 현재에 대한 집중이 담겨 있는 성모송(1:46-55)에 의해 뒷받침된다고 생각했다. 성모송을 마리아의 입술에 올려놓음으로써, 누가는 자신이 전해 받은 전승, "마리아는 강간을 당해서 임신했지만 하나님이 그녀의 결백을 밝히고, 그녀와 그 아이를 보호하고 심지어 인정하셨으며, 그 아이가 하나님의 아들이자 메시아로 인정되도록 하셨다는 것"을 전달한다(95 [91]).

계속해서 성모송에 대해 숙고하면서, 셰이버그는 누가가 1:48에서 '타페이노시스'(tapeinōsis)를 사용한 것을 특히 중요하게 여겼다. 그녀는 이 구절의 '타페이노시스'는 일반적으로 "낮은 지위"나 "겸손한 자세"로 번역되지만, 칠십인역에서는 보통 "수치"를 의미한다고 말한다. 신명기 22:24에서 이 단어는 약혼한 처녀가 당하는 수치를 묘사하며, 창세기 34:2, 사사기 19:24과 20:5, 사무엘기하 13:12, 14, 22, 32, 그리고 예레미야애가 5:11에서도 같은 의미로 사용된다. 이 구절들은 디나의 강간, 레위인의 첩의 강간, 다윗의 딸 다말의 강간, 처녀 유다의 강간을 묘사하고 있다. 그래서 셰이버그는 대부분의 학자들이 누가가 성모송에 삽입한 것이라고 생각하는 이 구절의 '타페이노시스'에 대해 다음과 같은 번역을 선택한 것이다: "그는 자기 종의 수치를 돌보셨다." 셰이버그에 의하면, 그것의 효과는 마리아가 처한 상황이 "도덕적이고 사회적인 수모"였음을 강조하는 것이다(97-101 [82-96]).

셰이버그는 성모송이 유대 그리스도교 '아나빔', 즉 하나님 외에는 의지할 것이 없는 가난하고 억압받는 집단에서 유래한 것이라는 제안을 하면서 이 부분에 대한 고찰을 마무리한다. 그녀는 브라운을 인용하면서, "이들은 육체적으로뿐만 아니라 영적으로도 고난받았다"라고 덧붙였고, 이어서 그녀의 주요 관심사 중 하나에 대한 대답으로 "사생아 전승은 예수가 경건한 아나빔 출신이라는 신학을 부정하지도 않으며, 예수의 출신을 둘러싸고 있는 누가의 신성하고 순수한 이미지를 무너뜨리지도 않는다. 오히려 누가는 이 아이와 그의 어머니가 이스라엘에 완전히 포함됐다는 것을 보여주기 위해 그러한 신학과 이미지들을 사용한다"라고 기록했다(101 [96]).

셰이버그는 이제 자신이 최근에 동정녀 수태를 뒷받침하기 위해 사용했던 "**주요** 비평적 논증"(굵은 글씨체는 셰이버그의 강조)이라고 부르는 것, 즉 세례 요한과 예수의 단계적 대구법을 다룬다. 그녀는 누가가 그러한 기법을 사용했다는 점을 인정하지만, 여기에서 요한에 대한 예수의 우월함은 "하나님이 그[예수]의 어머니의 더 심각한 수치-유혹이나 강간에 의한 수치를 감싸주시는 것"에 의해 묘사된다고 주장한다. 그녀는 이러한 수치가 성서 전승에서 불임보다 더 심각한 것으로 여겨지며, "결코 명확한 반전의 약속을 받지 못한다"라고 말한다(101-04 [96-98]). 이 수태고지 장면에서, 누가는 마리아가 처한 곤경을 암시하지만 그 곤경에 이름을 붙이지 않기 때문에 독자들은 그것을 간과하기 쉽다(107-10 [101-103]).

셰이버그는 마리아의 이의 제기에 대한 천사의 "성령이 그대에게 임하시고, 더없이 높으신 분의 능력이 그대를 감싸 줄 것이다"(1:35)라는 대답이 요한복음 3:3-8에서 예수가 니고데모에게 한 대답과 비슷하다고 생각한다. 그 대답은 생물학적인 질문을 영적인 차원으로 끌어올린다. 천사는 마리아에게 수태가 어떻게 일어날지에 대한 생물학적 설명을 하지 않고, 하나님을 신뢰하고 하나님의 뜻을 받아들이라고 요구한다(99-100 [103-104]). 질문에 대한 답변 대신 그녀는 하나님의 위험한 권능과 현존이 그녀를 보호하고 구원할 것이라는 말을 듣는다(113-14 [105-06]). 셰이버그는 "임하다"와 "감싸다"라는 용어가 성적인 의미가 아니라는 것에 동의했고, 누가복음이 마태복음보다 성적인 해석의 가능성이 적다고 주장했다(117 [108]). 그러나 그녀는 이것을 천사의 대답에 대한 자신의 이해를 뒷받침하는 것으로 보았다.

셰이버그는 강간에 의한 수태가 히브리 성서의 "처녀 딸 시온 또는 이스라엘 구절들에 대한 반향"을 포함하고 있을 가능성이 꽤 크다고 본 것 같다. 그 처녀는 종종 억압받았거나 유린당했고, 종종 신실하지 않았기 때문에, 셰이버그는 브라운이 "처녀 이스라엘"의 이미지가 배후에 있다는 견해를 거부했다고 쓴다. 브라운은 마리아는 그렇지 않았다고 말했다. 그녀는 "나의 주장은 누가가 물려받고 전하려고 했던 전승에서, 마리아는 억압**받았고**, 어쩌면 강간**당했을** 수 있다는 것이다"라고 말했지만, 그는 "이 이미지와 일반적으로 연관되는 타락은 없다"라고 응수했다(119-20 그리고 n. 157 [110 그리고 n. 157], Brown, *Birth of the Messiah* 321에서 인용).

셰이버그에게, 이것은 누가가 말한 것의 완전한 의미를 명확하게 해 주는 것이었다. 그녀는 1:32에서 선포된 "다윗의 아들"과 "하나님의 아들"이라는 그리스도론을 경쟁이 아니라 통일된 것으로 이해했다. 그녀는 "임하다"와 "감싸다"의 의미를 새로운 창조나 신에 의한 잉태로 보지 않고, 이 억압받고 유린당한 여성을 하나님이 보호하시고 권능을 부여하며 그녀의 아들의 지위를 높이신다는 뜻으로 보았다. 셰이버그는 누가가 복음서 전체를 통해 주로 이방인들이었던 자신의 그리스도인 청중들에게 유대인 예수를 "그리스-로마 슈퍼스타 패러다임"에 따라 보여주고 있다고 덧붙였다. 그러나 유아기 내러티브에서, "누가는 예수의 출생이 신과 인간의 결혼(*hieros gamos*)의 결과로 해석되는 것을 경계했다." 부모의 저주를 짊어질 것으로 여겨지는 사람, 죄인으로 처벌될 사람, "사람이 보기에 거룩하지 않은" 사람, 바로 그러한 육신으로 태어난 사람이 성령의 임하심과 하나님의 권능의 감싸주심으로 인해 거룩하다고 선언될 것이다(120-27 [110-16]).

이제 셰이버그는 마리아가 하나님의 뜻에 동의하는 1:38, "보십시오, 나는 주님의 여종(*doulē*, 또는 '노예')입니다. 당신의 말씀대로 나에게 이루어지기를 바랍니다"를 자세히 살펴보는데, 이 부분이 "수태고지 내러티브에서 상당히 특이하다"라고 말한다(127 [116]). 이 장면은 마리아에게 어머니가 되라는 사명을 주는 것과, 그녀가 믿음으로 그 사명을 받아들이는 장면으로 해석될 수 있다. 그러나 셰이버그는 어머니 됨을 넘어서, 마리아가 받아들인 것은 좋은 소식(good news)이었다고 덧붙인다. 어쩌면 누가는 "마리아를 초기 교회 공동체에 포함시켰던 그녀에 대한 긍정적인 전승을 물려받았을 수도 있으며", 그녀의 결백에 대한 주장을 포함시키기 위해 수태고지 장면을 구성했을 수도 있다(128-32 [117-20]). 그러나 여전히 마리아의 동의에는 사생아 전승이 반영되어 있을 가능성이 있다. 그녀의 말은 예수가 체포되기 전에 했던 기도를 상기시킨다: "내 뜻대로 되게 하지 마시고, 아버지의 뜻대로 되게 하여 주십시오." 누가는 두 개의 위임과 수락의 일부인 갈등 역시도 환기시키려고 의도했을 수 있다(133-35 [116-22]). 마리아가 자신을 노예(*doulē*)로 묘사한 것은 누가의 세계에서는 충격적인 뜻을 갖고 있는 용어를 생각나게 한다. 그 단어의 여성형은 "언제 어디서나 성적인 사용과 학대에 관계되어 있다." 유대교에서 그 용어는 하나님에 대한 완전한 의지와 섬김을 의미하지만, 여전히 추문의 원인이 된다. 셰이버그는 브라운을 인용하여 유대인들이 예수에 대한 신앙을 반대한 초기의 이유 중 하나는 메시아가 첩에게서 태어날 수 없다는 것이라고 말했다(136 그리고 n. 223 [123 그리고 n. 233], *Birth of the Messiah* 364에서 인용). 그녀는 누가가 마리아를 하나님에 대한 신뢰와 순종으로 운명을 받아들이는, "알 수 없는 힘에 의한 희생자"로 묘사하고 있다고 말했다(138 [125]).

누가에 대한 자신의 연구를 마치면서, 셰이버그는 다시 한번 이 이야기가 일반적인 방식의 수태에 관한 것으로 해석될 수 있다는 견해를 바탕으로 하고 있다고 말했고, 또한 예수가 "사람들이 생각하기로는 요셉의 아들이었다"라는 누가의 주장에 영향을 받았다고 덧붙였다. 그녀는 자신의 해석이 이 이야기를 적어도 동정녀 수태로 해석하는 것만큼 잘 설명한다고 확신했지만, 자신의 누가복음에 대한 논증이 마태복음에 대한 논증보다는 설득력이 떨어진다고 생각했다. 그녀는 누가가 수태고지 장면, 마리아의 동의라는 요소, 신성하고 거룩한 이미지, 그리고 "평온함과 심지어 전체 이야기의 승리"의 이미지를 통해 "사생아" 전승을 모호하게 만들었다고 말한다. 그의 의도는 그리스-로마 청중들에게 "'좋은 소식'을 전하는 것과 그리스도교의 가르침에 대한 존중"을 전하려는 것이었다. 그녀의 평가에 의하면, 누가는 그 의도를 너무나도 잘 수행해서 이 이야기의 어두운 면을 가리고 말았다(138-42 [125-29]).

그제서야 셰이버그는 역사적 문제로 눈을 돌린다. 그녀는 마태복음과 누가복음의 배후에는 놀랄 만큼 많은 요소들을 포함하고 있는 공통 전승, 아마도 구전 전승이 존재한다는 것을 대부분의 학자들이 인정한다고 말한다. 그 요소들에는 신명기 22:23-27에 대한 암시, 약혼 기간에 예수를 부적절하게 수태한 것, 익명의 생물학적 아버지, 요셉과 마리아가 성관계를 하지 않았다는 사실, "높은 차원의 인과관계"의 포함(즉, "그 임신은 사고나 실수가 아니라 하나님의 섭리"라는 의미), 위험한 시기의 이스라엘에 대한 하나님의 약속의 성취가 포함된다. 그녀는 또한 "두 복음서 저자들 모두 마리아가 유혹, 즉 간통에 협력한 죄가 없다고 독자들이 생각하기를 원한다"라고 말한다. 그러나 그녀는 마태와 누가가 공통의 강간 전승을 전해 받았는지 아니면 유혹이나 간통의 전승이나 소문을 독자적으로 수정한 것인지는 판단할 수 없었다(145-48 [130-32]).

이러한 공통점에 근거하여, 셰이버그는 사생아 전승의 발전에 대한 제안을 했다. 그녀는 "조산"이 그리스도인들에 의해 만들어지지 않았을 것이라는 브라운의 의견에 동의했는데, 그것은 "잠재적으로 해로운 정보"가 될 것이었기 때문이었다. 그러나 그녀는 "조산" 자체가 스캔들의 원인이 될 것이라고 믿지 않았다. 그녀는 당시 조산아 출산은 흔한 일이었고, 갈릴리에서 요셉과 마리아가 결혼 절차를 마치기 전에 성관계를 했다는 의혹은 도덕적 실패에 따른 죄가 아니라 미풍양속에 반하는 범죄로 여겨졌을 것이라고 말한다. 그 의혹을 도덕에 관한 문제로 만들기 위해서는 관련된 누군가가 사생아라는 것을 알려야만 했다. 셰이버그는 이러한 보고가 가족들, 요셉이 아니라 아마도 마리아 또는 예수의 형제자매들에게서 나온 것이라고 가정했다. 그런 다음 여기에는 마리아의 결백, 심지어는 부정한 영이 아니라 성령의 역사였다고 말하는 것까지 연결됐고, 이러한 발전은 아마도 같은 집단에서 이루어졌을 것이다. 셰이버그는 아마도 이 이외의 모든 것은 가족 외부의 집단, 성령의 개입에 대해 이야기하는 초기 그리스도교 여성 또는 남성 예언자, 아니면 초기 그리도교의 은사주의 집단에서 유래됐을 것이라고 말한다. 그 이야기는 아마도 조용히 유지되다가 결국 공개됐고, 조롱과 중상모략이 일어났으며, 마침내 마태와 누가에 의해 사용됐다(151-56 [135-38]).

"예수는 전혀 죄가 없었다는 널리 퍼져있던 확고한 믿음"이 동정녀 수태의 발전에 한 역할을 했다는 브라운의 의견에 대한 대답으로, 셰이버그는 "신약성서에서는 예수의 죄 없음을 … 결코 그의 출신에 관한 언급을 통해 설명하지 않는다"라고 썼다(241 n. 27 [214 n. 27]). 그녀는 이 이야기의 발전에 예수가 **영적** 사생아라는 비난이 포함됐을 수도 있다고 추측했고, 육신에 의한 잉태와 영에 의한 잉태를 구분한 요한의 생각이 그러한 비난과 관계되어 있을 수도 있다고 주장했다(157-58 [139-40]).

단순 명료한: 셰이버그에 대한 브라운의 비판

1985년, 『사생아 예수』가 곧 출판될 것을 알고 있었던 브라운은 "현대 페미니스트들은 마리아를 남성 욕망과 권력의 희생자로 묘사할 수 있으며, 따라서 혼외 관계에서 예수를 수태한 죄와는 거리가 멀다고 묘사할 것이다"라고 평했다.[36] 1986년에 그는 〈워십〉(Worship)지에 놀라운 논문을 실었다. 그는 마태의 가계도에는 복음의 정수와, 하나님이 모든 종류의 사람들과 함께 일하신다는 진리의 선포가 담겨 있다고 말했다: "하나님은 종종 가장 뛰어난 사람 또는 고결한 사람 또는 성스러운 사람을 선택하지 않는다. … 마태의 가계도는 예수 그리스도의 이야기가 성인들 못지않게 죄인들의 이야기도 담고 있다는 것을 우리에게 말해

---

36. Raymond E. Brown, *Biblical Exegesis and Church Doctrine* (New York. Paulist, 1985) 36.

주며, 곧은 선뿐만 아니라 거짓말쟁이들과 배신자들, 부도덕한 사람들의 구불구불한 선으로도 기록되어 있다는 것을 알려준다."[37] 브라운은 가계도에 있는 여성들에 대해, "우리는 거룩한 족장들의 아내에 대해서는 아무것도 듣지 못한다"라고 말했다. 그는 룻이 "말 그대로 보아스의 발아래에 자신을 던졌고", 밧세바는 "다윗의 욕망의 희생자가 됐다"라고 썼다.[38]

브라운의 사상에서 이러한 발전을 알고 있는 사람이라면 누구나 그의 지지(sympathy)가 『사생아 예수』까지 확장될 것이라고 예상했을 것이다. 그러나 그렇지 않았다. 그 책이 출판됐을 때 그는 논평을 보류했다. 그는 1993년에 회답했다.[39]

브라운은 마태의 가계도에 나오는 여성들에 관한 한 가지, 그가 "불법으로 특징되는 출생"에 관한 셰이버그의 언급이라고 부르는 것에 초점을 맞췄다. 그들 중 누구에게 불법이 해당되는지 이의를 제기하면서, 그는 다윗과 밧세바는 솔로몬이 수태됐을 때 결혼했고(삼하 11:2-5, 27), 룻기 4:12에는 결혼의 축복이 포함되어 있으며, 라합과 살몬이 결혼하지 않았다고 생각할 이유가 없고, 다말은 의로웠다고 대답했다. 그는 네 명의 여성에 대한 마태의 언급은, "반대되는 겉모습에도 불구하고 미덕의 본보기를 제공한다!"라고 말했다. 이 여성들의 삶과 행동에 대한 하나님의 관여를 설명하기 위해 그가 **개입**이라는 단어를 사용한 것에 관한 셰이버그의 비판에 주목하면서, 그는 자신이 최선의 단어를 선택하지 않았다는 것을 인정했다. 그러나 그는 개입이라는 표현이 "하나님의 계

---

37. Raymond E. Brown, "The Genealogy of Jesus Christ," *Worship* 60 (1986) 486.
38. Ibid., 488-89.
39. Brown, *Birth of the Messiah II*. Brown은 여기저기 십수 쪽에 걸쳐 논평을 남겼다. 중요한 단락인 601-03은 색인에서 생략됐다.

획", 그리고 "요셉에 의한 남성의 성적인 참여 없이 '그리스도라 불리는 예수를 잉태한'" 마리아를 위해 여성의 주도권과 변칙적인 결혼을 사용하시는 하나님을 의미한다고 주장했다(593-94). 그런 뒤에 그는 셰이버그에 대한 논평으로부터 가계도에 대한 일반적인 논평으로 돌아서서, 〈워십〉지에 실린 논문과 가계도의 의미에 대해 이야기했지만 여성들에 대해서는 더 이상 언급하지 않았다(596).

"셰이버그의 논지 중 가장 놀랍고 (취약한) 부분"이 마태복음 1:18, 20의 "성령을 통한 잉태"라는 구절에 대한 해석이라고 판단한 브라운은, 그녀가 마태의 의미를 설명하기 위해 **비유적이고 상징적인** 용어를 사용했다고 비판했다. 그는 마태가 마리아의 역할을 설명하기 위해 사용한 표현—"그에게서 태어났다"(of whom was begotten)—이 분명히 문자적인 것을 감안할 때, 성령에 대해 사용된 동일한 표현을 왜 같은 방식으로 이해하면 안 되는지를 물었다. 그런 뒤에 그는 "내 생각에 의하면, 강간범이 예수의 진짜 아버지라는 셰이버그의 주장은 마태복음 1:18-25에서 의도된 예수의 신학적 정체성을 무너뜨린다. 예수는 알 수 없는 사람의 아들이 아니다. 그는 하나님의 성령으로 마리아의 자궁에서 창조적으로 발생한 진정한 **하나님의 아들**이다"라고 덧붙였다(601, 굵은 글씨체는 브라운의 강조).

그리스어 '파르테노스'(parthenos)가 마태에게 신명기 22:23-27을 떠올리게 했기 때문에 그가 이사야서 7:14을 사용했다는 주장에 대해, 브라운은 "이상한 억지"라고 짧게 대답했다(601). 그는 더 이상 할 말이 없었다.

이제 브라운은 누가에게 관심을 돌린다. 수태고지 장면에 대한 두 쪽이 조금 넘는 글에서 그는 그 이야기에 대한 셰이버그의 해석의 몇 가지 요소들에 대해 논의했다. 그는 누가가 마리아를 "남자와 약혼한 처녀"로 소개하는 것이 성폭력을 암시한다는 것을 부인하면서, 이 표현이 "그 자체로는 상당히 중립적"이며, 거의 모든 유대인 여성들의 삶의 한때에 해당되는 표현이라고 말했다. 또한 그는, 셰이버그가 그런 생각의 참고 자료로 인용했던 피츠마이어에 의하면, 누가는 종종 "그것이 발생한 맥락을 반드시 염두에 두지 않은 채" 칠십인역 성서에서 구절들을 가져온다고 언급했다. 그는 "분명히 누가가 마리아라는 이름의 처녀에 대한 묘사에서 보여주는 경건한 종교적인 맥락은 누가가 성폭행으로 인해 처녀성을 잃은 한 여성의 이야기를 독자들에게 소개하고 있다고 생각하게끔 하지 않을 것이다"라고 덧붙였다. 그는 마리아의 질문에 대한 천사의 대답이 하나님이 마리아에게 "임하시고" "감싸주시는 것"에 대한 성적인 진술이 아니라는 셰이버그의 인식에 찬성했다. 그러나 그는 그것이 그녀가 강간당할 것이라는 뜻이 아니라면 그 대답이 어떻게 마리아가 아이를 임신할 것인지를 말해 주는지 궁금해했다. "이 구절은 시온의 딸 모티프 … 종종 억압당하고 유린당하는 여성을 반영한다"라는 셰이버그의 말을 언급하면서, 그는 한마디로 "의문스럽다"라고 대답했다(636-37).

다음으로 브라운은 누가의 의미가 그가 말하는 이야기에 숨겨져 있다는 셰이버그의 견해에 대해 언급했다. 브라운은, 확실히 "저자가 그의 중심적인 관심사를 너무나 무능하게 표현하여 당시의 독자들이 그것을 간과했을 것이라는 주장은 성서 주석적으로 매우 취약한 주장이다"라고 말한다. 이어서 그는 "셰이버그는 (아마도 강간에 의해) 사생아를 수태했다는 것을 누가가 알고 있었고 **전달하려 의도했다**고 주장한 첫 번째 사람일 것이다. 독자적인 연구를 비난해서는 안 되지만, 제안된 통찰이 저자의 의도보다는 해석자의 눈에 달려 있다는 의심을 살 수 있다"라고 덧붙였다(637, 굵은 글씨체는 브라운의 강조).

수태고지 이외의 자료로 눈을 돌리면서, 브라운은 셰이버그의 누가 복음 해석의 한 가지 요소, 아마도 마리아가 "불안과 내적인 혼란" 상태에서 엘리사벳을 방문했을 것이라는 주장에 대해 더 언급했다. 그는 마리아가 서두른 것은 자신에게 드러난 하나님의 전능함에 대한 순종에서 비롯된 것이며, 이것은 강간당하지 않은 목자들도 베들레헴으로 서둘러 갔다는 사실에서 확인된다(643).

역사성에 대한 문제에 이르렀을 때, 브라운은 복음서 이전의 사생아 전승의 발전에 대한 셰이버그의 시나리오를 자신의 언어로 다시 표현하면서 (그리고 많은 사람들이 그렇듯이, 그녀가 마리아의 강간을 가장 그럴듯한 **역사적인** 설명으로 간주한다고 잘못 생각하면서) 그녀의 입장을 반박하기 위해 두 개의 짧은 논평을 했다. 그는 바울이 예수를 "율법 아래에서 태어났다"라고 묘사했을 때 사생아 전승에 대해 "거의 알지 못했다"라고 말한다. 또한 브라운은 그 진술의 각주에서 유혹 전승이 초기 그리스도교의 "예수의 무죄함에 대한 주장"과 어떻게 일치하는지, 강간 전승이 마가복음의 "예수의 가족 주장(막 3:31-35)과 평범한 가족(막 6:3)으로 묘사하는 추정"과 어떻게 일치하는지 묻는다(708 n. 330). 그런 뒤에 브라운은 셰이버그의 연구에 대해 마지막 말을 덧붙였다: "셰이버그 이전의 모든 주석가들이 동정녀 수태에 관한 언급으로 오독했다는 식으로", 마태와 누가가 유혹이나 강간에 대한 이야기를 독자적으로 기록했을 가능성은 매우 낮다(708).

참으로 "극도로 미묘한": 브라운의 비판에 대한 비판

셰이버그에 대한 브라운의 비판을 자세히 살펴보면 놀라운 결과를 얻을 수 있다. 마태의 가계도에 대한 그의 논평은 처음부터 끝까지 혼란스럽다. 셰이버그는 "네 여성들의 출산의 특징은 불법성(illegitimacy)이다"라고 말한 적이 없다. 반대로, 그녀는 히브리 성서의 남성중심적인 이야기들이 "그들[네 명의 여성]과 태어날 자녀들을 정당화한다"라고 말했다.[40] 브라운은 소외되고 고통받는 여성들의 부적절한 성적 행동이 소외되고 고통받는 마리아의 부적절한 성적인 행동을 독자들이 예비하게끔 한다는 셰이버그의 주장의 핵심을 무시했다. 브라운은 하나님이 여성의 주도권을 사용하는 것을 설명하기 위해 사용한 **개입**이라는 용어에 대한 셰이버그의 비판을 받아들이고, 자신이 의미했던 것은 "하나님의 계획"이었다고 설명하는데, 동정녀 수태를 부정하는 것 외에는 하나님이 이 세상에서 어떻게 일하는지에 대한 셰이버그의 이해가 자신의 이해와 같다는 것을 알아차리지 못한 것 같다. 마태복음 1:16의 "'그녀에게서 … 태어났다'라는 구절은 요셉이 예수의 생물학적 아버지가 아니라는 것을 말하려는 의도다"라고 지적하면서, 그는 그 구절이 동정녀 수태를 암시하지 않으며, 생물학적 아버지의 이름이 알려지지 않았거나 은폐된 것일 수 있다는 셰이버그의 견해를 무의식적으로 지지한다. 셰이버그는 신중하고 설득력 있게 자신의 입장을 주장했다. 브라운은 그녀의 논증의 내용들을 반박하지 않았지만 그녀의 결론에 동의하지 않을 이유—오해!—를 찾아냈다.

"성령으로 잉태됐다"라는 구절은 "문자적 의미보다는 비유적 또는 상징적 의미로" 이해되어야 한다는 셰이버그의 주장에 대한 브라운의

---

40. Schaberg, *Illegitimacy of Jesus*, 33 [42].

비판은 그 한 구절에 대한 논평으로서는 의미가 있다. 셰이버그의 진술은 하나님이 예수의 수태에 실제로 관여하지 않았음을 의미하는 것처럼 보이지만, 셰이버그는 그런 의미로 말한 것이 아니었다. 그녀는 단지 마태복음 1:18, 20이 남성 파트너가 포함되지 않는 종말론적 창조 행위를 하나님께 돌린다는 것을 부정하려고 했다. 브라운은 "광범위한 유대교와 그리스도교의 맥락"에서 하나님의 창조 활동은 인간의 아버지 됨을 대체하기보다는 보완한다고 설명하며, 마태복음의 예수의 수태에는 두 가지(하나님의 아버지 됨과 인간의 아버지 됨—역주)가 모두 포함된다고 결론 내리는 그녀의 논의 여섯 쪽을 무시했고, 본문을 그렇게 해석하기를 거부했다. 또한 그는 마태복음의 예수가 처음부터 하나님과 연결되는 삶, 그를 특별한 방식으로 하나님의 아들이 되게 하는 삶을 가졌을 것이라는 그녀의 진술을 무시했다.

브라운은 수태에 대한 하나님의 개입에 대해 셰이버그가 말한 모든 것을 무시했고, 오직 그렇게 함으로써만 "예수의 진정한 아버지"는 강간범이라는 그녀의 생각이 마태복음에 나타난 예수의 "신학적 정체성"과 모순된다는 이유로 그 견해를 즉시 거부할 수 있었다. 그는 예수의 수태에 **죄인**이 연루되는 것을 우려하는 것처럼 보이지만(1980년대 중반에 그는 이를 거의 받아들일 준비가 된 것처럼 보였다), 그것은 그의 요점이 아니었다. 그는 인간의 **모든** 관여가 신의 **어떠한** 관여에도 모순되는 것이라고 배제하고 있었다.

마태가 신명기 22:23-27과의 연관성 때문에 이사야서 7:14을 사용했다는 셰이버그의 주장에 대해, 브라운은 "이상한 억지"라는 두 단어의 논평마저 하지 않는 것이 더 나았을 것이다. 그녀는 그 예언이 문맥상 끔찍한 시기 속에서도 하나님을 신뢰하라는 도전이라고 지적함으로

써 자신의 판단을 옹호했다. 브라운 또한 그것을 예언의 의미로 해석했
다.[41] 셰이버그는 마태가 동정녀 수태의 독창적인 요소를 소개하고 싶어
서가 아니라 그 예언이 이야기에 적절했기 때문에 사용했을 뿐이라고
가정했다. 브라운은 여전히 마태가 동정녀 수태를 명시적으로 가리키
지는 않지만 다른 주요한 의미가 있는 본문을 가져다가 간통이나 강간
에 관한 의혹을 제기하는 이야기에 덧붙이고 이 두 가지를 결합하여 동
정녀 수태를 나타냈다고 생각한 것 같다! 이사야서 7:14의 사용에 대한
그의 견해는 억지스럽고, 셰이버그에 대한 그의 비판은 공허하다.

누가가 마리아를 "남자와 약혼한 처녀"라고 소개하는 것이 신명기
22:23에서 유래했다는 셰이버그의 견해에 대해 그 어구 자체가 중립적
이고, 피츠마이어를 따라 누가가 종종 원래의 문맥과 관계없이 구절들
을 사용했기 때문에 아무 의미가 없다고 주장한 브라운은 아무것도 증
명하지 못했다. 피츠마이어의 일반적인 관찰로는 누가가 특정 구절을
어떻게 사용했는지 선험적으로 결정할 수 없다. 그것은 그 구절이 등장
하는 이야기의 맥락을 고려할 때만 결정할 수 있다. 누가복음 맥락의 한
측면은 세례 요한과 예수 사이의 단계적 대구법이다. 1973년 이후 피츠
마이어는 단계적 대구법이 동정녀 수태를 필요로 한다고 확신한 것이
사실이다. 그러나 셰이버그는 히브리 성서에서 사생아 임신이 불임보
다 더 심각한 저주로 여겨졌다고 주장했고, 누가에게 있어서 강간에 의
한 수태라는 도덕적 장애는 폐경기 불임 여성인 엘리사벳의 수태라는
육체적 장애를 능가하는 것이라고 결론 내렸던 피츠마이어의 원래 입
장을 받아들였다. 피츠마이어는 셰이버그의 책을 무시했고, 셰이버그의
연구에 비추어 수태에 대한 자신의 원래 입장이나 "남자와 약혼한 처

41. Brown, *Birth of the Messiah*, 149. 앞의 논의를 볼 것.

녀"라는 구절의 중요성을 결코 살펴보지 않았다. 브라운은 자신이 시작한 단계적 대구법 논의에 대한 그녀의 기여를 무시했고, 피츠마이어의 권위에서 나온 시대에 뒤쳐진 논증으로 도피했다.

강간을 암시하는 도입부가 경건한 종교적인 맥락에 어울리지 않는다는 브라운의 주장은 수태고지 장면을 일반적인 의미에서 경건하고 종교적인 장면이라고 가정한다. 즉, 인간의 삶에 관한 충격적이거나 골치 아픈 것들을 배제하고 거룩하고 신앙심 깊은 것에 초점을 맞춘다. 세이버그는 이미 그 장면이 경건한 분위기를 나타내고 있다고 썼으며, 그 분위기가 내용을 방해한다고 불평했다. 그러나 그녀는 그 이야기에 담긴 몇 가지 요소들을 언급함으로써 그 분위기에 가려진 메시지에 대한 그녀의 해석을 뒷받침했다: 자신의 "비천함"과 그 해방의 메시지를 언급하는 마리아의 성모송 낭송; 마리아가 1:38과 성모송에서 또다시 자신을 여자 노예(doulē)로 묘사한 것; 이스라엘의 가난한 사람들인 '아나빔'이 가난과 억압에 사회학적 기반을 둔 종교 계층이었다는 사실. 브라운은 『메시아의 탄생』에서 마리아가 억압받았다는 사실을 제외하고는 이러한 주제들에 대한 셰이버그의 생각에 대해 아무것도 언급한 적이 없다.

천사의 대답이 동정녀 수태에 대한 언급이 아니라면 성과 무관한(nonsexual) 대답은 "어떻게"라는 질문에 답을 제시하는 것이 아니며 마리아가 그 아이를 어떻게 수태하게 될지 알지 못하게 만든다는 브라운의 관찰은 사실이지만 핵심을 놓치고 있다. 브라운과 셰이버그가 동의한 것처럼, 마리아가 아나빔을 대표한다면, 천사의 대답은 필요한 모든 것을 말해준다. 고난의 시기에 처한 아나빔이 들어야 하는 것은 하나님이 그들과 함께 할 것이라는 사실이었다. 여기에 더해, 셰이버그가 마리아의 항의를 "나는 남편을 알지 못하는데[남편과 성관계를 하지 않았는데]"로 번역한 것은 마리아가 아마도 곧 무슨 일이 일어날지 추측할 수 있음을 암시한다.

그러나 브라운은 그 번역이나 마리아의 말을 약혼한 처녀라는 신분에 근거한 윤리적 항의라는 셰이버그의 이해에 대해 언급조차 하지 않았다. 이것은 놀라운 일이다. 마리아의 항의는 수태고지 기사 및 브라운이나 셰이버그가 자신의 입장을 더 효과적으로 주장했는지 판단하는 데 있어 아마도 가장 중요한 요소일 것이다. 수태고지 장면의 내부에서 생각하면서, 셰이버그는 '아네르'(*anēr*)와 '에피 안드리 온 기노스코'(*epei andri on ginōskō*)의 현재 시제를 적절하게 번역했다. 브라운은 의식적으로 둘 모두를 표면상의 의미에 반대되게 번역했다. 셰이버그의 번역은 그의 번역이 미심쩍다는 것을 드러냈고, 그는 그것을 변호하거나 재고하는 데 실패했다.

브라운은 "시온의 딸" 또는 "처녀 딸" 이미지에 대한 셰이버그의 생각에 대해 "의심스럽다"라는 한 단어로 대답하면서 자신의 생각의 함의를 다루기를 꺼려했다. 셰이버그는 히브리 성서에서 부정하고, 억압받고, 유린당하는 처녀들에 대한 빈번한 묘사를 통해 그 이미지의 "반향들"을 보게 됐다. 그녀는 브라운이 피하려고 했던 결론을 확고히 지지했고 브라운은 이에 대해 아무 말도 하지 않았다.

마리아가 공포에 사로잡혀 엘리사벳을 만나러 간 것이라는 셰이버그의 잠정적인 생각에 대한 대답으로 브라운이 베들레헴으로 서둘러 가던 목동들에 대한 지적을 했을 때, 그는 셰이버그가 이미 해결한 것과 비슷한 논증을 사용했다. 그녀는 그 이야기에서 이 요소를 그렇게 중요하게 생각하지 않았다. 그러나 그가 대답할 요량이었다면 그녀의 해석의 결정적인 이유를 다루었어야 했다.

셰이버그가 복음서 이전의 역사적 사생아 전승을 재구성한 것을 일축하면서, 브라운은 단순히 자신이 시작했던 작업을 마무리하기를 거부했다. 1971년의 첫 강의에서 그는 동정녀 수태의 역사성에 초점을 맞추었다. 『메시아의 탄생』에서 그는 그 개념의 역사적 기원에 대한 잠정적인 제안을 받아들이면서 "적절하지 않을 정도로 **빠른 출산**"을 근거로 삼았다. 셰이버그는 브라운의 생각을 자신의 출발점으로 삼았는데 그것을 무시하기로 한 브라운의 결정은 변명할 수 없다.

바울이 예수가 사생아라는 것을 알았다면 결코 "예수가 율법 아래에서 태어났다"라고 말하지 않았을 것이라는 브라운의 짧은 논평은 당황스럽다. 바울에게 율법은 죄 때문에 세상에 존재하며, 예수는 죄를 수반하는 조건에서 태어났다. 율법 아래에서 태어났다는 것은 출생의 순수함을 의미하지 않으며 사생아 수태를 배제하지도 않는다. 사생아보다 "율법 아래"에 있는 사람은 없다. 초기 그리스도인들이 마리아가 유혹당했다는 것을 알았다면 "예수의 죄 없음 같은 주장"이 존재할 수 있었을지를 묻는 브라운의 질문 안에 암시된 대답 역시 당황스럽기는 마찬가지다. 셰이버그가 지적했듯이, 예수의 죄 없음에 대한 그리스도교 성서의 언급은 결코 그의 수태와 연결되지 않는다. 마리아가 강간당했다는 것을 그리스도인들이 알고 있었다면 예수 가족의 "정상성"을 마가가 강조했을 것인가에 대해, 브라운은 예수 가족의 정상성을 묘사하는 마가의 의도가 무엇이었는지 또는 그 시대, 그 장소에서 정상성은 무엇을 의미하는지 설명하지 않는다.

평가

셰이버그와 브라운 사이의 토론 결과는 명확하다. 셰이버그는 마태와 누가가 마리아의 유혹 또는 아마도 강간에 대해 기록했을 가능성이 크다는 것을 입증했으며, 내 생각에 그 가능성은 그녀가 주장한 것보다 훨씬 더 크다. 그렇게 함으로써 그녀는 마가와 누가가 동정녀 수태에 대해 기록한 것이라는 브라운의 논증의 가능성을 크게 약화시켰다. 그녀는 전문적인 지식과 주석으로 그렇게 했지만, 그것은 무엇보다도 교회에 대한 충성심에 얽매이지 않고 본문 속으로 들어가려는 강렬한 투지에 의한 것이었다. 반면 브라운은 본문 외부에 머물면서 스스로를 약화시켰다. 케빈 더피(Kevin Duffy)는 브라운이 어떠한 성서적 주장도 교회의 가르침과 모순될 수 없다고 확신했기 때문에 이미 셰이버그가 틀린 것이 분명하다고 확신하면서 자신의 판단을 입증할 주석적 증거를 찾아서 대답한 것이라고 말한다.[42] 더피가 옳았다. 그 증거는 셰이버그의 모든 주요 핵심들에 대해 동의하지 않는 것에 대해 브라운이 제시한 이유들과 제시하지 않은 이유들에 극도로 명백하게 나타난다. 그러나 돌이켜 생각해 보면 브라운은 처음부터 어떤 질문이 제기되든 간에―심지어는 자신의 연구에서 비롯된 질문인 경우에도―동정녀 수태로 해석하는 것을 옹호하는 데 전념했다는 점도 마찬가지로 분명해 보인다. 그래서 그는 자신이 가려고 하지 않는 곳으로 이끄는 확실한 본문의 증거를 따르기를 거부했고 셰이버그가 그곳에 도달했을 때 그것을 감당할 수 없었다.

그러므로 결국 셰이버그의 연구는 한때 브라운의 연구가 그랬던 것

---

42. Kevin Duffy, "The Ecclesiastical Hermeneutic of Raymond E. Brown," *Heythrop Journal* 39 (1998) 45.

처럼, 동정녀 수태 문제를 연구하려는 모든 사람들의 필수 자료가 되어
야 한다. 그리고 그것은 페미니스트 종교학자들에게 도전의 기회를 제
공한다. 그 주제에 대한 모든 페미니스트 해석을 포함하지만 셰이버그
의 연구에 초점을 맞춘 조직화된 토론과 그 과정과 결론에 대한 보고서
의 출판이 필요한 때가 됐다. 그러한 논의의 결과와 출판물의 내용은 예
측할 수 없지만, 동정녀 수태 신학에 관한 가부장적 또는 페미니즘적 정
교함이 고통받는 세계에 제공할 수 있는 것보다 더 현실적이고 더 희망
적인 성모 신학과 그리스도론의 발전이 포함될 수 있을 것이다.

개인적인 후기

나는 이 시점에서 동정녀 수태 논쟁에 대한 나 자신의 참여를 언급
하는 것이 중요하다고 생각한다. 내가 1960년대 초 볼티모어의 세인트
메리신학대학원에서 수학하고 있을 때 레이몬드 E. 브라운은 예수의 사
생아 출생 가능성을 생각하기 시작하게끔 해 주었다.[43] 셰이버그를 묵살
하기 위한 일환으로 브라운은 그 본문을 그렇게 해석한 사람은 그녀가
유일하다고 여러 차례 언급했다. 그 점에서 그는 틀렸지만, 숫자에 의미
가 있다는 것을 깨달았던 점은 옳았다. 나는 그녀의 연구와 나의 연구

---

43. Brown이 유니온신학대학원에서 했던 첫 강의를 다 읽었을 때, 나는 예수가 사생아
였을 가능성이 높다고 판단했고, 1972년에 대학생들과 함께 그 가능성에 대해 논의
하기 시작했다. 1981년과 1984년 사이에 Schaberg와 별개로 연구하면서 나는 그녀
와 거의 같은 이유로 그 본문들에 대한 그녀의 해석과 같은 해석에 도달했다. 당시
내가 쓴 논문은 1985년 *Horizons*와 *Theological Studies*에서 거절당했고, Schaberg
의 *The Illegitimacy of Jesus*가 출판된 이후 *Explorations*에 게재됐다. Frank Reilly,
"'A Very Unpleasant Alternative': One Response to Raymond E. Brown's Defense
of the Virginal Conception," *Explorations: Journal for Adventurous Thought* 6, no.
4 (Summer 1988) 79-116을 볼 것.

사이의 놀라운 유사성이 그녀의 해석을 강화한다고 생각한다.[44]

이 본문들에 대한 동정녀 수태 해석을 옹호하는 루이제 쇼트로프는 유대아의 "타락한" 상태와 유아기 내러티브 문맥의 "절망"과 "수모"에 대해 매우 설득력 있는 글을 썼다. 엘리자베스 쉬슬러 피오렌차는 신적인 인과관계가 인간의 인과관계를 대체하지 않는다는 제인 셰이버그의 견해에 공감한다고 말하면서, "전쟁과 점령 속에서 군인들에게 강간당한 수많은 여성들과 함께" "희생자가 되기를 거부하고 생존과 존엄을 위해 투쟁하는" 마리아에 대한 신학적, 그리스도교적 선호를 표명했다.[45] 이 이야기에 대한 나의 이해를 덧붙이자면, 쇼트로프가 묘사한 그러한 시대에, 쉬슬러 피오렌차가 지지하기를 염원하는 그러한 젊고 무고한 희생자들 중 한 명의 끔찍한 경험을 통해, 마태와 누가는 하나님이 아들을 일으키시고, 백성을 이루시고, 인류를 구원하기 위해 행동하셨음을 선포하려고 했다는 것이다.

---

44. Schaberg의 해석과 나의 해석의 한 가지 다른 점은, 나는 마태가 이사야서 7:14을 사용한 이유가 히브리 성서에서 간통을 저지른 처녀나 억압, 폭력, 점령과 정복 시기의 군인에 의한 것을 포함하는 강간을 당한 처녀에 대한 많은 언급과 그리스어 *parthenos*의 공명(resonance) 때문이라고 보았다는 점이다. 나는 마태의 의도가 "'높은' (그리고 남자들이 결정한) 이상, 그리고 죄와 폭력의 현실 세계에서 그러한 이상이 실패하고 위반되는 모호한 의미의 세계로 독자들을 초대하는 것"일 수도 있다고 썼다(Reilly, "'A Very Unpleasant Alternative,'" 90). 최근 몇 년 동안 나는 마태가 이사야서 7:14을 사용한 것과 누가가 가브리엘 천사와 하늘 군대(평화의 메시지를 전하는 호전적인 인물)를 사용한 것은, 마리아의 강간이 "예루살렘의 강간"을 초래한 끔찍한 사건의 시작이 됐고, 예수의 수태는 그리스도교의 탄생을 이끈 성령의 역사를 시작했다고 말하기 위한 것이라고 생각하게 됐다.

45. Schottroff, *Lydia's Impatient Sisters*, 190-94; Schüssler Fiorenza, *Jesus*, 186-87.

『사생아 예수』에 관한 재고

데이비드 T. 랜드리

1995년, 젊은 학자였던 나는 *JBL*(*Journal of Biblical Literature*)에 "마리아
의 수태고지(눅 1:26-38)에 나타난 내러티브 논리"(Narrative Logic in the
Annunciation to Mary [Luke 1:26-38])라는 제목의 논문을 게재했다.[1] 누가의
유아기 내러티브에 대한 제인 셰이버그의 연구에 반응하는 것이 그 논
문의 주요 목적은 아니었지만, 내가 최고라고 생각했던 그녀의 연구에
실질적인 방식으로 참여할 의무가 있다고 느꼈다. 그래서 나는 15쪽 분
량의 논문 중 5쪽을 누가가 제시하는 예수 수태에 대한 셰이버그의 주
장을 분석하고 비판하는 데 할애했다. 나는 그녀의 분석의 장점들과 학
문적 엄격함에 매우 감사했지만, 최종적으로 누가가 예수의 사생아 수
태를 보여주고 있다는 그녀의 주장에 동의하지 않았다. 그럼에도 머지
않아 나는 셰이버그 박사로부터 그녀의 연구를 진지하게 받아들이고
정중하게 반응해 준 것에 대해 감사하다는 편지를 받았다.

---

1.   David T. Landry, "Narrative Logic in the Annunciation to Mary (Luke 1:26-38),"
    JBL 114 (1995) 65-79.

그 당시 나는 이 대답에 다소 충격을 받았다. 나는 자신의 의견에 동의하지 않는 사람에게 감사하는 사람을 본 적이 없었다. 그러나 시간이 흐르면서 나는 셰이버그 박사가 그렇게 대답하도록 만들었을 수 있는 적어도 두 가지 요인들을 이해하게 됐다. 첫째, 『사생아 예수』에 대한 대부분의 대중들과 교회, 심지어는 학계의 반응이 얼마나 악의적이고 모욕적이었는지 알게 됐다. 이러한 반응들의 내용은 다른 곳에 자세히 기록되어 있기 때문에,[2] 내가 그 의견에 동의하지 않는다는 것을 표현하기 위해 화염병 대신 펜을 선택한 것과, (프린스턴신학대학교의 제임스 찰스워스 교수가 그랬던 것처럼) "그 결론은 터무니없고 그냥 미친 소리다"라고[3] 하는 대신 "그녀가 그 질문을 검토하는 방식은 존경스러울 정도로 엄격하다"라고[4] 인정한 것에 대해 셰이버그 박사가 왜 고마워했는지 이해하게 됐다고 말하는 것만으로도 충분할 것이다.

결국 내가 셰이버그 박사의 편지에 대해 더 잘 이해하게 만든 또 다른 요인은 그녀의 연구에 대한 진지한 학문적 반응이 상대적으로 적었다는 점이다. 셰이버그 박사의 저서는 여전히 영향력을 발휘하고 있지만, 이는 그 연구를 깊이 있게 다룬 책과 논문이 많기 때문만은 아니다. 여기에서의 문제는 문학적, 역사적, 신학적, 이데올로기적 쟁점이 얽혀 있는, 매혹적이면서도 복잡한 문제다. 그것은 학계에서 격렬한 논쟁을

---

2. Jane Schaberg, "A Feminist Experience of Historical-Jesus Scholarship," *Whose Historical Jesus?* (ed. William E. Arnal and Michel Desjardins; Waterloo, ON: Wilfrid Laurier University, 1997) 146-60; Frank Reilly, "Jane Schaberg, Raymond E. Brown, and the Problem of the Illegitimacy of Jesus," *JFSR* 21 (2005) 57-62 [258-64]; Robin Wilson, "A Scholar's Conclusion about Mary Stirs Ire," *Chronicle of Higher Education* (October 6, 1993)을 볼 것.
3. Wilson, "A Scholar's Conclusion."
4. Landry, "Narrative Logic," 79 (n. 43).

일으켰어야 하는데, 가벼운 바람처럼 스쳐 지나갔을 뿐이다.

　　아마도 1980년대 후반과 1990년대는 이 논의를 하기에 적절한 시기가 아니었을 것이다. 확실히 유다의 복음서 출판에서부터 댄 브라운(Dan Brown)의 『다빈치 코드』(The Da Vinci Code)의 전례 없는 인기에 이르기까지의 최근의 발전으로 인해, 대중들은 20년 전 셰이버그의 책이 받아야 했던 일종의 분노에 찬 반응에 덜 민감하게 됐다. 사실 사생아 혐의는 예수에 대한 요즘의 더 선동적인 주장들에 비하자면 매우 온건해 보인다. 그러나 대부분의 그런 주장들—예를 들어, 예수가 아이를 낳았고, 그의 후손들이 프랑스에서 메로빙거 왕조(5세기부터 8세기까지 있었던 프랑크 왕국 최초의 왕조–편주)를 세웠다거나 콘스탄티누스 대제가 예수의 신성을 "발명했다"라는 주장—은 UFO 음모론의 모든 정당성을 가지고 있다. 사생아 혐의는 오래됐고 진정으로 논쟁이 될 만하다. 이는 시온 수도회가 예수와 막달라 마리아의 결혼에 대한 고대의 비밀을 지키고 있다는 터무니없는 주장보다 더욱 진지하게 토론할 가치가 있다.

　　『사생아 예수』가 출판된 지 20년이 지난 지금, 이 논의는 어떤 상태에 있을까? 의심의 여지없이 약간의 진전이 이루어졌고, 그 대부분은 이 책(20주년 기념판)에 포함된, 2005년에 JFSR(Journal of Feminist Studies in Religion)에 출판된 프랭크 라일리의 논문에 잘 기록되어 있다. 라일리의 논문은 마태복음과 누가복음에 대한 셰이버그의 주석이 다른 학자들에게 인정받지 못했거나 평가절하됐다는 점을 통해 그녀의 주요 경쟁자인 레이몬드 브라운의 주석보다 실제로 우월하다는 것을 보여주려는 시도다. 그런데 라일리가 이를 입증하는 데 성공했을까? 그리고 그가 설령 성공했다 하더라도 레이몬드 브라운에 대한 우월성이 예수 수태의 역사적이고 문학적인 실체에 대한 설득력 있는 설명의 충분조건인가, 아니면 단지 필요조건인가?

셰이버그의 책은 (1) 마태복음, (2) 누가복음, (3) 다른 그리스도교와 비그리스도교 문헌에서 예수의 사생아 수태에 대한 증거를 다루는 세 가지 주요 부분으로 질문을 나눈다. 1995년에 나는 셰이버그의 경우 마태복음과 다른 그리스도교 문헌, 비그리스도교 문헌에 대해서는 매우 설득력이 있으며 누가복음에 대해서는 가장 설득력이 떨어진다고 평가했다(누가복음에 대한 나의 관심 때문에 이것들의 장점들에 대해 상대적으로 적게 언급했지만 말이다). 셰이버그도 『사생아 예수』에서 누가복음에 대한 자신의 해석이 마태복음에 비해 "설득력이 부족하다"(p. 139)라고 하면서 같은 평가를 하는 것으로 보인다. 프랭크 라일리는 셰이버그와 나 모두 누가가 동정녀 수태가 아니라 마리아의 유혹이나 강간에 대해 기록했을 가능성이 크다고 말하기를 주저하는 것이 잘못이라고 주장한다. 그는 그럴 가능성이 "[셰이버그가] 주장하는 것보다 … 훨씬 크다"라고 주장한다.[5] 이어지는 글에서 나는 사생아 수태의 증거가 나타나는 세 가지 영역 중 두 가지에 대해 논의할 것이다.[6] 마태복음에 대해서는, 라일리, 브라운, 그리고 다른 학자들에 의해 그동안 제기된 주장들을 고려하여, (누

---

5. Reilly, "Jane Schaberg, Raymond E. Brown," 79 [280].
6. 나는 정말로 Schaberg의 랍비 자료 분석을 평가할 자격이 없지만, 비전문가인 내가 보기에 그녀의 연구는 일반적으로 세심하게 이루어졌고, 훌륭한 논증으로 보인다. 마찬가지로 문학비평가로서 나는 복음서 이전의 전승 단계를 재구성하려는 시도나 이 분야의 다른 사람들의 연구를 평가하는 것에 대해 뿌리 깊은 거부감을 갖고 있다. 따라서 Schaberg가 인용한 것 중 마가복음 6:3, 요한복음 8:41, 『빌라도 행전』, 『도마 복음』, 오리게네스의 『켈수스를 논박함』만이 증거로 남는다. 이것은 어느 정도 나의 전문 영역에 해당하는 것들이다. 그러나 그녀가 『사생아 예수』 제4장에서 다루는 사례들을 일부분만 고려하고 다른 부분은 고려하지 않음으로써 분리하거나 희석하기보다는 나는 그녀의 논증에 대한 이 부분의 평가를 전체적으로 논평할 수 있는 정통한 사람에게 맡기고 싶다.

가복음에 중점을 두었던) 1995년 논문에서는 할 수 없었던 방식으로 셰이버
그의 주장을 평가할 것이다. 누가복음에 대해서는 라일리와 다른 학자
들의 후속 주장에 비추어, 다시 한번 나의 입장에 대한 재평가가 타당한
지 고려할 것이다.

1. 누가복음

　누가복음이 예수의 동정녀 수태가 아니라 사생아 수태를 보여준다
는 셰이버그의 논제에 반대하여 내가 "마리아의 수태고지(눅 1:26-38)에
나타난 내러티브 논리"에서 제시한 어떠한 주장도 인정하지 않았다는
점은 라일리의 논문의 주요한 결점이다. 그는 나의 논문을 단 하나의 각
주에서만 언급하는데, 거기서 "본질적으로 [랜드리의] 추론은 브라운과
일치했다"라고 주장했다.[7] 이것은 그가 이 본문을 해석하기 위한 적절
한 선택지는 오직 브라운과 셰이버그의 해석밖에 없다는 잘못된 주장
에서 진행할 수 있도록 해주며, 따라서 브라운의 해석의 결점을 보여줌
으로써 셰이버그의 논제에 대한 신뢰도를 높일 수 있도록 한다. 불행히
도 이것은 잘못된 이분법이며, 나의 추론이 브라운과 일치했다는 것도
완전히 잘못된 주장이다.

　먼저, 브라운의 성서 비평은 역사적이고 신학적인 반면, 나의 초점
은 문학적인 면에 맞춰져 있다. 브라운의 관점에서 성서 내러티브의 목
적은 신학적인 주장을 내세우기 위한 데 있다. 이것은 내러티브 형식으
로 이루어져 있지만 신학적인 목표를 성취하기 위해 앞뒤가 맞는 줄거
리나 이치에 맞게 행동하는 인물들을 가진 이야기로서 성공을 이룰 필

7.　Reilly, "Jane Schaberg, Raymond E. Brown," 62 [264 n. 28].

요는 없다. 따라서 브라운에게,[8] 결혼을 약속한 젊은 여성인 마리아가 수태하고 출산할 것이라는 수태고지에 반대할 뚜렷한 이유가 없었기에, 누가복음 1:34에서 천사에 대한 마리아의 질문은, 브라운의 견해에서, 내러티브 안에서 아무 의미가 없었다. 등장인물인 마리아가 요셉과의 동거를 시작했지만 정상적인 수태가 배제됐음을 **미리 알고** 있을 경우에만 그 질문을 할 수 있었을 것이다. 본문에는 그녀가 그것을 알고 있었다는 암시가 나타나지 않는다. 따라서 마리아의 질문은 문학적으로 볼 때 터무니없다. 브라운에게 이 이상한 질문은 천사가 아이의 미래 운명에 대해 말할 기회를 주기 위해 누가가 삽입한 것일 뿐이다.

이 논증에 대한 답변에서 나는 브라운이 아닌 셰이버그의 추론에 동의했다. 브라운은 자신이 "심리학적"이라고 부르는, 주석적인 문제에 대한 해결책을 폄하하는 경향이 있다. 마리아가 천사에게 왜 그 질문을 했는지 밝히기 위해서는 그녀의 머릿속으로 들어가 무슨 생각을 하고 있었는지 알아내야 한다. 브라운에게 이것은 견딜 수 없는, 비과학적인 종류의 추측을 포함하는 일이었고, **역사학자로서** 그는 본문을 근거로 하여 그런 정보에 단순하게 접근할 수 없다고 생각했다. 셰이버그는 (내가 보기에는 상당히 성공적으로) 등장인물이 생각하고 있는 것을 재구성하고, 왜 그/그녀가 그런 말이나 행동을 하도록 자극받았는지를 자문하며, 역

---

8. 여기에서 나는 Raymond Brown에 대해서만 말하고 있지만(Reilly가 그랬기 때문에), 여기에서 말하는 모든 것은, 누가의 유아기 내러티브에 관한 광범위한 저술을 썼고 내가 "Narrative Logic"에서 Brown의 연구만큼 많이 다루었지만 Reilly가 거의 언급하지 않았던, Joseph A. Fitzmyer에 대해서도 마찬가지다. Joseph A. Fitzmyer, SJ, "The Virginal Conception of Jesus in the New Testament," *TS* 34 (1973) 541-75; *The Gospel According to Luke I-IX* (AB, 28; New York: Doubleday, 1981); "Postscript (1980)," *To Advance the Gospel* (ed. J. Fitzmyer; New York: Crossroad, 1981) 61-62을 볼 것.

사학자가 아닌 독자로서 행동하면서 독자가 반드시 해야 하는 작업을 수행하고 있다고 주장했다. 브라운이 "심리학적" 해결책을 피한 이유 중 하나는 (적어도 누가복음 1:34에 관해서는) 그와 같은 식의 모든 해결책이 역사적인 마리아의 심리와 관계되어 있다고 가정했기 때문이다. 그러나 셰이버그는 그런 역사적 관심은 (일반적으로) 독자의 마음에 가장 먼저 떠오르는 것이 아니라고 지적했다. 가장 중요한 것은 단지 내러티브를 이해하는 것이다.

> 이 경우 문학 대 심리학은 잘못된 대안이다. 여기에서 문학적 해결책**은** 심리학적 해결책**이다.** … 다시 한번 말하지만, 나는 역사적인 마리아의 심리에 대해 말하는 것이 아니라, 내러티브 속 인물인 마리아의 심리에 대해 말하는 것이다.[9]

셰이버그는 더 나아가 브라운의 추론 과정에 굴복하는 사람들은 이야기의 논리를 너무 빨리 포기한 것이라고 지적했다. 기본적으로 그들은 모든 대안, 그 질문이 타당한 의미를 가질 수 있는 모든 방법들을 고려해보지 않았기 때문에, 마리아의 질문을 말도 안 되는 것으로 여겨왔다. 이 두 가지 측면에서 나는 셰이버그의 의견에 전적으로 동의했고 브라운의 의견에는 전혀 동의하지 않았다. 나는 누가가 신학적 또는 역사적 진실을 전하고 싶어 했을 수도 있지만 내러티브가 합리적이지 않았다면 그렇게 할 수 없었을 것이라고 주장했다. 이야기꾼으로서의 누가의 솜씨는 내러티브 전반에 걸쳐 분명하게 드러난다. 누가는 일관된 내러티브를 통해 신학적 요점들을 제시할 수 있었다. 그가 신학적인 요점

9.　Schaberg, *Illegitimacy*, 87-88 [85-86].

을 만들기 위해 이 이야기에서만 단 한 차례 말도 안 되는 질문을 던졌을 것이라고 생각하는 것은 신빙성이 없다.

이 점에서 나의 추론은 브라운과 완전히 달랐다. 내 논문의 제목은 "마리아의 수태고지에 나타난 **내러티브 논리**"였다. 브라운은 내러티브의 논리에 전혀 관심이 없었던 반면 셰이버그와 나는 거기에 관심이 있었다. 내가 셰이버그와 달랐던 점은 방법론의 문제가 아니라 성서 해석의 문제였다. 셰이버그는 마리아의 (강간 또는 유혹에 의한) "비천한" 상태를 근거로 마리아의 질문을 이의 제기로 해석함으로써 그 질문이 타당한 의미를 갖게끔 했다. 나는 누가복음 1:34의 내러티브 논리에 대한 질문을 (무시하는 대신) 정면으로 마주한 셰이버그에게 찬사를 보냈지만 그녀의 제안이 내러티브에서 찾아낼 **수 있는 최선의** 문학적 의미는 아니라고 주장했다.

마리아의 질문에 대해 곰곰이 생각해 보니, 예수 당시에 시행됐던 두 단계의 결혼 과정을 설명함으로써 핵심적인 통찰을 제공한 사람이 역설적이게도 바로 셰이버그였다. 『사생아 예수』에서, 셰이버그는 (적어도 팔레스타인의 일부 지역에서는) 부부가 약혼(결혼의 첫 번째 단계) 후 성관계를 갖는 것이 아니라, 동거(결혼의 두 번째 단계)까지 기다렸다는 증거에 대해 자세히 기록한다.[10] 그녀는 또한 약혼에서 동거까지의 기간이 1년 정도까지 길어질 수 있다는 사실을 입증한다. 나의 주장은 이러한 사실을 알고 있던 고대의 독자들이 마리아의 항의를 시기적인 문제 때문이라고 보았을 가능성이 높다는 것이다. 곧, 마리아는 천사가 그녀에게 남편과 합법적으로 성관계를 할 수 있기 전에, **거의 곧바로** 임신하게 될 것이라고 말하고 있다고 생각했기 때문에 항의한 것이었다. 만일 동거가 먼 미

---

10. Ibid., 43 [49-50].

래에 "예정된" 일이라면, 마리아가 왜 이런 정보를 나중이 아니라 지금 전달받고 있는지 묻는다면 완벽하게 앞뒤가 맞는 이야기가 될 것이다. 그녀는 자신의 순결에 근거하여, 사실상 "나는 남편과 한동안 성관계를 하지 않을 텐데 어떻게 지금 임신할 수 있습니까?"라고 항의하고 있다.

이 해석은 몇 가지 사실에 의해 뒷받침된다. 첫째, 마리아의 경우 그녀는 거의 곧바로 임신했지만,[11] 동거는 몇 달 동안 시작되지 않았던 것이 사실이다. 둘째, (누가복음 내러티브의 모델이 됐고, 누가의 독자들이 거의 확실히 알고 있었던) 모든 구약성서의 모든 수태고지에는 이미 일어났거나 수태고지 직후에 곧바로 일어날 수태가 포함된다. 여기에는 엘리사벳에게 가는 것이 지체됐다는 어떤 언급도 없다. 셋째, 문학적 인물인 마리아가 출산 예고에 반대한 이유는 **물리적으로 불가능한** 일이었기[12] 때문이라고 믿을 만한 몇 가지 이유가 있다(강간이나 유혹에 의한 수태의 경우는 해당되지 않는다).

이 대안을 탐구하면서, 나는 셰이버그의 해석에서 몇 가지 약점을 발견했다. 하나는 누가복음 1:35-37의 마리아에 대한 천사의 대답을 설

---

11. 마리아는 수태고지 후 "서둘러" 친척인 엘리사벳을 찾아가며, 그곳에 도착했을 때 이미 임신한 상태였다. 엘리사벳의 아이는 마리아의 태중에 있는 아이를 알아보고 태내에서 발을 구른다.

12. 그 이유 중 하나는 마리아의 수태고지가 1:5-25에 나오는 사가랴에게 주어진 예고와 유사하다는 것이다. 거기에서 사가랴도 육체적인 이유로 불가능하다는 이유로 반대한다. 또 하나는 천사가 마리아의 상황을 엘리사벳과 비교한다는 점이다. 엘리사벳의 임신과 마리아의 임신이 비슷했기 때문에 천사가 그것을 언급한 것으로 보인다(즉, 두 명 모두 육체적으로 임신이 불가능하다고 여겨졌다는 것이다). 마지막은 1:37의 천사의 말에 관한 것이다. 마리아의 질문에 대해 천사는 그녀가 어떻게 임신하게 될 것인지 설명하고 "하나님께는 불가능한 일이 없다"라는 말로 끝마친다. 다시 말하지만, 천사는 육체적으로 불가능한 일, 즉 동정녀 수태에 대해 말하기 위해 이 구절을 사용한 것으로 보인다. 확실히 강간이나 유혹에 의한 수태는 "불가능"하지 않다.

명할 수 없다는 것이다. 나는 천사의 말이 마리아가 처녀임에도 불구하고 어떻게 수태할 수 있는지를 설명하는 경우에만 의미가 통한다고 주장했다.[13] 천사의 대답을 마리아에게 강간이나 유혹에 의해 수태된 아이가 어떻게 여전히 하나님의 아들일 수 있는지를 설명하는 것으로 보면 의미가 통하지 않는다. 셰이버그의 해석에서 천사의 진술은 마리아에게 거의 완전히 대답하지 않는 것으로 보아야 한다. 셰이버그도 이것을 알고 있지만 그녀는 천사가 사가랴에게 대답하지 않은 것도 마찬가지이기 때문에 그것이 놀라운 일은 아니라고 주장한다. 나의 반론은 천사가 엘리사벳이 어떻게 수태하게 될 것인지 정확히 설명하지는 않았지만, 의심하는 사가랴의 이의 제기에 대답했다는 데 있다. 천사는 사가랴에게 그가 지금 **하나님의** 말씀을 듣고 있는 중이기 때문에 이 일이 일어날 것이라고 믿어야 한다고 말함으로써 그의 이의 제기를 반박한다. 『사생아 예수』의 다른 부분에서 셰이버그는 사가랴에게 했던 천사의 말이 대답의 성격을 갖고 있다는 점을 인정했고,[14] 따라서 천사가 마리아의 질문에 대답한 것이 아니라는 주장을 뒷받침하는 자신의 유일한 논증을 약화시켰다.

내가 확인한 또 다른 문제는 이 장면에서 마리아의 마지막 대답 (1:38)은 이 에피소드가 동정녀 수태에 관한 것일 때만 의미가 통한다는 것이다.[15] 마리아가 "보십시오, 나는 주님의 여종입니다. 당신의 말씀대로 나에게 이루어지기를 바랍니다"라고 말했을 때, 그녀는 자신의 상황을 **받아들이고** 있는 것이 분명해 보인다. 그러나 강간이나 유혹을 받아

---

13. Landry, "Narrative Logic," 76-77.

14. Schaberg, *Illegitimacy*, 111 [103].

15. Landry, "Narrative Logic," 77.

들이는 것은 불가능하다. 셰이버그는, "1:38에서 [마리아가] 미래에 일어날 임신과 어머니가 되는 것에 동의하고 있지만, 이는 그 임신을 일으키는 행위에 대해 동의하는 묘사는 아니다"라고 대답한다.[16] 그러나 이것은 1:35-37의 천사의 대답이 어떻게 그녀가 임신하게 될지 알려주지 않는 것으로, **무응답**으로 이해하는 경우에만 사실이다.

　셰이버그의 연구의 두 가지 큰 장점은 자신의 의견에서 때때로 드러나는 약점에 대한 예리한 인식과 기본적인 지적 정직함이다. 마리아가 자신의 상황에 대해 "동의"하는 것과 관련된 나의 반대 의견에 대해, 그녀는 "동의라는 이 요소는 이 복음서의 독자들 스스로의 힘만으로는 이것이 사생아 임신이며, 아마도 마리아가 당한 성폭력의 결과일 것이라고 이해하기 어렵게—완전히는 아니지만—만든다"라고 인정한다.[17] 셰이버그는 (나중에) 내가 읽은 많은 요소들에 분명히 공감하고 있으며, 궁극적으로는 내 해석에 동의하지는 않지만, 최소한 그것이 우열을 가리기 힘든 문제라는 것을 이해하고 있다. 자신의 누가복음 해석에 대해 셰이버그가 그토록 신중한 주장을 하는 이유가 바로 여기에 있는 것 같다(예컨대, "누가는 자신이 제안하는 이 해석을 받아들이도록 요구하기보다는 묵인한다"[18]). 실제로, (겉보기에) 무방비한 순간에 그녀는 누가가 예수의 사생아 수태를 전할 의도가 없었다는 것을 솔직하게 인정한다. 그녀는 "누가가 적어도 네 가지 면에서 자신이 전해 받은 사생아 전승을 모호하게 만들고 거의 지워버렸기 때문에"[19] 누가복음의 사생아에 대한 암시를 정확히 인지하기 어렵다고 주장한다. 이렇게 말함으로써 셰이버그는 (적어도

16.　Schaberg, *Illegitimacy*, 131 [119].

17.　Ibid., 139 [126].

18.　Ibid., 82 [81].

19.　Ibid., 139 [125].

누가복음과 관련하여) 그녀의 주장이 문학비평이 아니라 역사비평 또는 편집비평에 관한 것임을 인정하고 있는 셈이다. 그녀는 누가가 사생아 전승을 물려받았다고 주장할 수는 있지만, 본문의 증거는 누가에게 그런 의도가 없었다는 것을 나타낸다. 이것은 누가가 예수의 사생아 수태를 나타내려고 했다는, 더 야심차지만 훨씬 억지스러운 주장에 비해 훨씬 더 겸손하고 신뢰할 수 있는 주장이다. 그리고 (적어도 이 순간) 나는 셰이버그가 누가에 대해 주장해야 하는 바, 곧 수많은 동정녀 수태 주장에 의해 완전히 묻혀 버린 사생아 수태에 관한 암시가 존재함을 정확히 주장하고 있다고 생각한다.

반면 프랭크 라일리는 셰이버그의 주장에 대해 그녀가 하는 것보다 더 많은 주장을 하지만, 브라운을 제외한 다른 학자들이 제기한 주요 반대 의견을 넘어서지도 않으며, 내가 제안한 중요한 대안을 어떤 식으로든 다루지도 않는다. 라일리는 셰이버그의 연구에 대한 레이몬드 브라운의 최종적인 대답이 부적절했음을 보여준다. 그러나 실제로 브라운은 셰이버그에 대해 체계적인 답변을 하지 못했다. 브라운은 『메시아의 탄생』(The Birth of the Messiah) 제2판에서 그녀의 견해에 대해 몇 가지를 언급했다. 그러나 당시 브라운은 은퇴를 앞둔 시기였고, 또한 몇몇 산재한 부분에서 셰이버그의 연구를 다루었을 뿐이었다. 라일리는 그런 주장을 쉽게 구별해 냈고[20] 브라운은 (이때) 거짓 증언을 한 자가 됐다. 셰이버그의 누가복음 해석에 대한 실질적인 반대는 다른 곳에 있었다. 라일리는 1:34에서 마리아가 강간이나 유혹이 아니라 동거가 시작되기까지의 시간적인 길이를 이유로 이의 제기를 했을 가능에 대해 어디에서도 언급하지 않는다. 그는 셰이버그의 해석에서 마리아의 질문에 대해 천

---

20. Reilly, "Jane Schaberg, Raymond E. Brown," 75-79 [277-81].

사가 대답하지 않는 것과 관련한 문제의 특성에 대해 어디에서도 언급하지 않으며, 1:38의 마리아의 동의로 제기된 문제들, 셰이버그 자신이 거의 무너진 주장이라고 인정한 사안을 언급하지도 않는다. 이러한 문제들을 간과했기 때문에 라일리는 자신의 목표—『메시아의 탄생』을 대신하여 『사생아 예수』가 "동정녀 수태 문제를 연구하려는 모든 사람들의 필수 자료가 되어야 한다"[21]—를 달성할 수 없다. 전문적인 학자들은 이 두 가지 가능성 이외의 것들이 더 있다는 것을 알고 있다. 셰이버그의 성서 주석은 레이몬드 브라운의 주석보다 우월할 수는 있지만 최선의 선택은 아닐 수 있다.

그러므로 누가가 예수의 수태에 대해 동정녀 수태가 아니라 사생아 수태로 제시하고 있는지를 재고해 볼 때 나는 그렇지 않다고 결론 내린다. 1995년에 내가 제기한 반대 의견은 (내가 아는 한) 학문적으로 논란의 여지가 없다. 나는 그때와 다름없이 누가복음이 예수의 동정녀 수태를 묘사하고 있다고 확신한다. 그러나 이것이 사생아 수태 주장에 대한 결정적인 타격을 주는 것은 아니다. 생각해 봐야 할 다른 질문들이 여전히 존재한다: 누가복음의 형성 이전에 사생아 전승이 존재했는가? 마태복음의 저자는 누가처럼 동정녀 수태를 명확하게 주장하는가? 또는 마태복음을 사생아 수태 이론에 신빙성을 부여하는 것으로 해석할 수 있는가? 다른 그리스도교 문헌과 비그리스도교 문헌은 예수의 수태 문제에 대해 무엇을 말하고 있으며, 그러한 진술들의 의의는 무엇인가? 이러한 각각의 범주에서, 제인 셰이버그의 주장은 그녀의 누가복음에 대한 주장에서보다 더욱 설득력이 있으며, 그녀의 업적 대부분이 인정받지 못하고 과소평가됐다는 프랭크 라일리의 지적은 옳다.

21. Ibid., 79 [281].

2. 마태복음

마태가 예수의 수태를 사생아 수태로 묘사하고 있다는 셰이버그의 주장은 네 가지 주축을 기초로 하고 있다. 첫째, 마태의 가계도에는 네 명의 여성들—다말(1:3), 라합(1:5), 룻(1:5), 우리야의 아내(1:6)—에 대한 특이한 언급이 있다. 셰이버그는 이전의 다른 학자들과 마찬가지로 이 여성들이 공통적으로 성추문이라는 명백한 오점을 갖고 있다는 것에 주목한다. 셰이버그가 앞선 연구자들을 뛰어넘은 점은, 이 여성들이 각각 가부장 사회의 피해자들이며, 그들이 (그리고 그의 자식들이) 수태, 성관계, 또는 결혼에서 명백히 수치스러운 상황에도 불구하고 결국에는 적법하게 받아들여진다는 사실을 발견한 데 있다. 둘째, 셰이버그는 마태복음 가계도 마지막 대의 "야곱은 마리아의 남편 요셉을 낳았다. 마리아에게서 그리스도라고 하는 예수가 태어나셨다"(1:16)라는 표현에서 요셉이 아닌 다른 (인간) 아버지에 관한 암시를 발견한다. 셋째, 셰이버그는 마태복음 1:18-25에서 약혼한 처녀에 대한 유혹이나 강간과 관련된 율법을 설명하는 구절인 신명기 22:23-27에 관한 다양한 암시를 발견한다. 마지막으로 셰이버그는 거의 확실히 동정녀 수태를 주장하는 것으로 보이는 마태복음의 구절들—즉, 마리아의 아이가 "성령으로 잉태될 것"이라는 1:18과 1:20, 및 이사야 7:14의 인용—의 표준 해석에 대한 대안을 제시한다.

가계도에 언급된 네 명의 여성에 대해서 셰이버그는 자신의 가장 뛰어난 성서 주석 중 한 가지를 제시한다. 비판자들이 셰이버그의 주장 중 이 부분을 지나칠 수 있는 것은 (때로는 심각하게) 셰이버그의 의견을 잘못 표현해야만 가능하다.[22] 브라운은 셰이버그가 "마리아를 포함한 다섯 명의 여성의 공통 요소는 불법적 특징을 가진 출산을 했다는 점" 이라고 주장하고 있다고 말한다.[23] 이것은 그녀의 주장과 거리가 멀고, 그녀의 논증을 그런 식으로 표현하는 것은 그녀의 연구를 정반대의 시점에서 엉성하고 과격하게 보이게 하려는 부끄러운 시도라고 말할 수 밖에 없다. 솔로몬이 사생아로 태어나지 않은 것은 분명하며, 베레스와 보아스의 경우도 그러한 주장은 기껏해야 미심쩍은 정도일 것이다. 바로 이것이 셰이버그가 그 출산이 불법적 특징을 갖고 있다고 말하지 않고 여성들 자신이 "성범죄 용의자"(sexual suspects)였으며[24] 남성의 행동이 그들에게 "가부장 구조 속에서의 신분과 정체성을 부여하고 그녀들과

---

22. 이상하게도, 페미니스트 비평가들조차도 Schaberg의 연구의 이러한 부분을 받아들이지 않았다. 이것이 Schaberg의 연구에 대한 페미니스트들의 좀 더 일반적인 반응이었던 것도 사실이다(Schaberg, "Feminist Interpretations," 36-48 [232-44]을 볼 것). 이는 여러 가지 면에서 나를 의아하게 만들지만, 이 특정 경우는 특히 설명하기 어렵다. 이 네 명의 여성들의 존재에 대해 대안적인 해석을 제시했던 사람들 중 (예를 들어, Gail Patterson Corrington, *Her Image of Salvation* [Louisville: Westminster/John Knox, 1992]; Elaine Wainwright, "The Gospel of Matthew," *Searching the Scriptures* [ed. Elisabeth Schüssler Fiorenza; New York: Crossroad, 1994]; Janice Capel Anderson, "Mary's Difference: Gender and Patriarchy in the Birth Narratives," *Journal of Religion* 61 [1987]; Amy-Jill Levine, "Matthew," *The Women's Bible Commentary* [ed. Carol A. Newsom and Sharon H. Ringe; Louisville: Westminster/John Knox, 1992]) (마리아를 포함한) 다섯 명의 여성들의 공통점을 명확하게 설명할 수 있는 해석을 제시한 사람은 아무도 없었다. 대부분의 학자들은 우리야의 아내가 그들이 제안한 패턴에 어떻게 부합하는지 설명하는 데 특별한 어려움을 겪고 있다.

23. Raymond Brown, *The Birth of the Messiah* (2nd ed.; New York: Doubleday, 1993) 593-94.

24. 이는 영화 〈가프〉(*The World according to Garp*)의 등장인물인 Jenny Fields가 했던 표현이다. 원작자인 John Irving에게 사과드린다.

앞으로 태어날 자녀들의 합법성을 보장"하기[25] 전까지는 비난받을 위험에 처해 있었다고 조심스럽게 말했던 이유다. 셰이버그의 평판을 떨어뜨릴 구실을 찾고 있는 사람들만이 이 설명의 중요하고도 미묘한 차이점을 놓칠 수 있을 것이다.

네 명의 여성에 대한 셰이버그의 주장이 다뤄진 이상한 방식은 여기에 눈에 보이는 것보다 더 큰 무언가가 있다는 것을 나에게 알려주었다. 내가 아는 한, 오직 셰이버그만이 이것이 무엇인지 명확하게 설명했다. 이 구절에 대한 정직한 해석자는 반드시 다음의 질문을 마주해야 한다: 가계도에서 이 네 명의 여성들은 무엇을 하고 있는가? 논리적으로, 그들의 상황이 어떤 면에서 마리아와 **비슷한** 경우에만 언급될 수 있다.[26] (셰이버그를 제외하면) 마태가 어떤 면에서는 마리아와 다말, 라합, 룻, 밧세바가 **같다**고 주장하고 있다는 것을 인정하려는 사람은 거의 없는 것 같다. 다수의 해석자들은 이러한 연관성을 왠지 품위 없다고 생각하는 것 같다. 그러나 셰이버그는 (적당히 넘어갈 수 없는) 이 질문을 마주할 뿐 아니라, 어떤 식으로든 본문의 온전함을 무너뜨리지 않으면서 마리아와 다른 여성 모두의 존엄성을 회복 및/또는 보호할 수 있는 해결책을 찾으려고 한다. 그러나 그녀는 찬사 대신 증오 메일 같은 학문적 반응을 받았고, 그것은 불행 그 이상의 것이었다.[27]

---

25. Schaberg, *Illegitimacy*, 33 [42].
26. Ibid., 33 [42].
27. "증오 메일"이라는 묘사("Feminist Interpretations," 57 [253]에서)는 Schaberg 본인이 사용한 표현이며, 슬프게도 나 역시 이 말에 동감한다. 나는 Schaberg 박사에 대한 대중적, 행정적, 교회적 괴롭힘에 그다지 놀라지 않았지만, 그녀가 몇몇 동료 학자들에게 받은 부당한 대우에 매우 놀랐고 극도로 실망했다는 것을 고백한다. 내가 이 말을 하는 것은 개인적인 우정 때문이 아니라—그녀와 나는 약간 안면이 있는 정도이다—증거를 조사한 후 갖게 된 도덕적 의무감 때문이다.

마태의 유아기 내러티브가 사생아를 암시한다는 셰이버그의 두 번째 주장은 1:16에서 요셉을 예수의 아버지가 아니라 예수를 낳은 마리아의 남편으로 언급함으로써 남자가 남자 후손을 낳는다고 기록하는 가계도의 패턴을 깼다는 사실에 근거하고 있다. 동정녀 수태의 지지자들은 예수가 성령에 의해 잉태된 상황을 마태가 나중에 제시함에 따라 그런 예외가 필요했다고 믿는다. 그러나 셰이버그는 1:18, 20, 23을 특정 방식으로 해석할 때에만 그것이 사실일 수 있다고 올바르게 지적한다. 1:16 자체는 요셉이 예수의 생물학적 아버지가 아니라는 사실만을 강조한다. 이 구절은 다른 누구가 아버지인지(셰이버그가 그 구절이 이를 암시하기 위해 고안된 것이라고 주장하는 것처럼) 또는 그 아이가 인간 아버지가 없는지에 대해 아무것도 말하지 않는다. 그러나 인간 아버지에 대한 침묵은 (예수의 수태를 기적이라고 생각하는 경향이 없다면) 자연스럽게 예수의 진짜 (인간) 아버지에 대한 추측으로 이어질 것이라는 셰이버그의 언급은 옳다. 확실히, 1:18-25이 **없다면** 예수에게 요셉이 아닌 다른 인간 아버지가 있다는 것에는 의심의 여지가 없었을 것이다. 셰이버그의 비판자들 중 사생아와 관련된 이 "암시"에 대해 대답한 사람은 거의 없지만, 그것은 아마도 이 암시의 존재 여부가 전적으로 이후의 해석적 판단에 달려 있기 때문일 것이다. 만일 우리가 이어지는 삽화에서도 신명기 22:23-27에 관한 암시를 발견한다면, 1:16을 떠올리며 그 침묵이 예수의 아버지가 강간범이나 유혹자였음을 암묵적으로 인정한 것이라고 판단할 것이다. 만일 우리가 1:18. 1:20, 1:23을 동정녀 수태에 대한 명확한 주장이라고 본다면, 1:16의 "공백"은 전혀 다르게 이해될 것이다.

그러므로 셰이버그의 주장에서 가장 중요한 요소는 마태복음 1:18-25에 신명기 22:23-27의 암시가 있다는 주장이다. 이러한 점을 고려할 때, 셰이버그의 페미니스트 대담자들—사생아 수태 개념을 거부하는—
중 어느 누구도 마태복음 1장의 신명기 22:23-27 암시에 대한 의문을 언
급조차 하지 않는다는 것은 놀라운 일이다.[28] 이는 다른 해석자들이 본
문에서 그 암시를 발견하지 못했기 때문이 아니다. 신명기 22장은 유대
율법에서 "약혼한 처녀"가 남편이 아닌 다른 사람과 관계를 맺은 경우
에 대해 언급하는 율법의 유일한 부분이다. 셰이버그가 지적했듯이,
"이 부분에서 이 율법에 대한 암시를 인지하는 것은 학계에서는 흔한
일이다."[29] 그러나 일반적으로 그런 해석자들은 상황의 실제가 무엇인
지에 대한 암시가 아니라 약혼자의 임신을 둘러싼 상황에 대한 요셉의
오해라는 관점에서만 그 암시를 해석한다. 요셉은 마리아가 강간이나
유혹에 의해 임신했다고 생각할 수도 있었지만 천사에 의해 재빨리 이
러한 생각을 바로잡았기 때문에 그가 처음에 어떤 식으로 오해했는지
는 중요하지 않다. 그러나 셰이버그는 요셉이 마리아의 임신에 대해 어
떻게 생각했느냐가 겉으로 보이는 것보다 더 중요할 수 있다고 인식한
것 같다. 가계도의 네 여성에 대한 주장과 같이 이 부분은 셰이버그의
연구 중 가장 뛰어난 부분이다.

이 삽화의 특정 요소들(마 1:18-25)은 명료하고 논란의 여지가 없다.
요셉은 마리아가 임신한 것을 발견한다. 그들은 합법적으로 결혼했지
만(결혼의 첫 단계인 약혼) 아직 성관계를 하지 않은 것으로 보이며, 일부 팔
레스타인 지역에서 성관계는 결혼의 두 번째 단계, 남편의 집으로 아내
를 데려온 이후에 이루어지는 것이 일반적이었다. 이것은 화자가 본문
의 뒷부분에서 "그[요셉]는 아들을 낳을 때까지는 아내[마리아]와 잠자리

---

28. Schaberg, "Feminist Interpretations," 48 [244].
29. Ibid., 53-54 [249-50].

를 같이하지 않았다"(1:25)라고 말하는 것에서 확인된다. 요셉은 율법이 최소한 그녀와 이혼할 것을 요구(또는 적어도 허락)한다고 믿는다. 본문은 요셉이 여러 가지 선택지 중에서 고르고 있으며, "조용한" 이혼이 가장 가혹한 선택지가 아님을 매우 분명하게 보여준다. 분명히, 그녀로 하여금 공개적인 수치를 당하게 하고 사형 선고도 가능한 처벌을 받게 하는 다른 대안이 있었다.

　　요셉이 마리아가 강간이나 유혹에 의해 임신했다고 믿었는지에 대해 본문은 그다지 명확하지 않다. 고대인이라면, 이 상황에서 자발적인 간음과 더불어 두 가지 대안(강간이나 유혹)을 생각했을 것이다. 분명히 성령의 능력에 의한 수태는 선택지가 아니었을 것이다. 요셉이 그런 말을 들었다는 증거는 없으며, 들었다 하더라도 이 "설명"이 인간 아버지에 의한 잉태를 배제하는 것인지는 확실하지 않다.[30] 지금 요셉은 마리아가 강간당했다고 생각하는가? 아니면, 유혹이나 상호 동의로 간통을 했다고 믿는가?[31] 셰이버그는 관련된 법적인 문서들을 세밀히 조사하여 요셉이 마리아가 자발적인 간통이나 유혹을 저질렀다고 생각했을 가능성은 거의 없다는 것을 보여준다. 먼저, 요셉이 그렇게 믿었다면 이혼보다 더 극단적인 해결책을 찾았을 가능성이 크다. 둘째, 요셉은 천사의 설득으로 이혼할 생각을 잊고 결혼을 끝까지 진행한다. "토라 준수자는 아

---

30. 마리아가 자신의 임신을 요셉에게 밝히지 않았다는 사실을 Schaberg가 이용하지 않는 것과 이 문제를 다른 누구와 논의하지도 않는 것은 흥미롭다. 마리아는 아이를 가진 상태에서 "발견됐다." Schaberg는 이것이 생리의 중단 때문인지 또는 임신이 분명해졌기 때문인지는 확실하지 않다고 말한다. 그러나 여기에는 마리아가 임신을 잘 숨겨왔다는 암시가 있다. 그녀가 합법적으로 순결을 주장할 수 있었다면 이런 상황이 일어날 수 있었을까?

31. 유대 율법에는 이 부분의 뚜렷한 차이가 없다. 유혹에 넘어간 약혼녀가 피해자라고 하더라도, 그녀가 간통한 것으로 간주한다는 충분한 합의가 함축되어 있다.

마도 간통한 여자와의 결혼을 마무리하지 못했을 것이다."[32] 그러나 강
간의 경우에는 그렇지 않다. "토라 준수자는, 강간당한 여자와 결혼하
는 것을 허용하는 율법에 따라, 그녀를 집으로 데려오는 일을 진행했을
것이다." 마리아가 강간당한 것인지 유혹당한 것인지 요셉이 확신하지
못할 경우, 그녀와 결혼해야 할지 아니면 그녀를 고소해야 할지 알 수
없었기 때문에, 그는 조용한 이혼이라는 안전한 "중간" 방침을 택할 수
있다. 그러나 (천사와 같은) 믿을 만한 출처가 요셉에게 이 질문에 대한 답
을 제공한다면 요셉은 결혼을 진행하는 데 필요한 확신을 얻을 수 있다.
천사가 요셉에게 마리아가 강간의 피해자라고 본래 말하고 있었던 것
이라면 그는 선한 양심에 따라 마리아를 집으로 데려갈 수 있다. 이것은
"두려워하지 말고, 마리아를 네 아내로 맞아들여라"라는 말의 가능한
의미 중 하나이며, 셰이버그는 가장 가능성이 높은 훌륭한 사례를 제시
했다.[33]

비평가들은 셰이버그의 마태복음 해석의 이런 세 가지 요소를 거의
다루지 않았다. 셰이버그의 마태복음 해석에서 좀 더 비판에 취약한 부
분은 마태복음의 동정녀 수태에 관한 보다 "명백한" 증거를 다루는 부
분—예수가 "성령으로 잉태될 것"이라는 1:18, 1:20의 천사의 말과 1:23
의 이사야 7:14의 인용—에 있다. 레이몬드 브라운, 존 마이어(John Meier),
게일 패터슨 코링턴(Gail Paterson Corrington), 일레인 웨인라이트(Elaine
Wainwright)와 같은 비평가들이 이 부분과 관련해 셰이버그를 향하여 화
살을 날렸다. 셰이버그는 이사야 7:14에 대해서는 가장 효과적으로 대

---

32. Schaberg, *Illegitimacy*, 60 [63].
33. 또 다른 대안은 천사가 요셉에게 율법으로부터의 "면책"을 허락하여 동거를 금지
하는 법률을 취소하거나 중지시키는 것이다. 마태가 다른 곳에서 (율법의) 글자 하
나도 취소할 수 없다고 하는 것을 볼 때, 이것은 가능성이 없어 보인다.

답했지만 1:18과 1:20의 함축적인 의미에 대해서는 계속해서 다소 어려움을 겪고 있다.

비전문가들조차도 일반적으로 마태가 이사야 7:14을 메시아적 예언으로 사용하면서 발생한 문제들에 대해 알고 있다. 이 구절을 메시아적 예언으로 이해한 그리스도교 이전의 선례가 없다는 것은 사실상 논쟁의 여지가 없으며, 만일 그것이 메시아적 예언이라고 하더라도 마태복음이 기록되기 전, 어느 시기에 그 구절이 처녀로부터의 메시아 탄생을 가리키는 것으로 이해됐는지는 결코 명확하지 않다. 에이미-질 레빈(Amy-Jill Levine)은 "성서 시대 또는 헬레니즘 시대의 다른 유대 저술들에는 메시아가 이런 식으로 태어날 것이라는 비슷한 기록이 전혀 없다"라고 썼다.[34] (히브리 성서) 원래의 문맥에서 이 구절은 생물학적 처녀가 아니라 젊은 여성에 대해 말하고 있으며 젊은 여성이 정상적인 방식으로 아이를 수태한다는 모든 암시가 나타나 있다. 이사야가 아하스에게 준 "표적"의 요지는 아이가 기적적으로 수태될 것이라는 말이 아니라, 단지 당시 직면한 정치적인 위기는 곧 태어날 아이가 도덕적 분별력이 생길 나이가 될 때쯤이면 끝나게 될 것이라는 뜻이었다.

대부분의 해석자들은 이 모든 것을 인정하지만, 그럼에도 동정녀 수태의 옹호자들은 마태가 예수에게 인간 아버지가 없다는 주장을 뒷받침하기 위해 그 예언을 사용했다고 주장한다. 칠십인역에서 단순히 "젊은 여성"이 아닌 "처녀"에 대해 말하고 있으며 마태가 이를 젊은 여성이 아닌 생물학적 처녀에 관한 언급으로 이해했다는 것이다. 마태는 그 예언을 잘못 이해했을지도 모른다. 그런데 마태는 이것을 동정녀 수태

---

34. Amy-Jill Levine, "Matthew," *The Women's Bible Commentary* (ed. Carol A. Newsom and Sharon H. Ringe; Louisville: Westminster/John Knox) 254.

에 관한 예언으로 오해했고, 이 맥락에서 예수에게 적용했다는 사실은 다른 구절들에서 발생한 모호함에도 불구하고 예수의 수태를 동정녀 수태로 이해했다는 증거로 볼 수 있다.

셰이버그가 직면한 도전은 다음과 같다: 마태가 이사야 7:14을 메시아의 동정녀 수태를 예고한 메시아적 예언으로 이해하지 않았다면 이 구절을 사용한 이유는 무엇인가? 예수의 동정녀 수태가 성서에서 예고된 것이 아니라면 이것은 무엇을 증명하는가? 레이몬드 브라운은 셰이버그의 대답에 대해 "놀라운 억지"라고[35] 특징지었지만, 사실 나는 그것이 선택 가능한 설명 중 가장 논리적이며 그리 복잡한 것도 아니라고 생각한다. 셰이버그는 칠십인역의 번역(parthenos)조차도 반드시 기적적인 동정녀 수태를 나타내지는 않는다는 것을 정확하게 지적한다. 칠십인역에서는 생물학적 처녀가 아닌 여성을 언급할 때에도 이 용어를 사용한다(예, 창 34:3 LXX). 만일 마태가 어느 시점에서든 마리아를 생물학적 처녀로 생각한다는 것을 분명히 밝혔다면, 이 용어(parthenos)를 생물학적 처녀에 적용한 것으로 이해했음이 더욱 분명했을 것이다. 그러나 그는 그렇지 않았다. 마태는 누가와는 달리 마리아를 '파르테노스'(parthenos)라고 직접 지칭하지도 않는다. 마태가 이사야서 7:14을 제대로 이해했다면, 이 "표적"이 단지 당신을 둘러싼 세상이 무너지는 것처럼 보이는 상황에서도 하나님을 신뢰하라는 도전이라는 것을 알았을 것이다. 아하스를 둘러싼 세상이 무너지는 것 같았고, 이사야는 성급한 결정이나 위험한 행동을 하지 말고 주님을 신뢰하면서 국가 정부의 정상적인 기능을 수행하라고 호소했다.[36] 요셉을 둘러싼 세상이 무너지는

---

35. Brown, *Birth*, 637.
36. 물론 아하스는 듣지 않았다. "때를 기다리라"라는 이사야의 조언에도 불구하고, 그

것 같았다. 약혼녀는 갑자기 임신했고 그는 자신이 아버지가 아니라는 사실을 알았다. 그러나 천사는 그에게 주님을 신뢰하고 결혼을 진행하라고 말한다.[37] 셰이버그가 말했듯이, "예언자가 준 표적은 아하스가 그의 말을 신뢰하게 하고 자신의 계획을 포기하도록 설득하기 위한 것이었다. 비슷한 방식으로, 천사가 요셉에게 말한 뒤에 곧바로 이어지는 마태복음 1:23의 성취 인용문은 요셉으로 하여금 신의 확언을 믿게 하고 마리아와 이혼하려는 결심을 뒤집은 방식을 강조한다."[38]

이 예언을 이런 의미로 사용한 것은 맥락에 완벽하게 들어맞는다. 사실 이것은 이 내러티브에서 기껏해야 암시되는 것으로 보일 뿐인 동정녀 수태를 강조하기 위해 이사야 7:14을 사용하는 것보다 맥락에 더 잘 맞는다. 프랭크 라일리가 지적했듯이, (레이몬드 브라운같이) 이것을 동정녀 수태에 대한 마태의 "확증"으로 이해하려는 이론에는 그 자체적인 문제가 있다:

브라운은 여전히 다음과 같이 생각하는 것으로 보인다. 곧, 마태는 동

는 결국 재난으로 밝혀지게 될 아시리아와의 동맹을 맺는다.

37. 사실 Schaberg는 여기에서 더 나아가, 마태가 이사야 7:14을 생각했던 것은, 이 구절이 신명기 22:23과 *parthenos*라는 용어를 공유하기 때문이며, 마태는 앞의 구절(이사야 7:14)에서 찾아낸 그 율법을 암시한 것이라고 주장했다. 공정하게 말하자면, Brown이 "놀라운 억지"라고 생각한 것은 바로 이러한 연결이며, 나는 그 말에 어느 정도 동의한다. Schaberg 자신도 "비록 마태가 그 율법을 인용하지도 않았고, 마리아를 명시적으로 처녀라고 부르지도 않았지만, 나는 이것이 마태가 이사야서 7:14을 떠올리게 만든 핵심 단어라고 생각한다"(*Illegitimacy*, 71 [72])라고 말하면서 이러한 견해의 약점을 어느 정도 시사한다. 그러나 나는 이 점이 Schaberg의 이론에서 거의 중요하지 않다고 생각한다. 이사야 7:14은 요셉이 직면한 위기만큼 아하스 개인의 위기를 묘사하고 있기 때문에 마태는 쉽게 그 구절을 떠올릴 수 있었다.

38. Schaberg, *Illegitimacy*, 72 [72].

정녀 수태를 명시적으로 가리키지는 않지만 다른 주요한 의미가 있는 본문을 가져다가, 동정녀 수태를 명시적으로 가리키지는 않지만 간통이나 강간에 관한 의혹을 제기하는 이야기에 덧붙이고, 그 두 가지를 결합하여 동정녀 수태를 나타냈다고 생각한 것 같다! [39]

셰이버그는 이것을 다른 방식으로 말하지만 비평은 그에 못지않게 인상적이다:

> 히브리어 원문의 저자와 그리스어 번역자(그리고 우리의 판단에 의하면, 후대 유대교 해석 전통의 저자들)가 의도했던 의미에 대해 알지 못했거나 무시한 채, 마태는 자신이 살던 시대를 위한 교훈적인 측면과 변증적인 측면을 모두 가지고 있을 것이라고 확신하면서, 성서에 대한 그의 가정과 동정녀 수태에 관한 믿음을 확증하기 위해 그 본문을 해석했다고 한다.[40]

셰이버그는 예수가 성령에 의해 잉태됐음을 가리키는 두 구절(1:18과 1:20)에 대해서도 늘 약간의 어려움을 겪었다. 그녀가 인정하듯이, "사실상 어떠한 현대 비평가도 마태복음 1:18, 20이 동정녀 수태가 아닌 다른 것을 가리킨다고 생각하지 않는다."[41] 그러나 셰이버그는 이 견고한 해석에서 약간의 허점을 발견할 수 있었다. 첫째, 그녀는 1:18, 20을 동정녀 수태를 지지하는 것으로 보는 대부분의 학자들이 "성령을 통한 잉태"라는 어구 자체를 언급하기보다 마태의 유아기 내러티브의 **다른 부**

39. Reilly, "Jane Schaberg, Raymond E. Brown," 77 [278].
40. Schaberg, *Illegitimacy*, 70-71 [71].
41. Ibid., 62 [65].

분이 그런 해석을 필요로 한다고 주장함으로써 이 개념을 변호한다고
말한다. 그녀는 이 구절이 "당시에 기적적인 임신을 명시하는 데 통용
되던 표현이 전혀 아니다"라는[42] 취지로 랑그라주(Lagrange)를 인용하면
서 그 견해가 학계에서 널리 받아들여지고 있다고 말한다. "1:18이나
1:20의 성령에 관한 구절 자체가 인간 아버지가 없는 출생 개념을 가리
킨다는 주장은 거의 찾아볼 수 없다."[43] 그녀는 동정녀 (즉, 성관계 없는) 수
태라는 신에 의한 잉태 개념은 고대 종교 사고에서는 매우 독특한 것이
며, 그리스도교와 비그리스도교 문헌을 통틀어 오직 마태복음와 누가
복음에서만 찾을 수 있다고 지적한다. 마지막으로 그녀는 예수의 수태
에 대한 신의 "개입" 개념이 (이것이 인간 어머니를 가질 수 없다는 의미라고 생각
하는 사람이 아무도 없는 것처럼) 인간 아버지를 가질 수 없다는 것을 의미하
지 않는다고 주장한다. 일부 고대 유대교와 그리스도교 본문에서는 "하
나님의 권능이 인간의 생명과 출생의 궁극적인 원천이라는 것을 강조
하기 위해 신적 잉태를 은유로 사용한다. 하나님은 … 인간의 출산 뒤에
서 또는 그 안에서 '행동한다.'"[44] 이러한 주장들은 각각 장점이 있지만,
내 생각에 이것은 셰이버그의 마태복음 해석에서 가장 취약한 부분이
다. 이에 대한 셰이버그의 인정을 그녀가 결론을 내린 방식에서 알아볼
수 있다:

> 나의 주장은 간단하다. 마태복음 1장의 맥락에는 1:18, 20을 동정녀 수
> 태의 관점으로 읽도록 **요구하는 것**이 전혀 없기 때문에, 이 구절들은

---

42. Lagrange, *Matthieu*, 10, Schaberg, *Illegitimacy*, 64 [66]에서 인용.
43. Schaberg, *Illegitimacy*, 64 [66].
44. Ibid., 66 [68].

보다 광범위한 유대교와 그리스도교의 맥락에서 해석되어야 하고, 그 일부로서 읽어야 한다. 그것은 게제(H. Gese)가 신적 아버지와 인간 아버지의 상호 침투(interpenetration)라고 부르는 주제의 한 사례다. 이것은 마태복음의 구절들을 문자 그대로의 의미가 아니라 비유와 상징으로 읽어야 한다는 것을 의미한다.[45]

이 구절들이 독자로 하여금 예수의 수태를 동정녀에 의한 수태 개념으로 이해하도록 **요구하지** 않을 수도 있겠지만, 적어도 이 문구의 존재에 대한 그럴듯한 설명은 된다. 아이는 보통 아버지에 의해 "잉태된다." 예수가 인간 아버지와 성령 모두에 의해 잉태됐다는 것을 독자들이 이해할 수 있도록, 이 경우에는 마태의 특별한 답변이 있어야 했을 것이다. 결코 불가능한 일은 아니겠지만 과연 평범한 독자들이 그러한 결론에 도달할 수 있을까? 셰이버그는 누가가 자신이 전해 받은 사생아 전승을 모호하게 하면서 명백히 동정녀 수태 대안을 **지지한다는 것**을 인정한다. 따라서 그녀는 동정녀 수태 개념이 적어도 누가복음의 기록까지 거슬러 올라가는 기원을 갖고 있다는 것을 인정한 셈이다. 아마도 그런 수태 개념은 마태복음까지 거슬러 올라갔을 것이다.

　　1:18과 1:20(그리고 그보다는 덜 하지만 1:23)에서 제기되는 성서 주석의 어려움으로 인해 발생하는 불확실성을 고려할 때, 마태와 누가 모두 사생아 전승을 물려받았고, 각각 그것을 숨기려고 했으며, 한 명(누가)은 보다 성공적으로, 다른 한 명(마태)은 보다 덜 성공적으로 숨겼다고 결론 내리는 것이 신중한 것일까? 나는 셰이버그가 이보다 더 나아가서 주장하고 싶어 하며 그럴만한 이유를 가지고 있음을 알고 있다. 그녀가 이

45.　Ibid., 67 [68].

책(과 그녀의 모든 연구)에서 철저한 성서 주석과 정확한 역사를 제시하기 위해 노력할 뿐만 아니라 실천적으로 유용한 해석을 만들기 위해 노력하고 있다는 사실은 매우 분명하다. 그녀는 역사상 결혼하지 않고 수태한 수많은 여성들, 그리고 수태를 둘러싼 상황에 관련된 낙인을 자신의 어머니와 공유했던 아이들에게 공감한다. 셰이버그가 예수는 사생아였을 수 있지만 여전히 하나님의 아들이라는 개념을 **본문에서**—정경으로서의 모든 권위를 갖고 있는 복음서 저자의 의도 속에서—찾을 수 있다면, 그와 비슷하게 낙인찍힌 어머니들과 아이들을 위한 그녀의 싸움은 엄청난 힘을 얻을 것이다. 이 점에서 나는 그녀가 가장 보수적인 접근 방식을 택하지 않는다고 해서 그녀를 비난하지 않는다. 마태복음에는 마태가 예수의 사생아 전승을 그대로 전하고 있다는 셰이버그의 주장을 정당화할 수 있는 암시들이 충분하며, 이에 반대되는 경향성은 거의 없다. 마태복음에 관한 결론은 "터무니없고 미친 것"이 아니다. 주장을 뒷받침해주는 근거들이 있다.

3. 결론

내가 제인 셰이버그의 연구가 훌륭할 뿐 아니라 영감을 주며, 기술적으로 철저할 뿐 아니라 용감하다는 것을 인정하는 결론을 내리지 않는다면 무책임한 일일 것이다. 성서학자들에게는 (적어도 우리의 직업 생활에서) 진정한 용기를 보여줄 기회가 상대적으로 드물다. 그러나 전례가 없는 것은 아니며, 압박을 받는 상황에서 품위를 지키며 대응하는 것은 쉽지 않은 일이기도 하고, 위험한 일이기도 하다. 최근에 내가 속한 대학교는 학생들에게 자신의 삶의 동반자를 공개한 동성애자들과 비혼 이성애자들을 엄중히 단속하기로 결정했다. 나는 도덕적, 논리적 이유

로 이 단속에 대해 반대했고, 내 입장이 대중에게 알려지자, 어떻게 성
서학자가 동성애와 동거라는 커다란 악을 "옹호"할 수 있는지 이해하
지 못하는 보수적인 가톨릭 신도들(과 종종 복음주의 개신교도들)에게 증오
메일 세례를 받기 시작했다. 이 편지의 양과 맹렬함은 셰이버그가 『사
생아 예수』를 출판한 뒤 받았던 것에 비하면 아무것도 아니었지만, 이
러한 공격을 받은 뒤 나의 직업과 가족의 안전이 걱정됐기 때문에 그것
은 큰 위안이 되지는 않았다. 상당히 많은 증오 메일을 받아 본 사람만
이 그것이 얼마나 당황스러운 것인지 정확히 이해할 수 있을 것이라고
생각한다. 계속해서 거침없이 말해야 할지 아니면 조금 더 신중해야 할
지 고민하던 중, 나는 『사생아 예수』의 신간 서적 견본에 대해 절대로
이 책을 출판하지 말라고 조언하는 일부 비평가들에게 셰이버그가 대
답하는 서문의 내용을 우연히 읽게 됐다:

> 신약성서 연구의 목회적이고 성직자적 차원에 관심이 있는 사람들은,
> 평신도와 성직자를 막론하고 일반적인 신자들은 이런 종류의 연구에
> 관한 세부 정보에 접근할 수 없고, 이 책을 이해하지 못할 것이며, 따라
> 서 그리스도인들 사이에서 물의를 일으키고, 구호를 외치게 하고, 욕하
> 고, 서로 다투게 하고, 아무런 유익도 없으며, "주님의 영광을 가릴 것"
> 이라고 논평했다. 누구나 인정하는 바와 같이, 강의실 책상과 예배당의
> 장의자, 교실과 설교단 사이의 간극은 매우 크다. 그러나 그 간극은 교
> 육으로 메울 수 있고, 당연히 메워야 한다. 나는 이 책이 열린 토론에 도
> 움이 되길 바란다. 미니어는 "자기 만족적인 정통 신앙 때문에 너무 쉽
> 게 믿는" 사람들, "교리적인 문제들에 대해 자신이 이미 알고 있는 해
> 결 방법에 따라 너무 성급하게" 유아기 내러티브를 읽는 사람들, "완벽

하고 공격적인" 값싼 믿음을 가진 사람들에 관해 말한다. 이러한 태도를 가진 사람들의 생각을 바꾸거나 설득하는 것은 매우 어렵다. 그들은 종종 가장 목소리가 큰 교인들일 수도 있지만, 그들이 다수를 차지하거나 평균을 보여주지는 않는다. 성서 해석자는 자신의 공동체뿐만 아니라 다른 공동체들에 대해서도 책임이 있다.[46]

나는 이것을 제인 셰이버그가 자신에게 밀려오는 비판과 독설의 파도에 대해 잘 알고 있다는 의미로 받아들였다. 그녀는 누가 뭐라 하든 자신의 책을 출판했다. 그녀는 자신의 학회에 대한 의무감, 교회에 대한 의무감, 그리고 (종종 성폭력의 결과로) 사생아를 낳은 수백만의 여성들과 그들이 살고 있는 사회에서 낙인찍히고 모욕받는 여성들을 위한 의무감에서 그렇게 했다. 그런 용기를 마주하면서 나는 한없이 덜 위험한 위치에서 물러서는 것이 부끄러운 일이라는 것을 알게 됐다. 나는 셰이버그 교수가 전례 없는 어려운 상황 속에서도 품위 있고 침착하게 대응했다는 것과 그녀의 뛰어난 연구뿐 아니라 그러한 대응으로 인해 동료들로부터 존경과 감사를 받았다는 것을 비판자들도 인정해야 할 것이라고 믿어 의심치 않는다.

---

46. Schaberg, *Illegitimacy*, x-xi [14]

—히브리 성경/구약성경—

창세기

1　267
1:1-2　112
1:2　65
1:26-27　112
2:4　66
2:7(n)　114
3:15(n)　89
4:1(n)　83
4:17(n)　83
4:25(n)　83
5:1-3　112
5:1　66
7:16　108
14(n)　165
15　103
15:1　107
15:2　61
15:8　103
16-18　94
16:4-8　100
16:4-5　97
16:7-13(n)　99
16:7-13　98, 99, 101
16:9　100
16:10　100
16:11　85, 94, 100
16:13　101
17:1-21(n)　99

17:1-21　98, 99
17:7　96
18:1-15(n)　99
18:1-15　98
18:9-15　98, 99
18:14　104, 121
19:8　83
21:17-21　96
24:16　83
25:19-25(n)　99, 100
25:19-25　98, 99
28:20-21　120
29:21(n)　50
29:32　94
30:1　97
30:23　98
30:34(n)　116
34　91
34:2　95, 271
34:2(n)　40
34:3　70, 295
38　34, 35, 249
38:7　34
38:12-30　35
38:24　65
38:26　34
42:21　105
49:11(n)　161

출애굽기

3:2-12(n)　98
3:7-8　100
12:11　86
12:23　108
22:15(n)　52
22:16　52
22:16-17　52
25:20(n)　107
32:22　108
33:22　108
40:35　107
40:36-38　107

레위기

12　93
14:43　105
18:6-18(n)　63
18:15(n)　34, 55
18:20　47
19:29　36
20:10　56
20:11(n)　55
20:12(n)　55
20:14(n)　34, 55
21:7　54
21:9(n)　34
21:13-14　54
22:13　97
22:20-24　97
25:42　123

민수기

5:11-31(n) 63, 164

5:11-31 54

9:18 107

9:22 107

10:34 107

10:35 107

25:4(n) 62

31:17 83

31:35 83

신명기

4:39b(n) 36

16:3(n) 87

20:20-21 57

21:14 95

22:13-29(n) 52

22:13-21 52

22:13-14(n) 40

22:14(n) 50

22:20-21 52

22:22 52, 55, 56

22:22(n) 39

22:23-29 52

22:23-27(n) 58

22:23-27 31, 47, 51-53,
  72, 73, 80, 88, 92, 95,
  96, 101, 120, 125, 126,
  131, 135, 150, 244,
  249, 255, 268-70,
  273, 276, 278, 291,
  293

22:23-26 148

22:23-24(n) 50, 52

22:23-24 51, 52, 56-58

22:23 88, 271, 278, 296

22:23(n) 88

22:24 47, 55, 95, 131,
  150, 271

22:25-27(n) 52

22:25 53

22:25(n) 148

22:26 54

22:26(n) 69

22:27 64, 82, 131, 147

22:28-29 52

22:29 95, 131

22:30(n) 49, 55

23:2 60, 65, 250

23:2(n) 60

23:3 38

23:3(n) 129

23:17 36

24:1-4 55, 63

24:1 55

26:7 100

28:29(n) 53

28:31(n) 53

32:18(n) 68

33:12 107

여호수아

2 36

2:1 36

2:9 36

2:11 36

2:21(n) 116

6 36

6:25 36

24:29 124

사사기

2:8 124

6:12-33(n) 98

9:57 105

11:2 61

11:10(n) 116

11:39 83

11:39(n) 83

13 98, 99

13:3-23(n) 99

13:3-23 98

13:5(n) 64

19:24 95, 271

19:26-28 91

20-21 91

20:5 95, 271

21:12 83

21:12(n) 83

룻기

2:1 37

2:12 108

3:1 37

3:4 38

3:4(n) 37

3:7-9 38

3:7(n) 37

3:8(n) 37

3:9 37, 108, 117

3:9(n) 108

3:12-13 38

3:14(n) 37

4:10 38

4:11 38

4:12-13 108

4:12 275

4:13 38

4:18-22 249

4:18-21 38

4:21 36

사무엘기상

1-3(n) 91

1-2 94

1 98, 99, 116

1:5-7 97

1:11 90, 94, 97, 124

1:11(n) 91

1:16 97

1:17 99

1:18 116

1:19 85

1:21-28(n) 91

1(n) 99

2:1-10 90

2:1(n) 92

2:5 91, 99

2:19-20(n) 91

11:3(n) 53

11:7 105

사무엘기하

3:14(n) 50

6:23 97

11 39, 237

11:2-5 275

11:2 39

11:4-5 39

11:4 40

11:26 39

11:27 39, 41, 275

12:1 41

12:4 40

12:5 40

12:6 40

12:9 40

12:10 40

12:15 41

12:24-25 41

12:24 40, 41

13 39, 237

13:12 95, 271

13:14 95, 271

13:16-19 91

13:22 95, 271

13:32 95, 271

16:21-22(n) 40

16:21-22 237

19:7 105

22:3(n) 53

22:42(n) 53

열왕기상

1 40

2:13-25 40

9:16(n) 94

13:1-6(n) 99

17:17 142

열왕기하

4:8-17(n) 99

4:8-17 98, 99

4:16 116

13:5(n) 53

14:26(n) 94

16:7-8 70

16:12(n) 94

17:23 LXX 124

19:34 109

20:6 108

22:1 105

30:23 105

역대지상

2:4 34

2:11 36

22:7-10(n) 99

22:7-10 100

28:18(n) 107

역대지하

22:1 105

느헤미야

9:27(n) 43

욥기

1:10 108
3:23 108
4:5(n) 87
21:6(n) 87
21:17 105
22:10(n) 87
23:6 105
23:14 87
23:16 87

시편

2:1-2(n) 154
2:7 154
2:7(n) 68, 154
16:8(n) 107
17:8(n) 107
18:42(n) 53
25:5(n) 92
31:6 127
35:7(n) 107
35:9(n) 92
36:7(n) 107
56:1 107
57:1 107
62:7(n) 107
63:7(n) 107
77:33 86
88:3 124
90:1(n) 107
90:4 107
91:1(n) 107
91:4 107

104:42 124
106:21(n) 53
110:3(n) 68, 161
110(n) 165
113:9 97
120:5(n) 107
121:5(n) 107
130:8(n) 64
138:8 108
139:7 107
140:7 107

잠언

2:16-22 36
18:11 107
29:3 36
30:16 97
31:3 36

전도서

8:3(n) 87

아가

8:2(n) 51

이사야

4:3(n) 107
4:4(n) 107
4:5-6 107
4:5(n) 107
6:8 120
7:3 70
7:10-17(n) 99

7:13(n) 71
7:14 18, 66, 67, 69-93,
   80, 84, 125, 132, 146,
   154, 163, 235, 238,
   240, 243, 248, 249,
   255, 265, 269, 270,
   276, 278, 281, 291,
   295, 296
7:14(n) 70, 71, 73, 99,
   160
7:16 70
8:3 70
8:8 71
8:10 71
9:1-2(n) 71
9:6-7 70, 71
11:1-9 70
11:1(n) 70, 71
11:2 71
19:20(n) 53
21:3(n) 87
23:12 110
25:4-5(n) 107
31:5 108
32:2(n) 107
32:15-16 106
37:22 110
45:15(n) 53
45:21(n) 53
47:15(n) 53
48:20 124
49:1(n) 68
49:2(n) 107

49:5(n)　68
51:16　107
51:21　95
51:23　95
53:8(n)　161
54:1-3　98
63:8(n)　53
65:9　124

예레미야서
1:4-5　118
1:5(n)　68
3:8　57
8:15　87
13:22(n)　62
13:26　57
14:17　110
17:17　108
18:13　110
31:3-4　110
31:12　110
38:3-4　110
46:11　110

예레미야애가
1:4　109
1:8　110
1:9　111
1:15　109
1:18　109
2:10　109
2:13　109
2:21　109

4:20　107
4:21　109
5:11　95, 109

에스겔서
16　56
16:37-38(n)　58
16:37　57
16:38-40　56
16:39　57
16:53-55　56
16:63　56
22:10-11　95
22:11(n)　34
23:10　56, 57
23:26　57
23:29　57
23:29(n)　58
23:45　56
23:47　56
28:25　124
34:23　124
37:24　124
44:22　54

다니엘서
2:34　163
3:35　124
10:2-12:4　120
13　57
13:50　87

호세아

1-3(n)　57
2:2(n)　57
2:3-13(n)　57
2:3　57
2:4(n)　154
2:5(n)　58
2:10　57
2:11-12(n)　58
2:14-23(n)　57
3:1　63
10:11　106
11:1　49, 69

요엘서
2:23　109
2:28-32　124

아모스
5:2　110

오바댜
21(n)　53

요나
4:6　108

하박국서
3:18(n)　92

스바냐서
1:18(n)　87
3:14-20　109
3:14-17(n)　110

3:14 109

스가랴서
1:5-25 288
9:9 109
9:15 108
12:8 108

말라기서
4:4 124

—외경/제2정경—
토비트
3:7-9 34
8:9-10 34

유딧
9:2-4 91

지혜서
3:13 94
3:16-19 60, 250
4:3-6 60, 250
5:16 108
5:17 108
7:1-2 86
19:2 86
19:7-8 107
19:8 108

집회서
7:24 95
16:3 94

22:4 95
23:22-26 57, 59, 250
23:22 62
23:23 65
26:10-12 95
34:16 108
42:9-11 95
42:10 97

—신약성경—
마태복음
1-2 80, 232
1 49, 52, 66, 68, 73, 74,
    81, 116, 133, 141, 231,
    235, 240, 241, 244,
    246, 252, 293, 297
1:1-25 17
1:1-17 32, 48, 265, 267
1:1 42, 48, 66
1:1(n) 46, 48
1:2-6 45
1:3 290
1:5 35, 290
1:5(n) 36
1:6 46, 290
1:11 46
1:16 43, 44, 46, 48, 66,
      67, 69, 83, 108, 133,
      243, 247, 257, 268,
      277, 291-93
1:16a 46
1:16(n) 44, 154
1:17 44, 48, 238

1:18-25(n) 68, 130, 139
1:18-25 44, 46, 48, 49,
        71, 80, 232, 237, 249,
        254, 258, 264, 268,
        276, 291-93
1:18-20 65
1:18-19 79
1:18 44, 51, 52, 65, 67,
      68, 74, 79, 97, 111,
      112, 133, 237, 240,
      244, 256, 268, 275,
      278, 291-95, 297, 298
1:18a(n) 46
1:18b 49
1:18b(n) 71
1:18(n) 44, 48, 51, 71
1:19 49-51, 62, 63, 79,
      83
1:19(n) 62
1:20-21 63, 98, 100, 101,
        250
1:20 44, 49-52, 65-68,
      79, 108, 111, 112, 131,
      133, 234, 238, 240,
      244, 247, 256, 257,
      269, 275, 278, 291-95,
      297, 298
1:20(n) 43, 44, 51
1:21 32, 48, 64, 69, 71,
      79, 131, 132, 134, 147
1:21(n) 64
1:22-23 70
1:22 49

1:23   18, 48, 49, 66, 67,
      69, 72, 74, 79, 132,
      238, 292, 293, 295,
      297, 298
1:23(n)   71
1:24-25   79
1:24   49, 50
1:25   49, 64, 66, 79, 131,
      235, 247, 269, 293
1:25(n)   83
1(n)   43, 76
2   240
2:1-23   240
2:1   79
2:4   45
2:11   50, 237
2:15   47, 49, 69
2:22   62
2:29   79
3:9   139
3:17   49
3:20-35   144
3:21   144
3:22   144
3:31-35   144
4:15-16(n)   71
5:3-10(n)   94
5:18   64
5:19   64
5:32   63
5:32(n)   63
6:10   121
8:13   118

9:6(n)   69
9:29   118
1:18   66
10:1(n)   69
12:46-50(n)   144
12:50   242
13:55-57   233
13:55   142, 146
13:55(n)   75, 136
13:57(n)   75
14:33(n)   69
15:28   119
16:16   45
16:16(n)   69
17:5   106
18:19   119
19:9   63
19:9(n)   63
19:13-15   240
21:1-7(n)   70
21:15-16   240
21:21   119
21:27(n)   69
23:9   76, 144
28:11-15   235
28:18   33

마가복음
1:24   114
3:6   139
3:20-21   120
3:21   137
3:21(n)   75, 144

3:31-35(n)   142
3:31-35   120, 143, 255,
      277
3:31   137
3:31(n)   144
3:32-35(n)   144
6:1-6a(n)   142
6:2-3   253
6:3   141-43, 145, 147, 155,
      243, 255, 258, 267,
      277, 285
6:3(n)   75, 142
6:4(n)   75
6:25   87
9:7   106
10:29-30(n)   142
10:30   144
11:23   119
14:36   121, 122
15:34   127

누가복음
1-2(n)   91, 137
1-2   80, 98, 129, 14
1   78, 81, 82, 104, 126-28,
      244, 252
1:1-4   78
1:3(n)   132
1:5-25(n)   102
1:5-24a   102
1:5-10(n)   102
1:5-7   90
1:5   79

1:5(n) 132
1:6 98
1:6(n) 132
1:7 96
1:11-20 98
1:13 96
1:15 96
1:17 96
1:18 83, 97, 101, 103
1:18b(n) 132
1:19 86, 103
1:20-56 17
1:23-24 96
1:24-25 90
1:24 85, 87
1:25 90, 94, 98, 102
1:26-39 88
1:26-38(n) 102, 117
1:26-38 82, 84, 117, 260, 266, 283
1:26-37 98, 99
1:26-27(n) 102
1:26-27 117
1:26 78
1:26(n) 50, 166
1:27 79, 82-92, 88, 101, 109, 160, 234, 266, 270, 271
1:27(n) 71, 83
1:28-33 109
1:28 89, 117, 132
1:29-30(n) 101
1:29 117

1:30-33 117, 118
1:30 89, 117
1:31-35(n) 82
1:31-33 117
1:31 64, 83, 85, 92, 103
1:32-35 111
1:32-33 79, 96, 11, 114
1:32 79, 96, 111, 118, 272
1:33 118
1:34-35(n) 67, 111
1:34-35 84, 127
1:34 81, 83, 84, 97, 101, 103, 114, 117, 131, 266, 270, 286, 287, 290
1:34(n) 80, 83, 101
1:35-37 117, 118, 288, 289
1:35 79, 81, 82, 85-86, 90, 96, 98, 103, 105-8, 110-19, 131, 160, 234, 266, 272
1:35b 49
1:35bc 105
1:35(n) 112, 114, 117, 166
1:36-37 104, 117
1:36 86
1:37 83, 121, 292
1:37(n) 122
1:38-39 117
1:38 86, 87, 93, 105, 110, 116, 118-24, 128, 279, 288

1:38(n) 91, 101, 121
1:39 86, 271
1:39(n) 96
1:41-45 79
1:42-45 267
1:42 86, 93
1:45 110
1:46-55 78, 271
1:46-47 93
1:46 90, 91, 111
1:46(n) 89
1:47 92, 95, 121, 131, 147
1:47(n) 89, 92
1:48 90, 92-95, 101, 108, 111, 124, 131, 271
1:48a 90
1:48(n) 92, 101
1:49-50 90
1:49 90
1:49(n) 92
1:51-53(n) 89, 127
1:51-53 93, 132
1:51-23(n) 91
1:51 89
1:52 89, 95
1:52b 93
1:52(n) 93
1:53 89
1:54 89, 90, 92
1:56 86, 91
1:57-66 102
1:58 100
1:68-79(n) 92

1:68-79　78
1:76　96
1:77(n)　64
1(n)　43, 127
2　81, 244
2:1　78
2:1(n)　86
2:4-6　79
2:4　78
2:4(n)　50
2:5-6　79
2:5　82, 86
2:5(n)　88
2:11　78, 92, 127, 131
2:11(n)　64
2:14　89
2:16　86-88, 271
2:19　132
2:22-40(n)　91
2:23　115
2:24　93
2:25-32　79
2:26　127
2:27　88
2:27(n)　136
2:29-32(n)　92
2:29-32　78
2:29　124
2:30-31　92
2:31-32　79
2:32　127
2:33　88
2:36-38　79

2:36　83, 270
2:39　78
2:39(n)　50
2:41　88
2:41(n)　136
2:43　88
2:43(n)　136
2:48-51(n)　144
2:48-50(n)　144
2:48　88
2:48(n)　136
2:49-50(n)　125
2:51　88, 132
3-24(n)　113
3:22　112, 115
3:22(n)　111
3:23-38　17
3:23　43, 79, 82, 83, 88,
　　96, 113, 125, 143
3:23(n)　136
3:38　112, 113
4:1-13　112
4:2(n)　86
4:16-30　93, 126
4:22　142
4:22(n)　136
4:34　114
5:5(n)　120
5:11　118
5:35(n)　86
6:12(n)　86
6:20-21(n)　93, 94
7:4　87

7:12　142
7:50(n)　119
8:15　118
8:19-21(n)　144
8:19　233
8:19(n)　144
8:20(n)　144
8:21　118, 233
8:21(n)　144
8:48(n)　119
8:50(n)　119
9:34-35　106
9:34　106
9:36(n)　86
9:57　120
9:59-62(n)　120
10:38-42　128
11:22　105
11:27-28(n)　120
11:27-28　118, 128
14:26(n)　129, 144
17:10(n)　124
17:19(n)　119
18:24-30(n)　122
18:28-30　144
18:28-29　118
18:29b(n)　129
18:34(n)　125
19:5-6　87
21:26　105
22:27　124
22:42　121
22:43-44　122

22:51 127
23:4(n) 127
23:7(n) 86
23:14-15(n) 127
23:15(n) 127
23:22(n) 127
23:34 127
23:41(n) 127
23:43 127
23:46 127
23:47(n) 127
24:9-11 128
24:26 127
24:49 105

요한복음
1:12-13(n) 68
1:12-13 68, 247
1:13(n) 139
1:14 107
1:14(n) 139
1:45(n) 136, 140
2:3-4a(n) 144
3 104
3:3-8(n) 68, 140
3:3-8 247, 272
3:3 104
3:4 83
3:5-8 104
3:5-6 137, 252
3:5(n) 104
3:6(n) 104
3:7-8 104

3:9 83, 104
3:10-15 104
3:22-36(n) 104
6:42 142
6:42(n) 136, 140
7:5 137
7:5(n) 144
7:27(n) 139
7:28(n) 139
8:3-11 57
8:19(n) 139, 140
8:31-59 140
8:31 139
8:33 139
8:37 139
8:39 139
8:41 139-41, 143, 145,
    147, 155, 243, 254,
    258, 267, 285
8:41(n) 140, 145
8:44 139
8:46 140, 255
8:55 145
8:55 145
8:58-59 139
8:58 140
9:29(n) 139
14:30 255
18:31 58
19:25-27 246
19:25 246
20:25 164

사도행전
1:7(n) 125
1:8 105
1:14 120, 137
1:14(n) 144
2:17-18 124
2:26 107
3:14 105, 114
4:27 105, 114
4:30 105, 114
5:15 106, 107
5:19-20(n) 122
8:24 105
8:26(n) 122
10:3-6(n) 122
10:22(n) 122
10:37 93
10:44 107
11:13(n) 122
11:15 107
12:6-11(n) 122
13:33 113
13:35 114
13:40 105
14:19(n) 105
16:17(n) 124
17:24 113
17:26 112, 113
17:27b-29a 112
20:16 87
22:18 87
27:23-24(n) 122

로마서

1:3-4 111, 114

8:15 137, 252

12:8 87

12:11 87

고린도전서

3:1-2(n) 166

12:13 124

15:45(n) 113

고린도후서

5:21(n) 136

7:11 87

8:7 87

12:9 107

갈라디아서

3:26-28 124

3:28 124

4:6 137, 252

4:29 81, 137, 247, 252

4:29(n) 68

빌립보서

2:7 124, 168

골로새서

3:11 124

빌레몬서

16 124

히브리서

4:15 255

4:15(n) 136

11:31 37

12:8(n) 60

야고보서

2:25 37

5:1 105

베드로전서

1:19 255

2:22(n) 136

3:18 255

요한일서

2:29 247

2:29(n) 68

3:5 255

3:5(n) 136

3:7 255

3:9 247

3:9(n) 68

4:7 247

4:7(n) 68

5:1-4(n) 68

5:1-4 247

5:18 247

5:18(n) 68

요한계시록

12:1-6(n) 89

12(n) 147, 156

15:3 124

—외경과 위경—

바룩1서

4:9 106

4:36 106

바룩2서

1-5 120

48:18 108

71:1 108

에녹1서

14-16 120

98:5 97

106:2-3(n) 165

106:4-6(n) 165

106(n) 165

에녹2서

23 157, 164, 165

23(n) 67

71 247

마카비3서

5:24 87

에스라4서

9:45 94

7:122 108

에스드라2서

14 120

바울행전
1:14(n) 160
3:5(n) 160
12-14(n) 160

베드로행전
23-24(n) 165

빌라도행전
2:3 139, 140, 145, 155
2:4 141
3:1-2 141

도마행전
2 162

야고보의 비록
6:19-20(n) 145

아담의 묵시
2:8-10(n) 163
7:9 156
7:20(n) 156
7:31(n) 156

이사야의 승천
11 165, 168
11:2 165
11:4 165, 166
11:5 166
11:7-10 166
11:11 166

11:12-14 166
11:17 166

바돌로매복음서
2:20 165
3:61 165

빌립 복음
73:8 162
103:23-26(n) 167
107(n) 167

도마 복음
55(n) 144
101(n) 144, 145
105 139, 145, 155, 253

희년서
1:23-25(n) 114
16 85
33:7-9 54
41:20 54
41:20 34
41:23(n) 34

솔로몬의 송가
19 166
19:2-4(n) 145
19:4-10 166
19:5b-6 167
19:10 167
19:10a(n) 166
19(n) 167

28:17 167
32:2 167
35:5(n) 166
36:1(n) 145
36:5 166
36:5(n) 145
48:1 168

야고보 원복음
11.2-3 164
11.2 165
12.2 165
13.2-3 164
13.3 165
14.1(n) 165
16 164
19-20 164
19.2 165
19.2(n) 165
20.1 164

시빌라의 신탁
8:456-73 165
87:458-76 165

베냐민의 유언
8:2-3(n) 132

유다의 유언
10:6(n) 34
13:4(n) 34
14:6(n) 34
15:2-6(n) 41

레위의 유언

2-5　120

르우벤의 유언

3:11-15　54

—사해문서—

11QTemple

57:17-19(n)　55

66:4-5　53, 249

1QSa

2:11-12(n)　68

1QapGen

2:1(n)　165

5:27(n)　68

20:15　54

CD

4:12b-5:14a(n)　55

5:1-5(n)　41

—타르굼—

위-요나탄 신명기

22:26　54

—미쉬나—

아보트

3:12　150

바바 바트라

8:6　61

깃틴

9:3(n)　55

9:10　55

케툽보트

1:5　50

1:5(n)　50

2:9(n)　55

4:4-5(n)　50

4:4(n)　52

4:8　54

5:2　50

네다림

10:5(n)　50

11:12(n)　55, 58

닛다

5:4(n)　52

킷두쉰

1:1(n)　50, 52

산헤드린

7:2　57

7:4-11:6　57

7:4(n)　150

7:9(n)　52, 150

소타

1:3(n)　58

1:5　55

3:6(n)　60

4:1　56

4:1(n)　58

4:2(n)　58

5:1(n)　58

6:3(n)　58

예바모트

2:4(n)　62

2:5　61

2:5(n)　62

2:8(n)　68

4:13　47, 48, 60, 150, 155

6:6　97

22a　62

—탈무드—

바빌로니아 탈무드

바바 메치아

104a(n)　60

깃틴

90a　152

호라요트

10b(n)　34

케툽보트

12a(n)　50

46b-49a(n)　50

51b　54

9b(n)　50

네다림
20a-b(n) 60

닛다
10a(n) 60
31a(n) 68

킷두쉰
30b 68

샤바트
104b 151

산헤드린
52b 57
66b(n) 50
67a 151
93b(n) 70

소타
10b(n) 34, 35
17a(n) 68

예바모트
4:13(n) 143

요마
66b(n) 62

예루살렘 탈무드
아보다 자라
27b 149

케툽보트
4:8, 28d:69(n) 60

샤바트
12:4 151
13b 151
14b 149

산헤드린
1:18a(n) 57
1:34(n) 57
7:16 151
7:24b(n) 57
7:41(n) 57
25c 151

소타
1:4(16d, 5a)(n) 34

예바모트
4:10(n) 50
15d 151
16:5 151

—토세프타 탈무드—
훌린
2:22 149
2:23 149
2:24 149

케툽보트
1:4 50

1:4(n) 50
4:1-4(n) 50
4:9, 264(n) 60

샤바트
11:15 151

산헤드린
10:11 151

소타
5:9 152

예바모트
3:3(n) 62

—미드라쉬—
창세기 랍바
85(n) 34
809(n) 68

페시크타 라바티
100b-101a 152, 155

—필론—
De Decalago
22 #107(n) 68
23 #120(n) 68
23.120(n) 257

De Cherubim
13.45 257

De Congressu eruditionis gratia
24(n)   34

De Iosepho
43(n)   36
43.265(n)   257

De Fuga et invention
149-156(n)   34

Hypothetica
7.1 #357(n)   57

Legum allegoriae
3.74(n)   34

De mutatione nominum
12.121(n)   64
134(n)   34

Quis Rerum Divinarum Heres
35.172(n)   257

Quod Deus sit immutabilis
137(n)   34

De specialibus legibus
3.51(n)   36
3.73   54
3.74(n)   50
3.76-78(n)   249

3.76   54
3.77-78   53
3.5 #30   55
79-82(n)   52

De virtutibus
203(n)   113
22 #111-12(n)   50
220-222(n)   34

De vita Mosis
1.50 #279(n)   68

—요세푸스—
Antiquities
1.302(n)   51
1.8.1 ##163-64(n)   55
2.9.3 #215(n)   64
3.12.2 #276(n)   54
4.8.23 #206(n)   54
4.8.23 #245(n)   54
4.8.23 ##246-48(n)   52
4.8.23 ##251-52   54, 249
4.8.23 #253   55
5.39   124
5.335(n)   38
7.131(n)   41
7.8.1 #168(n)   50
9.5 ##213-14(n)   50
11.101   124
11.90   124

Against Apion

2.4.42   87

Jewish War
5.6(n)   55
5.4 #381(n)   55

—유대 저작—
칼라
51a   150, 155
51a(n)   154

—사마리아 저작—
사마리아 역대기 제2부
2b   143
16   143
52   143
58   143
92   143

—나그 함마디—
진리 복음
I 3,24.10(n)   166

—그리스도교 저작—
Epistula Apostolorum
3   158

Ignatius
Ephesians
7.2   159
18.2(n)   159
19.1   159, 166
19.1(n)   148

To the Smyrnaeans
1:1-2(n)   159

To the Trallians
9(n)   159

Irenaeus
Against Heresies
1.21-31   162
1.30.12   163
3.11.3   163
3.19.1   163
3.19.3   163
3.21.10   163
3.21.8   163
4.33.4   163

Jerome
Commentary on Isaiah
11.2(n)   145

Justin
Apology
1.21   161
1.21(n)   161
1.22   161
1.33   161
1.33(n)   161
1.54   161
33(n)   73

Dialogue

100   161
121.3   161
43   148, 161
43.5-8(n)   73
43.8   161
48   161
61   161
66-67(n)   73
66-67   161
67   148
67.1   70
68   161
69   161
77-78(n)   73
77-78   161
78   161, 162
84   161
84(n)   73

Origen
Against Celsus
1.28   145-47
1.29   147
1.30   147
1.32   145-47
1.33   148
1.34   146, 148
1.35   148
1.37   148
1.39   145-48, 151
1.69   145, 149
2.1   146
5.61   162

6.8   148
6.73   148

In Evang. Matt.
16.10   162

In Isa. III
7.14(n)   148

Shepherd of Hermas
5.2-6(n)   160
9.1(n)   160

Tertullian
Against Marcion
4.10   163

De Spectaculis
30.6   155, 164
30.6(n)   145

On the Flesh of Christ
1   163
17(n)   163

—고전—
Apollodorus
Bibliotheca
3.126(n)   157

Aristides
Apology
15.1   160

94.4(n)   157

Aeschylus
Eumenides
736-38(n)   157

Euripides
Ion
454(n)   157

Hesiod
Theogany
116(n)   157

Plutarch
Life of Alexander
1(n)   157
2-3(n)   157
2.4(n)   157

Life of Numa
4.3-4(n)   157

Table Talk
8.1(n)   157
8.2-3(n)   157

Quintus Curtius
History of Alexander
1(n)   157

Suetonius
Lives of the Twelve Csesars,
   Divus Augustus

| 인명 색인 |

Aarde, A. G. van 236
Abel, E. L. 129
Albright, F. W. 60
Allison, D. C., Jr. 243, 244
Alter, R. 31, 38, 64, 95, 96, 98
Anderson, F. I. 63
Anderson, J. C. 24, 70, 72, 236, 237, 248, 258, 287
Anon. 21
Astour, M. C. 30
Audet, J. P. 113
Auerbach, E. 42

Bal, M. 233, 253
Bammel, E. 143, 149, 150
Barrett, C. K. 61, 100, 123, 135
Bartelmus, R. 66
Barth, K. 21
Bauer, W. 155
Beare, F. W. 60
Bearsley, P. J. 116
Beattie, D. R. G. 34
Beek, M. A. 32
Ben-Chorin, S. 145
Beneke, T. 27

Benko, S. 58, 87, 92, 138
Benoit, P. 97
Berg, W. 66
Bird, P. 93
Bishop, E. F. 157
Bloch, R. 31
Bloom, H. 18
Boers, H. 67
Boslooper, T. 15, 63, 93, 131, 153
Bourke, M. M. 69
Box, G. H. 63, 64, 70, 84, 133, 167
Branick, V. P. 135
Bratcher, R. G. 66
Brenner, A. 247
Brinkmann, B. R. 256
Brock, S. 103, 104
Brodie, T. L. 77, 85, 112
Brooten, B. 10, 16, 168
Brown, R. E. 13, 19, 22, 23, 28, 29, 32, 41, 42, 44, 46-48, 52, 53, 58, 59, 61-63, 67-69, 78, 80, 81, 84, 87-89, 91-94, 97, 100, 104, 106, 108, 110, 117, 119, 123, 125, 127, 129, 131-36, 138, 143, 145, 146, 155, 156, 164, 166, 231, 241, 243, 250-57, 259, 260, 262, 271, 287, 291
Brown, S. 15, 140
Brownmiller, S. 27
Brueggemann, W. 37
Büchler, A. 53, 55, 56
Bultmann, R. 63, 135, 136
Burrows, E. 83, 87, 97, 117, 125, 133
Butterworth, R. 256

Cady Stanton, E. 21
Cambell, E. F., Jr. 33
Campbell, E. 22, 34
Campenhausen, H. von 144, 154-57, 159, 160, 163
Canby, V. 20
Cantwell, L. 47, 58
Carmichael, C. M. 34
Carmignac, J. 80
Carroll, M. P. 20
Cassidy, R. J. 90
Charlesworth, J. H. 85, 160, 162, 249
Chevallier, M. 99, 110
Childs, B. S. 30
Chodorow, N. 21

Christ, C. 119

Coates, G. W. 31, 36

Collins, A. Y. 16

Collins, J. J. 161

Conrad, E. 95

Conzelmann, H. 72, 116, 123

Cope, L. 258

Craghan, J. F. 81, 110

Creed, J. M. 81

Crellin, E. 27

Crossan, J. D. 138, 140

Culler, J. 17, 25

Cullmann, O. 160

Culpepper, R. A. 64

Dahl, N. A. 152

Dalman, G. 146, 152

Daly, M. 20, 21, 125, 167, 228

Dan, U. 149, 150

Danby, H. 50, 51, 57

Danker, F, W. 85, 108, 111, 123, 140

Daube, D. 53, 103, 104

Davies, J. G. 87

Davies, W. D. 29, 61-63, 70

Davis, C. T. 35, 40-42, 47, 48, 60, 61, 67, 81, 99, 104

De Beauvoir, S. 22

Deissmann, A. 143

Delling, G. 61, 66-68, 93

Delorme, J. 138

Denis, A. M. 161

Derrett, J. D. M. 58

Descamps, A. L. 59

deVaux, R. 30, 54

Dewar, D. 27

Díez Macho, A. 50

Diamond, A. 24

Dibelius, M. 63, 67, 104, 135

Dodd, C. H. 67

Donfried, K. P. 13

Dozeman, T. B. 135

Driver, S. R. 51

Drury, J. 76, 81, 90

Dubarle, A. M. 48, 58, 68

Duensing, H. 161

Duffy, K. 277

Easton, B. S. 79, 84, 88, 117

Edwards, L. R. 24

Ehrman, B. D. 118

Eilberg-Schwartz, H. 244

Elizondo, V. 20

Elliot, J. K. 132, 140

Ellis, E. E. 112

Engelsman, J. C. 20, 167

Epstein, L. M. 35, 46, 53, 54

Exum, C. 233

Falk, Z. 46, 51, 53

Farley, M. 168

Farris, S. 85, 88

Feigin, S. 57

Fetterley, J. 17, 24

Feuillet, A. 80, 116, 123

Finkelstein, L. 50

Fitzmyer, J. A. 13, 48, 51, 60, 67, 72, 76-78, 80, 81, 84-86, 88, 89, 92, 93, 98, 102, 106-109, 111, 112, 123, 131, 133, 138, 155, 166, 231, 243, 262, 267, 282

Fitzpatrick, M. 256

Flemming, J. 161

Flender, H. 109

Flusser, D. 141, 145, 161

Foerster, W. 152

Föhrer, G. 66

Fokkelmann, J. P. 35

Ford, J. M. 104, 123

Fox-Genovese, E. 16

Frankenberg, W. 55

Freed, E. D. 28

Freedman, D. N. 146, 151

Freeman, J. M. 23

Friedlander, S. 13

Friedman, M. A. 50

Fuchs, E. 18, 33, 34, 71,

124, 125
Fuller, R. 66
Fuller, R. H. 61, 64, 77,
   110, 117, 123, 256, 257

Gallagher, E. V. 142, 143
George, A. 79
Gerhardsson, B. 60
Gerhart, M. 258
Gese, H. 62-64, 67, 104
Getty, M. A. 258
Gewiess, J. 81
Gilbert, S. 26
Gilligan, C. 25
Glasson, T. F. 15
Globe, A. 39, 40
Goguel, M. 146
Goldin, J. 31
Goldstein, M. 142, 143,
   146-50
Gordon, C. H. 153
Gordon, M. 22, 167
Goulder, M. D. 41, 61,
   67, 76, 85, 91, 99,
   108
Green, H. B. 41, 135
Greenfield, J. C. 161
Grelot, P. 63
Griffin, S. 27
Gros Louis, K. R. R. 74
Grundman, W. 78, 80,
   89, 111
Gubar, S. 26

Gundry, R. H. 41, 47,
   60, 76
Gunn, D. M. 35

Haenchen, E. 102, 136
Hall, N. 20
Hals, R. M. 34, 37
Handelman, S. 16
Hanke, H. A. 168
Hanson, A. T. 33
Heilbrun, C. G. 24
Held, H. J. 115
Hellwig, M. 257
Hembold, A. K. 161
Hendrickx, H. 41, 84, 85
Herford, R. T. 43, 146,
   148, 152
Hertzberg, H. W. 35, 36
Higgins, A. J. B. 139, 157
Hill, D. 40, 52, 62
Hood, R. T. 42
Horst, P. W. van der 241
Horton, F. L. 243
Hospodar, B. 82
Hubbard, B. 80, 113, 116

Isaksson, A. 54, 60
Isbell, C. D. 67, 76
Isenberg, W. W. 158
Isser, S. 139

Jensen, J. 59
Jeremias, J. 41, 46, 56,

246
Jervell, J. 112
Johnson, E. 260
Johnson, E. A. 22, 43,
   44, 108, 109, 167
Johnson, M. D. 28
Jones, D. L. 120
Joseph, L. 227
Joyce, J. 20
Jung, C. G. 22

Kaiser, O. 66
Karris, R. 90
Käsemann, E. 123
Kelber, W. H. 129, 131,
   133, 134, 140, 248
Kelly, J. N. D. 154-56
Kenney, J. P. 166
Kilpatrick, G. D. 141
Kingsbury, J. D. 61, 62,
   67
Kittel, G. 28, 35
Klausner, J. 43, 146-49,
   152
Klijn, A. F. J. 158
Knibb, M. A. 161
Knox, W. L. 60
Koch, K. 37
Koester, H. 112, 141, 250
Kolodny, A. 17, 24, 26
Krause, H. D. 27
Krauss, S. 146, 149, 150
Kummel, W. G. 112, 123

Kung, H. 257
Kurz, W. 72, 108, 109

Lachs, S. T. 46
Lagrand, J. 162, 163
Lagrange, M. J. 42, 62, 293
Lambdin, T. O. 141
Landry, D. T. 260, 279, 282, 284
Lang, J. 145
Lange, N. R. M. de 144
Lapide, P. 145
Lash, N. 256
Lasker, D. J. 149
Laurentin, R. 135, 138
Lauterbach, J. Z. 132, 146-148, 151
LeDéaut, R. 50
Ledwith, M. 256
Legrand, L. 81, 83, 84, 91, 114, 125
Leon-Dufour, X. 47, 94
Levine, A.-J. 231, 238, 239, 258, 259, 287, 291
Levine, B. A. 33, 34
Lindars, B. 53, 66, 67, 135
Lindblom, J. 68
Linnemann, E. 118
Lods, M. 142
Lohmeyer, E. 41, 59

Loisy, A. 83
Lövestam, E. 59
Lust, J. 67
Lyonnet, S. 105

MacRae, G. W. 152
Machen, J. G. 15, 142, 154, 155, 157, 158, 164
Mackey, J. P. 69, 109
Malina, B. 258
Mann, C. S. 60
Manson, W. 130
Marcus, D. 35
Marini, M. 25
Marrow, S. B. 15
Marshall, I. H. 80, 81, 84, 106
Martyn, J. L. 135
McArthur, H. K. 138, 139
McBrien, R. P. 166, 257
McConville, G. 48
McCurley, F. R. 59, 64, 104
McFague, S. 18, 64
McHugh, J. 105
McKeating, H. 52
McKenzie, J. 23
McNamara, M. 31
McNeile, A. M. 61
Meire, J. P. 247, 249, 250
Menard, J. E. 141

Meyer, A. 155
Meyer, M. W. 141
Miguens, M. 15
Milgron, J. 52
Miller, J. B. 25
Minear, P. 256
Minear, P. S. 10
Mintz, A. 106
Miranda, J. 85
Montefiore, C. G. 93
Mosala, I. 241, 242
Moule, C. F. D. 61
Mowinkel, S. 66
Mueller, J. R. 51, 59
Mullins, T. Y. 113, 114
Muñoz Iglesias, S. 113
Mussies, G. 29

Neff, R. 95
Neirynck, F. 77
Neusner, J. 39
Neyrey, J. 118
Nickelsberg, G. W. E. 161
Niditch, S. 37, 242
Nilson, J. 157
Nineham, D. E. 41, 138
Nolan, B. M. 42, 58, 60-62, 127
North, R. 257
Noth, M. 60

O'Carroll, M. 166

O'Connor, M. P. 146, 151
O'Toole, R. F. 124
Olsen, T. 16
Osiek, C. 23, 258
Ozick, C. 16, 25

Pagels, E. 18, 152
Pannenberg, P. 21
Paterson Corrington, G. 230-32, 258, 287
Patrick, D. 70
Patterson, L. 143
Paul, A 63
Paul, A. 20, 41, 67
Pelikan, J. 145
Perkins, P. 123, 152, 258
Perrot, C. 75, 96, 112
Pesch, R. 138
Phillips, A. 30, 52
Phillips, J. B. 167
Phipps, W. E. 64
Pines, S. 158
Piper, O. A. 70
Plaskow, J. 10
Plummer, A. 20, 67, 79, 82, 84, 89, 107, 109, 117
Plunkett, M. A. 118
Pomeroy, S. 119
Pringle, M. L. K. 27
Prinsloo, W. S. 34
Przybylski, B. 58

Quesnell, Q. 257
Quinn, J. D. 32

Rad, G. von 30, 37, 91
Rahner, H. 63
Rahner, K. 20
Ratzinger, J. 91
Rawidowicz, S. 18
Reicke, B. 70, 89, 133
Reid, B. E. 258
Reilly, F. 254, 277, 279, 281, 286, 292
Reinik, G. J. 158
Rengstorf, K. 119
Reumann, J. H. P. 231, 243
Rice, G. 66
Richter, W. 95
Ringe, S. 102
Robbins, V. K. 235, 240
Robinson, J. A. T. 257
Robinson, J. M. 138, 140
Rohde, J. 115
Rollins, W. G. 119
Ruether, R. R. 15, 21, 120, 134, 138, 154, 167, 168, 229
Russell, L. M. 16
Ruth, B. 85

Sabourin, L. 105
Saiving, V. 125

Sakenfeld, K. 23
Sanders, E. P. 77
Sanders, J. A. 69, 92
Sanderson, M. L. 76, 85, 91, 99, 108
Sandmel, S. 67
Schaberg, J. 61, 107, 236, 243, 245-47, 250-52, 254-56, 258, 259, 264, 273, 274, 279, 282-85, 287-90, 292, 293, 295
Schechter, S. 149
Scheidweiler, F. 137, 161
Schertz, M. 258
Scheveschewsky, B.-Z. 57
Schillebeeckx, E. 62, 257
Schlier, H. 58
Schmeidel, P. W. 15
Schmid, J. 75
Schnackenburg, R. 106, 136
Schneiders, S. 80
Schottroff, L. 72, 89, 92, 125, 229, 230, 259, 278
Schürmann, H. 84
Schüssler Fiorenza, E. 10, 16, 21, 23, 25, 26, 72, 92, 116, 124, 125, 133, 134, 168, 229, 248, 252, 259, 260,

278

Schweitzer, A. 15, 126

Schweizer, E. 20, 60, 70, 85, 97, 98, 109, 112, 118

Selvidge, M. J. 72

Senior, D. 258

Setel, D. 32

Showalter, E. 24-26

Slotki, W. I. 50

Sloyan, G. 257

Smith, D. M. 114

Smith, H. 16

Smith, M. 138, 139, 142, 143, 146-48

Soares Prabhu, G. M. 47, 58, 60, 62, 80, 81, 91, 105, 113, 116, 117, 126

Soelle, D. 15, 85

Speiser, E. A. 31, 57

Spong, J. S. 252, 258

Sproston, W. E. 135, 136

Stanko, E. A. 27

Stauffer, E. 28, 138, 139

Stead, G. C. 152

Stegemann, W. 85

Stendahl, K. 18, 28, 41, 44, 60, 64, 67, 76, 84, 126

Sternberg, M. 234

Stock, A. 59 (Stock 다음에 마침표로 되어 있었는데 쉼표로 바꾸었습니다)

Stone, M. E. 161

Strecker, G. 60, 67, 135

Swain, L. 257

Swidler, L. 124, 133

Talbert, C. H. 65, 72, 77, 85, 98, 108, 109, 111, 112, 115

Tannehill, R. C. 88

Tasker, R. V. G. 40

Tatum, W. B. 42, 67, 108

Taylor, V. 19, 40, 76, 110, 118, 129, 133, 138, 166, 167

Teichman, J. 27

Terian, A. 136

Terrien, S. 103, 113

Tetlow, E. M. 125

Thiselthwaite, S. B. 27

Thomas, K. 20

Thompson, M. E. W. 68

Tiede, D. 112, 121

Tolbert, M. A. 16, 17, 23

Tosato, A. 48-51, 54, 59

Trenchard, W. C. 52, 55

Trevett, C. 155

Trible, P. 23, 29, 33, 34, 87, 97

Trilling, W. 135

Tschernowitz, C. 56-58

Turner, E. 21

Turner, V. 21

Usener, H. 15

Van Dijk-Hemmes, F. 247

Van Unnik, W. C. 60, 67

Vermes, G. 31, 62, 70, 80

Via, D. O. 70

Vielhauer, P. 158

Vögtle, A. 62, 84, 133

Vogt, J. 119

Waetjen, H. C. 41, 42, 58, 62, 67, 108, 135

Wainwright, E. M. 259, 287

Wainwright, G. 23, 232-35

Warner, M. 22

Wead, D. W. 136

Weaver, M. J. 168

Wegner, J. R. 246

Wenham, G. J. 48, 51, 59

West, H. P., Jr. 124

West, P. 27

Westcott, B. F. 53

Wharton, J. A. 35

Whitacre, R. A. 135

Whybray, R. N. 37

Wickings, H. F. 67

Wilken, R. L. 142

Williams, J. G. 95, 97,

124

Willis, J. T.   68
Wilson, R.   247, 279, 280
Wilson-Kastner, P.   17
Win, R. E.   15
Winandy, J.   139
Wink, W.   98
Winter, P.   41, 60, 70, 85
Witherington Ⅲ, B.   124,
      135, 138, 140
Wolf, H. M.   66
Wolff, H. W.   64, 119,
      120
Woolf, V.   247

Zakowitch, Y.   32
Zehnle, R.   123
Zimmerli, W.   119